丛书编委会成员名单

（按汉语拼音排序）

高等学校交通规划与设计系列教材

交通工程案例分析

过秀成 编著

中国铁道出版社有限公司

2019年·北 京

图书在版编目(CIP)数据

交通工程案例分析/过秀成编著.—北京:中国铁道出版社,2009.11(2019.6重印)
(高等学校交通规划与设计系列教材)
ISBN 978-7-113-10694-2

Ⅰ.交… Ⅱ.过… Ⅲ.交通规则-案例-分析-高等学校-教材 Ⅳ.U491.1

中国版本图书馆CIP数据核字(2009)第198600号

书　　名:高等学校交通规划与设计系列教材
交通工程案例分析
作　　者:过秀成

策划编辑:殷小燕　　**电话**:51873147
责任编辑:殷小燕
封面设计:陈东山
责任校对:张玉华
责任印制:陆　宁

出版发行:中国铁道出版社(100054,北京市西城区右安门西街8号)
网　　址:http://www.tdpress.com
印　　刷:北京建宏印刷有限公司
版　　次:2009年11月第1版　2019年6月第2次印刷
开　　本:787 mm×960 mm　1/16　印张:29.75　字数:560千
书　　号:ISBN 978-7-113-10694-2
定　　价:50.00元

序

随着我国经济社会的持续、快速发展，交通基础设施不断改善，交通运输在国民经济和社会发展中的作用也越来越明显地得到体现和发挥，而交通运输所引发的一系列社会问题也逐渐引起人们的重视。交通安全、交通拥挤以及交通污染是当今交通领域的三大主要问题，而这些问题在城市交通中体现更加明显，严重地制约了城市的发展，解决城市交通问题刻不容缓。

在回顾和总结这些问题的同时，人们逐渐认识到，解决城市交通问题仅仅通过某些局部数据进行交通分析和道路规划是远远不够的，必须进行全面的交通规划。因此城市交通规划被提升到相当重要的地位，同时被给予了充分的重视和关注。从国内外的经验来看，无不从交通规划入手，来解决城市运输领域存在的许多难以从局部着手所能解决的问题。因此，系统地研究城市交通规划的原理、理论和方法是非常必要的。

城市交通规划的核心理论形成于20世纪50年代，我国交通规划的理论和实践始于20世纪70年代末期。近30年来，在众多专家学者的共同努力下，交通规划领域的科研和实践从无到有，逐渐发展起来，获得了长足的进步，积累了较为丰富的理论成果和实践经验，逐步形成具有中国特色的交通规划理论和体系。

城市交通系统是一个相当复杂的系统，涉及面广，解决城市交通问题必须采取综合对策。总体上看，应根据问题的范围和目的，从如下三个层次上，采取系统的措施。其一是从城市规划、土地利用的角度，避免城市人口，城市功能过度集中，造成交通总需求超过城市的交通容量极限，避免城市商务区等局部土地开发强度过大而使城市交通问题无法解决，要与社会经济发展规划相适应，通过对人、车、路、环境等诸多方面进行综合考虑，支撑和促进工业、商业、居住、文化设施以及人口分布的合理布局；其二是从交通结构角度，协调各种运输方式之间的关系，明确各种运输方式的任务和要求，使各种运输方式之间密切配合，相互补充，并采取各种有效措施优先发展公共交通，形成以公共交通为骨干的综合交通系统，合理利用城市有限的土地资源和交通设施；其三是通过提高路网容量，采取城市交通的科学化、现代化管理等措施，使城市道路交通网络构成更加合理，形成更加安全、畅通的交通运输网络，以最短的距离，最少的时间和费用，在完成预定运输任务的同时获得最优的交通运输效果，从而使现有交通基础设施发挥最大作用。

城市交通涉及社会、环境、经济、居民心理及生活方式等方面的因素，具有多方面的属性。城市交通规划必须以科学性为基础，综合性为手段、以整体性为目标进行系统的总体优化，以便得到一个能最佳满足居民出行要求，与城市环境相互协调的交通系统。城市交通规划包括综合交通规划、道路网规划、轨道交通规划、公共交通规划、城市专用道规划、综合交通枢纽规划、停车场规划和道路交通管理规划等多方面内容。概括而言，城市交通规划的理论和技术主要包括以下几个方面：①城市规划理论研究范围比较广泛，以“四阶段”理论为支撑，涉及到统计学理论、灰色理论、系统工程理论、成本效益理论、可持续理论等。②城市交通规划以城市总体规划为主要依据，以规划方案的实施为最终目的，规划内容的深度根据需要而定，强调规划的可操作性和动态性。③在规划过程中，主要采用交通调查与分析技术、线网规划技术、预测技术、规划评价技术、优化技术等多项技术。④城市交通规划从宏观上可分为交通发展战略规划、交通综合网络规划和交通近期建设规划三个阶段，在每个规划时期解决规划过程中相应的问题，实现城市规划过程有序、持续、协调地进展。

随着交通需求的不断扩大和日趋多样化，对城市交通规划理论和技术水平的要求也在不断提高。国内学者经过近30年的理论研究和工程实践，目前我国已经基本形成了交通规划的系统程序模式。特别是在最近的几年中，我国城市交通规划在基础理论方法、技术手段和应用等方面都有较大的发展和突破，并逐渐形成了完整的科学体系。为了能够完善城市交通规划新理论体系，铁道出版社组织行业专家编写此系列丛书。丛书的组织编写原则遵循一个“新”字，是由新理论、新思路、新技术、新方法武装起来的，为交通规划行业提供了一套内容全面、理论新颖的教科书或工具书。

这套丛书在组织编写时强调了深入浅出、说理透彻、理论与实践并重的原则。相信这套丛书的出版，对城市交通规划、交通工程等相关专业将起到有力的推进作用，同时，也使各高校本科生、研究生在教材选用方面具有更大的空间，为我国交通事业的发展做出贡献。

中国科学院院士
中国工程院院士

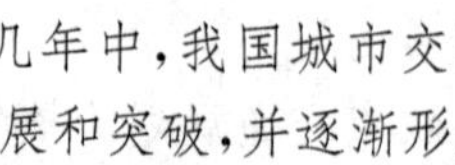

2007年元月

丛书前言

交通系统是承载人类活动的基本构件之一，是社会繁荣、有序和高速发展的主要支撑条件。然而，现代城市在快速发展过程中遇到了日益严重的交通问题，不但严重影响了城市的经济建设和运行效率，也给人们的生活和工作带来了种种不便和损害，已是制约社会可持续发展的主要瓶颈。交通拥堵及其伴生的交通安全、交通能耗及交通污染等问题已引起社会各界的广泛关注。

在理论和技术方面，交通运输系统是个开放复杂系统，是个非工程系统，需要从土地、人口、职业、产业、机动化等环境变量的变化中获取系统状态的演变规律。无论是进行交通规划，还是制定和实施一项管理控制措施，都必须从整体的角度来考虑其可行性和最优性。目前，由于交通供需矛盾的日益突出，交通管理水平的相对落后，交通堵塞、事故频发等严重影响了社会经济的发展和人们生活水平的提高。在今后的15～20年里，小汽车进入居民家庭的高潮将很快到来，预计增长速度和总体规模将会大幅度提高，城市交通将面临着新的更为严峻的压力和挑战。同时，城市化进程将明显加快。根据国际经验，这将是城市交通发生质变的关键时期，在此背景下，我们既迫切需要研究制定国家层面的城市交通发展导向性政策和战略，更迫切需要各个城市针对自己城市的个性和特点，制定相应的交通发展战略和对策，进行科学的交通规划。我国城市交通发展战略和政策的重点在以下方面：建立城市综合交通调查与规划制度；确立大(特大)城市公共交通优先发展战略；制定与汽车产业政策相对应的城市汽车交通发展政策、城市交通基础设施发展政策、城市交通管理智能化发展战略和政策、城市交通环保政策等。

从国家的交通发展政策及其2007年国家两会关于交通发展决策中看出，城际客运与城市群、大城市交通将成为“十一五”期间交通发展规划的一大重点。“十一五”期间，交通运输发展要重点抓好综合运输大通道和综合交通主枢纽建设，继续保持高速公路建设的良好势头，抓好农村交通、三大城市圈(三大重点区域)和特大城市的交通发展，加快与综合运输大通道连接的次干线和支线的建设，提高网络密度，进一步完善网络结构层次，促进运输大通道、三大城市圈和特大城市以及农村交通的全面发展。交通运输发展要进一步体现以人为本的思想，建立高效、快速、安全、舒适、便捷的运输服务体系，强化服务措施，扩大服务范围，提高普遍服务水平。要加强引进和吸收当代交通运输高新技术，大力推进信息化和智能化建设，面向社会，面向市场，建立和完善运营管理信息系统，提高运输管理现代化水平。同时要加强城市化地带尤其是长江三角洲、珠江三角洲、京津冀等三大城市圈交通发展规划的制定和约束，将提高运输能力、改变交通消费方式、诱导(或抑制)交通需求结合起来，构建以轨道交通为主导、道路交通为基础的城市群综合交通运输体系。要以提高效率、扩大能力为重点，通过优化区域交通网络，整合交通资源，应用先进技术，充分发挥各种交通方式的综合优势和整体优势，全面提高经济发达地区交通运输对经济国际竞争力和社会发展的保障能力。因此要实现交通可持续发展，必须具有成熟的交通规划理论作基础和先进的交通规划方法作指导。

为了加快我国交通规划与管理人才培养，提高交通从业人员的专业素质，更好地促进我国交通事业的快速、健康发展，在国内交通规划领域有关专家的努力下将于2007年撰写交通规划与设计系列丛书。

本套丛书内容新颖、体系完整、理论精辟，深入浅出，系统性强，并注重理论应用，充分反映了交通规划领域的最新研究成果和发展方向。本套丛书系统阐述了交通规划的基本理论和方法，介绍了国内外交通规划领域的最新研究成果。主要内容包括交通调查、交通发生与吸引、交通分布、交通方式分担、非集计模型、交通分配及其扩展模型、组合模型、动态交通分析、规划方案评价、可持续发展的交通运输系统以及上述理论的应用等。

在此，我向参与丛书撰写的各位专家、学者表示衷心的感谢，希望在大家的共同努力下，使中国的交通规划的研究和应用为国民经济和社会发展发挥更大的作用。

编委会

2007年元月

前　言

东南大学于2006年面向交通运输工程类高年级本科生开设了交通工程专业案例分析课程。作者针对高年级本科生课程教学要求与教学特点，自编交通工程案例教学讲义，并建设交通工程案例库、规范类导读本和技术规程类资料汇编。本书结合学生教学及研究生教辅材料的使用，充分吸收国内外先进的交通规划与设计理念、技术与方法，以交通规划设计的技术体系与工作指引、工程案例关键技术及应用为主线，对讲义进行筛选组织。本书可作为高等学校城市规划、交通工程和交通运输专业高年级本科生教材使用及交通运输工程、城市规划等学科研究生参考用书，也可供城市规划、交通规划及交通管理等部门的规划设计和管理人员参考使用。

全书共分10章，第1章绪论介绍本书编著的目的、体系设计以及特点；第2章到第10章分别为城市道路网规划、城市轨道交通线网规划、城市常规公共交通规划、城乡公共客运交通规划、出租汽车交通发展规划、城市公共停车场规划、城市自行车交通规划、城市交通组织与交通工程设计、建设项目交通影响分析。各章按技术指引和案例分析两部分进行组织，技术指引主要介绍各专项规划的规划目标与原则、主要规划内容、工作流程、成果体现形式、关键技术方法，案例分析主要以代表性项目进行详细阐述。

全书由过秀成教授主编，各章协编人员为叶茂（第1、2章）、杨洁（第3章）、吴才锐（第4章）、李岩（第5章）、严亚丹（第6章）、陈永茂（第7章）、罗丽梅（第8章）、任敏（第9章）、李星（第10章）。

协助本人完成本书工程案例的主要研究人员分别为：何小洲、王亿方（马鞍山市道路网规划），叶茂、芮建秋、李星（镇江市道路网规划），訾海波、杨洁（镇江轨道交通概念性规划、南京市有轨电车适应性研究），何明、冉江宇、祝伟（苏州工业园区轨道线网客流预测），杨洁、刘超平、马超（滁州市公共客运交通发展规划），王丁、李岩、姜晓红（江宁城乡公共交通发展规划），马兰、郭晶伟、严亚丹（江阴市出租汽车发展规划），胡军红、姜科（徐州市出租汽车发展规划），殷兆进、成礼平、邵丹（石家庄市公共停车规划），冉江宇、陈永茂、张晔（南京市公共停车场选址与布局研究），高奖、杨健荣（马鞍山市自行车交通规划），叶茂、罗丽梅（镇江市老城区自行车路网规划)，任敏、李星、吴才锐、杜小川(太仓市城区道路交通工程设计)，姜科、殷凤军、王卫、赖元文(商丘市交通改善规划与设计)，何小洲、高奖、刘海强(南京水西门桥改造施工交通影响分析)，陈永茂、冉江宇、李星(江宁天印广场以东府前三期交通影响分析)。感谢各案例业主单位：马鞍山市城市规划局、镇江市规划局、南京市建委城市道路建设项目储备中心、南京 CFK 公司、滁州市城市规划局、江宁区交通局运管所、江阴市交通局运管处、徐州市公用事业局、石家庄市城市交通项目办公室、太仓市公安局交巡警大队、商丘市规划局、南京市建邺区政府、江宁区规划局，在案例研究中给予的支持和帮助！

在本书的编写过程中参考了国内外大量文献与书籍，在此谨向原著作者表示崇高的敬意和由衷的感谢！

由于作者水平所限，书中难免有错漏之处，恳请读者批评指正。

电子信箱 seuguo@163.com

过秀成

于东南大学交通学院大楼 328 室

2009 年 8 月 18 日

目　　录

第1章　绪　论

1.1　交通工程案例在交通工程学发展中的地位

交通工程学是交通工程学科研究与发展的基础理论，是为交通工程实践提供基本方法和技术的一门学科，不同的发展阶段，其研究内容各有侧重，交通工程的内涵也得到了不断地拓展。交通工程学科发展大致经历了4个阶段：基础理论形成阶段(20世纪30年代初～40年代末)、交通规划理论形成阶段(20世纪50年代初～70年代初)、交通管理技术形成阶段(20世纪70年代初～90年代初)、智能化交通系统研究阶段(20世纪90年代中期开始)。交通工程案例是交通工程理论和方法的具体应用，在进行城市交通规划与建设的同时，也是对交通工程学理论、方法与技术的实践检验，对推动交通工程学科发展起到积极的作用。

自20世纪70年代末交通工程学引入我国后，国内交通工程理论研究开始随交通设施规划建设开展同步发展。80年代我国部分大城市逐渐面临城市交通拥堵等问题，并开始研究从城市交通战略和系统规划角度解决城市交通问题，引导城市交通发展。这一阶段逐步地引进、消化吸收了国外的交通规划与设计方法，尤其是交通分析模型、交通供给与需求分析技术，主要根据城市交通需求进行设施规划，即需求决定供给。这一时期天津、上海、北京、南京等几十个大中城市相继完成了城市交通规划，并在规划的指导下开展城市交通基础设施建设。

直至20世纪90年代，交通工程理论研究以及大量交通工程项目实践的全面开展，交通工程相关技术与方法逐步得到完善。从90年代后期开始，由于城市规模的不断扩大，人口在城市的大量聚集，机动车的快速增长，原先的交通基础设施已经不能满足快速增长的交通需求，城市交通日益复杂，众多城市都出现了不同程度的交通拥堵，并成为城市发展的瓶颈。21世纪，交通专家和技术人员日益意识到交通问题的根源在于需求与供给之间的平衡关系，如何利用有限的交通供给引导和满足快速增长的交通需求成为关注的焦点。上海、南京、天津、深圳等大城市甚至包括许多中小城市都开展了城市交通规划、轨道交通规划、公共交通规划和停车场规划等相关研究，并形成了相对比较完善的规划设计技术。

经过近30年的研究与实践，我国交通工程学科获得了长足的进步，并积累了丰富的理论成果和实践经验。在长期的实际项目操作中，如何规范规划设计过程、成果体现形式、实施效果检验与评价等一直是规划设计人员亟待解决的问题。分析交通工程实践全过程，其中规划设计的理念、方法与技术如何适应发展要求，梳理城市交通规划设计的层次和体系，规范交通规划与设计技术体系和工作指引，对于指导具体的交通规划与设计，发挥交通设施资源利用效率具有十分重要的作用。同时，理论与实践相结合的案例教学对于完善交通工程教学与研究体系，提高学生交通工程技术应用能力与素质也是关键环节之一。

1.2 交通工程案例分析编著的目的

国内交通工程师的培养体系主要分为两个阶段，第一个阶段是学校交通工程理论与方法学习，第二个阶段是工作后的实践与技能训练。为了交通工程工作者能够在掌握理论的基础上，实现技术与能力素质的提升，确定实际项目操作的技术路线和工作流程，提供理论学习到实践训练的知识转换平台，更好地应用理论与技术解决和完成各种工程项目，本书力图通过基础理论与方法的阐述和各类交通工程案例的具体分析，使读者在交通工程理论方法学习的基础上，更好地应用于实践，实现理论教学和实践教学的融合。

本书可作为高等学校城市规划、交通工程和交通运输专业高年级本科生教材使用，亦可供相关交通工程专业研究生以及规划设计人员开展实际的交通系统规划设计工作参考。

1.3 交通工程案例分析的体系设计

交通工程案例可划分为交通发展战略规划、交通系统规划、交通组织规划与交通工程设计等。本书主要从交通系统规划、交通组织规划与交通工程设计两类读者在实际工作中接触较多的研究项目进行体系设计。

1.3.1 城市交通系统规划

城市交通系统规划主要以构建支撑城市空间发展战略的综合交通体系为目标，建立安全、高效、以人为本的可持续交通系统，主要内容包括对外交通规划、城市道路网规划、轨道交通规划、常规公共交通规划、城乡公共交通规划与运营组织、出租车发展规划、停车规划以及慢行交通规划等专项规划。城市交通系统规划以城市交通发展战略为指导，结合城市交通发展趋势，以应对未来城市交通面临的挑战为导向，对城市交通体系做出中长期的引导性规划，保证城市交通与土地利用的一体化、可持续发展。

城市交通专项规划应遵循以下要求:原则上与城市总体规划同步编制或者在总体规划指导下编制;贯彻和体现科学发展观和可持续发展的总体要求;积极采用先进的规划理念、技术和方法;既要有前瞻性、科学性,又要有针对性、指导性和可操作性;要广泛吸收部门、专家、公众等各方面的意见;要处理好与上位规划以及专项规划之间的协调关系。

1.3.2 交通组织规划与交通工程设计

交通组织规划与交通工程设计主要以城市交通发展战略规划与交通系统规划为指导,在现状调查的基础上,通过定性与定量分析,同时结合城市近期的发展动态,掌握城市交通系统中存在的主要问题,明确目前城市交通的主要矛盾及其发展趋势,开展交通功能分析与交通组织规划与工程设计,通过对现状道路网络的进一步完善、公共交通、静态交通、慢行交通等分系统的规划建设、合理组织和工程设计,充分挖掘道路交通设施的潜力,达到缓解城市交通紧张状况的目的,并引导城市交通的可持续发展。

交通组织规划与交通工程设计主要包括城市交通功能分析与综合改善规划、交通影响分析、交通组织规划、道路交通工程设计等。

1.4 交通工程案例分析编著的特点

交通工程案例应该是将理论与实践相结合、以提高交通工作者理论学习和实践应用能力为主要目的的教材,重在使读者通过本书的学习,能够在实际项目中更好地发现问题、分析问题和解决问题。

全书在体系构建中注重相互衔接、相互协调,在注重系统设计的完整性与合理性的同时,每个部分按照技术指引到案例分析的流程展开。每章讲述的案例分析有自身的特点和技术流程,各章节的内容组织自成体系,主要以体现专项规划特色为主。

技术指引主要阐述规划目标与原则、范围与期限、主要内容、工作流程与技术路线、成果要求、关键技术与方法,旨在使读者掌握实际项目的基本要求、工作实施流程以及基本的方法与技术。全书技术指引部分介绍言简意赅,重在说明要点、说清方法、理顺技术路线,使读者更加易于理解、掌握和运用。

案例分析部分主要通过实践项目的分析对技术指引进行应用,从而更加易于掌握技术体系,并对项目实践有更加深刻的认识。案例源于作者多年来完成的实践项目,着重分析了规划背景、目标、技术路线以及方案形成过程,具体翔实,体现了先进的规划理念与思想,并尽量采用两个案例进行讲解,以体现规划设计的针对性与特色。

第 2 章　城市道路网络规划

城市道路是城市人的活动和物资运输必不可少的重要设施，同时还具有满足交通出行的需要、增进土地利用、提供公共空间而保证生活环境、防灾抗震等多种功能，是城市发展的重要支撑。

城市道路网络规划是城市综合交通规划的重要组成部分，是城市总体规划的深化，对于优化城市交通空间结构，引导城市用地开发和城市空间演变，协调交通与土地利用关系，具有重要意义。城市道路网规划同时也是城市停车规划、公共客运交通规划等专项规划的主要依据。

2.1　技术指引

2.1.1　规划目标与原则

1. 规划目标

构筑功能清晰、结构合理、布局完善的城市道路网络系统，支撑城市空间结构与用地布局，引导用地开发，推动城乡统筹协调发展。

2. 规划原则

(1)与城市布局结构相协调，引导和促进城市发展，推动城市用地结构和产业布局调整。

(2)充分加强道路网络的系统性，提高道路网络的交通集散能力。

(3)与各种交通方式相协调，考虑使用者要求，明确道路功能定位，合理分配路权。

(4)注意道路与环境的关系，与城市景观相协调，满足市政工程管线布设的要求，减少交通建设给自然生态环境带来的不利影响。

(5)充分考虑公交发展需求，为公交优先发展提供条件。

2.1.2　规划期限与范围

规划期限：与城市总体规划一致，近期规划 3～5 年，远期规划一般为 5～20 年；

规划范围：与城市规划用地范围一致。

2.1.3 规划内容

1. 规划内容

(1)制定城市道路网络的发展目标、发展策略,确定近远期道路网体系结构、布局和规模。

(2)确定城市骨架道路系统(由快速路、主干道、次干道组成),论证并确定道路等级、建设控制标准、道路红线、对应道路断面形式及交叉口形式与控制范围。

(3)原则确定支路的控制规模,设置标准、走向、控制要求。

(4)主要道路横断面推荐方案。

(5)确定互通立交的位置、红线控制范围,提出初步规划方案,跨线桥的位置与用地控制范围。

(6)确定交通设施布设的位置、标准与控制要求。

2. 深度要求

作为道路网专项规划,除了要满足主要内容的研究深度要求外,还需包括:

(1)在确定道路网络总体结构、道路网络主骨架的情况下,对不同等级的道路进行使用功能划分。

(2)对干道网中每一条道路根据其等级及使用功能进行横断面设计(板块形式、是否设置非机动车道、非机动车道的宽度、人行道的宽度、隔离物的形式与宽度)。

(3)确定道路红线控制范围。

(4)提出快速路、干道之间交叉口的型式(立交还是平面相交、采用何种型式的立交)并对主要干道之间的平面交叉口进行规划设计。

(5)对支路系统提出改善方案,确定支路的使用功能、支路的红线宽度,交通管理的要求(是否设置单行道、是否为非机动车专用路、支路与主要干道交叉口的交通组织与管理)。

2.1.4 规划思路与工作流程

1. 规划思路

(1)分析城市性质和功能定位,掌握城市未来发展趋势及对交通的支撑要求。

(2)开展道路交通调查与分析,结合区域、城市空间结构及主要交通源的分布,诊断现状道路交通发展存在的主要问题。

(3)结合区域协调发展及城市空间结构布局要求,以一体化的道路功能分级体系为基础,确定骨架道路所应连接的主要交通源以及空间布局的原则,研究道路网络结构布局。

(4)以城市用地性质、强度、空间结构与道路功能定位的关系分析为基础,制定快速路、干道系统的规划方案。

(5)通过交通预测模型对路网规划方案进行总体测试与评价,并根据测试与评价结果,优化调整规划方案。

2. 工作流程

城市道路网规划工作流程具体分为3个阶段:

(1)准备工作:开展现状调查与资料收集、现状分析与问题诊断,并解读上位规划与相关专项规划,分析城市交通发展趋势。

(2)方案制定:建立城市交通模型,进行交通需求分析和预测,以交通需求为参考,制定城市道路网规划方案,包括道路功能分级体系、快速路系统、骨架路网布局、支路网控制性规划以及道路设施规划等方案。

(3)方案优化:利用交通模型对规划方案进行测试与评价,调整优化方案,并制定路网规划的近期实施方案。

工作流程图如图2.1所示。

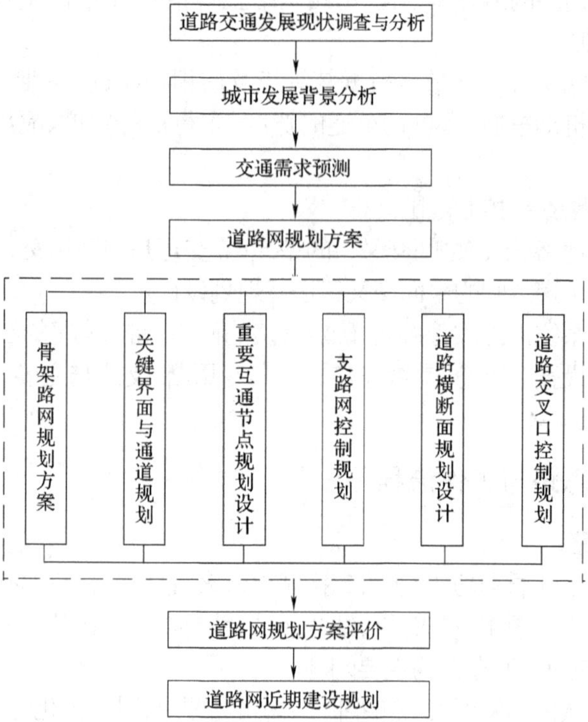

图2.1　城市道路网络规划主要流程及内容框架图

2.1.5 工具软件使用

工具软件是交通规划设计过程中必不可少的工具，城市道路网规划涉及众多软件工具的使用，包括制图软件、交通需求预测软件以及方案测试与评价的定量分析软件。制图软件主要有AUTOCAD和PHOTOSHOP；关键工具交通需求预测分析软件国内主要采用MAPINFOR、TRANSCAD、EMME/2、EMME/3、CUBE、TRIPS、PTV等，方案测试与评价软件主要采用TRANSCAD、EMME/2、EMME/3、CUBE、TRIPS、PTV等。

2.1.6 规划成果要求

道路网规划成果主要包括规划文本、图件和附件，文本和图件具有同等法律效力，附件包括规划说明、专题研究和基础资料汇编。

1. 规划文本

(1)项目概述

说明规划背景、编制依据、规划原则、规划范围、规划期限等。

(2)规划目标

明确远近期城市道路网建设规划的总体目标、定量规划目标、指标。

(3)道路交通发展战略与策略

明确城市交通的总体发展战略和重大发展政策。

(4)道路网规划

明确道路网发展目标、等级结构、规模指标、网络布局、控制标准、分级分类道路断面形式、重要互通交叉口规划设计等。

(5)道路网近期建设计划

制定近期建设方案、近期建设项目及排序、重点项目概念规划设计、资金估算与筹措建议。

2. 规划图件

(1)城市土地利用现状图；

(2)城市道路网络现状图；

(3)城市土地利用规划图；

(4)城市快速路网规划图；

(5)城市道路网络规划图；

(6)城市道路立交控制规划图；

(7)城市道路横断面布置图；

(8)城市道路横断面规划图；

(9)道路网近期建设规划图。

3. 附件资料(规划说明书、专题研究、基础资料附件等)

2.1.7 关键技术方法

2.1.7.1 规划指标

1. 一体化道路功能分类

按照道路在道路网中的地位、交通功能以及对沿线建筑物的服务功能等,《城市道路交通规划设计规范》(GB05220—95)将城市道路分为快速路、主干路、次干路、支路 4 类。

快速路主要联系城市各功能片区或组团、快速疏解跨区间长距离大运量机动车流,既提高路网的总体容量和快速疏解能力,又减轻主次干路网的交通压力和交通污染的影响。快速路应尽量保证其交通流的连续性。

主干路是交通性道路,承担跨区间中、长距离机动车交通流的输送。城市主干路可以是景观性道路。

快速路和主干路共同构成城市交通的主骨架和主动脉,也是城市机动车交通的主通道。

城市次干路的交通功能是为主干路和快速路承担交通分流和集散。因此,次干路兼具交通性和生活性两种主要功能。

支路如同人体的毛细血管,主要为地区或地块的出入交通或通达交通服务。

基于目前将城市道路分为快速路、主干道、次干道、支路的分类方法,针对城市道路分级影响因素和分级要素,进一步将城市道路划分为 4 级 8 类:快速路Ⅰ、快速路Ⅱ、主干道Ⅲ、主干道Ⅳ、次干道Ⅴ、次干道Ⅵ、支路Ⅶ、支路Ⅷ。具体见表 2.1。

表 2.1 城市道路功能分级分类表

功能分级	快速路	主干道	次干道	支路
Ⅰ	城市对外联络通道			
Ⅱ	城市组团间联络通道			
Ⅲ		组团间辅助通道、城市交通走廊		
Ⅳ		组团内部主要骨架道路		
Ⅴ			部分快速路与主干路的集散道路	
Ⅵ			城市生活性道路、疏散道路	
Ⅶ				出入与联系道路,次干路联络道路
Ⅷ				特殊道路或街巷内部道路

"4 级 8 类"的城市道路分级体系全面覆盖了我国城市道路，共同支撑着城市道路交通网络，其中快速路Ⅰ、快速路Ⅱ、主干道Ⅲ、主干道Ⅳ构成了城市干道网，是城市格局的主骨架；次干道Ⅴ、次干道Ⅵ起着衔接骨架路网与下一级支路之间的集散交通，承接城市快慢交通的转换与集散；支路Ⅶ、支路Ⅷ构成了城市小区内部的集散交通，承担了城市交通出行起终点的转换。各级道路相互独立、相互衔接，承担各自道路功能，共同支撑城市交通与城市活动，实现城市活动的有序运转。具体见表 2.2。

表 2.2　城市道路分类与功能对应关系

道路分级	道路分类	道路功能
快速路	Ⅰ	城市对外、长距离交通联系
	Ⅱ	城市组团间快速、中长距离交通联系
主干道	Ⅲ	城市内部、组团之间中长距离交通联系
	Ⅳ	城市组团内部交通联系
次干道	Ⅴ	城市组团间快速路与主干路衔接及内外部交通集散
	Ⅵ	城市组团内部道路衔接与交通集散
支路	Ⅶ	出入集散交通，次干路联络道路
	Ⅷ	内部联系道路

2. 合理等级结构

根据《城市道路交通规划设计规范》给定的各级道路密度，可以大致推算出道路等级级配比例。200 万人口以上的特大城市道路级配约为快速路∶主干路∶次干路∶支路＝1∶2∶3∶8；50 万～200 万人口的大城市道路级配约为快速路∶主干路∶次干路∶支路＝1∶3∶4∶10；中等城市道路级配约为主干路∶次干路∶支路＝1∶1∶3；小城市道路级配约为干路∶支路＝1∶1。具体见表 2.3。

表 2.3　我国规范规定的不同规模城市道路网密度及级配比例

城市规模(万人)	道路密度				道路级配
	快速路	主干路	次干路	支路	
＞200	0.4～0.5	0.8～1.2	1.2～1.4	3～4	1∶2∶3∶7.5
					1∶2.4∶2.8∶8
50～200	0.3～0.4	0.8～1.2	1.2～1.4	3～4	1∶2.7∶4∶10
					1∶3∶3.5∶10
20～50	—	1.0～1.2	1.2～1.4	3～4	1∶1.2∶3
					1∶1.2∶2.5
5～20	—	3～4		3～5	1∶1
					1∶1.3

注：同一城市规模下的道路级配上行为低密度下的级配，下行为高密度下的级配。

建议大城市的路网等级结构:快速路、主干路、次干路、支路长度比例约为1:2:3:7,次干路、支路里程应占城市规划道路总长的70%以上。

中小城市路网等级结构:主干路、次干路、支路长度比例约为1:2:6,支路里程最低应占城市规划道路总长的60%以上。

3. 道路网布局结构

(1)路网结构

方格网式。又称棋盘式,是最常见的一种路网类型。方格网道路划分的街坊形状整齐,有利于建筑的布置,由于平行方向有多条道路,交通分散,灵活性大,便于交通组织。但存在对角线方向交通联系不便,完全方格网的大城市,如果不配合交通管制,容易形成不必要的穿越中心区的交通。方格网式道路网适用于地形平坦的城市。

环形放射式。环形放射式道路系统起源于欧洲以广场组织城市的规划手法,最初是几何构图的产物,多用于大城市。有利于市中心同外围市区和郊区的联系,环形干道又有利于中心城区外的市区及郊区的相互联系。但放射形干道容易把外围交通迅速引入市中心地区,引起交通在城市中心地区过分的集中,同时会出现许多不规则的街坊,交通灵活性不足。环形干道也容易引起城市延环道发展,促使城市呈同心圆式不断向外扩张。

国际上一些大城市在原有环形放射路网基础上部分调整改建形成快速干道系统,促使城市转向沿交通干线向外发展,受到了较好的效果。

自由式。自由式道路常是由于地形起伏变化较大,道路结合自然地形呈不规则状布置形成的,变化多,非直线系数较大。如果综合考虑城市用地布局、建筑布置、道路工程及创造城市景观等因素精心规划,不但能取得良好的经济效果和人车分流效果,而且可以形成丰富活泼的景观效果。

混合式。由于历史原因,在城市的不同发展阶段中,有的发展区受地形条件约束,有的受不同规划思想主导,有的结合自身条件和各种路网类型的优点有意识的对原有道路网结构进行调整和改造,从而形成了新型的混合式的道路系统。

(2)城市路网模式选择

路网模式往往受到城市发展历史、地形地貌等多方面因素的影响,延续性很强。随着城市发展速度的加快,特别是新区建设力度的加大,许多大中城市正在突破既有的路网格局,可以结合城市发展空间模式和现代化交通发展趋势通过路网整合形成更合理的路网模式。无论采用哪种路网模式都必须注意老城路网的保护规划及中心城与新区的联系通道。

4. 道路设施用地控制

(1)道路网密度

城市道路网密度是指城市建成区或城市某一地区内平均每 km^2 城市用地上

拥有的道路长度,以 km/km² 表示。各级规模城市道路网密度见表 2.4 和表 2.5。

表 2.4　大中城市道路网密度(km/km²)指标

城市规模与人口(万人)		快速路	主干路	次干路	支路	总和
大城市	>200	0.4~0.5	0.8~1.2	1.2~1.4	3~4	5.4~7.1
	50~200	0.3~0.4	0.8~1.2	1.2~1.4	3~4	5.3~7.0
中等城市	20~50	—	1.0~1.2	1.2~1.4	3~4	5.2~6.6

表 2.5　小城市和建制镇道路网密度(km/km²)推荐指标

城市人口(万人)	干路	支路	总和
5~20	3~4	3~5	6~9
1~5	4~5	4~6	8~11
0.2~1	5~6	6~8	11~14

根据城市空间结构与用地性质、强度的不同,建议针对城市不同功能分区采取区域差别化供给策略配置道路网密度,推荐分区路网密度值见表 2.6。

表 2.6　城市不同功能分区道路网密度推荐值　　km/km²

	快速路	主干路	次干路	支路	汇总
商业区路网密度	—	3.5~4.0		—	10~12
居住区路网密度	—	3.3~4.0		—	7.5~9.0
工业区路网密度	—	3.0~3.3		—	5.0~6.0

(2)道路面积率

城市道路面积率是指城市建成区或城市某一地区内道路用地所占的比值,以%表示。国标要求:城市道路用地面积应占城市建设用地面积的 8%~15%,对规划人口 200 万以上的大城市,宜为 15%~20%。规划城市人口人均占有道路用地面积宜为 7~15 m²,其中:道路用地面积宜为 6.0~13.5 m²/人,广场面积宜为 0.2~0.5 m²/人,公共停车场面积宜为 0.8~1.0 m²/人。

考虑到近 20 年来城市用地开发强度的提高、机动化出行需求的加大、混合用地开发趋势的明朗等,需要对国标要求进行调整,建议大城市宜为 15%~20%,特大城市道路面积率可提高到 25%左右,但道路面积率不宜超过 30%,以免造成资源浪费或城市用地的不平衡。

2.1.7.2　道路网络规划

1. 道路网布局规划

道路网布局规划中可采用先确定道路网规划指标和道路网空间布局形式,然后进行道路网系统性分析，再布置专用道路系统，最后进行调整优化的过程。

(1)道路网规划指标的确定

道路网布局规划中首先需要明确的是规划指标，主要有人均道路用地面积、车均车行道面积、道路网密度、道路等级结构、道路网连通度、非直线系数等。

(2)道路网空间布局形式

在社会经济、自然地理等条件的制约下，不同城市的道路系统有不同的发展形态。仅仅从每种道路网布局的特点出发难以决定其优劣与取舍，规划中应尊重已经形成的道路网格局，考虑原有道路网的改造和发展，从城市地理条件、城市布局形态、客货运流向及强度等方面确定城市的道路网布局，不应套用固定的模式。道路网空间布局形式的确定是一个定性分析与定量分析相结合的过程。

(3)道路网系统性分析

道路网的系统性表现在城市道路网与城市用地之间的协调关系、与对外交通系统的衔接关系以及道路网系统内部各组成要素之间的协调配合关系。道路网布局的系统分析有以下几个方面的内容：

① 城市道路系统与城市用地布局的配合关系

主要分析城市各相邻组团间和跨组团的交通解决情况、主要道路的功能是否与两侧的用地性质相协调、各级各类道路的走向是否适应用地布局所产生的交通流及是否体现对用地发展建设的引导作用等。

② 城市道路网与对外交通设施的配合衔接关系

主要分析城市快速道路网与高速公路的衔接关系、城市常速交通性道路网与一般公路的衔接关系、城市对外交通枢纽与城市交通干道的衔接关系。考虑到高速公路对城市交通有着重大影响，在规划的层次上应将高速公路交通影响分析纳入交通规划研究内容。

③ 城市道路系统的功能分工及结构的合理性

主要分析道路网中不同道路的功能分工、等级结构是否清晰、合理，各级各类道路的密度是否合理等。为保障交通流逐级有序地由低一级道路向高一级道路汇集，并由高一级道路向低一级道路疏散，应避免不同等级道路越级相接。

(4)道路网布局的调整与优化

经过以上过程所初步制定的道路网布局需经过检验。检验的标准是制定的道路网布局结构是否能满足道路交通需求。根据检验结果提出修改意见，进行道路网规划方案的调整优化。

2. 快速路系统规划

(1)快速路规划基本要求

城市快速路网是城市组团间的快速通道，应该布置在城市组团间的隔离绿地中。城市快速路网表现了城市大的组团结构关系。

快速路原则上只有200万人口以上的大城市或长度超过30 km的带形城市才考虑规划建设,但是100万人口以上规模的特大城市和50万以上用地紧张、交通拥挤程度大的大城市也应考虑设置快速路。快速路的设计车速为60～80 km/h,条件许可时应该采用上限。规划年限一般为20年。

(2)快速路规划原则

快速路是承担大中运量、高车速、长距离汽车交通的重要道路,适宜在大城市或组团式城市内设置,并与城市出入口道路和市域高等级公路有便捷的联系。

① 与城市空间布局结构相适应;

② 与周围道路网的功能相协调;

③ 最大程度地吸引交通流;

④ 最低限度地减少环境影响;

⑤ 起到保护城市核心区的作用;

⑥ 考虑到工程的可行性与经济性。

(3)快速路网形式与城市适应性

由于社会与自然条件、经济条件、建设条件的不同,各城市快速路系统的发展也不相同。城市快速路布局由于城市形态的差别而各不相同,城市形态有集中型与群组型,而这两种形态的城市由于用地状况的差别,快速路的布局也有很大差别。城市形态的分类与典型的快速路布局有一定的适应性。见表2.7。

(4)快速路布局规划

①规划特点

a. 城市快速路的布局形式一般多为"环形放射"式,不同快速路系统的差别主要体现在环的大小、形状、层数等方面。

b. 高架道路横断面形式的选用应慎重,应全面权衡其利弊。认真研究上下匝道的设计问题,使车辆上下通畅,尽量减少其对地面交通流的不利影响。

表2.7 不同形态城市快速路网布局推荐形式

城市形态	推荐快速路形式	特　点
圈层扩张型	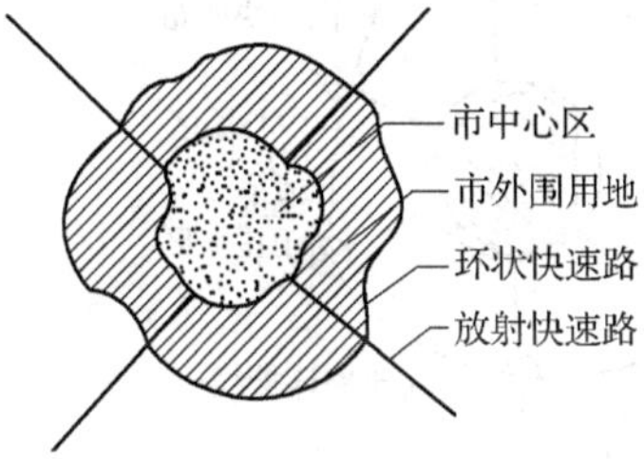	快速环路屏蔽过境交通,并进行内外交通转换,放射状快速路实现出入城交通的快速集散

续上表

<table>
<tr><th>城市形态</th><th>推荐快速路形式</th><th>特　　点</th></tr>
<tr><td>带状扩张型</td><td>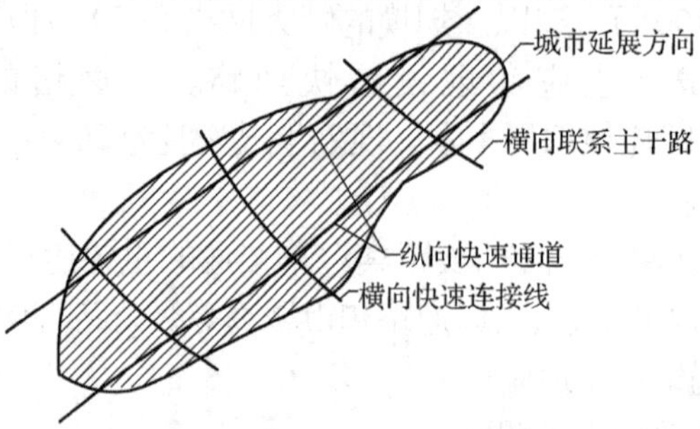
</td><td>沿城市主要发展轴向布设快速路，同时横向布设快速连接线，保证横向的快速联系</td></tr>
<tr><td>星状扩张型</td><td>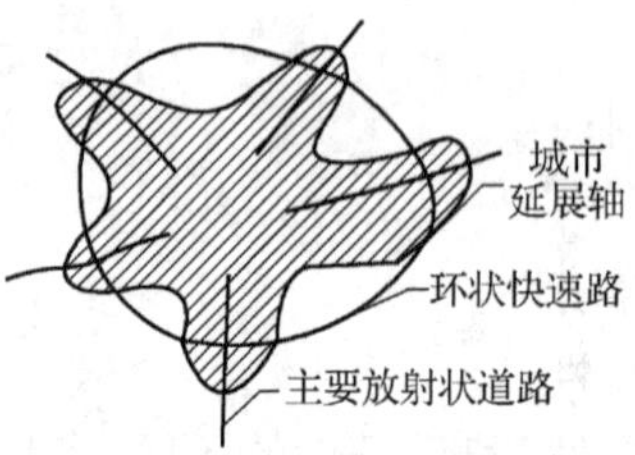
</td><td>快速环路连接指状延伸轴，放射线保证中心区与伸展轴的快速联系</td></tr>
<tr><td>蛙跳扩张型</td><td>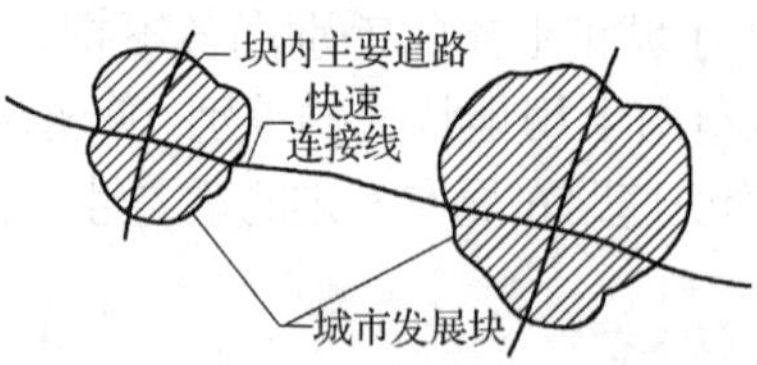

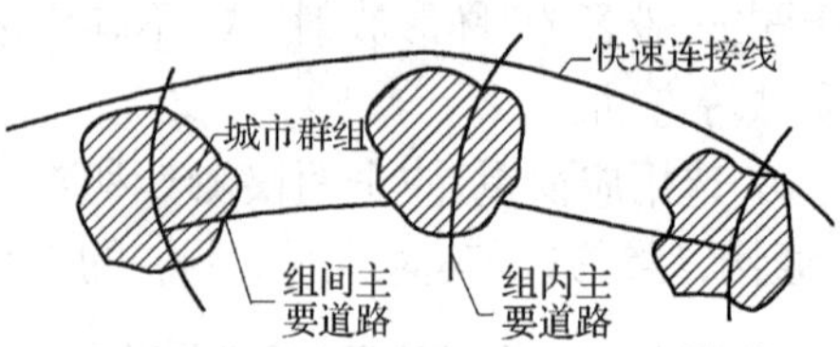

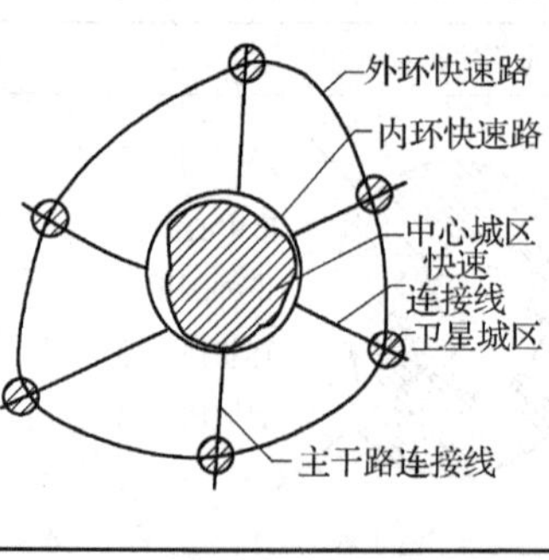
</td><td>快速路网加强各组团之间的联系</td></tr>
</table>

c. 快速内环可设在老城区或市中心区的外围，甚至可有切割内环的径向放射线，但应在横断面形式选取、高架桥墩柱设计、交通防噪、景观设计等方面采取一体化的综合措施；快速外环应设置在城市用地的边界内 1～2 km 处，当城市放射性快速路或干道与外环相交时，应规划好交叉口上的左转交通。

d. 快速路平纵线形、立交设计标准要与城市道路网整体协调，在快速路主线与匝道的合流、分流点处应采取措施避免通行能力与主线较大差异。

② 规划流程

与其他城市道路相比，快速道路在交通功能上有其独立性和完整性，但它仍旧是城市道路系统的一部分，在进行城市快速路网布局规划时，建议按图 2.2 布局规划流程进行。

③ 快速路形式与断面组成：快速路形式主要有高架式、地面式、半地下式、地下式、路堤式与立体交叉加封闭式 6 种，具体形式的确定主要根据城市具体情况，因地制宜。

城市快速路一般采用双幅路和四幅路两种断面型式。一般建议快速路双向机动车道条数最好超过四条，两侧不设置非机动车道，可设有辅道，辅道和快速路之间采用分车带隔离，同时机动车道应设中央分隔带。

④ 沿线出入口设置与道路相接形式

快速路两侧不应设置吸引大量人流和车流的公共建筑物出入口，并严格控制路侧带缘石开口；部分控制快速路两侧出入的道路，快速路上出入道路的间距以不小于 1.5 km 为宜。

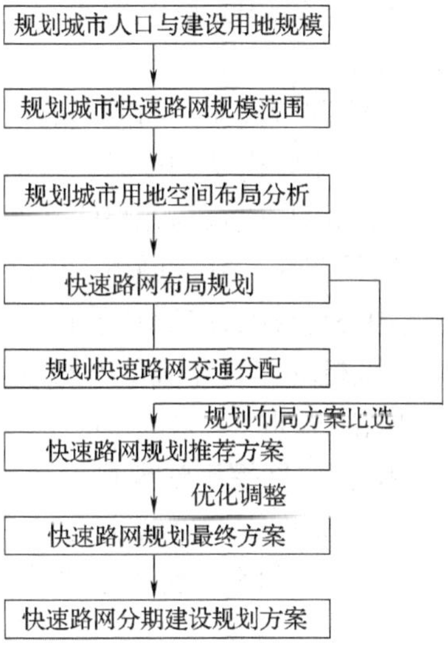

图 2.2　快速路网布局规划流程图

应严格控制与快速路相交的道路等级及数量，次干道和支路不能与快速路直接相交；当快速路与快速路、主干路、部分次干路相交时，规划设置立体交叉口。根据交通功能和匝道布置方式，立体交叉分为分离式和互通式两类。快速路与次干路相交时，有时采用平面交叉口，平面交叉口的进出口均设展宽段，并增加车道条数。

3. 主、次干道规划

城市主干路网是城市道路网络的骨架组成部分，是串连各城市组团和组团内的主要交通通道网，并具有划分分组团（片区）和居住区的作用，在整个城区内应该形成完整的网络。主干道具有划分城市片区的作用，又是城市中重要的疏通性道路，是快速路与其他常速道路联系衔接的纽带。主干路与快速路组成城市的主要交通性道路骨架，是城市总体规划中道路系统规划的重点。

主干路网的基本作用是处理汽车交通，其特征是城市之间的交通、市内主要交通等较长出行的交通。为此，应优先考虑交通功能，以较高的标准设计，并构成简单的网为宜。路线位置要避开幽静的住宅区，对沿线环境及土地利用必须充分考虑。

主干路设计车速一般为 40～60 km/h，布置 4 条以上机动车道，交通流量特别大的道路可以考虑布置 6～8 条车道。主干路上机动车与非机动车应实行分流，主干路两侧不宜设置吸引大量人流、车流的公共建筑物出入口。主干路与主干路相交时，一般采用立交或平交方式，近期交通量较大交叉口采用信号控制时，应为以后修建立交留出足够的用地；主干路与次干路、支路相交时，可采用信号控制或交通渠化。

次干路网是城市组团内的基础性路网和分组团(片区)的道路骨架，并具有划分小区和主要街坊的作用。次干路网不一定要与相邻组团的次干路条条连接，应该在组团内形成较为完整的网络。

次干路作为介于城市主干路与支路间的车流、人流主要交通集散道路，宜设置大量的公交线路，广泛联系城内各区。次干路两侧可以设置吸引人流与车流的公共建筑、机动车和非机动车的停车场地、公交车站和出租车服务站。次干路与次干路、支路相交时，可采用平面交叉口。

4. 支路网控制性规划

支路是次干路与居住区、工业区、市中心商业区、市政公用设施用地和交通设施用地内部道路的连接线，是为局部用地服务的道路，应满足公共交通线路行驶的要求。

(1)支路功能分析

① 通达性功能

支路在城市路网中连接小区道路与主次干道，分流干道上部分交通流，方便区内和区间短途出行。

② 防灾设施功能

防灾设施功能是指城市支路的避难、防火带、消防、救援通道等作用。在城市土地高强度开发的今天，道路设计中应该避免安全隐患，这也是人性化设计的重要方面。

③ 公共空间功能

支路提供的公共空间功能包括保证通风、采光等生活环境，方便城市管线架设或埋设，某些路段还可以提供路边停车，作为人们休憩场所等。

④ 勾画城市功能

遍布于城市各个角落的支路，对城市特色和历史文化的延续产生一定影响。支路的合理设计可以把文化古城的古树、古巷、古桥、古宅等有机地串连起来，有益于历史文化的传播和旅游资源的开发；把近现代建筑的新理念用于支路设计，同样会使城市焕发新的气息。

(2)规划基本原则

支路网规划是一项复杂而细致的工作，需要对城市特征、用地形态、道路网现状等信息有较深入的了解。明确支路网规划的基本原则，是开展工作的第一步。

① 注重规划的系统性

支路网规划必须保证规划的路网具备骨架层的整体路网形态，适应今后城市用地的扩展、交通结构的变化要求，为交通管理的智能化提供可能。

② 注重规划的层次性

支路网规划的层次性是指支路规划时也要进行功能分类。依据支路主要担负的功能，规定相应的技术标准，只有这样支路才能真正发挥其功能。

③ 注重规划的有序性

支路网规划建设应当立足未来逐步发展，不能片面追求一步到位，也不能迁就现状而形成无序发展，应该统一规划，分期有序建设。

④ 注重保护城市风貌，保护人文和生态环境

在注重城市传统风貌及历史文脉的延续与现代化经济发展之间找到最佳的结合点。

⑤ 注重合理的路网密度，使与城市整体路网协调

以国标为依据，结合城市实际情况，确定可行的支路建设标准，保证干支道路的比例协调和衔接顺畅，从而达到减轻城市干道交通的目的。

⑥ 充分利用现有支路、过河通道等设施

在不破坏支路网整体形态的基础上，考虑利用或改造现状的支路、交叉口、过河通道等设施，节约建设费用，引导土地开发。充分预计未来小汽车发展的速度，为适应机动化发展留有余地。

(3)规划的基本程序与方法

① 调研分析

一般需要搜集的资料包括城市总体规划、城市交通专项规划、城市道路系统规划等。

② 确定支路网总规模

依据规范，通过与同类城市类比或参照标准，结合城市实际，合理确定支路网的密度、与主次干道的比例等规模指标。

③ 网络结构布局

根据城市交通规划确定的干道网和支路网规模，并对现状交通进行分析，进行系统网络规划，尤其是支路骨架层的确定，提出若干规划方案。

④ 评价与选择

从网络的可达性、易达性、通达性和相容性等方面，对规划方案进行评价和必选。

⑤ 路网方案逐步深化

最终的方案应该是技术、经济和环境上可行且相对优化。规划是一个逐步细化的过程，从分区规划到控制性详细规划阶段需要不断修正完善。

(4)支路网规模

支路在城市道路中占有很大的比重，在城市分区规划时必须保证支路的路网密度。支路网规模应与城市用地功能区划和用地性质紧密结合，采用区域差别化设施供给策略配置支路网规模，一般支路网密度呈现中心商业区＞居住区＞工业区。《城市道路交通规划设计规范》(GB50220—95)对支路网规模的规定如下：

人口在 200 万以上大城市的支路网密度指标为 3～4 km/km^2，在市区建筑容积率大于 4 的地区，支路网密度应为全市平均值的两倍；市中心区的建筑容积率达到 8 时，支路网密度宜为 12～16 km/km^2；一般商业集中地区的支路网密度宜为 10～12 km/km^2。小城市根据人口规模，5 万以上人口应为 6～10 km/km^2，1 万～5 万人口应为 8～12 km/km^2，1 万以下人口应为 12～16 km/km^2。

(5)支路网规划注意事项

支路规划涉及的面较广，在规划过程中应满足下列要求并注重一些实际问题的解决：

① 支路网规划应注重支路网密度的增加，为交通机动化留有余地。

② 提高支路宽度标准，注重不同规划地块间支路网的衔接。

③ 对支路可进一步分析，包括交通性支路、单行道、非机动车专用道及历史街区保护街巷等，明确功能定位。

④ 将保护城市历史古迹、维护城市特色放在首要位置，不可片面追求线形的平顺。

⑤ 分析具体支路的运行功能时建议对车流构成进行必要的调查和分析，尤其要注意大型建筑和规模较大社区的出入口道路。

⑥在支路连接时，避免错位交叉口、“K”字型交叉口、五路以上的多路交叉口，避免出现断头路，尽量利用现已有的支路进行改造。

⑦ 沿河、沿山体道路要考虑空出必要范围的绿地和公益活动设施用地。

⑧ 随着城市中心区的不断扩展，中心区原来拥有的一些工厂、学校、机关等大

院将会迁往城市外围,新的土地开发客观上要求加密支路。

5. 城市道路横断面规划

城市道路横断面由车行道、人行道和绿地等部分组成。近期横断面宽度,通常称为路幅宽度;远期规划道路用地总宽度则称为红线宽度。红线是指城市中的道路用地和其他用地的分界线。

(1)规划原则

① 横断面布置与道路功能协调。如交通性干道应保证足够的机动车车道数和必要的分隔设施,达到双向分流、人车分流以保障交通安全;商业性大街应保证足够宽的人行道。车行道应考虑公交车辆临时停靠的方便。

② 横断面布置要与当地地形地物相协调。

③ 横断面形式与各组成部分尺寸的确定需考虑道路现状形式、两侧建筑物性质等,并结合道路交通量(目前和远期的车流量、人流量及流向等)、车辆组成种类、行车速度、地下管线资料等综合分析研究确定。

④ 横断面布置应充分发挥绿化的作用,保证雨水的排除,避免沿路的地上、地下管线、各种构筑物以及人防工程等相互干扰。

⑤ 横断面布置需要满足近远期过渡的需求。

(2)横断面形式与选择

城市道路由机动车道、非机动车道、人行道及分隔设施等组成。横断面可选用单幅路、双幅路、三幅路、四幅路4种形式;路面分隔设施可为绿岛或隔离墩(栏)。

① 单幅路

单幅路即"一块板"道路,所有车辆在同一车行道上混合行驶。在交通组织上有两种方式:一种是在车行道上划分出快、慢车行驶的分车线,机动车在中间行驶,非机动车在两侧行驶;另一种是不划分车线,车道的使用可以在不影响安全的条件下予以调整。如图2.3所示(图中尺寸均为示意,单位:m)。一块板道路横断面型式优缺点:占地少,节省投资,但各种交通流混合在一起,不利于交通安全,尤其是机动车、非机动车和行人这3种交通流中,人流是弱势群体,且移动的随意性较强,特别容易造成交通事故。仅适用于机动车交通量不大,非机动车较少的城市次干路、支路以及用地不足拆迁困难的旧城改造的城市道路上。

② 两幅路

两幅路即"两块板"道路(如图2.4所示),在行车道中心用分隔带或隔离墩将车行道分成两半,对向机动车分向行驶。各自再根据需要确定是否划分快、慢车道。两块板道路横断面型式优缺点:对向机动车流已分隔,比较安全,但同向机动车和非机动车之间没有进行分隔,存在一定的交通隐患。故这种型式适用于城市快速路、机动车交通量较大且非机动车流量较小的城市主干道和次干道。

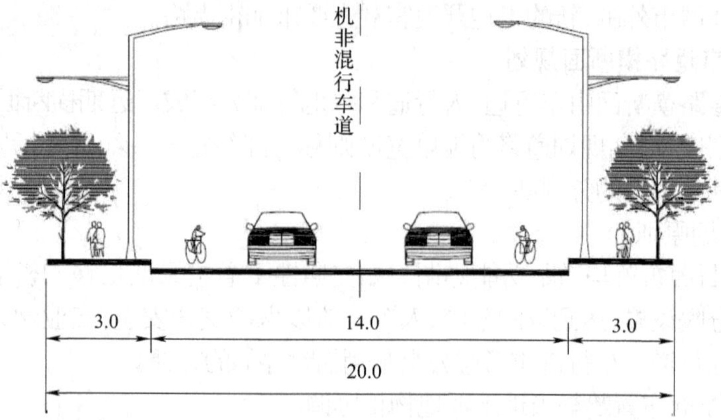

图 2.3 单幅路横断面形式

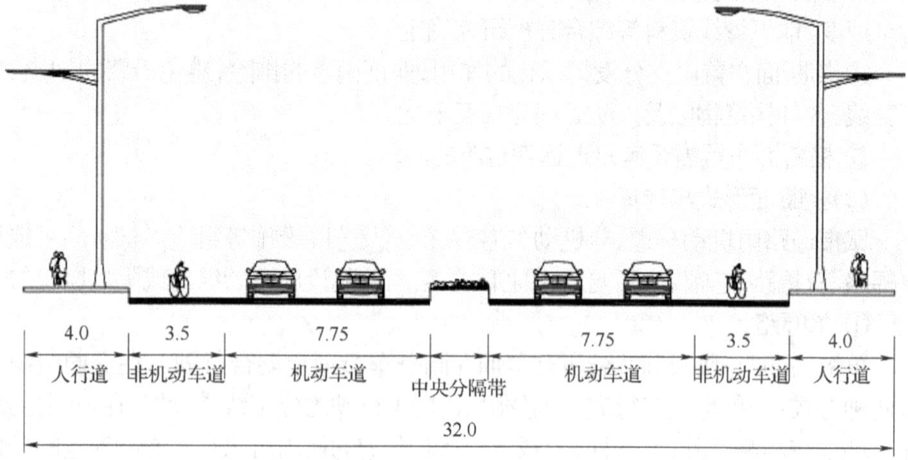

图 2.4 机非混行双幅路横断面形式

③ 三幅路

三幅路即“三块板”道路(如图 2.5 所示),中间为双向行驶的机动车道,两侧设置分隔带将机动车和非机动车分隔,分隔带外侧为非机动车行车道和人行道。三块板道路横断面型式优缺点:将同向机动车、非机动车及行人进行了分隔,路段安全性高,在分隔带上布置绿化,一方面有利于夏天遮阳、布置路灯等,另一方面将减少机动车对自行车及行人的干扰,但对向机动车之间存在一定的交通隐患。同时,由机动车流和非机动车流所产生的混合交通流在交叉口范围产生一定的交通阻塞,降低了道路通行能力。故这种型式适用于机动车和非机动车交通流量均较大且道路红线大于或等于 40 m 的城市主干路和次干路。

④ 四幅路

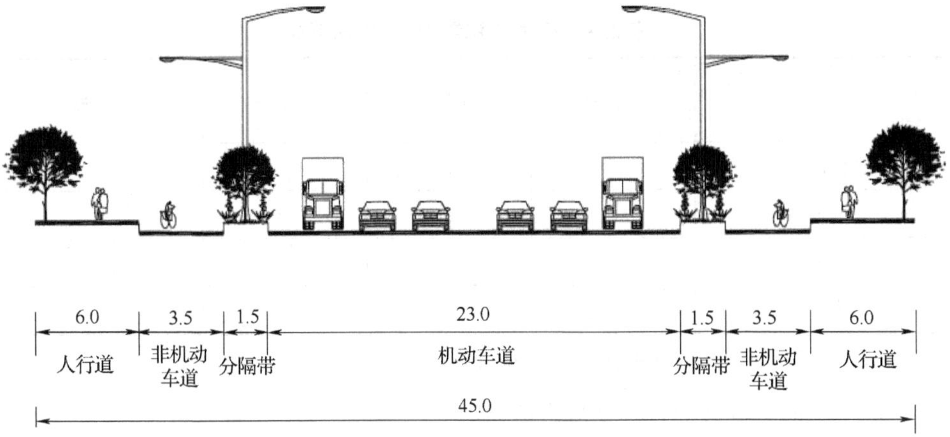

图 2.5 三幅路横断面形式

四幅路即“四块板”道路(如图 2.6 所示),在三幅路的基础上,设置中央分隔带将对向行驶的机动车进行分隔,实现机动车、非机动车、行人各行其道。四块板道路横断面型式优缺点:不但将同向机动车、非机动车和行人进行了分隔,还将对向行驶的机动车进行了分隔,确保了路段上所有交通流的安全顺畅。但这种断面占地多,投资大。故适用于机动车车速较高,双向 6 车道及以上,非机动车较多的城市主干路。对于城市快速路来说,因其车速快,并要求沿线所有交叉口均采用立交型式,行人过街通过人行天桥或地道,故快速路不应该采用有非机动车道的四块板型式。

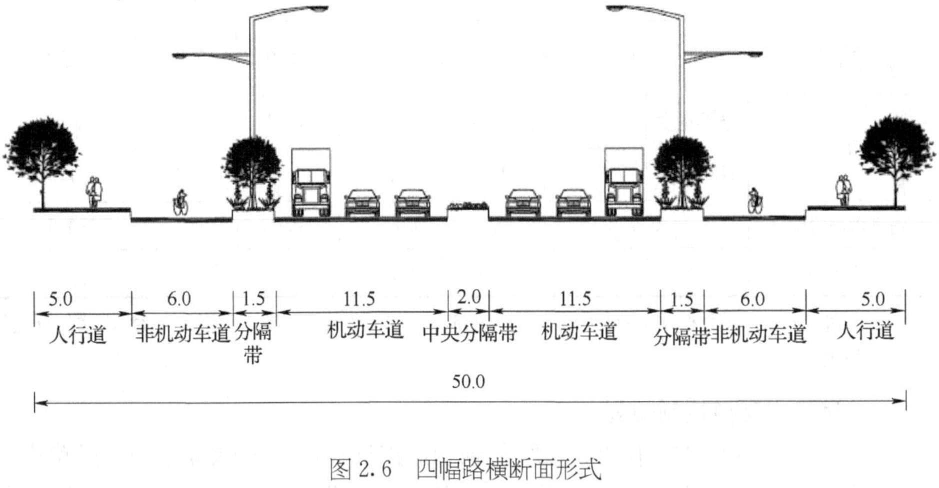

图 2.6 四幅路横断面形式

各级道路横断面形式宜符合表 2.8 规定。

表 2.8 不同等级道路适用断面形式

道路类别 \ 断面形式	单幅路	双幅路	三幅路	四幅路
快速路		✓		✓
主干路		✓	✓	✓
次干路		✓	✓	
支　路	✓			

注:用地不足、拆迁困难的旧城道路近期可暂时采用单幅路。

机动车道宽度参照表 2.9 规定取值。

表 2.9 城市道路机动车道宽度及条数

道路类别		快速路	主干路		次干路		支路
路段单车道宽度(m)	推荐值	3.75	3.5	3.5	3.3	3.3	3.3
	一般最小值	3.5	3.3	3.3	3.0	3.0	3.0
机动车道双向条数		6、8	6、8	6	4	4	2

分隔带推荐宽度和最小宽度应符合表 2.10 规定。

表 2.10 城市道路分隔带推荐宽度和最小宽度

类　别		中央分隔带			两侧分隔带		
计算行车速度(km/h)		≥80	60、50	≤40	≥80	60、50	≤40
绿岛(m)	推荐宽度	4～8	4～6	3～5	4～6	4～6	3～5
	最小宽度	2.0	1.5	1.5	1.5	1.5	1.5
隔离墩(栏)(m)		0.5	0.5	0.5	0.5	0.5	0.5
双黄线(m)			0.5	0.5			

注:绿岛形式分隔带系按设施带宽度 1 m 考虑的最小宽度;当设施带宽度大于 1 m 时,应增加分隔带宽度。

6. 道路交叉口控制规划

交叉口是城市道路网中的瓶颈,是制约道路通行能力的咽喉。城市道路交叉口,应根据相交道路的等级、分向流量、公交站点的设置、交叉口周围用地的性质,确定交叉口的形式及其用地范围。

根据《城市道路交通规划设计规范》，大中城市与小城市的道路交叉口形式选择见表 2.11 和表 2.12。

表 2.11 大、中城市道路交叉口的形式

相交道路	快速路	主干路	次干路	支路
快速路	A	A	A、B	
主干路		A、B	B、C	B、D
次干路			C、D	C、D
支路				D、E

注：A 为立体交叉口；B 为展宽式信号灯管理平面交叉口；C 为平面环形交叉口；D 为信号灯管理平面交叉口；E 为不设信号灯的平面交叉口。

表 2.12 小城市的道路交叉口形式

规划人口(万人)	相交道路	干路	支路
>5	干路	C、D、B	D、E
	支路		E
1～5	干路	C、D、E	E
	支路		E
<1	干路	D、E	E
	支路		E

(1)立体交叉口控制性规划

① 立体交叉设置条件

a. 高速公路与城市各级道路相交时，必须采用立体交叉。

b. 快速路与快速路相交，必须采用立体交叉；快速路与主干路相交，应采用立体交叉。

c. 主干路与主干路交叉口的交通量超过 4 000～6 000 pcu/h，相交道路为四车道以上，且对平面交叉口采取改善措施、调整交通组织均难收效时，可设置立体交叉。

d. 两条主干路交叉或者主干路与其他道路相交，当地形适宜修建立体交叉，且技术经济比较合理时，可设置立体交叉。

e. 道路跨河或跨铁路时，可利用桥梁边孔修建道路与道路的立体交叉。

② 立交形式选择

城市道路立体交叉口的形式选择，应符合以下规定：

a. 整个道路网中，立体交叉口的形式应力求统一，其结构形式应简单，占地面积少。

b. 交通主流方向应走捷径，少爬坡和少绕行；非机动车应行使在地面层上或路堑内。

c. 当机动车与非机动车分开行驶时，不同的交通层面应相互套叠组合在一起，减少立体交叉口的层数和用地。

③ 立体交叉用地控制要求

各种形式立体交叉口的用地面积和规划通行能力宜符合表 2.13 规定。

(2)平面交叉口控制性规划

表 2.13 立体交叉口规划用地面积和能行能力

立体交叉口层数	立体交叉口匝道基本形式	机动车与非机动车有无冲突	用地面积（万 m^2）	通行能力(千辆/h)	
				当量小汽车	当量自行车
二	菱形	有	2.0～2.5	7～9	10～13
	苜蓿形	有	6.5～12.0	6～13	16～20
	环形	有	3.0～4.5	7～9	15～20
		无	2.5～3.0	3～4	12～15
三	十字路口形	有	4.0～5.0	11～14	13～16
	环形	有	5.0～5.5	11～14	13～14
		无	4.5～5.5	8～10	13～15
	苜蓿形与环形①	无	7.0～12.0	11～13	13～15
	环形与苜蓿形②	无	5.0～6.0	11～14	20～30
四	环形	无	6.0～8.0	11～14	13～15

注:①三层立体交叉口中的苜蓿形为机动车匝道,环形为非机动车匝道;
②三层立体交叉口中的环形为机动车匝道,苜蓿形为非机动车匝道。

在城市道路系统中,除快速路系统和个别主干路上的立体交叉口外,城市中的道路交叉口基本上均为平面交叉口。平面交叉口有“十”、“X”、“T”、“Y”、“环形”等多种形式。应根据相交道路等级、分向流量、公交站点设置、交叉口周围用地性质,确定交叉口形式及其用地范围。

① 平面交叉口设置要求

a. 平面交叉口必须进行渠化规划设计,必须通过增加交叉口进口道车道数来弥补时间资源的损失,道路口通行能力与路段通行能力相匹配。

b. 交叉口渠化改造和规划建设必须考虑系统性,不能孤立改造某个路口,将交通矛盾转到其他路口。

c. 尽可能利用平交路口渠化来挖掘既有设施潜力,尽量不建立交。平面环形交叉口可采用“环交+信号灯”控制方式。

② 环交设置应满足下列要求

a. 机动车与非机动车混行的环形交叉口,环道总宽度宜为 18～20 m,中心岛直径宜取 30～50 m,其规划通行能力宜按表 2.14 的规定采用。

表 2.14 环形交叉口的规划通行能力

机动车的通行能力(千辆/h)	2.6	2.3	2.0	1.6	1.2	0.8	0.4
同时通过的自行车数(千辆/h)	1	4	7	11	15	18	21

注:机动车换算成当量小汽车数,非机动车换算成当量自行车数。

b. 规划交通量超过 2 700 辆/h 当量小汽车数的交叉口不宜采用环形交叉口。环形交叉口上的任意交织段上，规划的交通量超过 1 500 辆/h 当量小汽车数时，应改建交叉口。

③ 平面交叉口用地控制要求

城市道路平面交叉口的规划用地面积宜符合表 2.15 规定。

表 2.15　平面交叉口规划用地面积　　万 m^2

城市人口(万人) 相交道路等级	T字型交叉口			十字形交叉口			环形交叉口		
	>200	50～200	<50	>200	50～200	<50	中心直径(m)	环道宽度(m)	用地面积(万 m^2)
主干路与主干路	0.60	0.50	0.45	0.80	0.65	0.60	—	—	—
主干路与次干路	0.50	0.40	0.35	0.65	0.55	0.50	40～60	20～40	1.0～1.5
次干路与次干路	0.40	0.30	0.25	0.55	0.45	0.40	30～50	16～20	0.8～1.2
次干路与支路	0.33	0.27	0.22	0.45	0.35	0.30	30～40	16～18	0.6～0.9
支路与支路	0.20	0.16	0.12	0.27	0.22	0.17	25～35	12～15	0.5～0.7

2.2　规划案例 1：马鞍山市道路网规划

2.2.1　项目概述

马鞍山市城市道路网规划主要配合新一轮城市总体规划进行，在城市交通战略规划的指导下，以马鞍山市城市总体规划和控制性详细规划以及马钢厂区布局规划为依据，结合马鞍山市城市交通特点而展开的。

2.2.1.1　规划范围与年限

规划范围：与城市总体规划保持一致，即马鞍山市主城区、开发区及当涂县城约 125 km^2 范围内，人口 62 万，同时考虑中心城市与周边城市及外围组团之间的区位关系和交通联系，因此，背景规划范围确定为市域范围乃至整个长三角地区。

规划年限：近期 2005 年，远期 2020 年。

2.2.1.2　规划目标与流程

完善的道路交通网络对于强化城市功能、优化综合发展环境具有重要意义。通过本次道路网规划将分别实现如下城市交通发展目标：

(1)找出马鞍山市城市交通问题的主要症结，结合城市交通规划，通过城市道路网络的完善以及交通治理、改善，明确城市道路功能，保证交通系统运营基本畅通。

(2)确定城市的交通结构与城市道路网络的主骨架，满足远景城市交通供需总量动态平衡，并适当超前，以可持续发展的城市交通来支撑社会经济的可持续发展。

(3)以完善整个城市道路网络为最终目标，兼顾马钢城区内部道路网络的相对独立性，进一步协调马钢厂区内、外部道路网规划，特别是要构建一个适应马钢厂区内外部交通需求的关键通道，从而为马鞍山市一体化交通系统的形成、公共交通优先政策的落实提供最基本的道路网络支撑。

规划流程如图 2.7 所示。

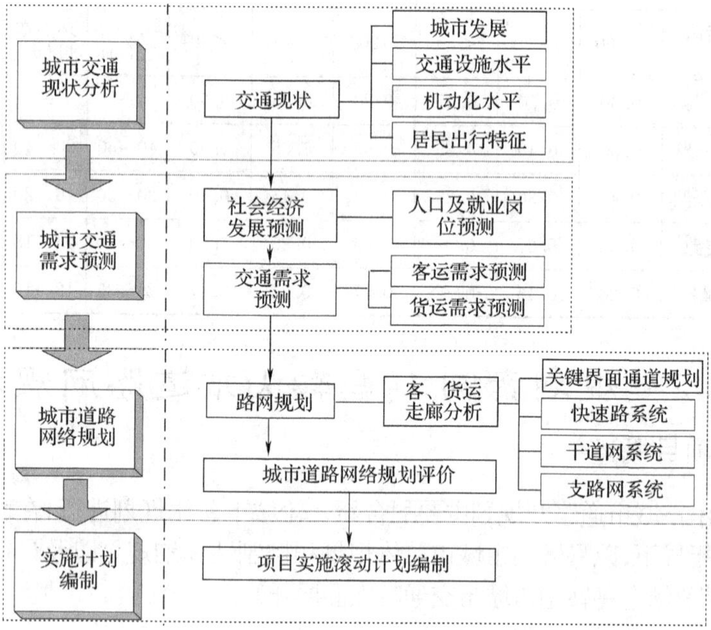

图 2.7 马鞍山市道路网规划流程图

2.2.2 城市发展

2.2.2.1 区位分析

马鞍山位于长江下游东岸，皖江城镇带东部，地处安徽与长江三角洲的结合部、长江三角洲沿江产业带的西端，是国内外著名资源密集型工矿城市。紧邻长三角地区，是南京都市圈的重要组成部分，因此，良好的区位优势使马鞍山可以充分发挥自身要素成本低廉等优势，积极承接东部发达地区产业梯度转移和经济辐射。

2.2.2.2 社会经济发展

1. 人口

截至 2002 年底，马鞍山户籍人口达到了 122.12 万人，比上年增加 2.07 万人。

其中:农业人口67.94万人,非农业人口54.18万人。2002年,马鞍山市规划范围内人口达到62万人,其中中心城区人口44万人。

根据城市总规,马鞍山市市域人口及城市化水平预测如下:

- 近期(2005年)人口达到130万,城市化水平为60%;
- 远期(2020年)人口达到180万,城市化水平为80%。

城市中心城区各特征年人口发展规模为:近期2005年为75万,2020年为120万,远景2050年为180万～200万人。

2. 经济总量

2002年,马鞍山市全年国内生产总值突破150亿元,达154.8亿元,人均国内生产总值为12 768元,分别比上一年增长11.9%和10.47%,市区国内生产总值达到126.5亿元,人均国内生产总值为23 412元,分别比上一年增长14.78%和11.43%。从1993年到2002年,全市国内生产总值的年均增长速度达到了8.89%,同期市区达到了10.16%。

3. 产业结构

马鞍山市产业结构比例反映了其钢铁工业城市的城市特色,第二产业产值所占的比重很大达到了60%～70%,其次为第三产业,占到了20%～30%,第一产业所占的比例不足2%。近年来,马鞍山市的第一、第二产业比例都有不同程度的下降,第三产业比例有着明显的上升,产业结构正在不断优化。

2.2.2.3　城市规划及土地利用

1. 发展方向

马鞍山市自建市以来,由最初的马鞍山脚下金家庄到现状的主城区,以及本次规划年限内规划的主城区范围,基本上都是保持着"南进东扩"的城市发展方向。受省、市级行政界限,长江水体、东部山体的限制,以及现状主城区对当涂县城的空间发展吸引力,城市向南发展并与当涂县城对接成为马鞍山市城市规模扩张的主要方向,这一发展方向顺应于马鞍山市城市化进程加快的趋势。

2. 功能结构

马鞍山市规划城市空间结构形态为"一主、一副、两带",整个城市呈带状组团式发展。主城区即为在现状主城区的基础上,东进南扩而形成。主城区以行政办公、商业金融、科技文教、产业信息、交通、居住等为主。副城区以现状当涂县城为基础,向北发展,与城市经济技术开发区南区相接。"两带"即产业带与生活带。与城市的主要发展方向相一致,现状主城区的沿江产业带将继续保持向南延伸的态势,与当涂乃至芜湖工业区连成一体;结合产业带的发展方向,形成与之平行发展的生活带。马鞍山市的城市功能布局结构形态不但充分利用了其典型带状城市的特点,而且也顺应了现代城市空间结构发展模式——由单中心向多中心,由圈层式结构向网络式结构发展。两级城市中心的布局将会大大降低未来马鞍山作为特大城市所特有的向心交通压力,而产业带与生活带的平行发展也减小了居民通勤出行距离,客观上降低了城市道路网的交通负荷。如图 2.8 和图 2.9 所示。

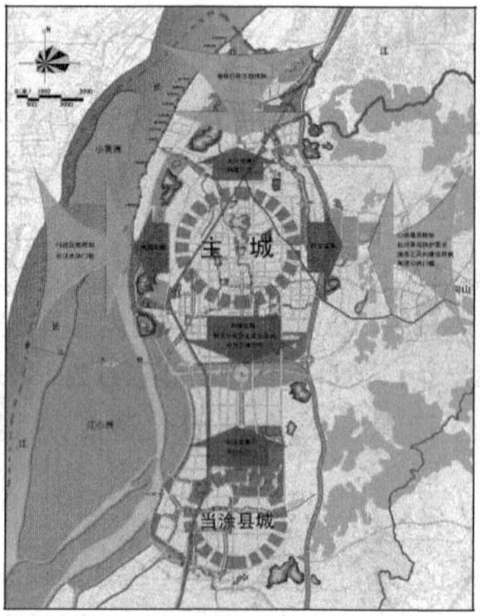

图 2.8 马鞍山市城市发展方向示意图

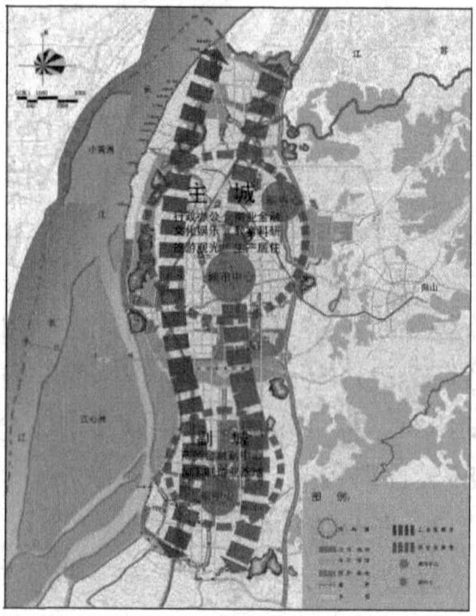

图 2.9 马鞍山市规划城区功能结构布局图

3. 土地利用

2001 年马鞍山市城市现状建成区用地面积为 67.58 km^2,人均建设用地 109 m^2。规划近期人均建设用地控制在 107 m^2,远期控制在 105 m^2 之内。根据城市人口发展规模和人均建设用地标准的确定,近期建设用地控制在 80.38 km^2,远期控制在 124.6 km^2。

城市各种用地的结构比例对城市交通需求也有较大的影响。到 2020 年,马鞍山市的居住用地、道路广场用地及绿地用地比例上升幅度较大,而工业用地的相对比重却有所下降,这种用地比例的变化决定了未来马鞍山市居民出行性质也将发生相应的变化,即居民的生存出行比例将会进一步减小,而弹性出行比例将会逐步上升,居民出行对城市交通的舒适性、快速性、便捷性以及安全性的要求也越来越高。

2.2.2.4 城市机动化水平

2002 年,马鞍山市机动车保有量达到了 70 527 辆,其中摩托车 39 472 辆,占到了机动车总数的一半以上,达到了 55.97%,一般客车总数为 9 535 辆,货车 7 691辆,分别为占到了总数的 13.52%和 10.91%。2002 年,马鞍山市城市机动化水平达到了 113.75 辆/千人。

根据马鞍山市城市机动车发展方案，以《城市道路交通设计规范》为基础，借鉴国内其他城市的机动车发展历程，确定 2020 年马鞍山市机动车的发展状况如表 2.16所示。

表 2.16　2020 年马鞍山市机动车辆保有量一览表　　辆

年　份	客运车辆				货运车辆		
	公交车	出租车	私家车	摩托车	其他客车	大货	小货
2002	315	1 678	1 000	39 472	6 542	4 268	3 423
2020	1 500	7 200	70 000	48 234	50 308	17 055	19 032
年均增长率(%)	9.06	8.43	26.62	1.12	12.00	8.00	10.00

2.2.3　现状道路系统分析与评价

2.2.3.1　道路网形态

马鞍山市现状主城区路网形态基本呈现方格网式。“七横五纵”构成了主城区的城市道路主骨架。当涂县城道路断头路多，还没有形成道路网络。

1. 路网布局及功能定位

现状主城区的“五纵七横”构成了整个城市道路网的主骨架。“五纵”即宁芜路、红旗路、湖西路、湖东路和江东大道，主要解决城市南北向的交通联系。“七横”即联合路、幸福路、葛羊路、湖北路、湖南路、雨山路和九华路，主要解决城市东西向的交通联系问题。“七横”骨架路承担了绝大部分的东西向通勤交通出行。“七横”之中，联合路为马和汽渡的出入城道路，一方面实现了马鞍山市与巢湖和县乃至整个皖中地区的交通联系；另一方面，也起到了联系巢湖与南京、上海等地区的过境交通作用。

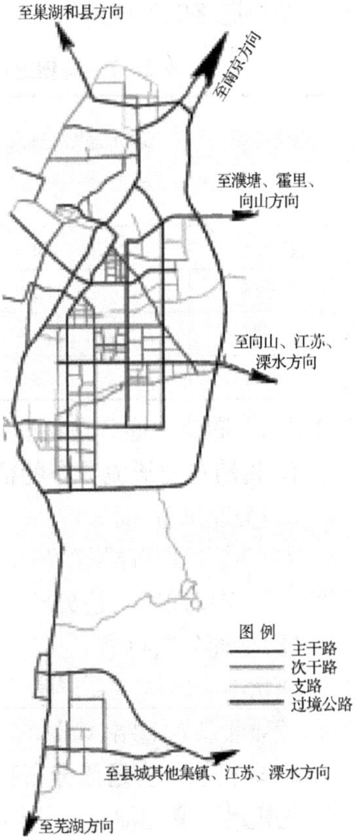

图 2.10　马鞍山现状主城区和当涂县城道路布局图

当涂县城的主干道主要有宁芜公路（当涂段）、314 省道和提曙路。314 省道是皖中地区连接江苏省苏南地区的重要干线，同时也是当涂县县域范围内连接各主要集镇的重要通道，提署路则为现状当涂县城发展的主轴线。

马鞍山现状主城区和当涂县城的骨架道路布局如图 2.10 所示。

2. 道路交通设施水平

马鞍山市现状主城区人均道路面积为7.97 m^2,道路面积率为10.5%,道路网密度3.16 km/km^2。其中主干路网密度1.27 km/km^2,次干路网密度为0.74 km/km^2,支路网密度为1.16 km/km^2。如计当涂县城在内,则整个规划范围内的道路网密度为2.92 km/km^2,主干路、次干路、支路路网密度分别为1.22 km/km^2、0.70 km/km^2、1.00 km/km^2。见表2.17。

马鞍山市现状路网密度低,次干路和支路网不完善存在着一定的客观原因。一是马钢厂区位于城市的西部,占现状主城区面积的30%~40%,其内部路网密度很低,断头路非常多且路况非常差,服务对象大都仅限于马钢内部的货运交通及职工上下班交通出行。二是现状主城区的北部、西部以及市中心水域面积较多,不利于城市道路的形成网络。

表2.17 马鞍山市各级道路路网密度与规范建议值对比情况

道路等级	《城市道路交通规划设计规范》	范围		
		主城区	当涂县城	合计
快速路	0.3~0.4	0	0	0
主干路	0.8~1.2	1.27	1.08	1.22
次干路	1.2~1.4	0.74	0.57	0.7
支路	3.0~4.0	1.16	0.45	1
合计	5.3~7.0	3.17	2.11	2.92

2.2.3.2 道路交通分布特征

1. 机动车交通流分布特征

(1)交通量分布特征

中心城区现状路网的机动车流量总体上以雨山湖周围道路为重心,随着城市外延呈现逐步递减的趋势。

(2)车速分布特征

现状中心城区主要干道的车速基本上呈"东高西低,南高北低"之势,总体车速不高,不同区域、道路状况和交通条件下车速相差较大。

2. 非机动车交通流分布特征

与机动车交通流分布相似,主城区非机动车交通量也大都集中在中心区几条主要的主次干道上,支路分担的比例偏小。非机动车交通流量的分布极不合理,城市主干道承担了绝大部分的非机动车交通量,部分支路本可以作为非机动车主干道却未能发挥其作用,由于缺乏有效的交通管理,马鞍山的许多支路,特别是老城区内的支路道路条件都比较差,并且存在占道经营等现象,使得非机动车难以连续行驶，支路对于非机动车使用者的吸引力很低。

3. 关键界面通道交通流特征

马鞍山市现状主城区内的宁芜铁路将整个城市建成区划分成两个不同的功能分区，宁芜铁路以西为工业区，以东为行政办公、商业、居住区，因此，宁芜铁路成为主城区的一个关键交通界面，其上的通道主要有江东大道、幸福路、湖南路、三台路和湖南路等，其中江东大道、幸福路、湖北路为城市主干道，湖北路和三台路为城市次干道，这些主次干道是马鞍山主城区连接工作区和生活区的交通纽带。

宁芜铁路关键界面通道的机动车交通负荷不是很高。但是，无论在早高峰时间或晚高峰期间，各关键界面都显得非常拥挤堵塞，其根本原因是关键界面两端的交叉口渠化不完善，信号配时不尽合理，行人、非机动车、机动车混合交通很严重，从而极大地限制了关键界面通道的通行能力。

2.2.3.3　城市道路交通存在的主要问题

(1)主城区的骨架路网虽然基本确立，但道路网断头路很多，路网系统性差，可达性低。老城区道路交通条件较差，机非混行严重，道路的利用率低，交通安全状况差。当涂县城道路还没有成形成网。

(2)城市道路网总体规模偏低。道路网密度为 3.16 km/km^2，现状城市道路面积率为 10.5%，人均道路面积为 7.97 m^2，与规范要求仍有一定的差距。

(3)城市道路网级配与国标以及国外部分城市差距较大。次干路和支路不足是造成道路网级配不合理的最主要原因。

(4)部分城市道路，尤其是主干路功能混乱，造成了理论功能定位与所起的实际作用相差很大，导致了部分主干道时空资源没有得到有效的利用，交通效率非常低下。

(5)道路交通流分布不均衡，交通瓶颈现象严重。

2.2.4　城市道路网规划

2.2.4.1　路网形态及道路等级结构

马鞍山市规划城市形态为典型的带状城市，城市的发展模式基本为点轴式的发展模式，结合城市现状城市道路网络的基本形态，确定 2020 年城市规划路网形态仍为方格网式。

根据马鞍市带形城市的发展特点，考虑到未来城市中心与副中心大量的客货运交通以及前瞻性地构筑城市核心区交通保护圈的重要性，有必要在主城区以及主副城区之间建设快速通道。

城市主干路担负联系城市用地组团之间、各区域之间、大型交通集散点之间和对外交通节点的职能。规划至2020年,马鞍山市慈湖工业区、老城区、主城区副中心、马刚厂区、核心区以及副城区等相互之间都必须布置城市主干路,在此基础上还必须将马鞍山港口、其他城市对外交通枢纽、马钢厂区的重要货物集散点、城市的物流中心联系起来。如图2.11和图2.12所示。

马鞍山是国家优秀旅游城市,城市规模进一步扩大以后,中心城区的旅游资源更加丰富,因此可以将部分生活性次干道规划设计成城市景观大道,将城市各旅游点资源连贯起来,形成城市一道美丽的风景线。

马鞍山市的现状支路网密度很低,难以发挥应有的功能,因此,本次规划在重点构筑城市骨架路网的同时,将城市的支路网规划放在重要的位置。

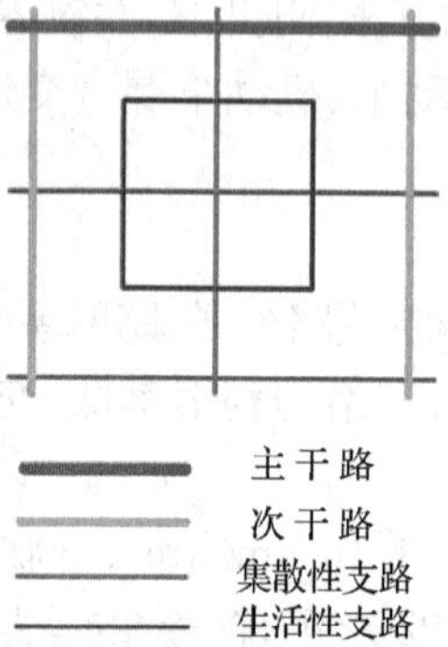

图2.11　不同功能支路与其他等级道路连接示意图

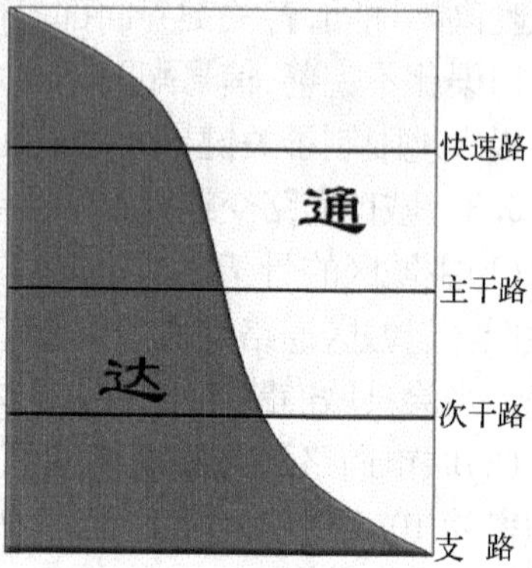

图2.12　不同等级道路功能定位

与城市次干路一样,将城市支路按其所承担的功能分为集散性支路和生活性支路。集散性支路主要解决小区交通问题,应以交通功能为主,必要时可以直接与城市主干路衔接;生活性支路为居民出行提供便利,应以服务功能为主,可以和城市次干路连接,但不能直接和城市主干路衔接,同时,由于其等级不高,线形、断面等可以与小区规划密切结合,同小区内道路有机地联系起来,给居民创造一个舒适、优美的生活环境。

2.2.4.2　快速路规划

1. 规划原则

(1)建立城市主中心与副中心之间的快速通道;

(2)与城市布局结构和土地利用相结合,与城市交通走廊相协调;

(3)与对外出入口道路和高速公路相连接;

(4)保持中长距离机动车交通出行的连续车流;

(5)起到对CBD地区、城市核心区的保护与集散作用;

(6)连接城市主要对外交通枢纽点。

2. 规划规模

到 2020 年,马鞍山市人口将达到 120 万,城市用地面积约 125 km^2。根据《城市道路交通设计规范》,城市快速路的路网密度要达到 0.3～0.4 km/km^2 的指标要求,参照国内外快速道路占道路网长度 8%左右的比例(国际推荐 7.2%、上海 8.3%、南京 11%、北京 10%),并根据马鞍山城市发展规模、机动车出行需求以及用地规划情况,确定 2020 年马鞍山市快速路规模为 30～40 km。

3. 规划方案

结合马鞍山市城市总体发展方向以及用地布局情况,本次快速路规划提出 4 种方案。见表 2.18 和图 2.13～图 2.16 所示。

表 2.18　马鞍山市快速路规划方案比较

方案	路网结构	路网规模	方　案　特　点
方案 A	二横一纵一联	总规模为 31.2 km,其中主城区 15.9 km,副城区 15.3 km	(1)支持外围中心城镇和港口的发展; (2)对中心区的交通疏解效果不明显; (3)与交通枢纽衔接一般; (4)快速路的时空通达目标较难实现; (5)工程实施难度小
方案 B	一环二射三联	总规模为 35.9 km,其中主城区 26.0 km,副城区 9.9 km	(1)路网布局与城市总体布局协调; (2)支持外围中心城镇和港口的发展; (3)对中心区的交通疏解效果明显; (4)与交通枢纽衔接较好; (5)快速路的时空通达目标较易实现; (6)有利于旅游资源的开发; (7)工程实施难度适中
方案 C	二横一纵一联	总规模为 31.6 km,其中主城区 15.7 km,副城区 15.9 km	(1)对城市的核心区会产生向心交通压力; (2)与交通枢纽衔接一般; (3)与各级道路相交太多,交叉口处理复杂; (4)靠近城市核心区,对城市的整体形象具有负面影响,且不利于 CBD 的形成; (5)工程实施难度较大
方案 D	三横一纵一联	总规模为 34.8 km,其中主城区 19.6 km,副城区 15.2 km	(1)路网布局合理; (2)支持外围中心城镇和港口的发展; (3)对中心区的交通疏解效果一般; (4)与交通枢纽衔接较好; (5)有利于旅游资源的开发; (6)工程实施难度较小

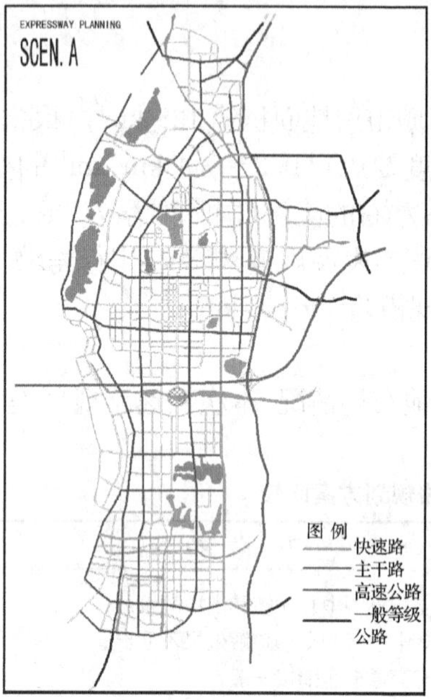

图 2.13 快速路规划方案 A

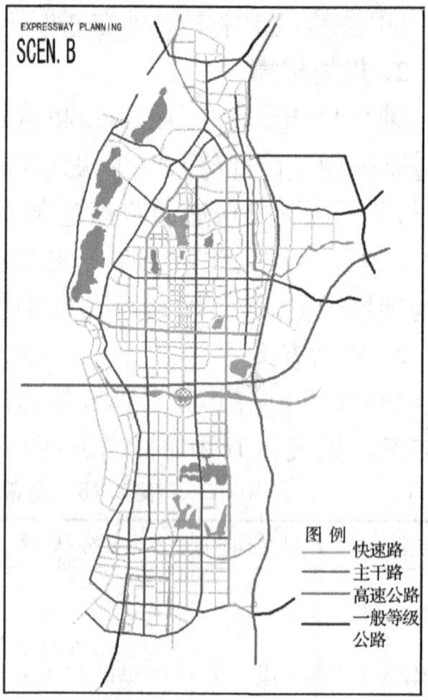

图 2.14 快速路规划方案 B

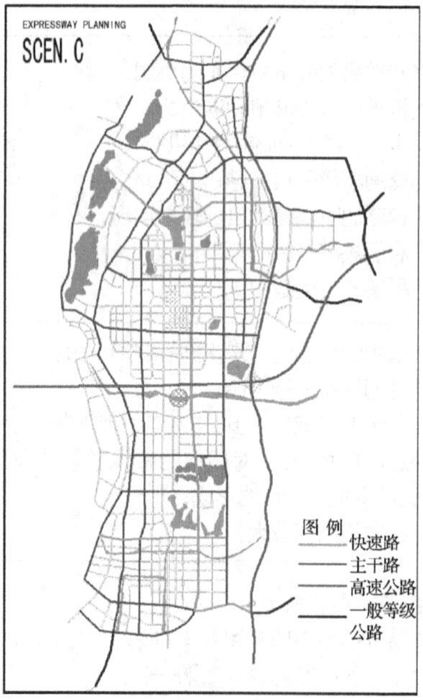

图 2.15 快速路规划方案 C

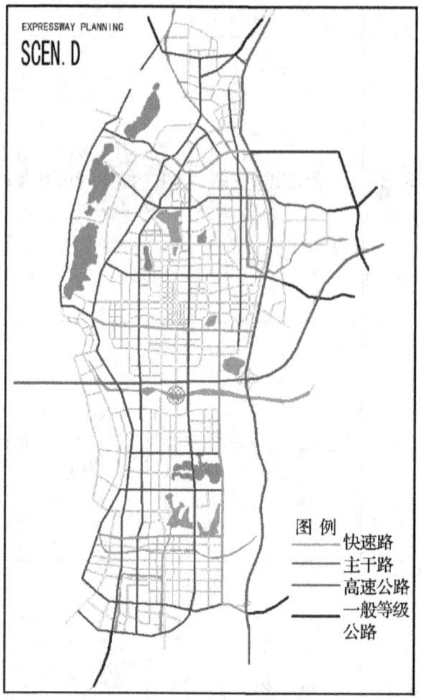

图 2.16 快速路规划方案 D

4. 方案测试及评价

采用 EMME/2 软件对四种不同的快速路规划方案进行机动车流量分配测试,如

图 2.17～图 2.20 所示。从各方案的分配结果看，不论哪种方案，都体现出主副城区之间巨大的交通需求，江东大道、湖东路、湖西路客运交通走廊的地位非常明显。规划方案 A、B、C、D 在整个骨架路网中所承担的流量分别占到了 52%、60%、49%、55%。

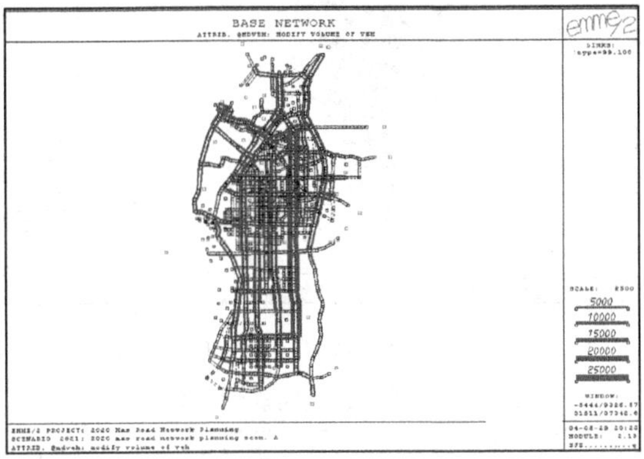

图 2.17　方案 A 机动车分配流量图

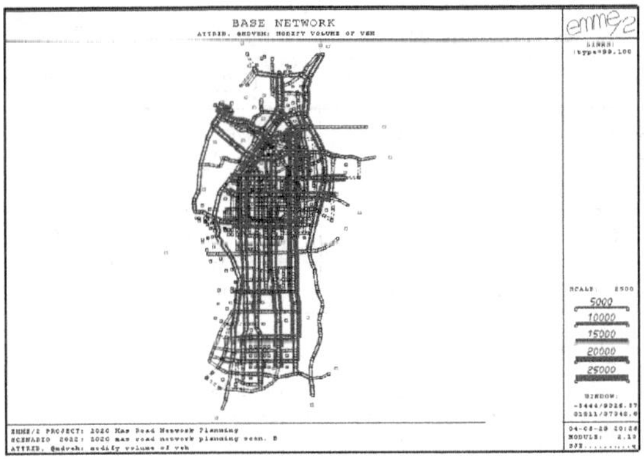

图 2.18　方案 B 机动车分配流量图

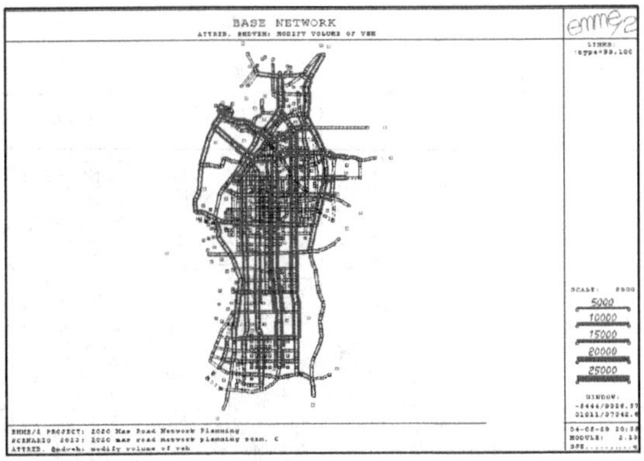

图 2.19　方案 C 机动车分配流量图

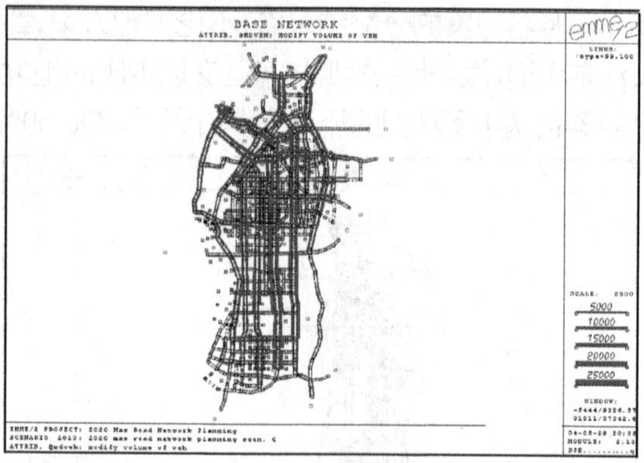

图 2.20 方案 D 机动车分配流量图

表 2.19 城市快速路规划方案评价

方 案 编 号	方案 A	方案 B	方案 C	方案 D
路网结构	二横一纵一联	一环二射三联	二横一纵一联	三横一纵一联
快速路网规模(km)	31.2	35.9	31.6	34.8
快速路密度(km/km^2)	0.25	0.28	0.25	0.28
与机动车走廊的符合程度	良	优	优	优
与城市主要发展方向的符合程度	优	优	优	优
快速路平均 V/C	0.49	0.45	0.50	0.46
骨架路平均 V/C	0.38	0.35	0.36	0.39
骨架路网平均车速	40	45	42	40
核心区 V/C	0.41	0.35	0.38	0.37
与交通枢纽的衔接	良	优	中	良
对核心区交通疏解与保护的效果	良	优	优	良
城市主要功能区的快速可达性	优	优	良	良
工程实施的可行性	优	良	良	优
主要结论	支持外围中心城镇和港口的发展，对中心区的交通疏解效果不明显，与交通枢纽衔接一般，快速路的时空通达目标较难实现，工程实施难度小	路网布局合理，支持外围中心城镇的发展，对中心区的交通疏解效果显著，与交通枢纽衔接较好，快速路的时空通达目标较易实现，利于旅游资源的开发，工程实施难度适中	支持外围区和港口的发展，与各级道路相交太多，交叉口处理复杂，靠近城市核心区，对城市的整体形象具有负面影响，且不利于 CBD 的形成，与交通枢纽衔接一般，工程实施难度较大	路网布局合理，支持外围区和港口的发展，对中心区的交通疏解效果一般，与交通枢纽衔接较好，利于旅游资源的开发，工程实施难度较小

通过表 2.19 比较以上 4 种方案的优劣，推荐方案 B 为最终方案。

2.2.4.3　干道网规划

1. 主干路系统规划

马鞍山市城市主干路主要联系城市的工业区、住宅区、港口、车站等客货运中心，负担城市的主要客货运交通，是城市内部的交通大动脉。

(1)规划规模

参考《城市道路交通规划设计规范》和国内外部分特大城市主干路的路网密度及所占比例，并考虑马鞍山市现状道路网密度、城市用地特征，确定 2020 年马鞍山市城市主干路的规模为 135～145 km。

(2)路网布局

规划沿江大道为城市主干路，以促进马鞍山市长江岸线、港口资源的利用，同时也增加了马钢慈湖工业园区与原马钢厂区之间的快速货运通道。延伸与湖北路平行的幸福路至马鞍山港口，连上沿江大道，巩固联系港口与主城区以及外围城镇的主通道。适应城市“南进东扩”的发展方向，在主城区东部新建慈河路，红旗路与湖东路继续向当涂方向延伸，其中，红旗路与姑孰路相连接。至此，主城区与副城区之间有宁芜路、红旗路—姑孰路、湖东路、江东大道等 4 条城市干道，加上马芜高速共有 5 条高等级道路。

城市快速路与主干路一起构成了城市的骨架路网，大部分城市骨架道路都是以交通性功能为主，承担组团间长距离交通流及市区内高容量交通流。马鞍山市 2020 年骨架路网将形成“十一横六纵”的格局，如图 2.21 所示，其中城市主干路总规模为 136 km，路网密度 1.27 km/km^2。城市主干路中大部分都是以交通性功能为主，惟有主城区的雨山路与副城区的黄山路可以作为城市的景观大道。

(3)其他要求

根据马鞍山市现状道路交通现状所存在的问题，提出城市主干路规划的相关要求：

① 交叉口之间分隔机动车与非机动车的分隔带宜连续；

② 主干路两侧不宜设置吸引人流的公共建筑物出入口；

③ 当城市主干路两侧已有大量的公共建筑物，需严格保持机非分隔带连续，并每隔 400～500 m 修建行人过街设施(人行天桥或地下过街通道等)。城市快速路与主干路共同构成了马鞍山市规划年的城市道路骨架路网，如图 2.21 所示。

2. 次干路系统规划

(1)规划规模

根据《城市道路交通规划设计规范》次干路网 1.2～1.4 km/km^2 的密度指标，参照国内外次干道路占道路网长度 25%左右的比例，并根据马鞍山城市发展规模

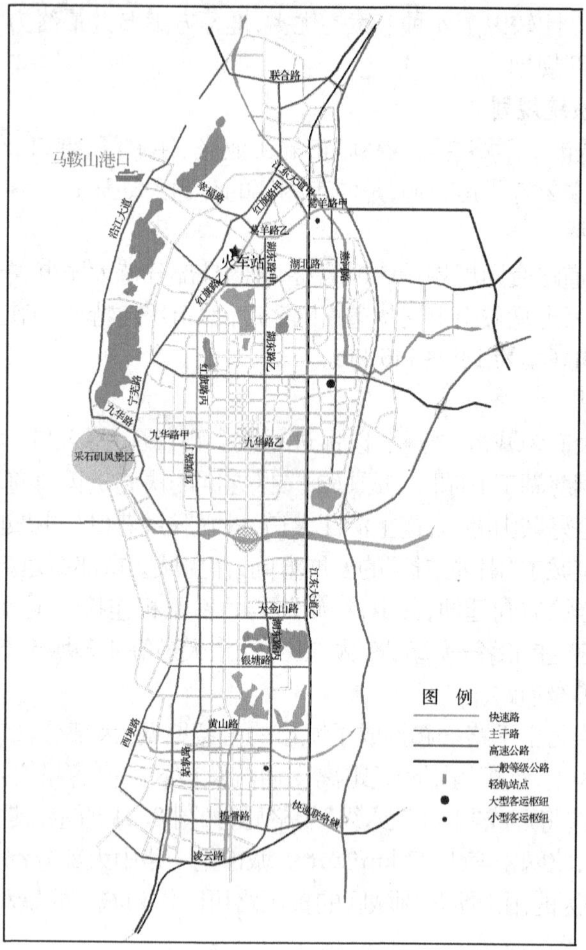

图 2.21　马鞍山市城市道路骨架路网规划图

和机动车出行需求特征，次干路系统的总长度确定为 160～170 km。

(2)路网布局

城市次干路配合主干路，形成城市干道网，干路主要承担城市组团间中等距离以及市内各功能区的交通流，兼有交通性和生活性功能，起着交通流量的集散作用。

到 2020 年，主城区的次干道主要有电业路、湖南路和印山路，副城区有超山路、横山路、太白路和金柱路，以加密主、副城区东西向的城市骨架路网；南北向的主要有桥南路、马钢大道、东城路、湖西路、振兴路和中心大道等道路，其中湖西路、振兴路和中心大道是主副城区 4 条快速通道的重要补充，如图 2.22 所示。按此规划，次干路的规模为 161 km，路网密度为 1.50 km/km^2。

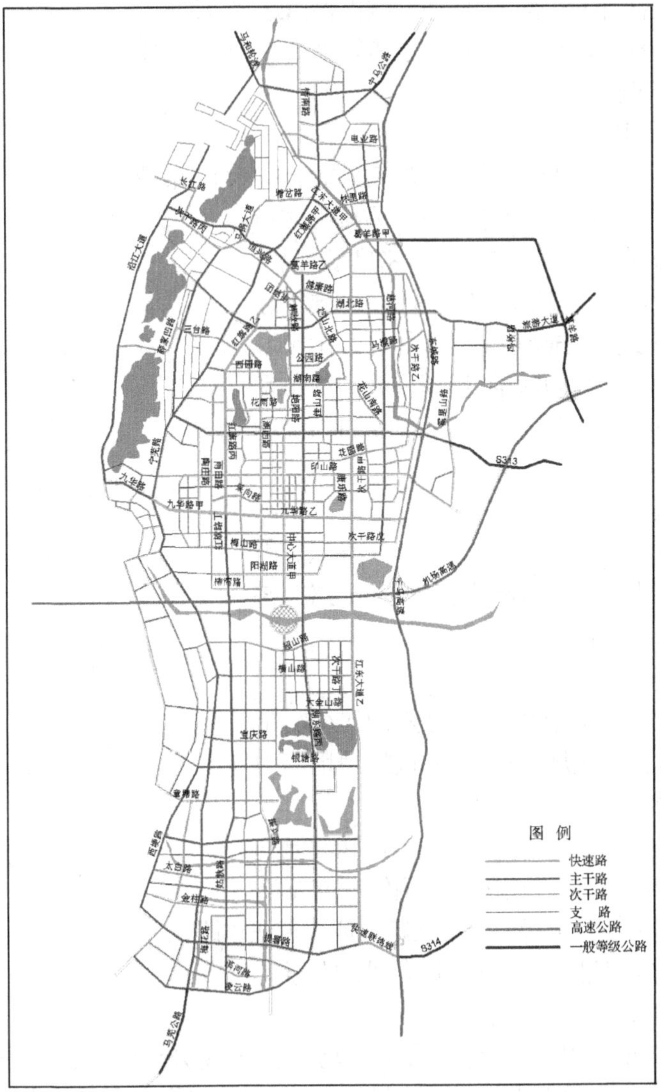

图2.22　马鞍山市城市道路网总体布局规划图

2.2.4.4　支路网规划

1. 规划原则

根据马鞍山城市特征、用地形态、道路网现状，确定马鞍山市支路网规划的基本原则主要有以下几个方面：

(1)注重系统性、差异性和有序性；

(2)注意保护城市风貌，保护人文和生态环境；

(3)注重合理的路网密度,使与城市整体路网协调;

(4)充分利用现有支路、过河通道等设施,适当提高技术标准。

2. 支路网规划

(1)规划规模

《城市道路交通规划设计规范》规定特大城市支路网密度应达到 3～4 km/km²的密度指标,但是考虑到马鞍山城市的特殊性,即现状马钢厂区支路网密度低,以及主、副城区都不同程度的存在山体、水域等原因,支路网密度要比规范为低。以《马鞍山市城市总体规划(2020)》为基础,根据马鞍山城市发展规模和城市用地特征,支路网系统的总长度确定为 180～200 km。

(2)路网布局

马鞍山市支路网布局如图 2.23 所示。由此可得,规划支路网规模将达到189 km,路网密度为 1.76 km/km²。

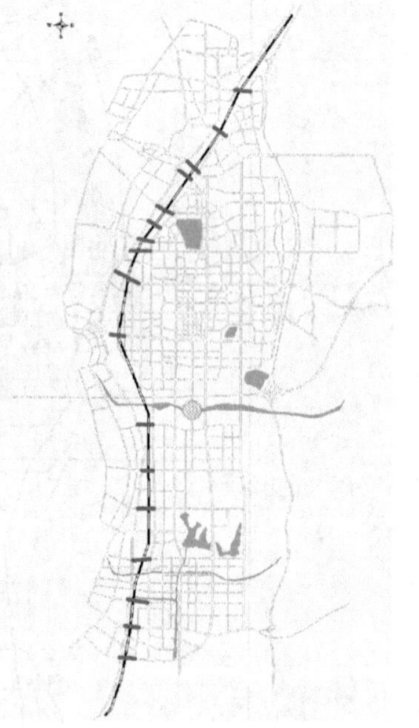

图 2.23 城市关键界面通道

(3)其他要求

① 支路应与次干路和居住区、工业区、市中心区、市政公用设施用地、交通设施用地等内部道路相连接;

② 支路应与平行快速路的道路相接,但不得与快速路直接相接。在快速路两侧的支路需要联接时,应采用分离式立体交叉跨过或穿过快速路;

③ 支路应满足公共交通线路行驶的要求。

2.2.4.5 出入口道路规划

马鞍山市现状出入口道路主要有宁马高速、宁芜公路(南京－马鞍山段),通往南京、苏州、无锡、常州、上海以及江苏苏中、苏北等地区,是马鞍山市连接南京都市圈和长江三角洲地区的唯一快速通道;葛羊路东端、雨山路东端,通往马鞍山市现状中心城区外围的向山、霍里和濮塘等集镇;314 省道,通往当涂县域范围内的薛津镇、丹阳镇,再经由博望镇延伸至江苏溧水;宁芜公路(马鞍山－芜湖段),经过当涂县城,再至芜湖等皖南沿江部分城市;马鞍山市与巢湖等地区的交通联系主要靠马和汽渡来实现的。

2020 年,为了更好地实现马鞍山市与皖江城镇带内、南京都市圈内其他城市经济、交通一体化的发展需要,同时,也为了更好地接受长江三角洲经济的梯度转移，加快融入长三角经济圈的步伐，本次规划开辟了巢湖—马鞍山—苏锡常—上海的第二条快速通道，具体即在采石矶附近新建一座长江大桥，向东新建一条机场高速公路至南京禄口机场，同时与江苏省规划的沿江高速公路连接直至上海。未来马鞍山市与芜湖、宣城等地的交通联系将主要依靠G205、马芜高速等实现，其中马芜高速规划双向四车道，考虑到未来过境交通量的增长，新建高速公路时必须预留六车道的建设用地。近期马鞍山将继续利用马和汽渡沟通合肥与滁州之间交通联系，远期2020年通过长江公路大桥连通皖中地区的合肥等地。马鞍山长江公路大桥距离芜湖长江大桥38 km，距离南京长江三桥52 km。

未来为了形成中心城区对周围中心城镇向山、濮塘的经济辐射，加强中心城区与外围城镇的交通联系，规划期限内规划了3条一级公路（马向路、旅游大道、S313），再加上机场高速，共有4条高等级公路可以通往向山和濮塘两个中心城镇。

至此，2020年马鞍山市将形成一个完善的对外道路交通系统，在与周边的各个地级市之间都有一条快速通道，城市的每个出口方向也至少有两条高等级公路。

2.2.4.6　道路设施规划

1. 道路红线宽度及断面形式

(1)规划原则

① 保证车辆和行人的交通畅通与安全；

② 充分发挥绿化带的作用；

③ 与道路的等级、功能相适应；

④ 近期和远期相结合。

(2)道路横断面规划(表2.20)

表2.20　各级道路断面型式规划表

序号	断面型式编码	道路等级	红线宽度	断面型式	断面尺寸(m)
1	A	快速路	60	四块板	6.5—7—1—14—3—14—1—7—6.5
2	B	主干路	60	四块板	6.5—5.5—2—14—4—14—2—5.5—6.5
3	C	快速路、主干路	50	四块板	6—5.5—2—10.5—2—10.5—2—5.5—6
4	D	次干路	50	三块板	6—5.5—3—21—3—5.5—6
5	E	快速路	40	有高架路	上部:15 下部:5.5—8—13—8—5.5
6	F	主干路、次干路	40	一块板	5—4.5—21—4.5—5
7	G	主干路、次干路	40	三块板	5.5—5.5—2—14—2—5.5—5.5
8	H	次干路	30	三块板	3.5—3.5—1—14—1—3.5—3.5
9	I	支路	30	一块板	4.5—21—4.5
10	J	支路	20	一块板	3—14—3

2. 交叉口控制规划

根据马鞍山市的城市交通特点，规划立体交叉口主要出现在以下 4 个情形：

(1)宁芜铁路与城市主、次干道相交

从北往南，宁芜铁路分别与电业路、江东大道、葛羊路、湖北路、三台路、湖南路、雨山路、九华路、南环路、超山路、大金山路、银塘路、黄山路、太白路、金柱路、提署路、凌云路等城市主、次干道相交，规划这些交叉口型式除宁芜铁路与葛羊路采用宁芜铁路下穿之外，其余都采用宁芜铁路上跨。

(2)城西马钢厂区内部铁路与城市主、次干道相交

对于宁芜路和幸福路交叉口处的两条与宁芜路相交的铁路采用下穿式交叉口型式，其余城市主、次干道与铁路交叉口都采用铁路上跨式交叉口型式。

(3)轻轨与城市主、次干道相交

由于轻轨线路穿越了城市中心城区，为不致破坏城市景观，沿线与城市主、次干道的交叉口都不宜采用高架型式，而采用轻轨上跨的型式。

(4)城市快速路、主干路以及过境高速公路相交

城市快速路、主干路及高速公路交叉口规划如表 2.21 所示。

表 2.21 城市道路主要交叉口规划

	交叉口位置	交叉口型式
与高速公路的衔接	东环路—电业路	简易式互通立交
	东环路—葛羊路	互通式立交
	东环路—湖北路	分离式立交
	东环路—湖南路	分离式立交
	东环路—雨山路	简易互通式立交
	东环路—印山路	分离式立交
	东环路—九华路	简易式互通立交
	马芜高速—东环路	简易式互通立交
	马芜高速—机场高速	大型互通立交
	马芜高速—提署路	简易式互通立交
快速路与快速路、主干路、主要次干路	江东大道—湖北路	简易式互通立交
	江东大道—湖南路	简易式互通立交
	江东大道—雨山路	简易式互通立交
	江东大道—九华路	简易式互通立交
	江东大道—超山路	简易式互通立交
	江东大道—银塘路	简易式互通立交
	江东大道—黄山路	简易式互通立交
	江东大道—提署路	简易式互通立交

续上表

	交叉口位置	交叉口型式
快速路与快速路、主干路、主要次干路	湖东路—葛羊路	简易式互通立交
	红旗路—湖北路	简易式互通立交
	红旗路—湖南路	简易式互通立交
	红旗路—雨山路	简易式互通立交
	红旗路—九华路	简易式互通立交

另外，次干道及以上等级的平交路口按渠化要求规划为平面扩大路口。

3. 关键界面通道规划

规划主城区宁芜铁路上共有 10 条通道，与宁芜铁路全部采用立体交叉，其中葛羊路路段为城市高架快速路，江东大道、湖北路、雨山路、九华路为主干路，电业路、三台路、湖南路、恒兴路为城市次干路，西园路西延线为城市支路，预计 10 条通道双向机动车总通行能力为 35 000～45 000 pcu/h 之间，双向非机动车总通行能力为 100 000 辆左右。副城区规划了 7 条通道，并与宁芜铁路全部采用立体交叉，其中大金山路、银塘路、黄山路、提署路、凌云路等为主干路，超山路、太白路、金柱路等为次干路，预计 7 条通道双向机动车总通行能力为 25 000～30 000 pcu/h，双向非机动车总通行能力为 73 000 辆左右。

2.2.5 城市道路网规划方案评价

2.2.5.1 道路设施水平评价

根据本次规划，2020 年马鞍山市的城市道路总里程将达到 520.88 km（不含马刚厂区内部道路），其中主城区 333.92 km，副城区 186.96 km。在所有的城市道路中，快速路、主干路、次干路和支路分别为 35.93 km、135.58 km、161.08 km、188.29 km。见表 2.22。

表 2.22　主、副城区各级城市道路里程和路网密度

道路等级	主城区		副城区		合计	
	里程 (km)	路网密度 (km/km^2)	里程 (km)	路网密度 (km/km^2)	里程 (km)	路网密度 (km/km^2)
快速路	26.03	0.36	9.90	0.29	35.93	0.34
主干路	77.50	1.06	58.08	1.71	135.58	1.27
次干路	116.76	1.60	44.32	1.30	161.08	1.50
支　路	113.63	1.55	74.66	2.20	188.29	1.76
合　计	333.92	4.57	186.96	5.50	520.88	4.86

2.2.5.2 道路等级级配评价

与《马鞍山市城市总体规划(2002—2020)》中交通规划以及城市现状路网相比,本次城市道路网规划对整个城市道路网作了很大的调整。首先,城市快速路实现了零的突破,规划了 35.93 km,占到了总里程的 6.9%;其次,对城市支路网作了系统规划,大大增加了支路网的密度,使次干道和支路占到了城市道路总里程的 67.07%,优化了城市道路网的级配结构,有利于城市道路网络整体运行效率的提高。见表 2.23。

表 2.23 城市道路网规划指标对比表

名称	国际推荐	国标	上海	北京	南京	马鞍山总规	本次规划
道路面积率(%)	20~30	15~20	16	21.2	17	—	17.50
路网密度(km/km^2)	10~15	5~7	5.5	4.6	7	3.18	4.86
快速路比例	5~10	7.2	8.3	13.3	11.1	0	6.90
主干道比例	10~15	16	16.7	19.3	20.7	41.4	26.03
次干道及支路比例	75~85	76.8	75	67.4	68.7	58.6	67.07

2.2.5.3 道路网交通负荷及服务水平评价

1. 骨架路网总体评价

对于一个特定的路网来说,V/C 中的 V 和 C 均以车公里(PCU·km)来量度,用以评价该路网的整体交通负荷水平。以此为依据,结合 EMME/2 分配的结果,得到规划的城市快速路和主干路平均 V/C 分别为 0.45 和 0.30,服务水平分别达到了 C 和 B 级,说明城市快速路布局基本合理,在城市骨架路网中,起到了分担绝大部分长距离交通量的作用。城市快速路的平均车速为 53 km/h,主干路为 38.6 km/h。由快速路和主干路构成的城市骨架路网的平均 V/C 为 0.35,平均速度为 41.6 km/h,比国内上海、天津等城市明显要高。见表 2.24。

表 2.24 快速路、主干路、骨架路网服务水平评价

道路等级	快速路	主干路	骨架路网
总里程(km)	35.93	135.58	171.51
V/C	0.45	0.30	0.35
平均速度(km/h)	53.3	38.6	41.6
服务水平	C	B	B

2. 主要道路服务水平评价

除红旗路以外,其他所有的城市快速路和主干路的 V/C 比都小于 0.5,服务水平均在 D 级以上，城市快速路和主干路整体服务水平较高。城市主要交叉口的服务水平明显要比路段的服务水平低，主城区交叉口要比副城区低，其中，主城区的红旗路—幸福路、红旗路—湖北路、三台路—红旗路的 V/C 均超过了 1.0，交叉口完全处于饱和状态。副城区主要交叉口服务水平大部分为 B 级，说明副城区的道路网承载力仍有较大的剩余空间。如图 2.24～图 2.26 所示。

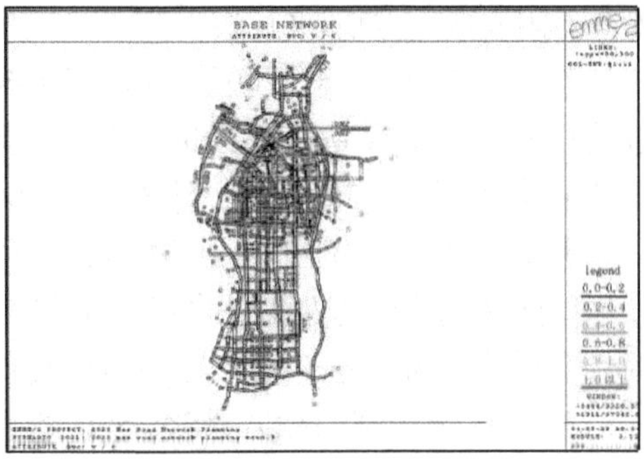

图 2.24　城市快速路、主、次干路 V/C 分级图

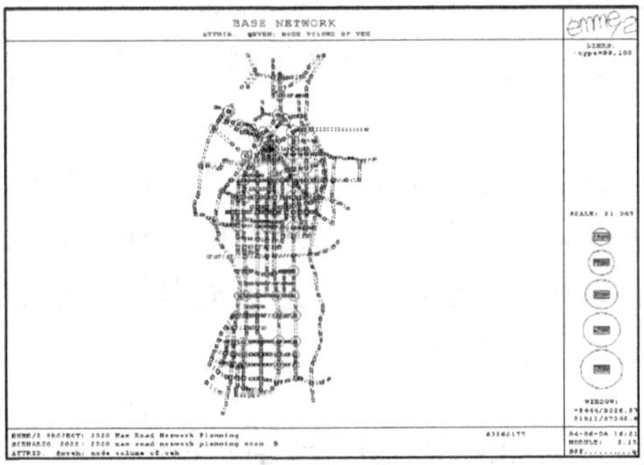

图 2.25　城市主要交叉口分配流量

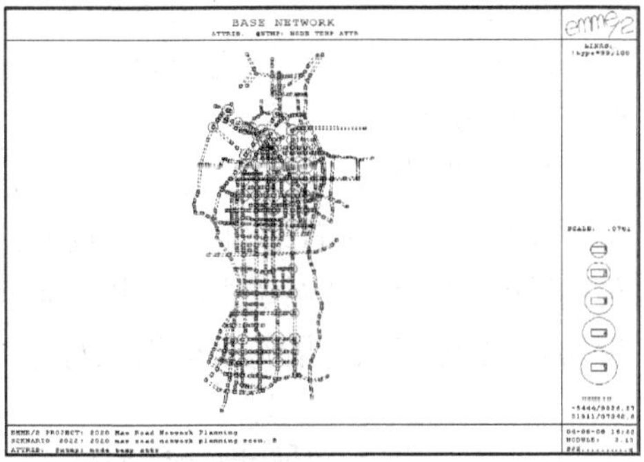

图 2.26　城市主要交叉口 V/C 分级图

3. 关键界面通道

由于马鞍山市城市工业带与居住生活带将保持平行向南发展，因此，东西向的通勤出行仍将是居民出行的主流向，中心城区，特别是主城区关键界面的交通矛盾也将继续延续下去。关键界面通道的 V/C 几乎都在 0.5 以上，其中，尤以湖北路、幸福路、三台路的交通压力巨大，V/C 高达 0.98、0.95 和 0.92，各通道几乎都达到了饱和状态。因此，未来必须加强对这几条通道的交通管理，实行机非分割，提高路段机动车车速以及交叉口的通行能力，以提高关键界面的整体通行能力，减少交通拥堵。

2.2.5.4　规划方案总体评价结论

1. 与现状城市道路交通设施水平相比，以城市总体规划为基础，本次规划大幅提高了城市道路交通基础设施供应水平，城市道路网密度由原来的 2.92 km/km^2 增加到 4.86 km/km^2，以满足不断增长的交通需求。但是，从城市交通可持续发展的角度看，解决城市交通问题，仅仅依靠提高城市道路交通基础设施是有限度的，最终还必须通过合理引导交通需求的增长和布局，交通技术的进步以及现代化的交通管理来解决。

2. 城市"一环二射三联"的快速路系统布局合理,与城市外围的东环路、马芜高速公路的有效衔接,吸引了大量的经过城市核心区的机动车交通,充分发挥了快速路系统的快速、连续、屏保功能,对城市核心区起到了有效的交通保护作用。

3. 城市路网系统性增强,主要表现在两个方面:一是道路网自身系统性增强,各交通小区之间的可达性明显改善;二是城市道路系统与其他公共交通、静态交通以及对外交通等城市交通子系统之间更加协调,共同组成城市大交通系统。

4. 以城市道路为载体,将客货运交通从时间、空间进行有效地分离,不仅提高了各自的运输效率,而且也改善城市环境。快速货运通道的建设对于未来马鞍山市发展物流也具有重要的意义。

5. 城市道路等级级配结构有了较大的改善,为从根本上理清城市道路功能提供了前提条件,特别是城市支路网的进一步加密,一方面为居民的交通出行提供了便利,另一方面也为次干路网的集散交通提供了支撑,大大提高了城市道路网络的整体运行效率。

6. 关键界面的交通矛盾仍然存在,但仍然在通道极限承载力的容许范围内。由于马钢厂区内部道路网系统与城市其他地区的道路网系统处于相对独立的状态,增加两个道路网系统之间的接口通道比较困难,因此,只能通过采取增加车道数、加强管理等综合措施来提供原有通道的通行能力。

2.3 规划案例2:镇江市道路网规划

2.3.1 概　　述

1. 背景与目标

随着镇江城市"一城两翼"格局的形成和经济快速增长,城市机动车将快速增长,机动化交通需求将成倍增长,交通需求的时空分布也将转变,城市交通问题将更加复杂,城市交通将面临新的挑战。

为支撑城市空间格局的形成,应对快速发展的机动化交通,亟需开展镇江市城市道路网规划,合理确定镇江市道路网体系。

2. 规划范围与年限

规划范围:与城市总体规划用地范围一致,东起大港,西至高资,南起312国道、南环路和沿江公路,北至长江,总面积约360 km^2。

规划年限:近期:2007～2010年,远期:2011～2020年。

3. 工作内容

(1)城市道路网现状分析与问题识别

(2)总体规划路网测试与评价
(3)制定快速路系统规划方案
(4)制定远期主次干路调整规划方案
(5)制定支路网控制性规划
(6)提出近期路网建设计划

4. 主要依据

《镇江市城市总体规划(2002～2020)》
《城市道路交通规划设计规范》(GB50220－95)
《城市道路设计规范》(CJJ37－90)
《镇江主城区千分之一路网规划》

5. 技术路线

如图 2.27 所示。

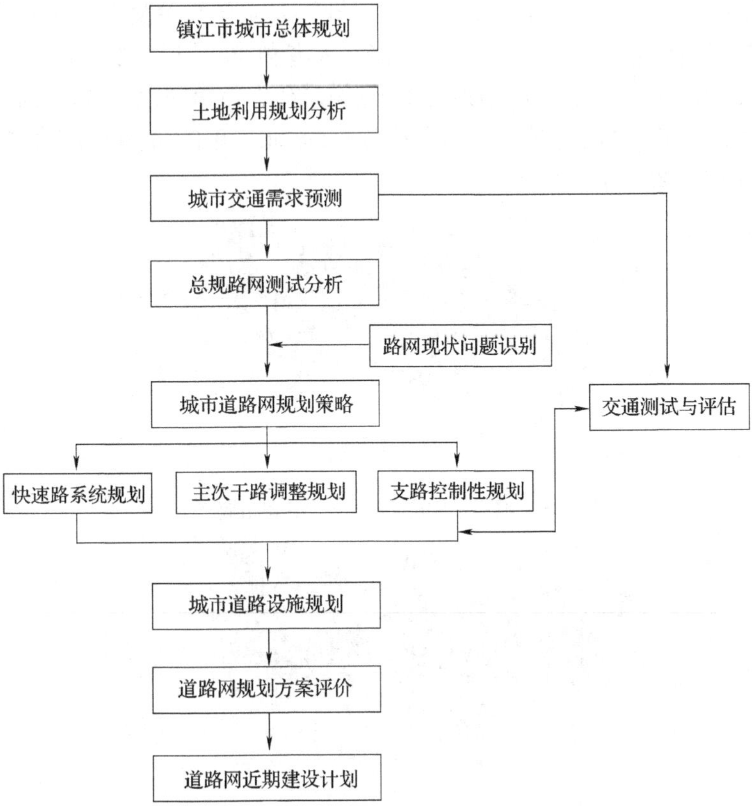

图 2.27　镇江城市道路网规划技术路线

2.3.2 城市发展

1. 区位分析

镇江市地处长江三角洲地区的东端，江苏省的西南部，北临长江，与扬州市、泰州市隔江相望，东、南与常州市相接，西邻南京市。镇江西距南京 50 km，东距上海 200 km。

镇江是长三角的重要节点城市，位于沪宁发展轴的西端，是京沪通道的重要节点，沿江产业带的中心城市，南京都市圈的重要组成部分，苏锡常都市圈的重要发展腹地，区位优势十分明显。

2. 空间布局与土地利用

镇江市经过新一轮的城市总体规划的编制，城市土地利用和空间发展布局得到了重新优化和整合，一体两翼的城市空间布局、一主两副的中心区结构。城市土地利用的调整必将导致新的交通需求结构，规划老城与南徐及丁卯将成为交通需求的主要发生吸引点，两翼的工业组团高资、大港和谏壁与主城之间产生以通勤为主的中长距离出行。因此，未来镇江的交通需求分布将呈现以主城为中心，向两翼辐射，同时南北向出行强化的、东西带状分布，南北集聚的轴向分布为主要特征。如图 2.28 和图 2.29 所示。

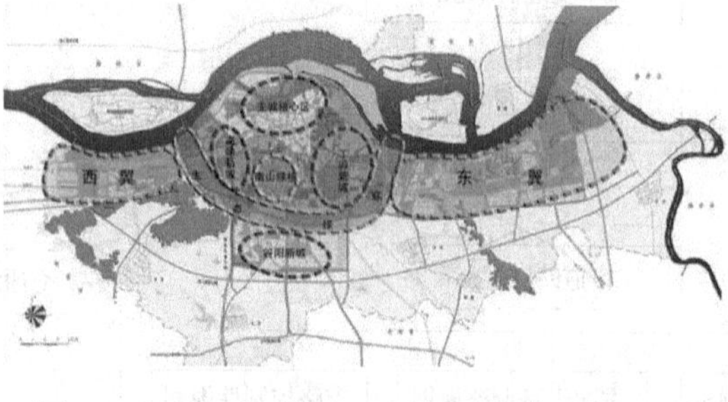

图 2.28 镇江市中心城区城市空间布局形态图

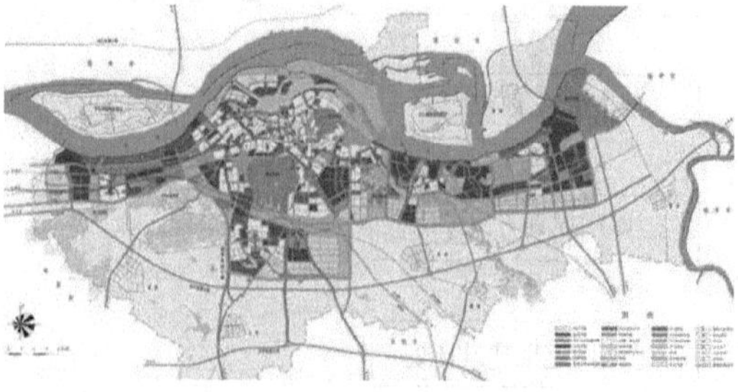

图 2.29 镇江市中心城区用地规划图

2.3.3　城市道路网发展现状

1. 路网总体布局

镇江城市道路网与城市“沿江沿路”的发展思路相协调，东西向延伸呈“方格式为主，局部自由式”的路网格局，各组团内部道路自成体系，组团之间通过公路或城市道路联系。

主城区现状纵横主干路已基本成网，中心城区已形成“三横五纵”的骨架路网；整个城市尚缺乏真正意义上的快速路，难以适应不断增加的长距离交通需求。

外围两翼高资、谏壁与大港新区目前仅通过一些高等级公路联络主城，大港新区的城市道路网体系相对健全，其他新区的城市道路网络尚未形成。

2. 道路网络指标

2006 年底，镇江市主城区主次干路总长度达 133 km，但城市道路结构尚不合理，道路网级配为 2.3∶1∶1.2。主干路密度较高，达 1.07 km/km^2，已达到国家规范要求，而次干路密度仅为 0.48 km/km^2，明显偏低；支路密度远低于国家规范推荐值，主要是由于目前中心城区的开发模式偏重于大街区、支路建设标准不统一、外围城区道路网络体系尚未形成。镇江市主城区道路面积率与人均道路面积等指标都达到了国家规范的下限要求。如图 2.30 和表 2.25 所示。

图 2.30　镇江市城市现状道路网

表 2.25　现状镇江市主城区道路网络指标

	路网密度(km/km^2)					道路面积率(%)	人均道路面积(m^2/人)
	快速路	主干路	次干路	支路	总密度		
老城分区	—	1.62	1.10	1.25	3.97	10.84	—
丁卯分区	—	1.15	0.30	0.50	1.95	7.54	—
南徐分区	—	0.82	0.31	—	1.13	3.96	—

续上表

	路网密度(km/km²)					道路面积率(%)	人均道路面积(m²/人)
	快速路	主干路	次干路	支路	总密度		
谷阳分区	—	0.85	0.42	0.18	1.45	5.38	—
主城区	—	1.07	0.48	0.56	2.11	7.07	6.5
国际	0.3～0.4	0.8～1.0	1.0～1.2	3～4	5.3～6.6	8～15	6～13.5

3. 道路功能分析

现状镇江市各级道路由于历史沿革、地形条件限制、道路沿线用地功能混合等原因,各级道路的实际功能、规划功能与道路的建设标准之间存在较大偏差。

现状中心城区主干路中山路、解放路不仅需要承担大量中长距离交通,而且由于沿线布置了大量的商业、生活服务设施、客货运枢纽等,需要额外承担过多的沿线出入性交通,沿线分流道路的缺乏进一步加重了交通压力。

朱方路由于与G312及S243对接,市内交通与市外交通相互干扰,由于目前两种性质的道路交通流量都较小,因此道路交通状况并不严重。

现状次干路的建设标准较低、规模小,部分次干路如电力路承担了大量的交通,发挥的是主干路的作用,交通压力较大。

大部分支路的建设标准较低、路况差、管理较松散。

4. 道路交通流分布

道路流量与其建设用地分布及开发强度相符合,中心城区流量整体较高,向两翼呈递减趋势;道路流量与其道路网等级结构相符合,主次干路承担了镇江市的主要交通量;由于向心特性明显,导致个别道路如中山路、解放路等机动车流量偏大,中山路道路断面流量超过2.5万pcu/12 h。但道路交通拥堵仅是局部性路段与交叉口的拥堵。

交叉口机动车流量分布有两个特点,一是城市东西轴线中山路上交叉口的流量普遍较大;二是老城区内部道路流量偏高导致了各交叉口节点处流量的整体攀升。

5. 路网存在问题

(1)中心城区干线布局尚不完善,低等级路网密度较低;

(2)外围城区道路网体系尚未形成;

(3)道路功能定位不明确;

(4)交通负荷不均,中心城区交通压力过大。

2.3.4 城市道路网规划

2.3.4.1 城市道路网规划策略

(1)网络形态遵循现状道路网络,完善方格为主、局部自由式的道路网格局,适当提高东西向联络通道等级,形成“三横九纵”的干道网络,支撑带状组团布局结构的形成。

(2)结合未来城市的土地利用原则与功能划分,考虑城市远期的道路交通流结构特征,根据道路的使用功能合理确定道路功能、等级。

(3)规划建设一横两纵两联的机动车主通道道路构成的骨干道路网络系统;在中心区外围形成保护壳,引导车辆从中心区边缘通过;与轨道交通组成复合走廊引导新区发展。

(4)结合外围高等级公路的建设,提高城市重要出入口的道路等级,以加强中心城区与各组团之间以及城市与外界的交通联系。

(5)中心城区道路系统规划的重点在于调整道路红线和优化道路功能,打通断头路,改善拥堵的交叉口,从系统上合理配置资源;增设东西向贯穿性干道,提高道路容量,改善"东西不畅"的交通局面;对中心城区支路系统进行功能与结构的梳理,进一步加密与完善道路网络。

(6)高资分区是未来重要的港口工业区与高科技物流园区,由于公共设施配套的不完善,道路系统规划的重点在于增设与中心城区之间的快速联络道路,加强出入口道路与外围高等级公路的衔接,解决好早晚高峰工业区与中心城区之间的通勤交通及工业区向外输送的货运交通。

(7)谏壁与大港分区是以工业为主、兼有配套城市居住区的城市发展区,由于与主城之间的距离较长,道路系统规划的重点是增加与主城之间的快速联络道路,加强与外围高速公路及一般公路的衔接;同时要利用交通设施空间易保证的优势,高标准规划、建设城市道路网络,尽可能预留城市道路建设用地,完善片区内部道路系统,满足片区内部道路交通需求。

(8)以调整过的道路网规划方案为基础,结合用地及沿线开发状况,对城市道路交叉口进行控制性规划,并在近期改善中对重要交叉口进行渠化。

2.3.4.2　城市道路网规划指标

1. 道路分级与功能定位

确定镇江市的道路分级与各级道路的功能保障措施,考虑以下因素:

① 交通方式结构的变化;

② 分区道路交通流特征不同;

③ 分区道路网构筑思路区别。

本次规划分为快速路、主干路、次干路、支路 4 级体系:

快速路为城市各组团间的长距离客货运交通服务;干线性主干路承担东西向快速路之间相互联络以及相邻组团之间的客货运交通;普通主干路承担组团内部各功能区之间的客货运交通;次干路与主干路结合组成道路网,起集散交通的作用,兼有服务功能;支路为次干路与街坊路的连接线,解决局部地区交通,以服务功能为主。如表 2.26 所示。

2. 城市道路网规模与结构

规划期末，镇江市城市道路网规划指标如表 2.27 所示。

表 2.26 镇江市规划道路分级规划

	道路类别	快速路		主干路		次干路	支路
	道路级别	Ⅰ	Ⅱ	Ⅲ	Ⅳ	Ⅴ	Ⅵ
道路建设	道路红线宽度(m)	50、60	40、50	40～70	27～60	24～40	10～24
	车道数(条)	6	4、6	6	4、6	4、6	2、4
	布局间距(m)	4 100		2 000	1 200	600	
	设计车速(km/h)	80	60	60	40	40	30
道路管理	道路两侧用地开发	低	低	低	低	中	高
	对两侧建筑的开口限制	严禁	严禁	禁止	少量	对人流量、货流量大的建筑设施开口	没有限制
	路边停车限制	禁止	禁止	禁止		禁止	短时停车
	公交线路布置	无公交线	辅路布设公交	主干线路或少量区域线路	主干线路、区域线路	区域线路	
	公交站点形式	不设站	港湾站	港湾站	港湾站	港湾站或路抛站	路抛站
	自行车道形式	无	与人行道共板	与人行道共板	独立	独立或与人行道共板	机非共用
	行人过街	无	少	较少	较少	中等	多
	路口信号灯间距(m)		≥500	600～1200	600～1200	350～500	150～250

注：1. 道路不必等距排布，应结合现有道路及地形选择合适线位，但道路间距应力求均衡；
2. 快速路Ⅰ适用于外围城区，快速路Ⅱ适用于中心城区；
3. 主干路Ⅲ适用于快速路的联络线及外围组团内部骨架主干路，主干路Ⅳ适用于中心城区；
4. 次干路与支路的标准较高的适用于外围城区，标准较低的适用于中心城区。

表 2.27 镇江市道路网规划指标

	快速路	主干路	次干路	支 路
各级道路密度(km/km²)	0.45	1.31	1.33	3.5
道路网密度(km/km²)	6.59			
路网级配	1∶2.9∶3.0∶7.7			
干道网密度(km/km²)	3.09			
道路面积率(%)	18.9			
人均道路面积(m²)	15.5			

2.3.4.3 城市快速路系统规划

1. 快速路概念规划方案

与城市布局、道路交通需求形态相对应，快速路网概念性规划方案主要由一横一纵两条轴线构成,每条轴线的详细情况及连接的交通源见表 2.28,快速路网概念性规划方案如图 2.31 所示。

表 2.28　快速路网概念性规划方案

轴　　线	连接的交通源与高等级公路
横向主轴	高资、老城、南徐、丁卯、谏壁、大港、谷阳、沿江港口
	扬溧高速、京沪高速、沪宁支线、S241、泰州过江通道
纵向辅轴	谏壁、丁卯、谷阳、谏壁港
	沿江高速公路

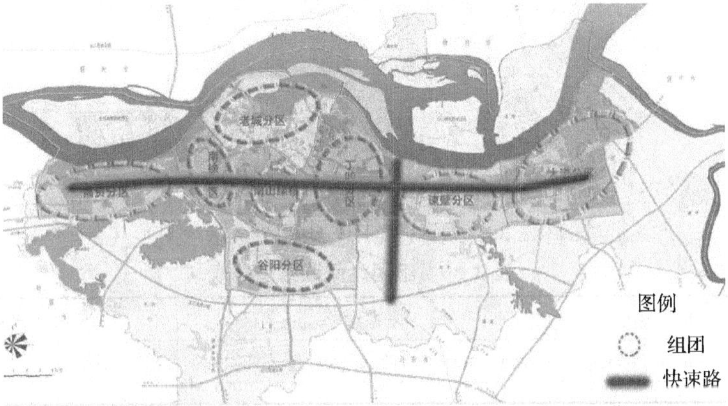

图 2.31　镇江市快速路网概念性规划方案图

2. 快速路可选线路分析

(1)外围高等级公路接入

选线影响因素主要是出入口的交通量大小、接入口位置、道路衔接次序等。如表 2.29 所示。

表 2.29　外围高等级公路衔接表

公路名称	等级	相接道路	可选道路	道路交通负荷
扬溧高速	高速	长江路、G312	长江路、G312	0.50/0.73
S243	一级	朱方路	无	—
G312	一级	西环路、官塘桥路、沿江公路	沿江公路	0.58
沪宁高速支线	高速	G312	G312	0.75
S241	一级	通港路	无	—
京沪高速	高速	金港大道	无	—
泰州过江通道	高速	沿江公路	沿江公路	0.62

(2)组团联络道路

选线的主要影响因素在于道路交通流量的支撑,道路的线位应位于组团的边缘,形成保护作用,同时考虑沿线的土地利用进行道路的筛选。如图 2.32 和表 2.30 所示。

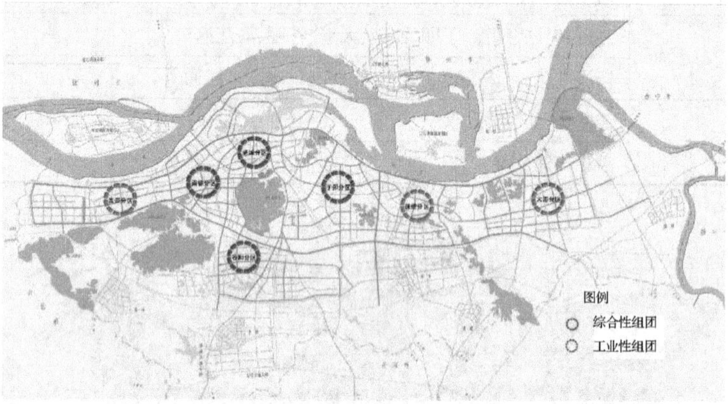

图 2.32 规划道路网与组团关系示意图

表 2.30 组团之间联络道路表

序号	联系组团	联系道路	可选道路
1	高资与老城	沿江公路—长江路、城中干道—南徐西路	沿江公路
2	高资与谷阳	G312	G312
3	老城与谷阳	檀山路—西环路、九华山路—黄山西路、官塘桥路—镇宝路	——
4	老城与大港、谏壁	禹山北路—临江路、镇大公路、镇澄公路、沿江公路	禹山北路—临江路、镇大公路、镇澄公路、沿江公路
5	大港与谏壁	临江路、沿江公路、镇大公路	沿江公路、临江路、镇大公路

(3)机动车走廊分析

由机动车流量图(图 2.33)可看出,整个城市的机动车走廊呈东西向主通道、部分南北向联络道路组成次要通道的特征。涉及的道路主要有沿江公路、长江路、长江路、禹山北路、临江路、G312、通港路等,值得注意的是由于商业、居住用地的集中,以中山路为代表的城市旧中心区和以檀山路为代表的城市新中心流量较大,流量负荷均超过了 1,但受用地条件的限制,将其改造为快速路在经济与可实施性上较差,本次规划通过在中心区外围构筑快速道路系统来分流中山路与檀山路的交通压力。

3. 快速路规划方案比选

针对镇江市带状组团式的城市用地布局形态,结合总规路网测试、快速路概念性规划方案、可选线路分析,建立城市各功能区间的快速通道,形成系统完善、与城市功能结构和土地利用相协调的道路主骨架系统,支持和保障城市的规划与建设。

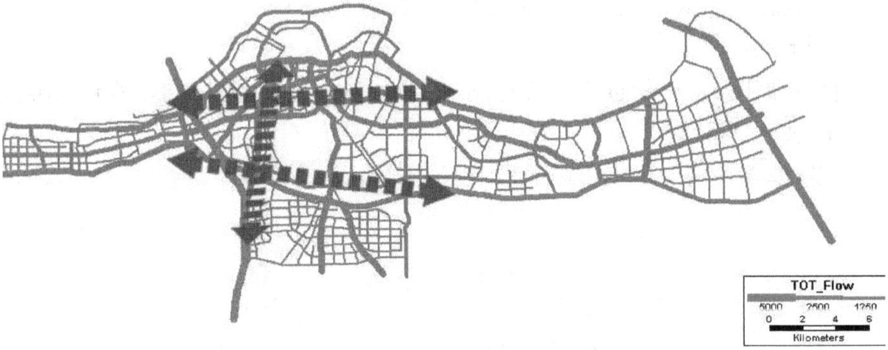

图 2.33　城市未来机动车交通量分配图

(1)方案一:缓解目前日趋紧张的中心区交通拥堵(图 2.34)

路网形态:

一横:城中干道—南徐西路—南徐大道—天桥路—丁卯桥路—镇澄公路—镇大公路;

一纵:横山东路—延伸线。

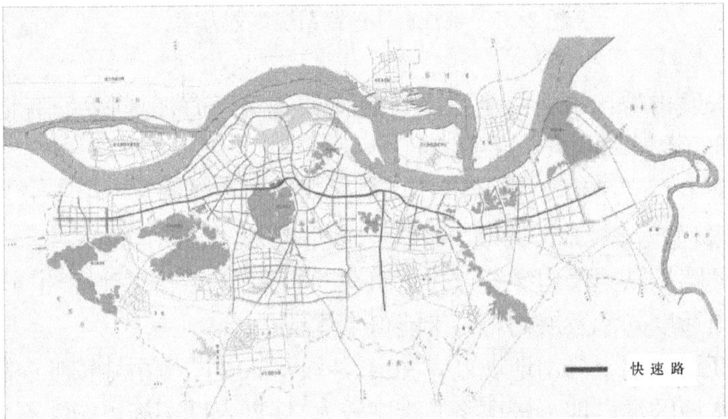

图 2.34　镇江市快速路系统规划方案一

方案特点:

① 结合城市带状布局特性,布置东西向快速路通道,规划适量南北联络线,支撑外围组团的发展与城市空间的拓展,同时带动港口发展;

② 紧密联系城市部分组团与分区,满足中长距离交通需求;

③ 规划快速路靠近南山国家级森林公园,对生态环境不利;

④ 由于快速路布设在目前城市中心区的外围,近期可迅速缓解城市交通紧张状况,但远期南徐新区、丁卯分区发展完善之后,高架快速路必将对城市内部交通与城市景观产生极大影响。

(2)方案二:适应城市远期交通发展需求(图 2.35)

路网形态:

两横:沿江公路—跃进路—长江路—东吴路—禹山北路—临江西路—临江东路;沿江公路—G312;

一纵:镇大公路—横山东路—横山东路南延线。

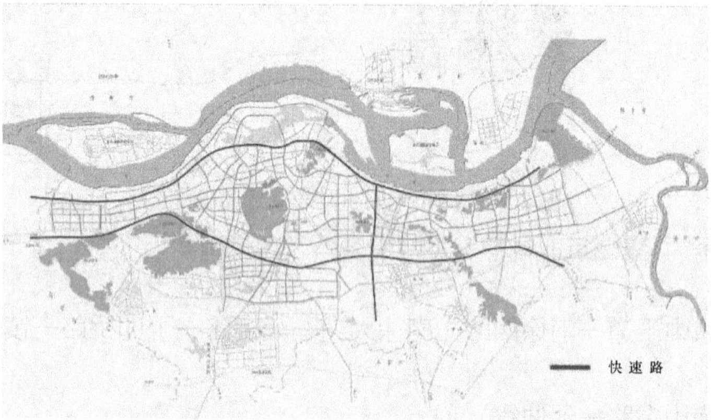

图 2.35　镇江市快速路系统规划方案二

方案特点:

① 结合城市带状布局特性,布置东西向快速路通道,规划适量南北联络线,支撑外围组团的发展与城市空间的拓展;

② 屏蔽中心区过境交通,优化了中心区道路系统功能,但由于 G312 与城市目前中心区距离较远,对城市近期中心区交通拥堵缓解力度不够;

③ 快速路均从组团边缘经过,既疏解交通,又不对内部交通产生影响;

④ 城市适度向南发展的思路未能得到体现;

⑤ 长江路的定位与用地规划有冲突,建设形式及两侧用地较难控制;

⑥ 滨水地区建设地下快速路的难度较大,规划末期实施可能性不大。

(3)方案三:最经济地解决城市未来可能的突出交通矛盾(图 2.36)

路网形态:

一横:G312－沿江公路东段;

一纵:戴家门路;

二纵:横山东路－延伸线。

方案特点:

① 结合城市带状布局特性,布置东西向快速路通道,规划适量南北联络线,支撑外围组团的发展与城市空间的拓展,同时带动港口发展;

② 联络城市各个组团与分区,满足中长距离交通需求;

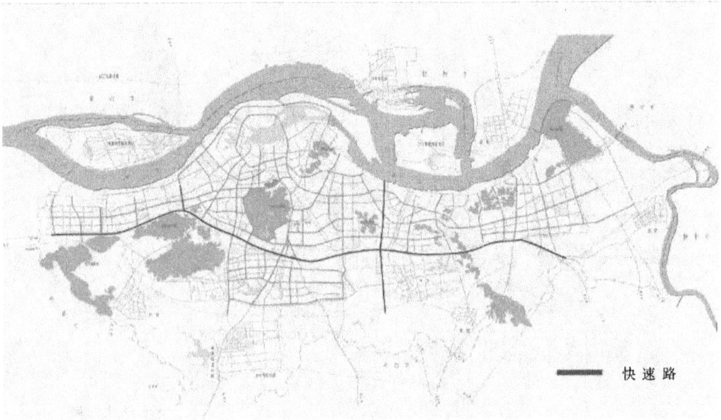

图 2.36　镇江市快速路系统规划方案三

③ 疏解、屏蔽城市过境交通，承担城市内外交通转换；

④ 与城市核心区相隔较远，对中心区交通拥挤的疏解作用有限。

(4)方案四：缓解城市远期交通矛盾，适宜于远景路网拓展(图 2.37)

路网形态：

一横：G312－沿江公路东段；

一纵：戴家门路；

二纵：横山东路—延伸线；

一联：沿江公路西段；

二联：临江路；

三联：镇大公路—金港大道；

远景预留段：跃进路—长江路—东吴路—禹山北路。

方案特点：

① 结合城市带状布局特性，布置东西向快速路通道，规划适量南北联络线，支撑外围组团的发展与城市空间的拓展；

② 屏蔽中心区过境交通，优化了中心区道路系统功能，对城市近期中心区交通拥堵缓解不力；

③ 快速路系统与对外高等级公路连接顺畅，加强了镇江市对外联系；

④ 快速路均从组团边缘经过，既疏解交通，又不对内部交通产生影响；

⑤ 快速路串连主要的交通源，对缓解关键界面的通道压力有较强效果；

⑥ 城市适度向南发展的思路未能得到体现；

⑦ 预留跃进路、长江路、东吴路和禹山北路两侧用地，控制开发强度，预留作为远景快速路，保留远景路网扩展的可能性。

(5)方案比选

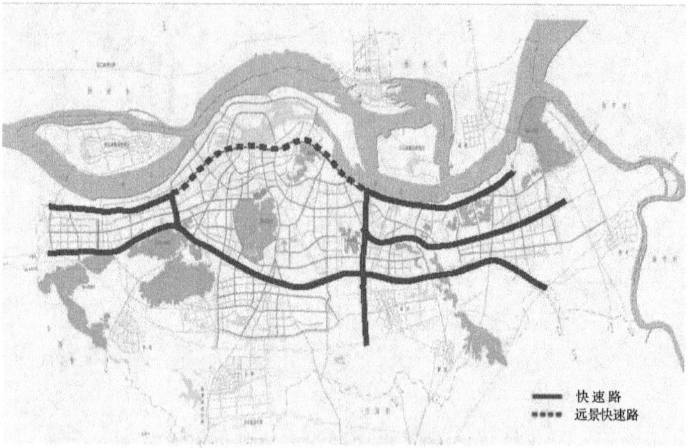

图 2.37 镇江市快速路系统规划方案四

由以上方案测试,从各个层面对快速路规划方案进行比选与评价,根据上述评价结果,推荐方案四作为本次快速路规划方案。见表 2.31 所示。

表 2.31 镇江城市快速路规划方案评价

评价选项	方案一	方案二	方案三	方案四
路网结构	一横一纵	两横一纵	一横两纵	一横两纵三联
快速路规模(km)	58.7	95.7	55.3	97.8
快速路密度(km/km^2)	0.27	0.45	0.26	0.45
路网布局合理性	中	良	中	良
对核心区交通的疏解与保护	中	优	良	优
主要功能区的交通可达性	中	良	中	良
快速路平均 V/C	0.82	0.60	0.68	0.58
骨架路平均 V/C	0.38	0.35	0.37	0.34
骨架路网平均车速	42	48	50	46
核心区 V/C	0.42	0.32	0.40	0.32
关键界面负荷度	中	优	良	优
工程实施的可行性	中	良	优	良
工程经济性	良	中	优	中

4. 快速路系统方案

镇江城市快速路系统形成“一横两纵三联”的干字形格局,具体线路如图 2.38 所示。

2.3.3.4 “一城两翼”通道布局规划

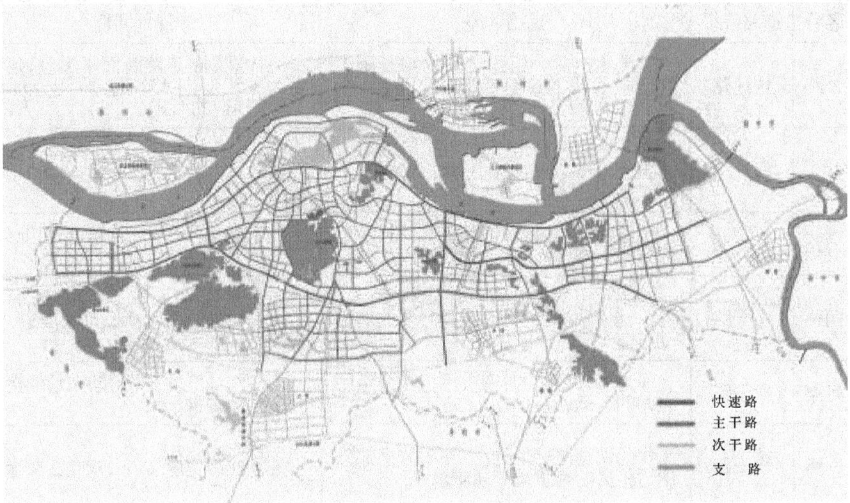

图2.38 镇江市快速路网规划方案图

1. 规划思路

考虑到东西两翼发展条件、居住条件等因素的影响，未来难以在组团内部实现职住自平衡，中心城区与东西组团之间的交通需求需要有高标准的道路来承担。

本次规划在“一城两翼”之间的通道布局上遵循以下思路：

(1)客流主通道与机动车主通道在平面上或立面上分开布设；

(2)针对总规路网中组团间通道可能存在的瓶颈，适当增加新的通道，并对现有通道进行拓宽改造；

(3)各相邻组团之间至少应有两条道路相贯通，以保证交通服务可靠性；

(4)在现有的及规划新增的客流通道上设置公交优先通道，有条件地开辟公交专用车道，以大容量集约式的交通方式解决通勤客流；

(5)优化横断面设置，结合沿线用地适当增加通道上的机动车道数。

2. 中心城区与西翼通道布局方案

依据城市总体规划以及相关规划，考虑组团之间地形地貌与用地条件，在通道断面交通需求预测和容量分析的基础上，提出通道规划布局方案，包括两条快速路、两条主干路与两条次干路。布局方案详细说明见表2.32。

通道规划构想方案以沿江公路与G312作为主要机动车走廊，承担片区间的主要交通需求；同时，规划南徐路作为主要客流通道，布设公交专用道等设施。建议结合通道的性质对沿线的用地进行控制。如图2.39所示。

表 2.32 中心城区与高资分区通道布局方案

道路名称	道路等级	道路功能	规划调整
沿江公路	快速路	主要承担两个组团之间的中长距离客运联系，承担部分高资工业区上下扬溧高速的需求	总体规划的道路断面不适应，建议调整为主线双向六车道，两侧分别设置7 m宽辅道的形式
G312	快速路	主要承担两个组团之间的货运联系，承担部分中心城区出入境的交通需求与过境交通需求	建议对沿线交叉口进行调整，增设互通交叉口，规划双向六车道
宁镇公路	主干路	道路性质由公路转为城市道路，承担部分城市的出入境交通需求	拓宽为40 m，双向六车道，机非分离，三块板
南徐西路	主干路	主要承担两个组团之间的客运联系，可以铺设快速公交线，以及必要的非机动车道	红线宽度70 m较宽，建议断面与城中干道协调，调整为双向六车道，为远景路网拓展预留用地
运粮河路	次干路	作为南徐西路的补充，承担两个组团之间的客运联系	规划红线宽度24 m，向东延伸接高资分区内部蚕种场路
老跃进路	次干路	作为快速路邻近的次干路，分担部分中短距离的客货运交通需求	规划红线宽度24 m，双向四车道

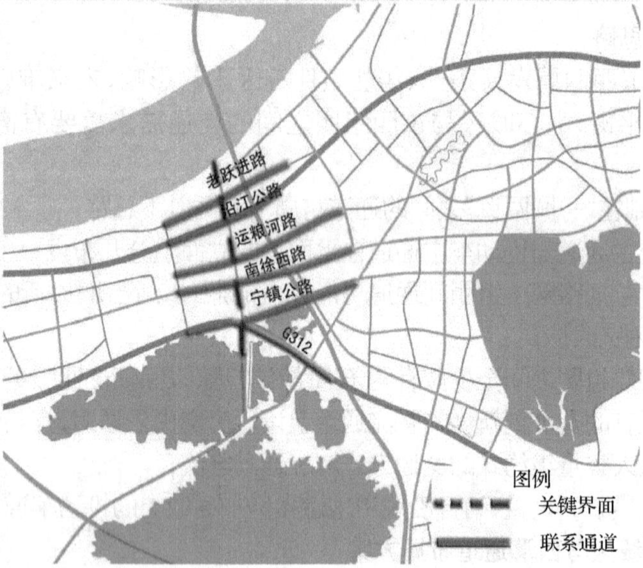

图 2.39 中心城区与高资分区通道布局方案

3. 中心城区与东翼通道布局方案

中心城区与谏壁、大港分区之间的联系现状主要依靠镇大与镇澄公路，总体规划中提出了“一条快速路、三条主干路、一条次干路”通道布局方案，但考虑到未来谏壁、大港地位的提升与土地利用规划的调整，以及规划区外辛丰、黄墟等城镇的发展及与城区的融合，现有通道布局难以满足需求。

规划交通需求预测的基础上，综合考虑快速路布局方案，提出通道规划的调整方案，包括两条快速路、三条主干路、一条次干路。布局方案详细说明见表 2.33 和图 2.40 所示。

表 2.33 中心城区与谏壁、大港分区通道布局方案

道路名称	道路等级	道路功能	规划调整
沿江公路	快速路	主要承担两大片区之间的货运交通，承担港口疏港交通，承担部分过境与货运交通	总体规划的道路断面不适应，建议调整为主线双向六车道，两侧分别设置 7 m 宽辅道的形式
镇大公路	快速路	可作为公交走廊，主要承担中心城区与东翼之间的客运交通	对道路横断面进行改造，主辅路形式，双向六车道，红线宽度为 50 m
临江路	快速路	主要承担两个片区之间的中长距离客运联系，承担部分谏壁港、大港港的港区之间的交通联系	总体规划为次干路，建议提高道路等级，并增加道路红线宽度为 50 m，双向六车道，地面主辅路
镇澄公路	主干路	与镇大公路共同承担两大片区之间的客运交通	进行道路横断面改造，三块板，双向六车道，增设必要的自行车道
南纬七路	主干路	贯穿南徐、丁卯、谏壁三个分区，作为结构性主干路，承担大量的客货运交通需求，承担部分丁卯工业区与港区之间的联系	规划新建，道路红线宽度为 40 m，双向六车道，三块板

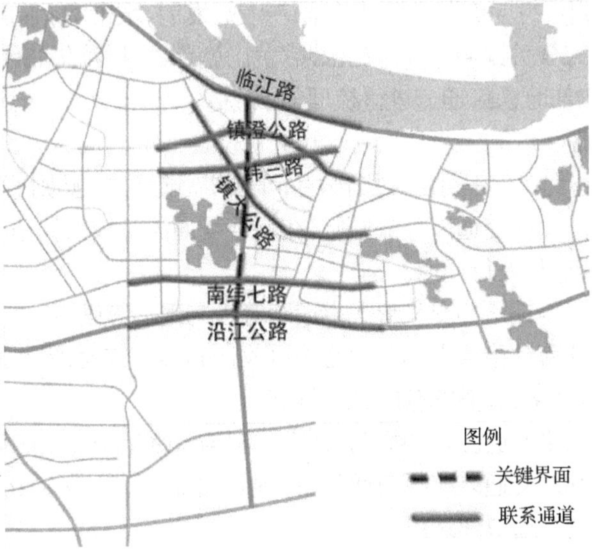

图 2.40 中心城区与谏壁、大港分区通道布局方案

通道规划构想方案以沿江公路与临江路作为主要机动车走廊，承担片区间的主要交通需求；同时，规划镇大公路、镇澄公路、南纬七路作为主要客流通道，布设

公交专用道等设施。建议结合通道的性质对沿线的用地进行控制。

2.3.4.5 跨铁路通道规划

镇江市区内部目前有沪宁铁路东西向穿城而过，由于城市现状发展重心在铁路线以北，跨越铁路交通需求较小，因此铁路对城市造成的分隔并不十分明显。如图 2.41 所示。

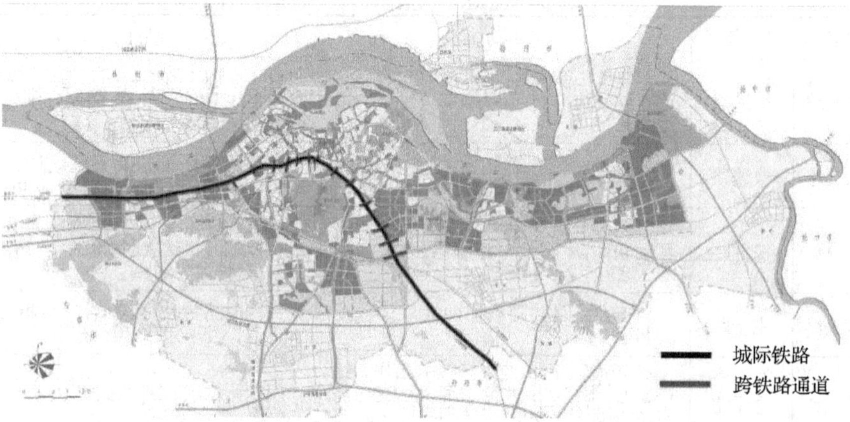

图 2.41 镇江中心城区跨铁路通道示意图

随着南徐新区、丁卯新区西部及谷阳新区的发展，城市南北向跨越铁路交通需求有较大增长，部分关键通道如跑马山路、黄山南路、天桥路仍将承受较大压力，需要对中心城区内部跨铁路通道进行梳理与调整。

1. 规划策略

(1)重点改善现状存在问题或可能发生问题的瓶颈点，如跑马山路与朱方路等。

(2)遵循不同性质交通流分流原则，在混合交通流量较大的通道处规划建设专用的非机动车通道与人行通道。

(3)沿线道路与铁路的交叉形式由道路等级与地形等确定。

(4)考虑部分跨铁路通道如天桥路等再改造的难度较大，需要通过合理的交通引导措施使各跨铁路通道的交通流尽量均衡。

(5)规划跨铁路通道应布局均匀，且应控制与铁路相交道路的等级与数量。

(6)考虑跨铁路交通以穿越交通为主，规划增加桥头立交，减少与沿铁路交通的干扰，确保穿越交通快速通过。

2. 规划方案

(1)现有铁路通道改造

拓宽改造穿越沪宁城际铁路的朱方路、跑马山路等铁路通道。

(2)规划新增跨铁路通道

规划新增5条跨城际铁路通道为:科大路、二道河网路、黄山中路、焦山路、四平南路。

2.3.4.6　南山北水通道规划

随着北部滨水区的建设,其与南山风景区将构成镇江"南山北水"的城市景观。加强南山北水之间的联系有助于利用滨水区的大江生态资源向主城区形成绿化生态渗透,同时也可在城市和长江之间形成大面积的绿化景观。

1. 规划策略

(1)增强"南山北水"间交通联系的快速性、便捷性。

(2)由于"南山北水"间夹着老城组团,为减少直达交通对老城区的影响构筑环放式的联系通道。

(3)横断面设置注意引绿以及与景观的协调。

2. 规划方案

在南山北水之间构筑两环五射的联系通道,在滨水区以及老城区的内部和外围构筑内外两环,即方便集散又可减少对老城区的交通干扰;五条射线快速连接"南山北水"以及双环;同时三射九华山路与五射镇宝路以及南徐大道构成南山保护核。如图2.42所示。

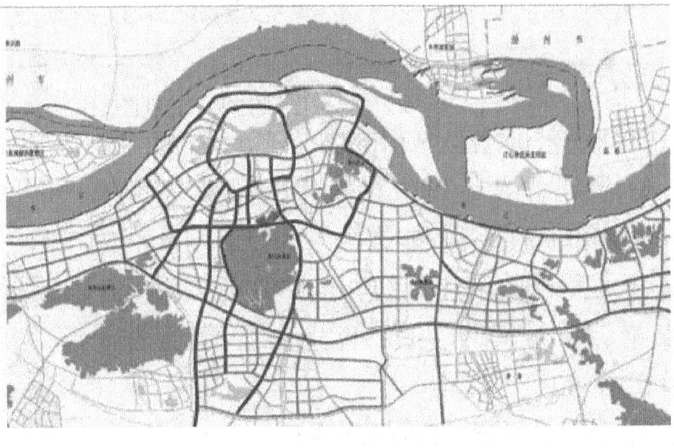

图2.42　镇江"南山北水"通道示意图

一环:北湖内环路—中山路;

二环:北湖外环路—二道河路—南徐大道—丁卯桥路—谷阳路;

五射:朱方路、跑马山路、九华山路、黄山路—宝塔北路、解放路—镇宝路。

2.3.4.7　分区路网调整规划

实施交通设施区域差别化供给政策有助于在全市范围内平衡交通供需矛盾,建立内外有别的一体化城市道路网体系。本次规划根据快速路网布局和交通需求预测结果,对已批复实施的干道网络与支路系统进行了调整和补充。

1. 老城分区

(1)优化策略

老城分区是由商业、金融、旅游、商务为主的市级公共设施和生活居住构成的多功能复合型城区,由老城区和北部综合旅游区两部分组成,重点塑造具有历史文化和滨江特色的城市风貌。如图 2.43 所示。

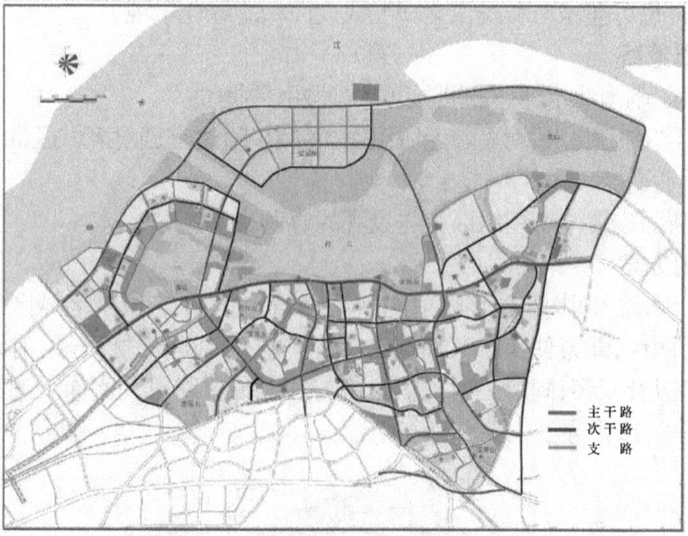

图 2.43　老城分区道路网调整规划图

老城分区在规划期末仍然是城市的中心之一,土地利用高强度开发,必然导致人和物的大量流动,通常需要处理大量发生的集中交通,东西向交通瓶颈急需缓解,道路网需要有较大的交通集散能力。

① 优化完善老城路网的道路红线和道路功能,从系统上合理配置资源;

② 打通健康路、大西路等断头路,增设东西向贯穿性干道,缓解中山路的交通压力,改善"东西不畅"的交通局面;

③ 重点建设完善老城西部的道路网络;

④ 完善火车站地区路网,增加南北向跨铁路通道,增强南北向联系;

⑤ 充分考虑与轨道交通一号线的联系与分流;

⑥ 考虑与周边南徐、谷阳等地区的衔接;

⑦ 利用北部滨水区的特色城市风貌,建设有滨水特色的道路网络;

⑧ 合理调整西津渡等地区的道路网络,重点保护历史文化街区;

⑨ 对支路系统进行功能与结构的梳理,进一步加密与完善道路网络。

(2)路网方案

调整后的老城分区形成"六横六纵"的干路网布局。规划主干路总长

34.17 km,主干路密度 1.06 km/km²;规划次干路总长 36.5 km,次干路密度 1.13 km/km²;规划支路总长 113 km,支路密度 3.5 km/km²。

2. 南徐分区

(1)优化策略

南徐分区是城市次中心,是由行政、文化、商务为主的市级公共设施和生活居住构成的多功能复合型新城区。行政中心的迁入、体育中心等大型公共设施的建设,以及高速铁路站的建设将使南徐新区成为城市未来新的增长点,交通需求增长迅速,急需完善现有尚不成体系的道路网络。道路规划重点是:

① 加强道路改造与建设,增加路网密度,完善道路网体系;

② 跨越由于水系、铁路的阻隔,加强分区东西向之间的联系;

③ 结合地形,完善跃进路片区的路网系统;

④ 结合高速铁路车站的建设,调整周边路网,提供良好的集疏运服务;

⑤ 适当延伸与调整南北向道路的等级,缓解南北向交通瓶颈影响;

⑥ 充分考虑与轨道交通一号线的联系与分流;

⑦ 考虑与周边老城分区、谷阳分区、高资分区的衔接。

(2)路网方案

调整后的南徐分区形成 "六横五纵的"干道网路网。规划主干路总长 48.1 km,主干路密度 1.85 km/km²;规划次干路总长 35.4 km,次干路密度 1.36 km/km²;规划支路 104 km,支路密度 4 km/km²。如图 2.44 所示。

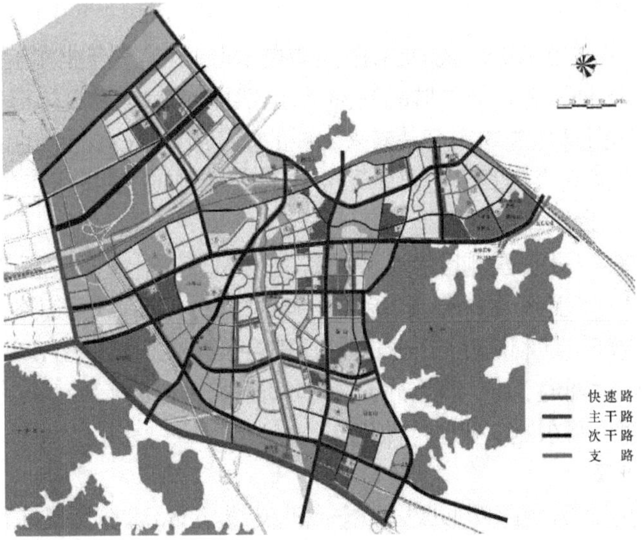

图 2.44　南徐分区道路网调整规划图

3. 丁卯分区

(1)优化策略

丁卯分区是城市东部地区中心,以高新技术产业、科技信息服务和生活居住为主的城市新区。丁卯分区目前主要沿丁卯桥路、经十二路等干道发展,未来随着用地的不断发展、人口的不断迁入,分区内部交通需求及与周边地区的联系逐渐加强,急需完善骨架路网、加密低等级道路网络。道路规划重点是:

① 加强道路建设,增加道路网密度,完善路网体系;

② 考虑与老城分区、谏壁分区及谷阳分区的联系;

③ 考虑在主要客流走廊丁卯桥路、学府路上布设公交专用道的可行性;

④ 重点考虑镇南立交桥及沪宁高速支线与片区道路连接方式;

⑤ 结合禹山片区的居住区建设等,完善禹山北路北侧路网,考虑禹山北路提升为快速路,对沿线相交道路进行合理调整。

(2)规划方案

丁卯分区道路网根据区域山体、河流、铁路及工业布局情况,在充分利用现有道路的基础上,并结合现状地理条件,采用方格网道路系统布置形式,形成"八横七纵"的干道网布局。规划主干路总长 59.5 km,主干道网密度 1.6 km/km^2,规划次干路总长 46.6 km,次干道网密度 1.26 km/km^2,规划支路总长 148 km,支路网密度 4 km/km^2。如图 2.45 所示。

4. 谷阳分区

(1)优化策略

谷阳分区是城市南部地区中心,以高新技术产业、第三产业和生活居住为主的城市分区。谷阳从原有丹徒县城的基础上,虽然可依托中心城区、高铁车站获得发展的动力,但其自身功能的完善是未来发展的重点,与中心城区及两侧工业区的联系较少,未来交通需求增长将主要呈现为内部出行,与主城间不存在通勤走廊,但弹性需求较大。道路规划重点是:

① 继续完善 G312 西侧目前城区的道路网络,促进土地的使用及开发;

② 结合高速铁路车站的建设,完善与高铁车站片区的联系道路;

③ 结合内部土地利用性质与强度的调整合理优化道路网络;

④ 通过设置辅道、接入口等加强对 G312 南段等过境干线道路的利用;

⑤ 对高速公路东侧工业区的路网进一步完善。

(2)路网方案

调整后的谷阳分区路网形成以沪宁高速支线与 G312 分隔的东西两侧分别形成方格式路网的布局,干道网为"五横七纵"的网络。规划主干路总长 55.4 km,主干道网密度 1.5 km/km^2;规划次干路总长 54.7 km,次干路网密度 1.48 km/km^2。

规划支路总长约163 km，支路网密度4 km/km^2。如图2.46所示。

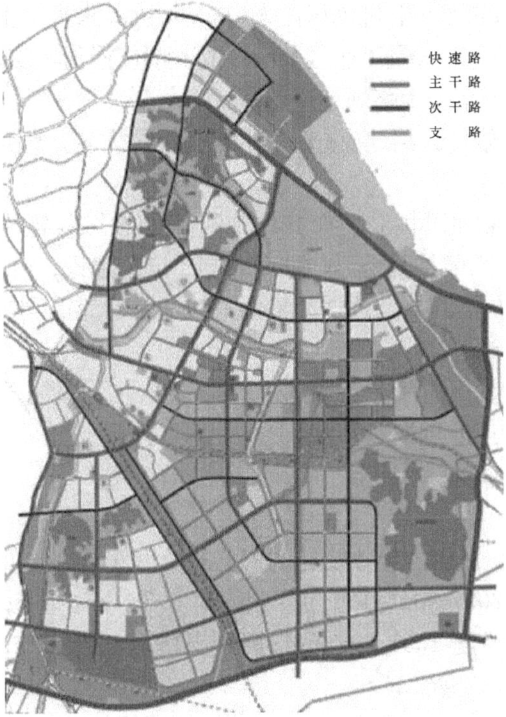

图2.45　丁卯分区道路网调整规划图

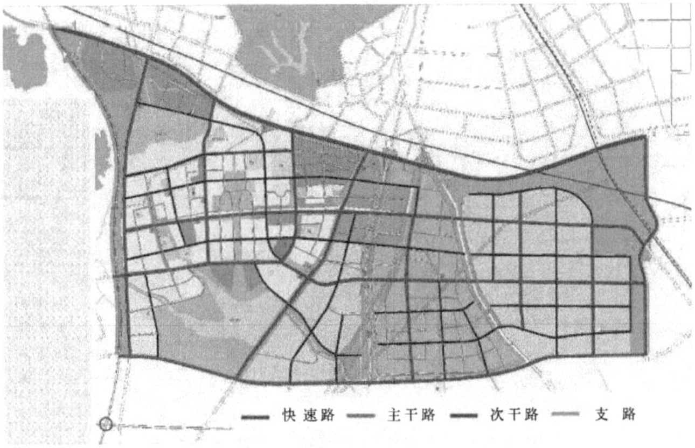

图2.46　谷阳分区道路网调整规划图

5. 高资分区

(1)优化策略

高资分区是镇江港口工业区的重要组成部分，城市西部以基础化工为主导，能源、建材、冶金及其他加工业相结合的现代港口、高科技物流园区。由于高资分区居住环境及用地布局的影响,规划居住人口较少,因此未来与主城之间存在潮汐式的通勤交通。同时,内部大量工业区及港口的发展使得货运交通、对外交通成为路网规划必须考虑的因素。道路规划重点是:

① 目前主要是依托公路建立起来的路网体系,需要加强道路建设与改造,建立城市道路网体系;

② 沪宁铁路、规划中即将实施的京沪高速铁路及城际轻轨,严重分割分区,分区南北向联系不便,需要结合地形加强南北向干道的建设;

③ 结合 G312 与沿江公路改造为地面式快速路的前提,加强辅道建设,梳理沿线与快速路相交的道路;

④ 考虑与中心城区之间存在通勤走廊的情况,加强联络干道的建设;

⑤ 根据不同的产业规模、用地性质,形成与之相适应的路网密度,使得在地块使用上具有一定的弹性。

(2)路网方案

调整后的高资分区形成纵横交错的方格式路网布局,干道网络为“五横四纵”。规划主干路总长 20.7 km,主干道网密度 0.76 km/km^2;规划次干路总长 41.3 km,次干道网密度 1.51 km/km^2;规划支路总长约 82 km,规划支路网密度 3 km/km^2。如图 2.47 所示。

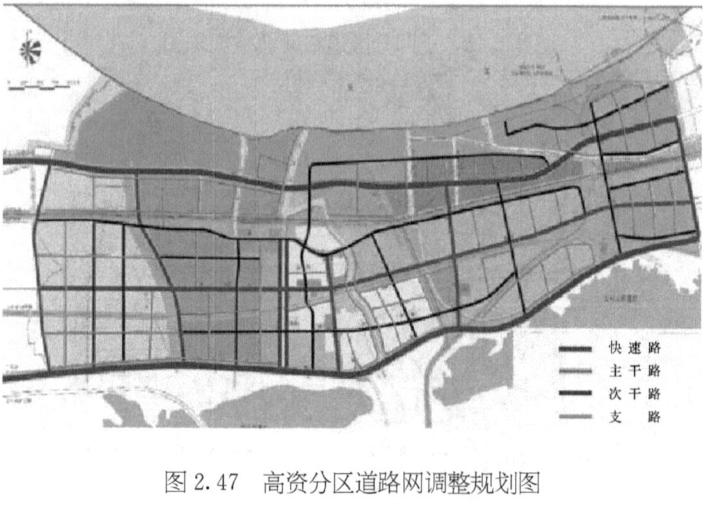

图 2.47 高资分区道路网调整规划图

6. 谏壁分区

(1)优化策略

以电力、化工工业、基础工业为主,兼有区域物流以及配套城市居住区的工业区。片区主要以工业为主,配套的居住、商业等公共设施较少,因此与周边片区的联系也较强，同时港口工业的发展使货运交通需求增长迅速，与外围高等级公路的联系是路网规划必须解决的问题。道路规划重点是：

① 目前主要是依托公路建立起来的路网体系，需要加强道路建设与改造，建立城市道路网体系；

② 重点考虑与中心城区的联系，完善关键界面的通道建设；

③ 结合沿江公路、临江路与横山东路改造为地面式快速路的前提，加强辅道建设，梳理沿线与快速路相交的道路；

④ 处理好道路与铁路、河流之间的关系，在不影响交通的前提下，尽量减少桥梁的建设，同时保证建设用地的完整性。

(2)路网方案

调整后的谏壁分区路网采用方格网道路系统布置形式，形成“五横四纵”的干道网络。规划主干路总长 26.1 km，主干路密度 1.0 km/km^2；规划次干路总长 24.9 km，次干路密度 0.95 km/km^2；规划支路 78.7 km，路网密度为 3 km/km^2。

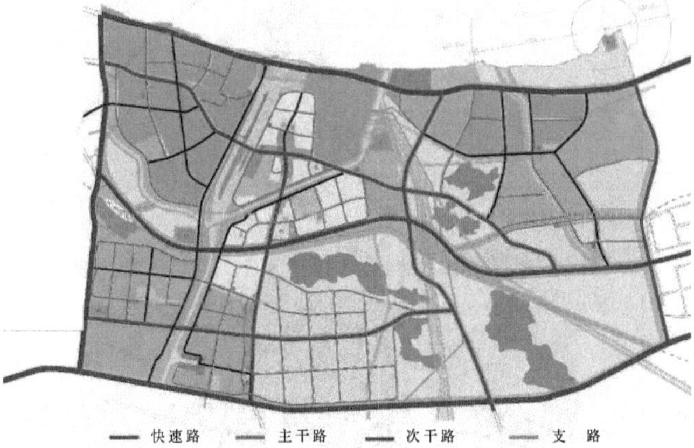

图 2.48　谏壁分区道路网调整规划图

7. 大港分区

(1)优化策略

依据《镇江市城市总体规划(2002～2020)》，大港分区的性质是空间上隶属城市东翼(主城以东地区，以谏壁和大港两部分组成)，重点利用港口和岸线资源优势，建设现代基础产业带以及配套一定规模的城市生活区。大港分区由于与中心城区相隔较远，中西城区的辐射力有限，大港分区的主要发展动力是港口及物流业，因此与外围高等级公路的联系是重点之一，片区自身内部的交通需求也较大。道路规划重点是：

① 完善目前道路网络骨架，建设低等级道路，形成城市道路网络体系；

② 考虑五峰山过江通道与泰州过江通道建设的影响,加强与高等级公路的联系;

③ 结合沿江公路、临江路改造为地面式快速路的前提,加强辅道建设,梳理沿线与快速路相交的道路;

④ 考虑大港南部城市规划区之外用地的开发,预留通道,加强高等级道路的联系,超前引导城市未来拓展。

(2)规划方案

调整后的大港分区路网主体上采用方格网道路系统结合部分自由式的混合布置形式,形成"六横八纵"的干道网布局。规划主干路总长 39.6 km,主干路密度 0.87 km/km²;规划次干路总长 50.1 km,次干路密度 1.11 km/ km²;规划支路总长 158 km,支路密度 3.5 km/km²。如图 2.49 所示。

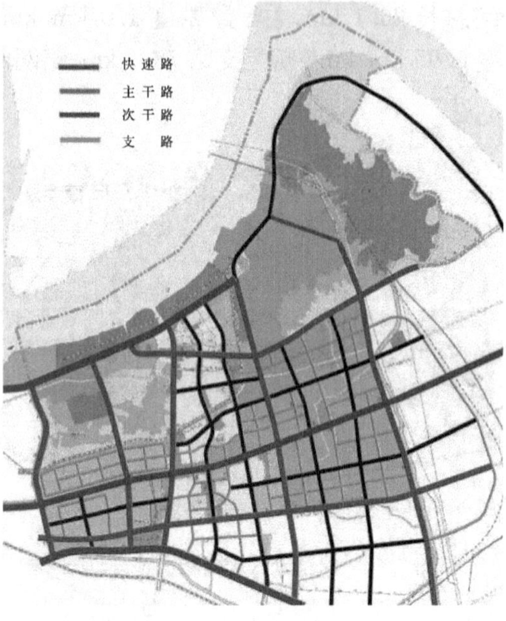

图 2.49 大港分区道路网调整规划图

2.3.4.8 支路控制性规划

从既有规划的支路网密度来看,大部分的分区都低于国家规范推荐值,这意味着部分支路所需承担的集散功能需要由次干路来承担,道路级配不尽合理。

1. 规划原则

(1)注重系统性、差异性和有序性;

(2)注重保护城市风貌、保护人文和生态环境;

(3)注重合理的路网密度,使与城市整体路网协调;

(4)充分利用现有支路、过河通道等设施,适当提高技术标准。

2. 支路网规划

(1)支路标准界定

考虑城市分区规划中对支路的研究深度,且对支路建设标准并没有严格的规定,因此,本次规划界定红线宽度为 10 m 以上的道路均为支路。见表 2.34。

表 2.34　不同性质地块支路网密度控制标准

主要用地性质	支路网密度(km/km^2)
居住用地	3.0～4.5
工业用地	2.5～3.0
商业用地	6.0～8.0

(2)不同性质地块支路密度控制标准

(3)布局指引

根据七大分区各自的分区规划,将整个城区分为三类区域,分别进行支路网的布局规划。

Ⅰ类——老城分区及目前已发展较为成熟的丁卯分区由于街区规模较大,受用地条件的影响,支路密度偏低且此状况在本次规划中难以得到彻底改变,建议在未来进行用地置换时控制街区规模,打通闭塞的大院,为城市交通服务,将支路密度控制在 3.5 km/km^2 以上。

Ⅱ类——目前尚未充分发展的南徐、谷阳两个综合性分区

对此类区域的支路网规划时,需完善用地开发模式,将支路网密度控制在 4 km/km^2以上。

Ⅲ类——高资、谏壁、大港三个工业性组团分区

此类区域的支路网规划时需考虑到交通需求及建设条件的影响,建议将支路网密度控制在 3～4 km/km^2 以上。见表 2.35 和图 2.50 所示。

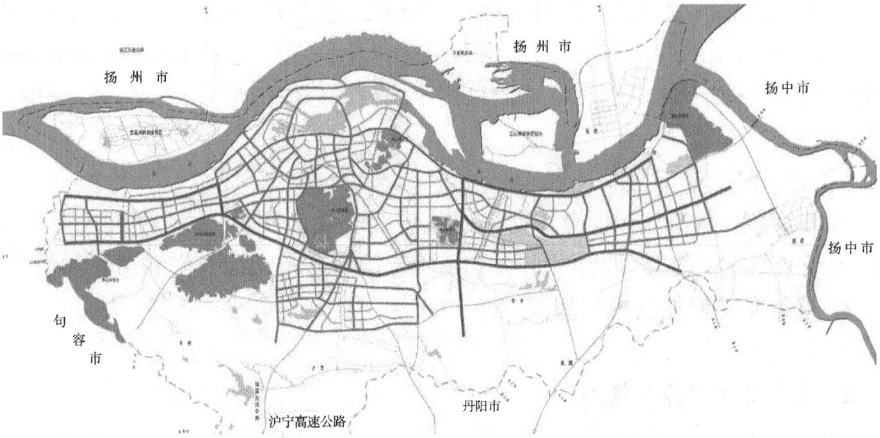

图 2.50　镇江城市道路网规划图

表 2.35 城市支路设置指引一览表

	老城、丁卯分区	南徐、谷阳分区	高资、谏壁、大港分区
设计速度	15～25 km/h	20～25 km/h	20～30 km/h
道路密度	3.5 km/km^2	4 km/km^2	3～4 km/km^2
机动车车道数	2条	2条	2～4条
红线宽度	10～20 m	10～20 m	10～30 m
备　注	在详细规划中确定;重要的支路应满足公共交通行驶的要求	在详细规划中确定;应满足地块完整性、面积适中、便于开发、汽车通行要求	在详细规划中确定,结合交通需求及建设条件可调整

2.3.5 城市道路设施规划

2.3.5.1 道路横断面规划

1. 道路红线宽度确定

规划快速路红线宽 40～60 m,设计车速 60～80 km/h,车道数双向 4～6 个;主干路红线宽 30～70 m,设计车速 40～50 km/h,车道数双向 4～8 个;次干路红线宽 24～40 m,设计车速 30～40 km/h,车道数双向 2～4 个;支路红线宽度 14～24 m,车道数双向 2 个。

在老城区,当受两侧建筑的限制,道路难以拓宽时,可适当降低标准;新区和有条件的地区,按道路规范要求的上限控制。

2. 道路横断面布置型式

依据交通量预测、道路功能和红线宽度确定道路横断面形式。快速路分为快速车道和辅路,采用四块板形式;主干路根据具体情况决定采用二块板、三块板或一块板的形式;次干路根据具体情况采用一块板或三块板形式;支路一般采用一块板形式。

2.3.5.2 道路交叉口控制规划

城市道路网络节点包括立体交叉口和平面交叉口两类,本次规划重点是明确不同等级道路相交的类型及原则,并初步确定镇江城市内部立交的布局和类型。

1. 道路交叉口控制规划型式

镇江市规划交叉口类型如表 2.36 所示。

2. 立体交叉口控制规划

规划立交主要围绕快速路系统设置,为保证快速路的快速、安全、畅通,快速路与快速路、主干路和流量较大的次干路相交时均应设置立体交叉;两条流量较大的主干路交叉路口应设置立体交叉。

表 2.36　镇江市规划交叉口应用类型

相交道路	快速路	主干路Ⅱ	次干路	支　路
快速路	SA	SA、SB	SB、SC	/
主干路		SA、SB、A	A、E	E
次干路			A	A、B、D
支路			A、B、D	B、C、D、F

注:道路与铁路相交必须设非互通式立交。

立体交叉口:SA 型:全互通式立交;SB 型:部分互通式立交,如菱形立交,环形立交;SC 型:非互通式立交,如跨线桥;

平面交叉口:A 型:交叉口展宽及信号控制交叉口;B 型:设有让路标志或停车标志的优先控制交叉口;C 型:不设控制交叉口;D 型:环形交叉口;E 型:干路中心隔离带封闭、支路只准右转通行的交叉口;F 型:交叉口不展宽及信号灯交叉口。

中心城区内部原则上不建大型互通立交,快速路与其他道路相交尽量采用地下或半地下的形式。外围城区尽量规划立交,便于预留立交控制用地,并结合交通流量变化情况分期进行建设;铁路线与主干路相交必须采用立交方式;城市出入口干路相交处按立交控制。如图 2.51 所示。

图 2.51　镇江市中心城区互通规划

2.3.6　道路网规划方案评价

2.3.6.1　规划路网指标评价

规划期末,镇江城市道路网总长度 1428 km,总面积 40.87 km^2,平均路网密度 6.59 km/km^2,道路面积率 17.4%。其中快速路、主干路、次干路组成的干道路网长度为 670 km,密度为 3.09 km/km^2。

快速路长 97.8 km,密度 0.45 km/km²;主干路 283 km,密度 1.31 km/km²;次干路 289 km,密度 1.33 km/km²。

镇江市规划路网指标与《城市道路交通规划设计规范》基本相当,但反映城市道路建设水平的道路网密度仅达到了规范低限,主要是由于大量的工业区内部道路缺乏使得支路网密度较低;道路面积率与人均道路面积均较高,能较好地适应城市交通的发展需求。

从表 2.37 各分区路网规划指标上可以看出,各分区的道路网规划指标都基本符合规范推荐值,仅有部分分区由于片区定位的影响与规范推荐值有一些出入,都能满足分区发展的需求。

表 2.37 各分区路网规划指标统计

指标	路网密度(km/km²)					道路面积率(%)	人均道路面积(m²/人)
分 区	快速路	主干路	次干路	支 路	总密度		
老城分区	0	1.06	1.13	3.5	5.69	—	—
丁卯分区	0.36	1.61	1.26	4	7.23	—	—
南徐分区	0.18	1.85	1.36	4	7.39	—	—
谷阳分区	0.3	1.49	1.47	4	7.26	—	—
高资分区	0.78	0.76	1.51	3	6.05	—	—
谏壁分区	0.78	0.99	0.95	3	5.72	—	—
大港分区	0.48	0.88	1.11	3.5	5.97	—	—
主城区	0.45	1.31	1.33	3.5	6.59	19.4	15.5
国标	0.3～0.4	0.8～1.0	1.0～1.2	3～4	5.3～6.6	8～15	6～13.5

2.3.6.2 规划路网容量评价

路网容量不仅反映了城市交通的建设水平和运营状况,而且是城市交通规划与评价的一项重要指标,交通载体和交通个体的容量平衡是城市交通体系正常高效运转的保证。

本次规划通过时空资源消耗法计算镇江市规划期末道路网容量推算未来城市可承受的机动车拥有量,并对战略预测结果进行反馈,以作为评价未来城市道路网能否满足城市交通需求的标准之一。测算结果见表 2.38。

按广义路网容量计算镇江市 2020 年道路网所能容纳的标准交通车辆数约为 32.1 万辆(不含外地车辆),根据战略阶段的机动车保有量预测,到 2020 年镇江市的机动车预测值约为 27 万辆,规划的道路网完全可以满足机动车增长的需要。

表 2.38　镇江市规划路网交通容量计算

项目		单位	符号	城市道路			
				快速路	主干路	次干路	支路
路网广义容量	i 类路网极限广义容量	万辆	N_i	8.4	16.5	9.6	5.5
	道路等级修正系数		R_1	0.75	0.8	0.8	0.9
	i 类路网设计广义容量	万辆	N_{i1}	6.3	13.2	7.6	5.0
	路网设计广义容量	万辆	$N_{设}$	32.1			

但由于居民生活水平的提高及车辆政策的影响，远期的机动车保有量难以准确预测，虽然目前规划的城市道路网对机动车数量增长有一定弹性，但仍应加强对机动车发展的引导与调整措施，以适应远期城市交通的发展需求。

2.3.6.3　交通负荷及服务水平评价

1. 整体路网交通流的分布及负荷度

道路系统交通测试分析表明，整体路网的平均负荷度为 0.42，平均车速为 35.4 km/h。其中快速路网的负荷度为 0.68，主干路网为 0.56，次干路网为 0.43。

与总体规划路网相比，中心城区及老城区的交通状况有明显改善，老城区内饱和度为 0.69，基本能够满足未来中心区的交通需求。中心区外围两条南北向快速通道能够起到中心区保护壳的作用，分流中心区通过性交通，减缓中心城区的交通压力。如图 2.52 所示。

主城与东西两翼之间的交通紧张状况得到明显的缓解，东西向整体交通负荷下降至 0.62。

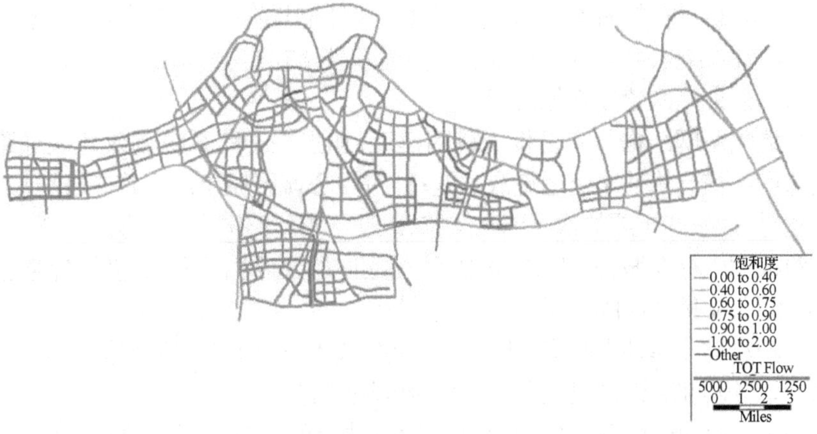

图 2.52　远期规划路网机动车高峰小时交通负荷分布图

2. 不同等级道路的交通效果

经过路网调整,各级道路承担交通流的比例合理,流量分布均衡。

快速路与主干路依然是承担城市交通的主体,但承担交通流比例更合理,其中快速路承担了30%,主干路承担了42%,对于改善其他道路网络的交通状况起到重要作用。

完善了次、支路网,次、支路网承担了适宜的交通流,共承担了28%的交通流,整个道路网络的交通负荷情况得到了明显的改善。

由于中心城区外围快速路网的形成及周边低等级道路的完善,在整体交通需求增长的情况下中山路、解放路的交通负荷降低了20%,道路交通拥挤状况得到缓解。

3. 交通流量分布集中的路段及路口

交通流量主要集中分布于城市的干字形快速路及檀山路、中山路上,高峰小时路段流量均超过了4 000 pcu。

道路网络中流量集中的交叉口主要分布在中山路—解放路、中山路—电力路、丁卯桥路—谷阳北路等交叉口附近。

2.3.7 道路网近期建设规划

通过现状分析,可以看出镇江目前存在的主要交通问题是局部路段与交叉口在高峰时段的交通拥堵,而道路系统不完善是一个重要的原因。加强道路建设,是改善目前建成区交通状况的重要基础。

通过交通需求预测可知,近期是带状组团形成的关键时期,交通需求增长是必然趋势;同时机动车拥有量和出行量都处于快速增长阶段,要使得道路设施尽量适应交通需求的增长,必须继续重视道路交通基础设施的建设。

2.3.7.1 近期路网建设规划目标

(1)调整路网结构。完善骨干路网建设,加强主干路系统与改建快速路的连接,发挥南部横向快速路交通集散功能;针对中心城区城市次干路、支路缺乏的矛盾,拓宽、打通一些重要的次干路与支路,以便于整体路网交通组织的实施。

(2)根据南徐新城与丁卯新城的开发,延伸和建设相关联系道路,完善新城的主次干道网,支撑新城的发展。

(3)新建与改建外围高资、谏壁与大港新区的骨干道路,适当建设与骨干道路相关的低等级道路,以满足近期重点建设区域的需求。

(4)重点解决中山路沿线次级分流道路缺乏的问题,延伸、改造大西路、健康路等。

(5)结合旧城区近期改善,进行主要道路交叉口的渠化改造。

2.3.7.2　近期路网建设规划方案

1. 快速路

重点改建沿江公路、横山东路、镇大公路等，新建横山东路南延线，快速路近期形成“二横一纵”的布局。

2. 主干路

近期内各个组团内主干路基本建成，其中临江路等道路均用快速路的标准进行建设，便于未来进行快速化改造。

3. 次干路

近期内中心城区次干路基本建成，外围谏壁、高资与大港新区的重要次干路建成，各个组团内主次干路骨架系统基本形成。

4. 支路

老城区中改造部分重要的支路，如山门口街、双井路等，满足通行公共交通的条件，对支路系统进行功能与结构梳理，使支路能承担部分次干路的集散交通功能；

新城开发中注重道路网建设的整体协调，修建支路为满足街区内部的慢行交通出行与部分机动化交通出行，纯化干路的交通功能。如图 2.53 所示。

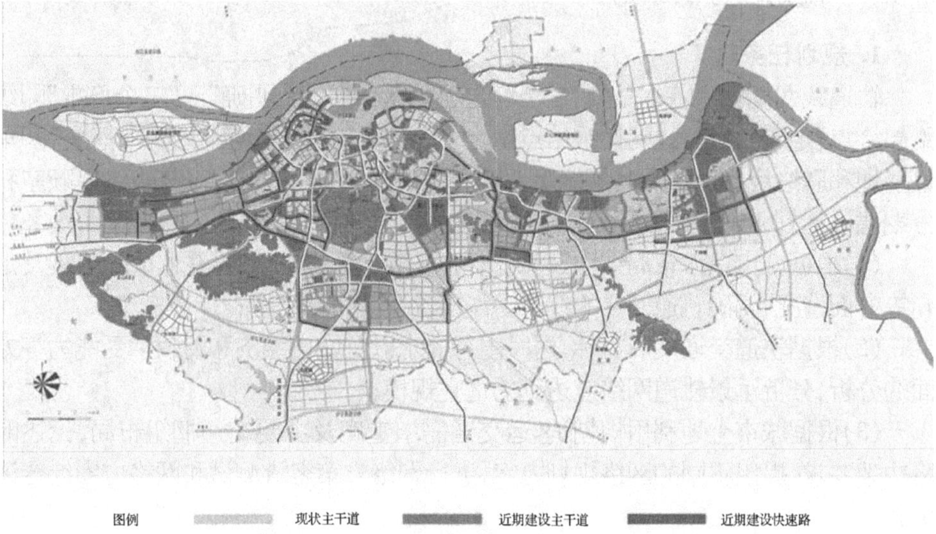

图 2.53　镇江市近期重要道路建设示意图

第3章　城市轨道交通线网规划

城市轨道交通是大型城市基础设施项目，对城市的建设和发展有较大的影响，在项目投资前阶段国家需要对轨道线网规划、初步（预）可行性研究报告、可行性研究报告及初步设计进行审批。其中，轨道交通线网规划线网规划是城市总体规划中的专项规划，在城市规划流程中，位于综合交通规划之后、专项详细控制性规划之前。作为项目建设的前提，轨道交通线网规划对建设项目的选择、为项目建设提供规划条件、协调与其他交通方式的衔接及与市政工程的配套都有直接作用。

3.1　技术指引

3.1.1　规划任务及原则

1. 规划任务

轨道线网规划应基本做到“三个稳定、两个落实、一个明确”。“三个稳定”即线路起终点（走向）稳定、线网换乘结点稳定、交通枢纽衔接点稳定；“两个落实”即车辆基地和联络线的位置及其规划用地落实；“一个明确”即各条线路的建设顺序和分期建设规划明确。具体规划任务如下：

（1）根据城市总体布局结构、居民出行需求特征、客运交通需求走廊等级及走向等方面情况，明确轨道网络的线路功能层次及其布局结构；

（2）根据轨道交通发展目标、居民出行需求以及城市经济和财政承受能力等方面的分析，分析远景轨道网络应达到的适宜规模；

（3）根据城市土地利用规划、客运交通需求走廊及主要交通枢纽布局，论述网络构架要求，提出不同的网络规划方案，进行网络方案客流测试和网络方案综合评价；

（4）根据各方面协调及公众咨询意见，进行网络方案优化调整，形成推荐方案；

（5）进行系统选型，确定敷设方式，进行车场及联络线等相关规划。

2. 规划原则

轨道线网规划是长远的、指导性的专项宏观规划。它强调稳定性、灵活性和连续性的统一。

(1)稳定性原则:规划核心在空间上(城市中心区)和时间上(近期)要稳定。

(2)灵活性原则:规划延伸条件在空间上(城市外围区)和时间上(远期)要有灵活变化的余地。

(3)连续性原则:线网规划要在城市条件不断变化的情况下,不断调整完善。

3.1.2 规划范围与年限

规划范围一般与城市总体规划范围相一致。在规划范围内,还应进一步明确重点研究范围,即轨道交通线路最为集中、规划难点也最为集中的区域。重点研究范围应根据具体城市的特点确定,但一般选择为城市中心区。

规划年限分为近期规划和远景规划。近期规划主要研究线网重点部分的修建顺序以及对城市发展的影响,因此年限应与城市总体规划年限一致。远景规划是研究城市理想发展状态下(或饱和状态)轨道交通系统合理的规划,因此没有具体年限。一般可以按城市总体远景发展规划和城区用地控制范围及其推算的人口规模和就业分布为基础,作为线网远景规模的控制条件。

3.1.3 规划阶段与流程

城市轨道交通线网规划研究主要分为3个阶段:即前提与基础研究、线网构架研究和实施规划研究。如图3.1所示。

1. 前提与基础研究阶段

该阶段主要对城市自然和人文背景加以研究,从中总结指导轨道交通线网规划的技术政策和规划原则。主要研究依据应是城市总体规划和综合交通规划等。具体研究内容包括城市现状与发展规划、城市交通现状与规划、城市工程地质分析、既有铁路利用分析和建设必要性论证等。

2. 线网构架研究阶段

线网构架研究是线网规划的核心部分,主要是方案构思、交通模型测试和方案评价3个工序的循环过程,其目的是推荐优化的线网方案。这部分研究主要内容包括:合理规模的研究、线网方案的构思、线网方案客流测试、线网方案的综合评价。

3. 实施规划研究阶段

实施规划是轨道交通是否具备可操作性的关键,集中体现轨道交通的专业性,主要研究内容是工程条件、建设顺序、附属设施的规划等。具体内容包括:车辆段及其基地的选址与规模研究、线路敷设方式及主要换乘节点方案研究、修建顺序规

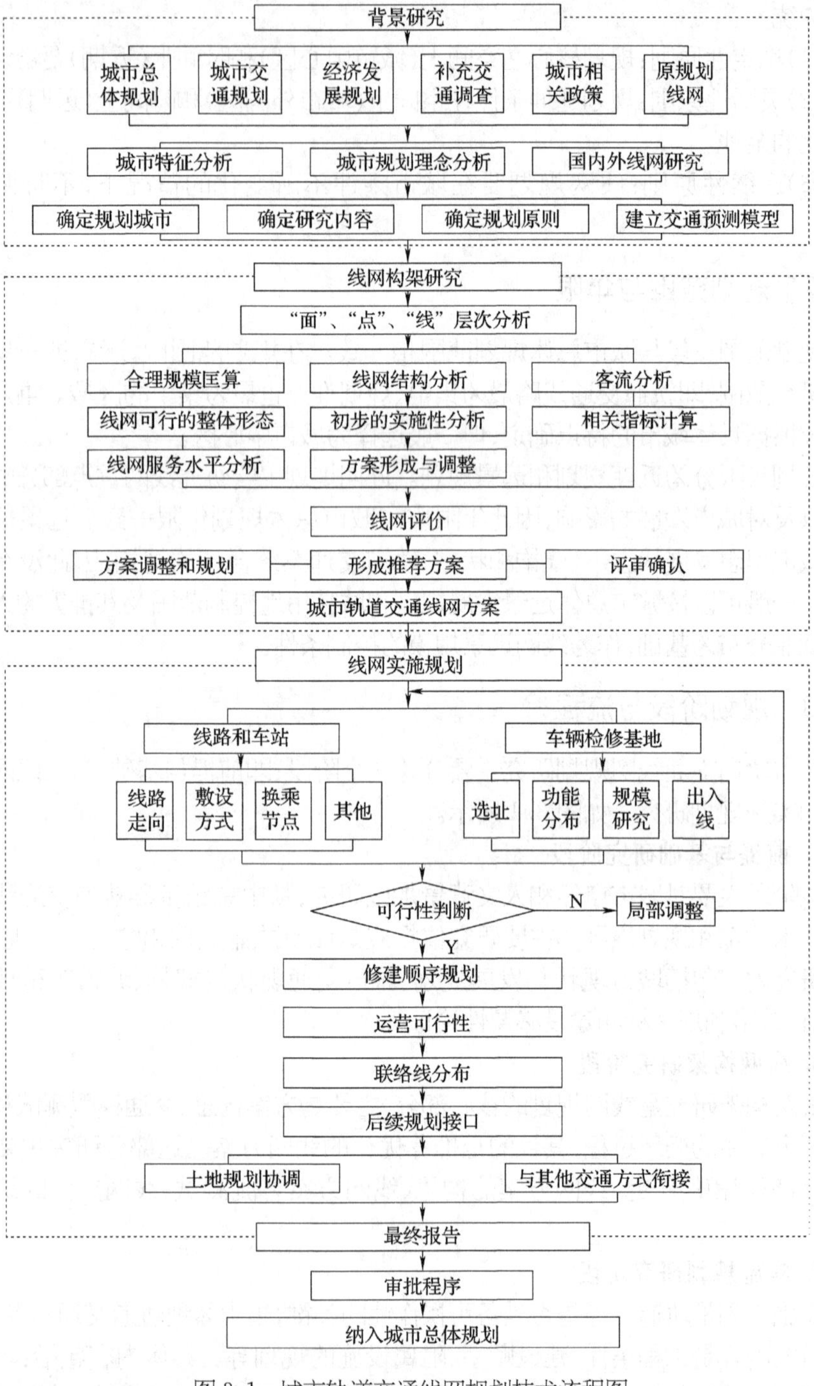

图 3.1　城市轨道交通线网规划技术流程图

划研究、轨道交通线网的运营规划、联络线分布研究、轨道交通线网与城市的协调发展及环境要求、轨道交通和地面交通的衔接等。

3.1.4　成果形式要求

城市轨道交通规划包括规划文本与图纸、技术文件。技术文件包括规划总报告及若干专题报告，规划总报告在专题报告基础上编制。

1. 文本内容

① 前言；

② 城市轨道交通网络、服务、运营与其他系统衔接现状及存在问题；

③ 区域铁路与对外客运主枢纽布局现状及规划情况；

④ 城市结构及主要城区发展现状及规划情况；

⑤ 轨道交通发展目标、原则、基本政策、线路功能等级及与区域和城市发展基本关系；

⑥ 客运交通需求走廊、形态；

⑦ 市域轨道交通线网功能、布局、轨道换乘关系、具体线路功能走向、规模、基本制式敷设方式及与城市发展协调要求，线路投资估算、车辆基地及规模、总体客流预测；

⑧ 市区干线线网功能、布局、轨道换乘关系，具体线路功能走向、规模、基本制式敷设方式及城市发展协调要求，线路投资估算，车辆基地及规模、总体客流预测；

⑨ 局域线线网功能、布局、轨道换乘关系，具体线路功能走向、规模、基本制式敷设方式及城市发展协调要求，线路投资估算、车辆基地及规模、总体客流预测；

⑩ 轨道交通网络总体布局、结构、城市发展协调总体要求、规模、投资估算、车辆基地布局及规模、总体客流预测；

⑪ 轨道交通换乘枢纽布局；

⑫ 轨道交通近期发展建议（发展政策、建设线路计划、线路走向、基本制式敷设方式及城市发展协调要求、投资估算、车辆基地布局及规模、总体客流预测）；

⑬ 轨道交通近期投融资及协调发展政策建议。

2. 规划图纸内容

① 区域铁路与对外客运主枢纽布局图；

② 城市结构及主要城区发展图；

③ 客运交通需求走廊、形态分布图；

④ 轨道交通线路功能等级、布局与区域及城市发展关系概念图；

⑤ 现状轨道交通线路布局及客流状况图；

⑥ 远期轨道交通网络总体布局规划图；

⑦ 远期轨道交通线路走向、基本制式、敷设方式图及轨道网与城市发展协调概念图；

⑧ 远期轨道交通车辆基地布局图；

⑨ 近期轨道交通网络总体布局及建设计划、车辆基地布局图；

⑩ 近期轨道交通发展线路初步选线图。

3. 专题报告

(1)轨道交通现状调研分析专题报告内容

① 研究目的分析及必要完善；

② 研究过程与方法；

③ 城市社会经济现状与发展情况分析；

④ 城市建设现状及发展规划情况分析；

⑤ 城市交通现状及发展规划情况分析；

⑥ 既有轨道交通线路、客流及规划概况分析；

⑦ 区域交通设施(铁路及客运枢纽为主)现状及发展规划情况分析；

⑧ 国内外主要城市轨道交通规划发展经验借鉴分析；

⑨ 轨道交通建设的基本条件、必要性与紧迫性分析。

(2)轨道交通预测分析专题报告内容

① 轨道交通模型对整体交通模型的主要深化内容及体系结构；

② 更详细的交通小区的划分情况及中区以上人口、就业(学)等数据；

③ 道路及公共交通网络的模型表述及需要数据；

④ 交通出行(客运及货运)模型的主要组成内容、关键参数及居民出行调查、车辆、对外交通数据需要；

⑤ 现状数据的收集及基年模型标定；

⑥ 社会经济及车辆发展前景；

⑦ 城市开发及中区以上人口、就业(学)前景；

⑧ 交通网络前景；

⑨ 其他模型关键参数及居民出行、车辆、对外交通等数据前景；

⑩ 预测年模型标定；

⑪ 总体客运需求预测。

3.1.5 关键技术方法

1. 城市轨道交通建设条件

城市轨道交通项目具有一次性投资大，运行费用高，社会效益好而自身经济效益差的特点。因此，发展城市轨道交通应当坚持量力而行、规范管理、稳步发展的方针，合理控制建设规模和发展速度，确保与城市经济发展水平相适应，防止盲目发展或过分超前。根据《国务院办公厅关于加强城市快速轨道交通建设管理的通知》(国办发[2003]81号)，现阶段申报发展轨道交通建设的城市应达到下述基本条件。见表3.1。

表3.1　国务院办公厅[2003]81号文相关规定

项　　目	可建设轻轨的条件	可建设地铁的条件
地方财政一般预算收入	60亿元以上	100亿元以上
国内生产总值	600亿元以上	10 000亿元以上
地区人口	150万人以上	300万人以上
规划线路客流规模	单向高峰小时1万人以上	单向高峰小时3万人以上

2. 线网合理规模匡算

合理规模的影响因素有：城市的规模、城市交通需求、城市财力因素、居民出行特征、城市未来交通发展战略与政策和国家政策等。其中，城市发展的规模又包含城市人口规模、城市土地利用规模、城市经济规模、城市基础设施规模四个方面。上述因素对快速轨道线网规模的影响作用有的可以量化，有的无法量化，所以确定城市轨道交通线网规模要采用定量计算和定性分析相结合的方法。需要指出的是，轨道交通规模只是一个参考数据，它可以从宏观上判断一个城市大概的轨道交通规模范围，不能作为轨道交通各条线路布线的依据。在目前的规划实践中，主要是确定线网长度或线网密度。

(1)服务水平法

该方法先将规划区分为几类，例如分为中心区、中心外围区及边缘区，然后或类比其他轨道交通系统发展比较成熟的城市的线网密度，或通过线网形状、吸引范围和线路间距确定线网密度，来确定城市的线网规模。

(2)出行需求分析法

该方法先预测规划年限的全方式出行总量，然后根据拟定的线路客运密度确定所需的城市轨道交通线网规模。这种方法是按城市轨道交通承担出行的比例来确定的，故通常称之为分担率法。具体公式如下：

$$L=Q\cdot\alpha\cdot\beta/\gamma \tag{3.1}$$

式中　L——线网长度(km)；

Q——城市出行总量；

α——公交出行比例；

β——轨道交通出行占公交出行的比例；

γ——轨道交通线路负荷强度(万人次/km·日)。

未来居民出行总量 Q：

$$Q=m\tau \tag{3.2}$$

式中 m——城市远景人口规模(含常住人口和流动人口)；

τ——人口出行强度(次/人·日)，一般情况，居民出行强度相对比较稳定。

(3)吸引范围几何分析法

吸引范围几何分析法是根据轨道交通线路或车站的合理吸引范围，在不考虑轨道交通运量并保证合理吸引范围覆盖整个城市用地的前提下，利用几何方法来确定轨道交通线网规模的方法。它是在分析选择合适的轨道线网结构形态和线间距的基础上，将城市规划区简化为较为规则的图形或者规则图形组合，然后以合理吸引范围来确定线间距，最后在图形上按线间距布线再计算线网规模。

(4)回归分析法

该方法首先分析影响城市轨道交通网络规模的主要因素(如人口、面积、国内生产总值、私人交通工具拥有率等)，然后利用其他轨道交通系统发展比较成熟的城市的有关资料，对线网规模及各主要影响因素进行数据拟合，从中找出线网规模与各主要相关因素的函数关系式，然后根据各相关因素在规划年限的预测值，利用此函数关系式确定本城市到规划年限所需的线网规模。

$$L=b_0 \cdot P^{b_1} \cdot S^{b_2} \tag{3.3}$$

式中 L——城市轨道交通线路长度，km；

P——城市人口，万人；

S——城市面积，km^2；

b_0,b_1,b_2——回归系数，如对世界 48 个城市轨道交通系统进行回归，

其中 $b_0=1.839, b_1=0.64013, b_2=0.09966$。

以上 4 种方法各有特点且具有一定的局限性。服务水平法的优点是借鉴了其他城市的经验，计算简单，但是却存在类比依据不足，让人难以信服的缺陷。出行需求分析法从交通需求满足供给的角度出发匡算线网规模，易于理解，但是计算数据需要进行推算。吸引范围几何分析法的特点是根据城市用地规模和轨道交通服务水平来确定轨道交通线网规模，因此能够保证一定的服务水平，而且由于城市规模比交通流量容易控制，规划线网规模受不确定因素干扰少，可以用来确定规模范围。缺陷是没有考虑轨道交通运量的限制，而且假定将合理吸引范围覆盖整个城市用地也会导致规划线网规模偏大。回归分析法有较强的理论根据，所得结果容易被大家所接受。但在具体应用中存在着难以寻找合适的拟合样本等问题。在实际工作中四种方法可共同使用，相互印证，对各模型的差异性结构应经多方面定性分析及综合协调后加以判定。

3. 线网架构要素确定

在城市轨道交通线网的合理规模确定后，即可进行线网的初始方案架构。国内外各城市规划人员构思初始线网集的具体思路、出发点不同，主要形成如下要素：主要交通走廊、主要客流集散点和线网功能等级。

(1)主要交通走廊

主要交通走廊反映城市的主客流方向，对其识别有以下方法：

方法一：经验判断法——根据城市人口与岗位分布情况，设定影响范围，通过对线网覆盖率的判断来确定线路的走向。此法较为简单，但仅考虑了人口密度的分布情况，忽视了人员出行行为的不同。因此在线网布设时可能与实际客流方向不完全吻合。

方法二：出行期望经路图法——规划年出行预测得到远期全人口、全方式OD矩阵；将远期OD矩阵按距离最短路分配到远期道路网上得到出行期望经路图；按出行期望经路图上的交通流量选线，产生初始线网。

方法三：两步聚类识别法——先通过动态聚类，将所有的交通流量对分类成20～30个聚类中心，而后通过模糊聚类法，以不同的截阵选择合适的分类，并进行聚类计算，最后可获得交通的主流向及流量并结合走廊布局原则及方法确定主要交通走廊。

方法四：期望线网法——这是由法国SYSTRA公司与上海规划设计院合作进行上海轨道交通规划时采纳的方法。此法借助于上海交通所开发的交通预测模型，也可称为蜘蛛网分配技术。这里的期望线有别于城市交通规划中通常使用的期望线，更多的考虑了小区之间的路径选择，期望线网可以清晰的表达交通分区较细情况下理想的交通分布状况。它是连接各交通小区的虚拟空间网络，在该网络上才采用全有全无分配法将公交OD矩阵进行分配，从而识别客流主流向确定交通走廊。

(2)主要客流集散点

主要客流集散点是在确定轨道交通线路骨架以后确定轨道交通线路具体走向的主要依据。客流集散点按照性质分为交通枢纽、商业服务行政中心、文教设施、体育设施、旅游景点和中小型工业区等。

(3)线网功能等级

不同运量等级的客运走廊需要确定中运量或是大运量的轨道交通系统，而且轨道交通在城市不同地区对城市发展与支持社会经济活动中发挥的功能也不同，轨道网络功能层次划分正是根据这一特点确定轨道线路的服务水平与等级。轨道线路功能层次可划分为市域快线、市区干线和市区辅助线。

① 市域快线：在市区与卫星城镇之间，为长距离出行提供快速的交通联系。

② 市区干线：在市区内部为中距离出行提供快速便捷的交通联系。

③ 市区辅助线：作为市区干线的补充线，以保证整个轨道交通网络系统整体功能发挥。

表 3.2 是北京市轨道线网的功能分级和所对应的技术参数。

表 3.2 北京市轨道线网的功能分级和所对应的技术参数

线网分级	主要性能	最高时速(km/h)	运行时速(km/h)	站间距(km)
市域快线(R 线)	长距离、大运量、站间距大	100～120	60～80	市区 1～2 近郊 2～3 远郊大于 3
市区干线(M 线)	中距离、大运量、站间距大	80～100	40～70	1～1.5
市区辅助线(L 线)	中小距离、大中运量、站间距适中	60～80	25～40	0.6～1.5

4. 线网架构方法

轨道交通线网架构的研究方法主要有两类，一种是以定性分析为主、定量分析为辅的线网规划方法，一种是以定量分析为主、定性分析为辅的线网规划方法。

(1)点线面要素层次分析法

这种方法以城市结构形态和客流需求的特征为基本，对基本的客流集散点，主要的客流分布，重要的对外辐射的方向及线网结构形态，进行分层研究，充分注意定性分析和定量分析相结合，快速轨道工程学与交通测试相结合，静态与动态相结合，近期与远景相结合，经多方案比较而成。"点"代表局部、个体性的问题，即客流集散点、换乘节点和起始点的分布；"线"代表方向性问题，即轨道交通走廊的布局；"面"代表整体性、全局性的问题，即线网的结构和对外出口的分布形态。

(2)功能层次分析法

这种方法根据城市结构层次和组团的划分，将整个城市的轨道交通网按功能分作三个层次，即骨干层、扩展层、充实层，骨干层与城市基本结构形态吻合，是基本线网骨架，扩展层在骨干层基础上向外围扩展，充实层是为了增加线网密度，提高服务水平。

(3)逐线规划扩充法

这种方法是以原有的快速轨道交通路网为基础，进行线网规模扩充，以适应城市发展。为此，必须在已建线路的基础上，调整规划已有的其他未建线路，来扩充新的线路、并将每条线路依次纳入线网后，形成最终的线网规划方案。

这种方法的优点是投资效益高，便于迅速缓解城市交通最严重的拥挤路段。缺点是不易从总体上把握线网构架，不易起到引导城市发展、形成合理城市结构的目的。

(4)主客流方向线网规划法

这种方法的要点是根据城市居民的交通需求特点，确定近期最大程度满足干线交通需求，远期引导合理城市结构和交通结构形成的功能特点，进行初期、近期和远期的交通需求空间分布特点的量化分析，并结合定性分析与经验，提出若干轨道交通线网规划方案。具体做法是在现状与未来道路网上进行交通分配，按照确定的原则绘制流量图，根据流量图确定主客流的方向，然后沿主客流方向布线提出若干线网规划方案。

5. 线网客流预测

(1)预测内容

在线网规划阶段有四项工作需要客流资料的支撑：①规划、建设城市轨道交通系统的必要性论证；②各规划线的运量等级、系统规模和相关的用地控制；③线网方案的评价和选择；④线网的分期发展实施方案的制定。

该阶段的客流研究工作称之为“全网客流估算”，应计算的指标包括全网和各线指标，除换乘站的换乘量之外，不需计算其他各站点乘降量。采用全网客流估算的原因是远景年的用地规划资料不易落实，各类车站(含道路公交)的站位不易准确确定，交通网络在发展中的可变因素难以确定。

(2)预测年限

全网客流估算的主要目标年是远景年。所谓远景年，一类为城市总体规划的“远景年”，大约在50年左右；一类为规划用地按不同性质，达到相对饱和容量的年份。根据客流资料的用途，可能还要做其他年份的全网客流估算。这些年份需要考虑与总体规划一致或接近，以便于对基础资料和参数的推定。

(3)预测模式

对城市轨道交通客流量大预测基本上采用交通规划的常规方法，即搜集或利用居民出行调查资料，在预测城市客运总需求的基础上通过交通方式划分预测城市轨道交通的客流量。目前轨道交通客流量预测模式主要可以分为以下几类：

① 基于现状客流分布(OD分布)的预测模式(“四阶段”预测模型)

基于现状客流分布(OD分布)的预测模式的主要思路为通过居民出行调查，掌握现状全方式的出行分布。在此基础上预测未来年的全方式出行分布，然后通过方式划分和交通分配预测得到轨道交通的站间OD，即可计算出轨道交通客流量。该方式结合土地利用规划分析城市轨道交通客流，能较好的反映城市远期客流分布，且精确度相对较高，缺点主要在于对数据的要求高、操作复杂。此类预测模型仍是轨道交通客流的主要模式。

但“四阶段”法若在出行方式划分阶段就划分出了轨道交通方式的OD量，再独立轨道交通线网上进行分配，势必会减弱或忽视轨道交通与其他交通方式(特别是其他公交类交通方式)之间的联系。对于传统简单"四阶段"预测方法的这一缺点,国内外学者近年来提出了基于竞争分配的"四阶段"预测思路。基于竞争分配的"四阶段"预测法仍建立在"四阶段"法基础上,首先进行全方式的客流产生和分布预测,但在方式划分和路径选择时考虑了轨道交通方式作为一种线交通工具,其与城市中其他交通方式是一种合作竞争的关系。方式划分时先进行预划分(分层次策略性交通方式划分)得到公交类 OD 矩阵(公交类一般包括轨道、常规公交、铁路等),然后在一个综合路网(包括步行网、道路网、轨道网、常规公交网铁路网等)上进行竞争分配(利用联合方式划分交通分配模型)得到最后所要的结果。轨道客流预测流程如图 3.2 所示。表 3.3 反映了各阶段交通需求预测的内容及常用模型。

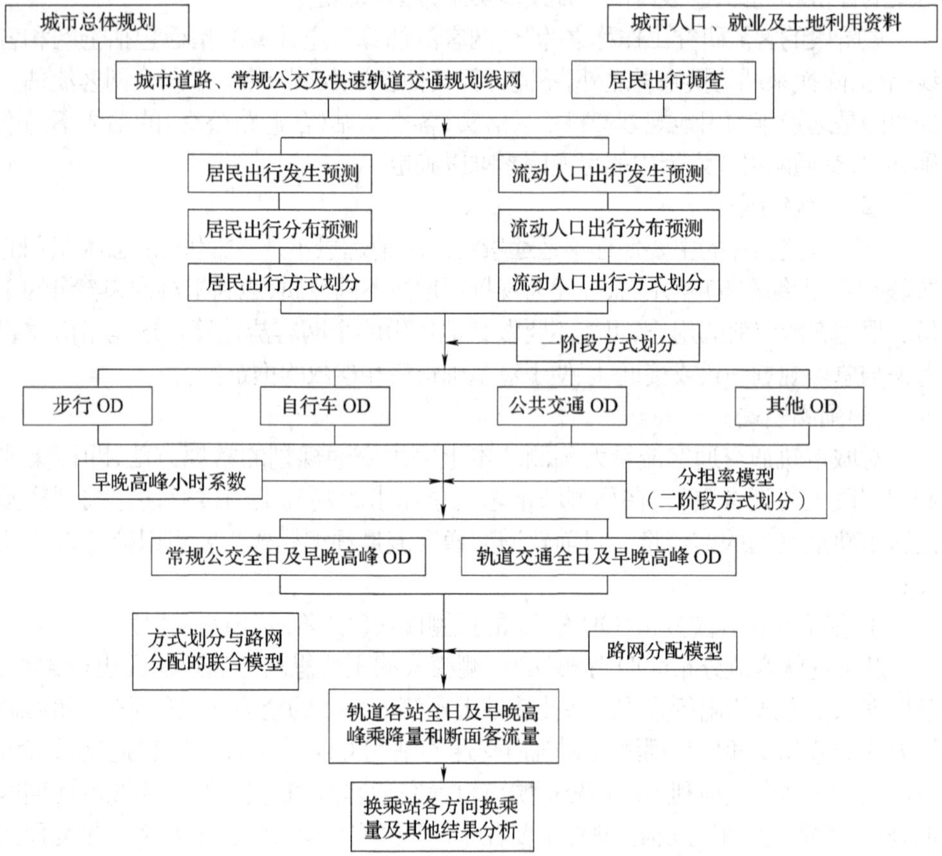

图 3.2 轨道交通客流预测流程图

表 3.3　交通需求预测各步骤结构

项　目	内　容	模　型
① 发生吸引交通量的预测	根据每个地区的人口等社会经济指标，预测该地区未来的出行发生量和吸引量	拟参考国内其他城市居民出行调查资料，通过数据拟合，分析出行率与人均 GDP 及第二产业的关系，进而推荐合理的出行率。或采用增长系数法或回归模型计算交通生成量
② 分布交通量的预测	将按上述方法预测得到的发生吸引交通量用于总体控制，再根据以各地区地理条件、交通条件为参数的模型公式，预测各小区间的分布交通量，并编制 OD 表	可根据城市特征采用增长系数法、重力模型法、机会介入模型法及系统平衡分析法
③ 各种交通方式交通量的预测	根据能够反映各种交通方式和交通条件的交通方式分担率模型公式，对 OD 表按各交通方式进行划分	随着轨道交通的开通，小汽车、公交车的客流向城市轨道交通转移。因此，拟采用二阶段的步骤，即把出行者的出行分为固定地使用某种方式的部分和可能选择多个选择枝的部分，出行量的竞争选择部分可通过分担率模型进行划分。模型包括分担率曲线法、线性回归模型、Logit 模型等
④ 分配交通量的预测	将轨道交通 OD 表分配到轨道交通线网，集合各条路线的不同区间，预测出各条轨道线路的客流量	分别推算从二轮车（自行车、助力车和摩托车）、公交汽车、非公交机动车转向轨道的转换量；将轨道利用 OD 表采用网络流分配方法在轨道网（轨道网＋道路网）上进行分配计算

② 不基于现状客流分布（OD 分布）的预测模式

这类预测模式的主要思路是将相关公交线路的现状客流和自行车流量向轨道交通线路转移得到虚拟的基年轨道交通客流；然后按照相关公交线路的历史资料和增长规律确定轨道交通客流的增长率，推算远期轨道交通需求客流量，或者由公交预测资料直接转换为远期城市轨道交通客流量。因此这一类方法主要为趋势外推，在确定轨道交通客流增长率时可采用指数平滑法、多元回归法等方法。

此类模式属于早期模式，受其原理的限制，以现状公交客流量为预测基础，对现状交通特征的反映较为片面。无法全面的考虑城市用地规模、交通设施、出行结构改变的影响，因此精度较低。但由于操作简单，所以目前常用其他模式预测后的比较验证或作为定性分析的辅助手段。

③ 非集聚模型

由于城市轨道交通“四阶段”法缺少明确的行为假说，特别是模型系统本质上并非有关个体行为的，即它不是与个体出行行为相一致的，针对其不足，一些专家提出了非集聚模型。非集聚模型又称交通特征模型，它着眼于研究个体的出行行为，即以实际产生交通活动的个人为单位，对个人是否进行出行、去何处、利用何种交通工具以及选择哪条线路等活动分别进行预测，并按出行分布、交通方式和交通线路分别进行统计，得到交通需求总量的一类模型。这类模型在理论上利用了现代心理学的成果，引入了随机效用的概念，其核心是效用最大化理论。非集聚居模型相比传统模型的优势是有明确的行为假说、模型的一致性好、模型有较好的时间和地区可转移性等特点。

6. 线网方案评价

对规划获得的轨道交通路网规划方案集，决策者必须从中选择最优方案，做出决策。任何规划的决策最终都归结为方案评价，评价是对路网规划过程和结果的鉴定，评价的好坏直接影响着决策的正确性。可以采用层次分析与模糊综合评判法进行轨道交通线网规划方案的优选。

(1)评价流程(图 3.3)

轨道线网规划与方案评价是相互交融、紧密联系在一起的。城市轨道线网的评价分为两个层次进行：①预选方案的排序与选优；②候选方案的综合效益评价。就方案评价本身而言，其主要内容包括：

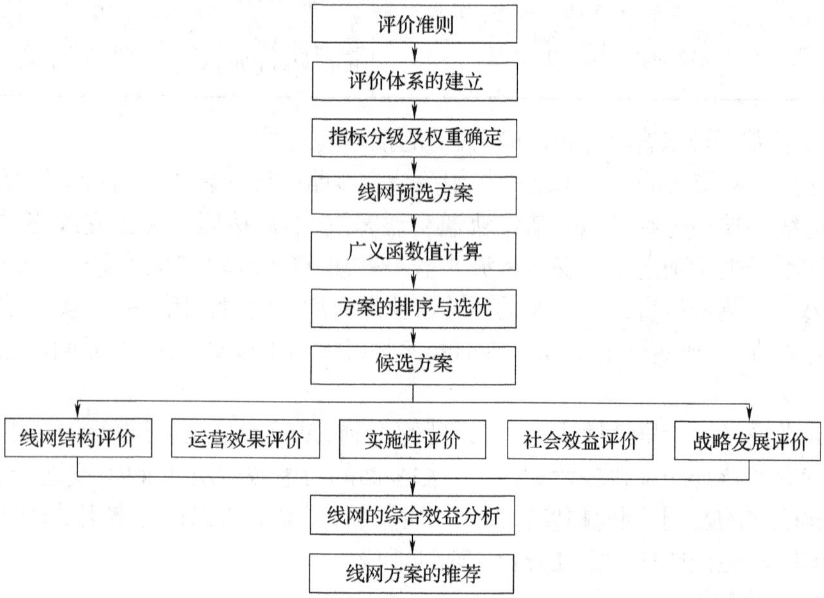

图 3.3　线网评价过程框图

① 明确评价对象，形成备选方案；

② 确定评价目的及准则；

③ 建立评价指标或指标体系；

④ 各评价指标的分析与计算；

⑤ 选择合适的评价方法,综合各评价指标的分析及计算结果,对备选方案进行比较和选择。

(2)评价准则

为全面地评价轨道交通线网,制定以下5个方面的准则:

① 线网的结构特征

线网的结构特征是指线网的空间尺度特性和协调性。好的轨道线网规划方案应具有良好的覆盖性和合理的线网结构,并在此基础上,与其他交通系统有较好的协调与衔接。

② 线网的运营效果

线网运营的效果分为运营成果与运营效率。好的线网应承担较大的客运量和具有较好的服务水平,并具有较高的运营效率。

③ 线网的实施条件

线网实施包括以下两个方面:轨道交通线路实施的工程难度较低;形成近期线网的结构、实施及运营条件较好。

④ 线网的社会效益

轨道交通线网所取得的社会效益主要反映在:由于轨道交通线网的修建带来居民出行时间的节省、出行质量的提高以及由于轨道交通承担了大量的客流从而对城市道路交通的改善等。

⑤ 战略发展目标

轨道交通线网的规划要服从城市的总体规划,符合城市用地发展方向,并与城市交通规划战略相吻合,以促进规划目标的实现,开发新的城市增长点。

(3)主要评价指标

① 轨道线网的总长度

指规划轨道交通线网各条线路长度之和,是宏观评价快速轨道交通静态线网的投入性指标,长度在功能和效果相同的条件下越短越好。

② 轨道线网所承担的日客运总量

指规划年度轨道线网各线客运量之和,它反映了快速轨道线网的客运效果和作用。在轨道规模相同的情况下,轨道线网承担的客运量越大越好。

③ 轨道线网所承担的客运量占公交总客运量的比例

轨道交通在大城市公共交通结构中起着骨干作用,轨道线网在城市公交总运量中承担的比例是这种骨干作用的体现。若承担比例过低,可能是线网规划不合理;线路单一未形成网,致使客流吸引强度不够;或发展轨道交通的必要性不足等。一般认为快速轨道线网所承担的公交客运比例应不低于30%。

④ 轨道线网的直达率和一次换乘率

轨道线网的直达率和一次换乘率是衡量乘客直达程度的指标，也是衡量轨道线网布局和车站布局的合理程度的指标。其值分别为利用轨道出行可以直达目的地的人次和在轨道线网中需中转换乘一次方能到达目的地的人次占轨道交通线网总出行人次的比例，直达率越高的线网越好。

⑤ 线路的负荷强度

路网线路上的客运量要与其运能相适应，这往往以路网上的线路客流负荷强度来衡量，它是反映运营效率和经济效益的一个重要指标。

⑥ 轨道线网平均运距

城市快速轨道交通运量大、速度快，主要承担城市主客流方向上的中、远程乘客，可以缩短这部分乘客的乘车时间，并有利于尽可能地吸引客流。轨道线网的平均运距定义为乘客利用轨道交通的走行距离的算术平均值。

⑦ 轨道网对地面常规公交负荷量的疏散效果

轨道交通实施后的效果如何可以通过比较轨道交通建成前后常规公交的负荷水平获得，常规公交的负荷水平体现在公交线路承担客流量的大小。对常规公交疏散效果明显且均匀的线网较好。

7. 线网实施性规划要点

(1)车辆段及相关基地规划

车辆段及其基地可统称为车场。车场规划一般要达到以下几方面要求：①规划研究的重点是根据轨道交通规划的线网进行车场选址，基本明确各车场功能及用地建设规模，达到控制建设用地的目的。②根据规范要求，每条线路宜设一个车辆段。当一条线的长度超过 20 km 时，可设一个车辆段和一个停车场。在技术经济合理时，可两条线路共用一个车辆段。③车场应靠近正线，以利于运营的需要，同时可减少空驶里程。④各车场的功能应从全线网统一规划，合理布局，有序建设。车场一般应设足够长度的试车线。⑤车辆的大中修理一般应集中，以减少设备投资。但日常检修、维修、保养各车场应有能力进行。⑥车场应考虑将来的发展留有适当的余地，同时注意环境保护。⑦应避开居民居住区、文化区与商业区等对环境质量要求较高的区域，要尽量选在市郊较空旷地区、工厂区或仓库区，并具有远期发展余地。⑧保证列车进出正线安全、可靠、便捷、运行经济。⑨要尽量避开工程地质和水文地质不良的地段，并使场地标高具有良好的排水条件。⑩对电力线路和各种管道的引入以及与城市道路的连接比较方便。

(2)线路敷设方式规划

轨道交通线路一般采用 3 种敷设方式，即地面、高架和地下。线路敷设方式的规划要按照下列基本要求：①线路敷设方式应根据城市总体规划的要求，结合城市现状以及工程地质、环境保护等条件。②线路敷设的位置，应尽量选择在道路红线以内,以避免或减少对道路两侧建筑物的干扰。当线路偏离红线而进入建筑区的地段,应统一配合规划或作特殊处理。③线路敷设方式在旧城市中心区建筑密度大的地区,应选择地下线。为了节省工程造价在其他地区应尽量选用地上线,但必须处理好对城市景观和周围环境的影响。④地上线应选择道路红线较宽的街道敷设,其中高架线(包括过渡段)要求道路红线宽度一般不小于 50 m(困难情况下,区间可降至40 m),地面线要求道路红线宽度为 60 m。⑤线路的敷设方式还要从整个线网协调统一考虑,尤其是在线网上的交织(交叉)地段,要处理好两线间的换乘或相互联络的问题。

(3)车站站位及主要换乘点规划

车站的位置的确定是十分复杂的,一般车站最终位置的确定只有在可行性研究甚至初步设计阶段才可以完成。在线网规划阶段,选择车站位置应从以下几方面考虑:①为了获得较好的客流吸引量,车站应与既有或规划的客流集散点、道路系统和其他交通方式枢纽靠近;②与周边土地利用性质和发展意图相匹配;③满足运营在最短站间距、旅行速度、列车牵引特性等方面的要求;④满足工程可实施方面的要求,如线路、土建、设备或施工组织等。

(4)线网建设顺序规划

城市轨道交通系统的线网规划基本是一次完成,然后根据情况变化作调整、完善。但线路项目建设只能逐步进行。一般是先建设贯通市中心的直径线,因为从轨道交通线网体系和运输效率的角度看,先建设贯穿城市中心的路线比较理想。然后是放射线,改善线网的通达性。第三是环线,使线网的流通性、可达性、机动性、覆盖率等项指标均有较好的改善。

轨道交通建设是一项长期、庞大的工程,在一定的资金、人力、物力等客观条件下,分期建设规模和顺序应充分考虑与城市经济、人口发展、土地开发、重点项目建设以及交通需求紧密结合,还应坚持下述原则:第一,线网实施规划应分步实施,必须有重点、有层次,先建设核心层,再向外延伸,循序发展。第二,实施顺序要讲究实效,应充分考虑工程的连续性和运营的效益性水平,未来的线网实施规模,更应注意需求因素和对城市综合实力的分析。各条线网规划的实施,必须同时考虑车场的配置、列车组织方案以及所需要的配套线路工程。

(5)线网运营规划

运营规划的目的是进一步对线网布局的合理性进行验证。如果说线网构架规划完成了结构布局、线路走向和换乘点的确定,那么运营规划就是要研究每条线的运量等级、运行方式与运行路线,并形成不同等量级的运行系统和规模。因此运营规划应研究如下内容:①划分各线运量等级;②研究运营组织方式;③规划不同等级的运营方式。

各线运量等级的划分应根据地形条件和运量需求,分别选择大运量或中运量的轨道交通系统,相互衔接成网,并与公共汽电车配合有序,共同组成公交客运系统。轨道交通制式的选择应充分考虑国情,尽可能采用成熟技术,立足国内设备,减少工程投资。从运行的经济、调度的方便灵活、车辆设备和零件的统一配置、维修技术一致性等方面考虑,轨道交通各线应尽可能采用统一制式。如果因运量要求,需采用大运量和中运量两种轨道交通制式,从运行的经济考虑,每种制式都应具有一定的规模。在规划阶段,对轨道交通的型式要研究多种可能方案。

(6)联络线分布规划

所谓联络线即是指各自独立运营线之间的辅助线,或为调度两线路之间的车辆的通道,也可作为临时运营线和后期线路建设的设备运输通道。作为临时运营的联络线应按正线标准建设为双线,作为辅助线的联络线按下列要求设置:①联络线是一种辅助线路,利用率较低,因此,一般都按单线双向运行设计。②为大修车辆运用设置的联络线,要尽可能设在最短路径的位置上,同时要考虑到工程实施的可能性。③联络线的设置要考虑线网的修建顺序,使后建线路通过联络线从先建的线路上运送车辆和设备。④联络线的布局,应从线网的整体性、灵活性和运营需要综合考虑,使之兼顾多种功能,发挥最大的经济效益。⑤联络线的设置应根据工程条件并考虑和其他建设项目的关系,在确保联络线功能的同时,减少对其他项目的影响。⑥联络线尽量在车站端部出岔,便于维修和管理。困难情况下也可在区间出岔,但应注意避免造成敌对进路。⑦联络线的设置应考虑运营组织方式,要注意线路制式及限界的一致性。

(7)轨道交通和地面交通衔接规划

建立地面与轨道交通一体化衔接体系主要内容包括:①建立以轨道交通为骨干,地面公共汽车为主体,中小巴、出租车为补充,相互配合,共同发展的城市公共交通体系,以满足城市现代运输需求。②指导轨道交通站点周围土地规划,促进城市对外交通站场合理布局,支持城市空间发展和地区中心的形成,提供一个高效的公共交通运输网络。③根据交通衔接点的交通量,规划不同等级、不同规模的客运枢纽,发挥各种交通集聚效应,加强系统间的有效衔接,以扩大轨道系统服务范围,提高公交整体运输能力,使公共交通出行比例稳步增长,确立公共交通在城市交通的主导地位。④提供良好的换乘空间和设施,通过对站点城市规划综合设计,合理组织换乘客流和集散人流的空间转移,达到系统衔接的整体化。⑤不断优化城市内部公共交通线路和站点布置,主动创造就近换乘条件。

3.2　案例1:镇江轨道交通概念性规划

3.2.1　规划背景

镇江地处中国最富饶、最发达、市场需求最旺盛的长江三角洲的中段,位于上海、南京两个大都市圈之间,宁镇扬和苏锡常经济圈交汇地带,是实现全省经济"南北互补、东西联运"的中枢地带,是国家沿江对外开放城市。

根据《镇江市城市总体规划(2002—2020)》,镇江市城市空间发展方向由原来的沿江"一"字型发展调整为沿江沿路"T"字型发展。重点沿江发展,扩充东西两翼,适度沿路向南发展,拉开主城框架。迈入大城市行列的镇江,远景客流量的需求规模、城市的客流交通走廊都会发生巨大的变化。城市轨道交通的发展规划对于城市的总体布局规划、城市交通的可持续发展,尤其是城市客运交通的发展有着巨大的影响。为了超前做好与轨道交通相关的用地控制,保证轨道交通与土地利用的协调发展,对轨道交通的发展规模、线路方案以及建设时序等应进行深入的研究。

项目研究年限近期为2020年,远景为2050年。

3.2.2　规划目标与原则

1. 轨道线网规划目标

(1)快速联系城市内部主要功能区、客流集散点,构建结构合理的轨道网络,提升城市公共交通竞争力及服务水平;

(2)支撑中心区内部较高密度的土地开发,引导城市空间的向外拓展,实现城市总体规划的目标。

2. 轨道线网规划原则

(1)规划要与镇江城市发展总体规划紧密结合;

(2)满足主干客流的交通需求是轨道交通线网布线的根本原则;

(3)规划要体现稳定性、灵活性、连续性的统一;

(4)布局应支持城市总体规划的土地发展目标,尤其注重解决主城区内的交通问题,按总体规划意图带动旧城中心改造和新区发展建设;

(5)线网布局应注意换乘节点研究,尽量在中心城区均匀分布,避免一点多线交叉;

(6)在选择线路走向时,应充分考虑地形、地貌和地质条件,以利于工程实施和降低造价。

3.2.3 城市轨道交通线网规划

1. 合理规模测算

综合采用线网负荷强度、同类型城市比较法以及回归分析,确定镇江市区的轨道交通线网的合理规模为:2020 年:14～21 km;2050 年:60～80 km。见表 3.4。

表 3.4 镇江市轨道交通线网规模 km

预测方法	2020 年	2050 年	预测方法	2020 年	2050 年
负荷强度法	14～21	59～79	回归分析法	—	85
同类型城市类比法	—	47～78	推荐值	14～21	60～80

2. 线网形态分析

(1)城市空间结构对线网形态的要求

“一体两翼”的城市空间结构,要求城市轨道交通线网的规划,除了要满足主城交通需求,同时还要能够满足城市空间拓展,实现城市一体化发展。如图 3.4 所示。

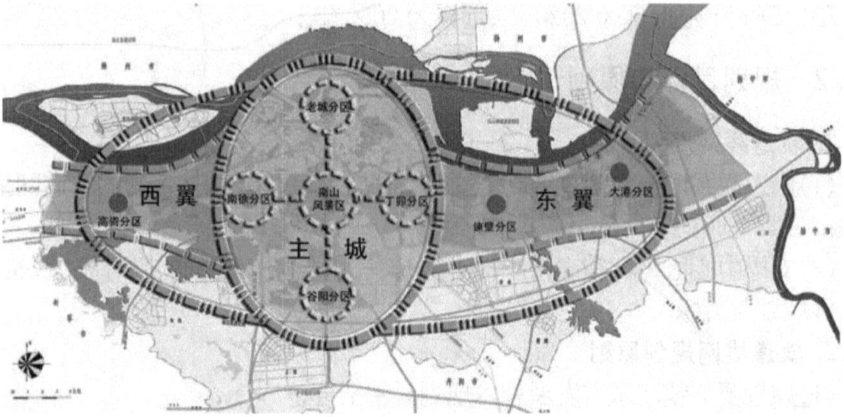

图 3.4 镇江市城市空间结构示意图

(2)城市各组团功能定位分析

分区功能定位的不同,使得客流需求差异,轨道交通线网规划需要加强主城内部重点组团线网密度,同时增强同外围地区的联系。如图 3.5 所示。

(3)城市发展轴对线网形态的影响

沿江沿路“T”字型发展,轨道交通线路规划应符合城市轴向发展这一特征,以放射线为主,连接城市核心及外围组团,并在城市核心区形成良好的换乘。如图 3.6 所示。

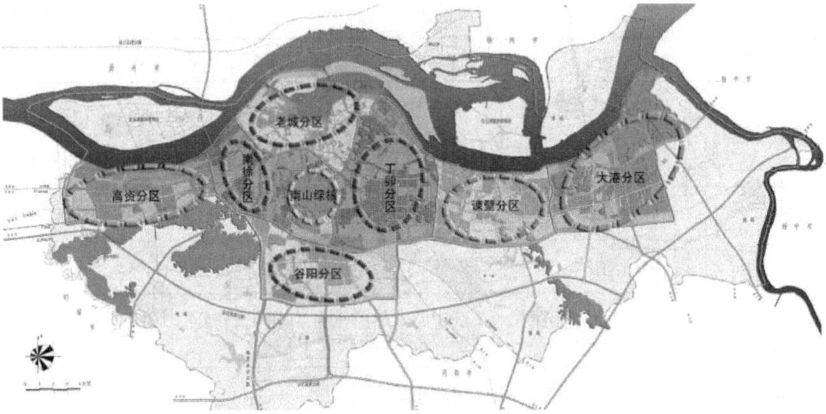

图 3.5　镇江市城市各组团空间布局图

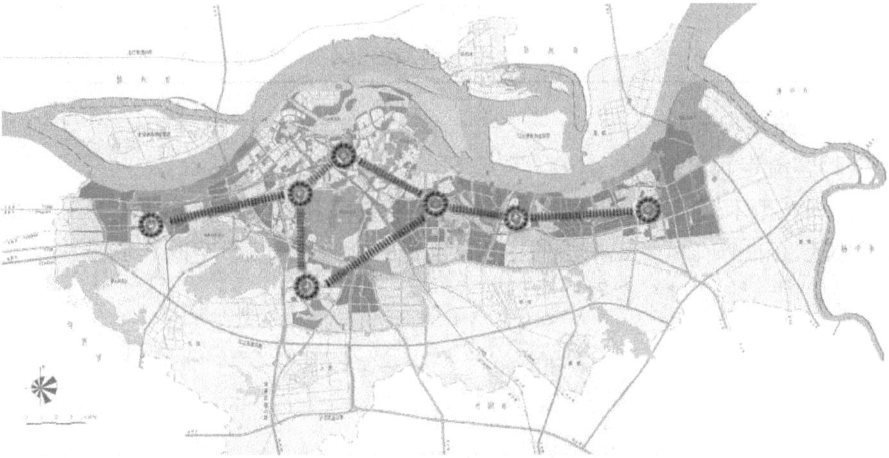

图 3.6　镇江市城市发展轴示意图

3. 线网衔接分析

轨道交通线路应该尽可能的串联主要的客流集散点，缓解城市交通压力，服务城市客流需求，引导沿线的发展。同时轨道交通线路经过主要的客流集散点，也有利于轨道交通客流的吸引，充分发挥轨道运输系统的优势及提高整体服务水平。见表 3.5。

表 3.5　主要客流集散点列表

集散点类型	统计概况	详　细　名　称
客运枢纽	4 个铁路客运站	镇江火车站、沿江城际镇江站、高铁镇江站、城际高资站
	5 个公路客运站	南徐主站、老城主站、高资辅站、丁卯辅站、大港辅站

续上表

集散点类型	统计概况	详 细 名 称
行政文化中心	1个市级中心	南徐市级行政文化中心
	6个区级中心	老城、丁卯、谷阳、高资、大港、谏壁区级行政文化中心
商业贸易中心	1个市级中心	大市口一级商业中心
	4个区级中心	南徐、丁卯、谷阳、大港二级商业中心
	9个居住区级商业贸易中心	跃进路、黄山南路、九里街、青年广场、丁卯南、谷阳西、官塘、谏壁、高资三级商业中心
体育中心	1个体育中心	镇江市体育馆
教育中心	10个高教基地	江苏科技大学西校区、镇江卫生学院、振华职业技术学校、江苏大学中山校区、江苏科技大学南校区、江苏大学北固校区、江苏大学梦溪校区、江苏科技大学、镇江技师学院、江苏大学
旅游中心	4个旅游中心	金山、焦山、北固山国家风景名胜区、南山国家森林公园

4. 线路走向分析

(1)客流走廊分析

识别城市未来的客流走廊,可以看出未来城市客运交通走廊主要分布在城区的核心区,东西两个副中心,呈现出中心方式的特点,与城市空间布局结构及土地利用趋势相一致。如图3.7所示。

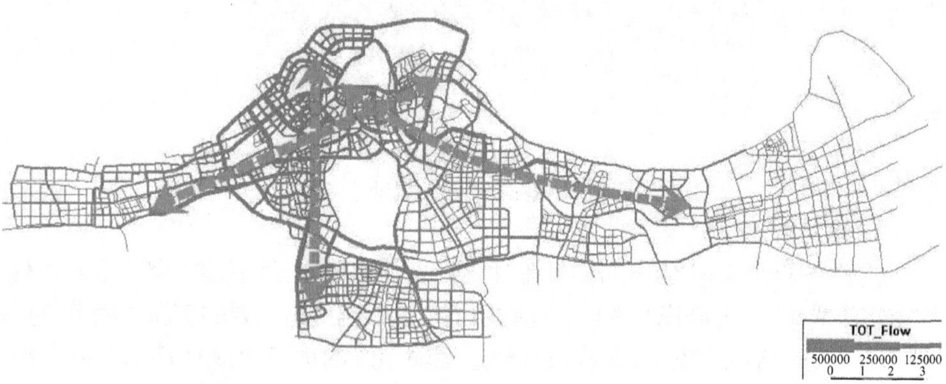

图3.7 远期客流走廊分析示意图

(2)可行通道分析

结合城市的道路条件,以及道路两侧的用地性质和规模,对镇江市快速路与主干路规划条件与特点进行了详细的分析,筛选出符合布设轨道交通的通道,作为轨道交通线网规划的基础。见表3.6和图3.8所示。

表 3.6　通道类型分析

道路类型	分　　析	结　论
对外通道	城市对外出入口道路两侧通常要求控制用地,不符合轨道交通的布设原则	严格避免
快速路	快速路两侧的用地类型及其开发强度,决定了其不能为轨道交通带来足够的客流	尽量避免
主次干道	通常为城市主要客流走廊,是轨道交通布设的首选,但考虑工程建设的条件,道路红线一般要求在35米以上	推荐选择
支　路	支路一般是为片区交通集散服务,道路条件有限,不宜布设轨道线路	尽量避免

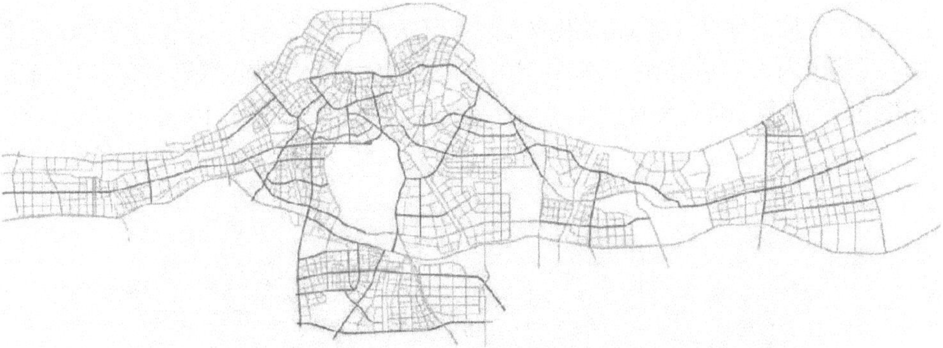

图 3.8　镇江市主要通道筛选示意图

5. 规划方案选择与优化

(1)线网形态选择

根据镇江城市总体规划布局,结合上述分析,建议镇江市轨道线网选择"中心放射状"的布局形态如图3.9所示。

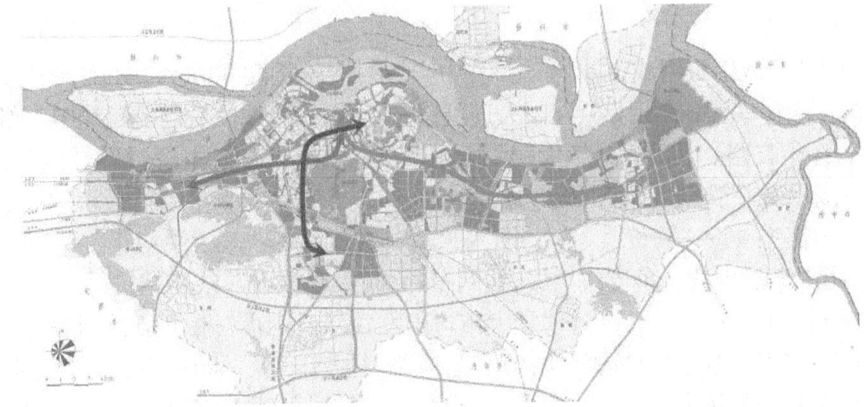

图 3.9　轨道交通线网形态示意图

• “放射状”线网适合镇江“一体两翼”的城市布局形态，在主城与两翼之间建立起了高效、快速的交通联系，有效的引导人口、产业向外扩展；

• “放射状”线网符合镇江市沿江沿路“T”型发展的思路，能有效的推动城市的空间发展；

• “放射状”的线网形态将主城与新区作为覆盖的核心地区，能在地区中心形成良好的衔接换乘。

(2)线网方案构想

方案一：

由 1 条放射线和 1 条环路组成，即“有环放射”，共 2 条线，总长度 70 km。其中环线将市内火车站、长途汽车站、市中心区、高铁站及集散点联网成环；另一条从高资经南徐西路、南徐大道、丁卯桥路、镇大路到大港。如图 3.10 所示。

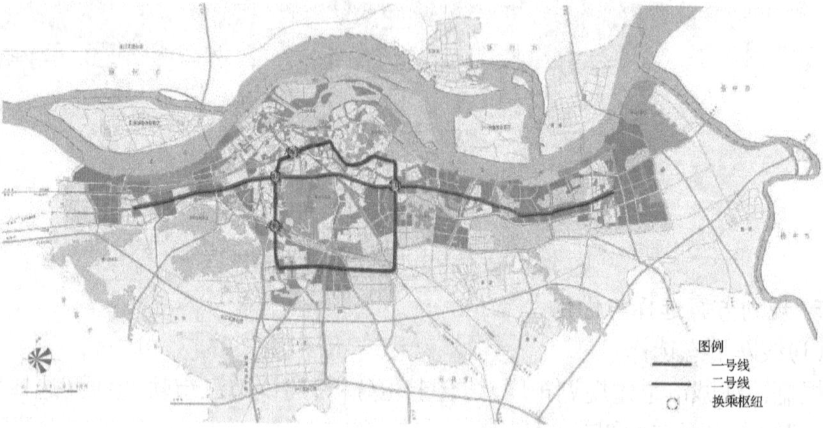

图 3.10　镇江城市轨道交通线网规划方案一

方案二：

由 3 条放射线组成，线网布局为“中心放射”，总长度 58 km。其中，一号线从火车站经跑马山路、檀山路、谷阳大道到谷阳新区；二号线从金山公园经中山路、学府路、经十二路、丁卯桥路、镇大路到大港新区；三号线从北固山经解放路、南徐大道、南徐西路到高资。如图 3.11 所示。

方案三：

由 3 条放射线一条支线组成，线网布局为“中心放射”，线路结构为“主线＋支线”，总长 56 km。其中，一号线从大市口出发，经跑马山路、檀山路、谷阳大道到谷阳中心；二号线从金山公园经中山路、学府路、经十二路、丁卯桥路、镇大路到大港新区；三号线从火车站经黄山南路、南徐大道、南徐西路到高资新区；一号线支线从火车站引出经中山西路至金山公园。如图 3.12 所示。

图 3.11　镇江城市轨道交通线网规划方案二

图 3.12　镇江城市轨道交通线网规划方案三

方案四：

由 3 条放射线组成，线网布局为“中心放射”，总长度为 65 km。其中，一号线从焦山起，经江滨大道、梦溪路、中山路、跑马山路、檀山路、谷阳大道到谷阳新区；二号线从北固山经解放路、正东路、学府路、经十二路、丁卯桥路、镇大路到大港；三号线从金山经中山西路、黄山南路、南徐大道、南徐西路、城中干道到高资新区。如图 3.13 所示。

(3)线网方案比较

由于缺乏基础的定量分析模型，本次研究方案评价以定性判断结合四分制打

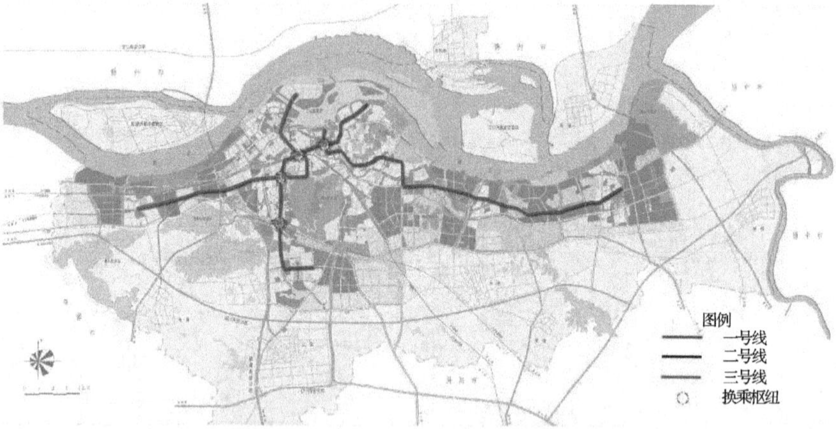

图 3.13　镇江城市轨道交通线网规划方案四

分为主。根据城市总体规划,结合备选方案的布局,对评价体系中五大方面的影响因素比选。见表 3.7 所示。

结合定性定量比较,在保证与城市发展的协调性、线网结构的合理性、衔接主要的客流集散点及工程可实施性的前提下,兼顾经济合理性,推荐方案四为镇江市城市轨道交通线网规划的方案。

表 3.7　轨道交通线网备选方案综合评价

项目		方案一	方案二	方案三	方案四
与城市发展的协调性	支持城市规划的实现	中心区线网规模太小,不能有效集散客流,为老城改造带来困难。(2)	线网分布重点不够突出,难以实现城市中心区功能的转移。(3)	线网分布重点不够突出,难以实现城市中心区功能的转移。(3)	与城市组团的发展形态及客流主流方向一致,支持规划目标实现。(4)
	引导城市开发的程度	线路布置与两侧用地开发不协调。(1)	线路布置与两侧用地开发协调性差。(2)	线路布置与两侧用地开发协调性好。(3)	线路都沿各组团核心区位布置,易带动两侧用地开发。(4)
	对城市发展的适应性	线网布置与城市发展方向结合较少,随城市发展变化的可调整性较小。(1)	梳理出城市优先发展的主轴线,与城市发展的适应性较好。(2)	轨道线网优先发展轴明显,其他线路独立实施性较好。(2)	线路串联了所有重要组团,优先发展轴明显,线网设置较为灵活。(4)
线网结构合理性	线网规模	70km(4)	60 km(2)	58 km(1)	65 km(3)
	老城区线网密度	0.15(1)	0.21(3)	0.21(3)	0.40(4)
	城市副中心线网密度	0.47(4)	0.44(2)	0.42(3)	0.42(3)

续上表

项　目		方案一	方案二	方案三	方案四
主要客流集散点服务能力	与城市交通枢纽衔接	火车站枢纽衔接不足,不能有效的疏解未来城际及国铁客流的增加。(1)	1、2号线换乘火车站枢纽,2、3号线在大市口衔接,枢纽功能明显。(3)	1、3号线换乘火车站枢纽,1、2号线在大市口衔接,枢纽功能明显。(3)	枢纽衔接合理,功能强化,能有效的实现客流的换乘。(4)
	与城市重要地区联系	三山景区未能得到有效的衔接,城市重要节点衔接不足。(1)	加强联系大市口中心区,强化了同旅游景区衔接。(2)	加强联系大市口中心区,强化了同旅游景区衔接。(2)	经过城市主要组团中心,衔接三山景区,衔接换乘便捷。(4)
工程可实施性	工程实施难度	老城区线路较短,实施难度降低,但环线(东南段)需跨越沪宁铁路,沪宁城际以及高铁站,实施难度大。(2)	1号线在火车站地区进行折返,实施难度较大。(2)	3号线在火车折返,同时1号线支线过短,引入火车站,工程实施难度较大。(2)	3号线延伸至湿地公园,地质条件交叉,实施难度较大。(1)
经济合理性	工程造价分析	线路规模较大,工程造价提高。(4)	老城区规模较大,火车站工程实施难度大,工程造价提高。(3)	线网规模较小,但工程实施难度以及城区中心的规模较大,工程造价提高。(3)	老城区线网规模较大,需要地下敷设,工程实施难度较大,造价提高。(2)
综合评价		21	24	25	33

注:括号内的数字为本项指标的评分。

(4)线网方案优化

以评价推荐方案为基础局部调整;结合现场踏勘,充分考虑地形地貌特征;使线网布局与客流主流向尽可能一致,更好体现轨道交通的支撑与引导作用。如图3.14和表3.8所示。

图3.14　镇江城市轨道交通线网优化方案

表 3.8 轨道交通线网规划方案优化

方案优化	对 应 措 施
方便轨道交通建设	◇ 在兼顾覆盖范围的同时选择条件较好的道路,降低造价 ◇ 1 号线在下穿高铁站,方便换乘,同时保证工程可实施性
与客流走向相一致	◇ 1 号线在老城区段从沿江滨大道调整为东吴路,经过九里街商业区 ◇ 2 号线在大港分区段,改走镇大公路,支撑未来向南发展的可能 ◇ 3 号线由于在湿地公园客流支撑不足,从金山公园向五摆渡延伸
与交通枢纽的衔接	◇ 1 号线延伸线及 2 号线支线与沪宁城际 H1 线在三山站衔接换乘 ◇ 3 号线在高资分区与城际轨道交通 H1 线的换乘,设置城际铁路高资站站
与市域轨道的协调	◇ 2 号线在在大港分区预留与市域轨道交通 R1 线的换乘条件
与周边城市的衔接	◇ 3 号线预留从渡口过江,衔接扬州城市南北轴线轨道线的可能
与重点城镇的联系	◇ 2 号线支线预留衔接辛丰镇的可能,加强同丁卯及谏壁工业区的联系

镇江市城市轨道交通线网由 3 条放射线构成,线网布局为“中心放射”,总长度为 68 km。其中,一号线从焦山起,经东吴路、梦溪路、中山路、跑马山路、檀山路、谷阳大道到谷阳新区;二号线从北固山经解放路、正东路、学府路、经十二路、丁卯桥路、镇大路到大港;三号线从金山公园以西起,经长江路、中山西路、黄山南路、南徐大道、南徐西路、城中干道到高资新区。

考虑到远期市区范围将有可能突破现有的城市规划范围,预留 1 号线延伸线和 2 号线支线衔接换乘城际轨道交通三山站,同时预留 3 号线过江衔接扬州城市轨道交通的可能,预留线路共计 24 km,使远景线网总规模达到 92 km。

3.2.4 城市轨道交通实施性规划

1. 发展模式规划

(1)从系统运输能力分析

根据国家规范(《城市快速轨道交通工程项目建设标准》试行本、《地下铁道设计规范》),结合交通需求预测,镇江市区主要客流走廊高峰小时断面客流在 2 万人次/h 左右,宜采用单向运能在 1 万～3 万人次/h 的中运量轻轨系统,可选用 4 节编组的 C 型车辆。

(2)从技术特性角度分析

镇江地处长江中下游的冲击平原,地势较为平坦,且无特殊的不利条件,从建设运营角度考虑,宜采用旋转电机式的钢轮轨道系统。

结论:镇江市城市轨道交通采用钢轮钢轨的单向运能在 1 万～3 万人次/h 的中运量轻轨系统,选用 4 节编组的 C 型车辆。如图 3.15 所示。

图 3.15　镇江市轨道线路站点规划示意图

2. 车站站位及主要换乘节点规划

(1)车站规划方案(表 3.9)车站是轨道交通集散客流的惟一途径,车站设置合理与否直接影响到轨道线路功能的发挥。

表 3.9　线路基本情况

线　路	长　度(km)	中间站(个)	换乘站(个)	最小站距(km)	最大站距(km)	平均站距(km)
一号线	19.06	14	4	0.82	2.15	1.12
二号线	28.26	21	2	0.85	2.17	1.28
三号线	21.11	14	4	0.97	2.06	1.32
一号线延伸线	7.63	5	1	1.15	2.13	1.53
二号线支线	16.48	10	1	1.01	2.90	1.65
合计	92.54	64	8	0.82	2.90	1.30

线路敷设方式选择应坚持如下原则:

- 尽量设置在客流聚集中心,周边最好为高密度开发的商业、办公或者居住用地;
- 与其他交通方式合理衔接,方便乘客换乘,以吸引客流;
- 车站应尽量靠近路口,方便垂直方向的换乘;
- 车站尽量设置在平坦、直线区间;
- 尽可能结合已有交通设施布置,降低工程造价。

(2)换乘枢纽(表 3.10)

3. 线路敷设方式规划

表 3.10 城市轨道交通主要换乘点一览表

编号	换乘站点	类 型	备 注
1	镇江站站	综合换乘枢纽	国铁与规划中的 H1 线以及城市轨道 1、3 号线在镇江站换乘
2	高铁站站	综合换乘枢纽	规划中的京沪高速铁路、城际轨道 Z1 线、换乘轨道 1 号线
3	城际铁路高资站站	综合换乘枢纽	规划中的城际轨道 H1 线高资站，换乘轨道 3 号线
4	润州路站	综合换乘枢纽	规划中的城际轨道 Z1 线七里站，换乘轨道 3 号线
5	通港路站	综合换乘枢纽	规划中的市域轨道 R1 线通港路站，换乘轨道 2 号线
6	三山站	综合换乘枢纽	规划中的城市轨道 1、2 号线换乘城际轨道 H1 线于三山站
7	大市口站	主要换乘枢纽	规划城市轨道 1、2 号线在大市口换乘
8	南徐新区站	主要换乘枢纽	规划城市轨道 1、3 号线在南徐新区站换乘

- 线路敷设应充分考虑轨道交通对沿线城市环境与景观的影响；
- 应尽量选择在道路红线内，减少对两侧建筑物干扰，偏离红线时应作特殊的处理；
- 在城市中心区建筑密度较大的地区应选择用地下线，为降低工程造价，在其他地区应尽量用地上线，但必须处理好轨道与城市景观和环境的关系；
- 高架线要求道路红线宽度一般不小于 50 m(困难情况下可降至 40 m)，地面线要求道路红线宽至少 60 m；
- 线路敷设方式须结合城市总体规划，从整体考虑、统筹安排，处理好交通换乘和相互联络等问题。见表 3.11 和图 3.16 所示。

表 3.11 线路敷设方式表

	敷设方式	起 讫 点	长度(km)
一号线	地下线	东吴路站～干禧路站	12.34
	高架线	焦山公园站～东吴路站	3.53
		干禧路站～镇荣路站	3.19
二号线	地下线	北固山站～宝塔山公园站	4.43
	高架线	宝塔山公园站～化港路站	23.83
三号线	地下线	跃进路站～七里站	10.45
	高架线	七里站～城际铁路高资站站	11.05
预留线	高架线	镇荣路站～丁卯新区站	24.11

图 3.16 镇江市轨道线路敷设方式示意图

4. 用地控制规划

(1)轨道交通走廊用地控制

通过分析轨道交通线路以及车站自身的控制用地要求,以及由于轨道交通安全性的要求的控制范围,得到城市轨道交通用地红线宽度要求。见表 3.12。

表 3.12 城市轨道交通用地红线宽度要求

对 象	构造形式	C 型 车	
		自身用地需求(m)	严格控制范围(m)
线路区间	地下隧道	30	50A
	高架桥	10	60B
	地面线	8	60B
车站区间	地下车站	40	80
	高架站	30	70
	地面站	20	70

注:A——困难地段可以缩减至 40 m;B——困难地段可以缩减至 50 m。

推荐线网方案的轨道线路走向基本沿城市道路,按照 50 m 严格控制走廊用地,主城中心区道路断面宽度不足,外围地区有充裕的走廊空间,建议对不足 50 m 宽的道路,有条件的调整道路红线,无条件的道路对周边新建建筑物增加建筑退让红线。见表 3.13。

表 3.13 道路红线控制建议

道路等级	规划红线宽度(m)	建议建筑退让红线(m)	备注
主干道	60～70	10	南徐路、丁卯桥路
	50～55	15	檀山路、谷阳大道、经十二路、城中干道
	40～45	20	黄山南路、中山西路、中山北路、中山东路、跑马山路、解放北路、解放南路、学府路、镇澄路
	30～35	20	东吴路、梦溪路、正东路
次干道	30～32	20	老省道、金谷西路、银河路
	24	25	香山大道

(2)轨道交通车辆段用地控制

• 车辆段及相关基地规模研究

在《城市快速轨道交通工程项目建设标准》中，提出车辆基地的总体布局规模应按远期功能要求确定，占地面积可按 0.1～0.13 ha／车进行控制。因此，镇江市城市轨道交通车辆用地规模配置见表 3.14 所示。

表 3.14 车辆基地用地规模配置

线路	长度(km)	车辆			用地控制(ha)
		车辆编组(辆/列)	列车数(列)	车辆数(辆)	
1 号线	18.83	4	38	152	15～20
2 号线	26.05	4	52	208	21～27
3 号线	21.11	4	42	168	17～22
预留线	24.11	2	37	74	7～10

• 车辆段及相关基地选址规划

经过综合考虑镇江市城市快速轨道交通线网规划，以及城市用地布局，统筹安排，建议车辆基地的布局见表 3.15 所示。

表 3.15 车辆基地布置建议

线路	车辆基地	停车场	建议位置
1 号线	1	—	镇荣路东侧
2 号线	1	—	镇大铁路大港站附近
3 号线	1	—	高资城中干道南侧
1、2 号线	—	1	镇大路南侧
2 号线支线	1	—	南纬七路南侧

5. 分期建设规划

(1)城市轨道交通建设时

机研究从线网的合理规模、投资的可能性、切实可行的建设速度三个方面分析镇江市轨道交通建设的时机。

① 按国家政策要求分析

预测镇江市 2020 年的户籍人口为 135 万，则在 2015 年到 2020 之间，镇江城市常住人口规模将超过 150 万人，达到国家的建设要求。镇江市“十一五”计划发展目标定位地区生产总值年递增 13.5%以上，一般预算收入递增 17%以上，2010 年翻一番，届时镇江市将达到国家建议的修建轻轨城市财政标准。

② 按客流需求规模分析

2020 年镇江市日均轨道交通承担的客运量为 21 万人次，按照轻轨初期线路负荷强度 1.0 万～1.5 万人次/km・日，则 2020 年镇江市的轨道线网的合理规模为 14～21 km，已经达到建设一条轨道交通线路的规模。如图 3.17 所示。

图 3.17　城市轨道交通车辆段布置规划图

③ 按工程实施进度分析

按照国内外城市轨道交通建设年平均 3～5 km 的建设速度比较切合实际，则在 2015 年左右开始建设，到 2020 年可建成一条 14～21 km 轨道交通的线路。

④ 按投资的可能性分析

预计 2010～2020 之间，镇江市区 GDP 仍以 13.5%的速度增长，分保守型(轨道交通投资比重为 0.4%)和激进型(轨道交通投资比重为 0.7%)分析城市未来年镇江市轨道交通投资的潜力，如图 3.18 所示。

以建设一条 20 km 的轻轨线路分析，按每公里造价 2 亿元计算，需投资 40 亿元。根据对镇江市区轨道交通投资的潜力分析，在保守型的投资情况下，2015～2020 年的累计投资也可满足建设的资金要求。

结论：建议镇江市区轨道交通项目从 2015 年着手建设，至 2020 年左右形成第一条 20 km 左右的城市轨道主轴线。

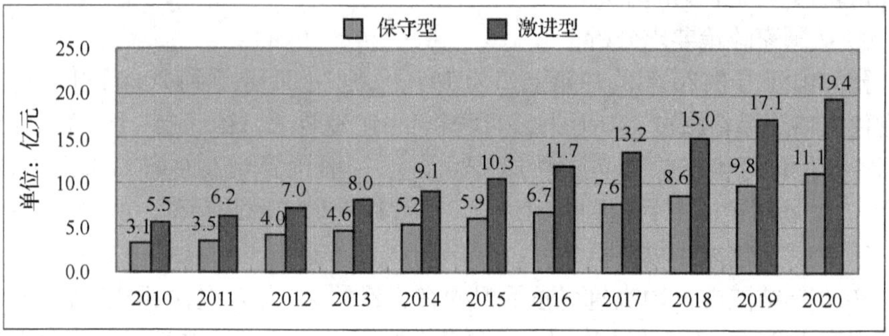

图 3.18　镇江市轨道交通投资潜力分析

(2)城市轨道交通建设时序

建设序列的决策是一个复杂的过程,其鲜明的特点是具有时效性和灵活性,需要跟踪城市发展的变化进行调整。

① 分期建设思路

• 根据上述分析,确定建设时机为 2015 年;
• 将串联城市重点地区最多的城市轴,作为轨道建设的优先主轴;
• 保持线网的可持续性,建设后续轨道线;
• 在城市框架基本形成之前,建设轨道线路骨架;

图 3.19　镇江市轨道交通建设时序规划图

• 根据城市发展，有计划地建设，方便筹措资金，完善线网。

② 分期建设安排

在对城市未来的发展状况有着清晰的认识之后，应该有重点的建设轨道交通，发挥轨道交通对城市的支撑和引导作用。结合镇江城市的经济及城市发展状况，将城市轨道交通的建设划分为3个阶段。如图3.19所示。

3.3 案例2：南京有轨电车适应性研究

3.3.1 规划背景

目前，南京的地铁1号线已投入运营，逐步建立起了多元化、多层次的综合公共客运体系，但大力发展和延伸已有系统，合理引入高效、环保、节能的新型公交系统，进一步完善南京的公交方式，依旧是南京公共交通未来的工作重点。

现代有轨电车作为公共客运方式的一种，在载客量、舒适度、降低能耗以及减少尾气污染方面都有良好的表现，但早期由于噪声、建设条件等因素的制约，逐步退出了历史舞台。近年来，由于高新技术对传统有轨电车的改进，使其整体性能有了大幅度的提升，某些技术指标已经接近轻轨。目前在欧洲和北美正掀起一股有轨电车复兴热潮，在欧洲的斯特拉斯堡、罗马、维也纳、法兰克福等城市，现代有轨电车都得到了长足发展，并与其他客运系统取得了良好的融合。国内许多城市也都计划恢复、发展有轨电车系统，并已开展了专项研究。

项目在分析现代有轨电车系统的特点的基础上，梳理城市交通资源，探讨现代有轨电车系统在南京地区的适应性，对于构筑多层次公共交通体系，提升城市的活力有着重要的意义。

3.3.2 系统特性及功能定位

1. 系统特性

现代有轨电车是由电气牵引轮轨导向，低地板式电动车辆，基本运行在专用轨道上，采用平交道口和优先信号的中低运量的混合轨道交通系统。其系统组成包括车辆、线路、车站、供电、售票、通信6部分。

与传统有轨电车相比，现代有轨电车外观新颖，技术装备更为先进，时速快、噪音小，启动刹车和爬坡性能有了很大的改善，是一种可靠、安全、舒适、无污染、运量适度、机动灵活的交通方式。当然，也存在系统复杂，建设周期长，影响路面结构强度，架空线影响城市景观等缺点，但随着现代轨道技术的发展，这些缺点将得到弥补。见表3.16所示。

表 3.16 现代有轨电车系统的优缺点分析

优　点	缺　点
电力驱动,符合环保要求	服务范围不能随意改变,机动性较差
运行平稳,乘坐舒适,服务质量高	建设工程复杂,需铺轨、架线,建配电设施
编组运行,运能灵活,适应范围较大	初期投资较大
车辆使用寿命长(可达 30 年)	架空线对沿线景观有一定的负面影响
较高的运行速度(18～25 km)	对道路路面结构的整体性和强度不利

2. 应用模式

由于城市规模、交通需求、土地利用规划及财政收入等因素的差异,现代有轨电车在不同城市的公共交通系统中有着以下三类典型的应用模式:一是作为整个公共交通的主体,如法国的斯特拉斯堡旧城;二是应用于轨道交通功能的延伸和补充,如服务于津滨快轨的天津有轨电车;三是应用于与轨道交通系统的整合与协调,如捷克首都布拉格。3 种应用模式的示意图如图 3.20 所示。

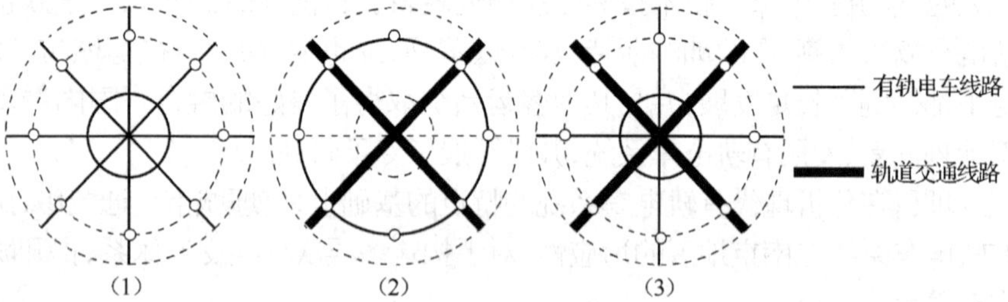

图 3.20 应用模式示意图

表 3.17 现代有轨电车应用模式的特点及适用条件

	应用模式		
	公交主体	轨道交通的延伸与补充	与轨道交通整合与协调
模式特点	建成完整的有轨电车网络,辅以常规公交,支撑整个城市公交体系	从满足需求的角度,填补轨道交通"盲区",延伸线路,扩大服务范围	从提高运输效率的角度,实现整体上协调,形成城市轨道交通网络
适用条件	中小城市,有历史沿革,出于城市环境保护考虑	延伸至大城市外围区域,如城市新区、郊区以及卫星城等	大城市中心区适用轨道交通,外围片区发展有轨电车

3. 现代有轨电车系统在南京的功能定位

南京市公共交通系统除了常规公交及城市快速轨道交通之外,未来还将引入 BRT 系统。因此,现代有轨电车系统在城市公共客运体系中的功能定位是否合理将成为其能否得到良好发展的关键。

(1)各种公交方式技术特性比较

各种公交方式技术经济特性的比较，是分析其在城市交通体系中相互关系的基础，比较如表3.18所示。

表3.18　各种公交方式技术特性比较

指　标	常规公交	快速公交	有轨电车	轻轨、地铁
运营速度(km/h)	12～15	20～30	18～25	25～40
运能(万人/h*d)	<0.5	0.8～1.2个别>3.0	0.8～1.5	1～3
				3～6
造价(亿元/km)	<0.2	0.2～1.0	0.5	1～5
建设周期(相对)	短	较短	较长	长
车辆折旧率	高	较高	低	低
能　耗	高	较高	较低	低
环境污染	高	较高	低	低
对城市格局影响	弱	弱	较强	强
服务通道	低强度	中强度	中、低强度	高强度
路　权	共享	部分或专有路权		专有路权

(2)各种公交方式相互关系分析

在科学分析各种公交方式技术经济特性的基础上，协调现代有轨电车系统同常规公交、快速公共交通以及大容量轨道交通之间的相互关系，进而确定其在城市公交体系中的功能定位。见表3.19所示。

表3.19　现代有轨电车与其他公交方式关系分析

	常规公交	BRT	快速轨道交通
现代有轨电车	加密公交线网，同时替代部分常规公交线路，提升服务水平，共同为轨道交通接驳客流	技术经济性能接近，存在方式之间竞争，宜采用分区域发展	在网络完善前，作为其延伸与补充，之后与其协调发展

(3)现代有轨电车系统在南京地区的功能定位

综合考虑南京市公共交通发展现状以及未来城市所面临的交通形势，以及城市交通体系发展的战略目标，提出现代有轨电车系统在南京地区的“二维”功能定位。见表3.20所示。

表3.20　现代有轨电车系统在南京地区的功能定位

空间维	引导区	确立现代有轨电车系统为主体地位
	服务区	发挥现代有轨电车系统的辅助功能
时间维	大容量轨道交通建成前	应用于轨道交通功能的延伸和补充
	大容量轨道交通完善后	与轨道交通系统的整合与协调

3.3.3 发展适应性分析

从整个城市公共交通系统结构优化的基础上，分析外部影响因素（城市经济、城市空间结构和政策环境等）对现代有轨电车系统功能的演化的促进和制约作用；探讨城市交通规划区域内的内部影响因素（客运量、道路条件等）对于现代有轨电车系统功能演化的促进和制约作用。

1. 城市经济条件

研究表明，一个城市的轨道交通投资占城市 GDP 的 0.4%～0.7%时为政府合理的财力承受范围。以南京市地方财政收入为基础，结合其他的投融资渠道，建设一定规模的轨道交通系统并不会超出南京市政府合理的财力负担范围，见表 3.21 所示。

表 3.21　南京市特征年经济指标

年份	GDP(亿元)	人均 GDP(元)	地方财政收入(亿元)
2005	2 413	40 500	211
2010	4 800	73 000	400

然而，轨道交通投资大、建设周期长，合理引入有轨电车这样低造价的中低运量轨道交通系统，在减轻政府财政负担，加快轨道交通网络化建设方面有着巨大的优势。

2. 城市空间结构

南京市“一城三区”的多中心、开放型城市空间布局，要求大容量轨道交通系统加强组团之间的联系；组团内部也需要优质公交引导自身发展，为大容量快速轨道交通接驳客流，形成良好的衔接换成体系。为尽快拉开并形成特大型城市的骨架和布局模式，提供坚实的交通支撑。

(1)现代有轨电车系统作为中低运量的轨道交通，能够为城市中距离公共交通的骨架，在新城组团内部形成城市客运交通的主体；

(2)配合城市快速轨道交通的完善，为其接驳客流，充分发挥快速轨道交通衔接组团的客流通道作用；

(3)促进城市不断优化调整自身的空间结构，在更广阔的地域内配置城市资源。

3. 政策环境

2004 年建设部发布了《关于优先发展城市公共交通的意见》（建城[2004]38 号）文件，指出优先发展城市公共交通。国家建设部要求，在未来 5 年以内，全国大中城市的公交出行率必须达到总量的 30%左右。南京在“十一五”公交发展的目标要求，公共交通出行在总出行比重30%以上(2005年为22.6%)，其中轨道交通出行比例5%(现不足1%)。

交通发展政策为公共交通提供了良好的发展环境，然而由于轨道交通建设周期长、投资大，网络化推进速度比较缓慢，城市公交整体竞争力较低，使得分担水平提升缓慢。因此，有必要引入一种接近城市快速轨道交通的方式进行补充，提升整个公交体系的竞争力。

现代有轨电车系统作为介于常规公交与轨道交通之间的一种中低运量的交通方式，引入南京城市公共交通体系，作为大容量轨道交通补充与延伸，能有效的发挥轨道交通的骨干作用，提升公共交通的服务水平和市场竞争力，落实公交优先的发展政策。

同时，现代有轨电车系统具有节约道路资源，提高城市交通效率，降低环境污染等优势(见表3.22和表3.23所示)。伴随城市化进程加速，土地资源紧张，适时引入并合理发展将有助于建立可持续发展城市的交通体系。

4. 客流条件

预计到2010年，南京市公交客运量将达到每天431万～464万人次。随着城市规模的扩大，机动化水平的提高，交通需求水平将进一步提高。受到城市道路资源等条件约束，在利用轨道交通，开发地下空间的同时，应该充分利用城市道路系统资源，大力发展公共交通。

表3.22　城市各种客运交通方式运量和空间利用率比较

交通方式	运量(人/h)	道路面积占用(m^2/人)
自行车	2 000	6～10
小汽车	3 000	10～20
常规公交方式	6 000～8 000	1～2
轻轨	10 000～30 000	0.25～0.5
地铁	30 000～60 000	基本不占用地面道路资源
现代有轨电车	8 000～15 000	0.5～1.0

表3.23　几种交通工具废气排放量比较　　g/km

项　目	一氧化碳	氮氧化合物	二氧化氮
现代有轨电车	0.02	0.43	17
公共汽车	1.89	0.95	50
家用汽车	9.34	1.28	152

因此,在大力发展轨道交通建设的同时,发展现代有轨电车系统,充分利用道路资源,替代部分常规公交,同样具有现实的必要性。

随着“一集中三疏散”以及“一城三区”战略的实施,外围组团得到发展,组团之间的交通联系需求加强,形成的客流走廊如图 3.21 所示。

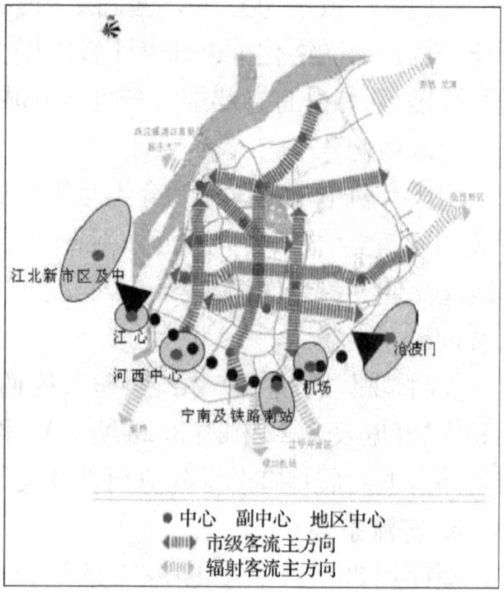

图 3.21　南京市客流走廊示意图

南京市域范围较广,各个组团发展情况也不尽相同。由此所带来的城市客运走廊的客流强度差异较大,因此有必要对其进行分级,从而有利于分配不同的公共交通方式,在满足客流需求的前提下尽可能地节省投资,提高资源的利用效率。

结合南京市的客流走廊现状及规划,可以将客流走廊划分为 4 个等级(见表 3.24 所示)。

表 3.24　南京市客运走廊分级

等　级	单向客流强度(人次/h)	适应发展的交通方式
高强度客运走廊	>30 000	地铁
中高强度客运走廊	10 000～30 000	轻轨、现代有轨电车、BRT
中强度客运走廊	5 000～10 000	现代有轨电车、常规公交
低强度客运走廊	<5 000	常规公交、部分现代有轨电车

根据客流走廊的分级以及现代有轨电车系统的运输能力,适合于布设现代有轨电车线路的客运走廊有以下几类:

(1)已经规划轨道交通,但实施必要性不强的中强度客运走廊。可以通过在布置 1～2 条现代有轨电车线路,代替轨道交通发挥作用。

(2)常规公交线路密集的中等强度客运走廊。可以考虑布置 1 条现代有轨电车线路,以减轻道路上公交车辆的拥挤程度。

(3)低强度的客运走廊。可以考虑布置 1 条现代有轨电车线路,以加强片区之间的联系,改善出行环境,带动片区的协调发展。

5. 道路及用地条件

现代有轨电车系统主要运行于地面上,由于对运行速度以及安全性等要求的提高,则需要尽量采用专用道(路)。在分析现代有轨电车系统道路条件时主要考虑两方面的因素:一是能否方便地敷设现代有轨电车线路及配套的沿线基础设施,如现代有轨电车车站以及站外售检票设施等,实现运营的安全和灵活;二是能否方便地布设现代有轨电车系统的车辆段与综合基地。

南京老城区的道路资源比较紧张,道路红线都很窄,很难开辟出有轨电车的专有车道,因此不宜发展;但在新城区、新城区与主城的连接线上,道路大多在六车道,有足够的宽度可以开辟专用的车道发展现代有轨电车。在城市中心区外围的新城以及工业开发区等地方,由于土地利用程度比较低,有着比较多的地块可以用作建设车辆段与综合基地,能够和现代有轨电车线路形成良好的配合。

3.3.4 线网规划方案构想

1. 适用趋向分析

现代有轨电车系统"瑕瑜互见",在发展现代有轨电车系统的内外部影响因素的约束下,应慎重选择使用范围,设法"扬长避短"。见表3.25所示。

表3.25 南京现代有轨电车布设区域分析

	老城内部	主城外围	主城—新城	新城内部	新城—外围乡镇
交通需求的迫切性	非常强	强	强	较强	弱
用地条件可获得性	难	较难	较易	易	易
规划建设难易程度	难	较难	较难	易	易
运营组织的便捷性	较难	较易	较易	易	易

老城区目前不存在发展的可能;主城与新区之间通道资源有限敷设可能性较小;主城外围地区受道路条件限制,应慎重选择;新区内部敷设条件良好,将成为有轨电车服务的重点地区,能够起到优化城市空间布局,带动新区的发展的作用。

2. 规划基本思路

依据现代有轨电车线网应该覆盖和辐射到的区域,来确定南京现代有轨电车线网的形态和走向,必须遵照以下六条基本规划思路:

(1)与城市发展相适应;

(2)与历史文化名城保护相结合;

(3)与快速轨道交通规划相协调;

(4)与对外客运交通枢纽相衔接;

(5)与公共交通客流方向相吻合;

(6)与城市主干路网相配合。

3. 规划注意要点

规划现代有轨电车系统必须协调好现有的快速轨道网络的关系，实现其功能定位，从而达到扩大轨道交通线网服务范围，提高公交网的整体效率的目的。因此，规划方案中要注意一下几个方面：

(1)现代有轨电车系统是以城市轨道交通系统为基础，起到补充、完善城市轨道网络的作用；

(2)扩大线网的覆盖面，提高网络的直达性；

(3)确定现代有轨电车线路位置，尽量使线路之间多处贯通；

(4)扩大现代有轨电车的覆盖范围，从而提高公交网的整体效率。

4. 线网方案构想

根据以上的分析，提出现代有轨电车在南京地区布设的参考方案。考虑到未来城市轨道交通建设的不确定性，参考方案分为高低两个方案。

低方案是考虑未来在城市快速轨道交通预期建设的情况下，有轨电车线路的规划情况；

高方案是考虑到未来城市快速轨道交通建设在部分地区建设的可能性不足的情况下，利用现代有轨电车系统替代的情况。

(1)低方案

T1：北起 M2 线上新河站，沿上新河路向南，换乘 M1 线于奥体中心站，经环沙路转向北，沿文体路换乘 M1 于中胜站、M7 线于东青石，经集庆门大街衔接 M1、M6 于集庆门大街站，形成一环线，全长约 15.5 km。

T2：西起集庆门大街与 T1 衔接向东，经南河路、长虹路向南，经共青团路、花神大道与 M1 线南延线相交于共青团路站，与 M6 换乘于将军路站，经将军大道至开发区管委会，全长约 10.1 km。

T3：北起南京经济技术开发区管委会，衔接 M1 线于地铁新生圩站，沿尧新大道向南，换乘 M7 于田家边站，经华电北路、经五路至南京长途汽车站，全长约 12.1 km。

T4：从仙西中央站经仙林东与 M2、T1 衔接换乘，全长约 9.5 km。

T5：基本沿原规划江北轻轨线路雄州至浦口段走向，与 M3 在浦口站相衔接，全长约为 28.1 km。

T6：基本沿原规划江北轻轨线路大厂至玉带段走向，与 T5 在大厂附近相衔接，全长约为 17.1 km。

低方案由 6 条有轨电车线路组成，规模为 92.4 km，分布于河西、江北、城北及仙林地区，同时有联系东山的线路。

(2)高方案

在低方案的基础上，考虑未来城市快速轨道交通建设所面临的资金压力，运营管理费用的增加，建设速度的放缓，应对于部分适合建设现代有轨电车的城市快速轨道交通线路进行敷设。

T7：基本沿原规划江北轻轨线路浦口至珠江火车站段走向，与 M2、M4、L 相衔接，全长约为 23.1 km。

T8：从仙林东至龙潭站，替代原 M2 线的线路，全长约 15.3 km。

T9：与 T4 衔接换乘，替代原规划的仙林轻轨线，至紫金山站，全长约14.7 km。

T10：与有轨电车 T2 线相衔接，线路走向沿原规划的东山轻轨线，全长约 24.5 km。

高方案由 10 条有轨电车线路组成，规模为 170 km，替代了部分原规划的城市快速轨道交通线路，目的是降低建设成本，提高运营效率。

以南京市有轨电车网络规划为基础，可以看出南京现代有轨电车线网布局结构宜呈现"两层网络"的形式。

所谓"两层网络"是指南京现代有轨电车线网由"支持型网络"和"引导型网络"两部分组合而成。

"支持型网络"以现状较为成熟的片区和通道为主要服务范围，沿线的人口和就业密度较高，客流出行强度比较大，如 T1、T2、T3、T7、T10。

"引导型网络"则以城市新开发地区和外围城镇组团为服务范围，这些区域的客流出行强度目前虽然不大，但具有较大的增长潜力，如 T4、T5、T6、T8 及 T9。

本次研究给出的只是一个"参考方案"，随着城市建设以及布局形式的变化，可根据需要进行必要的调整和优化，从而得到比较理想的有轨电车线网规划方案。如图 3.22 所示。

3.3.5　相关实施性问题研究

1. 换乘枢纽和站点规划

在现代有轨电车线网的规划中，换乘枢纽和站点的规划扮演着重要的角色，对于整个现代有轨电车线网功能的正常发挥起着不可替代的作用。

(1)分线路站点和换乘枢纽规划

现代有轨电车线路上的车站通常可以划分为两类：普通车站和换乘枢纽。普通车站主要服务日常的到发性客流，也可以起到衔接不同的现代有轨电车线路客流的作用。根据国内外已经规划现代有轨电车的城市经验，现代有轨电车普通车站的服务半径一般为 300～400 米左右。换乘车站主要提供现代有轨电车和常规公交、轨道交通、出租车和其他交通方式之间的换乘。一般根据沿线土地利用布局和其他交通方式的规划综合选定。

规划实施有轨电车的车站，在靠近片区中心的地区，车站间距应控制在 500 米

图 3.22 线网构想方案

左右,在外围人口密度较低的地区,间距可以适当加大,控制在 800 m 左右。

根据南京市轨道交通线网规划方案、城市综合交通规划以及城市近期建设规划确定的原则,对现代有轨电车线网各条线路的站点进行规划,梳理各线路在沿线的换乘节点,得到表 3.26 所示的结果。

(2)重要枢纽确定

在给所有 11 条有轨电车线路确定了大致站点数和换乘枢纽之后,就可以通过统计的方式得到现代有轨电车线网中的换乘枢纽一览表。经过进一步的优化和组合,南京市现代有轨电车线网共设置能够与轨道交通相衔接的综合性换乘枢纽 25 个。

表 3.26 现代有轨电车线路衔接线路

线路	里程(km)	站点数	相交线路	线路	里程(km)	站点数	相交线路
T1	15.5	31	M2、M6、T2、T5	T6	17.1	21	T5
T2	10.1	20	M6、M7、T1、T10	T7	23.1	29	M2、M3、M4、M8、T5
T3	12.1	24	M1、M6、M7	T8	15.3	19	M2、T9
T4	9.5	19	M2、M9	T9	14.7	18	M2、M4、T4、T8
T5	28.1	35	M3、T6、T7	T10	24.5	31	M5、M7、T2

在这些枢纽中，根据相交轨道交通的条数和换乘现代有轨电车线路的使捷程度，以及在线路换乘中的重要程度确定浦口站、长途汽车东站、集庆门大街站、仙林东站、紫金山站和浦口 5 处为核心换乘枢纽，其余 20 处为一般换乘枢纽，见表 3.27 所示。

表 3.27 现代有轨电车线路衔接线路

序号	枢纽名城	可换乘线路	序号	枢纽名城	可换乘线路
1	浦口站	M3、T5、T7	4	仙林东站	M2、T4、T8、T9
2	长途汽车东站	T3、M6	5	紫金山站	M2、M4、T9
3	集庆门大街站	T1、M2、M6			

2. 发展序列规划

本次研究主要是从宏观、战略性层面上对现代有轨电车在南京市的适应性进行分析，因此规划时必须与南京市公共交通发展的各个阶段实施计划相协调。发展时序应该配合城市快速轨道交通的建设，以及城市的发展方向，和近期的建设项目。现代有轨电车线网的实施是一个过程，要根据实际需要和城市承受能力来进行。本规划按照 2008～2010 年、2011～2020 年和 2021～2030 年三期来完成规划的路网。

(1)近期建设重点分析

近期(2008～2010)进行一期试验工程建设，建设重点是优先安排对城市发展具有重要作用的项目，通过实验工程的实施，积累下一步建设的经验。

近期项目主要是用于探索现代有轨电车系统建设的经验，同时完成的项目也将会对城市快速轨道交通起到接驳客流的作用。

结合国内的建设经验，近期每公里造价(含车辆)约为 0.5 亿元，总投资额为 7.75 亿元，近期现代有轨电车建设项目序列见表 3.28。

表 3.28 近期建设项目序列

线路名	里程(km)	投资(亿元)
1	15.5	7.75
合计	15.5	7.75

(2)中期建设重点分析

中期(2011～2020)主要是在近期建设经验的基础

上,加快现代有轨电车网络的建设。建设重点以大力提高网络服务能力、改善路面交通状况为主,进一步完善线网,解决同城市快速轨道交通线网之间的衔接问题。

中期项目完成,现代有轨电车系统将初成网络,能对城市快速轨道交通形成重要的补充,提升城市公共交通的服务水平及其在交通系统中的竞争力。考虑到国产化水平的提高,建设成本下降,每公里的造价(含车辆)约为 0.4 亿元,中期建设总投资额为 27.92 亿元。中期现代有轨电车建设项目序列见表 3.29。

表 3.29　中期建设项目序列

线路名	里程(km)	投资(亿元)	线路名	里程(km)	投资(亿元)
2	10.1	4.04	10	24.5	9.8
3	12.1	4.84	合计	69.8	27.92
7	23.1	9.24			

(3)远期建设重点分析

远期(2021～2030)建设重点是完善现代有轨电车网络,使得线路总里程有较大的发展,形成良好的城市公共交通体系。同时进一步采用先进的科技成果和管理手段进一步扩大网络的容量,提高网络的服务水平,增加舒适性和安全性。

远期项目完成以后,城市轨道交通线网规模将得到极大的提升,同时随着现代有轨电车网络同城市快速轨道交通网络的协调配合,将会极大的提升公共交通的服务能力和服务水平。

每公里造价(含车辆)估计为 0.4 亿元,建设规模规模为 84.7 km,建设总投资额为 33.88 亿元。远景现代有轨电车建设项目序列见表 3.30。

表 3.30　远期建设项目序列

线路名	里程(km)	投资(亿元)	线路名	里程(km)	投资(亿元)
4	9.5	3.8	8	15.3	6.12
5	28.1	11.24	9	14.7	5.88
6	17.1	6.84	合计	84.7	33.88

3. 车辆选型

(1)选型原则

① 车辆选型应符合技术成熟、安全可靠、外型美观大方、便于使用、少维护或免维护的原则;

② 满足线路的技术特性;

③ 减少对周围环境噪声和振动等方面的影响;

④ 应满足运营需要,运输能力满足远期客流量要求;

⑤ 符合国家的国产化要求,达到要求的国产化率;

⑥ 技术先进、性能优越、经济合理;

⑦ 以人为本的原则。

(2)选型条件

① 城市条件

车辆选型、特别是车辆外型、色彩及附属设施布置应考虑城市特色、城市景观应与城市协调一致,提高城市品味。

② 自然环境条件

车辆材料、通风空调及电气设备应满足南京市的气候和自然条件。

③ 线路条件

车辆的型式、结构及参数应满足线路技术条件,如站间距、最小曲线半径、最大坡度及线路敷设方式等。

结合南京城市的特色及未来城市交通需求的特点,南京市现代有轨电车系统将基本运行在路面上,参照"城市快速轨道交通工程项目建设标准",推荐选用100%低地板有轨电车系统。

4. 经营模式

(1)经营方式

随着未来南京市现代有轨电车线路建成,急需要一个企业以市场化方式负责线路的运营组织。考虑到现代有轨电车线路同快速轨道交通线路的关系,认为在南京地下铁道有限责任公司运营分公司下成立南京市有轨电车运营公司是合理的,南京市有轨电车运营公司需要具备:

① 线路运营管理实行经理负责制,独立运营,单独核算。

② 线路组织机构须依照有关法规和规定建立党组织和工会。

③ 运输部负责编制运输计划,组织行车和客运工作,并负责运营设备的监控。

在南京地下铁道有限责任公司运营分公司下成立南京市有轨电车运营公司的优势在于:

① 便于运营组织

现代有轨电车线路是作为城市快速轨道交通的补充,并为其集散客流。运营机构上的协调,是从系统效率最优化的角度出发进行线路的组织运营的保证。

② 利于提高效率

未来成立的南京市有轨电车运营公司,实行自主经营、独立核算、经理负责,在很大的程度上能够调动企业的积极性,利于提高企业的运营效率。

③ 利于企业融资

现代有轨电车的建设成本虽然要比城市快速轨道交通低很多,但是与常规公交相比还是投资比较巨大,加上未来建设规模的扩大,势必需要巨大的投资,单单靠政府进行投资就显得比较单薄。

在南京地下铁道有限责任公司运营分公司下成立南京市有轨电车运营公司，便于以发展城市轨道交通的形式吸引社会资金，减少企业融资的难度。

(2)资金筹措

① 现代有轨电车发展规划建设资金需求

建设资金是实施现代有轨电车网规划的基本保证，在制定规划过程中既要充分考虑社会经济发展的需要，又必须认真调查了解资金的供给渠道和规模，将需求与供给有机结合、科学安排，使规划真正达到长远规划分步实施的目的。根据南京市现代有轨电车市发展规划方案，各规划期有轨电车系统建设资金需求见表 3.31。

表 3.31 现代有轨电车系统建设资金需求表

规划期	建设总里程(km)	总投资额(亿元)	规划期	建设总里程(km)	总投资额(亿元)
近期	15.5	7.75	远期	84.7	33.88
中期	69.8	27.92			

② 现代有轨电车规划建设资金筹措

现代有轨电车系统的建设有利于提高公共客运交通的竞争能力，改善目前的客运交通结构，对客运市场的健康发展意义重大。同时也有利于城市的合理有序的发展，但是现代有轨电车同其他港站、公路、铁路、机场等其他基础设施一样，具有面向全社会服务的社会经济性质，它不能完全依靠服务性收入来抵偿巨额的基本建设投资。因此，要保证建设资金的到位，必须广开投资、融资渠道，积极向投资多元化方向努力，并与培育社会主义市场经济相吻合。

a. 营造良好的政策环境

政府要营造良好的融资环境，改革现有的项目审批内容和审批程序，提供更加高效、快捷的服务，降低投资者的进入成本；建立价格、土地、广告商贸等补偿机制，为有轨电车项目投资收益创造条件，以吸引更多民间资本、企业资本、市外资本及国外资本投向轨道建设领域；要实行政企分开，采用现代企业管理模式，建立健全现代企业制度，切实提高运营效率和水平。

b. 创新融资模式

鉴于现代有轨电车属于社会公益设施，赢利性较弱，为实现现代有轨电车的公共服务功能，可以采用 BOST(建设－运营－补贴－移交)模式，从全市实行年票制筹集的资金中划出部分资金，按项目投资额的一定比例逐年给予项目公司回报，可以更好地减轻政府的财政压力，提高现代有轨电车的经营效率。

c. 运用多元化融资工具

多元化融资工具有利于拓宽融资渠道、分散财务风险、降低经营成本，对此南京市政府可以以地方财政收入为抵押，发行轨道交通建设专项债券，由市政府以其财政收入承担所使用部分的还本付息义务;结合沿线土地开发收益筹集部分资金等。

d. 沿线多元化开发

政府对地铁沿线地块进行合理开发,给予有轨电车公司开发周边物业的优惠政策,允许有轨电车公司以市场化手段,取得政府给予多元化开发项目的收益权。

3.4 案例3:苏州市工业园区轨道线网客流预测

3.4.1 规划背景

苏州市位于长江三角洲发展主轴即沪宁城镇聚合轴与连通城镇聚合轴的交点之上,是苏锡常都市圈的中心城市之一。苏州工业园区处在与作为苏州市主要发展方向的上海进行联络的城市东部位置上,是承担今后城市发展之重任的地区,与老城及周边地区协调整合后,将成为苏州市又一新城市中心。为了工业园区将来的发展,强化与老城、高新区等市内各地区的联络,应提供以轨道交通为主的高品质的交通服务。为保证苏州工业园区轨道交通线网规划的合理性,在此背景下进行苏州市工业园区轨道线网客流预测。预测条件和内容见表3.32所示。

表3.32 交通需求预测的条件和内容

项　目	内　容
预测的对象地区	苏州规划区范围,包括工业园区、中心区、相城区、高新区及吴中区
预测的对象年份	2020年
基础数据	苏州市居民出行调查(2006年)
预测的对象交通量	分目的分方式OD表;各轨道线路客流量

3.4.2 预测基础及基本框架

1. 预测基本框架

苏州市工业园区轨道线网客流预测将根据苏州市城市总体规划、城市综合交通规划和工业园区分区规划,从城市居民出行形态出发,把握苏州城市客流的主流和方向,并在综合考虑轨道系统在城市客运交通中的作用以及与客运专线、一般铁路、城际轨道、城市对外场站、城市内部其他交通方式接驳客流的基础上,采用四阶段法进行预测。

(1)交通区划及路网构建

利用城市总体规划、城市综合交通规划及苏州工业园区分区规划,对规划区进行交通小区划分,并合并中区和大区;根据土地利用性质和开发强度,对交通小区各种用地性质进行统计。

(2)出行生成预测

分析各种用地性质的用地发生率和吸引率,建立分目的的交通出行生成模型,预测特征年交通小区发生吸引量

(3)出行分布预测

基于广义费用最小化为目标,建立双约束重力模型,对模型参数进行标定,预测规划区特征年全方式出行 OD。

(4)方式划分预测

采用 2 阶段的预测步骤(A. 无轨道交通时的各交通方式交通量预测;B. 轨道交通转换率模型),进行将来交通方式划分预测,首先假设特征年无轨道情况下,预测各种交通方式比例结构;在此基础上,采用非集聚 logit 模型建立转换率模型,预测由自行车、公共汽车以及机动车转向轨道交通的需求比例,从而确定特征年各种方式交通比例结构。

(5)客流分配

应用 UE 模型,对特征年轨道交通 OD 进行配流,得到特征年日均客流量、高峰小时单项最大断面客流量、平均运距等指标,并做出相关评价。如图 3.23 所示。

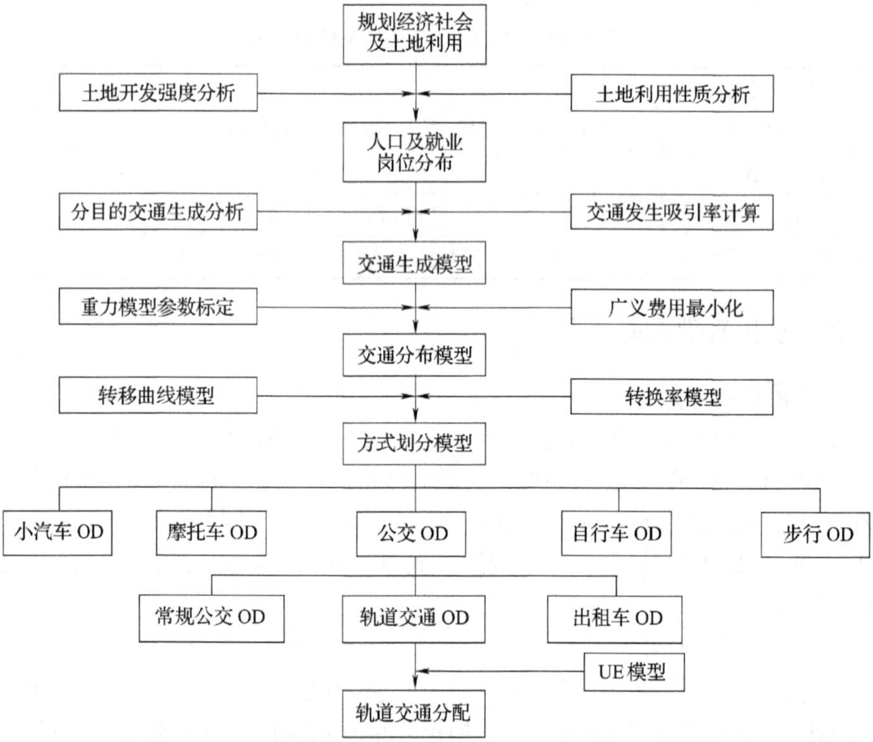

图 3.23 客流预测技术路线

2. 交通小区划分

根据苏州市城市总体规划修编(2007～2020),此次在苏州市内共划分了963个交通小区,如图3.24所示。根据交通分析的需要,将规划年交通小区合并成27个交通中区,如图3.25所示,在此基础上,为得到大区组团间的出行交换量,将中区合并为9个大区,其中工业园区、中心区、相城区、高新区、吴中区构成中心城区,相城北部、相城西部、高新西部、吴江北部构成外围区,共同构成交通大区系统,如图3.26所示。

图3.24 苏州市交通小区划分

图3.25 苏州市交通中区划分

图3.26 苏州市交通大区划分

3. 预测基础数据

(1)经济发展情况

根据《苏州市城市总体规划》(2007—2020)及相关文件,至2020年,苏州市GDP总量将达到17 000亿元,按常住人口计算的人均GDP为2万美元,达到当时上中等收入国家和地区的较高发展水平。

(2)城市人口分布

根据《苏州城市总体规划》和《苏州城市综合交通规划》,规划2020年苏州市区常住人口为500万人,其中中心城区360万人,各交通大区人口分布见表3.33所示。

表3.33 中心城区城市人口分布 人

中心城区	工业园区	中心区	相城区	高新区	吴中区
人口	1 200 000	800 000	450 000	600 000	550 000

根据居住用地及地块容积率情况,将城市人口分布至各交通小区,分析得到苏州市交通小区城市人口分布密度如图3.27所示。

(3)就业岗位分布

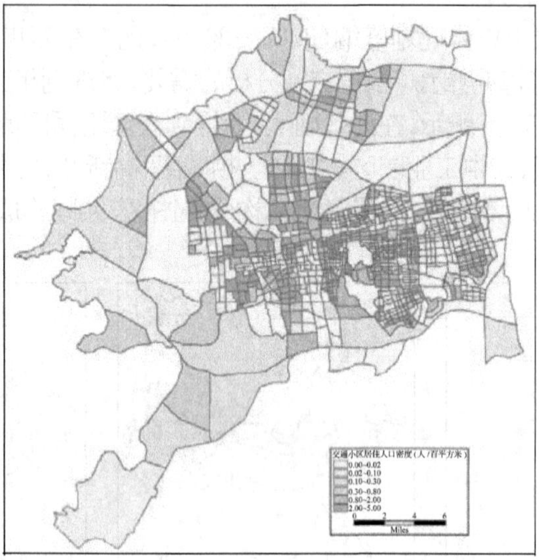

图 3.27 苏州市交通小区人口密度分布图

根据 2020 年市政公用设施用地、工业用地、公共设施用地、学校等用地分布情况，预计市区提供的就业岗位总量约为 300 万个。未来就业岗位依然集中分布于工业园区和相城区，其中工业园区 90 万个，占 30%，相城区 62 万个，占 21%。

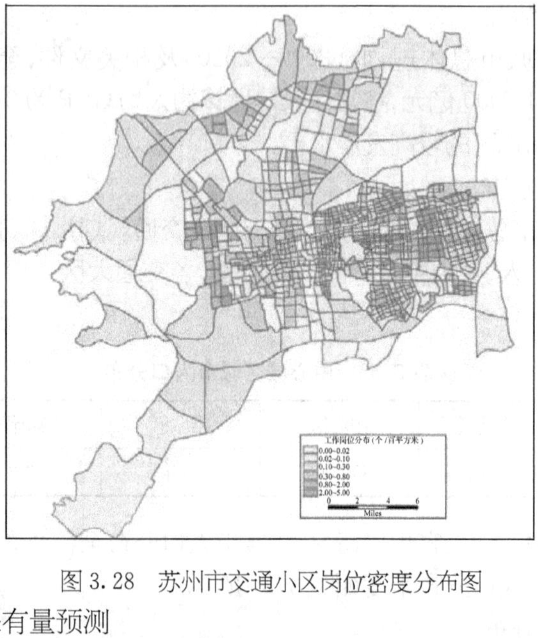

图 3.28 苏州市交通小区岗位密度分布图

(4)机动车保有量预测

2020 年中心城区机动车(不含摩托)总量将达 60 万～70 万辆,包含摩托车的机动车总量将达 70 万～80 万辆。见表 3.34 所示。

表 3.34　2020 年苏州市区机动车保有量总量

车　　型		数　　量	拥有率(辆/千人)
客　车	小汽车	70 万辆	200
	单位小客车	5 万辆	22
	出租车	4 500 辆	1.3
	公交车	5 000 辆	1.4
	厂包车	2 000 辆	0.6
	旅游车	1 700 辆	0.5
	合　计	85 万辆	230
货　车		5 万辆	14
小　计		90 万辆	250
摩托车		10 万辆	30
合　计		100 万辆	280

注:千人拥有率指标按照户籍人口估算。

4. 初始轨道线网方案

轨道线网的初步规划方案见表 3.35 和图 3.29 所示。

表 3.35　工业园区轨道线网配置方案各基本因素

轨　道　因　素			方案 1:棋盘+钥匙型	方案 2:棋盘+钥匙型(高密度)	方案 3:中心区环状型	方案 4:环状+棋盘型
线路数量			7(东西 4、南北 3)	7(东西 4、南北 3)	5(东西 3、南北 1、环形 1)	6(东西 2、南北 3、环形 1)
全长(工业园区内)(km)			125	117	105	125
全长(苏州市规划区)(km)			310	310	300	310
轨道密度(工业园区内)(km/km^2)			0.43	0.41	0.39	0.43
轨道密度(工业园区内)(km/万人)			1.00	0.94	0.84	1.00
住宅地覆盖率工业园区内)			70%(87 万人)	74%(93 万人)	72%(90 万人)	72%(90 万人)
与工业园区外的连接	广域交通节点	苏州高铁站衔接线路	F 线	F 线	C 线	D 线
	与老城区等的连接	工业园区西侧断面轨道条数	7	7	6	6
	与昆山市区以及上海虹桥机场的衔接		A 线、B 线、G 线	A 线、B 线、G 线	A 线	A 线

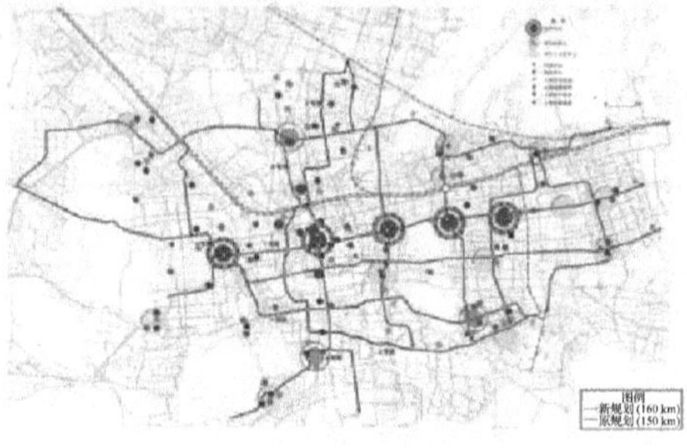

(a) 初始方案 1

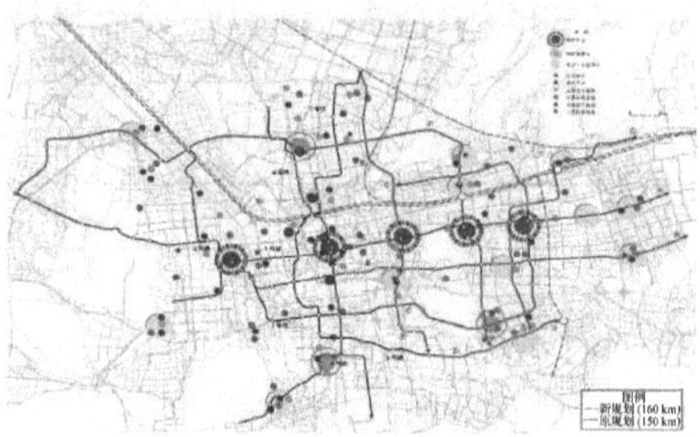

(b) 初始方案 2

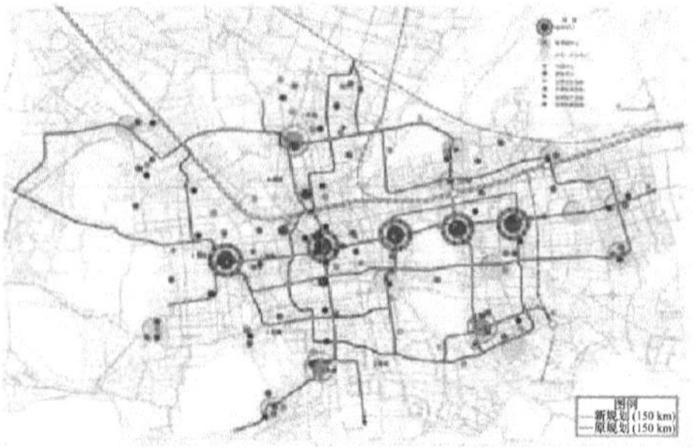

(c) 初始方案 3

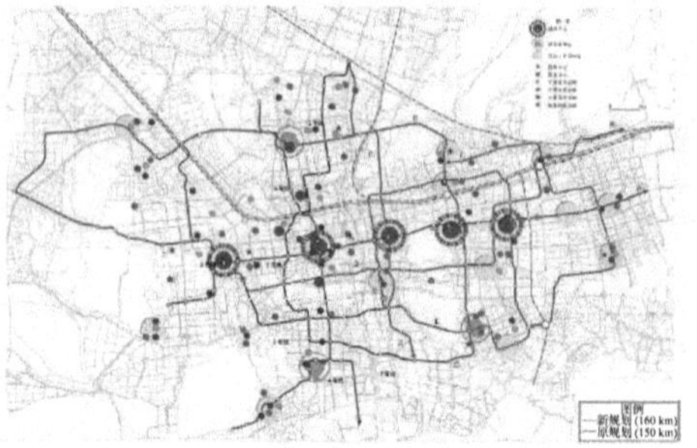

(d) 初始方案 4

图 3.29　轨道线网初始规划方案

3.4.3　出行生成总量预测

随着社会经济的发展，城市化水平以及人们生活水平的提高，居民的弹性出行总量及占整个出行的比重都保持着持续增长，从而导致居民人均出行次数的增加；与此同时，高龄化的发展和在家工作的增加对居民的出行次数有着一定的制约作用，有出行者的出行比例将会有所下降。

影响居民平均出行率的因素主要有人均 GDP、第二产业比例、建筑用地面积、GDP 总量等，通过对相关因素进行相关性分析，选用人均 GDP 和第二产业的比例为影响居民平均出行率的指标，参考国内其他城市的出行数据，拟合得到人均出行次数与人均 GDP、第二产业比例之间的关系。

根据拟合函数，分析居民人均出行次数为 2.35 次/人·日，参考其他城市分目的出行率所占比例及未来发展趋势，得到未来苏州市规划年基于上班、上学、弹性、回程的出行率分别为 0.4，0.16，0.71，1.08 次/人·日，合计居民(包含城镇人口和暂住人口)出行总量为 1 175 万人次/日；流动人口人均出行次数为 3.0 次/人·日，流动人口出行总量为 150 万人次/日，合计出行总量为 1 325 万人次/日。见表 3.36 所示。

表 3.36　苏州市规划年交通分目的出行率的设定

交通目的	未来变化动向
上　班	由于第三产业的发展和在家工作比例的增加，上班出行率将会有所下降
上　学	出行率今后也不会有太大变化
弹性(生活购物、探亲、文娱、公务、其他)	调查结果无法统计到的潜在出行的存在、预计今后随着城市发展，行动将会频发化
回　程	出行率今后也不会有太大变化

3.4.4　出行生成预测

1. 出行产生

(1)城市居民出行产生

根据2006年苏州市居民出行调查资料，统计出现状各交通小区单位面积对各出行目的的出行发生量，以此为基础，考虑各交通小区的地理位置、用地状况、建筑状况等，将规划与现状进行类比分析，确定规划各交通小区的各类用地对各种出行目的的出行发生权。见表3.37～表3.40所示。

表 3.37　交通大区区位影响系数表

规划区域	中　心　城　区					外　围　区			
交通大区	1	2	3	4	5	6	7	8	9
区位影响系数	1.2	1.5	1.2	1.0	1.0	0.8			

表 3.38　基于上班目的的分类用地各种目的出行发生权

用地类型	公　用　设　施　用　地						
	行政	商业	文化	体育	医疗	科研	其他
发生权	0.01	0.02	0.01	0.01	0.01	0.01	—
用地类型	居住用地	对外交通用地	广场用地	社区邻里用地	市政设施用地	工业用地	仓储用地
发生权	0.90	—	0.01	—	0.01	0.01	—

表 3.39　基于上学目的的分类用地各种目的出行发生权

用地类型	公　用　设　施　用　地						
	行政	商业	文化	体育	医疗	科研	其他
发生权	—	—	—	—	—	—	—
用地类型	居住用地	对外交通用地	广场用地	社区邻里用地	市政设施用地	工业用地	仓储用地
发生权	1	—	—	—	—	—	—

表 3.40　基于弹性目的的分类用地各种目的出行发生权

用地类型	公　用　设　施　用　地						
	行政	商业	文化	体育	医疗	科研	其他
发生权	0.02	0.03	0.02	0.02	0.02	0.01	—
用地类型	居住用地	对外交通用地	广场用地	社区邻里用地	市政设施用地	工业用地	仓储用地
发生权	0.85	—	0.01	—	0.01	0.01	—

利用此权重及规划各交通小区面积，用下式可计算出未来交通区、各种出行目的的居民出行发生量：

$$U_{jk} = \alpha_j \frac{M_{jk} \cdot A_j \cdot k_{jk}}{\sum_j \alpha_j M_{jk} \cdot A_j \cdot k_{jk}} \sum_i T_{jk} \tag{3.4}$$

式中 α_j——交通区 j 所属大区的区位影响表；

U_{jk}——交通区 j、出行目的 k 的出行发生量(人次/天)；

M_{jk}——交通区 j、出行目的 k 的出行发生权；

A_j——交通区 j 的用地面积(m^2)；

k_{jk}——交通区 j 的 k 类用地容积率；

T_{jk}——交通区 j、出行目的 k 的出行产生量(人次/天)。

(2)流动人口出行产生(表 3.41)

流动人口按照不同出行目的大致可分为对外港站和其他目的两大类，其中对外港站按照城市对外枢纽规划资料得到，其他目的发生吸引量为流动人口总量扣除对外港站，结合 2006 年苏州市居民出行调查资料，推荐下式计算未来交通区流动出行发生量：

表 3.41 流动人口分类用地出行发生权

用地类型	公用设施用地						
	行政	商业	文化	体育	医疗	科研	其他
发生权	0.10	0.15	0.05	0.05	0.15	0.02	—
用地类型	居住用地	对外交通用地	广场用地	社区邻里用地	市政设施用地	工业用地	仓储用地
发生权	0.05	0.55	0.05	—	0.02	0.08	—

$$U_{jk} = \alpha_j \frac{M_{jk} \cdot A_j \cdot k_{jk}}{\sum_j \alpha_j M_{jk} \cdot A_j \cdot k_{jk}} \sum_i T_{jk} \tag{3.5}$$

式中 α_j——交通区 j 所属大区的区位影响率；

U_{jk}——交通区 j、出行目的 k 的出行发生量(人次/天)；

M_{jk}——交通区 j、出行目的 k 的出行发生权；

A_j——交通区 j 的用地面积(m^2)；

k_{jk}——交通区 j 的 k 类用地容积率；

T_{jk}——交通区 j、出行目的 k 的出行产生量(人次/天)。

2. 出行吸引

(1)城市居民出行吸引

① 上班出行吸引

$$U_j = \frac{E_j}{\sum_j E_j} \sum_j T_j \tag{3.6}$$

式中 U_j——交通小区 j 的上班出行吸引；

E_j——交通小区 j 的就业岗位；

T_j——交通小区 j 的上班出行量。

② 弹性、回程出行吸引

根据2006年苏州市居民出行调查资料，统计出现状各交通小区单位面积对各出行目的的出行吸引量，以此为基础，考虑各交通小区的地理位置、用地状况、建筑状况等，将规划与现状进行类比分析，确定规划各交通小区的各类用地对各种出行目的的出行吸引权。见表3.42所示。

表3.42 基于上学目的的分类用地各种目的出行吸引权

用地类型	公用设施用地						
	行政	商业	文化	体育	医疗	科研	其他
发生权	—	—	—	—	—	0.2	—
用地类型	居住用地（重点中小学）	对外交通用地	广场用地	社区邻里用地	市政设施用地	工业用地	仓储用地
发生权	0.8	—	—	—	—	—	—

利用此权重及规划各交通小区面积，用下式可计算出未来交通区、各种出行目的的居民出行发生量（就学、弹性、回程）：

$$U_{jk}=\alpha_j\frac{M_{jk}\cdot A_j\cdot k_{jk}}{\sum_j \alpha_j M_{jk}\cdot A_j\cdot k_{jk}}\sum_j T_{jk} \tag{3.7}$$

式中 α_j——交通区 j 所属大区的区位影响率；

U_{jk}——交通区 j、出行目的 k 的出行吸引量（人次/天）；

M_{jk}——交通区 j、出行目的 k 的出行吸引权；

A_j——交通区 j 的用地面积（m^2）；

k_{jk}——交通区 j 的 k 类用地容积率；

T_{jk}——交通区 j、出行目的 k 的出行吸引量（人次/天）。

表3.43 基于弹性目的的分类用地各种目的出行吸引权

用地类型	公用设施用地						
	行政	商业	文化	体育	医疗	科研	其他
发生权	0.15	0.25	0.10	0.10	0.15	0.03	0.02
用地类型	居住用地	对外交通用地	广场用地	社区邻里用地	市政设施用地	工业用地	仓储用地
发生权	—	0.05	0.03	0.02	0.05	0.02	0.03

(2)流动人口出行吸引

根据2006年苏州市居民出行调查资料，计算未来交通区流动出行吸引量，相关计算方法参考基于弹性目的的分类用地各种目的的出行吸引权。如图3.30所示。

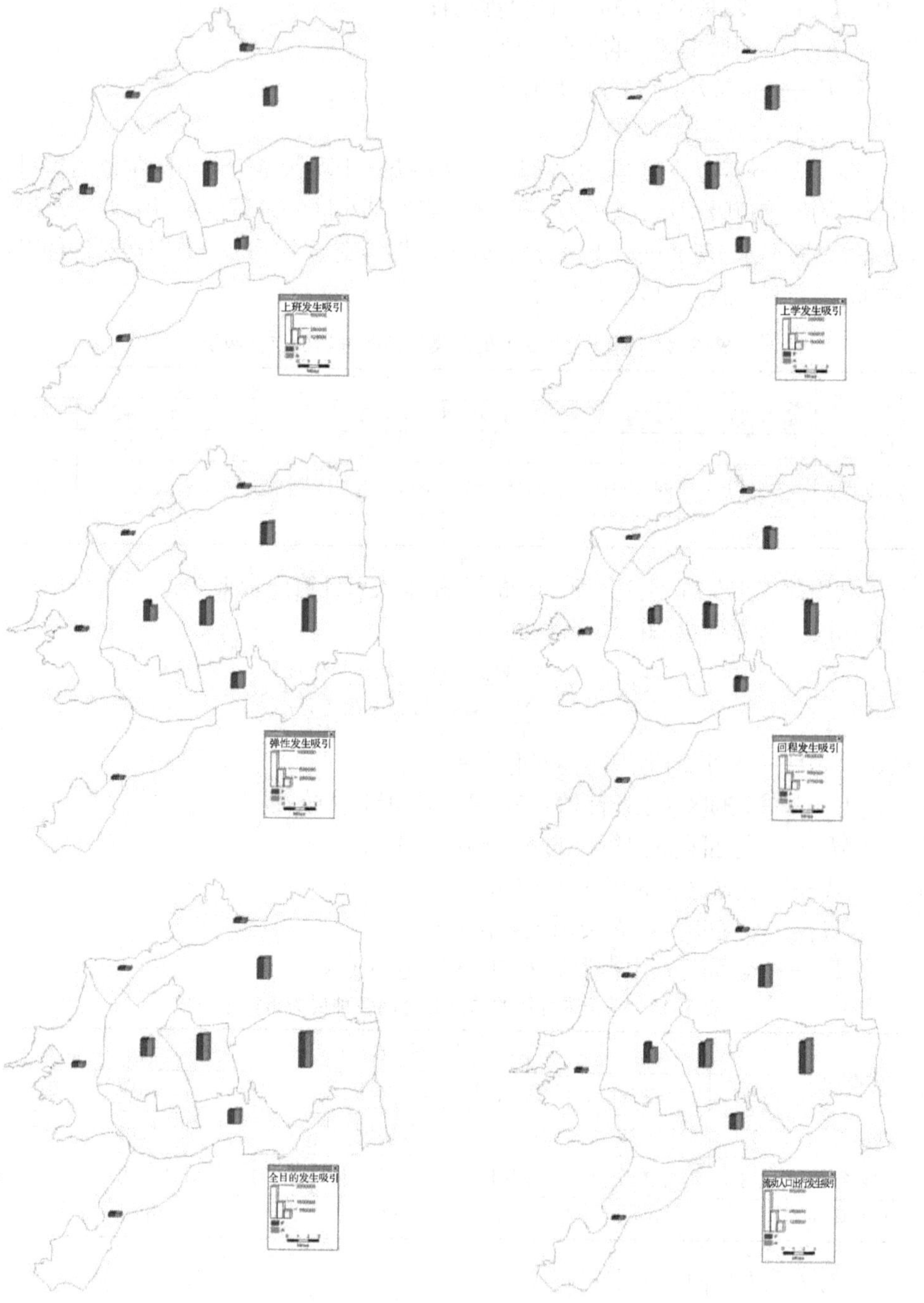

图 3.30　上班、上学、弹性、回程、全目的及流动人口出行发生吸引量

3.4.5 出行分布预测

1. 出行分布模型

城市交通是一个相互联系、相互制约的系统，其自身有一种平衡关系，基于这一基本思想，根据城市总体规划，苏州市城市规划用地的发展方向和性质均将发生很大的变化，城市的空间结构和道路网络的发展规划将与现状发生质的变化，因此本次交通规划选用了基于用地面积的区内交通分布预测模型和双约束重力模型来进行交通小区区间客运交通分布预测。

(1)区内交通分布预测

基于用地面积的区内交通分布预测模型：

$$T_i = K \cdot G_i^{\alpha} \cdot A_i^{\beta} \cdot S_i^{\gamma} \tag{3.8}$$

式中 T_i——i 小区内交通量(出行次数)；

G_i——i 小区发生交通量(出行次数)；

A_i——i 小区吸引交通量(出行次数)；

S_i——i 小区面积(km^2)；

K——修正系数；

α——发生交通量参数；

β——吸引交通量参数；

γ——面积参数。

(2)区间交通分布预测

双约束重力模型：

$$T_{ij} = K_i K_j P_i A_j / f(t_{ij}) \tag{3.9}$$

$$K_i = [\sum K_j A_j / f(t_{ij})]^{-1}, K_j = [\sum K_i P_i / f(t_{ij})]^{-1}$$

式中 T_{ij}——从交通小区 i 到 j 的出行量；

P_i——交通小区 i 的出行发生总量；

A_j——交通小区 j 的出行吸引总量；

K_i、K_j——平衡系数；

$f(t_{ij})$——阻抗函数。

阻抗函数有如下 3 种形式：

(1)幂函数： $f(t_{ij}) = t_{ij}^{a}$

(2)指数函数： $f(t_{ij}) = \exp(\beta t_{ij})$

(3)Gamma 函数： $f(t_{ij}) = t_{ij}^{c} \exp(b t_{ij}) \cdot a$

本次规划中选用 Gamma 函数为阻抗函数。

2. 模型参数标定

将现状和规划路网节点间的距离、交通小区与现状和规划路网节点号的对应关系、交通小区内部现状和规划阻抗值(距离)输入计算机,根据各交通小区内居民和流动人口的产生量和吸引量预测,运行交通网络规划软件进行交通分布重力模型参数标定并进行规划年的预测,计算出2020年各交通小区之间及各交通小区内部交通分布量。

在大量分析与试算的基础上,并结合国内其他城市预测的经验,利用苏州市居民出行调查资料,对参数进行标定得到预测模型。见表3.44和表3.45所示。

表3.44 交通小区区内交通量预测模型参数的标定结果

目的	参数			
	K	α	β	γ
上班	0.018	0.729	0.521	0.223
上学	0.035	0.802	0.448	0.248
弹性	0.017	0.712	0.496	0.286

表3.45 双约束重力模型参数标定结果

目的	参数			目的	参数		
	a	b	c		a	b	c
上班	111.297	1.284 6	0.094	弹性	108.691	1.786 2	0.118
上学	113.652	1.893 6	0.124				

3. 模型参数检验

采用2008年工业园区企业调查结果对分布模型进行校核,分工业园区与其他大区之间的出行分布校核和工业园区内部出行分布比例进行校核。如图3.31所示。

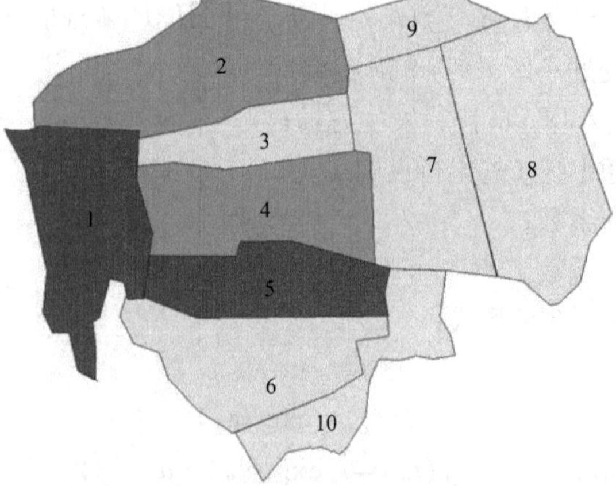

图3.31 工业园区交通中区

(1)区间校核(表3.46、图3.32)

表3.46　区间校核结果

到达地 \ 居住地		沧浪区	平江区	金阊区	高新区	吴中区	相城区
园区实际	比例	34.2%	14.0%	11.8%	12.9%	18.8%	8.5%
预测结果	比例	28.1%	10.1%	8.7%	12.9%	18.8%	17.9%

根据相关系数检验,模型在区内校核精度为0.66,基本符合模型要求。

(2)区内校核(表3.47)

表3.47　区间校核结果

到达地 \ 居住号		1	2	3	4	5	6	7	8	9	10
园区实际	比例	24.5%	14.0%	2.2%	14.9%	20.9%	2.0%	3.8%	7.1%	5.8%	4.7%
预测结果	比例	21.3%	16.2%	3.9%	16.8%	18.6%	3.5%	4.8%	7.2%	4.6%	3.1%

根据相关系数检验,模型在区内校核精度为0.703,基本符合模型精度要求。

4. 模型结果分析

在苏州市上班OD分布中,交通区内部出行占76.87%,工业园区和中心区之间出行量最大,且具有明显的方向不均匀性,中心区至工业园区工作出行占总OD对的80%以上。区内出行为上学OD的主体,交通大区区内出行比例为上班出行的96.8%,其中工业园区、中心区及相城区出行比例较大。交通大区区内弹性出行占总弹性出行的64.96%,工业园区与中心区弹性出行达30万人次,且方向不均性较低,中心区和相城区弹性出行达20万人次,且方向不均匀性较高。区内回程比例约占总回程出行人次的72.9%,总出行人次达540万人次。流动人口出行主要集中在中心城区,占流动人口总出行人次的90%以上。如图3.32所示。

3.4.6　方式划分预测

本预测是以2006年出行调查数据为基础,预测将来交通方式划分的构成。但是,2006年出行调查数据是在无轨道交通情况下的调查数据,如果以此为基础建立包含轨道交通方式在内的预测模型的话,在模型的可靠性方面存在一定的问题。因此,本预测采用2阶段的预测步骤(A. 无轨道交通时的各交通方式交通量预测;B. 轨道交通将来交通需求预测),进行将来交通方式划分的预测。如图3.33所示。

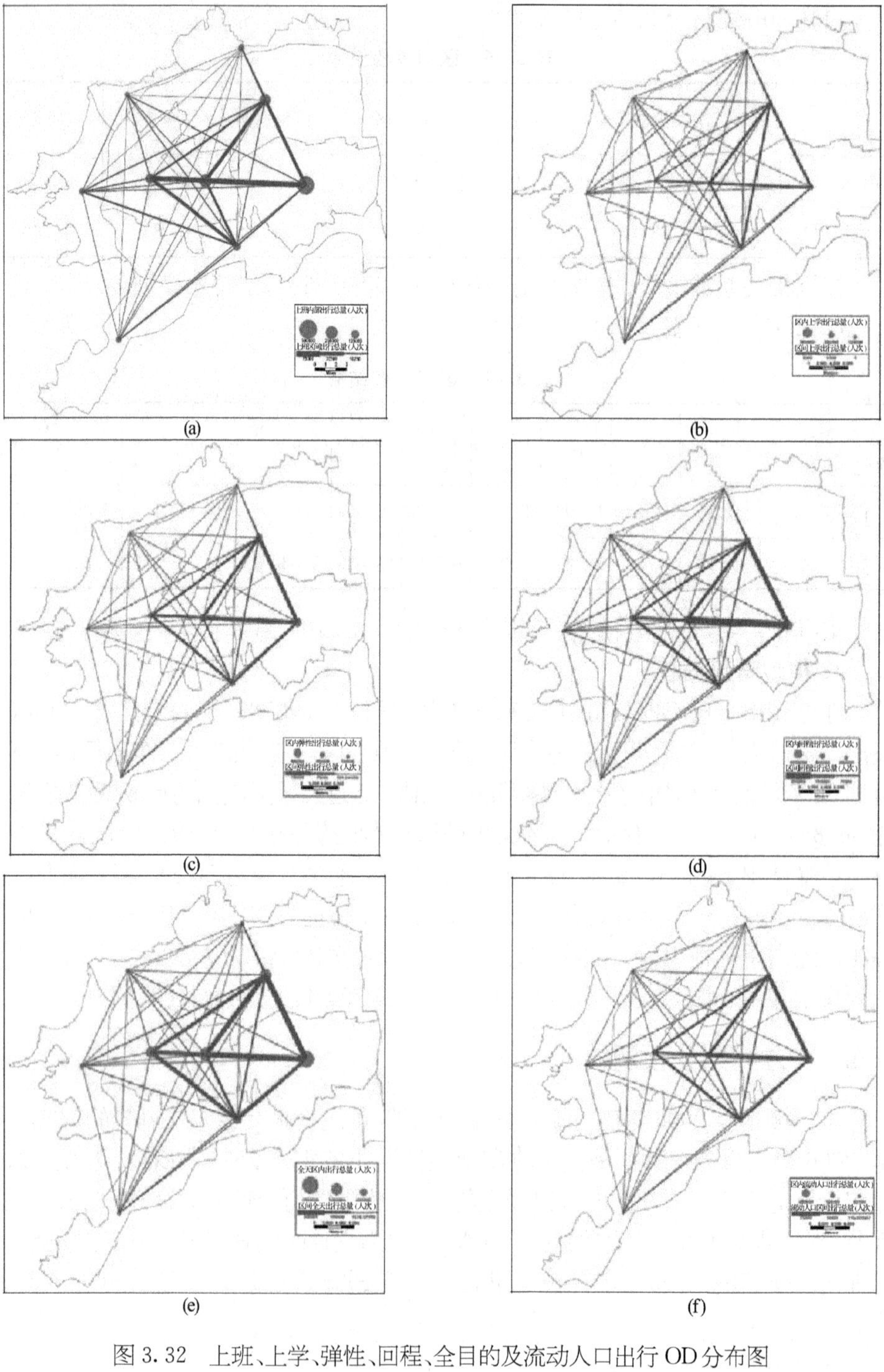

图 3.32　上班、上学、弹性、回程、全目的及流动人口出行 OD 分布图

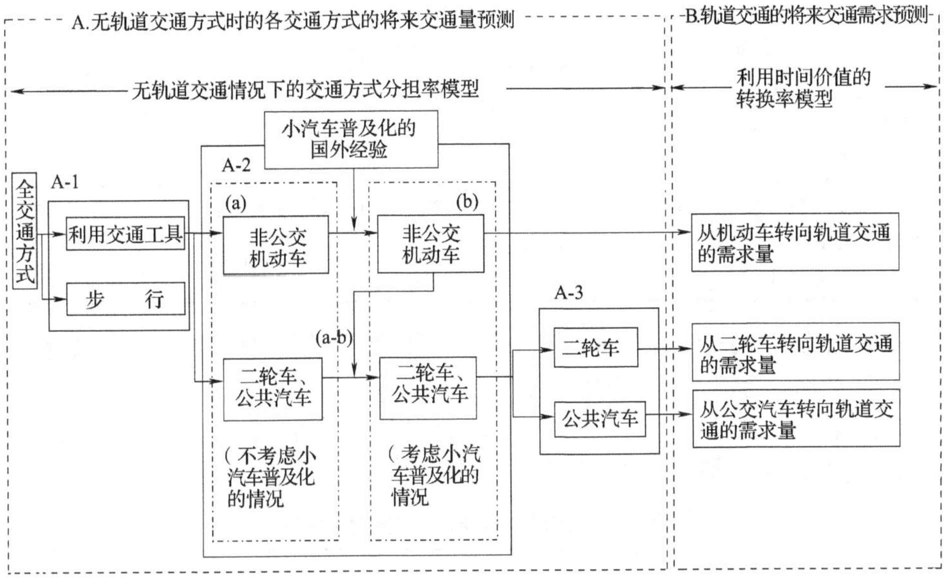

图3.33 出行方式分担模型结构

1. 无轨道交通情况下的交通方式分担率模型

无轨道交通情况下的预测，是假定现在利用的交通方式持续到将来的情况下的预测，其建立交通方式分担率模型的思路如下所述。

① 统计出不同目的不同移动距离段的交通方式分担率，根据其趋势建立分担率模型，分担模型详见表3.48。

表3.48 城市居民交通方式分担率模型

目的	A-1 徒步和利用交通工具的分担	A-2 非公交机动车和公交车、二轮车的分担	A-3 公交车和二轮车的分担
上班	$y=1/(1+0.032\times\exp(0.003\times x)$ $R^2=0.95$	$y=0.16x^{0.4}$ $R^2=0.91$	$y=0.48x^{0.138}$ $R^2=0.98$
上学	$y=1/(1+0.054\times\exp(0.006\times x)$ $R^2=0.93$		$y=0.46x^{0.132}$ $R^2=0.92$
弹性	$y=1/(1+0.0055\times\exp(0.003\times x)$ $R^2=0.95$	$y=0.52x^{0.095}$ $R=0.93$	$y=0.432x^{0.133}$ $R^2=0.91$

续上表

目的	A—1 徒步和利用交通工具的分担	A—2 非公交机动车和公交车、二轮车的分担	A—3 公交车和二轮车的分担
回程	$y=1/(1+0.0051\times\exp(0.004\times x)$ $R^2=0.91$	$y=0.139x^{0.43}$ $R^2=0.96$	$y=0.458x^{0.132}$ $R^2=0.90$
备注	y:步行/(步行＋利用交通工具(%) x:距离(km)	y:非公交机动车/(利用交通工具)(%) x:距离(km)	y:公共汽车/(公共汽车＋二轮车)(%) x:距离(km)

② 因为出行长度越长,抽样数就越少,所以数据就会有所偏差。因此以抽样数较多,并相对稳定的下表的距离段作为分析对象。

③ 此外,由于以上学为目的的非公交机动车利用情况极为少见,所以设定为无非公交机动车的利用。见表 3.49～表 3.52 所示。

表 3.49 流动人口交通方式分担率模型

A-1 徒步和利用交通工具的分担	A-2 非公交机动车和公交车、二轮车的分担	A-3 公交车和二轮车的分担
$y=1/(1+0.002\times\exp(0.0045\times x)$ $R^2=0.96$		$y=0.21x^{0.35}$ $R^2=0.93$
y:步行/(步行＋利用交通工具(%) x:距离(km)	y:非公交机动车/(利用交通工具)(%) x:距离(km)	y:公共汽车/(公共汽车＋二轮车)(%) x:距离(km)

表 3.50 城市居民交通方式分担率

目的	徒步	自行车	非公交机动车	公交车
上班	16.23%	22.94%	28.03%	32.79%
上学	21.42%	36.58%	—	41.99%
弹性	24.52%	23.66%	29.16%	22.65%
回程	21.33%	23.18%	25.40%	30.09%
全目的	21.43%	24.22%	25.20%	29.15%

表 3.51　流动人口交通方式分担率

徒步	非公交机动车	公交车
25.47%	31.80%	42.73%

表 3.52　城市居民及流动人口混合交通方式分担率

目的	徒步	自行车	非公交机动车	公交车
全目的	21.89%	21.48%	25.95%	30.69%

2. 轨道方式转换率模型

在预测轨道交通将来交通需求时，使用下表所示的转换率模型。根据这个模型，预测由二轮车、公共汽车以及机动车转向轨道交通的需求量。

这里使用的转换率模型中，各方式转向轨道交通的需求量是由所需时间和票价决定的。见表 3.53 所示。

表 3.53　转换率模型的基本公式

<table>
<tr><th colspan="2">项　　目</th><th>内　　　容</th></tr>
<tr><td colspan="2">转向轨道交通的转换率模型(非集聚 logit 模型)基本公式</td><td>$P_r=\exp V_r/(\exp V_r+\exp V_m)$
式中　P_r——轨道交通转换概率；
V_r——轨道交通的效用；
V_m——交通方式 m 的效用。
$V=a_1\times$所需时间$+a_2\times$票价$+c$
式中　a_1、a_2、c——参数。
由于收入增加，对轨道交通票价的不满也将随之减小。为了在预测中反映这一点，按照经济增长导致将来时间价值上升这一思路，对参数进行了调整</td></tr>
<tr><td>效用函数</td><td>二轮车向轨道交</td><td>轨道交通的效用(V_r)说明变量：所需时间、票价</td></tr>
<tr><td rowspan="4">效用函数</td><td>二轮车向轨道交</td><td>轨道交通的效用(V_r)说明变量：所需时间、票价</td></tr>
<tr><td>通的转换</td><td>二轮车的效用(V_m)说明变量：所需时间</td></tr>
<tr><td>公共汽车向轨道交通的转换</td><td>轨道交通的效用(V_r)说明变量：所需时间、票价
公共汽车的效用(V_m)说明变量：所需时间、票价</td></tr>
<tr><td>机动车向轨道交通的转换</td><td>轨道交通的效用(V_r)说明变量：所需时间、票价
机动车的效用(V_m)说明变量：所需时间</td></tr>
</table>

由于其他的交通方式转向轨道交通的转换量，是取决于所需时间和票价，因此，可以判断，在具有同等经济能力(个人收入)的情况下，轨道交通的方式选择关系也基本相同。

苏州市在 2008 年进行了轨道交通利用意向调查，以此为基础制作从别的交通方式转向轨道交通的转换率模型,参数的推算结果见表 3.54 所示。

表 3.54 轨道交通方式转移率模型参数估计

目的	被转换对象	a_1(所需时间)(min)	a_2(票价)(元)	c(定数项)	时间价值(a_1 / a_2)	
					(元/min)	(元/h)
上班	二轮车	−0.0152	−2.398	8.226	0.006	0.380
	公共汽车	−0.0292	−0.425	1.406	0.069	4.122
	非公共机动车	−0.0511	−0.855	4.297	0.060	3.586
上学	二轮车	−0.285	−19.544	71.413	0.015	0.875
	公共汽车	−0.161	−1.127	1.723	0.143	8.571
私用	二轮车	−0.0236	−1.756	8.249	0.013	0.806
	公共汽车	−0.0673	−0.402	2.015	0.167	10.045
	非公共机动车	−0.0715	−0.386	1.896	0.185	11.114
其他	二轮车	−0.0899	−0.252	1.589	0.357	21.405
	公共汽车	−0.186	−0.246	1.273	0.756	45.366
	非公共机动车	−0.679	−0.929	2.419	0.731	43.854

根据以上建立的 MNL 模型,对未来交通方式分担量进行预测,根据转换率模型,代入求解参数,计算得到四种初步方案下各种交通方式的比例结构见表 3.55 所示。

表 3.55 交通方式分担率结果

交通方式	步行	自行车	非公交机动车	公交车	轨道
方案 1	21.63%	16.28%	21.97%	17.79%	22.33%
方案 2	21.63%	16.52%	22.29%	18.03%	21.53%
方案 3	21.63%	16.62%	22.43%	18.17%	21.15%
方案 4	21.63%	16.09%	21.72%	17.57%	22.99%

3.4.7 轨道客流分配

采用预测软件对全天轨道客流与高峰小时轨道客流进行分配,分配结果如图 3.34 所示。

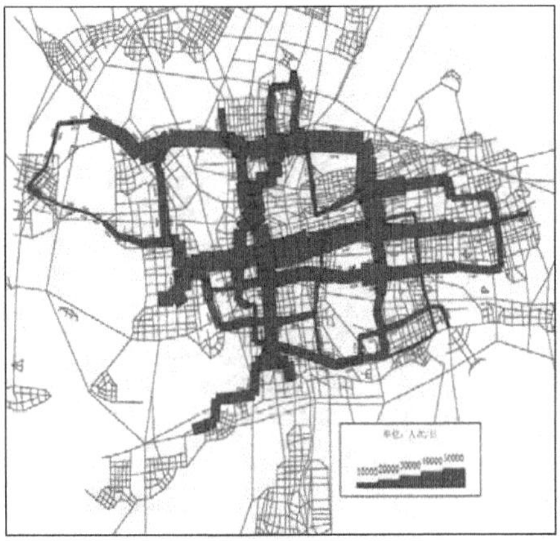

(a)方案1全天客流分配图

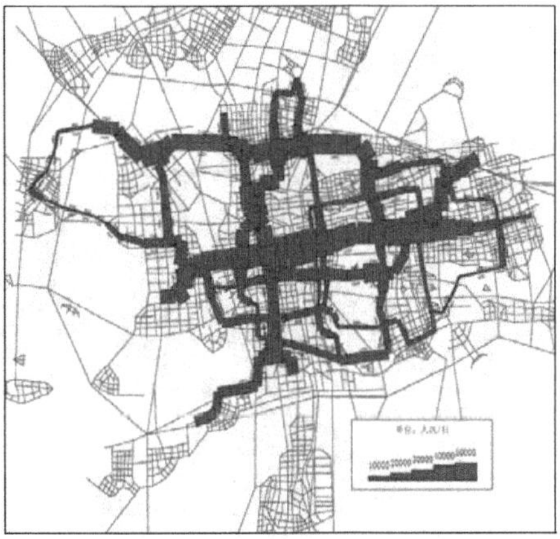

(b)方案2全天客流分配图

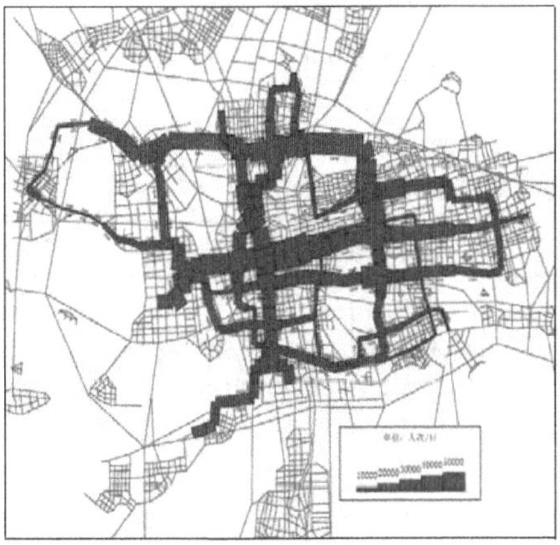

(c)方案3全天客流分配图

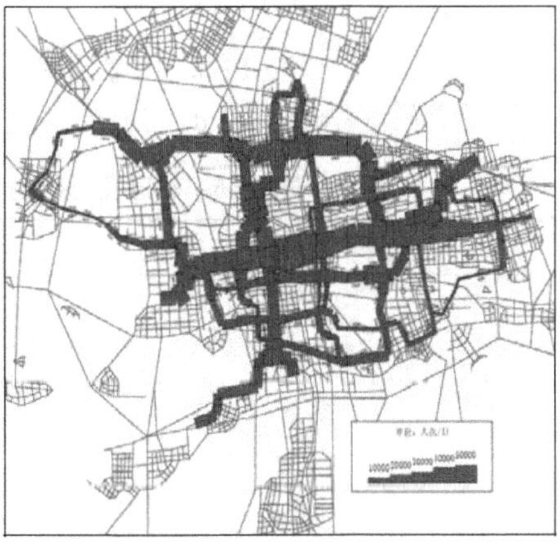

(d)方案4全天客流分配图

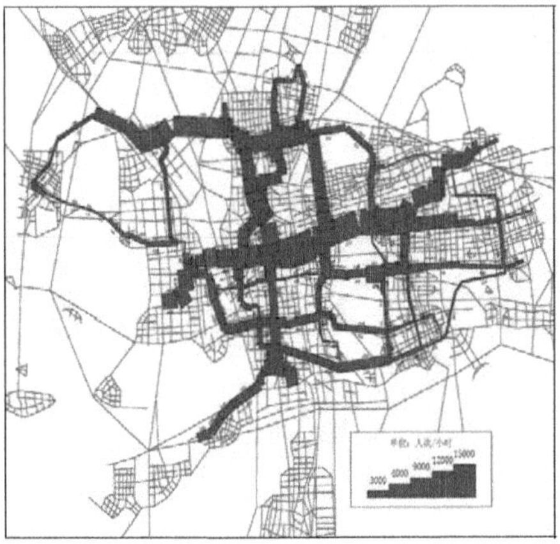

(e)方案1高峰小时客流分配图

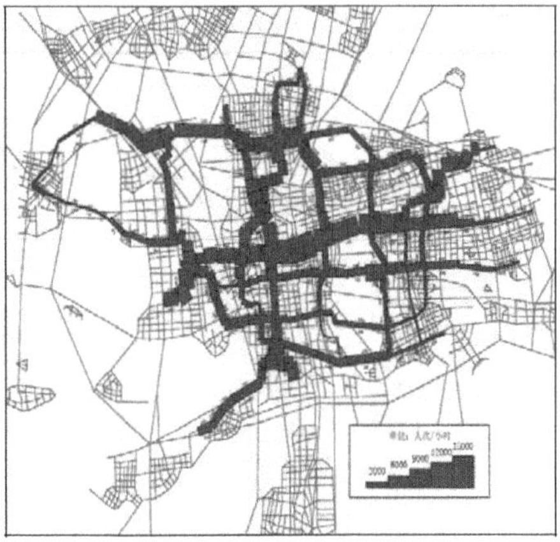

(f)方案2高峰小时客流分配图

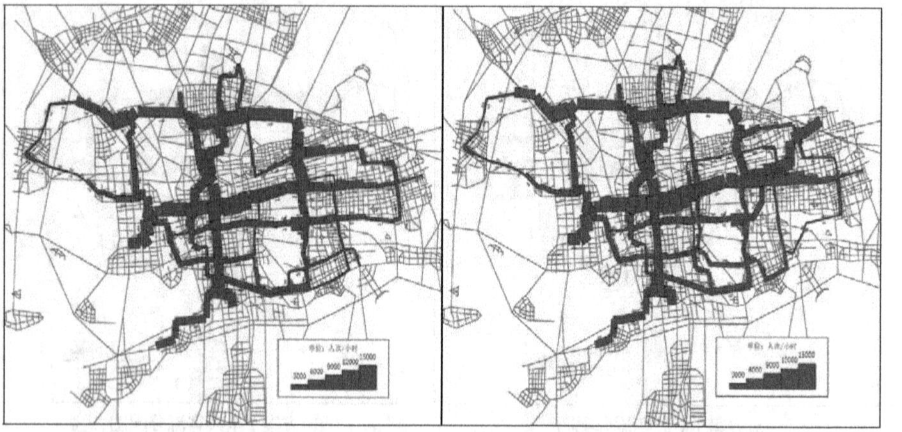

(g)方案 3 高峰小时客流分配图　　(h)方案 4 高峰小时客流分配图

图 3.34　轨道线网高峰小时客流分配图

各方案预测结果见表 3.56 所示。

表 3.56　轨道交通线网各方案交通需求预测结果

项　目		方案 1	方案 2	方案 3	方案 4
轨道总长(km)		125	117	105	125
轨道利用率(%)		22.3	21.5	21.2	23.0
总乘客数(万人次/日)		101	98	96	104
轨道长度平均乘客数(万人次/km)		0.81	0.84	0.91	0.84
平均换乘次数		1.33	1.35	1.36	1.31
社会经济效益	移动时间缩短(分/次)	2.52	2.36	2.28	2.65
	机动车交通的减少(万台 km)	639	685	682	699

第 4 章　常规公共交通规划

常规公共交通系统是指在城市道路上运行的公共汽电车组成的交通系统，不包括轨道交通、出租车交通等非常规公交形式。它是城市交通乃至整个城市系统中不可或缺的重要组成部分，是提高城市综合功能的重要基础设施之一，是保证城市各部门正常运转的动脉，而且对城市经济、文化事业的发展起着积极的推动作用。

城市常规公共交通规划是城市综合交通规划的重要部分，是解决城市常规公交现状问题和指导未来发展的宏观指导文件，要动态和均衡地考虑城市发展规模、用地布局和道路网规划等各方面的因素。

4.1　技 术 指 引

4.1.1　规划任务与原则

1. 规划任务

常规公共交通规划的任务是在战略规划的框架下，就公共交通系统的现状问题和未来发展，系统地提出未来的方针政策、规划方案和建议。构建与城市发展规模相适应、与城市用地布局相协调、与其他交通方式良好衔接、安全、便捷、高效、舒适、管理有序的城市常规公共交通系统。

2. 规划原则

(1)协调性原则

与城市总体规划和交通发展规划相协调，以长远和发展的眼光，超前做好规划，具有一定的前瞻性和延续性。

(2)系统性原则

运用系统的观点，有效地组织各地区的客运、有效地组织各种公共交通运输方式，建立完整的公交运输系统。

(3)可操作性原则

规划方案要有可操作性，公交场站设施等要从用地上得到控制，并远近结合，在长远规划的基础上，对线网、场站等发展提出近期实施计划。

4.1.2 工作内容与流程

1. 主要内容

(1)现状调查与问题分析识别。针对公交客流、公交营运服务水平、公交基础设施以及公交经营管理体制等各个方面展开全面系统的调查和资料收集,通过统计分析,识别现状问题及原因。

(2)提出初步设想、措施。针对现状问题及原因,提出初步规划设想和措施。

(3)建立客运交通模型、进行交通需求分析总体预测。整理分析相关基础数据、进行现状模型的标定与校核;建立客流预测模型,对交通需求总量及分布情况进行预测分析。

(4)公交发展目标与发展策略分析。回顾已有规划,分析发展前景,结合总体需求预测,分析客运交通的发展形势;借鉴国内外经验,提出公交发展目标方向、发展模式与基本策略。

(5)制定公交网络规划方案。按照一体化的网络布局要求,分析网络客运枢纽布局、线网层次功能,提出网络总体结构模式;根据客运需求走廊分析,提出公交骨干网络总体布局方案。

(6)制定公交基础设施规划方案。为支持公交网络的有效运营,应提出公交基础设施(包括公交枢纽站、公交运营场站、公交专用道等)规划方案,并制定建设实施计划。

(7)规划方案的优化与协调。通过模型客流测试,对规划方案进行优化调整。同时为使规划方案具有较好的可操作性、应与各有关方面进行沟通协调,并根据意见进行方案的优化修改。

2. 工作流程

(1)研究思路

① 常规公共交通规划,应根据城市发展规模、用地布局和道路网规划,通过对现状公交的全面调查研究分析,掌握公交系统各方面既有特征,识别现状存在的问题;

② 通过建立模型,深入分析现状需求,预测未来公交需求,把握公交发展势态;

③ 根据规划前景、发展阶段及政策环境等,分析常规公交发展目标、发展模式、策略;

④ 在客流预测的基础上,根据规划前景、发展阶段及政策环境等,研究分析公共交通车辆数、线网布局、换乘枢纽和场站设施布局等;

⑤ 根据模型测试评估目标评价结果,优化调整规划方案,经过政府部门、企业社会公众意见咨询,提出最终规划方案并制定实施计划。

(2)规划流程

规划可以分为四个阶段,各个阶段的主要工作为:

第一阶段,前期准备阶段。确定研究目标、技术方法、工作内容与流程等,并征求甲方意见。

第二阶段,现状调研阶段。开展现状调查与资料收集,诊断现有问题,回顾已有相关规划及国内外发展经验。

第三阶段,发展定位与需求预测阶段。分析常规公共交通在城市交通体系中的功能定位,提出发展目标、方向及基本策略,建立交通需求预测模型,进行交通需求分析与预测。

第四阶段,规划方案制定阶段。制定常规公交线网规划方案、车辆发展规划、场站规划方案、拟定近期改善实施方案。

公共交通规划流程如图4.1所示。

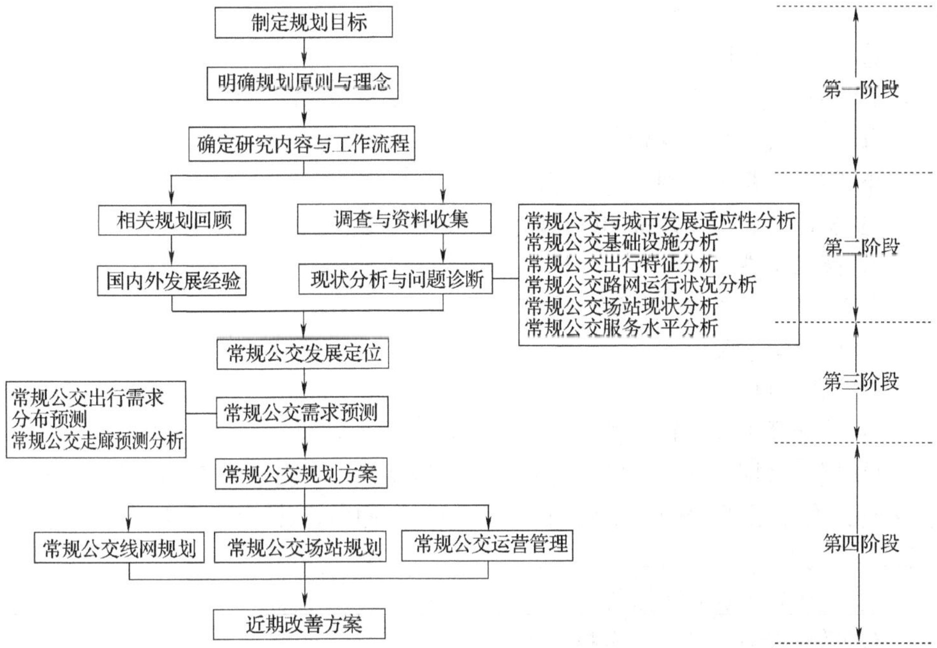

图4.1 公共交通规划流程图

4.1.3 规划成果要求

常规公共交通规划成果包括规划文本、图件与技术文件。技术文件为规划总报告及若干专题报告,规划总报告在专题报告的基础上编制。

1. 规划文本

公共交通规划文本的内容根据具体委托要求而定，一般包括下列内容：

① 规划目标；

② 规划原则；

③ 常规公交发展定位；

④ 常规公交发展策略；

⑤ 常规公交线网布局规划；

⑥ 常规公交车辆发展规划；

⑦ 常规公交场站布局规划；

⑧ 近期建设计划。

2. 规划图件

规划图件应该包括：

① 常规公交线网现状图；

② 常规公交场站现状图；

③ 现状公交专用道分布图；

④ 常规公交线网规划布局图；

⑤ 常规公交场站规划布局图；

⑥ 快速公交布局方案图(可选)。

3. 技术文件

(1)交通现状调研分析专题报告

① 研究背景及目的；

② 研究过程与方法；

③ 社会经济、城市开发状况；

④ 现状常规公交调查(包括公交场站、线路线网、专用道、车辆、线路载客量、主要通道客流量、服务水平、运营管理、与轨道交通衔接、公交比重以及必要的乘车意愿调查等)；

⑤ 现状分析及问题诊断。

(2)政策及规划研究专题报告内容

① 常规公交发展目标及策略；

② 常规公交预测及车辆发展规划；

③ 常规公交线网布局规划研究；

④ 常规公交场站布局规划研究；

⑤ 公交专用道规划；

⑥ 近期实施计划及改善建议。

4.1.4 关键技术方法

4.1.4.1 常规公共交通调查

城市常规公共交通调查包括社会经济现状数据收集、城市土地利用及道路交通设施现状调查、居民出行调查、公共交通现状调查四个方面内容。调查方法主要有实地踏勘、单位座谈、问询调查以及问卷调查等。

1. 社会经济现状数据收集

需调查的城市社会经济基础资料包括①人口总量、分布、构成以及增长状况等;②国民经济指标(国民收入、各行业产值、投资状况);③产业结构及布局;④运输量及各种运输方式的比重;⑤交通工具拥有量及构成。社会经济现状数据可以在政府相关部门获取。

2. 城市土地利用及道路交通设施现状调查

城市土地利用基础资料包括土地利用性质及布局、各个交通分区就业岗位数、就学岗位数;道路交通设施现状调查主要包括城市道路长度、道路网形态、等级结构、密度、道路交叉口、停车场等。本调查为交通与土地利用分析提供基础数据。城市土地利用及道路现状资料可以在政府相关部门获取或进行实地踏勘获得。

3. 居民出行OD调查

居民出行OD调查分为城市居民出行OD调查和流动人口出行OD调查两部分:

(1)城市居民出行OD调查

城市居民出行OD调查是对城市居民出行起点O和终点D的调查,它对城市居民的基本资料和居民每次出行的信息做较全面的抽样调查,对揭示城市居民出行的内在规律至关重要。城市居民出行OD调查采用的方法有:家庭访问法、电话询问法、明信片调查法、工作出行调查法、职工问询法及月票调查法等。

(2)城市流动人口出行OD调查

流动人口是城市总人口中的特殊组成部分,流动人看的出行规律(如出行次数、出行方式等)与城市居民出行规律有较大差异,针对不同类型的流动人口应采取不同的调查方法。常住、暂住流动人口一般可采取与居民出行OD调查类似的家访调查、电话询问等方法,对当日进出的流动人口则可采用在城市出入口直接询问的方法等。

4. 常规公共交通发展现状调查

常规公共交通现状调查包括公交公司运营管理发展状况调查、公交线网发展现状调查、公交基础设施现状调查三个方面。公交公司运营管理发展状况包括公交公司运营主体、公交线路的经营模式、公交运营时间、票价等;公交线网发展现状包括公交线网长度、站点个数及分布、公交线网现状布局等；公交基础设施现状调查包括场站设施(公交首末站、中途站点、停车场、保养场、维修厂等)和公交车辆发展状况。

常规公共交通现状调查可以通过与公交公司进行单位座谈和实地踏勘的方式进行。

5. 常规公交客流特性调查

(1)调查内容

① 上下客调查

获取乘客出行起讫点(站点 OD)、站点上下客人数、断面客流量及公交车运行状况等信息。

② 驻站调查

收集公交客流波动及车辆运行间隔信息，获取各公交线路车辆的高峰时段满载率、实际发车频率及准点率等信息。

③ 乘客问卷调查

把握公交乘客流向的一般状况和乘客意愿信息，调查员直接访问乘客并记录下乘客公交出行起讫点、乘客出行特征及乘客基本特征等信息。

④ 居民出行意愿调查

对居民直接进行问询，获取居民的基本特征、出行方式及对各种方式的决策意愿等信息。

(2)调查方法

调查主要采取 3 种调查方法：①跟车调查：上下客调查、乘客问卷调查；②驻站调查：满载率和发车频率调查；③流动调查：居民出行意愿调查。

① 上下客调查

跟车调查人员分为若干小组，每个小组在同一辆公交车上进行调查，小组数根据线路的运行时间及发车间隔具体确定。采用对向不间隔跟车方法，即同时在两个首末站上车开始调查，保证发出的每辆公交车都有调查小组调查，到达对向首末站后跟随最快发出的公交车返回，即往返进行调查。一般调查时间要比实际高峰时间长，以保证高峰小时包含在调查时间内。

上下客调查采用一种全面性调查方法——小票法。由两名调查人员分别早公交车的前后门发放和收取小票。前门调查人员向每名上车的乘客发放编号唯一的小票，每张小票对应一名乘客，可以在获得上车人数的同时，将每名乘客编码。后门调查人员在乘客下车时收取其小票，并记录下车总人数。发放与收取小票的站点均在发放与收取的同时被记录保存。该方法能够同时获取上下车乘客人数，以及乘客出行的起讫站点信息。调查表格见表 4.1。

表 4.1 OD上车人数记录表

OD上车人数记录表

日期:_____年____月____日　　线路:____　车辆编号:____　发车时间:________

发车地点:____________　到达地点:____________　到站时间:________　表编号:____

序　号	站点名	小票编号	序　号	站点名	小票编号

② 驻站调查

驻站调查采用直接观察记录法。公交车辆进入站台后,驻站调查人员记录器线路号、车辆自编号及出站时刻,并对该车的满载率状态进行评估并记录。调查表格见表4.2。

表 4.2 发车频率和满载率调查表

发车频率和满载率调查表

观测点:________________　　方向:东西 □　西东 □　南北 □　北南 □

日期:2009年____月____日　　天气:晴 □　阴 □　雨 □　多云 □

				满载率状态	满载率评估标准
序号	线路	车辆编号	出站时间	状态代号	
1					1. 填写调查表格时只需将与实际满载率状态对应的序号填入“状态代号”栏中即可 2. 状态代号 0:车内仅有少量乘客 1:车内有1/4乘客 2:车内有1/2乘客 3:车内有3/4乘客 4:座位全满 5:少数乘客站立 6:1/4乘客站立 7:1/2乘客站立 8:3/4乘客站立 9:全部站满 10:过度拥挤(有人没有上车)
2					
3					
4					
5					
6					
7					
8					
9					
10					
11					
12					
13					
14					
15					
16					
17					
18					
19					

③ 乘客问卷调查

由跟车的调查人员直接对乘客进行问卷调查，按照随机抽样的原则选取调查对象，如实记录乘客的出行目的、出行起讫点、换乘情况等主要信息，以及性别、年龄、职业等基本信息。调查样表见表 4.3。

表 4.3 城市公交乘客问询调查表

XX 市城区公交乘客问询调查表

调查日期:_____年____月____日 线路:_____路 发车地点_______________天气:晴□ 阴□ 雨□

以下调查不会涉及您的个人隐私，谢谢配合!

1. 您的出行目的是?(在对应的序号上打"√")

目的	1	2	3	4	5	6	7	8	9	10
	上班	上学	公务	生活购物	文娱体育	探亲访友	看病	接送孩子	回程	其他

2. 您的职业是?(在对应的序号上打"√")

职业	1	2	3	4	5	6	7
	小学生	中学生	大中专学生	工人/职员	农民	个体劳动者	其他

3. 性别、年龄?(在对应的序号上打"√")

1	2
男	女

年龄	1	2	3	4	5	6	7
	6～14 岁	15～19 岁	20～29 岁	30～39 岁	40～49 岁	50～59 岁	60 岁以上

4. 您从哪来? ___________您要到哪个地方去? ___________您手中的小票号是多少号? __________

5. 您坐这趟公交车之前是否乘坐过其他公交车? 几路? __________

您下车后是否还要换乘公交车? 几路? __________

6. 您是用的月票吗? _______________

7. 您的收入情况?(在对应的序号上打"√")

月收入	1	2	3	4	5	6	7	8
	500 元以下	500～800 元	800～1 000 元	1 000～1 200 元	1 200～1 500 元	1 500～2 000 元	2 000～2 500 元	2 500 元以上

8. 您家里有其他交通工具吗?

1	2	3
摩托车	电动车/助力车	小汽车

④ 居民出行意愿调查

采用流动调查法，选取几个重要的居民出行集散点对居民出行进行意向调查。调查人员按照随即抽样的原则选取调查对象，记录其个人特征、出行距离及出行方式等出行信息、对各种出行方式尤其是公交的决策意愿等信息。调查样表见表 4.4。

表 4.4　居民出行意愿调查表

XX 市居民出行决策心理调查

本次调查不涉及个人隐私,感谢您的参与!　　　　在您的选项上打“√”。

是否为 XX 市居民:□是　□否

年龄(岁)	<10	11—20	21—30	31—40	41—50	51—60	>60
收入(元/月)	<300	300—500	500—800	800—1 000	1 000—5 000	1 500—2 000	>2 000
本次出行目的	上班	上学	购物	探亲访友	回程	看病	其他
距离(km)	<1 km	1—2 km	2—3 km	3—4 km	4—5 km	5—6 km	>6 km
拥有交通工具	自行车/电动车	摩托车	小货车	小汽车	无		
本次出行采用方式	公交(选此选项,请回答问题 1)	自行车/电动车(选此选项,请回答问题 2 和 7)	三轮车(选此选项,请回答问题 3 和 7)	出租车(选此选项,请回答问题 4 和 7)	摩托车(选此选项,请回答问题 5 和 7)	小汽车(选此选项,请回答问题 6 和 7)	步行

回程:指在到达出行目的地后的返回原地点的出行(包括回家)

(以下问题答案可多选)

问题 1. 选择公交的原因:

□(1)居住区附近换乘方便

□(2)公交车方便

□(3)安全着想

□(4)途中距离太长

□(5)骑车/开车太累

□(6)票价便宜

□(7)无经济能力购买电动车、摩托车或者小汽车

问题 2. 选择自行车/电动车的原因:

□(1)节省途中时间

□(2)保证正点上下班

□(3)自行车/电动车方便灵活

□(4)有补贴,经济合算

问题 3. 选择三轮车的原因:

□(1)搭乘方便

□(2)价格低,省钱

问题 4. 选择出租车的原因:

□(1)搭乘公交不方便

□(2)节约时间

□(3)乘坐舒适

问题 5. 选择摩托车的原因:

□(1)快速、节省时间

□(2)方便灵活

□(3)途中距离太长

问题 6. 选择小汽车的原因:

□(1)快速、节省时间

□(2)有经济能力购买

□(3)途中距离长

□(4)乘坐舒适

问题 7. 不选择公交的原因:

□(1)附近没有公交站

□(2)公交车换乘不方便

□(3)公交车拥挤,不舒服

□(4)公交车辆班次太少,发车间隔时间太长

□(5)服务质量差,经常误点

4.1.4.2 常规公共交通需求预测

1. 常规公交需求预测思路

公共交通需求预测依托传统的四阶段预测法，即从全方式居民出行生成预测着手，至居民出行分布预测，再至居民的交通方式划分，从而得出规划年的公共交通出行总量。这样既有利于保证城市综合交通系统合理的发展方向，又达到了综合协调城市各种交通方式的发展规模和水平的目的，在保证准确可靠的公共交通需求预测结果的基础上，可对预测模型方法进行简化和改进。

2. 常规公交需求预测内容

客运交通 OD 分布量预测是公交线网规划的基础，客流预测主要是有城市居民出行预测、城市流动人口出行预测、城市对外客运预测三部分组成。城市居民出行是指城市常住人口起、终点均在城市内部的出行；城市流动人口出行是指城市暂留人口起、终点均在城市内部的出行；城市对外客运交通是指城市到外地以及外地到城市的客运交通。在通常的交通预测四阶段法中，公共交通 OD 分布量主要就是在以上城市客运交通预测的三个部分完成并获得客运 OD 分布量后，通过交通方式划分而得到的。

得到各交通小区间客运 OD 分布后，可以运用改进的 Logit 模型获得公共交通方式和其他客运方式的 OD 分布量。Logit 模型如式(4.1)：

$$P_{ijm}=\mathrm{e}^{-\theta r_{ijm}}/\sum_{k}\mathrm{e}^{-\theta r_{ijk}} \tag{4.1}$$

式中 P_{ijm}——交通区 i 到交通区 j 交通方式 m 的分担率；

θ——参数，一般取 3.0～3.5；

r_{ijk}——交通区 i 到交通区 j 交通方式 k 的交通阻抗与平均交通阻抗的比值。

从式(4.1)可以看出，在我国大城市中，各交通方式的交通阻抗函数是预测的关键。一般情况下，各交通方式的交通阻抗可根据出行时间、出行费用、出行舒适度综合考虑而定。

4.1.4.3 常规公共交通线网布局规划

1. 常规公共交通线网布局规划方法

(1)常规公交线网规划原则

公共交通线网对城市居民的生活有着很大的影响，公共交通网络的规划与设计，必须以公交乘客分布 OD 矩阵为依据，以方便居民出行为目的，并兼顾公交企业效益。因此在规划或设计公共交通线网时，必须考虑各种影响因素，实现对公交路网的合理规划。

常规公交线网规划，基于如下原则：

① 与规划区域用地布局相协调，促进城市发展；

② 与道路功能等级和布置形式相适应；

③ 线路的走向与客流的主流向一致；

④ 综合考虑与其他交通方式的合理衔接，最大限度地减少换乘，使城市居民的公交出行总耗时最小；

⑤ 公交线网布局要考虑公交发展历史和线路的延续性，兼顾、利用现有线路，综合协调新老路线之间的关系；

⑥ 体现和贯彻以人为本、服务为本的思想，最大限度地满足公交乘客出行需求；

⑦ 体现合理性和可操作性相结合的原则，考虑公交运营部门的具体情况，使运营受益尽可能大。

(2)常规公交线网规划影响因素

影响城市公共交通规划的因素是多方面的，一般情况下，在进行城市公交线网规划时应主要考虑以下几个方面的因素：

① 城市客运交通需求

城市客运交通需求，包括数量、分布和出行路径的选择，是影响公交线网规划的首要因素。在一定的服务水平要求下，客运需求量大的区域，要求布置的公交线网客运能力较大。理想的公交线网布局应满足大多数交通需求的要求，具有服务范围广、非直线系数小、出行时间短、换乘率低、可达性高、步行距离短等特点。

② 道路条件

对于常规公交线网来说，道路网是公共交通网络的基础，但并非所有的道路都适合公交车辆行驶，要考虑道路几何线型、路面条件和容量限制因素。若道路条件较差，如转弯半径过小、坡度陡长、宽度不足时，就不适合公交车辆行驶。可以将所有适合公交车辆行驶的道路定义为公交线网规划的“基础道路网”。当“基础道路网中有较大空白区时，应对道路网规模提出反馈意见，以保能满足公共交通网络的布设要求。

③ 场站条件

起终点站站址可作为公交线网规划的约束条件，也可在路线优化后，根据路线配置的车辆确定起终点站及其规模。一般的公交站可在路线确定后，根据最优站距和车站长度等来确定。

④ 车辆条件

影响线网规划的车辆条件包括车辆物理特征、操作性能、载客指标和车辆数。考虑其中物理特征和操作性能与道路条件的协调，可以确定公交线网规划的“基础道路网”。由车辆总数、车辆的载客能力和路线的配车数可确定路线总数。车辆总数可作为线网规划的限制条件,也可先规划线网,根据路线配置车辆,得到所需要的车辆总数,再考虑数量限制。

⑤ 效率因素

效率因素指公共交通线网单位投入获得的服务效益,反映路线效益的指标有:每日行驶次数、每次载客人数、每车公里载客人数、每车公里收入、每车次收入、营运成本效益比等。它不仅反映路线的运营状况,还反映路线经过地区的客运需求量和路线的服务吸引能力。

⑥ 政策因素

城市公共交通系统与交通管理政策、社会公平保障政策、土地发展政策有关。

(3)常规公交线网规划备选方案设计

城市公交线网规划是一个复杂的系统工程,初始公交线网的布设应该分层进行。第一层先粗线条的构建城市公交的主干线、主骨架,也就是构建城市公共交通走廊网。对于集中型的城市就应该先确立与城市中心连接的客流量最大的主要公交走廊,而对于分散型的城市则应该先确立各分片、分区之间的联系通道。第二层是在城市主干线、交通走廊优化规划的基础上,构建次一级网络,然后再逐级细化下去。

具体的布设步骤为:

Step1:综合分析城市的用地结构,划分交通中区、小区,并根据传统的"四阶段法"获得中、小区的初始公交 OD 矩阵;

Step2:抽取规划区域的主要道路网,并将交通中区看作网络中的节点,利用节点重要度的分析方法,结合中区内实际用地条件确定不同等级的公交枢纽点;

Step3:在公交枢纽点基础上,根据小区对外客流产生吸引量的大小及定性分析确定客流集散点,连接这些枢纽和集散点布设公交快线,以直达客运量最大为优化目标,使快线线路尽可能的直行通过;

Step4:在小区公交 OD 矩阵的基础上,减去快线公交所承担的 OD 量,根据流量的原则确定普线公交首末站的位置和个数,利用"枢纽点吸引系数"对普线公交行驶阻抗进行修正,进行各备选首末站点对间最短路径的搜索;

Step5:对直达乘客量矩阵进行线路长度限制、避免自相配对、一区设多站等的修正,以直达乘客量最大为目标确定一条公交普线;

Step6:在公交 OD 矩阵中,将已确定的普线公交所能承担的 OD 量减去,并对行驶阻抗矩阵进行复线系数的修正;在备选首末站中减去已设线路的站点,进行最短路径的搜索;

Step7:按照 Step5 中的方法进行下一条公交普线的布设;

Step8:检查备选首末站点集中是否还有未布设的站点,若有,则回到 Step6,循环进行,直到全部站点均有普线公交线路布设;

Step9:在快线、普线均布设完毕之后,以"方便换乘、填补盲区、扩大辐射范围"为目标进行支线的布设,线路要求尽可能多的照顾到出行吸引点;

Step10:三层线网布设完毕后,根据实际道路条件等因素进行线网的整体检验,对不符合布设条件的路段进行初步调整,获得初始的公交线网方案。

(4)城市常规公交线网优化

① 城市常规公交线网优化约束条件

公交线网规划的影响因素及约束条件较多,可以分为单条线路的约束条件和线网整体的约束条件两类。其中单条线路的约束条件包括:线长约束、非直线性约束、中转换乘次数约束、单线载客容量约束、线路断面满载率修正与线路断面客流不均衡系数约束、线路站距约束等;线网整体的约束条件包括:线网密度、乘客换乘系数、线网的车站服务面积率、居民出行时耗、公交车辆保有量等。

a. 线长约束

公交线路的长度与城市的规模、城市居民的平均乘距等因素有关。对于大城市,一般依据式(4.2)式确定:

$$L=\sqrt{S/\pi}\text{或}L=2L_{\text{bus}} \tag{4.2}$$

式中 L——公交线路长度(km);

S——规划区域面积(km^2);

L_{bus}——居民的平均乘距(km)。

L 用两式计算均可,或在两者之间取一中间值。

对于中等城市,一般依式(4.3)确定:

$$L=2\sqrt{S/\pi}\text{或}L=22L_{\text{bus}} \tag{4.3}$$

式中参数同上。

一般地,取公交线路的线长约束为5～10 km之间。对中小城市下限可以适当放宽,对特大城市及明显的带状城市,上限可适当放宽。

b. 非直线性约束

公交线路的实际长度与空间直线距离之比,为线路非直线性系数。线路的非直线性系数以小为佳,理想值为1。对一般城市,整体取值1.15～1.20为宜。对单条公交线,应不大于1.5。

c. 中转换乘次数约束

乘客的中转换乘次数越少越好,这样可以提高乘客的直达率,减少乘客的公交出行时间;但在实际的公交线网上又无法满足任两点之间的公交出行均可直达,换乘是必然的。一般我们考虑单个乘客的换乘次数少于3次,整个城市的平均换乘次数为1.5。

d. 单线载客容量约束

$$M_v=60C_xM_{zl}X_{cr}/T_j\text{，即 }X_{cr}=f(X_c) \tag{4.4}$$

式中 M_v——单线载客容量最大值(人次)；

C_x——不同车型的客容量,按表 4.5 取值；

T_j——线路的发车间隔(min)；

M_{zl}——线路的客流满载率,高峰小时一般取 0.85,平峰时取 0.6,或根据城市的具体调查和规划要求而定；

X_c——与某条线路重复的最大线路条数；

X_{cr}——线路重复影响系数,当 X_c取值 0 或 1 时,X_{cr}取 1；当 X_c取值 2 或 3 时,X_{cr}取 0.85；X_c取值大于等于 4 时,X_{cr}取 0.7。

表 4.5 不同车型的客容量值

车 型	中 巴	单节公交车	铰接公交车	中巴+单节公交车	中巴+铰接公交车
客容量	26	72	129	58	98
备注	—	—	—	30%的中巴 70%的公交	30%的中巴 70%的铰接公交

e. 线路断面满载率修正与线路断面客流不均衡系数约束

满载率为实际断面客流与线路最大客流容量之比。单条公交线路的满载率限制,一般情况下以 0.65～0.85 为宜,线路的两端可适当降低。线路断面客流不均衡系数定义为该线路最大断面的客流量与线路平均断面客流量的比值,即：

$$b_n=\max V_k/V_v,\qquad k=1,2,3,\cdots,m; \tag{4.5}$$

式中 $V_v=\sum\limits_{k}^{m}L_k V_k/\sum\limits_{k=1}^{m}L_k,\qquad k=1,2,3,\cdots,m;$

b_n——线路断面客流不均衡系数；

V_k——线路的第 k 个断面的客流量(人次)；

V_v——线路的平均断面客流量(人次)；

L_k——第 k 个断面的长度(km)。

一般地,取 $b_n<1.5$。

f. 线路站距约束

公交线路的站距不宜过长或过短。过长,乘客步行到站、步行离站到目的地的时间增加,换乘不方便；过短,停站多,会导致车速下降,延长公交出行时间,浪费车辆动力。

公交站距的大小受到道路类型、交叉口类型及间距、交通管制措施等的影响。因此,站距的大小不是绝对的,即使一条公交线上,站距的大小也是不同的。一般地,站距的范围在 300～800 m,市中心取小值,近郊区取大值。

g. 线网密度

公交线网的密度是指城市有公交线路服务的每平方公里用地面积上有公交线

路经过的道路中心线的长度,它反映了居民接近线路的程度。《城市道路交通规划设计规范》(GB 50220－95)给出线路密度ρ_{min}在市中心地区为3～4 km/km²,在城市边缘地区为2～2.5 km/km²。

h. 乘客换乘系数

一般情况下,城市居民单程出行的换乘次数不超过3次。《城市道路交通规划设计规范》(GB 50220—95)给出整个网络的换乘系数$\overline{X}$在大城市小于1.5,在中小城市小于1.3。

i. 线网的车站服务面积率

$$\gamma_R = S_R / S \geqslant \gamma_{min} \tag{4.6}$$

式中 γ_R、γ_{min}——线网R的车站服务面积率和最小允许服务面积率;

SR——线网R的公交车站的服务面积(km²);

S——城市用地面积。

公交车站的服务范围一般是指车站合理步行区范围,与居民点的分布和通向车站的道路路径有关。一般简化的考虑方法是:以车站为圆心,以合理步行距离(服务半径Rs)画圆,圆面积即为车站的服务面积。《城市道路交通规划设计规范》(GB 50220—95)的规定值为:当服务半径为300 m时,车站服务面积率为50%;当服务半径为500 m时,车站服务面积率为90%。

j. 居民出行时耗

$$T \leqslant T_{max} \tag{4.7}$$

式中 T——城市中95%居民出行单程最大时耗;

T_{max}——城市中95%居民出行单程时耗上限。

城市中95%居民出行单程最大时耗上限影响着城市公共交通方式的选择,如表4.6所示,《城市道路交通规划设计规范》(GB50220—95)给出的单程时耗的上限与交通方式的关系。

表4.6 不同规模城市的最大出行时耗和主要公共交通方式

城市规模		最大出行时耗(min)	主要公共交通方式
大城市	>200万人	65	大、中运量快速轨道交通、公共汽车、电车
	100万～200万人	60	中运量快速轨道交通、公共汽车、电车
	<100万人	55	公共汽车、电车
中等城市		50	公共汽车
小城市		45	公共汽车

k. 公交车辆保有量

按《城市道路交通规划设计规范》(GB 50220—95)的要求,公交车辆保有量应满足：

大城市：
$$\frac{1}{1\,000} \leqslant \frac{N_i}{P} \leqslant \frac{1}{800} \tag{4.8}$$

中小城市：
$$\frac{1}{1\,500} \leqslant \frac{N_i}{P} \leqslant \frac{1}{1\,200} \tag{4.9}$$

式中 N_i——城市的公交车辆数(折算为标准车辆数)；

P——城市的人口数。

总之，线网优化的约束条件很多，单条线路的约束条件可在逐条布线的过程中对每一条线考虑，后者一般需在线网整体形成或线网客流预测后，评价过程中考虑。

② 常规公交线网优化

公交线网优化方案的产生是一个操作性较强的交互式优化过程。

首先考虑到居民公交出行及公交线网规划的连续性，原公交线网绝大部分合理而又具有较好的公交运营效益的线路是近期公交规划网中的相对稳定的部分，这与城市绝大部分区域人口分布、用地情况相对稳定这一特点相适应，将原公交线网中合理的线路保留下来作为规划网的一部分。如图 4.2 所示。

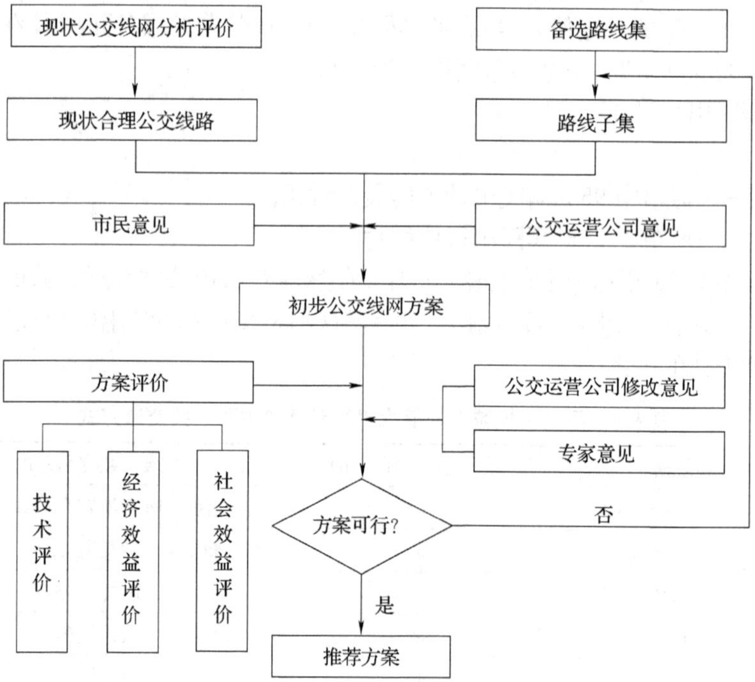

图 4.2 常规公交线网优化流程图

其次，从备选线路集中选取不同的公交线路子集与上述相对稳定的线路集构成公交线网规划初始方案，初始方案首先从公交线网规划原则及约束条件来确认。

最后对初始方案进行线网评价、客流分析，以及综合效益分析。线路综合效益分析主要包括线路的社会效益、线路的营运效益、线路的预测客运总量以及线路的城市交通功能。经过分析评价，剔除不合理线路，从备选线路集中选取新的公交线路，再次形成一公交线网方案，得到下一次迭代的公交线网规划初始方案。优化过程如此迭代，直至组成备选线路集的各条线路的效益或评价均满意或可接受为止。必要时对此方案作适当的局部性调整，最后输出公交线网规划推荐方案。

4.1.4.4 常规公交车辆发展规划

1. 车辆发展规模

(1)根据公交客运量确定

公交运营车辆数，可用式(4.10)确定：

$$W_{运营}=M\cdot L\cdot P\cdot \beta\cdot \gamma/m\cdot v\cdot k\cdot \eta \tag{4.10}$$

式中 M——公共汽车的日客运量；

L——公共汽车的平均运距；

P——高峰小时客运量占全日客运量比重；

β——客流方向不均衡系数；

γ——客流季节不均衡系数；

m——车辆平均定员；

v——平均运营速度；

k——高峰小时运营速度修正系数；

η——高峰小时车辆平均满载系数。

(2)参考《规范》标准，类比其他城市确定

《城市道路交通规划设计规范》(GB 50220—95)规定：城市公共汽车和电车的规划拥有量，大城市应每800～1 000人一辆标准车，即每万人公交车拥有量10～12.5标台。

(3)采用公交车核定运能指标计算法推算

预测规划城市远期平均日客运量，参考其他城市的公交核定运能指标，根据城市常规公交系统运营水平，推算远期公交车辆发展规模。见表4.7所示。

表4.7 其他城市公交核定运能指标(2008)

城市	北京	深圳	南京	大连	武汉	杭州	广州	香港
公交核定运能(人次/车·日)	约700	696	1 067	786	412	783	约700	850—1 000

2. 常规公交车辆配置

一条公交线路应配置的车辆数 W,按式(4.11)计算:

$$W=\left(\frac{2L}{v_y}+t\right)n \tag{4.11}$$

式中 L——公交线路长度,km;

t——该线路首末站中转休息时间;

v_y——公交车辆运营速度,km/h;

n——发车频率, 车次/h。

线路的配车多少,应以完成运送乘客为准,因此应满足:

$$U \geqslant Q \tag{4.12}$$

式中 U——运送能力,$U = m * n$ 人/h ;

n——发车频率,车次/h;

m——车辆的额定载客数,为座位数加规定的站立人数,铰接车 129 人,单节车 72 人;

Q——高峰小时线路的最大客流量, 人/ h。

3. 常规公交车型配置

合理地进行公交线路的车型配置,不仅使居民出行尽可能的舒适便捷、提高公交运输的效率,而且可使公交线路的效益得到最好发挥,对提高整个公交网络的运输效益有十分重要的意义。城乡公交网络中各条公交线路的公交车车型配置必须考虑该线路的功能性质、所运输乘客的出行特点、运行道路的几何条件加以考虑。

公交车车型选择应综合考虑城市的经济发展水平和居民的消费水平,要从城市的实际情况出发,明确公交车的选型原则:

① 与人民生活水平发展要求相适应;

② 与城市社会经济发展水平相适应;

③ 与城市特色相呼应;

④ 与线路的服务功能相对应。

4.1.4.5 常规公共交通场站布局规划

1. 公交场站的分类及功能

城市公共交通场站枢纽的规划主要包括公共交通首末站、中途站点、公交枢纽站和保养修理场,如表 4.8 所示。

① 公交首末站选址是公交线路规划的重要约束条件,可在公交线路优化后,根据路线及车辆配置情况确定位置及其规模。

② 公交中途站点的规划在公交首末站和线路走向确定以后,根据最优站距和车站长度限制等情况确定。

③ 公交枢纽站一般是在公交线路作为对外交通或大运量交通系统的集散系统时规划设置。

④ 车辆停车保养场一般根据城市的具体情况设置。

表 4.8 公交场站的分类及主要功能表

<table>
<tr><th colspan="2">分　类</th><th>主要功能</th></tr>
<tr><td colspan="2">公交修理厂</td><td>主要为公交车辆的大修服务</td></tr>
<tr><td colspan="2">停车保养场</td><td>公交停车保养综合车场主要为公交车辆的停放、保养和维修服务，兼有管理指挥功能</td></tr>
<tr><td rowspan="5">公交枢纽站</td><td>综合客运枢纽</td><td>综合客运枢纽是集多种交通工具和多种服务于一身的综合型、多功能客运站，是多种交通方式相互衔接所形成的大型客流集散换乘点，尤其是多种对外交通方式与市内衔接点</td></tr>
<tr><td>大中型公交换乘枢纽</td><td>城市中心区客流集散；截流外围城镇、郊区、远郊区进入中心城区的小汽车、城乡公交车；轨道交通线路间换乘</td></tr>
<tr><td>一般公交换乘枢纽站</td><td>常规公交之间、常规公交与轨道交通间的一般换乘</td></tr>
<tr><td>外围重点中心镇集散中心</td><td>主要是服务中心镇周围乡村地区，同时提供乡村公交与城乡公交的换乘功能，满足城乡居民日益频繁的交通需求</td></tr>
<tr><td>特色枢纽——旅游交通集散中心</td><td>旅游交通集散中心是主要为游客提供公交旅游专线的大型枢纽</td></tr>
<tr><td rowspan="2">首末站、中途站</td><td>首末站</td><td>公交始发站，为城市各主要客流集散点服务</td></tr>
<tr><td>中途站</td><td>为公共交通沿线所经过的各主要客流集散点服务</td></tr>
</table>

2. 公交场站用地标准及规模

公共交通场站用地标准是场站规划是否合理的关键因素之一。根据建设标准，首末站、枢纽站、停车场、保养场的分项建设用地应考虑建筑用地、回车道、试车道用地及停车坪用地，各指标应符合表 4.9 规定。

(1)场站建筑用地

表 4.9 场站建筑用地指标 m^2/标台

单项工程\建设规模	100～200 辆	201～600 辆	601 辆及以上
首末站、枢纽站	25～35	20～25	13～17
停车场	—	—	30
保养场	85～90	80～85	52～53

(2)回车道、试车道用地

首末站、枢纽站应建回车道，停车场、保养厂应建回车到和试车道。分项建设时，首末站、枢纽站、停车场、保养场的回车道和试车道，按停放车辆数每标台用地指标取 12～13 m^2/标台。首末站或枢纽站在不考虑夜间驻车或驻车数少于 5 辆时,回车道用地不应少于 750 m^2。

(3)停车坪用地

停车坪用地应根据车辆的停放规模和停放方式合理确定,一般情况下用地指标应为 65～80 m^2/标台。首末站、枢纽站、停车场、保养场分项建设时,可按运营管理特点及单项工程的使用功能,对建设用地的面积合并或调剂使用。

3. 常规公交站点布局规划

(1)公共交通首末站

公交车辆首末站点的主要功能是为线路上的公交车辆在开始和结束营运、等候调度以及下班后提供合理的停放场地的必要场所。它既是公交站点的一部分,也可以兼顾车辆停放和小规模保养的用途。对首末站点的规划主要包括首末站点的位置选择、规模的确定以及出入口道路的设置等几方面内容,规划时应遵循以下原则:

① 公交首末站的设置应与城市道路网的建设及发展相协调,宜选择在紧靠客流集散点和道路客流主要方向的同侧。

② 选址宜靠近人口比较集中、客流集散量较大而且周围留有一定空地的位置,如居住区、火车站、码头、公园、文化体育中心等等,使大部分乘客处在以该站点为中心的服务半径范围内(一般 350 m)。最大距离不超过 700～800 m。

③ 规模应按所服务的公交线路所配运营车辆的总数来确定。一般配车总数(折算为标准车)大于 50 辆的为大型站点,26～50 辆的为中型站点,小于 26 辆的为小型站点。

④ 与公交首末站相连的出入口道应设置在道路使用面积较为富裕、服务水平良好的道路上,尽量避免接近平面交叉口,必要时出入口可设置信号控制,以减少对周边道路交通的干扰。

(2)公共交通中途停靠站点

公交车辆的中途站点的规划在公交车辆的首末站点及线路走向确定后,规划的原则为:

① 中途站点应设置在公共交通线路沿途所经过的各主要客流集散点上。

② 中途站点应沿街布置,站址宜选择在能按要求完成车辆的停和行两项任务的地方。

③ 交叉口附近设置中途站点时,一般设在距离交叉口 50 m 以外处,在大城市车辆较多的主干道上,宜设在 100 m 以外处。

④ 中途站点的站距应考虑乘客出行需求、公交车辆的运营管理、交叉口间距和交通安全等多种因素,应合理选择,平均站距即在 500～600 m 之间。市中心站距宜选择下限值,城市边缘地区和郊区的站距宜选择上限值,百万人口以上的特大

城市，站距可大于上限值。

不同的车辆类型和区域条件下站间距范围见表4.10所示。

表4.10　典型的车型与站距分类表

公交车辆与服务类型	最大设计速度(km/m)	站台速度(km/m)	站间直线距离(m)		
			CBD地区内	非CBD地区	
				传统系统	现代系统
市内公共汽车	80～105	13～23	150～300	150～200	300～460
区域性公共汽车	80～105	20～30	150～300	360～900	600～1 500
快速公共汽车	80～105	25～50	～	1 200～9 000	1 500～4 500

对公共交通中途站点的规划主要是对中途站点间距的研究。一般而言，较长的车站间距可以提高公交车的平均运营速率，并减少乘客因停车造成的不适，但乘客从出行起终点到上下站的步行距离增大，并给换乘出行带来不便；站间距缩短则反之。最优站间距规划的目标是使乘客"门到门"的出行时间最小。同时进行车站间距优化时还应考虑站间距对需求的影响和各种客运交通方式之间的协调。

(3)公共交通枢纽站

公共交通枢纽站是公共交通线路之间、公共交通与其他交通方式之间客流转换的场所。随着城市不断扩大，公共交通线路不断地增加和延伸，客运交通方式向多元化发展，人们的工作、社交、购物、文化娱乐等各项活动的出行范围也在不断扩大、出行距离增长。乘客从起点到终点完成一次出行，往往需要使用多种交通方式或转换线路，把多种交通方式、多条线路有机地衔接起来，方便乘客换乘，是客运交通系统提高服务水平、吸引乘客的重要手段。

城市公共交通枢纽可以分为对外交通枢纽和市内交通枢纽两种。对外交通枢纽是市内公共交通与市际交通的联系点，一般在铁路客运站、长途汽车站、轮渡港口、航空港口和城市出入道路处，这类交通枢纽在城市中的位置相对比较确定。

市内交通枢纽一般是城市区域内的客流集散点，是公共交通之间或公共交通与其他交通方式之间的转换场所，如常规公交和快速轨道交通、自行车交通的换乘枢纽，多条公交线路汇聚的交点等。其中，公交—自行车换乘枢纽可以提高公共交通的吸引力。例如，在城市边缘地区和新开发地区，出行强度不大，公交线网密度较低，步行到达公交线路的时间较长，在这些地区合理地组织自行车和公交的换乘，可以减少总的出行时间。

(4)公共交通修理场、保养场

公共交通修理场、保养场等场站设施是城市公共交通系统的重要组成部分，应与城市公共交通发展规模相匹配，用地有保证。公共交通修理场和保养场布局主要根据公共交通的车种、车辆数、服务半径和所在地区的用地条件。公共交通修理场和保养场布局应使高级修理、保养集中，低级修理、保养分散，并与公共交通枢纽、首末站、停车场相结合。

4.1.4.6 快速公交规划

1. 快速公交规划基本要求

1)选择合适的客流走廊

BRT 系统作为一种大容量、集约化程度较高的公共交通方式，其规划线路的选取原则与轨道交通相似。BRT 应当尽量布设在公交客运走廊上，兼顾既有和潜在的客运走廊，以满足运输的高效率。一般而言，选择单向高峰小时断面公交客流达到 3 000～5 000 乘次以上，并预测客流将进一步增加的客运主通道。选择 BRT 的通道走廊时，要达到承载率和效益最大化，具有长线路或多条线路的道路或走廊可以作为 BRT 的考虑方案。

BRT 通道的选择还要考虑引导城市的有序扩展，连接城市中心与新城，或作为新城公交的骨干系统。既要考虑选择当前客流条件较好的通道走廊，还应充分考虑未来城市人口、就业等因素的发展，结合 TOD 的理念进行规划。

2)选择可行的道路

BRT 通道尽量选取条件较好的道路布设，实现公交车辆的专用路权，尽量不影响或少影响普通车辆的通行。在市区范围内，BRT 应布设在机动车道较多的城市干道上；在城市外围地区，可以考虑选择高速公路或者新辟 BRT 专用道。如果客运走廊道路条件无法规划专用路权，则可考虑相平行的条件较好的道路，同时配给公共交通优先策略，控制站间距。

一般情况下，在道路一侧方向布置 BRT 时，至少要求单向有 3 个机动车道(特殊情况下，在公交客流比较大的只有单向 2 个机动车道的道路也可以考虑布置公交专用路形式)，以避免对其他机动车运行时，由于道路容量减少带来的拥堵；充分考虑依托主干路上的公交专用道和全封闭的快速路系统。

BRT 通道在规划选择道路时，一般可分为五种：利用市中心区快速路和主干道网络，形成市区通道；连接市中心与郊区放射形通道；作为城市轨道交通线路的延申；主干线与接驳线相互整合；利用高速公路从外围进入市中心。

3)选定公交优先措施

BRT 的发展也需要依靠许多公共交通发展政策的支持。通过整合设施，确保服务的舒适性和长久性，提升 BRT 车辆的速度、可靠度和形象，尽可能运用轨道交通的特色，包括专用或优先路权、具竞争力的车站、高度可及性、环境兼容性、低底盘多车门车辆、ITS 科技、快速频繁之服务等。在进行 BRT 系统规划时，必须体现公交优先政策，其中包括公共交通引导土地发展、市中心停车政策、郊区停车换乘设施、公交交通路权预留等方面的规划措施。

2. 快速公交线网规划

1)快速公交线网规划原则

快速公交由于采用了专门设计的、相对独立的公交专用道、BRT 车站和公交车辆,使得其线网的规划不能够像常规公交那样灵活随意;而且快速公交虽然相较与地铁和轻轨投资较省,但和常规公交比起来依然需要较大资金投入,因此必须根据城市的形态、未来的拓展方向和公交客流量的分布,确定合理的线网形态和走向,从而使得快速公交线网具备较高的运营效率,较好地满足城市发展的需要。一般要满足以下原则:

① 与城市主要客流走廊相一致;

② 与城市客流转换枢纽紧密衔接;

③ 与城市道路建设计划向匹配;

④ 与城市布局发展方向相适应。

2)快速公交线网形态结构

BRT 线网结构形式一般根据各城市的地形结构、土地利用情况、道路网布局和主客流方向等因素确定。目前世界各国城市的 BRT 线网结构形式比较繁杂。当城市规模不大,或城市的地理情况比较特殊,城市主客流方向集中单一时,BRT 路网构架形式相对来说比较简单,即连接城市中心区与居住区之间。随着城市规模的增大,BRT 线路长度和条数的增加,所构成的路网结构形式就越复杂。仅从几何图形上考虑,以下几种形式较为典型:

(1)放射状结构

放射形结构的路网由若干直径线组成,所有的线路都经过市中心向外呈放射状。一种是单中心向外放射(如图 4.3),另一种是放射网状(如图 4.4)。前者由于所有的线路都交于一点,换乘枢纽的设计和组织带来很大的困难,已很少使用,目前大部分城市 BRT 线网采用较多的是后面一种形式,这种形式的路网具有以下优缺点。

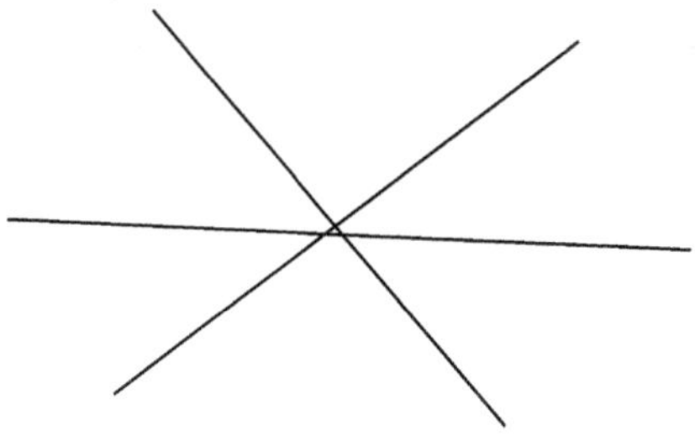

图 4.3　单中心放射结构

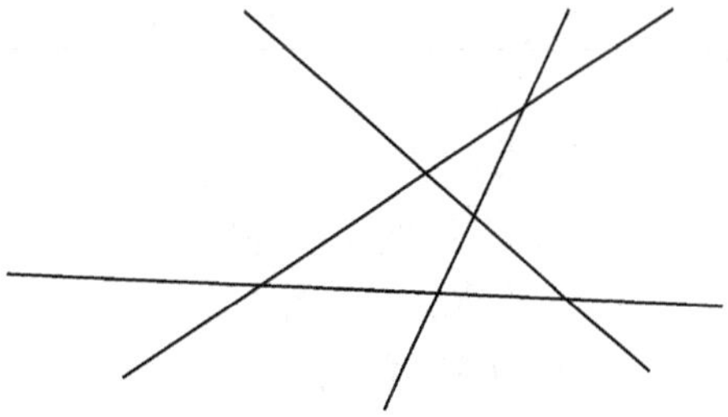

图 4.4　放射网状结构

优点：

① 郊区乘客可以直达市中心；

② 从一条线路至另一条线路只需进行一次换乘。

缺点：

① 增加了市中心的过境客流量和市中心的线路负荷；

② 从某郊区至相邻郊区的乘客需绕行，增加了出行时间。

(2)放射＋环状结构

当放射型路网规模较大时，往往在放射形路网的基础上增加一条环线，环线的基本作用是弥补放射形路网结构的不足。环线应放在客流密度较大的地方，并要尽量多贯穿大的客流集散点。墨西哥的 LeónBRT 线网(图 4.5)就是典型的放射＋环形结构。

优点：

① 除具备放射形的优点以外，环线起到疏解市中心客流的作用，减轻市中心的线路负荷；

② 提高环线上乘客的直达性并减少起换乘次数。

缺点：

相邻郊区之间的乘客需进行两次换乘。

(3)棋盘形结构

由若干纵横线路组成路网，这种形式的路网主要是由于城市的道路呈棋盘形所决定的。

优点：

① 线路网布局均匀，纵横线间的换乘方便、在路网覆盖范围内连通性好；

② 客流分布均衡、交叉点分散，使换乘客流分散。

缺点：

线路走向单一，对角线、平行线间换乘次数较多。

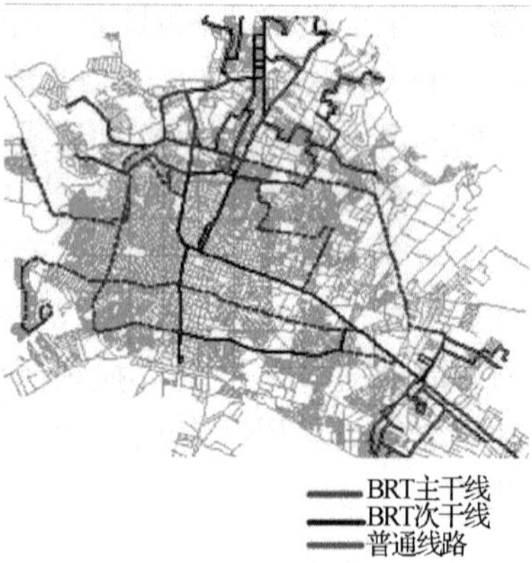

图 4.5 墨西哥 León 规划 BRT 线网

3)快速公交线网规模匡算

(1)BRT 线网规模指标

BRT 线网规模总指标有以下 3 种：

① BRT 线网总长度

$$L=\sum_{i=1}^{n} l_i \tag{4.13}$$

式(4.13)中，l_i 为BRT线网中第i条走廊的长度(km)，L 反映了线网的规模，可以估算总投资规模、总运输能力、总运营成本、总体效益等，并可据此决定相应的管理体制与运作机制。

② BRT线网密度

$$\sigma=L/S \text{ 或 } L/Q \tag{4.14}$$

式(4.14)中，σ 是指单位人口拥有的线路规模或单位面积上分布的线路规模，它是衡量城市BRT服务水平的一个主要因素(其中：S 为BRT线网规划区面积(km^2))；Q 为BRT线网规划区的总人口(万人)。σ 只是一个总的BRT线网密度[(km/km^2)或(km/万人)]，实际中由于城市区域开发强度的不同，对交通的需求也不是相对均等的，往往是由市中心区向外围区呈现需求强度的逐步递减，因此线网密度也应相应递减。评价BRT线网规模的合理程度需按不同区域(城市中心区、城市边缘区、城市郊区)分别求取密度。

③ BRT线网日客运周转量(人·km/日)

$$P=\sum_{i=1}^{n} p_i l_i \tag{4.15}$$

式(4.15)中，P 是评估BRT系统能力输出的指标。P_i 为第 i 条BRT线路的日客运量，l_i 为BRT线网第 i 条线路的长度(km)。P 表达了BRT系统在城市客运交通中的地位与作用、占有的份额与满足程度。它涉及到BRT运营企业的经营管理，是BRT线网长度、能源消耗、人力、BRT专用道和车站设备维修及投资等生产投入因子的函数。所以，在一定程度上，BRT线网的规模还可用能源总消耗量、产业总需求量、人力总需求量等反映生产投入规模的指标来表示，可根据需要选择使用。

(2)BRT线网规模方法

中心城区快速公交线网规模的匡算通常可以采用线网密度匡算法和公交需求量匡算法两种方法：

① 按线网密度匡算

线网密度匡算法的公式为：

线网规模(km)＝快速公交线网密度(km/km^2)×中心城区面积(km^2)。

参考国内外城市，快速公交线网密度一般取0.5～0.6 km/km^2 较为合适。

② 按公交需求量匡算

快速公交线路的日平均负荷强度约为0.25万～0.3万人次/km·日左右。考虑未来中心城区需要快速公交系统解决的中长距离的居民出行需求，则匡算线路总长度。

城市外围“引导型”快速公交网络规模则需要根据城市的发展需要、地理环境、财政投入等因素综合考虑。

4)BRT 线网布局方法

(1)初始线网的生成

① 潜在交通走廊的识别

方法一:经验判断法——根据城市人口与岗位分布情况,设定影响范围,通过对线网覆盖率的判断来确定线路的走向。此法较为简单,只需将人口与岗位分摊到交通小区中并打印出相应的人口与岗位分布图,在此图上根据经验判断画出线路走向。这种方法目前使用较多,但仅考虑了人口密度的分布情况,忽视了人员出行行为的不同,因此在线网布设时可能与实际客流方向不完全吻合。

方法二:出行期望线路图法——规划年出行预测得到远期全人口、全方式 OD 矩阵;将远期 OD 矩阵按距离最短路分配到远期道路网上得到出行期望流量图,按出行期望流量图上的交通流量选线,产生初始线网。

方法三:两步聚类识别法——先通过动态聚类,将所有的交通流量对分类成 20～30 个聚类中心,而后通过模糊聚类法,以不同的 λ 截阵选择合适的分类,并进行聚类计算,最后可获得交通的主流向及流量并结合走廊布局原则及方法确定主要交通走廊。

方法四:期望线网法——此法借助于上海交通所开发的交通预测模型,也可称为蜘蛛网分配技术。这里的期望线有别于城市交通规划中通常使用的期望线,更多的考虑了小区之间的路径选择,期望线网可以清晰的表达交通分区较细情况下理想的交通分布状况。它是连接各交通小区的虚拟空间网络,在该网络上才采用全有全无分配法将公交 OD 矩阵进行分配,从而识别客流主流向确定交通走廊。

② 枢纽点的确定

城市客运枢纽点包括两大类:一类是确定型枢纽点,一类是待定型枢纽点。确定型枢纽点是由城市总体规划确定的大型客流集散点,待定型枢纽点是城市范围内换乘量大的地点。

a. 确定型枢纽点选址方法

对于组团式结构的城市而言,确定型枢纽点主要包括以下 5 类:行政中心点如市中心、区中心;交通枢纽点如火车站、机场、客运港口、公交站场;文化商业点如大型的公园广场、旅游点、体育场馆、大型商业中心、商业街等;大型企业点如大型工矿企业和事业单位等;大型社区如居住人口在 10 万人以上的居住中心等,把上述 5 类确定型枢纽点分别列出,分析各客流枢纽点的相对重要度 K_i,排定确定型城市客流枢纽点在城市中的地位,从而确定 BRT 线网初始方案中枢纽站点的设置。确定型客流枢纽枢纽点的相对重要度指标 K_i 应体现现状的客流量、在城市中的重要性以及城市发展规划中地位,因此确定型枢纽点相对重要度指标 K_i 可表示为：

$$K_i=\alpha_i \cdot \beta_i \cdot v_i / \max_{j=1}^{n}(v_j) \tag{4.16}$$

式中　K_i——第 i 个客流枢纽点的相对重要度指标；

α_i——第 i 个客流枢纽点在城市中的区位系数；

β_i——第 i 个客流枢纽点在城市发展规划中的地位；

v_i——第 i 个客流枢纽点现状的日均客流量；

n——城市大型客流枢纽点的总数。

其中 α_i 和 β_i 由专家评判法综合确定，在 0～1 之间取值。由确定 K_i 的大小，确定客流枢纽点在城市中重要性，对于 K_i 值大的在确定 BRT 线网初始方案的枢纽站点时优先考虑。

b. 待定型枢纽点选址方法

待定型枢纽点选址方法的基本思路是：在简化的城市道路网上，从 i 节点出发到 j 节点，按广义最短路径寻找最短路径和次短路径，记录下各路径的节点号，并累计记录各节点按最短路径和次短路径经过的次数 E，由此分析城市道路网络节点的重要度指标 A_1，A_2，按节点重要度由大到小排列道路网节点，结合城市用地规划综合决策 BRT 枢纽站点的设置。

• 城市道路网的简化

简化的道路网通常只包括城市快速路、主干道和次干道，对于组团式结构的城市而言，简化的路网应能反映组团式结构的城市的交通特征，因此简化的路网是由联系组团间出行的城市交通干道和各组团内的主要城市交通干道组成。

• 节点重要度指标 A_1，A_2 的确定

$$A_1, A_2=[E_1(I)+E_2(I)]2N(N-1) \tag{4.17}$$

式中　A_1——规划枢纽入选指数，当 $A_1>C$ 时入选；

A_2——现状枢纽入选指数，当 $A_2>C$ 时入选；

$E_1(I)$——最短路途经节点 I 的次数之和；

$E_2(I)$——次短路途经节点 I 的次数之和；

C——枢纽入选指数标准，视具体城市而定，通常取 $C=0.2$；

N——整个路网节点数（计算 A_1）；出行量大的节点数（计算 A_2）。

由 A_1，A_2 来判别道路网节点是否入选，同时按 A_1，A_2 由大到小排定入选的道路网节点。

• 综合决策待定型枢纽站点的设置

以 A_1 和 A_2 定量指标确定的枢纽地址，只是选定了枢纽地址的范围，不一定将枢纽设在该节点，同时考虑城市总体规划、城市公共交通发展规划和入选点附近

的用地及其周围环境条件，进一步综合分析、判断，确定入选的待定型枢纽点。

在 BRT 线网规模和线网宏观结构的控制下，结合分析所得城市客运交通走廊和客运枢纽点，确定 BRT 线路具体走向和站点的设置，产生 BRT 线网的初始方案。

(2)规划线路的选择

在 BRT 线网的初始线网确定后，需要确定具体的 BRT 走廊，而为了保证 BRT 运行的快速性，其所运行的走廊至少需要具备以下基本条件：

① 道路条件：BRT 走廊需要设置公交专用车道以提供专有路权，因此其单向应具备两条以上的机动车道，一条作为公交专用车道，其余的车道供其他机动车使用。若单向具备 3～4 条车道更佳。

② 交通条件：设置公交专用车道的道路，公交车流量应达到一定的标准(占总流量的比例大于 20%)，一方面可使专用道绿灯信号能得到较为充分的利用；另一方面应保证公交车在交叉口前能消除两次排队现象。另外对于公交客流量也应有一定的要求，其具体标准可以参考与我国城市发展水平比较接近的南美城市来确定。

表 4.11　南美城市 BRT 走廊全天与高峰小时运量

城市/BRT 系统	全天运量(人次)	单向高峰小时	
		配车数	运量(人次)
厄瓜多尔，基多	170 000	40	8 000
哥伦比亚，波哥大	800 000		27 000
巴西，库里蒂巴	340 000	40	11 000
阿萨斯	290 000	326	26 100
法勒普斯	235 000	304	17 500

由表 4.11 可知，南美城市绝大部分城市 BRT 走廊高峰小时运量都在 10 000 人次以上，全天运量都在 10 万人次以上。对于 BRT 走廊，其规划年高峰小时客流量应在 1 万人次以上，全天客流量应在 5 万人次以上。

3. 快速公交站点规划

1)快速公交站点分类及功能

BRT 站场通常分为 BRT 起始站、中间站、枢纽站以及停车场、保养场和修理场。其中起始站、中间站和枢纽站统称为 BRT 站点，是为 BRT 提供客源的场所，也是给乘客提供 BRT 服务的起点。BRT 站点规划的合理与否直接影响着 BRT 的服务水平和服务质量。

(1)BRT 起始站

BRT起始站的主要功能是为BRT线路的车辆提供开始和结束运营、等候调度以及购票、检票和提供BRT车辆信息的必要场所。起始站点通常至少应该有一个具备停放车辆和小规模保养作用的服务设施。

(2)BRT中间站点

BRT中间站点的功能是为乘客提供BRT车辆信息、等候、换乘以及购票、检票的场所。BRT中间站点的选址、规模、站距的确定对BRT的服务水平有较大影响。

(3)BRT枢纽站点

BRT枢纽站点是指BRT与其他交通方式之间客流转换相对集中的场所,通常包括对外换乘枢纽和对内换乘枢纽两种,对外换乘枢纽是BRT与市际交通的联系点,在用地允许的情况下,通常设置在铁路客运站、长途汽车站、航空港口和城市出入口等地的道路上。对内换乘枢纽是城市内部BRT客流的换乘点。

2)快速公交站点设置原则

(1)起始站的设置原则

① 起始站点的设置应与城市道路网的建设及发展相协调,宜建设于客流的集散地附近和主要客流的同侧;

② 应靠近大量客流的集散场所,如火车站、汽车站、码头、大型住宅中心等,选址应确保起始站点的设置不对道路交通造成严重影响;

③ 站点规模依据站点服务线路配备的车辆数和选用的车型,以及周边用地情况确定。

(2)中间站点的规划原则

① BRT中间站点应设置在BRT线路沿线经过的客流集散中心附近;

② 若沿街布置,站址宜选择在能要求完成车辆停放和通行任务的地方,并且能够提供站点所需用地;

③ 中间站点的站距应考虑乘客出行需求、站点所在区域条件和交叉口间距等因素制约;

④ 中间站点附近通常要规划停车设施,为其他使用交通方式城市提供换乘条件。

(3)枢纽站点规划原则

① 枢纽站点的选址和规模应考虑客流需求强度、换乘交通方式、用地情况以及周边环境条件等因素的制约;

② 枢纽站点内部空间设计要保证各种交通方式之间的有效衔接,形成集约换乘。

4.2 案例:滁州市公共客运交通发展规划

因滁州市城市空间结构调整、机动化与城市化发展以及城乡一体化发展的要求,有必要在城市总体规划与综合交通发展规划的基础上,深化城市公共交通规划,优化交通结构,引导城市用地开发与城市空间演变、推动城乡一体化的发展,满足居民日益增长的公交出行需求。

4.2.1 规划范围与年限

1. 规划范围

本次规划研究范围为大滁城地域,由滁州市琅琊、南谯二区和来安、全椒两县构成,总面积为 4 472 km^2。重点研究区域与城市总体规划的规划区相一致,包括琅琊区、南谯区、琅琊山风景名胜区,总面积为 1 404 km^2。

规划范围为中心城区,即城市总体规划的城市建设用地,包括建城区,总面积为 95 km^2。

2. 规划期限

规划基年:2007 年;

规划特征年:近期 2008～2010 年,中期 2011～2015 年,远期展望到 2020 年。

近期规划提出兼顾社会效益和经济效益的实施方案,中远期规划主要确定公共交通发展目标、规模、总体布局和交通政策的重大发展方向,并使当前的决策和措施符合长远发展目标。

4.2.2 公共交通现状及需求预测

4.2.2.1 公共交通发展现状分析

滁州市公共交通系统经过 30 多年发展,已初具规模。目前共有公交线路 10 条,线路总里程 122 km;投入运营的大、中、小车型车辆共 200 辆,折算标准汽车数约为 180 标台,万人拥有标台数约为 4 标台;公交停车保养场地总面积为 26 700 m^2,可以能满足 178 标台的车辆需求。随着城市规模的不断扩大,居民公交出行需求不断加强,公交事业所承担的责任与压力越来越重,滁州市公交系统的发展目前处于相对落后阶段,存在一定的问题。

1. 缺乏与周边县市的公交联系

根据市政府提出的"融入南京都市圈,接轨长江三角洲"的东向发展战略,以及中心城区与来安、全椒县城的一体化发展的必然趋势,要求开通县市间的公交联系为广大市民提供更为便利的出行方式,而滁州现状的局限于中心城区内部公交线路布局模式不能满足经济发展的需求。

2. 城区公交与城乡客运经营管理主体多元

滁州市城区公交由建设局下属的公共汽车公司经营与管理;城乡客运由交通局运管处管理,客运班线以个体承包经营居多。经营管理主体多元,职责交叉,同时,城区线路与城乡线路相互衔接和延伸过程中也存在一定的矛盾和问题。

3. 中心城区公共交通发展相对滞后

(1)公交出行比例偏低,出行方式结构亟待调整。根据调查,滁州市常规公交出行占总出行的4.17%,比例严重偏低,居民出行结构不合理,亟需调整。

(2)站场建设难以满足客运发展要求。滁州市目前仅有2处首末站有用地面积,停车场、保养场也仅有两处,不能满足公交车的回车、停放及保养需求,也限制了运营车辆数量的增加。

(3)部分线路交通条件较差,公交运行艰难。城区部分道路狭窄,道路交通条件差,车辆混行严重,影响公交行车速度,且存在安全隐患;近郊部分道路路面狭窄且平整度差,车辆乘坐的舒适感差。

(4)营运调度管理水平有待提高,未能充分发挥公交动态运能

4. 公交资金缺乏,缺少公交优先保障措施

4.2.2.2　公共交通需求预测

1. 公交出行总量预测

(1)中心城区公交出行总量预测

根据滁州市居民出行产生和分布预测,以及规划年居民出行方式结构,表4.12给出了各规划年滁州市中心城区公交出行总量。

表4.12　各规划年中心城区各规划年日出行总量预测

规划年	城市人口			流动人口			公交出行总量(万人次/日)
	规模(万人)	出行次数(次/人·日)	出行量(万人次/日)	规模(万人)	出行次数(次/人·日)	出行量(万人次/日)	
2010	55	3.5	192.5	5	3.6	18	23.69
2015	73	3.3	240.9	7.3	3.4	24.82	42.38
2020	95	3	285	9.5	3.2	30.4	66.12

(2)大滁城公交出行总量预测

参考国内外同类城市的经验,预测各规划年大滁城公交方式出行比例将达到区间出行总量的50%～60%,结合居民出行分布预测,可得到大滁城的日公交出行量,如表4.13所示。

表4.13　各规划年大滁城的日公交出行量预测

规划年	2010年	2015年	2020年
公交出行量(万人次/日)	16.32	18.26	23.97

2. 公交出行分布预测

采用交通预测软件TransCAD进行分析,可得规划年各出行方式的大区OD期望线如图4.6和图4.7所示。

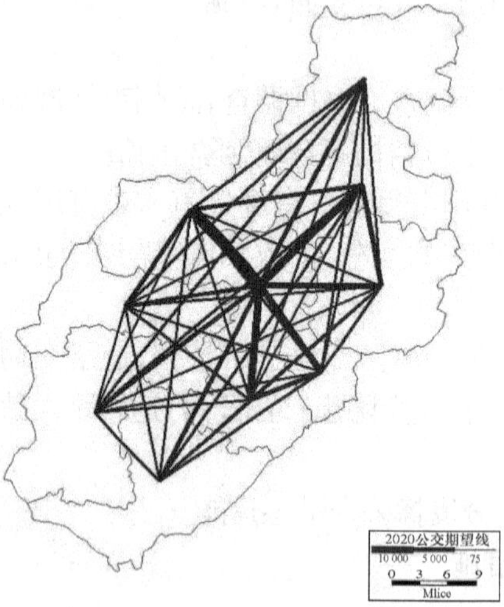

图 4.6 2020 年公交方式出行 OD 期望线

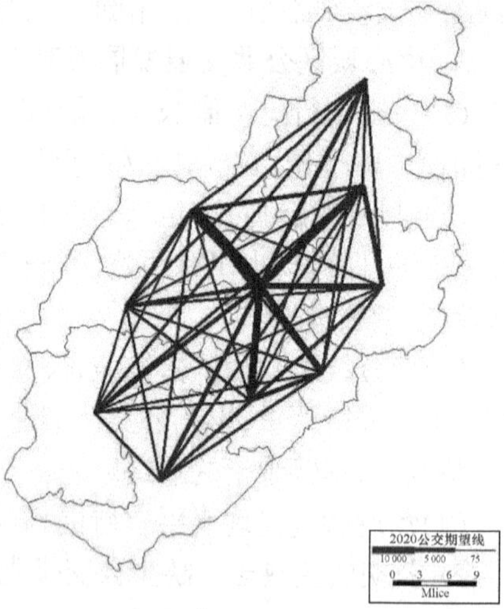

图 4.7 2020 年大滁城城乡公交出行期望线

3. 公交客流分配

将城市公共交通出行客流分配到实际路网上，得到客流在路网上的实际分布情况，如图 4.8、图 4.9 所示。

根据客流分布情况可识别城市公交客流走廊，如图 4.9 所示。分析可得出城市公交客运交通走廊呈“四纵三横”的布局形态，主要分布在片区连接线上，呈现出中心放射式的特点，与城市空间结构发展及土地利用布局相一致。

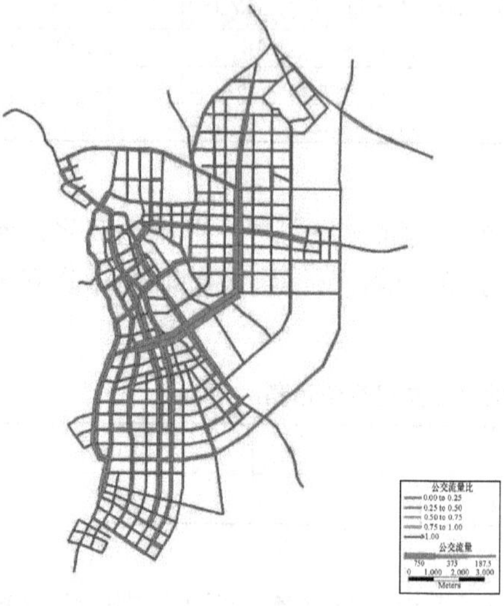

图 4.8 规划年路网公交客流分配图

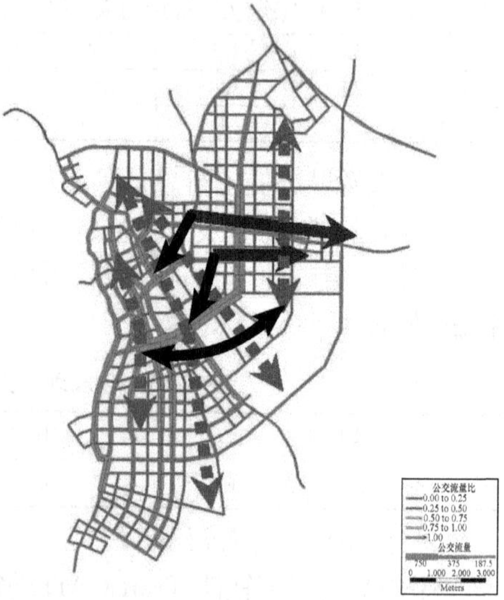

图 4.9 规划年公交客运走廊分析示意图

4.2.3 公共交通线网规划

为全面落实公交优先政策和措施，而轨道交通由于投资巨大、建设周期过长近期难以实施，则确定滁州市的公共客运交通系统以大中运量的快速公交系统为骨干，普通地面公交系统为主体，辅以其他特色公交系统，建立功能明确、层次清晰、衔接顺畅、与运量相匹配的多层次、多系统公交网络，适应和引导城市建设与发展，支撑城市社会与经济活动，满足城市居民出行的公共要求，形成集约的、可持续发展的城市交通系统。

4.2.3.1 快速公交线网规划

1. 线网形态

滁州市快速公交线网形态和走向的确定需要考虑“4个影响因素”，注重“1个引导”。4个影响因素即与城市主要客流走廊相一致、与城市客流转换枢纽紧密衔接、与城市布局发展方向相适应、与城市道路建设计划相匹配，1个引导是指公共交通为导向引导城市发展。滁州市快速公交线网总体布局结构概念图如图4.10所示。

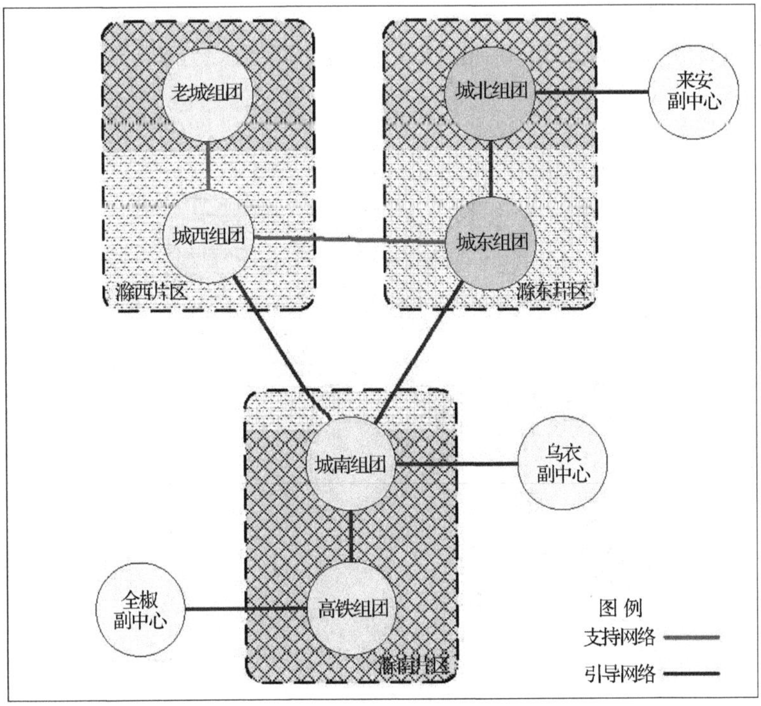

图4.10 滁州市快速公交线网总体布局结构概念图

2. 快速公交线网规划

(1)中心城区线网合理规模测算

① 按线网密度匡算

线网密度匡算法的公式为:

线网规模(km)=快速公交线网密度(km/ km^2)×中心城区面积(km^2)。

参考国内外城市,快速公交线网密度一般取 0.5～0.6 km/ km^2 较为合适。根据城市总体规划,未来滁州市城市建设用地控制在 95 km^2,由此匡算快速公交线网规模约为 47～57 km。

② 按公交需求量匡算

快速公交线路的日平均负荷强度约为 0.25 万～0.3 万人次/km · 日左右。考虑滁州未来中心城区约有 15 万人次/日中长距离的居民出行需要快速公交系统解决,则匡算线路总长度约为 50～60 km,线路重复系数为 1.1～1.3,则线网总规模约为 40～45 km。

通过不同的方法分析,到 2020 年滁州市中心城区 BRT 网络的合适建设规模推荐为 50～55 km。

(2)线网规划方案

根据客流走廊预测结果和中心城区主要客流集散点分布,考虑滁州市城市发

图 4.11　滁州市 BRT 线路规划图

展速度以及客流培育的发展水平，规划至2020年中心城区建成2条BRT线路，线路总长度约33km，考虑部分向大滁城副中心辐射的线路也能服务于中心城区，因此线网规模基本满足要求。如图4.11所示。

另外，建立大滁城一主三副快速公共交通联系是推进“大滁城地域共建、共享、同城化”战略实施的重要举措之一，因此，规划中心城区至乌衣镇、来安县城、全椒县城三条快速公交线路，具体方案见表4.14所示。

表4.14　滁州市快速公交线网规划方案

线路编号	实施理由及功能界定	运营组织模式
B1	城市客运发展的南北向中轴线，联系老城、城西、城南及高铁四大组团，支撑城市空间拓展	常规线路
B2	实现城南组团、城西组团与城东组团的快速联系，带动城市东西向的开发	常规线路
B3	联系清流公园换乘枢纽、城北客运站与来安副中心的快速通道，方便来安方向的出行者到达滁西商贸区	大站快线
B4	联系城南客运站、高铁滁州站与全椒副中心的快速通道，与B5线共同提升城南行政中心商贸、交通枢纽地位	大站快线
B5	联系城南客运站、担于与乌衣副中心的快速通道	大站快线

4.2.3.2　常规城市公交线网规划

1. 布局思路

滁州市公交线网总体布局方案的核心思想是期望通过公共交通系统的建立引导各片区中心的土地开发。公共交通发展模式将以公共交通发展水平较高的滁西片区为基地，向滁南片区和滁东片区发展，逐步建立完整、统一、连续的城市公共交通网络和设施体系。如图4.12所示。

近期：将滁州市分为滁西片区和滁南、滁东片区两个层次考虑，以滁西片区为中心，在对外的出口(多方向、多方式交通六交汇处)附近设置以公交为主体的综合

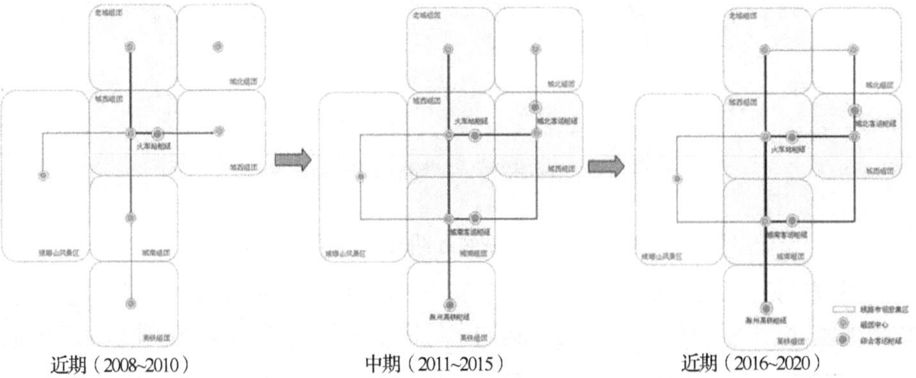

图4.12　常规公交线网布局发展思路

换乘枢纽，由枢纽向滁南片区和滁东片区新开发地区辐射，方便城市人口由建成区向新开发区域扩散。

中远期：将常规公交线路分为片区间联系路线和片区内路线两个层次考虑，布设各片区中心的直达线路，各片区中心间均有快速优质公交干线相连，各片区内多布设小运量、灵活的车型线路。以公交干线作为各组团用地发展轴的主线，在各片区中心设置以公交为主体的综合换乘枢纽，通过公交促进滁南和滁东片区中心的形成和加强，实现土地开发重点向东和向南的转移。

2. 近期公交线网规划

结合近期道路网的建设，进一步加大公交服务面积，提高公交覆盖率。现状由于城市框架还未完全拉开，城市建设主要集中在滁西片区，建设密度较大，交通有拥堵现象，对居民生活带来不便，影响生活环境质量的提高。近期应配合道路建设计划，对经过改建或整治过的支路及时开辟公交线路，使公交车辆深入到小区内部，以方便群众的日常出行；同时，配合明光路跨铁路通道的建设，对原有线路也应进行必要的调整。

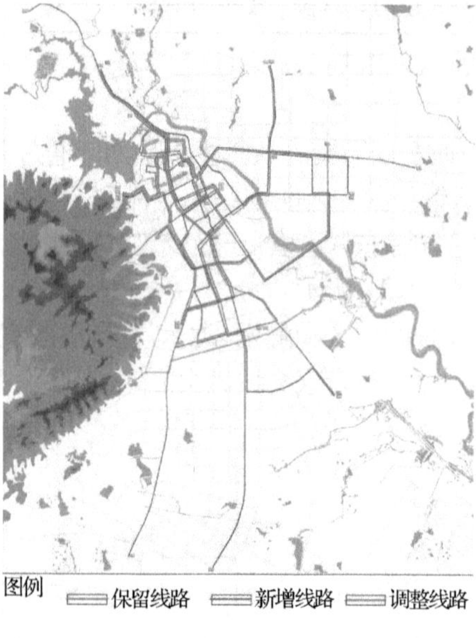

图 4.13　中心城区近期公交线网规划图

根据近期出行需求预测分析，开辟公交线路，满足不断增长的出行需求。近期城南组团、城东组团与滁西片区之间的出行需求呈现增长趋势，规划方案应与城区开发建设相衔接，及时开辟公交线路。重点加强出行需求与供给相差大的地区公交线路的新辟和加密，新辟、延伸或调整一些线路的走向，增加这些区域的线网密度。同时考虑为中远期BRT线路的发展培育客流。

设置新的公交枢纽，加强外围片区间的公交联系；结合现状的辐射线路，宜在各发展方向设置新的公交枢纽站，以利南部、东北部城区与滁西片区的交通联系。随着新的首末站和停保场的建设，调整部分线路的发车地点。

优化调整整体公交线网，增加和优化运力资源。现有公交线网布局欠合理，运力分配欠协调，辐射线路同样承担主干线路的功能，造成中心城区的交通压力。部分线路公交车数量不够，运力不足，且发车频率不合理，一方面高峰小时车内过分拥挤；另一方面也造成某些线路上的运力浪费。因此近期规划适当优化调整现有公交线网，增加和优化运力资源。具体线路如图4.13所示。

3. 中期公交线网规划

加强滁西、滁南、滁东跨片区间公共交通的联系。按照城市总体规划，中心城区为三大片区六个组团和一个风景区构成的开放型、生态化的城市总体布局结构。城区之间的交通联系必将进一步加强，规划的公交线路可加强各区联系，承担各区之间的大流量客运需求，方便出行，促进滁南片区与滁西片区的经济发展。

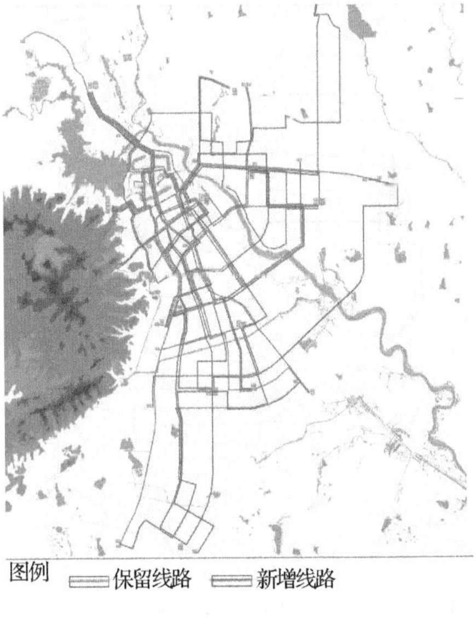

图4.14　中心城区中期常规公交线网规划图

适应调整城市布局、优化城市空间结构、完善城市功能、提升人居环境的需要。根据城市总体规划的设想，城市今后发展的重点是调整城市布局，完善以道路交通为重点的城市基础设施建设，合理布局公共服务设施，提升城市人居环境。中期布线应紧密结合城市空间的扩大和结构的调整，适应城市发展的要求，适当增加新开发片区内部的公交线路。

优化线网的功能结构,提高公交服务质量,树立公交主体地位。依托新建设的BRT系统支撑主要客流走廊,中心城区常规公交线网形成以网格型公交干线系统为骨架,以辐射周边区域的干支线为辅助多层次公交服务系统。具体线路如图4.14所示。

4. 远期公交线网规划

结合新开发片区内部道路基础设施的建设,提高公交线网密度。滁南片区作为今后滁州市的行政文化中心,一方面要增加城南组团至滁州高铁站、腰铺、担子的辐射线路,另一方面也应结合路网建设适时的布设内部环线;滁东片区以工业开发为主,应注重内部通勤线路的设置。

继续增加三大片区间的联系线路,支撑客流走廊客流量的增加。随着新开发片区城市功能的逐步完善,片区间功能特性的差异日益显现,客流往来更为频繁,在快速公交系统不能覆盖的区域需要增设常规公交主次干线加强片区间的联系。

强化公交枢纽站的功能,辐射线路尽可能在城南和城西组团外围的公交枢纽站换乘,城市内部部分没有首末站用地的公交线路尽量设置在就近的枢纽站。具体线路如图 4.15 所示 。

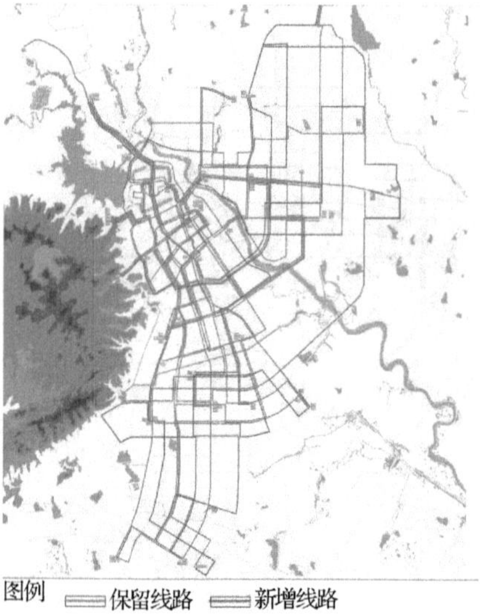

图 4.15　中心城区远期常规公交线网规划图

4.2.4　公共交通场站布局规划

4.2.4.1　公交场站分区布局政策

目前,滁州市中心城区内各区域间的发展差异较为明显,而且未来规划的发展方向也各有侧重,为了结合各片区的发展特点,实施差别化布局策略,使场站的空间布局更加合理,本次规划根据各片区的功能特征和一体化程度采用相应的布局策略,见表 4.15 所示。

表 4.15 各片区特点及布局策略一览表

范　围	片区主要功能	用地条件	布局策略
滁西片区	现状滁州的行政、商业中心	用地紧张、土地协调难度大	1. 设置深港湾站,优先满足公交客流中转换乘站场的用地; 2. 结合城区改造,满足部分车辆服务型场站用地。
滁南片区	未来的行政和商业中心,居住新开发片区	土地价值较高,新规划区有用地条件	1. 保证必要的客流中转换乘场站用地; 2. 配套自身的车辆服务性场站。
滁东片区	未来的工业和物流园区	现状用地相对宽裕,新开发片区有用地条件	规划预留较多场站用地,弥补其他片区的场站用地不足

4.2.4.2 公交场站布局规划方案

公交首末站、枢纽站、停保场规划方案具体如图 4.16 所示。

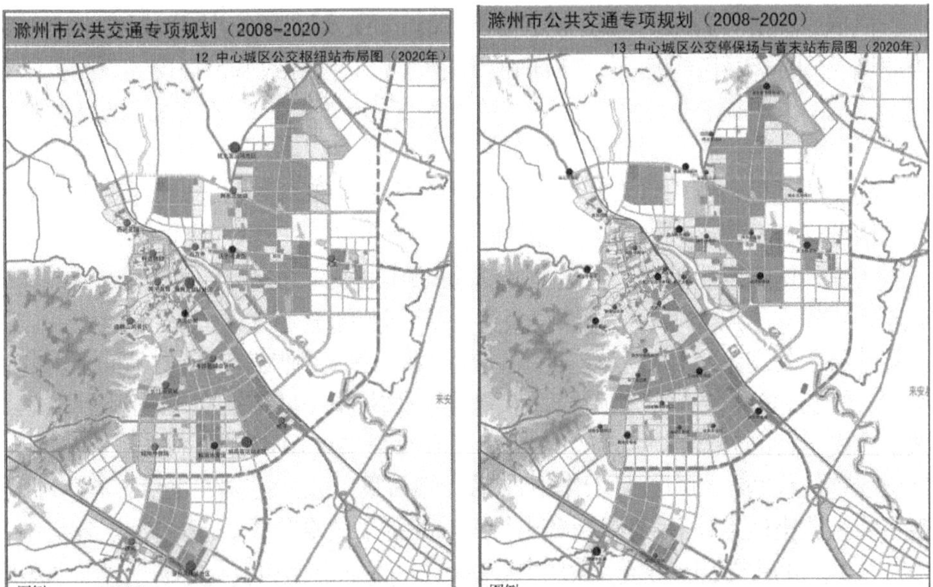

图 4.16 公交场站规划方案图

4.2.5 案例特色分析

1. 依托大容量快速公交带动大滁城发展

大滁城地域由滁州市琅琊、南谯二区和来安、全椒两县构成。根据《滁州市城市总体规划》，在规划期内将以中心城区为主中心，全椒、来安、乌衣为副中心，以国道、省道、高速公路、城市快速干路为交通联络线，形成“一主三副多点”的空间结构，大滁城地域应形成一个相对完整的城市区域，鼓励来安、全椒县城与中心城区的协同发展，形成一个完整的城镇群。

建立大滁城一主三副快速公共交通联系是推进“大滁城地域共建·共享·同城化”战略实施的重要举措之一。规划中心城区至乌衣镇、来安县城、全椒县城三条快速公交线路，分别作为：联系清流公园换乘枢纽、城北客运站与来安副中心的快速通道，方便来安方向的出行者到达滁西商贸区；联系城南客运站、高铁滁州站与全椒副中心的快速通道，提升城南行政中心商贸、交通枢纽地位；联系城南客运站、担子与乌衣副中心的快速通道，能够有效加强大滁城范围内的公共交通便利性，促进大滁城的建设发展。

2. 提升公交服务水平适应城区快速扩张

根据《滁州市城市总体规划》，预测滁州中心城区人口规模由现状的 44.5 万将快速增长到 2020 年的 95 万，人口规模迅速增加，必然导致城市规模的急剧扩张和空间结构的大幅调整。为了适应城市结构演变的要求，需要支持边缘地区的开发建设，加强中心城区的辐射功能，加强新开发地区以及相互之间的交通联系，同时，利用公交的延伸发展引导新开发地区的用地开发（TOD 模式），特别在交通需求增大的情况下，发挥高效的公共交通的作用。

为有效保障中心城区的可达性，提高城市中心交通服务水平，滁州市公共客运交通系统建立了以大中运量的快速公交系统为骨干，普通地面公交系统为主体，辅以其他特色公交系统，建立功能明确、层次清晰、衔接顺畅、与运量相匹配的多层次、多系统公交网络，适应和引导城市建设与发展，支撑城市社会与经济活动，满足城市居民出行的公共要求，形成集约的、可持续发展的城市交通系统。其中，快速公交在整体线网布局中起骨架作用，布设于各片区间及片区内部主要客流走廊，连接主要客流集散点，满足中远距离出行需求的骨架线路组成；发达的常规公交作为公交线网中的主体组成部分，满足中心城区各片区间或各片区内部分乘客中短距离出行的交通需求，并承担与骨架线路、公路及铁路等枢纽点的衔接换乘；公交支线主要填补常规公共汽车线网中的空缺，方便居民的出行和换乘。

3. 发展现代旅游公交凸显城市特色

滁州市旅游资源丰富且类型众多，旅游开发潜力巨大。琅琊山风景名胜区位于滁州市中心城区，是滁州全市旅游布局的核心功能区。该景区的主要旅游景点可概括为“一城”（滁州城区，在南湖公园和北湖公园基础上，结合清流河整治形成水上游乐带）、“一寺”（琅琊寺）、“一关”（清流关）、“一站”（琅琊山抽水蓄能电站）、“两山”（琅琊山国家级森林公园、皇甫山省级森林公园）和“两亭”（醉翁亭和丰乐亭）。

本次规划通过发展快速、舒适的公交服务体系来满足中心城区与各景点间的交通出行需求，远期共规划了5条旅游公交线路，保证了琅琊山风景区、蓄能电站、清流关等景点良好的通达性，促进旅游业的发展，彰显了城市特色和文化底蕴。

第5章　城乡公共交通规划及运营组织

城乡公共交通是城区(或中心镇)与镇(或村)之间的公共交通联系方式,依托城市道路与公路布设固定线路并统一编号,设置沿途固定停靠站点和首末回车场站,采用公交车型并借鉴城市公交的运营管理方式,是城镇体系空间发展的必要支撑、城乡居民联系及镇村之间居民的主要出行方式,也是城乡一体化发展的重要组成。

城乡公共交通规划应当基于地区城乡一体化发展进程与公共客运交通发展历程分析,研判地区公共客运交通所处城乡一体化进程的发展阶段,了解公共客运交通发展的规律性与延续性。分析未来城市和城乡交通发展环境与要求,明确城乡公共客运发展趋势及要求,提出城乡公共客运交通发展定位与一体化发展战略,进行相关政策制定、线网规划、运营组织规划等研究。

5.1　技术指引

5.1.1　规划任务与目标

1. 规划任务

城乡公共交通规划的任务是在城乡一体化发展的框架下,针对城乡公共交通系统的现状问题,结合区域交通规划要求,系统地提出城乡公共交通发展的方针政策、线网及场站规划方案和保障体系。构建与城乡一体化发展相适应,与城镇空间体系发展相协调,与城市交通系统良好衔接,运营管理有序的安全、便捷、舒适、可持续发展的城乡公共交通系统。

2. 规划目标

(1)构建良好的县(市)域公共客运交通环境,带动城镇开发,促进城乡一体化;

(2)为城乡居民提供安全、高效、经济、便捷的出行服务;

(3)为政府职能部门审批、核准线路提供依据,便于客运交通主管部门的监督管理;

(4)规范城乡客运运营者的经营行为,明确营运范围、方式及线路,提高城乡客运运营效率,促进城乡客运的发展。

5.1.2 规划内容与工作流程

1. 主要内容

(1)现状调查与问题诊断。针对城乡公交客流、营运服务水平、基础设施以及经营管理体制等各个方面展开全面系统的调查和资料收集,通过统计分析,诊断现状问题及原因。

(2)建立城乡客运交通模型、进行交通需求分析总体预测。整理分析相关基础数据、进行现状模型的标定与校核;建立客流预测模型,对交通需求总量及分布情况进行预测分析。

(3)城乡公交发展目标与发展策略分析。对已有规划实施评价,分析城乡客运交通发展前景,借鉴国内外经验,结合总体需求预测,提出城乡公交发展目标方向、发展模式与基本策略。

(4)制定城乡公交网络规划方案。按照城乡一体化的网络布局要求,分析网络客运枢纽布局、线网层次功能,提出网络总体结构模式。

(5)制定城乡公交基础设施规划方案及建设计划。为支持公交网络的有效运营,应提出公交基础设施规划方案,并制定建设实施计划。

(6)制定城乡公交运营组织管理策略。基于城乡客流动态性特点,在线路空间布局的基础上,确定运营方式、线路行车组织方式;优化线路发车频率,选取合适车型,优化运力调配,有效整合运力资源。

2. 工作流程

城乡公共交通规划可以分为四个阶段,各个阶段的主要工作有:

第一阶段,前期准备阶段。确定研究目标、技术方法、工作内容与流程等,并征求甲方意见。

第二阶段,现状调研阶段。开展现状调查与资料收集,诊断现有问题,回顾已有相关规划及国内外发展经验。

第三阶段,发展定位与需求预测阶段。分析城乡公共交通的功能定位,提出发展目标、方向及基本策略,建立交通需求预测模型,进行交通需求分析与预测。

第四阶段,规划方案制定阶段。制定城乡公交线网规划方案、场站规划方案、运营管理策略、拟定近期改善实施方案。

城乡公共交通规划流程如图 5.1 所示。

5.1.3 规划成果要求

城乡公共交通规划成果包括规划文本、图件与技术文件。技术文件为规划总报告及若干专题报告,规划总报告在专题报告的基础上编制。

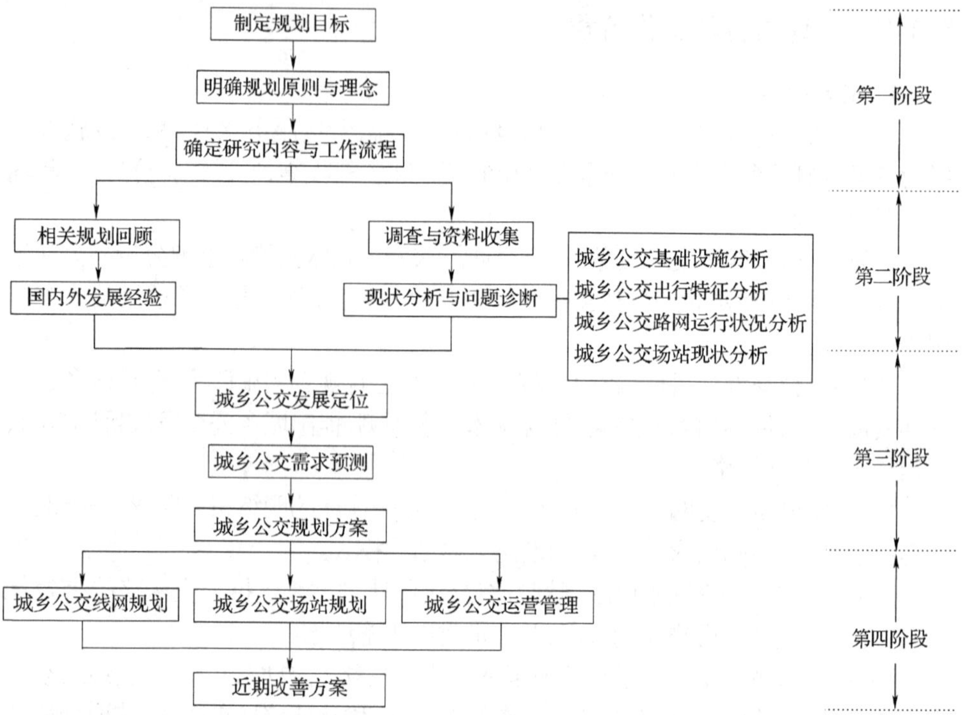

图 5.1　城乡公共交通规划流程图

1. 规划文本

公共交通规划文本的内容根据具体委托要求而定，一般包括下列内容：

① 规划目标；

② 规划原则；

③ 城乡公交发展定位；

④ 城乡公交发展策略；

⑤ 城乡公交线网布局规划；

⑥ 城乡公交场站布局规划；

⑦ 城乡公交运营管理策略；

⑧ 近期建设计划。

2. 规划图件

规划图件应该包括：

① 城乡公交线网现状图；

② 城乡公交场站现状图；

③ 城乡公交线网规划布局图；

④ 城乡公交场站规划布局图。

3. 技术文件

(1)交通现状调研分析专题报告

① 公交场站、线路线网、车辆、线路载客量、主要通道客流量、服务水平、运营管理、与城市交通衔接以及必要的乘车意愿调查与分析报告;

② 国内外经验借鉴。

(2)规划研究专题报告内容

① 城乡公交发展目标及策略;

② 城乡公交预测及车辆发展规划;

③ 城乡公交线网布局规划研究;

④ 城乡公交场站布局规划研究;

⑤ 城乡公交运营管理策略。

5.1.4 关键技术方法

5.1.4.1 城乡公共交通调查

分析城乡公交调查内容,按资料的性质可以分为三类:城乡公交发展环境资料、城乡公交需求特征资料、城乡公交供给特征资料。

1. 城乡公交发展环境资料收集

城乡公交发展环境资料主要包括城镇规划资料和社会经济基础资料两个方面,城镇规划调查的内容包括乡镇自然地理现状、规划镇村行政发展情况以及公路建设情况。社会经济基础资料包括:①人口总量、分布、构成以及增长状况等;②国民经济指标(国民收入、各行业产值、投资状况);③产业结构及布局;④城乡旅游资源分布等。环境资料是现状情况的统计,相关计划规划的职能部门有详细的编制规划文件在案,可以直接到相应的职能部门收集。

2. 城乡客运需求特征调查

(1)调查内容

城乡客运需求特征主要采用居民出行起迄点调查,是为了全面了解交通的源和流,以及交通源流的发生规律,对城乡居民移动,从出发到终止过程的全面情况,以及有关的城乡居民的基本情况做的调查。具体包括:

① 总体出行人群年龄、性别、职业、收入、常用交通工具情况;

② 总体出行人群乘车频数;

③ 总体出行人群出行目的分布;

④ 总体出行人群出行时间分布:包括出行时间,出行耗时;

⑤ 总体出行人群出行空间分布。

(2)调查方法

农村地区大多是偏远的远郊,居民集聚度较低,农村居民小规模聚集在零星分布于村镇集落里。要获取这类居民的出行情况,如果采取全样的调查,必将面临调查范围大而规律较难统一的问题,调查开展较难;另外,农村地区居民文化水平有限,对表格的解读能力存在障碍,采取广泛发放表格填表的方式可能有效性不大。农村地区居民包括:县城居民(有潜在农公出行的居民)、乡镇居民、村庄居民,这三类居民出行规律存在较大差异,有必要区别对待,灵活获取出行情况资料。

① 农村居民出行起迄点调查按聚集程度迥异,需要独立设计调查:以村庄为主要端点的起迄点调查,以县城为主要端点的起迄点调查,以乡镇为主要端点的起迄点调查;

② 农村居民出行起迄点调查应该结合各聚集地特征,考虑可行性灵活采取合适的调查方式;

③ 以村庄为主要端点的起迄点调查可以考虑与公交问卷调查结合。

(3)主要调查指标

① 乘车频数

乘车频数即农村居民个体出行搭乘农村公交的频繁程度,反映的是农村居民在日常生活中利用农村公交出行的需求情况。对城市居民出行调查,通常用人均出行次数、有出行者人均出行次数和出行率三个指标来衡量。但农村居民的出行机动化水平不高,主要是依靠农村公交完成出行,并且出行的频率不高,所以采用的周平均次数和月平均次数来衡量农村居民的乘车频率。

② 出行目的

考虑农村居民作息习惯,根据农村居民出行特点以及简单易懂的设计原则,将农村居民出行目的分为做生意、购物休闲、看病、进城打工、走亲戚、其他六类。

③ 出行时间

居民的生活是由一系列活动构成的,而这些活动中的大多数存在固定的时间表。这些时间表有些是由人的生理特点构成,如一日三餐的时间、睡觉的时间,而有些是由客观环境决定的,如工作时间的安排、娱乐设施的营业时间等。由于这些要完成活动存在固定的时间表,因此使居民的出行也有了相应的时间限制。这使得居民出行并不是在一天 24 h 内均匀分布的,而是存在比较明显的高峰和低峰,而且不同目的的出行高峰和低峰的时间也有很大的差异,这就是居民的出行时间分布特征。

④ 出行空间

出行的空间分布与地区的土地利用布局、人口密度、交通系统的布置有密切关系。县城集市等建筑和人口较密集,汇聚了较多的就业岗位和各种公共服务以及娱乐设施,往往成为居民出行的主要目的区域。所以,出行端点的密度一般最大。而随着距中心区距离的增加,出行端点的密度则逐渐减小。居民出行的空间分布特征是交通规划和建设的一个重要因素,它可以帮助我们了解客运交通的流量和流向、现有交通系统满足出行需求的程度,以及需要采取交通改善措施的地域。

3. 城乡客运供给特征调查

城乡客运供给现状调查有利于对城乡客运现阶段进行准确定位,解读城乡客运供给上位规划计划有利于把握农村客运方向性发展。城乡公共交通供给特征调查包括公交公司运营管理发展状况调查、公交线网发展现状调查、公交基础设施现状调查三个方面。公交公司运营管理发展状况包括公交公司运营主体、公交线路的经营模式、公交运营时间、票价等;公交线网发展现状包括公交线网长度、站点个数及分布、公交线网现状布局等;公交基础设施现状调查包括场站设施(城乡公交首末站、中途站点、停车场、保养场、维修厂等)和公交车辆发展状况。

城乡公共交通供给特征调查可以通过与公交公司进行单位座谈和实地踏勘的方式进行。

5.1.4.2 城乡公共交通线网布局规划

1. 城乡公交线网布局规划原则及影响因素

(1)城乡公交线网布局原则

城乡公交线网规划应遵循以下原则:

① 与城镇体系发展相协调,促进城镇的发展。线路走向要结合城镇空间规划和产业结构布局,要与农村的产业布局、镇村企业的发展、小城镇建设、人口分布、资源开发等特点相适应;

② 结合公交化改造要求,线路走向统筹考虑与农村中短途班线的关系,兼顾、利用现有农村中短途班线;

③ 线路的走向应和客流分布相协调,与城乡公交客运走廊相一致,按最短路的原则布设线路,使全服务区内乘客总乘行时间最少,并在主要客流的集散点方便乘客停车与换乘;

④ 近期实施方案以满足城乡居民关心的重点、热点线路为重点,逐步形成以城镇公交干线为主的骨架网络,远期规划以线网功能布局调整为重点,完善支线网络;

⑤ 充分考虑公交与其他客运交通方式的关系,特别是与远期轨道交通的有机衔接、相互协调,做到优势互补;

⑥ 线路走向充分考虑农村公路网规划因素,与公路规划同步进行,争取在规划期限时间内,实现城区、镇(乡)、村通车“三位一体”化,形成密集的城镇客运网;

⑦ 点、线、面相结合,点点相连构成线,线线相连形成面,形成整体性的城镇客运网络覆盖面。

(2)城乡公交线网布局影响因素

城镇公交线网的布局受城镇的布局形态、性质、规模以及道路网形态、道路等级等多种因素的影响。城镇公交线网的布局形态也正是以与其相关的因素为依据。其中主要影响因素包括:

① 城镇体系布局

城镇体系空间布局、城镇的经济产业分布、地理区位和自然条件等因素是决定线网布局结构选择的主要依据。由于城镇公交线网是联系城区与乡镇、镇村的纽带,因此线网的走向、分布和总体结构取决于城镇空间体系布局,同时城镇的经济产业发展及分布情况在一定程度上决定了客流产生量和与主城区的联系量,也是城镇公交客运走廊形成的主要影响因素,地形、气候等自然条件在一定程度上影响农民外出方式的选择以及线路的延伸,是影响网络整体格局的客观条件。城镇体系的发展方向决定了未来线网发展的方向。

② 道路网布局

道路网是城镇公交线网形态的物质基础。城镇公交线网是以公路网和城市道路为依托而布设固定线路,公路网规划和城市道路规划是城镇公交线网规划的基础和前提,在进行公交线网规划时一定要结合该地区的道路网规划,否则规划是没有现实意义的。

③ 客运需求量

客运需求量是公交线网布设的主要依据,是分析城镇公交客运走廊的依据。公交线网规划是在对规划区域内的客运需求量进行分析、预测的基础上对公交线网中线路走向的规划和调整。OD 需求决定了线网中线路的主次,并在此基础上形成不同的线网布局。

2. 城乡公交线网规划思路

城乡公交线网规划采用“定纽－织网－定点”的方法,通过首先确定集散中心(定纽),以此为控制点结合客流预测进行线网的布设(织网),在此基础上进行场站的规划。

定纽:结合对外客运枢纽、大型公交集散中心形成城乡公交在城区的集散点,作为车辆始发车站;在中心城区周边选取若干结点进行结点重要度分析后建立城乡公交的农村客流集散中心。

织网:以城区公交集散点和农村客流集散中心为“纽”,编织网络,形成基于县(市)域特色的城乡公交网。

先定钮再织网的规划方法避免了换乘不便带来的弊端,使产生的线网站点与大型客流集散点有很好的衔接,有利于最大限度的吸引客流。

首先,根据城区用地和农村交通需求点的分布情况,在市区内部、各乡镇间,确定主要公交枢纽点和农村客流集散中心。然后进行城区线路与乡村线路的规划。以主要公交枢纽为"钮","编织"网状模式的城区公交初始线网,再根据客流分析优化确定。最后,沿线布设站点,进行标准化建设,统一管理。如图 5.2 所示。

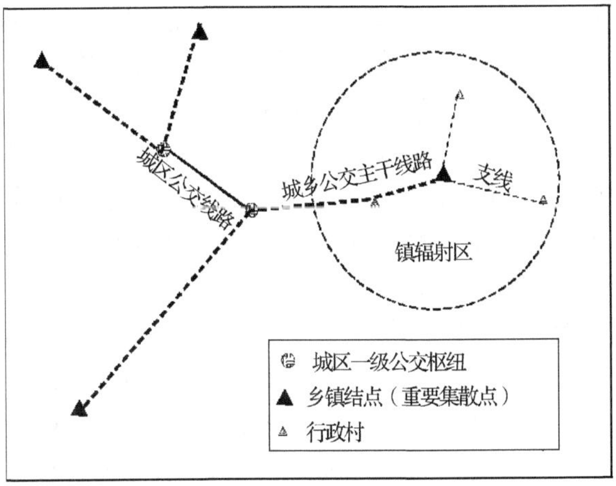

图 5.2　城乡公交线网规划思路解析图

3. 城乡公交线网分级及布局结构

(1)城乡公交线网分级

城乡公交线网规划要根据不同区域内的居民出行需求(客运量强度、出行高峰时段分布等方面)差异,提供分级线网服务。

在进行城乡公交线网规划时,根据各级线路的功能不同,将客运线路划分为主干线路、支线和补充联络线共 3 个等级。3 种线路的功能如下:

① 主干线路:主要承担大型集散点之间联系(以县城－乡镇线路最为常见),大多沿县域内的国、省、县道设置;速度快、发车频率高、服务水平较好。

② 支线:对主干线网起补充作用,与主干线路要有较好的换乘,起到接驳主干线路客流的作用,线路深入各行政村。

③ 补充联络线:这种线路主要目的是填补各乡镇之间的线路空白,同时也能加强乡镇之间、乡镇－村的联系,提高客运线网覆盖率。

以上三层城乡公交客运线路互相补充、互成体系,一起构成科学、合理、完整的一体化公交线网。在具体规划布设时应按各层次线路的功能进行,同时考虑线路的长短及便捷程度,将能合并的线路合并以提高线路重复系数;在各级线路上设置的公交站点,一般设在居民出行集中点,不同线路可以共用站点,方便乘客搭乘与换乘。

(2)城乡公交布局结构

城镇公交线网布局的确定是线网布设的核心内容之一,它决定了线网的总体结构和发展方向,根据线网布局原理,主要分为放射状线网、树形线网、环形线网、三角形线网4种。见表5.1和图5.3～图5.6所示。

① 放射状线网

放射状线网是农村地区最常见的一种布线形式，空间上呈现以城区为中心，沿着城区对外公路向外发散放射出客运线路。线路大多截止至乡镇，部分线路在乡镇末端延伸至某个乡村。该形式是地区发展过程的产物，并受到路网发展的限制，总体上呈现一个先通点、再覆盖面的发展过程。公路建设初期以某几个固定点通路为主的发展模式决定了客运线路初期发展模式也是以端点服务为主。一般都是人群集聚度大、有特殊资源的地区先发展，然后以点、线带动面的发展。放射状线网一般用于联系主城区－重点中心镇，具有高强度公共客运联系。

② 树形线网

树型线网是对放射式线网的进一步完善，树型线网的次级节点具有生命力，乡镇对周围村庄具有一定的出行吸引，能够支持镇村级线路的开通，而农村公路的建设也为线路开通提供了条件。树型线网的中心权重已经从县城开始向周边重点镇转移，在重点镇处对下级以及同级的乡镇都存在辐射线路，各种类型的短途线路开设产生。树型线网一般联系主城区－重点中心镇，具有高强度公共客运联系，强度往往由主城区、中心镇往下递减。

③ 环形线网

环形线网主要是利用公路网布局特点架构的一种特殊的布局形式。环形线网在树型主干的基础上，在支线端采取了连通成环的形式。农村客运支线采用这一方式，往往会有较好的成效。树型线网中存在很多的短途线路，环形线路是相对树型线路的一种优化。在许多地区实际运营中，有较大一部分树形支线线路面临营运困境，通过线路支线与支线、干线采取环形等形式，通过多点的规模效益支撑线路正常运营，可以降低线路运营维持难度。线路以环线互通，对村庄以站点式服务，支线数目和通村率进一步维持和提高，为村村通达到较高水平奠定基础。环型线网一般可以考虑在镇(城)－镇、镇(村)－村间的客运线路，有一般或较高强度的公共客运联系，起到均衡整个网络客流分布作用。

④ 网络型线网

网络线网是前面几种线网布局形式的复合，并进一步完善和优化，如城市公交线网就多呈现这种形态。网络式线网节点连通度较高，网络通达性好，运输效率高；但网络式线网要求发展线路数量多且投资大，对路网建设要求高，需要公路同样成网络，且覆盖地区站点居民聚集度较高，社会经济发展水平需要达到一定程度从而支持线网的规模运营效益。网络式线网一般出现在快速城市化地区，乡镇经济、村域经济大力发展，镇镇之间、镇村之间形成产业互补，公路网建设较为完善，相互交通出行形成规模。

表 5.1　城镇线网布局结构表

城镇线网布局结构	特点及适用范围	缺　　点	公交线路强度分析
放射状(图 5.3)	用于中心城市与外围郊区、周围城镇间的交通联系，有利于促进中心城市对周围地区的辐射，方便乘客进城，减少进城换乘次数，而其便于车辆的调度与停车管理；与大多数城市的放射性 OD 客流分布相适应	线网整体连通度低，横向乡镇间联系不便，容易把换乘客流吸引到城区，增加城区枢纽交通组织的压力	主城区一重点中心镇之间及其延伸线路有高强度公交联系
树形网(图 5.4)	适应城镇体系中的中心城区、中心镇、一般镇、村四级等级体系分布以及道路网络结构而形成公交线网，提高城区与中心镇的辐射能力，有利于形成分区分级的网络以及分区的客流集散组织，城区和中心镇间可以形成高频、快速的发车运营服务	换乘系数偏高，若衔接系统效率低会成村民进城区时间(换乘等候)与经济成本(换乘买票)增加，中心镇需要建设客运站作为集散中心	主城区一重点中心镇之间有高强度公交联系，强度往往由主城区、中心镇往下递减
环形网(图 5.5)	用于镇一镇、镇一城间的横向，可以减轻中心镇处换乘压力。而且这种布局结构具有通达性好，非直线系数小，加强横向交通联系，提高覆盖率	建设线路数量多投资大，对路网建设要求高，绕行时间大	镇一镇、镇一城区间有较高强度公交联系，均衡整个网络客流分布
网络型(图 5.6)	重要城镇间的直达交通联系，这种布局形式通达性好，运输效率高，促进形成网络化线网结构	建设线路数量多投资大，对路网建设要求高	重要镇之间有高强度公交联系

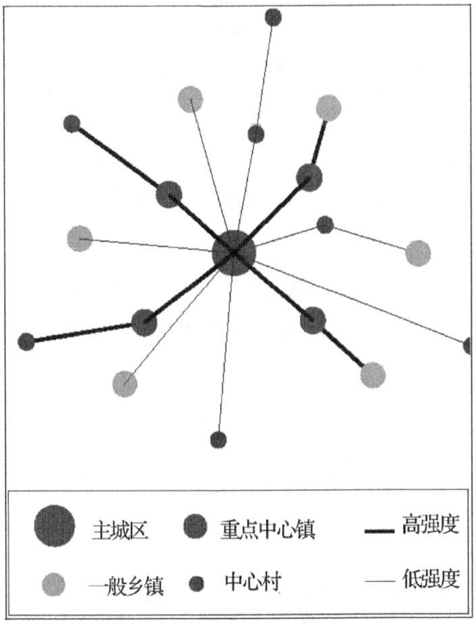

图 5.3　放射状线网结构图

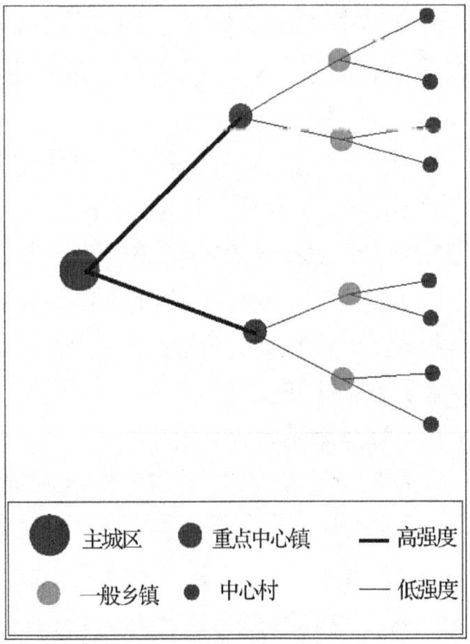

图 5.4　树形线网结构图

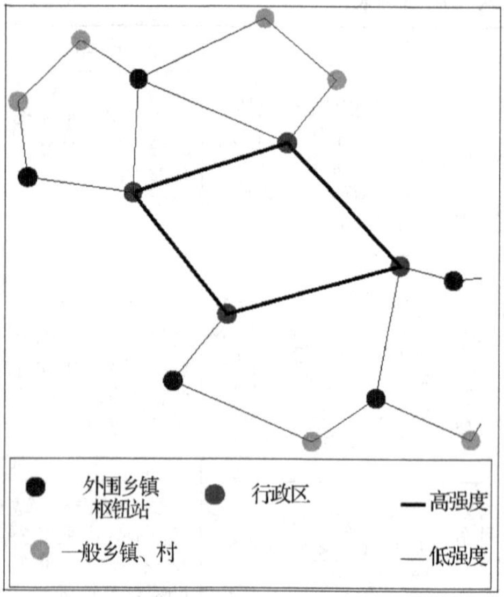

图 5.5 环形线网结构图

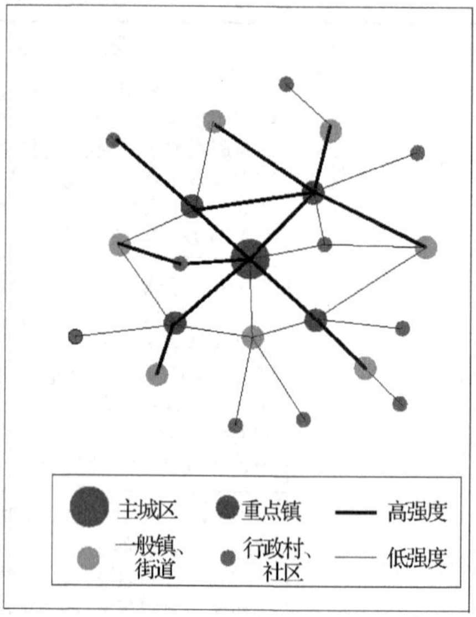

图 5.6 网络型线网

4. 客流集散结点分析

(1)客运结点的选取

对农村客流集散中心规划前,首先要确定客运结点。一般是通过对规划区域进行调查,包括人口、经济和交通运输等情况,来确定哪些地点作为公交客运线网规划的客运结点。

在农村公交客运线网中一般根据以下几种类型确定客运结点:①市、县政府所在地;②镇、乡政府所在地;③重要厂矿企业、大型农牧业基地、各经济开发区;④大型集市所在地;⑤重要交通枢纽所在地;⑥旅游资源点等。

客运结点的确定对客运结点的重要度(客运需求大小)评价至关重要,在确定客运结点时应综合考虑各种影响因素,从而使确定的客运结点能准确反映其在公交客运线网中的作用。

(2)客运结点评价指标

影响客运结点客运需求的因素很多,如客运结点规模、经济实力、三产水平等,中文根据评价系统要达到的目标,建立了以下的评价指标。

① 客运结点规模

客运结点规模的大小对客运结点的重要度有很重要的影响,一般都是把客运结点的面积作为客运结点规模的衡量标准,但由于客运需求量是与人直接相关的,在人均出行次数相同的情况下,人口多的客运结点,其客运需求量就大,该客运结点在整个公交客运线网发挥的作用就强，因此，采用客运结点的人口数来衡量客运结点的规模。

② 经济实力

人们的出行需求是经济增长的一种派生需求，它会随着经济实力的增强而增加的，经济越发达的地区人们的联系强度越大，出行需求就越大。采用国内生产总值来反映各客运结点的经济实力，因为它是反映客运结点经济发展水平的综合指标，直接影响着客运结点未来的经济发展和客运需求量，从而也反映了客运结点在未来的公交客运线网中的重要程度。

③ 三产水平

客运结点的第三产业发展水平在一定程度上反映了该地区的城市化水平，反映了该客运结点对外联系的程度，对客运量需求的影响要大于其他产业，采用各客运结点第三产业的增加值来衡量各客运结点第三产业的发展水平，可以反映该客运结点客运量需求的增长潜力。

④ 交通条件

旅客运输是以道路为基础的，各客运结点的道路交通条件是其客运发展的前提和基础，对各客运结点在公交客运线网中的重要度有很重要的影响。客运结点的交通条件可用通达指数来衡量，它反映了客运结点与外界联系的难易程度，是根据路网中通过该客运结点的道路条数及道路等级来确定的。

⑤ 地理区位

客运结点的地理区位就是指客运结点在整个区域中所处的位置，它也直接影响到客运结点在公交客运线网中的重要度，在同等条件下，位于区域中心的客运结点的重要度要远远大于边缘地区。在对客运结点进行重要度评价时客运结点的地理区位是个不容忽略的指标。根据区域内的城镇体系结构，将客运结点划分为四个层次：第一层次为县(市)政府所在地的客运结点、第二层次为县(市)域内各经济片区中心的客运结点、第三层次为中心与边境之间的客运结点、第四层次为县(市)内边境处的客运结点。

(3)客运结点重要度的确定

根据评价系统所要达到的目标及指标体系与目标层的关系，采用单纯矩阵法对客运结点的重要度进行评价。

采用集散强度的概念来表征各类集散点在其服务范围内的重要度：

$$S = V / \sum_{i=1}^{n} H_i \tag{5.1}$$

式中 S——集散强度；

V——该集散点日均上下客数；

n——在该点首发或经过的车次总数；

H_i——经过该集散点的第 i 辆车的核定载客人数。

一般而言，县城、乡镇、集市等集散点的集散强度 $S \geqslant 0.3$，其他一般集散点也有的 $S \geqslant 0.2$ 时，这几类集散点属于重要节点，应该设置较高服务水平的候车、停车设施方便群众的出行，提高农村客运服务水平。

当 $0.1 \leqslant S \leqslant 0.2$ 时，表明该集散点也具有相对固定的客流，可考虑设置一般的候车设施。

片区的中心往往是乡镇客运站所在地，一般位于重点镇，起到集散和转换片区内旅客作用，在片区内部形成支线公交线网，通过乡镇客运站结点联系乡镇和县市主城区，形成城镇干线公交网络。

在确定客流集散中心的基础上，考虑现状的农村班线和已完成公交化改造的城镇公交线走向，结合结点间的客运需求 OD 量，进行分片区分等级的城乡公交线网规划。

(4)城乡客流集散中心的确定

根据客运结点重要度分析，客流集散中心考虑城镇公交网络辐射和客流转换功能的需要，按重要度选取确定。

客流集散中心根据结点重要度评价值 V_j，按重要度分为 2～3 个层次的结点，选取第一层次(分 2 个层次)或第一、二层次(分 3 个层次)的结点建设区域客流集散中心，实现区域内农村客流集散与转换功能；其余的层次的客运节点建设停靠站点。

5. 城乡公交线网规模的确定

(1)城乡公交线网规模指标

线网规模总指标有以下 3 种：

① 线网总长度

$$L = \sum_{i=1}^{n} l_i \tag{5.2}$$

式(5.2)中，l_i 为线网中第 i 条不计重复的线路段长度(km)，反映了线网的规模，可以估算总投资规模、总运输能力、总运营成本、总体效益等，并可据此决定相应的管理体制与运作机制。

② 线网密度

$$\sigma = L / S \text{ 或 } L / Q \tag{5.3}$$

式(5.3)中，σ 是指单位人口拥有的线路规模或单位面积上分布的线路规模，它是衡量一个地区城镇公交服务水平的一个主要因素，其中 S 为城镇公交线网规划区面积(km^2)，Q 为城镇公交线网规划区的总人口(万人)。σ 只是一个总的线网密度[(km/km^2)或(km/万人)],实际中由于不同城乡地区开发强度的不同,对交通的需求也不是相对均等的,往往是由城区城郊－中心镇－镇村呈现需求强度的逐步递减,因此线网密度也应相应递减。评价线网规模的合理程度需按不同区域(城区城郊、中心镇片区、一般镇与村)分别求取密度。

③ 线网日客运周转量(人 km/日)

$$P=\sum_{i=1}^{n}p_i l_i \tag{5.4}$$

式(5.4)中,P 是评估城镇公交系统能力输出的指标。p_i 为第 i 条线路的日客运量,l_i 为线网第 i 条线路的长度(km)。P 表达了城镇公交系统在城乡客运交通中的地位与作用、占有的份额与满足程度。它涉及到城镇公交运营企业的经营管理,是线网长度、能源消耗、人力、场站和车站设备维修及投资等生产投入因子的函数。所以,在一定程度上,线网的规模还可用能源总消耗量、产业总需求量、人力总需求量等反映生产投入规模的指标来表示,可根据需要选择使用。

(2)线网规模的确定

① 服务水平法

该法先将规划区分为几类,例如分为中心城区(包括郊区)、中心镇片区、一般镇村,然后或类比其他城镇公交系统发展比较成熟的地区的线网密度,或通过线网形状、吸引范围和线路间距确定线网密度,来确定城镇公交的线网规模。这种方法的优点是借鉴了其他地区的经验,计算简单。但是却存在类比依据不足,让人难以信服的缺陷。目前各地区的城镇公交系统都处于发展阶段,并未形成一个完整的系统;同时影响一个地区的城镇公交线网规模的因素很多,要借鉴其他地区的网络密度来进行类比分析,须得两个地区中影响网络规模的许多因素至少基本相同才具有可比性。用这种方法得出的结果,可作为规模匡算的参考。

② 出行需求分析法

按分析角度的不同出行需求分析法又可分为两种。一种是先预测规划年限的全方式出行总量,然后根据拟订的线路客运密度确定所需的城镇公交线网规模。这种方法是按城镇公交承担出行的比例来确定的,故通常又称之为分担率法。另一种是先预测规划年限的全方式出行总量,然后对各路段的交通量进行分析,找出那些交通需求超出中短途班线(包括其他诸如城市区间轨道等客运方式)交通输送能力的路段,在这些路段上规划城镇公交,以此推算所需城镇公交网络的规模。这种方法以道路的输送能力为控制线网规模的关键,故又称为容量控制法。

③ 吸引范围几何分析法

吸引范围几何分析法是根据城镇公交线路或车站的合理吸引范围,在不考虑城镇公交运量并保证合理吸引范围覆盖整个地区用地的前提下,利用几何方法来确定城乡公交线网规模的方法。它是在分析选择合适的线网结构形态和线间距的基础上，将规划区简化为较为规则的图形或者规则图形组合，然后以合理吸引范围来确定线间距，最后在图形上按线间距布线再计算线网规模。

这种方法的特点是根据区域用地规模和城镇公交服务水平来确定线网规模，因此能够保证一定的服务水平，而且由于区域规模比交通流量容易控制，规划线网规模受不确定因素干扰少，可以用来确定规模范围。缺陷是没有考虑城镇公交运量的限制，而且假定将合理吸引范围覆盖整个规划用地也会导致规划线网规模偏大，并有可能导致最后线网客流偏低，效率低下。

④ 回归分析法

这种方法先找出影响城镇公交网络规模的主要因素（如人口、面积、GDP、人均交通工具拥有率等），然后利用其它城镇公交系统发展比较成熟的地区的有关资料，对线网规模及各主要影响因素进行数据拟合，从中找出线网规模与各主要相关因素的函数关系式，然后根据各相关因素在规划年限的预测值，利用此函数关系式确定本地区到规划年限所需的线网规模。

这种方法有较强的理论根据，所得结果容易被大家所接受。但在具体应用由于现状各地区的城镇公交数据和资料收集不全或未成系统，存在着难以寻找合适的拟合样本，导致其拟合精度较差等问题。

在从事农村客运线网规划时，须充分考虑规划地区的社会经济发展水平、城镇布局、道路网条件等因素，对以上四种方法进行适当改进后用于线网规模的预测。条件许可的情况下，可同时采用四种方法分析，对四种方法的确定结果综合评判后确定最终的规模推荐取值。

6. 城乡公交线网的布设

城乡公交线网的布设分以下两个阶段：

① 确定服务片区，根据公交走廊，规划公交干线

根据城镇公交预测前的小区划分，以及结合结点重要度评价结果所规划的客流集散中心，规划片区中心以及城镇公交服务片区；

根据城镇公交走廊的选择以及线网布局结构，规划城镇公交干线初始网络，作为城镇公交初始的主骨架网络。

② 调整现状网络，细化干线网络，形成支线网络

在分析评价原公交或农村班线网与客流分布特点基础上，保留原线网中的合理线路作为规划方案的初始线路集的一部分。

应充分吸收汲取公交运营企业以及交通主管部门的意见，线网布设不是单纯的技术问题，需要充分考虑线路的运营组织方式以及管理方式，作为一个重要因素分析线路的留、改、删，有利于协调公交化改造过程中经营者的利益关系、管理部门

的利益关系，特别在城市公交与农村班线分属城建部门与交通部门时，原班线保留后改造成城镇公交的可行性以及城市公交的延伸问题需要慎重考虑。

(1)主干线规划

在城乡公交线网的规划中，对于主干线路规划，以乡镇为交通大区，常用的有“基于农村公路网的线路走向搜索法”。

路线搜索法的基本原理是：从起点(交通区)出发，向其所有邻接交通区扩展，再以各邻接交通区为新起点，继续向所有邻接交通区作连续的扩展，直至达到路线长度限制。对到达的每一节点，考虑约束条件和目标函数，从而求得满足约束条件的所有可能路线中，效率最大的一条或几条路线。这实际上是一个以起点为根点，在交通区邻接网络中进行树状搜索的过程，如图5.7所示。

(2)支线规划

城镇公交线网中的支线是镇—村线路，其功能是将乘客接送到乡镇的客运换乘点，接驳农村客运主干线，也可为居民从家到集镇间的出行服务。规划此类线路的主要目的是提高线网的覆盖率，遏制非法营运车辆泛滥的现象，可以起到规范农村客运末端市场经营行为的作用。

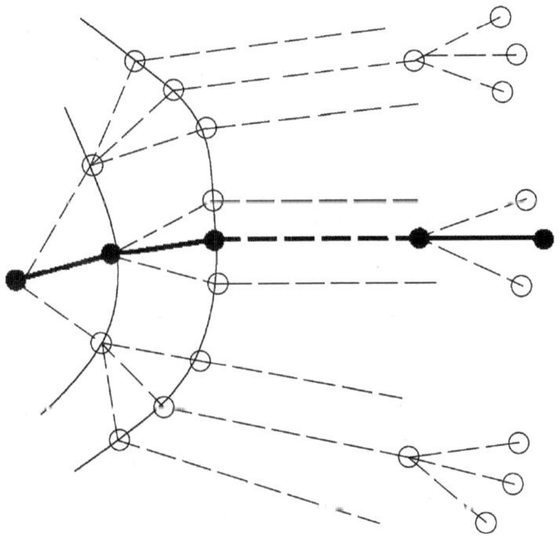

图5.7　线路搜索法示意图

农村客运支线的客流量较小，对于经营者来讲这类线路的经营效益并不理想，但是交通主管部门要求运营者开通支线以提高线网覆盖率。由于这类线路的开通应具有较强的公益性质，因此应充分考虑政府部分、运营者、乘客三方的利益，既能最大限度地满足居民出行需求，又要确保运营者的利益最大，从而有利于政府的监管。

支线的规划以乡镇为单元，构建线网最小树，并建立交通运输效益模型，以运营效益最佳为目标，按照递归方法分层次逐次优化，最终获得满意的结果。

(3)补充联络线规划

在农村客运主干线和支线布设到位的基础上，县(市)域内已形成了以县城为中心，多条骨干线路为辐射通道，支线入村的整体线网格局，但是邻近乡镇间缺乏横向联系，这就是需要进一步完善的补充联络线。

与主干线的规划相类似，补充联络线的规划以县(市)域内重要乡镇为结点，以较高等级的公路为载体，客流条件为依据。引入人口、GDP、第三产业值、通达指数、地理区位等社会经济评判指标,采用单纯矩阵法确定各结点的重要度,选取重要度较高、对周边乡镇具有较强辐射功能的乡镇为原点,并选取镇－镇客流量较大、公路条件满足的方向规划补充联络线。

7. 城乡公交线网衔接模式

城乡公交线网的布设是基于整个县(市)域范围,而城市公交作为影响因素,二者的合理衔接是整体公交线网规划成败的决定性因素之一。如何实现无缝衔接、合理换乘以提高运输效率,在很大程度上取决于线网衔接模式的选取。

城市的面积和人口规模、城市的布局形态、土地利用、城市交通的畅通情况、对外客运枢纽分布等因素很大程度上决定了线网的衔接模式。城乡公交规划的实践总结出两种衔接模式,见表 5.2 和图 5.8～图 5.9 所示。

表 5.2 线网衔接模式表

类　型	介　绍	优　点	缺　点	适用范围
分方向边缘衔接	城镇公交线路在城市中心区边缘的公交换乘枢纽与城区公交衔接,换乘枢纽多为对外客运枢纽,线路按照进城方向选择较近的枢纽衔接	避开城市中心区,对市内交通干扰最小,与城区公交不产生重叠	进出城增加换乘次数与经济成本,衔接系统对城区公交布局、运营有更高的要求,总出行时间存在不稳定性	适用于城区规模较大的城市(如大中城市),衔接的对外客运枢纽一般有多个,以便于分方向衔接
穿越式衔接	城镇公交线路从城区中心穿过,合用部分城区公交站台,一般在城市中心或穿越的另一侧城区边缘与对外客运枢纽衔接	提高城镇公交的直达性,减少换乘系数,增加中心区的可达性与吸引力	进出城交通对市内交通产生干扰,增加道路拥挤,与部分城区公交线路产生重叠并占用站台,易与之产生不良客流竞争	适用于城区规模小、道路交通量不大或仅有一个对外客运枢纽的城市,多见于小城镇中,城镇公交在城内的一段可起到镇内公交的功能

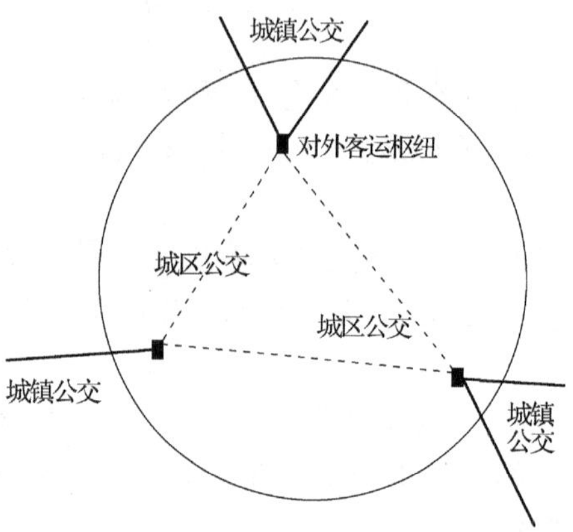

图 5.8　分方向边缘衔接

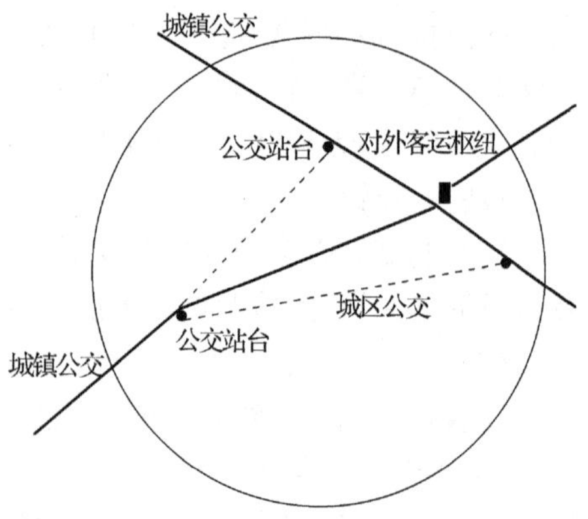

图 5.9　穿越式衔接

5.1.4.3　城乡公共交通场站布局规划

1. 城乡公交场站分类及功能

(1)城乡公共客运场站按照功能可以分类为：

综合枢纽站——建设在城乡公共客运网络枢纽结点，方便网络线路调整，对偏远的路线加强服务具有较大意义，综合枢纽场站建设有利于提高城乡公共客运网络运行效益；

城乡公共客运站——为提高乡镇农村客运服务水平而建设的，一般建设在经济发展较好或者潜力较好、影响区域较广的乡镇；

过路站——城乡公共客运线路的普通站点，方便线路乘客了解城乡公共客运线路情况、进而选择线路并候乘而设立；

首末站——城乡公共客运线路的终端，方便城乡公共客运线路终点端乘客候车而设。

(2)城乡公共客运场站按建设规模可以分为：

等级站——具有一定规模，可按规定分级的车站，站内设施较为齐全、服务功能健全的站点；

终点回车场——以停车场为依托，具有集散旅客、售票、停放和发送客运班车功能的车站，规模设施较等级站简单；

港湾式停车站——道路旁具有候车标志、辅道和停车位的旅客上客点。

中途简易(招呼)站——道路沿线设立的城乡公交旅客上客点。

(3)按投资主体和经营方式分为：

公用型车站——具有独立法人地位，自主经营，独立核算，全方位为客运经营者和旅客提供站务服务的车站；

自用型车站——隶属于运输企业，主要为自有客车和与本企业有运输协议的经营者提供站务服务的车站。

2. 城乡公交场站体系

城镇公交根据其线路运营的特点，以及根据客流积聚特点建立中心城市场站、乡镇等级客运站、港湾式停靠站(或一般停靠站)、简易站牌、保养修理场的场站体系。图5.10为城镇公交线典型站点布置图。

中心城市场站一般为城乡公交的起点站，多数结合长途客运汽车站、火车站等对外客运枢纽或者其他城市公交换乘枢纽布置，实现与城市公交的无缝衔接。由于城乡公交的主要服务于城乡居民的进出城，根据客流需要线路在城区范围内沿途布置1～3个停靠点，在城区内集散客流，停靠点选择城市公交停靠站。

在一些区域重点镇建设乡镇等级客运站，用作城镇公交、客运班线等车辆停靠、乘客换乘、车辆维修、夜间停车等功能，也以此作为区域内客流集散场所，一般

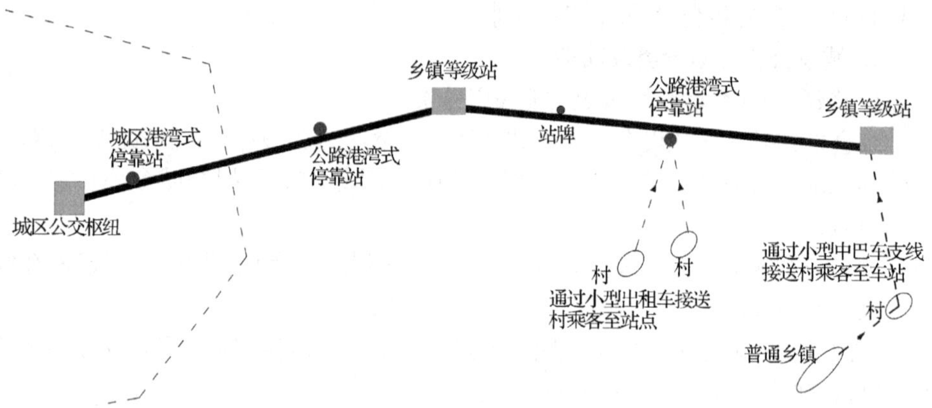

图 5.10　城镇公交线典型站点布置图

根据规模定为四级或者五级站。

停靠站、简易站牌是城镇公交的中途停靠站，在一些国省道或一二级公路上需要建设成公路港湾式停靠站。

城镇公交保养修理场与城市公交保养维修场统一考虑，也可分散在乡镇客运场站里进行。

3. 城乡公交场站规划

(1)城乡公交场站规划的原则

① 与片区客运需求相协调，与结点重要度的分析相一致，在农村客流集散点上规划建设乡镇等级客运站，在其他客运节点上，根据其重要度的评价指标，选择港湾式停靠站、站牌、回车场等场站，站址选择要符合农村客流集散特点，以最大限度的缩短出行者到站点的距离。

② 选址宜优先考虑原乡镇停车换乘中心，通过对这些自然形成换乘点的改、扩建，最大限度的符合居民出行习惯，提高居民中转换乘的便利性，保证居民出行的延续性。

③ 与市域或县域道路网络规划相一致，确保有可供城乡公共客运站发展的基础设施平台，一些场站如港湾式停靠站的建设要纳入道路的新建或改建的计划之中。

④ 场站选址不仅要考虑与城镇体系发展方向相一致，还要考虑城乡公共客运站的建设对城镇发展的能动影响，明确客运站的建设与城镇体系发展的互动关系，既要立足现实又要为将来的发展留有余地。

⑤ 场站在布局上应充分考虑有效的衔接换乘，方便旅客的中转与换乘，特别注意城乡结合处乡镇客运与城市公交之间的有效衔接。

⑥ 保养修理场站的布局主要结合乡镇等级站，在三级客运站及以上配备车辆

保养点，在二级站以及以上设置车辆修理点，城镇公交车辆的保养维修也可以放在城市公交车辆的保养维修场统一进行。

⑦ 城乡公交停车场地设置综合考虑司机的住宿位置、上班的方便性、公司管理的方便性以及安全等因素。

(2)城乡客运场站布局规划

① 等级站

根据农村客运结点重要度分析，客流集散中心考虑农村公交网络辐射功能的需要，按重要度分为2～3个层次的客运结点，选取第一层次或者第一层次和部分第二层次的客运结点建设区域农村客流集散中心，实现农村客流集散与转换功能。

对于客流集散中心，根据重要度指标，考虑现状客运站设施等级、未来车站年平均日旅客发送量等客运站规模影响因素，选择一定的等级规模。一般农村客流集散中心建设三级或四级客运站。

② 港湾式停靠站

城镇公交港湾式停靠站点应设置在公交线路沿途所经过的各主要客流集散点上。不同范围的公交线路应有不同的站点设置要求，以满足乘客出行的便捷需求。

建城区范围内城镇公交线路公交站点主要是借用城市公交站点，在主要的几个枢纽点上设点，一般不宜设置太多站点，建议城建部门规划建造港湾式公交站点。在建城区外部城镇公交线路站点宜选择布设在各乡镇、中心村，站点设置应根据客流的集散量多少，沿途主干公路设置港湾式停车站，并规划建设具有统一标准形式的公交停靠站，或者设置简易站牌，站点附近可以通过小型客运出租车（出租摩托车、面的、小四轮）接送乡村的乘客到达站点，扩大城镇公交的覆盖与服务范围。

③ 终点回车场

主要建在城乡公交通村线路终点，建设数量根据各镇通村线路以及用地的具体情况确定。

④ 中途简易（招呼）站

在城乡公交线路沿途非主要客流集散点，以及设站空间受限的地方设置中途简易（招呼）站点。

5.1.4.4　城乡公共交通客运线网运营组织

城乡公共客运运营组织规划是基于农村客流动态性特点，在线路空间布局的基础上，确定运营方式、线路行车组织方式；优化线路发车频率，选取合适车型，优化运力调配，有效整合运力资源。

1. 线路组织形式

1)影响因素

① 城乡公共客运线路客流特征

城乡客流的时空分布特点直接影响线路的配备与组织形式。城乡客流的最大特性在于它的动态性,地区、方向以及季节的差异性,要求城乡公共客运线路资源供给做出相应动态调整。客流量空间分布的大小影响干支线的定位与运力配备,客流的时间不均衡性影响到区域线路的行车组织与调配计划等。

② 运输效益与成本

城乡公共客运线路的运输效益及成本是线路空间组织与整合过程中需要考虑的一个重要方面。在满足客流需求的前提下尽可能降低运输成本,提高线路经营效益是客运企业所追求的目标,也是线路服务质量提高的一个重要保障和来源,也是体现公平与效率协调发展的重要方面。目前城乡公共客运线网特别是支线网络由于受客流条件、道路场站等基础设施条件的制约,经营效益普遍较差,如何保证"村村通"的可持续运营,首先一点就是要保证线路的运输效益,因此城乡公共客运线路组织与调配过程中需要对线路整合后的运营效益进行分析与评价。

③ 线网布局结构

城乡公共客运线网的布局结构是线路空间组织形式的基础,线网结构形态影响到线路的空间组织形式与组织手段的采用。定性来看,线网布局构成的网络化程度越高,其线网的空间组织形式越可以多样化,可采用的组织手段和运力调配方法也可以进行多种复合,从而有利于网络化效应的发挥和综合运输效率的提高。

④ 城镇体系布局及地理形态

线路空间组织需要考虑区域范围的城镇分布和所处地区地理因素的制约。不同城镇结点重要度的差异性,地方产业经济性质的不同影响到地区交通出行需求的性质,从而影响到区域线路的定性与组织方式;平原、山地、城市化促进区与偏远地区等地理形态的差异性对线路布置、线路整合、运力及车型调配都有一定的制约作用。

⑤ 村庄离散度

城乡公共客运的支线线路深入到各个乡村节点,线网规模和覆盖面上都是最为庞大的;城乡公共客运支线网络效益问题也是目前城乡公共客运网络发展过程中较为突出的矛盾,是线网组织首要解决的问题。村庄的分布直接决定城乡公共客运支线的分布与组织形式,村庄分布的离散程度影响到支线网络的覆盖范围与覆盖能力,以及支线网络的组织化程度。

2)分片区组织

片区线路组织一般采用下列方式:即一条或多条同向城乡主干线路与其相应

的衍生支线在空间上形成一个片区，进行统筹组织。空间上，采用按线定位和划片区组织相结合，即以城区到乡镇的主干线定位片区，乡镇到村及村村之间可形成多点放射型或区域内环型线网结构，使得镇－村、村－村线路与主干线形成一个整体；时间上，根据不同线路的客流特征采用不同的发车时刻表，兼顾冷、热线路，设置夜宿班线和高峰加密线路；服务类型上，体现农村居民出行特征，设置赶集线、旅游线、特殊服务专线等。

(1)单线片区组织形式

基于网络最小树优化思想，结合农村地区地域特点，提出干支线组合的单线片区组织形式。具体从线路的空间地位、运营方式以及干支线行车组织三个层面分析：

① 空间定位

由一条城乡主干线与其辐射支线组成，通常干线为城区通往中心镇线路，支线为辐射一般乡镇以及镇村线路，如图5.11所示。单线片区的形成受城镇空间布局的影响以及路网条件制约，目前我国城乡联系主要依靠单通道式国省干线公路，因此城乡公共客运线网也多为单线辐射片区形式。

② 运营方式

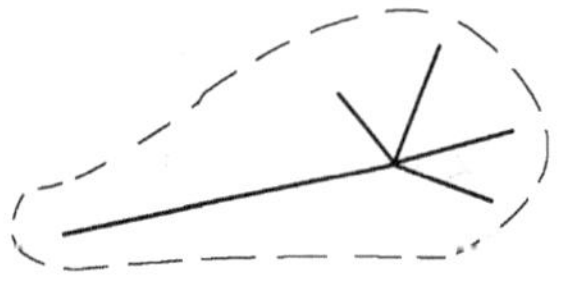

图5.11　单线片区组织形式

基于道路和客流条件，城乡主干线采用公交化运营方式，采用符合公交车辆技术标准的车型，根据客流量和发车频率选择适宜车长及其他构造形式。通至村庄的支线网络可根据实际情况采用公交或班线方式运营，偏远地区或路况较差的地区可采用定时班线运营(如早中晚“三班制”)，采用符合技术标准的小型客车，提高灵活应变性。

③ 行车组织

a. 干线分析

根据客流空间分布特点，Ph较大的主干线路可采用分段频率发车形式，即依据线路断面客流量分布将主干线分为若干区段，在不同的区段上采用不同的发车频率，实现干线分段强度服务，如图5.12所示。另外，也可将干线延伸，将其中一条客流较为稳定的支线纳入分段频率行车组织中，提高运输效率。

干线运力配置与分段发车频率相适应，且对Pd较大的线路，上行和下行线路或线路区段配置不同的运力，在线路区段边界处，以沿途附近镇村为不同断面分界节点，布置若干回车或停放场地；根据线路沿途节点集散强度S的不同，设置相应等级和规模的停靠设施，以便于线路的分段频率以及上下行不同运力调配和行车组织，如图5.13所示。

b. 支线分析

根据客流时间分布的差异性，支线线路采用“V”型或“O”型行车组织，如图 5.14 和图 5.15 所示。即对两条或多条支线进行整合，车辆在整合后的线路上双向行车，从不同位置不同时段将不同村庄的客流联系起来，并与城乡主干线端点联系，实现多条线路客流的集散与换乘。

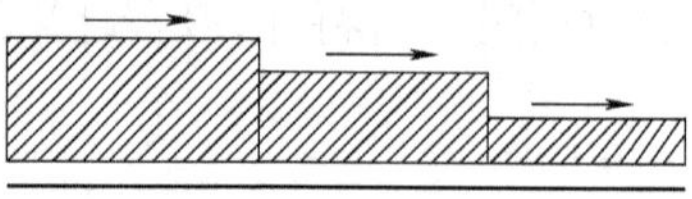

图 5.12　干线分段服务强度图

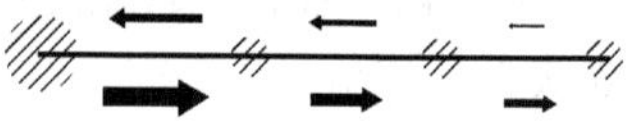

图 5.13　干线运力与站点布置图

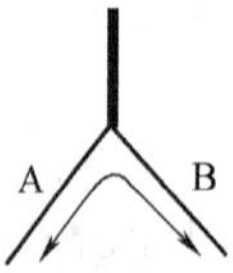

图 5.14　支线“V”型组织图

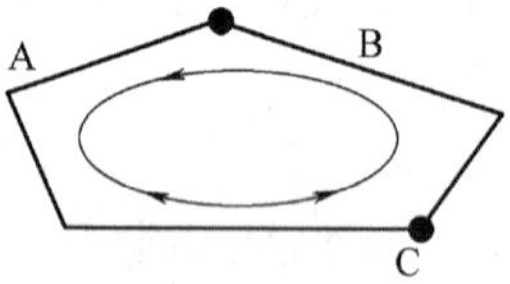

图 5.15　支线“O”型组织图

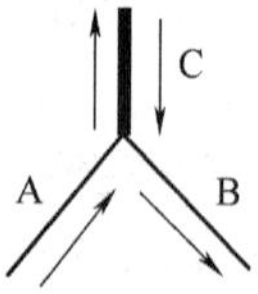

图 5.16　干支线“Y”型组织图

“V”型支线行车需要与干线行车联动，形成“Y”型行车组织方式，实现三线集散。以图 5.16 为例，基于干线的客流的潮汐性，高峰期支线 A 和 B 与主干线端点联系，且根据 A 线与 B 线的 Pt 的差异性，A 线上行至干线端点处，干线上行(往城区)发车与之形成衔接，同时将干线下行客流通过 B 线转移，反之亦然；干线平峰期支线 A 与 B 自组织形成“V”型行车，同时干线富余车辆参与“V”型线路运行，以加强村镇之间的联系。

“O”型行车同样需要加强与主干线的联系，环内行车可以选取几个发车点(如两个)，闭合双向发车。“O”型行车存在部分“V”型特点，设置的主要目的在于克服偏远地区支线运行的可持续问题，通过多条支线组织及主干线的带动作用，提高车辆运输效率。

单线片区的支线组织主要是利用不同村庄居民出行规律的不一致性来保证支线客流的稳定性，它需要与干线协调，统筹考虑线路的行车方式和运力调配。这种方式有利于克服目前村村通线路经营效益低下以至难以维持的状况，一定程度上保障了农村居民乘车的稳定性。

(2)多线片区组织形式

① 空间定位

该方式为多条相关城乡主干线及其支线形成的片区组织，一般情况下多为起点不同但通往同一乡镇的主干线及支线之间的协调。多线片区组织形式是在单线片区组织的基础上相互融合，进一步加强线路之间的协调分工和运力调配。多线片区组织适合城乡公共客运网络较为发达，道路网络和基础设施较为良好的地区采用。

② 运营方式

线路运营方式与单线片区组织类似，以客流状况和道路条件为主要依据，良好条件下可采用公交化运营方式，支线网络根据实际情况采用公交或班线方式运营。

③ 行车组织

a. 干线分析

受路网条件限制，相邻干线之间通常呈现“Y”型或“O”型布局。具体分析如下：

“Y”型存在复线部分，可以采用“高峰分线，低峰并车”的方式，即客流高峰时线路各自运行，低峰运力过剩时两条线路可在“Y”节点处并车运行，如图 5.17 所示。根据线路客流时间分布特征的不同，具体来讲有三种情况：

双高峰：分线运行。两条线路各自运行，可采用单线片区组织中的干线分段频率发车形式。

双低峰：并车运行。两条线路统筹考虑，加强“Y”枝端高强度客流段的发车频率，在汇合点处拼车向下行方向运行，节约的运力用于强化客流量较大的区段，从而提高车辆满载率和线路的运输效率。

单高峰：即一条高峰线与一条平峰或低峰线组织。此时两线仍然独立运行，但是平峰或低峰线路运力可以适当调配至高峰线路，以解决高峰运力不足，低峰运力过剩的问题；如果仍有富余，则可将富余车辆调配至其他多线组织的片区中参与运营。

“O”型多为两条干线或连同部分支线合拼形成，可以将其整合为类似环形线路运行。如图 5.18 所示。具体来讲，如 A 线路下行至 A、B 线路交汇点(终点)后不沿原路返回，而是沿 B 线路返回至起点，同样，B 线路沿 A 线路返回。但是两条线路又不仅仅是双抱环式运行，在客流高峰期以及各自联系的支线的影响下，又可以各自独立运行，与单线组织方式相同，且两种运行方式可以同时进行。

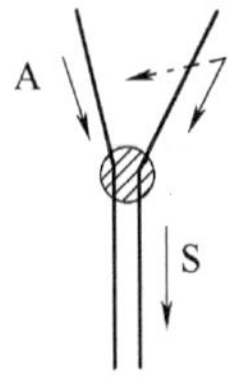

图 5.17　干线“Y”型组织图

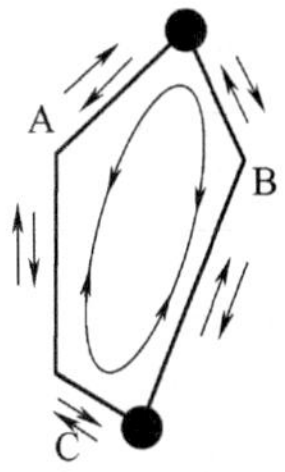

图 5.18　干线“O”型组织图

“O”型组织主要是为了协调两条干线不同的客流时间分布而采用的一种方式，由于存在两个汇合点，因此它又比较容易进行两条线路之间的运力调配，也有利于对支线客流的带动。

b. 支线分析

多线片区的支线行车方式与单线组织基本一致，不同的是片区内支线数目较多且更为复杂，需要根据实际情况综合比较，选取适宜的组织形式。

c. 干支线组合分析

多线片区干线的两种组织方式可与单线片区中的支线组织方式整合为“双 Y”型和“8”字型等线路组织形式，线路运行方式如图 5.19 与图 5.20 所示。

“双 Y”型组织方式将干线“Y”型组织与支线“V”型组织方式相结合，将两条线路构成一个整体，综合采用分段发车频率、低峰并车、干支线三线集散以及线路间运力调配等手段，有利于提高车辆满载率和干线服务强度，克服线路较长带来的运力调配困难的弱点。

“8”字型组织方式将干线“O”型和支线“O”型组织相结合，充分发挥环形线路的特点和作用，利用多个汇合点，进行线路行车组织与运力调配优化。“8”字型线路利用不同地域村庄聚集度和出行时间的差异性，将片区内部紧密联系起来，有利于克服城乡客流的波动性，加强了相邻镇村间的联系和片区的融合。

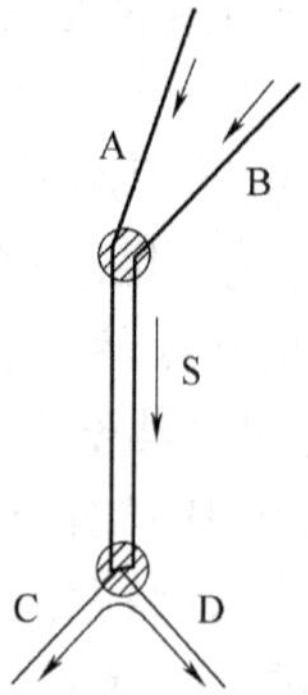

图 5.19 多线双“Y”型组织图

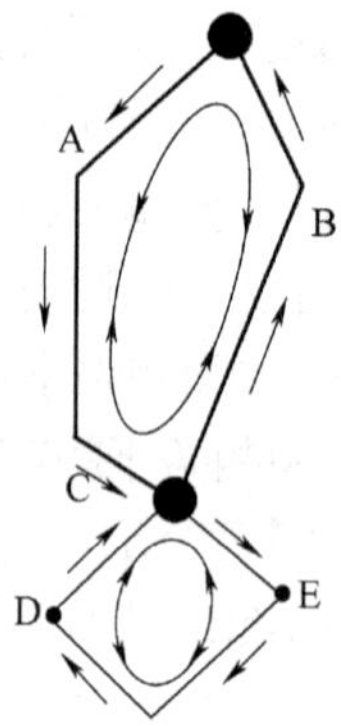

图 5.20 多线“8”字型组织图

2. 运力配备

1)单线运力配备

(1)干线配车分析

① 定性测算

农村客运主干线运营方式与城市公交类似(有些地区的农村客运主干线已实施了公交化改造)，因此可以借鉴公交配车方法进行定性整体配车。主要思路是基于每条线路的最大客流量 Q，一条线路应配置的车辆数 W，按式(5.5)计算:

$$W=2\times\left(\frac{L}{v_y+t_0}\right)\times n \tag{5.5}$$

式中 L——线路长度，km;

n——发车频率，车次/h；

v_y——车辆运营速度，km/h；

t_0——单程站点停车时间，h。

根据运力配备的原则，运送能力必须不小于高峰小时线路的最大客流量。即如式(5.6)所示：

$$U \geqslant Q \tag{5.6}$$

式中　U——运送能力，$U=m_H \times n$，人/h；

n——发车频率，车次/h；

m_H——车辆的额定载客数，人；

Q——高峰小时线路的最大客流量，人/h。

农村客运量在一天不同时段呈现出"高峰"、"低谷"特点，因此对于某条农村客运主干线路，其运力应不小于高峰小时线路最大流量，因此高峰小时线路最大客流量 Q 即为线路的最小运能 $U_{\min}$，进而可以得出发车频率 n，由此可以推算出每条主干线路的最小配车数以及道路断面的配车数量，并体现线网的服务强度。具体计算过程如下：

由 $U \geqslant Q$ 得出线路最小运能 $U_{\min}=Q$。

求出发车频率 n，具体计算方法如式(5.7)所示。

$$n_i=\frac{Q}{\eta_i \times m_H} \tag{5.7}$$

式中　n_i——发车频率，标台/h；

Q——高峰小时线路的最大客流量，人/h；

η_i——满载率，一般在 0.6～0.8 之间；

m_H——农村客运线路投放车辆的核载人数，人/辆。

根据式(5.8)计算每条主干线路的最少配车数 W_i：

$$W_i=2 \times \left(\frac{L_i}{v_y}+t_0\right) \times \frac{Q}{\eta_i \times m_H} \tag{5.8}$$

② 相关变量与参数修正

a. 运送能力"U"的修正

一般运送能力 U 定义为车辆的额定载客人数与单位时间发车频率的乘积。即 $U=m \times n$；其中 n 为发车频率，m 为车辆的额定载客数。该定义尚未反映线路的时间特征以及动态的运输能力。就其内涵而言，应当为单位时间(1 h)内，在确定的发车次数和运输车型的情况下，线路运送客流的最大数目(能力)；而就其计算公式而言，可以理解为单位时间(1 h)内线路上所有车辆的整体容量(容纳乘客的数目)，并未反映出客流的集散特点和动态的运输特性。可以肯定的是，在一定的发车频率和车型构成的情况下,实际运能是大于计算得到的结果的。在这里,需要引入“平均运距”的概念。

平均运距定义为客运周转量与乘客人数的商。这里,客运周转量主要为单位时间内,全部乘客的乘车总行程。具体如式(5.9)所示。

$$\bar{d}=\frac{\sum_{i=1}^{n}A_iS_i}{Q} \tag{5.9}$$

式中 $\bar{d}$——线路平均运距,km;

A_i——第 i 站(段)或各断面客流(通过量),人/h;

S_i——第 i 站(段)的站距,km;

Q——高峰小时全线客运量(乘客总数),人/h。

由于线路上的客流存在集散性(客流的转换),客流量的总和应当大于所有车辆本身的容量和,就某一线路投入车辆的运输能力而言,应当与客流的平均运送距离相关,平均运距越小,反映的客流集散量越大,相应的运送能力(客流总数)也越大。由此得到如下修正式(5.10):

$$U'=m_H\times\frac{2L}{\bar{d}}\times n=\frac{2QLm_Hn}{\sum_{i=1}^{n}A_iS_i} \tag{5.10}$$

式中 U'——修正后的运送能力,人/h;

m_H——线路投放车辆的核载人数,人/辆;

Q——高峰小时线路的最大客流量,人/h;

L——线路长度,km

n——发车频率,车次/h;

$\bar{d}$——线路平均运距,km。

该式也可以理解为对线路运行车辆的实际利用率的修正,即一辆车的运输能力应当是其额定人数的 2 L/$\bar{d}$ 倍。

b. 发车频率与配车修正

• 基于运能 U 的修正:上述修正的运能 U 与运量 Q(或频率 n)都是单位时间内(1 h)的测算值,一般农村客运线路里程较长,线路的双向行程时间可能超过 1 h,为便于理解,在实际运行中的车辆配置数目可以理解为基于高峰 T 时段内线路运能与需求的平衡下的推导,即 $TU'=TQ$,其中,$T=2\times\left(\frac{L_i}{v_y}+t_0\right)$。根据 $U'=U_{\min}=Q$ 求出发车频率 n,如式(5.11)所示:

$$n=\frac{\sum_{i=1}^{n}A_iS_i}{2Lm_H} \tag{5.11}$$

• 基于综合效益最优:线路发车间隔定义为$\left|t_{ij}-t_{ij-1}\right|$,以 min 为单位,则发车频率可以由式(5.12)确定。

$$n=\frac{60}{\left|t_{ij}-t_{ij-1}\right|} \tag{5.12}$$

由此可以得到农村客运主干线路配车的修正计算式如下:

$$W=\left(\frac{1}{v_y}+\frac{t_0}{L}\right)\times\frac{\sum_{i=1}^{n}A_iS_i}{m_H} \tag{5.13}$$

或

$$W=2\times\left(\frac{L}{v_y}+t_0\right)\times\frac{60}{\left|t_{ij}-t_{ij-1}\right|} \tag{5.14}$$

(2)支线配车分析

由于客流波动性较大,对农村客运线网中的支线配车一般不能用通常的配车方法,根据实地调查与相关经验总结,可以按照整体配车,局部调整的方法进行,即对主干线路所通向的片区或组团进行整体性配车。支线配车与行车组织密切相关,存在数量上的不固定性,主要服从于片区整体行车调配计划。主要配车策略有以下几种情况:

① 对于片区内部线路,即二级线网的支线配车,应当与线路运营方式相适应,对于公交化运营线路可按照干线配车方法进行配车;

② 对于每日仅开几趟班车,体现社会公益性的支线班车可以根据所在片区干线的客流服务时间差,灵活调用主干线路的运营车辆,做到资源的充分高效利用,避免重复投入造成浪费;

③ 对于道路条件不太理想,距离较偏远的行政村支线线路,应当根据运量需求和客流特征进行动态的运力配备,在框定局部运力的基础上采用符合技术标准的小客车(6 至 9 座)进行营运,可根据当地群众出行需要,核定线路,适当固定班次(如早中晚"三班制"方式),或与其他支线开展联合行车组织,以解决偏僻村庄、山区群众的出行。

支线的运力配备应体现灵活性,结合片区(乡镇)的支线条数、道路状况、客流条件等因素综合考量,充分结合主干线的车型、配车数等条件,既能满足农村地区乘客的出行需求,又能保障资源的共享与高效利用。

2)区域运力优化

在单线车辆配置计算中,主要是基于高峰客流需求进行配车分析,运力供给在非高峰期可能存在过剩现象,因此可以在片区运营组织的线网空间组织策略背景下,基于时空分布不均匀性,灵活运用多线联运方式,在保证客流运输能力的基础上，将系统运力降至最低。

(1)整体运力测算

在片区化运营组织条件下，运力的节约配置需要根据实际地域特点，结合线路及客流时空特征，从微观调配的角度进行细致测算。但是在实际应用中，为了定性把握某些关键性问题，往往需要先从宏观层面对片区运力进行整体性把握(如制定区域客运发展规划、运力发展规模分析时)，对该片区的供需平衡关系进行分析。而通过微观调配归结到宏观整体运力的方法往往较为繁琐和复杂，且往往精度要求也没有必要很高，这时可以考虑忽略一些微观特性，把握线路运行共有特征，对片区范围内的整体运力进行适当测算。基于农村地区客流的不均衡性，结合运输服务基本要求和运力调配能力等因素，提出如下测算公式：

$$W=\frac{M\times L\times P\times \beta\times \gamma\times (1-\mu)}{m\times v\times k\times \eta} \tag{5.15}$$

式中 M——片区农村客运的日客运量，人/日；

L——片区农村客运的平均运距，km；

P——片区高峰小时客运量占全日客运量比例，%；

β——片区客流平均方向不均衡系数，一般可取 1.1～1.5；

γ——片区客流季节不均衡系数，一般不大于 3；

μ——片区运力调配率，即片区节约车辆数占单线配车总和的比例，%；

m——片区车辆平均定员，人；

v——车辆平均运营速度，km/h；

k——高峰小时运营速度修正系数，农村地区影响较小，可取 0.8～0.9；

η——高峰小时车辆平均满载系数，一般取 0.6～0.8 之间。

注：以上各个参数取值均为片区总值或平均值，数据基于片区内各条线路数据的综合分析，其中，M 为双向客流量；$\beta=2\times$ 单向最大客流量/$(M*P)$；μ 反映片区联运车辆节约程度，具体取值需要结合片区实际进行测算，一般农村地区可取 0.2～0.4。

(2)运力区域调配整合

基于单线的运力配备往往达不到整体最优的配置目标，结合前文的线路空间组织及行车方式研究，以及线路车辆调度及发车频率的优化分析，可以看出农村客运线网的运力配置方案可以在单线运力配置的基础上，进一步的区域化、整合化、联动化。而客流在方向上、时间上的不均衡，为不同线路上的运力动态组合提供了可能。

由于出行目的不同，不同农村乘客的出行时间不同，各方向线路的高峰时间会有差异；或因为线路性质不同，存在通勤、旅游、休闲等不同服务性质的线路集合，客流高峰时段不同，因此这些线路车辆可以统一调配，互为补充。在片区组织方式下针对农村客运主干线路集的运力调配进行分析，支线的调配可以参照主干线进行。

如图 5.21 所示，假设某一片区内有 N 条主干线路，任取相邻两条线路 i 和线路 j。根据单线配车方法计算得到两条线路的独立配车数量为 W_i 和 W_j，由上节分析可知该数量主要基于线路高峰时段的客流需求进行求算的，因此在平峰时期，线路有富余的车辆可供调配。假设线路 i 的全日高峰时段为 $T_i=t_a-t_b$，线路 j 的高峰时段为 $T_j=t_c-t_d$，其中 t_i 为全天时刻，24 h 制。

① 若 $t_b>t_c$，或 $t_d>t_a$，即两条线路的高峰时段错位，不存在重合部分，则线路调配方式可以参见 Hamilton 回路中证明方法进行运力测算。

② 若线路 i 与线路 j 存在高峰时段重合部分 T_m，则错位部分为 $\Delta T=\left|t_a-t_d\right|-T_m$。错位存在 3 种情况：一是线路 i 与线路 j 同时开始，不同结束；二是不同开始，同时结束；三是不同开始不同结束，这三种情况属于同类调配方法范畴。

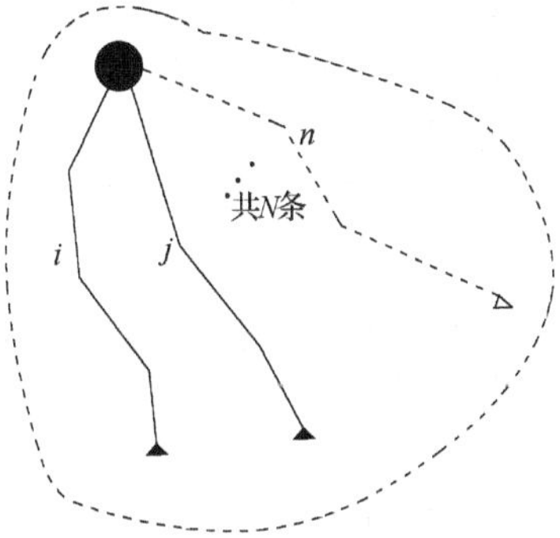

图 5.21　农村客运线网片区定位分布图

城乡客运线路长度一般多大于 25 km，单程行驶时间约 1 h 以上，返程时高峰已过且存在较大的方向性客流分布差异，因此线路 i 与线路 j 共峰期(一般为 1 h 左右)一般不存在运力供应紧张问题。

利用不同线路最大断面客流量同一时段的差异性，可以实现片区内线路间运力的互补。客流在方向、时间的不均衡性，为不同线路上的运力动态组合提供了可能。多线片区运营组织下的两条以上的线路，当最大客流断面或最大配车数不在同一个时段时，配车数量能够实现峰值之间的互补，一定程度上优化了资源的配置。当然以上举例只是最简单的组合，实际情况要复杂得多，但是只要秉承运营组织的片区统筹的原则和思路，就能在很大程度上节约资源，降低营运成本，提高经济效益。

3. 运力配置

1)运力配备影响因素

通过对农村客运实际营运情况进行分析，总结影响班线配置的因素主要包括客运量、政策引导、运价、市场规则、运距等。具体分析如下：

① 客运量

对任一条客运线路,客运量的预测值是该线路班线投放规模的决定因素;同时实际营运过程中统计到的客运量也是检验投入运力在总量和结构上是否合理、是否满足实际需求的一个重要标准。

② 政策引导

交通运输是具有一定垄断性的行业,特别是目前我国道路客运市场仍处于半开放状态,班线配置与优化调度等一系列问题必须由政府从宏观上进行调控,以引导农村客运行业科学、有序的发展。

③ 运价制定

通过对部分城市的实际数据统计分析得知运价变化对运力供给量的变动率略大于运价变化所引起的对运输需求量的变动率。若运价定得偏高,将可能误导客运市场的资源配置,造成部分客运线路运力过剩、实载率下降、运输资源严重浪费的局面,而且还将损害乘客的经济利益、削弱农村客运市场竞争力;反之亦然。同时对运价的管理不宜过死,应适度放开,通过一定范围内上下浮动的运价缓解市场供需矛盾,合理配置运力资源。

④ 市场规则

农村客运在市场经济大环境下,需要遵循市场经济的规律。过高的市场准入门槛、繁杂的规费征收条款等都会使运营者的经营成本大幅上升,出现乘客票价上涨,或是司机不堪重负停开线路等问题,因此班线配置必须遵循市场经济的规则,充分结合市场经济规则进行具体操作。

⑤ 运距长短

运距长短不同,乘客所能承受的等待时间也有所变化,因此运输距离的长短对运力结构具有一定影响,合理的班线配置结构可以提高车辆运行时的实载率。当运输距离近、运行时间较短时,旅客可接收的等待时间较短,客运班次要密集;相应地对运距较远的可适当延长发车间隔。

2)运力配置模型

① 基于单线片区组织

结合单线片区运营组织方案,提出搭配发车方案,以期用最少的车辆完成运输任务。针对这一问题,把干支线路统筹考虑,应用最优化方法建立数学模型,求解最优组合配车方案。

运力总量的确定主要取决于客运量,即某片区所要投放车辆的总班次要能满足客运总量的需求。农村客运的主干线路一般是赢利线路,而支线上的客流"源散量小",因此最佳运力搭配组合就是通过主支线捆绑运营,既体现一定的社会公益性,又要保证经营者在冷热线搭配联营的条件下经济效益的损耗最小。

目标函数:某个片区线路的每日营运总消耗最小。

约束条件:所有班次的运力总量≥片区内客运总量;满足公益性要求和农村居民出行时段分布特征,每条支线应至少确保每日开通早中晚 3 班车。

其数学语言模型可表示为:

$$\min Z = \beta\left(2\sum_i L_i R_i + L_{干} R_{干}\right)$$

$$\begin{cases} S\left(2\sum_i \alpha_i R_i + 2\alpha_{干} R_{干}\right) \geqslant Q \\ R_i \geqslant 3 \quad (i = 1, 2, \cdots, n) \end{cases} \tag{5.16}$$

式中　Z——某个片区线路的每日营运总消耗;

β——每辆营运车单位里程运营成本(元/km);

L_i——片区内 i 支线的里程(km);

$L_{干}$——片区内干线的里程(km);

R_i——片区内 i 支线每日配班数;

$R_{干}$——片区内干线每日配班数;

S——农村客运班车的核定载客数;

α_i——支线 i 的平均实载率;

$\alpha_{干}$——干线的平均实载率;

Q——片区内客运总量;

n——片区内的支线条数。

规定农村客运的班线的干支线均以乡镇客运集散点为原点,往返一次作为一个班次,在模型的目标函数和约束条件均以往返一次的运营总消耗和实载客数进行计算,即在计算时均在这两个指标前乘 2。

② 基于多线片区组织

多线片区组织中的不同线路的运行时间不同,如何统筹安排以较少的运力完成既定的发车任务,这是研究基于多线片区组织的班线配置方法的出发点。

农村客运班车的运营时间一般为早晨 5:30～下午 19:30,夏冬季节略有调整,但全年大致保证一个工作日为 14 h。设定所研究的片区共有 m 条主干线路,第 i 条班线共有 n_i 个班次,单程时间为 t_i(已包括各站内待客时间),在该优化问题中只考虑往返运输,发车点一致(可在县城的换乘站,或乡镇的客运站两者选其一),发出的车必须回到出发地后再发出,因此往返时间为 $T_i = 2t_i$。假定认为完成 1 个工作车日恰好需要 1 台车,1 台车在 1 个工作车日内可以跑 1 条或多条线路,那么问题转化为:要划分 n_i 个 T_i 须多少个 14 h 工作车日才能满足班次要求,且使剩余时间最少。分配工作车日的方案很多,如果 $T_i < 14$,则可以派 $\sum_{i=1}^{m} n_i$ 辆车足以完成客运任务,也就是说 1 个工作车日只完成 1 个班次,这是一种配车方案;如果某 T_i

<7,则1个工作车日至少可以完成两个班次,这又是一种方案。

假设划分1个工作车日的方案共有 J 个,第 j 方案中含有第 i 条线路上的班次数为 X_{ij} 个,按 j 方案划分的个数有 Y_j,则可用数学模型表达为:

$$\begin{cases} \sum_{i=1}^{m} X_{ij} T_i \leqslant 14 \quad j = 1,2,\cdots,J \\ \sum_{j=1}^{J} X_{ij} Y_i = n_i \quad i = 1,2,\cdots,m \end{cases} \tag{5.17}$$

X_{ij},Y_j 均为整数。

目标函数为:

$$\min Z = \sum_{j=1}^{J} \left[14 - \sum_{i=1}^{m} X_{ij} T_i \right] Y_j \tag{5.18}$$

Z 取最小值,Y_j 为 j 方案的个数。

这是一个非线性规划问题,其中变量较多,求解过程较为繁杂,建议通过编写计算机程序辅助完成。

4. 车型配置

1)车型选择原则

城乡公共客运车型的选择应当基于道路交通条件的限制和客运市场的发展阶段等因素进行综合考虑,一般可以有以下几点原则:

(1)与线网结构相适应

根据线网布局的层次和干支线的服务强度选择适宜车型,满足不同客运需求。

(2)与道路条件相适应

农村公路等级和基础设施的完善程度对车型的选择有较大影响,合理的车型有利于充分利用道路资源,提高运输效率,降低营运成本。

(3)与服务结构相适应

根据不同的服务对象和时段,如旅游、应急和夜宿线等,可以配置专用车型来体现服务的针对性和服务质量。

(4)与运营方式相适应

班线与公交化两者运营方式的特点对车型的选择提出了要求,不同运营方式决定了车辆的核载人数、技术性能以及内部结构等车型要素。

(5)与城市经济发展水平相适应

不同经济发展水平的县(区),对新车型的选择投放要适应地区发展的阶段和特色,避免一味追求城市形象而增加企业负担。

(6)与客运市场的发展阶段相适应

市场的不同培育期配置不同车型,适应了发展的惯性和连续性,有利于时空资源的合理组织分配及客运市场的健康有序发展。

2)车型配置策略

城乡公共客运车型的选择应当体现城市发展的阶段和特色，注重市场的不同培育期对车型的不同要求。一般的，可以根据各区县线网布局层次和干支线的服务性质及强度对线路车型进行分类，即分为干线车型、支线车型和特殊服务车型三类。

(1)干线车型选取与干线的运营方式(一般为公交化运营)相适应，车辆采用符合公交车辆技术标准的车型，并根据客流流量和发生频率选择车体构造形式，注重节约成本。

(2)支线车型选取与支线运营方式相适应，若为公交化运营可采用与干线类似的选型方法，若为班线运营，则可根据客流需求选取符合技术标准的小型客车，提高灵活应变性。

(3)特殊服务车型是针对特定线路的服务对象和时段，如旅游、应急和夜宿线等，配置专用车型来提高服务的针对性和服务质量，满足特殊的出行需求，选型时可适当提高车型档次。

(4)具体车型选取要考虑车价与票价的协调，权衡好车辆成本(包括维修保养、投资回报期等)和居民的承受能力；注重车辆自身性能的提高，在保证安全的前提下提高舒适性；考虑站场容纳能力和车辆实载率，选取适宜车长，明确投放更新；与企业经营方式相适应，展现车型优势，树立品牌，注重环保和信息化建设。见表5.3所示。

表5.3 车型配置方案一览表

性质		车型配备
城区线路	道路较宽，或公交主干线路，客运走廊	12 m级及其以上城市客车的基本配置，底盘承载19 t左右、比功率大于11 kW/t、中低地板(350 mm～450 mm，争取采用一级踏步)、配置自动变速器、配置欧Ⅱ(含)以上排放标准发动机、配置独立或非独立空调，配有卷帘式遮阳帘、下车提示系统、电子钟，另可选电脑报站器、投币机、电子路牌、车内滚动显示屏等各类辅助(包括智能化)功能设施。单车的座位数35个左右，单车的额定载客数为80人以上。车辆的20%～30%配置独立或非独立空调
	道路较窄，客流较少，或公交次干线	8～10 m级城市客车的基本配置，底盘承载11～16 t左右、比功率大于10 kW/t、中低地板、配置自动变速器、配置欧Ⅱ(含)以上排放标准发动机、配置各类辅助(包括智能化)功能设施。单车座位数15个左右，额定载客人数为50～70人左右。车辆的20%－30%配置独立或非独立空凋
城乡公交线路	线路：城乡主干线路，路况较好	10 m级高档城市客车的基本配置，底盘承载16吨左右、比功率大于11 kW/t、中低地板(550 mm～650 mm，争取采用两级踏步)、配置自动变速器、配置欧Ⅱ(含)以上排放标准发动机、配置独立或非独立空调，配有卷帘式遮阳帘、下车提示系统、电子钟，另可选电脑报站器、投币机、电子路牌、车内滚动显示屏等各类辅助(包括智能化)功能设施。单车的座位数50个左右，额定载客数为70人左右
	线路：区间线路、镇村线路、路况一般	8 m系列的中型柴油客车，底盘承载11 t左右、比功率大于10 kW/t、中地板、配置自动变速器、配置欧Ⅱ(含)以上排放标准发动机、配有卷帘式遮阳帘、下车提示系统、电子钟，另可选电脑报站器、投币机等辅助设施。单车座位数20－30个左右，额定载客人数为40左右

5.2 案例:江宁城乡公共交通发展规划

随着江宁行政区划的调整,江宁城区规模扩大,现有公共交通体系已不能适应城市土地利用方式、城市规模与结构、交通基础设施、居民出行需求等公交基本要素的变化,也不能有效地配合江宁作为南京新市区的城市化进程和城乡统筹协调发展要求。有必要针对城乡公交展开研究与规划,推动城乡一体化的发展,满足居民日益增长的公交出行需求。

5.2.1 规划范围、层次和期限

范围:江宁区整个区域范围,总面积 1 573 km^2。

层次:分为江宁城区、江宁行政辖区两个层次。

1. 第一层次

城区规划建设用地范围,是城市总体规划用地范围。该层次进行城区公交线网和场站设施布局,并考虑江宁城区与主城之间的联系,进行常规公交线路疏解调整、地铁线路以及快速公交线路(BRT)的衔接等。

2. 第二层次

江宁行政辖区:为区域城镇体系规划范围,面积 1 573 m^2/km,包括城区及其它各街镇。明确场站设施及用地,涉及公交线路安排,按城乡统筹发展要求对城乡公共交通建设与管理进行统一规划。

期限:规划基年:2005 年;规划特征年:近期 2006～2008 年,中期 2008～2010 年,远期展望到 2015 年。

近期规划提出兼顾社会效益和经济效益的实施方案,中远期规划主要确定公共交通发展目标、规模、总体布局和交通政策的重大发展方向,并使当前的决策和措施符合长远发展目标。

5.2.2 城乡公交现状及需求预测

5.2.2.1 城乡公交发展现状分析

通过对江宁城区公交线网布局、公交基础设施、公交客流特性以及公交运营管理进行的现状调查分析,得出江宁城区的公交现状存在以下问题:

(1)公交线网布局存在公交服务薄弱地区;

(2)场站建设相对滞后,首末站用地缺乏保障,中途站及枢纽站点需要优化;

(3)公交经营与服务水平有待提升;

(4)公交日常运营调度管理水平有待提高;

(5)公共交通对城市空间结构调整的适应性不强；

(6)目前公交发展资金缺乏,制约了公交进一步的发展。

通过对江宁城乡客运线路通达状况、街镇客运场站现状以及城乡客运线路客流特性的调查分析,得出江宁城乡公交存在以下问题：

(1)城市公交和城乡客运协调发展的问题；

(2)城乡线路重复系数较高,缺乏合理协调；

(3)城乡公交运营组织水平有待提高；

(4)基础设施建设有待进一步加强；

(5)镇村、村村线路缺乏合理的经营管理。

5.2.2.2 城乡公交需求预测

区域内公交需求是由该区域的公交分担率决定的,而公交分担率直接反映出行者对公交的依赖程度,是公交服务水平的集中体现。因此,公交需求与城市公交所能提供的服务水平直接相关。另外,私人交通工具的拥有状况无疑会影响出行者的出行方式选择,因而也影响对公交的需求。在反映公交服务水平的指标中,行车速度、步行时间或距离、等待时间、票价及换乘次数是出行者选择出行方式时主要考虑的问题,以上几个指标以及私人交通工具拥有率是决定公交分担率的重要因素。

江宁公共交通需求预测分城区公交需求预测和城乡公交需求预测两个部分,图5.22和图5.23分别为2010年江宁城区与城乡公交需求期望线。

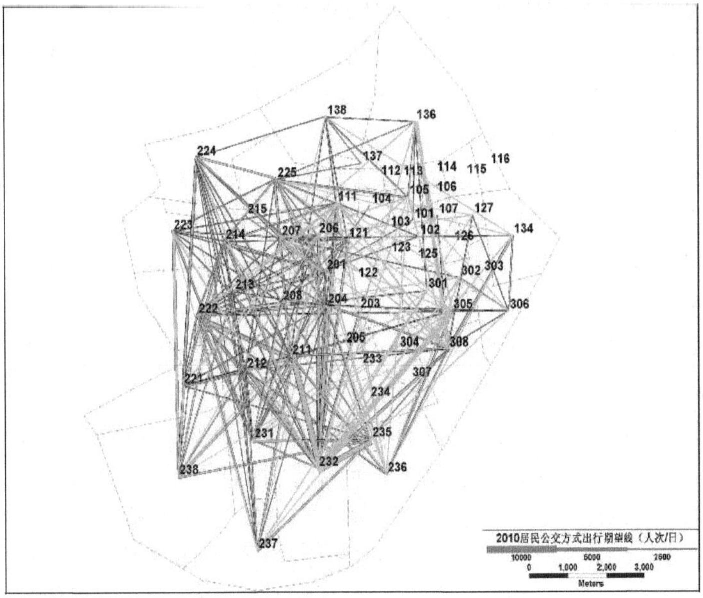

图5.22 2010年江宁城区公交出行OD预测

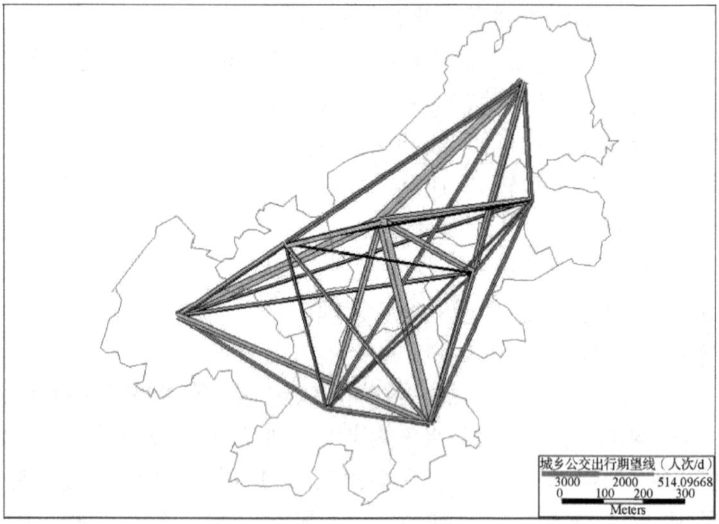

图 5.23　2010 年江宁城乡公交出行期望线

5.2.3　公共交通线网规划

5.2.3.1　城区公交线网规划

本次线网规划采用定纽与织网相结合的方法。即首先结合公交综合场站、长途客运站及城市中心区建设产生初始线网方案，在城区内形成几个一级公交枢纽；结合轨道交通建设，形成二级公交枢纽。在中心城区周边选取了若干个客运结点分析后建立城镇公交的农村客流集散中心；以城区一级公交枢纽和农村集散中心为“纽”，“编织”中心城区与集散中心的“城乡公交网”，形成辐射状模式的城镇公交网，便于客流换乘工作；在城区内部，以一级公交枢纽与二级公交枢纽为“纽”，“编织”的网状模式的城区分级公交初始线网，再根据客流分析优化确立公交线网。

公交线网规划与优化的阶段分为：公交线路备选方案集的产生、公交线网规划优化方案的产生。

公交线路备选方案集的产生过程为：在分析评价原公交线网与客流分布特点基础上，考虑到要保持公交服务的连续性，保留原线网中的合理线路作为规划方案的备选线路集的一部分；结合江宁预测的公交 OD 分布情况，通过逐步扫描法，得到的 OD 量较大的 OD 点对之间的客流选择路径作为备选线路集的一部分；考虑实际公交客运特点，充分吸收汲取公交运营企业的意见，将企业提出的近期公交线网新增、调整的某些线路选入备选线路集。

江宁近期公交线网优化方案的产生过程采用的是一个操作性较强的交互式优化过程。首先将原公交线网中合理的线路保留下来作为规划网的一部分，这考虑到了居民公交出行及公交线网规划的连续性，原公交线网绝大部分合理而又具有较好的公交运营效益的线路是近期公交规划网中的相对稳定的部分，这与城市绝大部分区域人口分布、用地情况相对稳定这一特点相适应。其次，从备选线路集中选取不同的公交线路子集与上述相对稳定的线路集一起构成一个公交线网规划初始方案。

然后对此方案进行线网评价、客流分析，特别是对各条备选线路进行综合效益分析。线路综合效益分析主要包括此线路的社会效益、线路的营运效益、线路的预测客运总量以及线路的城市交通功能。经过分析评价，剔除不合理线路，然后从备选线路集中选取新的公交线路，再次形成一公交线网方案，得到下一次迭代的公交线网规划初始方案。调优过程如此迭代下去，直至组成备选线路集的各条线路的效益或评价均满意或可接受为止。必要时对此方案作适当的局部性调整，最后输出公交线网规划推荐方案。如图 5.24 所示。

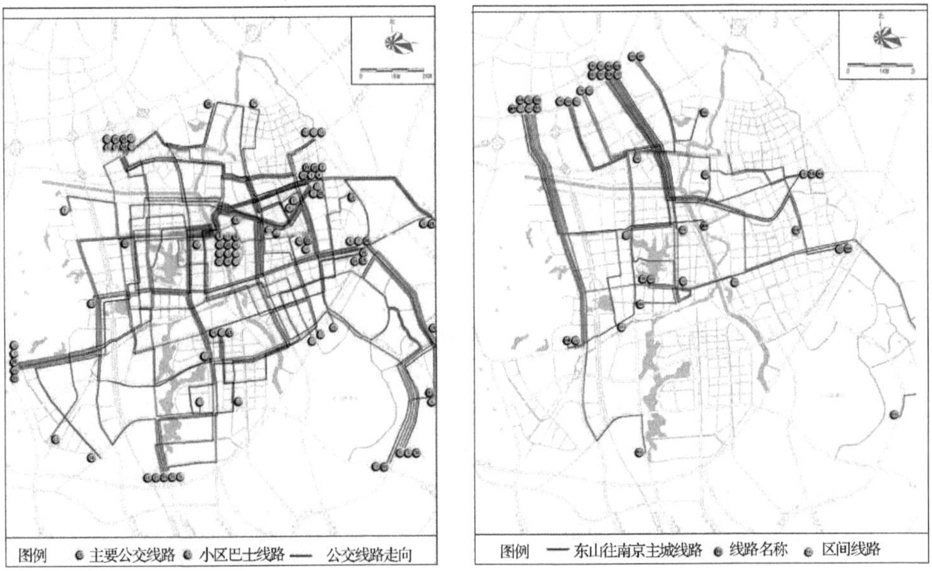

图 5.24　城区公交线网布局规划方案图

5.2.3.2　城乡公交线网规划

1. 农村客流集散中心的确定

根据评价系统所要达到的目标及指标体系与目标层的关系，采用单纯矩阵法对客运结点的重要度进行评价。综合指标值对各客运结点的重要度进行排序见表5.4。

表 5.4 各客运结点的综合评价值

结　点	汤　山	铜　井	谷　里	江　宁	丹　阳	横　溪	陶　吴
综　合评价值	0.097	0.088	0.051	0.088	0.045	0.063	0.074
结　点	土　桥	周　岗	上　峰	湖　熟	淳　化	禄　口	秣　陵
综　合评价值	0.051	0.057	0.057	0.084	0.074	0.097	0.074

第一类(主要客运结点):汤山、铜井、禄口;

第二类(次要客运结点):江宁、湖熟、横溪、秣陵、淳化;

第三类(一般客运结点):土桥、周岗、上峰、陶吴、谷里、丹阳。

主城区虽没有参与农村客运结点重要度的评价,但主城区的综合评价值必定大于其他的客运结点,它是整个公交客运线网的中心,是整个市域内重要的交通枢纽点及最大的客流疏散点,公交客运线网将以主城区为中心向四周发射分布;汤山、铜井、禄口、湖熟等结点的综合评价值居于主城区与其它客运结点之间,是整个客运线网的次中心,也将在未来起着经济片区中心地位的作用,因此它们与主城区的交通联系紧密度要高于其他结点,并形成以它们为中心的二级农村客运网络的形成和分布,促进街镇之间以及镇村、村村之间联系。

根据客运结点重要度分析,并考虑城镇公交网络辐射和客流转换功能的需要,选取 9 个地区确定为区域客流集散中心,并规划建设相应等级和规模的公交场站,实现城乡客流以及农村内部客流的集散与转换功能,具体分布在:汤山、铜井、禄口、湖熟、横溪、秣陵、淳化、土桥、谷里。

2. 城乡公交线网规划方案

到 2010 年,全区构筑形成城区—街镇—行政村的三级城乡公交客运网络,建立整个区域内相互衔接、零缝隙换乘、资源共享、布局合理、方便快捷、畅通有序的公交客运网络新机制,以“城乡一体化、区间网络化、镇村辐射化、布局合理化”的发展思路,实现村村通公交,到期末建成分区分级、纵向到边、横向衔接、功能完善的城乡一体的公交大格局。在现有客运基础资料的基础上,结合城乡客运 OD 预测结果,尽量保留现有线路的走向,满足“村村通”的要求,2010 年城乡公共交通主要线路规划方案如图 5.25 所示。

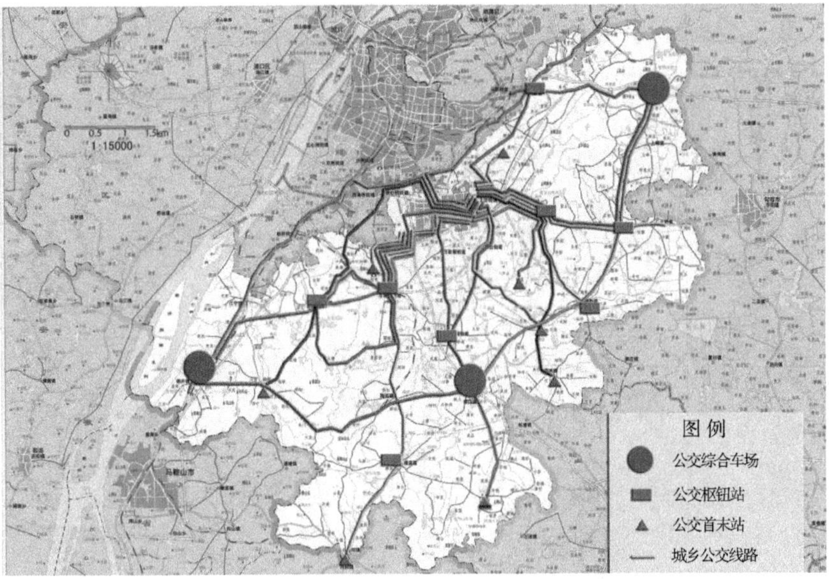

图5.25 2010年江宁城乡公共交通线路规划方案图

5.2.3.3 快速公交线网规划

1. 东山—主城公交快速通道

规划以轨道交通为依托，在BRT线位确定并规划建设的基础上，对江宁城区往主城的部分常规公交线路进行快速化改造，结合线路疏解，设立大站快车线，并根据主要客流走廊新增布设大站快车线路，与轨道交通、BRT以及常规公交系统共同形成多层次公交线网布局与服务体系。

2. 城乡骨干线路大站快车线路

根据江宁城镇空间结构以及规划线网空间分布特点，江宁城乡公交线路按片区定位。以片区为指向的城乡骨干线路可以在线网规划的基础上，依托良好的道路条件，改造和设置大站快公交线路。

5.2.3.3 分层分区线网衔接

1. 城乡线网衔接分析

规划构建了城区—街镇—行政村三级公交客运网络，三级网络之间主要依托大型客运场站进行线路衔接，在主要客流集散点进行换乘。如图5.26所示。

(1)城区与城乡公交衔接

城区与城乡公交线网衔接模式可分为穿越式与切向式两种，规划近期，城乡与城区公交采用穿越式＋切向式相结合的衔接模式，以东山总站、金宝市场、佛城西路站等为转换中心，实现客流方式转换随着江宁城市交通的日益发展，为避免城乡

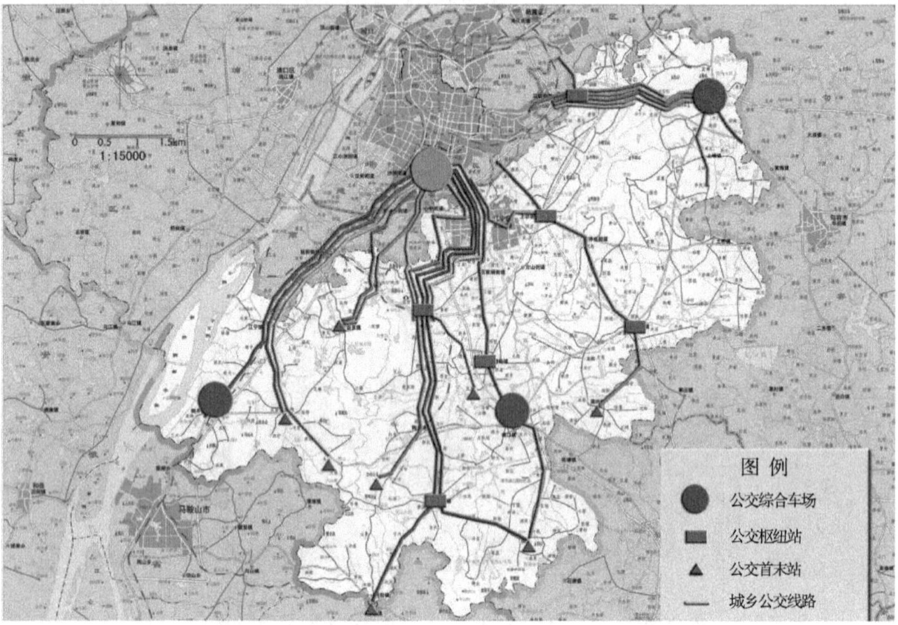

图 5.26 2010 年江宁城乡公交快速公交线网规划图

线路穿城加剧城区内的交通拥挤，远期应逐步将换乘点外迁，以切向式客流换乘模式为主，在城区外围实现客流方式的转换。

(2)农村客运网络衔接

农村线网以客流集散中心为结点，实现城乡客流以及农村内部客流的集散与转换功能，具体分布在：汤山、铜井、禄口、湖熟、横溪、秣陵、淳化、土桥、谷里。

2. 常规公交与轨道交通衔接分析

南京地铁 1 号线南沿线部分，呈 L 型穿越江宁城区，城区内部共设置了 9 座车站，结合线路走向，设置公交换乘枢纽，共与 32 公交线相衔接。

由于轨道交通线有站距大的特点，为了弥补这一特点带来的轨道交通沿线短距离出行的不便，在轨道交通线经过的部分路段，布设了区内 3w、4w、16w、34w 等平行线路，作为辅线，满足沿轨道交通线短距离出行的需要；于轨道交通线路重叠的公交线路地段车站适当加密，方便短途乘客乘坐。

3. 城区内部线网衔接分析

(1)片区间公交联系分析

按照城市总体规划中的片区划分，江宁城区划分为六大片区，以下分别对各片区间公交联系线路进行分析，以便明确线网的片区服务情况和对总体布局的把握。总体上各片区之间主要通过各类线路进行衔接和转换。

(2)城区内部与往南京主城公交线路衔接分析

江宁与南京主城联系日益紧密,应通过换乘枢纽设施建设和线路合理的布局规划,实现两者的网络化联系和有效衔接。如图5.27所示。

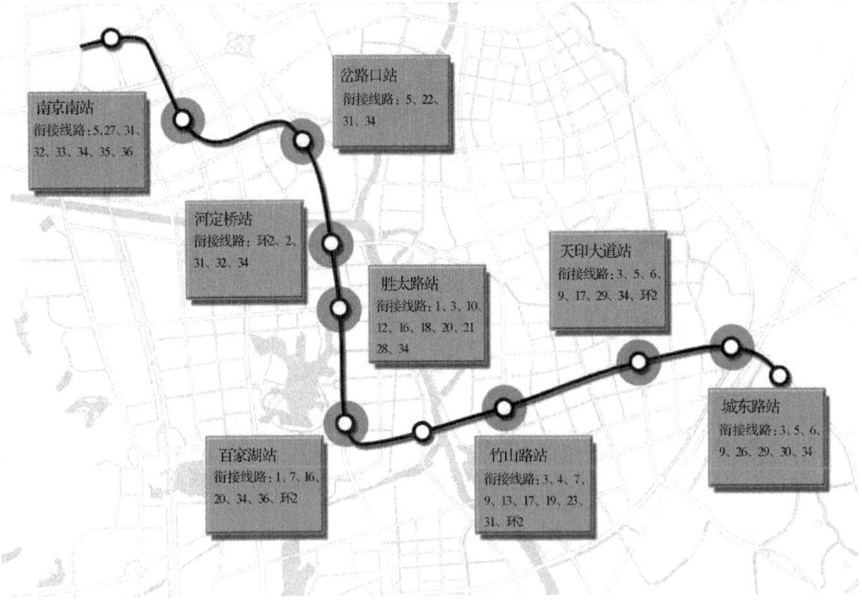

图5.27　江宁常规公交与轨道交通衔接图

① 点的衔接

江宁城区往主城线路的起点呈分散式分布于江宁城区各处,其与城区内部线路的主要换乘枢纽点有东山总站、浙江商品城、同曦鸣城、河定桥。

② 线的衔接

往南京主城公交线路的方向性较为明显,通过在部分路段布设并行线路和垂直线路,实现线网衔接。具体有天元路、胜太路、秦淮路以及将军路。

5.2.4　城乡公交场站布局规划

目前,江宁各街镇大多设有简易场站,但是这些场站的位置与设施已不适应城乡公交运行的要求。从发展城乡公交网络和各地区规范当地的交通秩序来看,有必要健全和完善各地站场基础设施。

根据农村客流集散中心分析,考虑城乡公交网络辐射和客流转换功能的需要,选取了9个地区确定为区域客流集散中心,规划建设公交综合车场和枢纽站,根据城乡线网发展需要,充分利用现有场地新建改建公交首末站。2010年城乡公交场站规划分布图如图5.28所示。

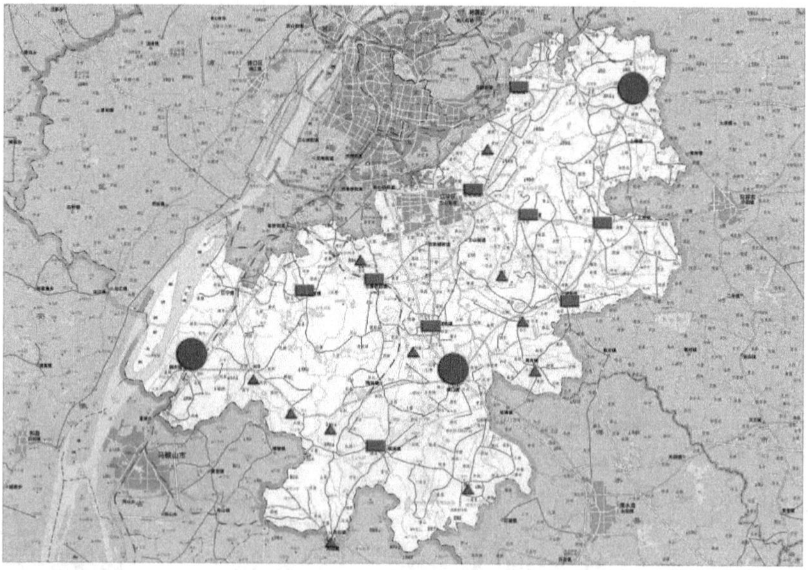

图 5.28 城乡公交场站布局规划图

5.2.5 城乡公交运营组织

根据江宁的地域特点和地区社会经济发展阶段,基于农村客流特征,采用分片区线路运营组织形式能够较好的适应江宁城镇空间体系的发展趋势,有利于城乡公交一体化进程的顺利推进。

(1)江宁城区与街镇以及主城与街镇之间的线路多存在复线情况,对于起点不同,路径大部分相同线路,可以进行"Y"型整合,如金丹线与安丹线,东井线与宁井线;

(2)在"Y"型整合的基础上,结合相同路径但终点不同的线路,可以将其归并到"Y"组合中去,有选择性的进行"双 Y"整合,如将宁陆线、宁朱线等归并到"宁井与东井"组合中去,将宁铜线、宁云线、宁凤线等归并到"安丹与金丹"组合中去,或者两两组合,独立形成新的"Y"型组合。同时可结合部分村村通支线,有选择的进行"V"型和"O"型整合,归并到干线组合中去。

(3)对于起点和终点基本相同,但是路径不同的,或是起点和路径不同,但是有多个相切点的情况,可以进行"O"型整合,如双周线和浙周线,并结合村村通支线,形成干线"O"型、支线"V"型或共同构成"8"字型等线路组织形式。

随着江宁城乡一体化进程的加快,片区之间联系日益紧密,未来城乡公交线网将逐步演变归并为一个整体,并纳入到城市公交网络上来,和城区公交一起,实现统一的网络化运营管理。此时片区与片区之间的界限逐渐被淡化,线路组织呈现一种片区融合，并统筹区域范围内城市公交线网和城乡公交线网的形式，突显了区域范围的合理调度和优化，实现大区域范围的资源整合。在片区发展的基础上，未来江宁公交将体现城区和城乡公交线路统筹，在城乡客运线网整体组织的基础上，完善城乡公交线网与城市公交网络的衔接，协调各方利益，保证一定的公正性，最终实现城乡公交统筹协调发展。

5.2.6　案例特色分析

1. 加强城区与南京主城的联系，以多通道多元化模式实现江宁与南京主城的多点对接

规划要求根据南京市轨道交通线网规划，结合进入江宁区的轨道交通系统，安排轨道交通与道路交通的接驳换乘，以轨道交通作为承担东山新市区与南京主城公共交通联系的主体。常规公交与快速轨道交通在城市客运系统中是不同层次、不同功能、不同服务水平的交通模式，是线与面之间的关系。两者有机结合，互相补充，共同发展，提高公共交通在居民出行中的比例，确立以公共交通为城市交通主导地位，将起到重要的作用。

轨道交通作为承担东山新市区与南京主城公共交通联系的主体的同时，常规公交应成为有效的补充，应通过换乘枢纽设施建设和线路合理的布局规划，实现两者的网络化联系和有效衔接，衔接方式有点的衔接与线的衔接。江宁城区往主城线路的起点呈分散式分布于江宁城区各处，其与城区内部线路的主要换乘枢纽点覆盖人口集中的片区；往南京主城公交线路的方向性较为明显，通过在部分路段布设并行线路和垂直线路，实现线网衔接。

2. 以公交优先支撑老城区发展，以通道建设沟通老城、新区，以大运量公交联系各片区

江宁城区由原东山老城和江宁开发区以及江宁科学园共同组成。老城区是商业、金融、贸易、文化、娱乐、服务设施相对较集中的地区，吸引力大，客流密集。考虑到有限的道路资源，预防小汽车化交通的冲击，老城将发展高效率、高服务水平的公共交通为导向，全面构筑可持续发展的城市客运交通体系。以公交优先为原则，完善老城道路网络，努力实现机非分流，加强交通需求管理，使道路交通设施建设、运行管理与该地区社会、经济发展形成互为协调的良性循环，促进老城区商贸繁荣与环境改善。

老城区由于其经济文化的中心地位并未改变，人口密度较高，往返于老城和其它片区（百家湖、科学园等）以及主城的客流量较大。为保证老城区与新区及主城间的道路能满足高峰期居民通勤需要而不出现过度拥挤现象，加强老城区与其它片区以及主城间的通道建设，合理布设公交线路、完善公交场站建设，适当设置公交优先车道，以满足片区间的紧密联系。

3. 多层次城乡公交客运网络

到2010年，全区构筑形成城区—街镇—行政村的三级城乡公交客运网络，建立整个区域内相互衔接、零缝隙换乘、资源共享、布局合理、方便快捷、畅通有序的公交客运网络新机制，以“城乡一体化、区间网络化、镇村辐射化、布局合理化”的发展思路，实现村村通公交，到期末建成分区分级、纵向到边、横向衔接、功能完善的城乡一体的公交大格局。在现有客运基础资料的基础上，结合城乡客运预测结果，尽量保留现有线路的走向，满足“村村通”的要求。

规划构建的三级网络之间主要依托大型客运场站进行线路衔接，在主要客流集散点进行换乘。农村线网以客流集散中心为结点，实现城乡客流以及农村内部客流的集散与转换功能。

第 6 章　出租汽车交通发展规划

出租汽车是指充分满足乘客和用户意愿而被雇佣的营业车辆,分为按照乘客和用户意愿提供客运服务与车辆租赁服务两大类:出租汽车客运服务是为乘客提供运送服务,并按照里程和时间或仅按里程收费的经营活动;车辆租赁是指在约定时间内租赁经营人将租赁汽车交付承租人使用,收取租赁费用,不提供驾驶劳务的经营方式。本书所讲述的出租汽车主要指前者。

出租汽车是城市公共交通系统的重要组成部分,是一种辅助的公共交通方式,目前国内的出租汽车交通发展规划大多是作为公共客运交通规划的一部分对其进行研究。

6.1　技 术 指 引

出租汽车交通发展规划是指根据城市发展规模、用地布局和道路网规划,在出租汽车交通方式分担率预测的基础上,确定出租汽车发展规模、租价、营运场站设施用地、行业发展政策等,使出租汽车交通客运能力满足客流出行需求。

6.1.1　规划目标、规划期限与范围

1. 规划目标

以城市交通发展战略为指导,确定科学合理的出租汽车发展规模、经营管理策略以及服务网点布局,在保持城市合理交通结构的前提下,满足城市居民和流动人口的出行需求;提出切实可行的出租汽车规模发展方案,谋求出租汽车市场的稳定发展,形成规范、健康、有序的良性发展循环。

2. 期限与范围

出租汽车交通发展规划的研究范围一般是城市总体规划确定的城市建成区。

从规划年限来看,一般分为近期规划和远期规划。近期规划要求结合城市出租汽车发展的具体阶段,充分利用和整合已有资源对行业进行初步改造,突出可操作性,明确城市出租汽车发展规模,在经营模式和管理体制上提出切实可行的方法与策略,解决城市出租汽车市场突出的问题和矛盾;远期规划总体上要求出租汽车行业适应城市发展目标,整合优质资源,进一步完善经营和管理体制,提高行业的

科技含量,实现车型多元化,丰富个性化服务。

3. 规划任务

城市出租汽车交通规划的主体任务包括基础资料收集与市场调查分析、发展规模预测、车型结构确定、租价体系构建、营运站点布局、运营管理模式及发展策略规划等。

6.1.2 规划依据

1. 经过国家或上级批准的城市总体规划、分区规划及有关的全市性的上位专业规划;

2. 城市交通发展战略规划、综合交通规划、城市道路网络规划、对外交通规划、公共交通规划等;

3. 相关标准及技术规范。

6.1.3 规划主要内容与流程

1. 规划内容与工作思路

(1)开展出租汽车市场调查,包括乘客和司机问询调查、站点实地调查,以及社会经济、客运交通发展、行业发展历史等资料收集工作,在此基础上对出租汽车行业现状存在问题进行分析诊断;

(2)分析出租汽车交通系统发展环境,结合出租汽车交通发展战略目标,分析出租汽车交通方式在公共客运交通中分担率,进行出租汽车交通需求预测;

(3)确定出租汽车发展规模和相应的车型结构,构建城市出租汽车行业租价体系,对营运站点进行规划;

(4)制定运营管理策略和规划保障措施。

2. 规划技术流程

具体内容如图6.1所示。

6.1.4 成果构成及要求

1. 成果构成

出租汽车交通发展规划成果包括规划文本与图纸、研究报告。

2. 研究报告内容

(1)出租汽车发展历史及市场调查分析;

(2)出租汽车交通发展战略;

(3)出租汽车运力与车型结构规划;

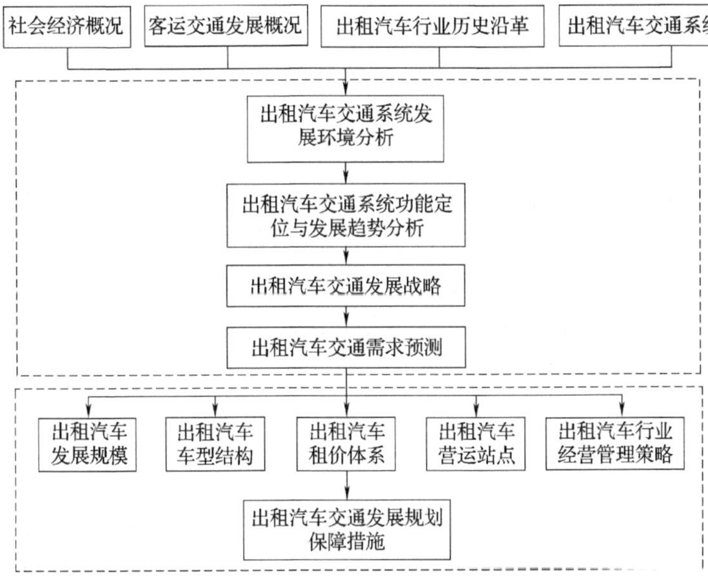

图6.1 城市出租汽车交通发展规划技术流程

(4)出租汽车营运站点规划;

(5)出租汽车租价体系制定;

(6)出租汽车运营管理方案;

(7)规划实施保障措施。

3. 规划文本内容

(1)出租汽车交通发展战略;

(2)出租汽车运力与车型结构规划;

(3)出租汽车营运站点规划;

(4)出租汽车租价体系制定;

(5)出租汽车运营管理方案;

(6)规划实施保障措施。

4. 规划图纸

出租汽车营运站点布局图。

6.1.5 关键技术方法

1. 出租汽车发展规模预测

出租汽车发展规模预测主要在调查分析的基础上,结合相关的资料数据,采用宏观与微观预测相结合、定性与定量分析相结合、常规方法与数学模型相结合的多种组合预测方法进行。

(1)预测方法和模型

目前用于出租汽车交通发展规划的主要预测方法:供需平衡预测法、比例法、指数平滑法、神经网络预测分析法等。

① 供需平衡法

出租汽车的运输需求与供给是一对相互联系、不可分割的概念,若供大于求,则道路上就会出现大量的空驶车,造成道路资源浪费,车辆利用率低,甚至造成出租汽车行业的不稳定;若供小于求,则会产生打车困难的情况,给出租汽车乘客造成不便,也违背了出租汽车给乘客带来方便的宗旨。因此,考虑根据实际的出租汽车运输需求来确定出租汽车总量供给。

供需平衡法是从出租汽车所完成的城市居民和流动人口出行周转量入手,并结合出租汽车空驶率,对城市出租汽车拥有量进行计算的方法,先定义以下几个概念。

有效行驶:将出租汽车载客时的行驶状态称为有效行驶,相应的行驶里程称为有效行驶里程。

无效行驶:将出租汽车在未载客时的行驶状态称为无效行驶,相应的行驶里程称为无效行驶里程。

行驶总里程:一天中有效行驶里程与无效行驶里程之和。

平均运营速度:出租汽车全天行驶总里程与运营时间之比,平均运营速度与出租汽车行驶速度以及司机等客、休息时间的长短有关。

出租汽车平均空驶率:将一天中无效行驶里程与行驶总里程之比称为空驶率。

平均有效车次载客人数:出租汽车在运营中,平均每次有效行驶时所运载的乘客数。

出租汽车承担的城市居民出行周转量可用下式计算:

$$W_1=R_1 \cdot A_1 \cdot P_1 \cdot D_1 \tag{6.1}$$

式中 W_1——出租汽车承担的城市居民出行周转量(万人·km);

R_1——城市居民人口总量(万人);

A_1——城市居民人均日出行次数;

P_1——城市居民出行方式结构中出租汽车所占的比例;

D_1——城市居民平均出租汽车方式出行距离(km)。

出租汽车承担的流动人口出行周转量可用下式计算:

$$W_2=R_2 \cdot A_2 \cdot P_2 \cdot D_2 \tag{6.2}$$

式中 W_2——出租汽车承担的流动人口出行周转量(万人·km);

R_2——流动人口总量(万人)；

A_2——流动人口人均日出行次数；

P_2——流动人口出行方式结构中出租汽车所占的比例；

D_2——流动人口平均出租汽车方式出行距离(km)。

考虑到出租汽车在运营过程中，每次有效行驶所运载的乘客数不同。为完成客运需求，全市出租汽车所必须的总有效行驶里程可用下式计算：

$$L_{有}=\frac{W_1}{S_1}+\frac{W_2}{S_2} \tag{6.3}$$

式中　$L_{有}$——全市出租汽车总有效行驶里程(万·km)；

S_1——城市居民乘坐出租汽车时平均有效车次载客人数(人)；

S_2——流动人口乘坐出租汽车时平均有效车次载客人数(人)。

根据本文所定义的空驶率，其计算公式为：

$$K=1-\frac{L_{有}}{T\cdot V\cdot n} \tag{6.4}$$

式中　K——空驶率；

T——一天当中出租汽车平均运营时间(h)；

V——出租汽车平均运营车速(km/h)；

n——城市出租汽车总量。

将式(6.4)变换，得到城市出租汽车总量计算公式为：

$$N=\frac{L_{有}}{(1-K)\cdot T\cdot V} \tag{6.5}$$

另外在对一些大城市的出租汽车运营状况进行调查时发现，城市中的出租汽车并不都处于运营状况，大约有10%的出租汽车出于年检、修理、接受处罚或司机个人情况等原因而没有投入运营。考虑到一定的弹性，认为一个城市中一般有10%左右的出租汽车未投入运营。因此，城市出租汽车拥有量应为：

$$K=\frac{L_{有}}{T(1-K)\cdot V\cdot 0.9} \tag{6.6}$$

② 比例法

首先通过收集国内同类城市的出租汽车拥有量，其次参考国外城市的出租汽车拥有量，然后结合城市商贸、旅游、文化交流等活动以及城市规模、经济水平等主要影响因素，确定规划年城市的出租汽车万人拥有量，再根据规划年的人口预测值，得出出租汽车的预测结果。

③ 神经网络预测法

此模型需要先对城市公共交通需求总量进行预测，然后根据规划年出租汽车的分担率确定出租汽车承担的客运量，再根据具体参数的确定得出规划年的出租汽车总量。

BP 网络的结构如图 6.2 所示，它是一种单向传播的多层前向网络，前向神经网络通常有输入层、输出层和一层或多层隐含层。

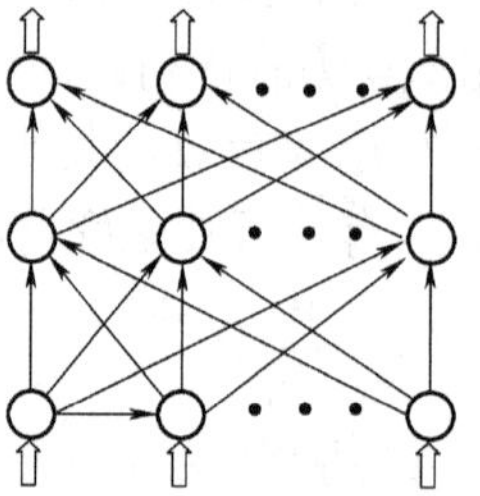

图 6.2 BP 神经网络结构

由于影响城市公共交通需求的因素很多，如人口、经济等以及其他社会因素，它们与城市公共交通需求的关系相当复杂，通常选取对城市公共交通需求影响的五个主要因素，即历年来的城市人口、国内生产总值、职工平均工资、对外客运量、人口密度等作为模型输入变量。设 Y 为某一物理量（输出），$X_1,\cdots,X_p$ 为其 p 个因素（输入），即

$$Y(y)=f(X_{1t},X_{2t},\cdots,X_{pt})+\varepsilon_t \qquad (t=1,\cdots,N) \tag{6.7}$$

式中 $f(\cdot)$——非线性映射，预测过程中将利用神经网络来实现这个映射。

Step:隐含层节点的输入、输出计算

a. 隐含层结点 j 输入 I_j

$$I_j=\sum_{i=1}^{n}W_{ij}x_i+\theta_j,(j=1,2,\cdots,l) \tag{6.8}$$

式中 x_i——输入层结点 i 的输入；θ_j 为隐含层结点 j 的阈值。

b. 隐含层结点 j 输出 E_j 为

$$E_j=f(I_j)=\frac{1}{1+e^{-I_j}}=\frac{1}{1+e^{-(\sum\limits_{i=1}^{n}W_{ij}x_i+\theta_j)}} \tag{6.9}$$

Step:输出层节点的输入、输出计算

a. 输出层结点输出误差 δ 为

$$\delta=(Y-y) \tag{6.10}$$

式中 Y——输出层希望输出的目标输出。

b. 隐含层结点 j 输出误差 δ_j 为

$$\delta_j=E_j\delta G_j,(j=1,2,\cdots,m) \tag{6.11}$$

Step:输出误差判断

若输出层和隐含层结点输出误差 $|\delta|$、$|\delta_j|$ 均在限定值 ε 内，则训练结束，输出

训练结果 W_{ij}、G_j、θ、$r(i=1,2,\cdots,n;j=1,2,\cdots,m)$。反之，进行第四步进行误差的反向传播。

Step：误差的反向传播

a. 输出层与隐含层之间的权值 G_j 调整

$$G_j(t+1)=G_j(t)+\eta\delta E_j+\alpha[G_j(t)-G_j(t-1)] \tag{6.12}$$

式中 t 为迭代运算次数；$\eta(0<\eta<1)$ 为学习效率（即权值的增益系数），当学习速度较快，但收敛性变差，可能产生振荡，但取值过小则影响学习速度，学习系数 η 的取值一般不宜太小或太大，太大使学习不易收敛，而太小又会使学习过程较长，一般可通过实验来调整，初始值取 0.2～0.3 为宜；$\alpha(0<\alpha<1)$ 为惯性系数，用于调整加速学习的收敛速度，取值一般可在 0.7～0.8 左右。

b. 隐含层与输入层之间的权值 W_{ij} 调整

$$W_{ij}(t+1)=W_{ij}(t)+\eta\delta_j x_i+\alpha[W_{ij}(t)-W_{ij}(t-1)] \tag{6.13}$$

c. 返回到第一步。

④ 指数平滑预测法：通常采用三次指数平滑预测法

$$F_{1+m}=a_t+b_t\cdot m+c_t\cdot m^2 \tag{6.14}$$

$$a_t=3S_t^{(1)}-3S_t^{(2)}+S_t^{(3)} \tag{6.15}$$

$$b_t=\frac{\alpha}{2(1-\alpha)^2}[(6-5\alpha)S_t^{(1)}-(10-8\alpha)S_t^{(2)}+(4-3\alpha)S_t^{(3)}] \tag{6.16}$$

$$c_t=\frac{\alpha^2}{2(1-\alpha)^2}(S_t^{(1)}-S_t^{(2)}+S_t^{(3)}) \tag{6.17}$$

$$\left.\begin{aligned}S_t^{(1)}&=\alpha Y_t+(1-\alpha)S_{t-1}^{(1)}\\S_t^{(2)}&=\alpha S_t^{(1)}+(1-\alpha)S_{t-1}^{(2)}\\S_t^{(3)}&=\alpha S_t^{(2)}+(1-\alpha)S_{t-1}^{(3)}\end{aligned}\right\} \tag{6.18}$$

式中　$S_t^{(1)}$，$S_t^{(2)}$，$S_t^{(3)}$——分别为第一、第二、第三次平滑值；

α——权系数，通常取 0.01～0.3 之间，此处取 0.1；

F_{1+m}——第 $t+m$ 时刻的预测值；

m——时间序列。

(2)预测方法评价

采用不同的预测方法对同一个城市的出租汽车发展规模进行预测的结果是不同的，主要原因是由于各种方法都有其本身的局限性，使得预测的结果存在一些差异。因此为了更全面地反映出租汽车未来的发展状况，尽量准确地得到一个城市未来年的出租汽车发展规模，预测方法的选择非常重要。表 6.1 为上述各种预测方法的特征。

表 6.1 预测方法评价表

常用预测方法	特征	优点	缺点	综合评价
供需平衡预测法	从出租汽车所完成的城市居民和流动人口出行周转量入手，并结合出租汽车空驶率，对城市出租汽车拥有量进行计算	从一个城市的实际客运需求出发，所用参数均为最新调查结果，符合实际	参数的确定具有不确定性，因此不同的人预测的结果会有很大差距	当参数的选定符合实际时，预测结果相对准确些
指数平滑预测法	对出租汽车历史数据作预处理(平滑)后，找出一定规律，对未来发展进行判断	由于是结合出租汽车历年的发展情况，因此在其他因素既定的情况下，应用此法的预测结果也必将符合出租汽车的发展趋势	考虑的影响因素太少，没有把出租汽车当成一个与社会、经济等各方面因素都有关系的行业	相比供需平衡法，准确性要差些
比例预测法	采用各种类比方法，确定未来年的出租汽车拥有量，然后根据人口的预测值，得出未来出租汽车的发展规模	从宏观上揭示了在一定经济条件和交通结构条件下人们对出租汽车按一定比例的需求	未来经济发展和交通结构具有不可控性，因此仅根据人均拥有率的多少来推算出租汽车规模，依据不足	如果未来的经济等因素确定的话，其结果比较符合实际
神经网络预测法	通过分析数据之间的内在联系规律来进行宏观预测	神经网络法具有容错性、智能性、高维性、自组织等特性，特别适用于需要同时考虑许多因素下的不精确和模糊的信息处理问题	需要收集历年多个指标的数据资料，常常会因数据收集不全而影响预测结果。而且具体到出租汽车的规模，还必须在预测的基础上考虑出租汽车与公交的分担比例，比例确定的大小将直接影响预测的最终结果	预测结果较为客观

根据表 6.1 的分析评价，推荐选用供需平衡法或者神经网络法进行出租汽车的总量预测，再结合各种影响因素综合确定出租汽车的发展总量。供需平衡法从一个城市的实际客运需求出发，所用参数均为最新调查结果，这种方法本身比较符合预测城市的发展实际，如果参数制订的客观合理，应用此法得出的结果将比较符合该城市出租汽车发展的实际情况。神经网络预测法主要是通过分析数据之间的内在联系规律来进行宏观预测，该方法自身具有容错性、智能性、高维性、自组织等特性，特别适用于需要同时考虑许多因素的不精确和模糊的信息处理问题。而出租汽车属于这类问题，因此从方法本身来讲，非常适合对出租汽车的总量预测，预测的结果应该是客观合理的，只是在预测前需要收集相关影响因素的历年数据，工作量较大，而且收集数据的全面准确与否，将会直接影响预测的结果。

2. 出租汽车租价体系制定

以运输经济学为理论背景，通过对出租汽车定价机制进行分析，结合国家对出租汽车行业的规划和管理以及从经营者的角度和乘客需求及接受能力的角度，系统地探讨出租汽车服务价格的制定方法。

(1)出租汽车价格的种类及形式

① 出租汽车价格的种类

出租汽车价格主要有两种:一是租价,是指经营者和乘客之间的价格;一是承包费,是指出租汽车司机和公司之间的价格。

租价是乘客乘用出租汽车对承运者从事运输消耗的补偿,它决定了经营者的实际收入,同时也影响到消费者的实际消费水平。承包费是出租汽车施行挂靠经营时,出租汽车公司把可运营车辆包给承包经营者所收取的费用,承包经营者需一次性向出租汽车公司支付一笔资金,以后每月还需支付定额的定向服务费。

租价和行业承包费不是相互独立的两个部分,两者的价格水平相互影响。承包费增加,导致经营者的成本增加,为了保持一定水平的收入,经营者将会要求提高租价,把增加的成本转移到乘客上,租价过高,而乘客的承受能力有限,必然会导致一部分乘客放弃出租汽车出行。而且承包费过高,有可能会出现司机拖欠承包费以至抗缴的情况,不利于行业管理。因此,承包费与租价之间应达到较好的协调。

② 出租汽车价格的形式

出租汽车价格的形式主要有两种。一种是车次运价,即一票制,不论远近,只要搭乘都收一样的费用,这种形式多在半径较小的城市采用,如舟山、千岛湖镇。二是行程运价,即总租费=起步价+(行程里程—基价公里)×车公里租价+空驶费+低速行驶、等候费+夜间行驶费+过桥过路费。运费高低主要取决于乘客搭乘距离的远近。这种形式多在半径较大的城市采用,国内大中城市几乎都采用这种形式。

(2)出租汽车价格影响因素

影响出租汽车价格的因素很多,但其中以运输成本、供求关系、城市经济发展水平和政策因素影响最大。

① 运输成本

对出租汽车行业来说,租价主要由运输成本和盈利额构成。因此,租价的规划应反映出运输成本、盈利水平及其变化。运输成本是指出租汽车行业在进行运输生产过程中发生的各种耗费总和,可以划分为与行车量无关的固定成本及与行车量相关的变动成本。固定成本有:固定资产折旧、管理费用、保险费、运管费、经营权有偿使用费、车辆检测费等等。变动成本则包括驾驶员工资、燃油费(含养路费)、修理费、租金等。因此确定城市出租汽车价格水平时必须考虑出租汽车行业的运输成本在规划年的变化,并兼顾与城市居民收入水平相适应的出租汽车行业的盈利水平。

② 供求关系

出租汽车市场供求关系是影响出租汽车价格的关键因素之一,当运输市场供过于求,运价下降;相反,在供不应求时,运价上浮(见图 6.3 所示)。而出租汽车市场供给和需求往往也可以通过合理的出租汽车价格进行调节达到平衡。如出租汽车市场供过于求,出租汽车运输价值通常不能够全部实现,对应提高市场需求的措施之一就是降低出租汽车的价格。

③ 城市经济发展水平

城市经济发展水平很大程度上决定了居民的消费水平,并影响居民的出行行为和出行方式。城市经济发展水平越高,居民的生活水平越高,弹性出行次数就会增加,同时也会提高对出行快捷性和方便性的要求,出租汽车的出行比例也会相应的有所提高。因此在确定出租汽车的服务价格时,既要考虑出租汽车经营者的利益,也要考虑城市广大乘客的利益和承受能力。

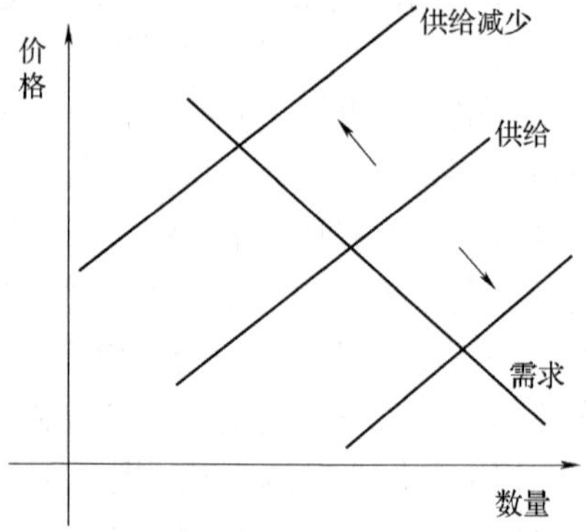

图 6.3　供求关系图

④ 政策因素

由于我国城市出租汽车租价采取的是国家定价形式,所以在一定时期内,国家产业政策、物价政策、金融货币政策、城市的发展政策也是出租汽车价格形成和变化的重要因素。如南京市为了淘汰夏利、奥托等低档出租汽车,而采用桑塔纳、富康、捷达等普通型出租汽车,就是将桑塔纳等车的价格与夏利等低档车确定相同的价格,减少了市场对夏利等低档出租汽车的需求而迫使其自动退出市场。

⑤ 外部成本的影响

在出租汽车行业发展过程中,不可避免地会对社会带来一些负面影响,如噪音和废气有损居民生活质量,出租汽车大量占用城市面积,增大了交通基础设施的负荷,加大了整个社会成本等等。由于出租汽车行业的生产行为所引起的整个社会利益的损失就是其外部成本,出租汽车行业的外部成本增加就会造成社会成本的增加。城市的可持续发展需要出租汽车行业减少外部成本,减少对环境和资源的损害。

外部性是市场缺陷的主要表现,在市场经济条件下,外部性的存在就意味着有些成本或收益被施加于其他市场主体身上,而施加这种影响的人却没有为此付出代价或享有报酬。产品消费中的外部性不仅包括外部效益而且包括外部成本,外部成本同样会导致资源的非有效配置。由于拥挤而给他人带来的不便以及给社会带来的潜在危害本质上也是一种外部成本。简言之,只要市场主体的生产或消费行为对其他主体产生了外在成本或外在收益，就存在外部性。市场中的外部型经济效果又可以分为正外部性和负外部性。正外部性是指某一市场的主体活动给别的主体带来了利益却得不到任何报酬，这就可能使正外部性的制造者约束或改变自己的行为，以免使他人受益或少受其益，最终致使社会福利总量下降。负外部性则指某一市场主体给别的主体造成了损失或使其成本增加却无需赔偿，这样可能使损害者不惜以牺牲社会或他人的巨大利益来追逐个体利益的最大化。可见，从资源配置的意义上分析，无论是正外部性还是负外部性，都会影响资源配置的效率。减少外部成本的途径，可以尽量使外部成本内在化，从行业内部着手，来减少行业对外部的负面影响。

(3)出租汽车价格制定原则

出租汽车价格实际是由三方面决定的，即出租汽车的管理部门、出租汽车服务的供给者(主要指出租公司和司机)和需求者(乘客)，这些利益主体为了自身利益都试图去影响价格，他们各自行为的结果共同决定了最后的价格，作为供给者，总是试图提高租价，而作为乘客，总是追求最低价格，作为出租汽车的管理部门，在制定最终价格时，必须遵循以下原则：

通过控制出租汽车/公交车的比价，使得客流在公交、出租汽车间的分配控制在一个合适的比例，避免因租价过低而造成出租汽车有载率过高，从而可以优化城市交通结构，达到充分有效地利用道路资源的目的。

考虑城市经济发展水平和人们的人均可支配收入，保证一定数量的出租汽车市场，这不仅是维护乘客的利益，也是维护行业的稳定性。

保证出租汽车企业一定的利润率，一般是小于 5%，以保证出租公司和司机的利益。

(4)出租汽车价格制定

出租汽车行业是资金密集型产业，资金占用大，周转速度慢，投资回收期长，在确定租价时，需首先全面考虑各项固定成本投入，管理税收部门各项收费，以及出租汽车公司、驾驶员的合理收益。在成本分析中，还要适当考虑出租汽车运营的伴随成本及社会影响，并计入总成本中。生产价格的另一个决定因素是运输供求平衡，因此在制定租价时还要重点考虑出租汽车行业的供求关系，这样才能制定出合理的租价。

① 固定成本计算

固定成本 S_f 包括经营权有偿使用费、车辆折旧费、出租汽车公司管理费用、道路使用费、保险费、车辆检测费、客管费、客座附加费等。将各种固定成本投入、收费相加即得固定成本 S_f。例如表 6.2 是南京市出租汽车的各项固定成本的费用值(由于经营权有偿使用年限为 8 年，每项收费均为每年分摊费用)。

表 6.2 南京市出租汽车各项费用一览表

收费项目	经营权有偿使用费	车辆折旧费	出租汽车公司管理费用	营运手续办理费	保险费	道路使用费	车辆检测费	合计
成本(元/年)	14 000	20 000	600	4 000	5 060	200	200	44 060

② 变动成本计算

变动成本 S_c由驾驶员工资、燃油费、税费、汽车维修保养费、管理费用等构成。见表 6.3 示。

表 6.3 南京市出租汽车变动成本数据一览表

收费项目	驾驶员工资	燃料费	税费	维修保养费	承包经营者利润	不确定性收费	合 计
成本(元/年)	35 000	25 000	15 000	2 500	15 000	2 000	94 500

③ 出租汽车供求关系对租价的影响

出租汽车的需求量与出租汽车费率的关系可以通过对该城市居民、流动人口对出租汽车费率满意程度的调查得出。例如图 6.4 和图 6.5 是苏州市出租汽车租价的调查结果。

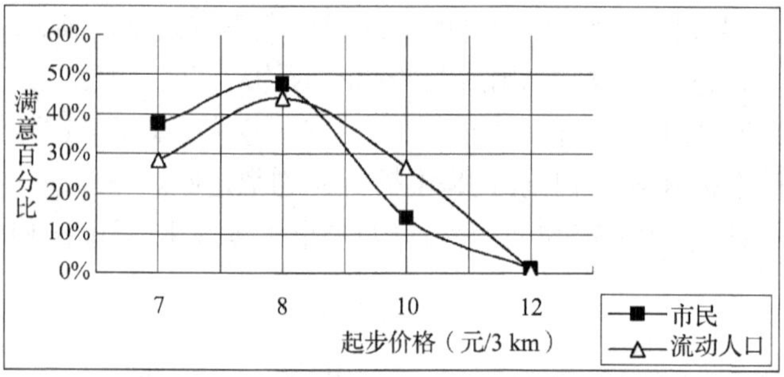

图 6.4 起步价满意程度调查

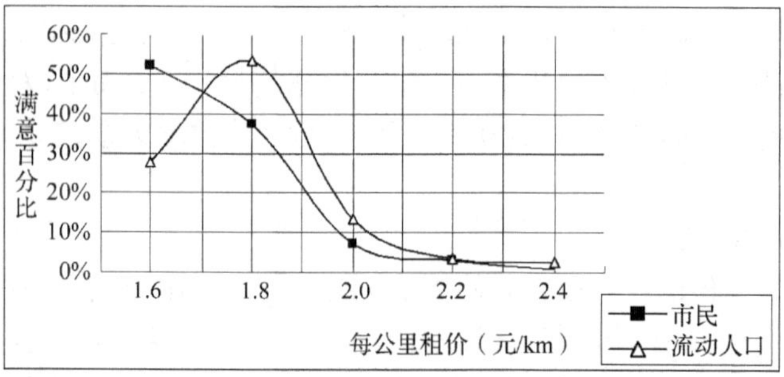

图 6.5 公里租价满意程度调查表

图6.4和图6.5均有一个峰值，这是因为乘客对接受现行价格有习惯性，可认为租价和乘客满意程度是成反比的，呈线性关系，见式(6.19)。

$$Y=a+b\cdot X \tag{6.19}$$

式中 Y——乘客满意程度；

X——出租汽车租价；

a、b——线性系数。

制定出租汽车费率应以运输成本为导向定价，以价值规律为基础，考虑到出租汽车企业的经济效益、驾驶员的收益，先以成本为基础，计算盈亏平衡点票价和企业获利最大的票价，再考虑到公交行业的社会效益，在成本定价的基础上重新调整，使企业自身效益和社会效益相结合，使出租汽车发挥最大的社会效益并取得最大收益。

设总收入 $$T=Q\cdot X \tag{6.20}$$

由式(6.19)、式(6.20)得 $$T=(a+b\cdot X)\cdot X \tag{6.21}$$

成本与运量之间的关系为

$$T=S_f+Q\cdot S_c \tag{6.22}$$

式中 Q——出租汽车客运量；

T——总成本；

S_f——单位车固定成本；

S_c——单位车变动成本。

将式(6.19)、式(6.20)代入式(6.22)得：

$$T=S_f+(a+bX)\cdot S_c \tag{6.23}$$

将式(6.21)、式 (6.23)在同一坐标系内作图，即得盈—亏平衡分析图6.6。

④ 起步价、公里价确定

出租汽车年行驶总里程 L，有载率 P，则平均公里收费应为

$$F=T/(L\cdot P) \tag{6.24}$$

出租汽车的公里价 F_k就可取 F；设起步公里取 x 公里，则起步价 F_s可取 $a\cdot F\cdot x$(a 为修正系数，可根据该地区发展出租汽车的政策方案确定，范围为0.90～0.11)

$$F_k=F \tag{6.25}$$

$$F_s=a\cdot F\cdot x \tag{6.26}$$

由公式(6.24)可知，平均公里收费与实载率 P 成反比关系，实载率 P 在确定出租汽车费率过程中相当关键，因此必须尽可能的提高出租汽车实载率。有载率的提高对节约能源、改善道路环境、减少污染及降低出租汽车伴随成本作用明显。

3. 出租汽车营运站点规划

国内城市的出租汽车大都采用路抛制的服务营运方式，一天 24 h 出租汽车都在道路上运行，到目前为止还没有形成一套较为规范实用的出租汽车营运站点的规划方法。《城市道路交通规划设计规范》(GB50220—95)对出租汽车营运站点的规划也没有统一的标准，这使得很多城市在进行出租汽车营运站点的规划时遇到很大的困难。

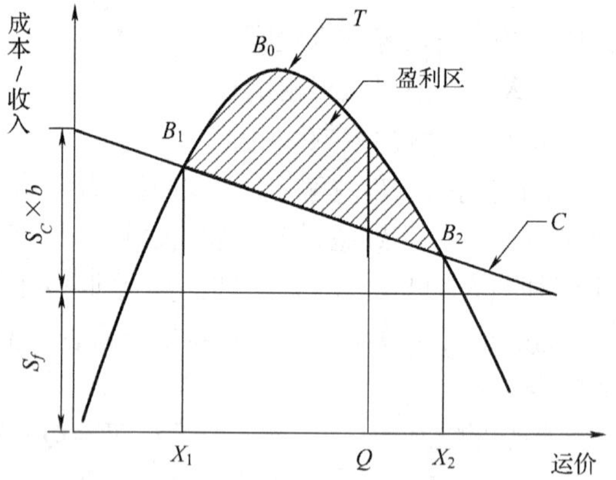

图 6.6 盈一亏平衡分析图

建议根据营运站点的功能将出租汽车营运站点分成四级：一级服务网点、二级服务网点、停靠站、上下站。

(1)一级服务网点

一级服务网点要求实现的功能比较齐全，一般应该主要包括车辆修理保养车间，车辆清洗装置，出租汽车白座套换洗装置，规模合理的停车泊位，能供出租汽车司机随时就餐的饭厅，包括更衣室在内的淋浴室，有条件的情况下可以设置加油装置等。

由于功能比较齐全，因此占地面积较大。考虑到中心城区用地紧张，而且交通比较拥挤，为了不占用中心城区宝贵的土地资源，避免给中心城区的交通管理和组织带来负面影响，一级服务网点应该规划在城市边缘用地比较宽松，而且交通容易组织，调度方便的地区，其进出口以面向交通流量较少的次干道为宜。

(2)二级服务网点

二级服务网点的主要功能是为出租汽车司机吃饭和入厕停车提供方便，规模不需要很大，能供 3～5 辆出租汽车停靠。目前，国内城市的出租汽车多采用路抛制运营方式，随着 GPS 定位系统在出租汽车业的普及和出租汽车调度中心的建立，电话叫车实时调度的运营方式将会逐渐成为出租汽车运营的主流方向，二级服务网点的功能可以转化为停车待调点，出租汽车辆在此排队等候调度中心的调度。因此，二级营运站点的规划应该分时期(近期和远期)进行规划。

近期三五年内，二级服务网点应该比较均匀的分布在城区各处，可以同出租汽车停靠站结合起来，设在有条件的道路上，利用中央或机非分隔带设置为港湾式停靠站，也可以在客流比较集中的区域，如宾馆、商业区等，利用合适的空地进行设置。另外,要保证车辆的进出服务网点没有对附近的交通流产生较大的影响。

远期,当电话叫车实时调度的运营方式逐渐成为城市出租汽车运营的主流方向时,二级服务网点的功能转化为停车待调点,出租汽车辆在此排队等候调度中心的调度。为保证司机在接到调度中心的指令后能快捷的达到要车乘客所在地,近期规划的二级服务网点的规模远远不能满足需求,必须增加待调停车点的数量。以出租汽车在服务网点接到调度指令后,3 分钟之内到达乘客叫车地点为限,停车待调点的服务半径应不大于 1 km。至于停车待调点地址的选取,既应该保证网点的均匀分布,又要保证出租汽车能方便的进出,且对附近的交通行为不会产生较大的影响。交通枢纽、商业繁华区、较大型居民区和旅游景点等客流量集散大,出租汽车出行相对集中地区的待调停车点的规模应该较大,其他区域以能停靠 3—5 辆出租汽车为宜。待调停车点的出租汽车停车道要采取划线方式明确表示,有条件的情况下最好设置隔离栏将出租汽车停车道与其他区域进行隔离,明确禁止其他任何社会车辆进入停靠。

(3)出租汽车停靠站和上下站

出租汽车停靠站是允许出租汽车临时停放,并顺序排队载客的站点;出租上下站是供出租汽车乘客上下车使用,出租汽车"即停即下,即上即走"的站点,其功能类似于公交停靠站点。出租汽车停靠站和上下站的合理设置不仅有助于城市的交通管理和组织,关键是很大程度上保证了出租汽车运营行为的有序性,同时也可使出租汽车客源固定化,降低出租汽车的空驶率,从而减少对城市道路交通资源的浪费。

① 城市主干路

城市主干路的"交通"职能,是保证其交通流的畅通性和快捷性。因此,城市主干路出租汽车站点的设置原则是确保不影响主干路交通顺畅的前提下,以设置"出租汽车上下站"为主,并且要保证出租汽车的停靠对交通流的影响程度最小。

"出租汽车上下站"应设置在与次干路交叉口的出口以及需求量较大的车站、医院、大中型企事业单位、宾馆等附近。在管理上必须是即停即走的方式。

另外,如果城市主干路的道路交通条件允许,可以有限制的设置"出租汽车停靠站"。其设置应结合公交停靠站的设置位置,在公交停靠站前后 150 m 左右设置能够允许停靠不超过 2 辆的站点。停靠站可利用机非分隔带的绿化带,设计成港湾式形式,并有明确的标志标线,不允许其他社会车辆停靠。

② 城市次干路

城市次干路肩负有城市交通性和生活性双重功能,因此满足交通顺畅与乘客需求的平衡和协调是城市次干路设置出租汽车站点的基本原则。城市次干路以设置“不允许出租汽车停靠标志”和“出租汽车停靠站”相结合的方式来确保城市次干路的有序交通。

城市交通管理部门可在城市次干路通行能力较低或者交通条件较差的路段或交叉口设置出租汽车的禁停标志,其他没有设置出租汽车停靠站的地方应通过交通管理使出租汽车即停即走,保证次干路交通流的顺畅。

同时可在次干路与主干路、支路交叉口以及次干路上人流密集的大型商场、住宅区、企事业单位等门口设置可容纳 2～3 辆出租汽车停靠的“出租汽车停靠站”。次干路与主干路的交叉口处应尽可能设置出租汽车停靠站,以满足主干路上乘客对出租汽车的需求。停靠站尽量选择已有停车位或已经被社会车辆违章占用的路段,并尽可能利用机非分隔带的绿化带。

③ 城市支路

城市支路一般为生活性道路,在生活区、工业区、商业区内起着广泛的联系作用。因此,城市支路应尽可能满足居民的出租汽车出行需求,出租汽车司机在确保交通安全和有序的条件下可以“招手即停”。在大中型生活区、工业区、商业区附近规划建设可停靠 3～4 辆的出租汽车停靠站,甚至在某些需求量较大的区域可以设置能够容纳十几辆出租汽车的停靠站。停靠站可利用附近的停车场或路边停车带开辟一定的区域,设置明确的出租汽车停靠标志、标线,并制定一定的管理措施,确保出租汽车停靠站司机的有序停车和乘客的文明打车。

6.2 规划案例:江阴市出租汽车发展规划

江阴社会经济发展迅速,综合实力多年名列全国县级城市第一名。2005 年江阴市完成地区生产总值 787.97 亿元,比上年增长 16.66%,三产结构比例为 2.04∶63.63∶34.32,城市化水平 51.8%,进入了城市化加速期和工业化中后期阶段。城市结构形态呈带状组团式向外拓展,城市交通出行空间距离加大,居民对城市交通系统服务水平的要求进一步提高,机动化交通出行的需求明显增强。江阴市正处于一个快速发展的阶段,城市规模迅速扩大,人口产业不断集聚,按照江阴市城市总体规划,市区人口将从 2005 年的 43 万增长到 2020 年的 55 万;城市空间将主要向东向西延展,其次向南发展,由现在的 54 km^2 扩张到 2020 年的 66 km^2,必将产生较大的客运需求。

6.2.1 规划内容

1. 明确江阴市出租汽车交通发展的战略;
2. 确定出租汽车运力发展规模;

3. 构建合理的出租汽车租价体系;

4. 制定江阴市出租汽车交通发展策略;

5. 实施信息化管理。

总体目标是建设一个符合江阴城市发展要求的、与城区其他客运交通方式相协调的、高效、健康、平稳、规范化发展的城市出租汽车交通系统。

6.2.2 规划期限和范围

规划基年为 2005 年,规划特征年为 2010 年、2020 年。

规划期限为:近期 2006～2010 年;远期 2011～2020 年。

规划范围:江阴市现状建成区 198 km^2,2020 年规划人口 55 万。

6.2.3 规划依据

(1)《江阴市城市总体规划(2002—2020 年)》

(2)《江阴市城市道路交通规划(2002－2020)》

(3)《江阴市公共客运交通规划(2003－2020)》

(4)《无锡市出租汽车管理条例》(2006)

(5)《关于进一步规范出租汽车管理有关问题的通知》,国办发[2004]81 号

(6)《关于规范出租汽车行业管理专项治理工作的实施意见》,建城[2006]107 号

(7)《国家发改委关于进一步清理整顿涉及出租汽车收费的通知》,财综[2006]14 号

(8)《建设部关于纳入国务院决定的十五项行政许可的条件的规定》,2004 年 9 月

(9)《关于进一步加强城市出租汽车行业管理工作的意见》,建城[2002]43 号

(10)《关于清理整顿城市出租汽车等公共客运交通意见的通知》,国办发[1999]94 号

(11)《江苏省城市公共客运交通规划编制纲要》,1995.9

(12)《城市公共交通站、场、厂设计规范》(GJJ15—87)

(13)《城市道路交通规划设计规范》(GB50220—95)

6.2.4 出租汽车发展历史及市场调查分析

1. 出租汽车发展历史

行政审批方式。1997 年 10 月以前,出租汽车经营权证的投放采用无偿行政审批方式,投放对象为公司和个人;许可经营期限一般与车辆的报废期限同步。此

类出租汽车共295辆。

拍卖方式。1997年10月～1999年12月，市政府委托拍卖行公开拍卖出租汽车经营权证100辆，经营权证一般由公司竞拍获得。拍卖价位分别为25.2万元/10年，33.2万元/8年；36.3万元/8年，36.8万元/8年。

定额出让方式。按照《关于23辆轿车办理营运证的实施意见》(澄交发[1998]65号)提出的解决办法，23辆出租汽车的经营权证按照20万元/8年的有偿使用标准，定向出让给3家公司。至2000年初，江阴市出租汽车行业的规模达到418辆，并一直稳定至今。2005年12月，5辆车辆到期，政府回收了经营权证。目前实际营运车辆413辆。

为促进出租行业健康有序发展，政府出台了相应文件，以实现对经营权证规范化管理，采取了有效措施把有偿使用费用控制在合理的价位。原行政审批的出租汽车报废后，经营权证按照市政府澄政发(1997)109号文件的规定实行有偿使用，有偿使用费用为12万元/8年；1997年之后通过拍卖投放的经营权证，车辆到期更新后，按有偿使用费标准减半收取，即6万元/8年。

2. 出租汽车市场现状

(1)经营模式

江阴市出租汽车行业形成了公司化经营、全额租赁、挂靠、个体托管四种模式并存的经营方式。公司化经营车辆按230元～300元/天收取管理费，这种经营方式的出租汽车147辆；全额租赁车辆按1000元/月，750元/月和700元/月三种标准收取承包费，这种经营方式的出租汽车共139辆；挂靠车辆按700元/月，650元/月和450元/月三种标准收取挂靠费，这种经营方式的出租汽车共103辆；个体托管费用按90元/月的标准收取，这种经营方式的出租汽车共29辆。

(2)租价

江阴市出租汽车租价方面起步价为6元/2 km，超出2 km，单程2.85元/km，往返1.9元/km。根据目前国内成品油价格变动情况，自2006年6月15号起，临时加收1元/车次的燃油附加费。

(3)车辆管理

① 车型结构

江阴市出租汽车均为普通车型，其中桑塔纳3000型95辆，桑塔纳2000型2辆，普通桑塔306辆，神龙富康10辆。

② 信息化建设

江阴市实际在营车辆413辆，信息化建设有两种方式：一是车载寻呼台，二是GPS全球卫星定位系统，其中GPS安装率为26%，车载寻呼台的安装率为72%。车载寻呼台的服务费一般为140元/月，GPS定位系统服务费为80元/月。

③ 车辆维修、保养

江阴市雄鹰出租汽车公司和飞达出租汽车公司拥有自建的修理厂，车辆的维修保养费用由公司承担；暨阳出租汽车公司车辆的维修、保养由公司定点，费用由驾驶员自理；旅游出租汽车公司车辆的维修、保养则不定点，由驾驶员自行解决。全市所有客运出租汽车一律按规定使用白色座垫套，实行“即脏即换、三天内必须换”的方式；各公司出租汽车座套均定点清洗，定点换发，服务费用为50元/月。

(4)从业主体

① 出租企业

1992年，江阴市申澄出租公司成立，是江阴市最早的一家出租汽车公司，成立时有20辆出租汽车，市场起步；至1998年，江阴市出租汽车市场处于蓬勃发展期，先后成立了长江、旅游、雄鹰、园林等8家出租汽车公司，数量多，规模小，资源分散。《无锡市客运出租汽车管理办法》(2002)规定：单位经营者必须实际拥有30辆以上用于客运出租汽车业务的车辆或者相应的资金。经过公司收购、兼并和股份制整合，至2002年，出租汽车企业整合为现有的4家公司，见表6.4所示。

表6.4　江阴市出租汽车公司规模分布表　　辆

企业	雄鹰公司	飞达公司	暨阳公司	旅游公司	总量
规模(辆)	134	120	108	56	418

在近几年车辆更新过程中，部分个体、挂靠车辆实现了经营模式向公司化经营方式的转变，各公司不同经营方式的车辆数见表6.5所示。

表6.5　各公司不同经营方式车辆数　　辆

	公司化经营	全额租赁	挂靠	个体托管	合计
雄鹰公司	57	51	5	21	134
飞达公司	48	59	5	8	120
暨阳公司	47	25	36	/	108
旅游公司	1	34	21	/	56
合计	147	139	103	29	418

② 司机

江阴市共有出租汽车司机950余人，以男性驾驶员为主，占87%，女性驾驶员占13%。其比例构成如图6.7所示。

3. 出租汽车市场调查分析

2006年9月23日至25日江阴市出租汽车交通发展规划课题组对江阴市出租汽车的营运现状进行了调查。本次调查采用了与主管单位、企业座谈，出租汽车实载率调查、乘客和出租汽车司机问询及待客停靠站、路边停靠站专项调查的方

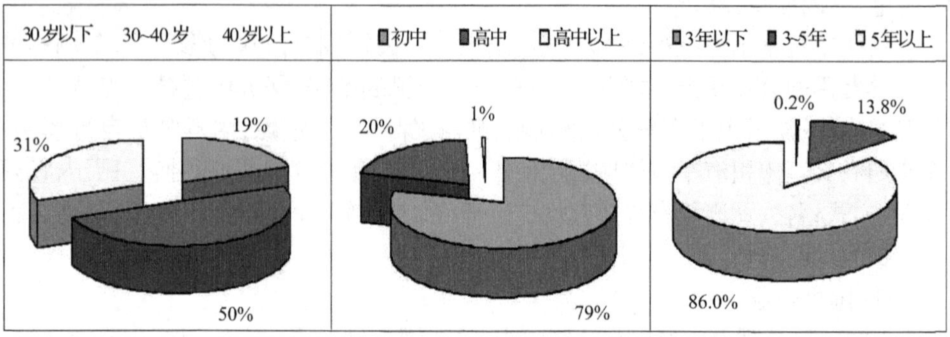

图 6.7 出租汽车驾驶员构成分布图

式，旨在从行业管理者、行业经营者和行业服务对象三个群体、三个角度对江阴市出租汽车行业进行剖析。根据对高峰时段交叉口出租汽车实载率等相关调查分析，路段上出租汽车的比例约 16.9%，平均实载率为 59.9%。结合出租汽车上下点和停靠站的调查，得出租汽车平均载客人数为 1.5 人。

4. 现状问题诊断

(1)经营模式有待完善

江阴市出租汽车行业的全额租赁模式占出租汽车总量的 33%，这种经营方式实行车辆的全额资金承包，无形中将经营风险大多集中在经营司机上，整个行业的抗风险能力较弱，当经营成本、政策有较大变动时，司机经营艰难，易形成社会的不稳定因素。同时，在这种经营模式下，公司对运营者的监管、约束力度不足，一定程度上影响了出租汽车行业的服务水平。挂靠经营方式占出租汽车总量的 25%，这种经营方式下，车辆产权和经营权分别属于挂靠人和公司，二者分离，易引发产权不清、车辆和营运证私下捆绑交易等行为，难于进行规范化统一化管理。同时，江阴市出租汽车市场上有 29 辆个体经营车辆，一般托管于公司进行管理，公司和个体之间关系松散，不利于行业的统一管理。

(2)总量规模存在扩容压力

2000 年至今，江阴市出租汽车总量规模一直保持在 418 辆，出租汽车车辆万人拥有率为 9.7 辆/万人，在省内处于较低水平。根据对江阴市出租汽车实载率调查，目前城区出租汽车的实载率 59.9%，出租汽车平均载客人数 1.49 人，在淡季和平时客流较少的时期出租汽车规模基本能满足客运的需求，而在高峰和节假日实载率高达 65%～70%，“打车难”的矛盾存在，具有一定的扩容空间。

随着江阴城市规模的扩大和社会经济的进一步发展，出租汽车出行的比重必然上升，出租汽车总量规模不足的矛盾将日益凸显。从解决现状供需失衡和引导未来发展角度看，有必要在科学预测的基础上，合理确定运力规模，以实现运力与运量平衡，适应城市发展。

(3)车辆有待更新，车型档次较低

江阴市出租汽车2000年左右更新，已营运6年多，长期的高强度运作，使车辆的内部状况和外部形象损耗较大，继续运营则维修成本和油耗费用会大幅度增加，而乘车的舒适性和安全性却下降，行业的整体服务质量无法提升。

目前实际营运车辆413辆，其中普通桑塔纳306辆，桑塔纳3000型95辆，车型结构比较单一。随着江阴城市社会经济的发展，人们越来越注重出行质量，出租汽车出行也趋于多样化，另外，随着公务车辆的压缩，以公务出行为目的的出租汽车出行越来越多，这部分出行对出租汽车辆的档次要求较高。而现有的比较单一的车型结构已经不能满足人们日益增长的多样化、高质量的出租汽车出行需求，车型结构有待优化和更新，以满足新形势下多元化出租出行的需求。

(4)营运站点缺乏，数量较少

江阴市出租汽车停靠点数量较少，位置设置也不尽合理，在客流最为集中的步行街、汽车站上下站点问题尤为突出，造成司机上下客困难。路段的上下客造成安全隐患，干扰城市交通，影响城市面貌，而且也带来了执法部门和司机营运者之间的矛盾冲突。因此，解决好停靠点问题已十分必要。

(5)现行价位不甚合理，抑制了市场需求

综合调查分析表明，现行价位存在不合理的地方，一方面使得乘客对现状租价有诸多不满，乘客与出租汽车司机之间的议价现象严重，经常出现这种情况的司机占到50%；另一方面，市场需求被抑制，一部分客流转向非法营运车辆，在长途汽车站、商贸区等人流集中的地方，形成固定待客点；另有一部分客流转向个体交通工具，私家车呈现出爆发式增长态势。

(6)信息化系统建设有待完善

江阴市实际在营车辆413辆，信息化建设有车载寻呼台和GPS全球卫星定位系统两种方式，其中GPS安装率为26%，车载寻呼台的安装率为72%。一定程度了减少了车辆在道路上逡巡寻客的时间，提高了道路资源的利用效率。由于信息系统的建设处于起步阶段，在车辆调度指挥和信息化管理方面，发挥作用较小，有待于进一步完善，以发挥更大的作用。

6.2.5　出租汽车交通发展战略

1. 发展环境分析

建立SWOT矩阵对江阴市出租汽车交通系统面临的机遇和威胁以及具有的

优势和劣势进行分析。见表 6.6 所示。

表 6.6 江阴出租汽车行业发展战略 SWOT 矩阵分析

	优势(S) 1. 出租汽车本身具有灵活、快捷等区别于其他公交方式的优点 2. 行业的发展对社会经济的贡献 3. 可提供个性化服务	劣势(W) 1. 经营模式有待完善 2. 总量规模不足,有扩容压力 3. 车辆有待更新,车型档次较低 4. 营运站点缺乏,车辆上下客不便 5. 现行价位不甚合理,抑制了市场需求 6. 信息化系统建设有待完善
机遇(O) 1. 城市发展潜力大,城市形象逐步提升 2. 公务用车改革 3. 大批营运证即将到期 4. 出行需求的个性化发展 5. 投资环境的进一步完善	SO 战略 1. 合理规划发展规模,满足外来人员对出租出行的需求,同时为建设大规模城市打下基础。 2. 发挥自身优点,协助常规公交提高道路利用率,把公交优先落到实处	WO 战略 1. 完善经营模式,明确各方权责,合理分担营运成本; 2. 改善车容车貌,提高信息化管理水平,满足个性化出行需求和公务人员的需要 3. 合理规划营运站点,使其适合城市发展规模 4. 合理规划规模,控制投放节奏,与城市发展同步 5. 根据市场变化合理调整租价,适应发展需求
威胁(T) 1. 政府对常规公交的政策倾斜 2. 替代性个体交通工具的发展	ST 战略 限制摩托车、电动自行车的发展,合理引导小汽车的使用,引导客源向出租汽车转移	WT 战略 1. 提高行业服务质量,增强行业竞争力,吸引私人汽车的客流向出租汽车转移 2. 确定合理规模,保证出租汽车和常规公交客流分担的合理比率

2. 功能定位

目前江阴常规公交系统比较发达,服务水平较高,但仍存在着服务盲区,江阴出租交通系统在满足城市普通居民的特殊出行和高收入群体的日常出行以外,它还满足了一部分普通居民的通勤出行。鉴于江阴市公共交通规划,其常规公交的发展完善是一个渐进的过程,因此规划近期内,江阴出租交通系统的功能定位应保持不变。

出租汽车流动运行的特性以及完成单位运量所占用的道路时空资源大、能耗高、废气污染严重等缺点,使得出租汽车服务的功能如果长期保持在满足普通居民的通勤出行要求时出现诸多问题。从充分发挥各种不同交通方式的优势特点、适应不同层次的客运需求、形成合理的客运交通结构出发,规划中远期江阴市出租汽车应该以满足城市中高收入阶层乘客和流动人口的旅游、应急和公务出行需求为主,满足普通市民的通勤出行为辅。

3. 行业发展策略

• 近期策略

(1)完善现有机制,稳步实现全行业的公司化经营;

(2)适度发展运力,优化车型结构;

(3)规范市场秩序,强化出租汽车行业管理;

(4)全面提升出租汽车行业信息化水平;

(5)合理规划营运站点,规范车辆运行;

(6)加强政府对行业的支撑;

(7)建立、完善并严格执行服务质量评价体系考核制度;

(8)建立竞争和淘汰机制,形成开放型出租汽车市场。

• 远期策略

(1)完善现代企业制度,实现全行业公车公营;

(2)全面提升出租汽车行业信息化水平;

(3)进一步扩大车辆规模,适应城市发展需要;

(4)提升车型档次,提供个性化服务;

(5)健全约束机制,提升服务质量;

(6)整合优质资源,打造行业品牌。

6.2.6　出租汽车运力规划

1. 出租汽车发展规模预测

① 供需平衡法

根据江阴市城市总体规划和江苏省出租汽车发展规划,规划期2010年、2020年,江阴市区人口规模将分别达到50万(其中含流动人口为7.5万)、60万(其中含流动人口为10万)。预测未来居民平均日出行次数分别为3.10次/人·日(2010年)、3.05次/人·日(2020年),流动人口平均日出行次数与居民平均日出行次数相等分别为3.25次/人·日(2010年)、3.10次/人·日(2020年);居民出行结构中出租汽车分担比例将分别达到1.8%(2010年)、3%(2020年);流动人口出行结构中出租汽车分担比例将分别达到22.0%(2010年)、23.0%(2020年)。

调查资料显示:2005年江阴城市居民与流动人口的平均出租汽车出行距离为2.5.km。预测随着城市建成区规模的扩大,城市居民与流动人口平均出租汽车出行距离将增大到3.0 km(2010年)和3.25 km(2020年)。

根据江阴市已有数据,并与同类城市比较,预测城市居民乘坐出租汽车时平均有效车次载客人数为1.6人(2010年)和1.5人(2020年);流动人口乘坐出租汽车时平均有效车次载客人数为2.0人(2010年)和1.8人(2020年);随着江阴市城市道路交通规划及公交规划的进一步实施,未来出租汽车平均运营车速将提高到25 km/h。空驶率 K 根据现有情况推测预计在规划年可控制在50%;调研结果反映江阴市多数出租汽车昼夜经营,考虑出租汽车司机正常休息时间,推知规划期江阴出租汽车每天平均运营时间为18 h。预测出未来年2010年、2020年江阴市出租汽车的合理供给量分别为584辆、1066辆。见表6.7所示。

表 6.7 规划年出租汽车供给量

年　份	2010	2020
供给量(辆)	584	1 066

② 比例法

城市出租汽车拥有总量除了与城市人口总量直接相关以外,还与城市商贸、旅游、文化交流等活动以及城市规模、经济水平等主要影响因素密切相关;同时,城市出租汽车作为城市公交发展的有效补充,城市出租汽车拥有量与城市公交发展好坏密切相关。江阴市作为江苏省沿江高技术产业带的重要组成部分,新兴交通枢纽和对外开放门户,将发展成为特色鲜明、环境优美、充满活力的现代化大城市。江阴经济发展水平高,城市公交发展良好,流动人口比例较其他同类城市偏高。结合这些特点,并与相关城市比较,确定不同规划期江阴市出租汽车万人拥有率分别为近期 13 辆/万人,远期 18 辆/万人,得出规划年江阴市出租汽车预测值,见表 6.8 所示。

表 6.8 江阴市规划年出租汽车预测值

年份	2010			2020		
指标	(辆/万人)	人口(万人)	(辆)	(辆/万人)	人口(万人)	(辆)
	13	50	650	18	60	1 080

③ 增长率法

按照城市总体规划确定的社会经济发展目标,规划期内江阴市经济增长速度达到 10%～12% ,2010 年、2020 年城市化预测水平分别为 58.2%和 69.0%,结合江苏省出租汽车发展规划,本次规划近期(2006－2010)出租汽车增长率为 8% ,远期(2011－2020)增长率为 6% 。按照上述公式计算,得规划年出租汽车运力预测值见表 6.9 所示。

表 6.9 规划年出租汽车供给量

年　份	2010	2020
供给量(辆)	614	1 099

④ 综合预测

供需平衡法从江阴市的实际客运需求出发,寻求供给和需求的平衡点,很好地描述出租市场的运营,而且所用参数均为最新调查结果,因此,预测结果相对准确些;比例法从宏观上揭示了在一定经济条件和交通结构条件下人们对出租汽车按一定比例的需求,但未来经济发展和交通结构具有不可控性,其结果准确性相对差些;增长率法结合城市经济发展等相关因素,对出租汽车未来发展速度进行预测,相对供需平衡法，准确性要差些。综合以上考虑，结合三种方法预测结果及江阴市城市发展趋势，确定规划年江阴市出租汽车发展的总量见表 6.10 所示。

表 6.10　规划年出租汽车供给量预测结果　　辆

年　份	2010 年	2020 年
供需平衡预测法	584	1 066
比例法	650	1 080
增长率法	614	1 100
综合预测结果	620	1 070

2. 出租汽车运力投放方式

目前出租汽车数量为 418 辆，根据预测与规划，到 2010 年会增加到 620 辆，增加 200 辆，考虑体制改革与运力投放相结合，经营模式转变与车辆改造相结合，规划按照 50、50、100 辆的规模，可采用奖励机制投放车辆，实现规模化经营。

根据上述规划结果，江阴市未来年出租汽车供给量见表 6.10 所示，即近期 2010 年为 620 辆，远期 2020 年为 1 070 辆。

近期发展重点考虑体制改革与运力投放相结合，以现有企业完成改造更新和体制转变为基本目标，采用奖励机制，把运力投放与企业改造更新相结合，规划按照 50、50、100 辆的规模把新增经营劝证奖励给改造情况好的企业，以鼓励企业改造更新。

远期，利用新一轮营运证投放的有利时机，确定并严格执行相应的市场经营准入条件，对经营主体进行服务质量考核，确保进入出租汽车市场的企业符合市场运作的基本条件；控制投放节奏，确保行业稳定。

3. 出租汽车客运量发展预测

(1)依据有关部门的规划值预测

根据江阴市城市总体规划、江阴市城市道路交通规划和江阴市公共交通规划报告，确定规划阶段的人均出行次数，据此结合各阶段的人口规划值，可测算出规划年份城市居民日均出行总量，考虑到城市居民出行过程中出租汽车可能承担的比重，即可推算出城市出租汽车日均客运量。在城市出行结构中，出租汽车承担的客运量比重一般在 1%～5%之间，加之外来人员、流动人口对出租汽车的依赖性以及城间出租汽车客运发展潜力，出租汽车实际承担的客运量还要大一些。国内一些城市居民出行结构中出租汽车所占比重如表 6.11 所示。

根据《江阴市城市道路交通规划(2003 — 2020 年)》，规划年出租汽车出行比例见表 6.12 所示。

表 6.11 国内一些城市出租汽车在居民出行结构中所占比重(2000 年)

地区	南京	无锡	苏州	常州	连云港	扬州	镇江
比重(%)	1	1.6	1.8	1	1	1	1

表 6.12 规划年出租汽车出行比例

年 份	2010	2020
比例(%)	1.8	3.0

结合江阴市公共交通规划报告,得出江阴市出租汽车客运量预测值见表 6.13 所示。

表 6.13 规划年出租汽车日客运量

年 份	2010	2020
城市居民日出行总量(万人次/日)	156.12	183.5
出租汽车日均客运量(万人次/日)	2.81	5.51

(2)依据出租汽车运力推算其日均客运量

$$Q=v\cdot\alpha\cdot\beta\cdot\gamma/10\,000/\eta \tag{6.27}$$

式中 Q——出租汽车日均客运量,万人次/日;

v——出租汽车数量,辆;

α——出租汽车出车率,取 95%;

β——出租汽车日均载客次数,次/日·辆;

γ——出租汽车平均每次载客人数,人/辆·次;

η——平衡系数,高峰期取 1.1~1.5,江阴取 1.1。

江阴市现有出租汽车 418 辆,日均载客次数 45 次,平均载客人数见表 6.14 所示,推算其日均客运量。

表 6.14 平均有效车次载客人数 人

年 份	2010	2020
平均有效车次载客人数 γ	1.8	1.6

据调查分析,随着出租汽车的发展,平均每次载客人数呈下降趋势。如出租汽车发展初期,有合伙搭车节省费用的现象;随着出租汽车向轿车方向的发展及人均收入的普遍提高,乘客对出租汽车舒适性及环境的要求越来越高,平均每次载客人数自然降低。

出租汽车日均载客次数β因受工作时间和出租汽车饱和度、服务质量等因素影响，在未来政府宏观调控下β值不大会有较大变动，故依据公式(6.27)，结合表6.14，得其日均客运量预测值，见表6.15。

表6.15　江阴市出租汽车日均客运量预测值　万人次/日

年　份	2010	2020
日均客运量Q	4.34	6.65

(3)日均客运量综合预测

按照城市居民的出行总量预测并没有充分考虑外来人员乘坐出租汽车的情况，因此用该方法预测的结果偏小。同时随着出租汽车数量稳定发展，城市居民生活水平及收入不断提高，出租汽车承担本地区城市居民出行绝对数和相对比重会相应上升，因此在规划年末，这两种方法测算的数据差异会逐渐缩小，甚至基本一致。

表6.16　江阴市出租汽车客运量最终预测值

年　份	2010	2020
出租汽车日均客运量Q(万人次/日)	3.57	6.08
常规公交日均客运量(万人次/日)	30.44	46.15
出租客运量/常规公交客运量	0.12	0.13

由表6.16，规划期限内，出租汽车和常规公交所分担的公共客运交通比例合理，符合出租汽车交通系统和常规公交系统协调发展的原则。

4. 出租汽车车型结构方案

(1)出租汽车车型结构比例

2006年发展改革委等六部门下发的《关于鼓励发展节能环保型小排量汽车的意见》，鼓励各地在出租汽车更新时，在满足乘用功能的基础上，积极鼓励选用节能环保型小排量汽车。根据江阴市出租汽车交通系统的功能定位，综合考虑节能、环保、舒适、安全等行业需求，本次规划建议江阴市出租汽车车型结构发展为：2010年以前为车型过渡时期，对目前市场上运营车况较差的车辆实行淘汰更新，同时借大批营运证到期为契机，引入部分中档车型，争取到2010年完全完成车辆更新。具体车型结构规划比例见表6.17所示。

另外，在确定江阴市出租汽车车型结构的同时，应统一颜色、标志等，使江阴的出租汽车外观与江阴城市特点相协调。同时尽可能选择专为出租汽车行业度身定制的车型，不仅经久耐用、方便乘坐，并增加安全和通讯等方面的功能。新更换的出租汽车可以考虑安装GPS系统、电话叫车等设备，要使乘客座位舒服，计价器的安装部位将便于乘客观察。同时为方便手提物品的乘客,司机能坐在驾驶位上为乘客开关车门和行李箱盖。

表 6.17 江阴市出租汽车车型结构建议

规划年限	2010		
车型	普通车	中档车	高档车
占总量比例	80%～90%	10%～20%	0%
规划年限	2020		
车型	普通车	中档车	高档车
占总量比例	65%～80%	20%～30%	0%～5%

(2)出租汽车车型提档引导政策

对现有运营的部分车辆进行更新,将整体车辆的技术性能和车况不能满足运营的要求,影响行车的安全性和服务质量的车辆鼓励其自愿的进行更新,提升车型档次,改善江阴出租汽车行业面貌,也在一定程度上减少车辆由于废旧而增加的运营成本。

通过有意识的提高市场经营准入条件,优化出租汽车车型结构,引入一些高档车型,丰富江阴出租服务的层次,确保满足不同层次服务对象"质"和"量"的需求,同时美化城市文明的"窗口"。

车辆档次的提高可以提升城市的整体形象,但"城市名片"是一个综合性的概念,仅仅有高档次的出租汽车辆,并不一定能起到"城市名片"的作用,更重要的是车内条件的改善和出租汽车行业从业人员整体素质的提高,以及服务质量的提升。所以,在江阴出租汽车车型选择的过程中,不能盲目提升车辆档次,而应根据江阴自身的特点和未来发展定位,结合城市居民的经济可承受能力,综合考虑车辆的油耗、排量、发动机功率、耐用性、舒适性、价位及售后服务等等,选用适当的车型,以和江阴外向型的经济发展和旅游城市的功能定位相适应。

建议近期可以投放部分中档车型以适应城市经济和行业快速发展的形势,如帕萨特等车辆,以稳步提升城市的整体形象及满足乘客多样化的需要。

6.2.7 出租汽车租价体系制定

1. 出租汽车租价规划

表 6.18 江阴市出租汽车各项费用一览表 元/年

收费项目	车辆折旧费	出租汽车公司管理费用	有偿使用费	保险费	规费	车辆检测费	合计
费用	37 218	6 600	5 000	11 000	7 000	266	67 084

表 6.19 江阴市出租汽车变动成本数据一览表 元/年

收费项目	驾驶员工资	燃料费	电台使用费	座套清洗费	维修保养费	公司投资回报	不确定性收费	合计
费用	52 800(2人)	72 000	1 680	600	5 000	21 000	2 000	155 080

由于江阴目前出租汽车的服务对象倾向于大众化，考虑到规划期江阴市出租汽车功能定位的改变，应结合届时服务对象的经济承受能力和司机合理受益等因素，运用上述所介绍的方法，对租价进行重新规划。见表 6.18～表 6.20 所示。

表 6.20 江阴市出租汽车租价建议

规划期	近期(2006～2010年)	远期(2011～2020年)
起步价	7元/2 km	9～10元/3 km
超出起步距离单价	2.7元/km(2 km以上)	2.7～3.0元/km(3 km以上)

2. 承包费制定

经营期限5年内公司每年的单车(车型以桑塔纳为例)各项费用，见表 6.21。

表 6.21 公司单车相关费用支出表 元/年

收费项目	车辆折旧费①	汽车保险	三金	有偿使用费	规费	电台使用费	车检费	管理费	座套清洗	合计
成本(元/年)	37 218	11 000	4 808	5 000	7 000	1 680	266	6 600	600	74 172

采用双班制，每驾驶员的工资以 2 200 元/月估算，单车双班驾驶员一年的总支出费用包括驾驶员工资、燃料费、维修保养费、不确定性收费、及承包费，前4项费用见表 6.22，下面以公司和驾驶员共赢为目标计算确定承包费。

表 6.22 驾驶员相关费用支出表 元/年

收费项目	驾驶员工资	燃料费	维修保养费	不确定性收费	合计
成本(元/年)	52 800	72 000	5 000	2 000	131 800

江阴市出租汽车司机的调查结果显示，每辆出租汽车平均每天毛收入为 600 元/日，由此可以计算一年的毛收入为 21.6 万元。中档车的燃料费增加至 80 000 元/年，维修保养费增加至 10 000 元/年。

通过表格详细列出公司和驾驶员双方各项费用情况，考虑在不同的承包费的情况下，比较公司的收益和驾驶员的收益，合理控制公司的投资回报率，最终确定承包费及经营年限。

承包费从每月 5 600 元增至 7 200 元，双方的收益情况见表 6.23。

表 6.23 普通车公司驾驶员收益比较表 元/年

承包费(每月)	公司			驾驶员(2)人		
	收入	支出	收益	收入	支出	收益
5 600	67 200	74 172	−6 972	216 000	199 000	17 000
5 800	69 600	74 172	−4 572	216 000	201 400	14 600
6 000	72 000	74 172	−2 172	216 000	203 800	12 200
6 200	74 400	74 172	228	216 000	206 200	9 800
6 400	76 800	74 172	2 628	216 000	208 600	7 400
6 600	79 200	74 172	5 028	216 000	211 000	5 000
6 800	81 600	74 172	7 428	216 000	213 400	2 600
7 000	84 000	74 172	9 828	216 000	215 800	200
7 200	86 400	74 172	12 228	216 000	218 200	−2 200

注:此处①经营期限 5 年;②驾驶员支出项中包含了双班驾驶员的工资。

表 6.23 是按桑塔纳 3 000(价格为 10 万元,成本中包括了公司的改造费用 7 万元)计算两者费用收支情况,从表中可以看到承包费为 6 800 元/月比较合理。下面表 6.24 和表 6.25 分别计算了车辆价格为 16 万元,经营期限为 5 年和 6 年时,公司和驾驶员两者费用收支情况。

表 6.24 中档车公司驾驶员收益比较表(经营期限 5 年) 元/年

承包费(每月)	公司			驾驶员(2)人		
	收入	支出	收益	收入	支出	收益
5 600	67 200	67 172	28	221 400	212 000	9 400
5 800	69 600	67 172	2 428	221 400	214 400	7 000
6 000	72 000	67 172	4 828	221 400	216 800	4 600
6 200	74 400	67 172	7 228	221 400	219 200	2200
6 400	76 800	67 172	9 628	221 400	221 600	−200
6 600	79 200	67 172	12 028	221 400	224 000	−2 600
6 800	81 600	67 172	14 428	221 400	226 400	−5 000
7 000	84 000	67 172	16 828	221 400	228 800	−7 400

表 6.25 中档车公司驾驶员收益比较表(经营期限 6 年) 元/年

承包费(每月)	公司			驾驶员(2)人		
	收入	支出	收益	收入	支出	收益
5 600	67 200	61 302	5 898	221 400	212 000	9 400
5 800	69 600	61 302	8 298	221 400	214 400	7 000
6 000	72 000	61 302	10 698	221 400	216 800	4 600
6 200	74 400	61 302	13 098	221 400	219 200	2 200
6 400	76 800	61 302	15 498	221 400	221 600	−200
6 600	79 200	61 302	17 898	221 400	224 000	−2 600
6 800	81 600	61 302	20 298	221 400	226 400	−5 000
7 000	84 000	61 302	22 698	221 400	228 800	−7 400

注:中高档车预计每天毛收入比一般车略高,为 615 元/天。

可以看出,车辆价格为 16 万元的中档出租汽车,其经营期限为 5 年时公司和驾驶员双方都没有收益;经营期限调整为 6 年时,承包费定为 6 200 元/月比较合理;考虑到车辆运行 7 年后还剩一年就要报废,所以经营期限定为 7 年不甚合理。

综上所述,公司化经营模式下,普通型出租汽车经营期限为 5 年,承包费为 6 800 元/月;中档型出租汽车经营期限为 6 年,承包费为 6 200 元/月。

6.2.8　出租汽车一级服务网点布局规划

目前,江阴市四家出租汽车公司中,雄鹰出租汽车公司和飞达出租汽车公司拥有自建的修理厂,车辆的维修保养费用由公司承担;暨阳出租汽车公司车辆的维修、保养由公司定点,费用由驾驶员自理;旅游出租汽车公司车辆的维修、保养则不定点,由驾驶员自行解决。

为切实提高江阴市出租汽车行业的服务质量,提供及时有效的后勤保障,远期规划建设两个出租汽车一级服务网点,这两个服务网点分别为相邻的出租汽车公司的出租汽车和司机提供统一的服务。考虑大约 10%～15%的出租汽车需要到综合服务网点接受服务,每辆出租汽车所占用面积按 $20m^2$～$25m^2$ 考虑,结合江阴市公路客运枢纽总体布局规划,规划的 3 个服务网点以及其服务范围见表 6.26 及图 6.8 所示。

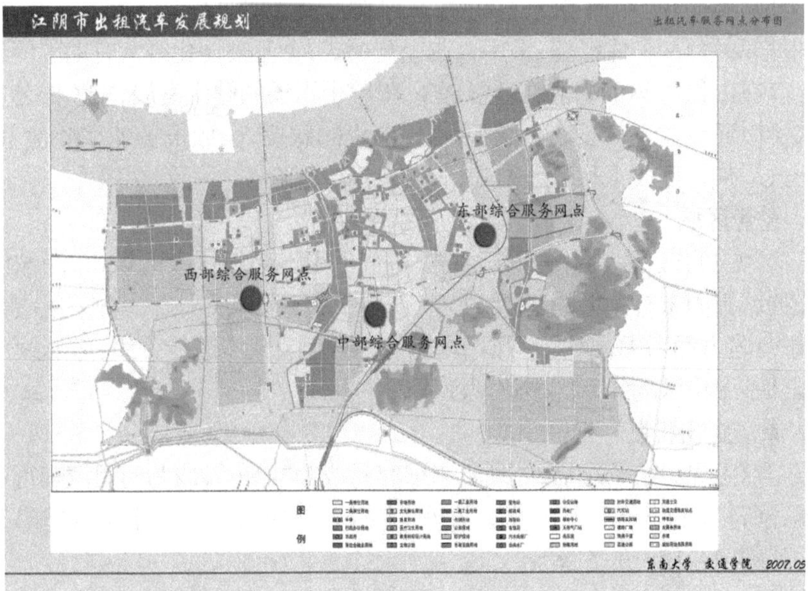

图 6.8　江阴市规划出租汽车服务网点分布图

表 6.26 规划远期一级服务网点规划

一级服务网点名称	规划大致位置	面积(m^2)	服务车辆数(辆)
东部城区综合服务网点	澄山路北、砂山路东	800～1 000	40
中部城区综合服务网点	梅园路东、芙蓉大道南	1 200～1 500	60
西部城区综合服务网点	西外环西、芙蓉大道北	600～750	30

6.2.9 出租汽车市场运营管理

1. 市场准入形式

江阴市出租汽车行业发展进程中,营运证的投放采用过无偿审批制、拍卖、定额出让三种方式,通过对原行政审批无偿获得营运证的出租汽车进行并轨,完成其经营权的有偿使用,使经营权获得平稳过渡。新一轮的运营证投放,为减轻企业和驾驶员的经营风险和经济负担,建议采用“服务质量招投标”的形式。按照公开透明、公正有序、公平负担的原则,逐步推广采用以服务质量为主要竞标条件的经营权招投标方式,建立科学合理的出租汽车经营权配置机制,进行良好的运力资源分配和调节。

2. 经营模式

江阴市出租汽车市场形成了公司化经营、全额租赁、挂靠、个体托管 4 种模式并存的经营模式式。为了规范市场秩序、加强企业和管理部门之间的联系,建议逐步取消挂靠经营和个体经营,采用企业经营模式,企业公司化经营有助于促进现代企业制度在出租汽车企业中的建立,有助于整个市场的健康发展,应该作为主体服务形式予以逐步建立;挂靠经营难除两权分离的痼疾,全额租赁加重经营者负担,个体形式增加管理成本和管理难度,应予以逐步消除。

3. 经营区域

分级为主的“分区域出租”的形式较适合于用地规模很大的城市,而像江阴这样规模的城市尚未有相似的成功经验。从传统上来看,江阴市一直采用该管理模式,所以从各方面考虑,建议江阴市出租汽车经营区域不进行分级,应继续采取经营范围为整个市区的经营区域管理模式。

4. 市场退出机制

旧车退出出租市场之后,处理不当很容易成为“黑车”,成为出租汽车行业的消极因素,同时带来社会问题。所以,在车辆更新的同时,江阴市出租管理部门要对旧车的处理出台相应的方案。

鉴于江阴市现有出租汽车为 2000 年左右更新,已营运 7 年多,建议对出租旧车进行车况鉴定,在完成更型后,尚有使用价值的出租旧车,转入二手车市场进行交易;已经完全报废的车辆,到指定地点报废。

5. 运营管理中新技术应用建议

(1)规划近期

利用先进的信息技术、通讯技术武装出租汽车行业,完善调度指挥系统;进一步开展出租汽车电话叫车业务,开通网上招车服务,提升服务质量;系统的建设与停靠站的设置相配套,逐步引导更新乘客的出租出行观念,提高道路利用率,降低运输成本,提高出租交通系统的信息化管理水平,提高城市品位,使江阴出租的整体面貌上一个台阶。

(2)规划远期

全面开展电话叫车和网上招车业务,配合各服务网点和停靠站的建设,推行"电话调度+路泊候客"相结合的营运模式。建设先进的调度指挥系统,并随着江阴市出租汽车的入网和电子货币的普及,开始建设出租汽车的电子收费系统,进一步提升出租汽车的服务;力争形成观念、技术、管理都走在前列的城市一流出租汽车行业信息管理系统。

6.2.10　规划保障措施

1. 政府宏观调控

据江阴市的具体情况,近期2010年,以出租汽车市场车辆改造更新为主,鼓励出租汽车企业通过兼并、重组等方式,组建符合现代企业制度要求的出租汽车经营企业,公司拥有最小出租汽车辆辆数不小于50辆,公司平均拥有出租汽车辆数达到100辆,实现规模化、集约化经营;远期到2020年市场发展全成熟阶段,建议采用邀标的方式,引入国内知名、实力雄厚、管理经验丰富、经营理念先进的出租企业,公司拥有最小出租汽车辆辆数不小于80辆,使公司平均拥有出租汽车辆辆数提高到150辆。为避免行业垄断经营,建议大型企业车辆规模上限不应突破总量的40%,行业市场形成数家企业竞争经营的局面。见表6.27所示。

表6.27　规划期经营规模发展建议表

规划期(年)	2010	2020
出租汽车公司(家)	3～4	4～5
公司拥有出租汽车辆不小于(辆)	50	80
公司平均拥有出租汽车辆不小于(辆)	100	150

目前出租汽车数量为418辆,根据预测与规划,到2010年会增加到620辆,增加200辆,考虑体制改革与运力投放相结合,经营模式转变与车辆改造相结合,规划按照50、50、100的规模,采用奖励机制投放车辆,每个获得经营权的公司至少增

加50辆,实现规模化经营。

2. 用地保障

在一级服务网点规划位置,合理划定其用地范围,保证服务网点基础建设用地。

考虑到服务网点未来的商业开发,政府在保证用地的同时,应给予一定的优惠。

城市规划中确定的出租汽车服务网点建设用地和空间,任何单位和个人不得侵占或者改变其用途。如确需调整的,应当向政府报批。

3. 资金保障

江阴市出租汽车行业的发展,产生了巨大的社会和经济效益。出租汽车交通是公共交通的重要组成部分,具有"准公共产品"的性质,政府应运用行政和经济手段,建立合理、稳定的出租汽车行业建设资金渠道 。

服务网点建设需要大量资金注入,为引导商业开发,政府部门应先期投入部分资金,以启动项目建设。

新技术将应用于江阴市出租汽车行业,信息服务系统的建设费用应在政府、企业、承包人三者之间合理分担,政府在其中起主导作用。

出租汽车交通系统作为一种辅助的公共交通方式,在城市客运交通系统中发挥了独特的作用,城市交通政策的制订者要在税费等方面给予出租汽车一定的优惠政策,以引导行业的健康、稳定发展。

6.3 规划案例:徐州市出租汽车发展规划

徐州市近几年社会经济高速发展,国民经济综合实力显著加强,产业结构不断得到调整与优化,外向型经济高速增长,城市人口、用地等也发生了很大的变化。

出租汽车是城市公共客运交通的重要组成部分,是现代经济发展和社会生活必不可少的基础设施之一。徐州作为苏北地区"两个率先"之一,其城市交通的管理、服务水平也必须率先实现现代化。而出租汽车独立、分散的服务方式又往往为其经营管理带来难度。如何切实提升管理水平、提高服务质量,率先实现城市出租汽车客运服务的现代化,也是徐州出租汽车行业发展必须解决的问题。

6.3.1 规划目标

通过本次规划,力争经过2年启动、5年发展,使徐州城市客运出租汽车行业真正成为现代城市公共客运交通结构的有机组成部分和城市精神文明的示范窗口。总体实现与城市客运交通系统相协调，出租汽车运力和运量达到动态平衡。形成以管理制度先进、经营行为规范、车型结构合理、从业人员素质过硬、运营环境优越、社会效益良好、科技含量高、环境污染少、顾客满意度高为特征的行业发展态势。

6.3.2　规划范围和年限

规划基年为2003年。

规划分为近期和远期两个阶段：近期为2003～2005年，远期为2006～2010年。

规划范围为徐州市主城区，包括观音机场管辖范围。规划范围内的现状总人口为166.45万人。

6.3.3　规划依据

(1)《关于进一步规范出租汽车管理有关问题的通知》，国办发[2004]81号。

(2)《关于规范出租汽车行业管理专项治理工作的实施意见》，建城[2006]107号。

(3)《国家发改委关于进一步清理整顿涉及出租汽车收费的通知》，财综[2006]14号。

(4)《建设部关于纳入国务院决定的十五项行政许可的条件的规定》，2004年9月。

(5)《关于进一步加强城市出租汽车行业管理工作的意见》，建城[2002]43号。

(6)《关于清理整顿城市出租汽车等公共客运交通意见的通知》，国办发[1999]94号。

(7)《江苏省城市公共客运交通规划编制纲要》，1995.9。

(8)《城市公共交通站、场、厂设计规范》GJJ15—87。

(9)《城市道路交通规划设计规范》GB50220—95。

(10)《江苏省城市公共客运交通经营权有偿出让和转让管理办法》，2002.9。

(11)《江苏省清理整顿城市公共客运交通工作2002年总结与2003年主要任务》，2002.12。

(12)《江苏省城市公共客运交通规划编制纲要》，1995.9。

(13)徐州市国民经济与社会发展第十个五年计划纲要。

(14)《徐州市城市总体规划(2002～2020)》，2003.8。

(15)《徐州市城市客运出租汽车管理条例》。

6.3.4 徐州市出租汽车发展现状

1. 出租汽车交通系统现状

(1)市场管理现状

① 徐州出租汽车市场主要由市公用事业管理局主管,下设客运管理处直接管理,存在管理权被分割,"多头管理"现象;

② 徐州市个体出租汽车自发成立了5个出租汽车个体服务部,现有890辆个体经营车全部加入个体服务部,个体服务部起到了良好的沟通作用;

③ 自1998年始,徐州市出租汽车市场营运证出让采用有偿使用制度,目前已经实现了经营权无偿审批到有偿使用的顺利过渡;

④ 徐州市出租汽车行业形成了挂靠经营、租赁经营和个体经营3种并存的经营方式;

⑤ 徐州出租汽车起步价为5元/3 km,起步价外单价为2.1元/km。

(2)市场营运现状

① 徐州现有出租汽车公司22家,企业平均规模为131.5辆。规模最大的出租汽车公司拥有出租汽车361辆,最小的出租企业拥有32辆出租汽车,出租汽车规模不满50辆的企业有6家,占出租企业的27.3%;

② 徐州现有出租汽车3 783辆,实际营运的出租汽车辆为2 980辆,车辆总体档次不高,车型较为单一;

③ 徐州市出租汽车驾驶员35岁以下的驾驶员较多,但整体驾龄偏低,有待于提高;

④ 存在"出租黑车"问题,扰乱了出租汽车市场的秩序,不利于出租汽车行业的健康发展。

(3)服务主体特点

现状徐州市出租汽车服务主体为徐州市本地24~56岁、个人年收入2万元以上的企业员工、政府职员以及相应的以公务和旅游为出行主要目的的流动人口。

2. 出租汽车交通系统现存问题

(1)出租汽车辆总体档次不高,运力结构需要调整;

(2)"黑车"问题存在,干扰市场秩序;

(3)出租汽车空驶率偏高,运营效率偏低;

(4)出租汽车停靠点、停车及综合服务网点严重缺乏;

(5)运营管理体制有待完善。

6.3.5 出租汽车发展战略

1. 出租汽车功能定位

(1)服务主体

现状徐州市出租汽车服务主体为徐州市本地24～56岁、个人年收入2万元以上的企业员工、政府职员以及相应的以公务和旅游为出行主要目的的流动人口。他们乘坐出租汽车主要看中其方便性,除抱怨价位高、车辆少外,还对出租汽车车型结构、车内整洁度和出租汽车司机的服务态度提出了更高的要求。

这部分乘客成为徐州出租汽车现阶段的服务主体并不是偶然的。首先因为该年龄段接受能力较强,可以适应出租汽车这种交通方式,并且由于工作原因,公务出行也比较多。其次,个人年收入2万元以上的人员才有相应的经济实力支持对出租汽车出行的需求。最后,由于公务出行和旅游为主要目的出行对交通方式的舒适性和方便快捷性要求较高,所以才会使得现有服务主体为上述乘客群。

(2)功能定位

规划期徐州市出租汽车功能定位以“高档型”的公交辅助方式为主,以“享受型”公交辅助方式为辅。这样双层的功能定位将使得出租汽车行业向着面向对象的分层次服务发展,分别满足不同顾客的需求,并针对其不同需求制定出相应的服务措施,从而推动徐州市整个出租汽车行业经营效益的提高。

2. 出租汽车发展模式

结合徐州市出租汽车行业发展现状和对现有的各种发展模式的分析,以经营方式来看,徐州市建议采用企业经营为主、个体经营为辅的发展模式,逐步取消挂靠经营这种经营形式。因为企业经营有助于促进现代企业制度在出租汽车企业中的建立,有助于整个市场的健康发展,应该作为主体服务形式予以逐步建立;私人经营符合出租汽车服务的特性,能很高程度上激发驾驶员的服务积极性,可以作为一种有益的辅助形式予以保留。而挂靠形式弊端较多,应予以逐步消除。

徐州市建议采用经营范围为整个市域的形式。分级为主的“区域出租”的形式适合用地规模很大的城市,而像徐州这样规模的城市尚未有相似的成功经验,并且纽约、东京等都市也未采用“区域出租”的形式。从传统上来看,徐州市一直采用整个市域经营的出租汽车经营管理形式,所以从各方面考虑,建议徐州市继续采取经营范围为整个市域的经营管理形式。

另外,徐州市建议继续采用有偿经营的形式。有偿经营方式与无偿审批方式相比,有着明显的优越性。而且,随着我国市场经济的初步建立,其优势将更加明显。

3. 出租汽车发展政策

(1)建立现代、规范的出租汽车市场,制订执行明确的市场准入条件;

(2)合理控制规模,优化车型结构,与其他交通方式协调发展;

(3)强化出租汽车管理,有效打击"黑车";

(4)加强企业内部管理,提高科学管理手段;

(5)建立和完善出租汽车驾驶员考核制度;

(6)建立、完善并严格执行服务质量评价体系考核制度。

6.3.6 出租汽车发展规模预测

采用供需平衡法、指数平滑法、回归分析法及比例法对出租汽车发展规模进行预测,见表6.28所示。

表6.28 几种预测方法预测徐州市出租汽车总量

预测方法	2005年	2010年
供需平衡法	3 841辆	6 294辆
指数平滑法	4 451辆	5 940辆
回归分析法	5 005辆	6 051辆
比例法	4 550辆	5 516辆

供需平衡法从徐州市实际客运需求出发,所用参数均为最新调查结果,预测结果相对准确些;指数平衡法是对出租汽车历史数据作预处理(平滑)后,找出一定规律,对未来发展进行的一种判断,相对供需平衡法,准确性要差些;时间序列回归分析法是根据历年来徐州市出租汽车运力的发展变化趋势所做的预测,如果出租汽车的发展不受政府控制,这种预测的结果应该是较为准确的,然而出租汽车行业无论在发展初始阶段还是整个过程都需要政府的宏观调控,由于其发展影响因素的多样化从而使得此法预测结果的准确性降低;而比例法从宏观上揭示了在一定经济条件和交通结构条件下人们对出租汽车按一定比例的需求,但未来经济发展和交通结构具有不可控性,其结果准确性相对差些。

综合以上考虑,结合4种方法预测结果及徐州市城市发展趋势,确定规划年徐州市出租汽车发展的总量见表6.29所示。

表6.29 规划年出租汽车发展总量最终预测结果

年　份	2005年	2010年
最终值(辆)	3 800～4 000	5 000～5 500

6.3.7　出租汽车车型结构方案

目前徐州市出租汽车有47.42%的车型为夏利，还有不到23.39%的桑塔纳，捷达占到21.91%，其他车型占7.27%。考虑到徐州作为国家交通枢纽城市，且旅游资源丰富，徐州市出租汽车车型结构规划应考虑普通型和豪华型、超豪华型的比重。建议徐州形成以普通型为主流，豪华型、超豪华型为辅的出租汽车车型结构(具体比例在表5－30中给出)，并随着经济的发展和人们生活水平的逐步提高，逐渐增加豪华车型的比例。

在确定徐州市出租汽车车型结构的同时，应统一颜色、标志等，使徐州的出租汽车外观与徐州城市特点相协调，同时尽可能增加安全和通讯等方面的功能。新更换的出租汽车可以考虑安装GPS系统、电话叫车等设备，要使乘客座位舒服，计价器的安装部位将便于乘客观察。同时为方便手提物品的乘客，司机能坐在驾驶位上为乘客开关车门和行李箱盖。根据徐州作为交通枢纽城市的特点，外来旅客较多，还可使出租汽车具备翻译功能，为来自不同国家的乘客服务。见表6.30所示。

表6.30　徐州市出租汽车车型结构建议表

规划期	2005年			2010年		
车型结构	经济型	普通型	豪华型	普通型	豪华型	超豪华型
推荐排量	<1.3 L	1.3～1.6 L	1.6～2.0 L	1.3～1.6 L	1.6～2.0 L	≥2.0 L
占总量比例	40%	45%	15%	75%	20%	5%

6.3.8　出租汽车租价体系构建

1. 出租汽车租价确定

目前，徐州市出租汽车价格体系为：

起步价5元，基价公里为3 km，租价为每公里2.1元。

基本租费＝(行驶里程－基价公里)·车公里租价

空驶费＝(行驶里程－3)·车公里租价·50%

低速行驶、等候费，每累计5 min，收1车公里租价

夜间行驶费(23:00～5:00)＝ 行驶里程×车公里租价×20%

过桥过路费由乘客负担

总租费＝基价＋基本租费＋空驶费＋低速行驶、等候费＋夜间行驶费＋过桥过路费(乘客自负除外)

通过对徐州市出租汽车乘客问卷调查分析，目前，徐州市出租汽车价位总体

上不令人满意。据调查,徐州市目前出租汽车市场有 80%左右是为工薪阶层服务的,其中为了方便、急事占了 90.37%,现行价格市民认可度为:认为价格合理的占 42%,认为偏低的占 2%,认为偏高的占 56%。这个比例是比较理想的,它保证了出租汽车市场的服务主体,保证一定的满载率,但也不会造成太高的满载率,有利于优化城市交通结构。由现状调查可知,徐州市出租汽车司机毛平均日收入为 460 元左右,在出租汽车驾驶员职业认可度调查分析中,有 78%的司机愿意继续经营,这符合目前徐州市经济发展水平,因此近期价位不宜做大的调整。

(1)规划近期价位

从行业稳定性、需求市场接受度以及城市交通结构协调发展的角度多方面考虑,建议徐州市出租汽车起步价在现状基础上适当提高,即 6 元/3 km,为保证居民出行乘坐出租汽车的稳定,以及为顺利过渡到远期出租汽车的目标价位,对 3 km后的单价下调为每公里 1.8 元,其余保持现状。

(2)规划远期价位

由于市场需求的进一步扩大和人民生活水平的不断提高,出租汽车价位应该做出相应的调整,以保证行业经营者有一定的受益,同时城市交通结构也能得到相应的协调发展和优化。根据徐州市出租汽车发展战略,在这一阶段,出租汽车价位应有适当的提高。建议徐州市出租汽车起步价定位 6 元/3 km,3 km 后的单价为 2 元/km,其余项目可实时变更。

2. 出租汽车承包费制定

徐州市出租汽车目前的经营方式有 3 种:

(1)承包经营,即购车款、营运证使用费等相关税费由公司支付,承租人向公司上缴承包款;

(2)挂靠经营,即购车款、营运证使用费和税费由挂靠人承担,挂靠人向公司上缴挂靠管理费和风险保证金;

(3)个体经营,即自主经营,自负盈亏。

从全国同等经济水平的城市来看,徐州市目前的各项收费比较合理,得到了徐州市出租汽车司机的普遍接受。所以本规划建议近期承包费保持原来的价位不变。

规划远期,根据徐州市出租汽车发展战略,企业经营者和个体经营者应该在各项费用上有所区别。其中针对企业的各项收费可以根据经济发展水平有适当的提高,而个体经营者的各项收费虽然也应该有所提高,但是考虑到门槛不可与企业经营者设置的相同,各项费用应该较企业经营者稍低。

6.3.9 出租汽车服务质量评价指标体系

1. 总体框架设计

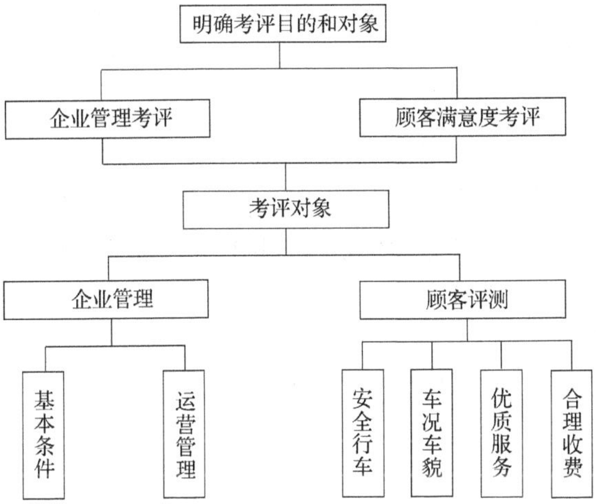

图 6.9　出租汽车服务质量评价细部框架体系流程图

根据徐州市的实际情况，本次制订的出租汽车行业服务评价体系如图 6.9 所示，分为两个层次，一为“企业管理考评”层次，主要对各个出租汽车企业从管理层进行考评；一为“乘客满意度考评”层次，主要对企业从服务个体角度进行考评。两个层次下都有子层次的分类指标。企业管理考评层次下，有基本条件和营运管理两个子层次指标；乘客满意度考评层次下，有安全行车、车况车貌、优质服务和合理收费 4 个子层次指标。其中面向企业服务个体的乘客满意度考评部分借鉴了上海市 CSI 评测方法。CSI 评测方法源于美国，有关专家在对美国顾客满意度指数进行调查研究的过程中，发现美国国家顾客满意度指数的发布对美国新经济具有一定的指导意义。因此，上海市选用的作为出租汽车行业 CSI 测评的模型框架的费纳模型(如图 6.10)，具有较强的应用价值。

2. 企业管理考评细则

基本条件

(1)各项管理制度都有明确人员负责

① 各项管理制度都有明确负责人员。

② 抽查时，各负责人员无空岗现象，外出说明原因。

(2)驾驶员职业考核优秀率

① 职业考核建议全市范围举行，一年一次，目的为提高出租汽车行业驾驶员

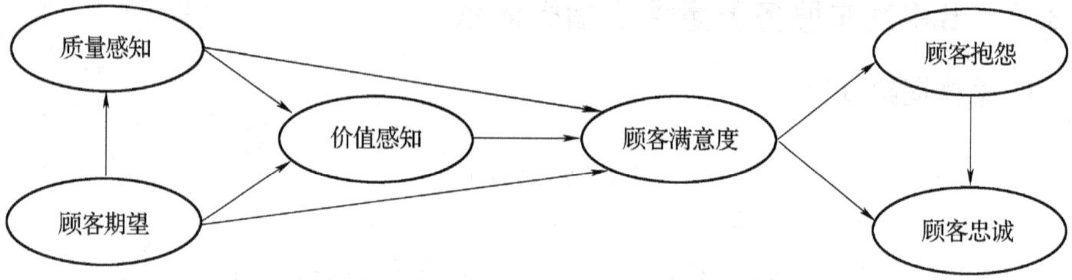

图 6.10 费纳模型应用图

整体职业技能，内容为驾车技能、道路熟知度等。

② 考核优秀率高低作为企业优劣评判指标之一。

(3)车辆车型符合管理部门要求

① 企业选用营运车型符合管理部门制订的车型标准。

② 企业必须按照管理部门要求更新车型、加载装备。

运营管理

(1)投诉应答

① 投诉咨询及失物查询电话必须 24 h 有专人受理。

② 三声铃响必有应答。

③ 接听人员语气温和，态度耐心，详细询问解答。

④ 应答用语规范，电话受理自报“企业名称”、“受理人工号”、“请讲”。

(2)投诉处理

① 处理接待人员态度温和，有耐心，做到不厌其烦。

② 处理投诉及时。

③ 处理结果公平合理，做到各方面均能理解接受。

(3)预约应答

① 预约叫车电话必须 24 h 有专人受理。

② 三声铃响必有应答。

③ 接听人员语气柔和，询问要求清楚详细。

④ 应答用语规范，电话受理自报“企业名称”、“受理人工号”、“请讲”。

(4)预约处理

① 处理及时，保证车辆按时到达乘客指定地点。

② 处理得当，保证满足乘客的各种合理要求。

3. 顾客满意度考评细则

安全行车

(1)行驶中不闯信号，不闯越禁令标志

① 必须遵守交通信号，不准闯越红灯和交通民警的手势。

② 行驶中必须遵守交通标志、标线，不准闯越禁行区域。

(2)主动提醒前排乘客系好安全带

① 行驶时驾驶员必须系好安全带。

② 提醒前排右边乘客系好安全带。

(3)行驶中不使用手机

① 行驶中遇手机响，禁止边开车边看打手机或看短信。

② 如有企业急需回电，可靠边停车使用手机，但事先应征得乘客同意，且计价器应按暂停计时。

(4)安全上下客

① 严禁在交叉路口、铁路口、弯道、桥梁、陡坡、隧道、高架及禁停等路段停车上下客。

② 在允许的临时停车点内上下客后应立即驶离停车点，不得拖延停车时间。

③ 停车上下客不得影响其他车辆及他人的正常行进。

车况车貌

(1)车内环境整洁

① 座套必须是白座套，并保持整洁平服。

② 座套无破损(修补之后可用的不在此列)，无污迹。

③ 内顶清洁、无污迹。

④ 踏脚板清洁无垃圾、无污迹。

⑤ 明码标价、有效证件的标贴完整无破损。

⑥ 服务卡、广告无破损无污迹，放在规定位置。

(2)车内设施良好

① 空调、音响设施完好。

② 防劫板必须保持清洁、牢靠和无破损。

③ 车窗和车门的开关顺畅完好。

(3)车身外观完好

① 顶灯字迹清晰，晚上空车顶灯必须明亮。

② 车身颜色统一、顶灯统一、空车显示统一。

③ 车身无损怀、无脱漆，外饰条、保险杠良好。

优质服务

(1)不拒载

① 所驾驶的车辆开启空车标志灯后，遇乘客招手停车后，不得拒载。

② 所驾驶的车辆开启空车标志灯后，在营业场站内不得拒绝调派。

③ 所驾驶的车辆开启空车标志灯后，在客运集散地或道边待租时不得拒载。

④ 载客营运途中不得无正当理由中断服务。

(2)规范用语

① 乘客上车说“您好”，乘客付费说“谢谢”，乘客下车说“再见”。

② 服务中尽量说普通话。

③ 服务中对乘客的批评或建议虚心接受，不准与乘客争吵。

④ 不可在服务中发牢骚、散播不良言论。

⑤ 禁止辱骂乘客。

(3)一车一检

① 主动提醒乘客携带随身物品。

② 发现乘客的遗忘物品，及时记录备案并设法归还或及时上交。

(4)驾驶员行为规范

① 驾驶员不准在车内吸烟，乘客吸烟应婉言制止。

② 举止行为文雅规范。

③ 服务中空调和音响的开关和声音大小应随乘客意愿而定。

(5)服饰仪表

① 驾驶员衣着整洁，美观大方，建议企业内部统一着装。

② 驾驶员仪容整洁，发型大方，不留长须。

(6)态度温和

① 语言随和，谦谦有礼。

② 有问必答，尊重乘客。

(7)主动服务

① 扶老携幼，遇到不方便的乘客主动开关车门。

② 遇到携带大件行李的乘客主动提拿，主动开启后备箱妥善放置。

合理收费

(1)问路计价

乘客上车后，应先问路，后选路，再开计价器。

(2)停车结算

到达下车地点后，先停车，后报价收支，再打印发票。

(3)唱收唱支

正确使用计价器，收费时按规定唱收唱支并找零。

(4)发票凭证

① 收支后，为乘客提供相应发票。

② 发票必须清晰有效。

(5)合理线路

① 乘客上车后主动问清去向,并主动选择路。

4. 细则中各指标权重

(1)各层次权重

I. 企业管理考评	0.3	II. 顾客满意度考评	0.7

(2)各大类指标权重

I—1. 基本条件	0.5	I—2. 运营管理	0.5
II—1. 安全行车	0.2	II—2. 车况车貌	0.1
II—3. 优质服务	0.4	II—4. 合理收费	0.3

(3)各小类指标权重

I—1. 基本条件

1. 负责人员明确	0.4	2. 驾驶员考核	0.2
3. 车辆车型	0.4		

I—2. 运营管理

1. 投诉应答	0.3	2. 投诉处理	0.3
3. 预约应答	0.2	4. 预约处理	0.2

II—1. 安全行车

1. 遵守信号	0.4	2. 系安全带	0.1
3. 不打手机	0.2	4. 安全上下客	0.3

II—2. 车况车貌

1. 环境整洁	0.5	2. 设施齐全	0.3
3. 外观完好	0.2		

II—3. 优质服务

1. 不拒载	0.2	2. 规范用语	0.2
3. 一车一检	0.2	4. 行为规范	0.1
5. 服饰仪表	0.1	6. 态度温和	0.1
7. 主动服务	0.1		

II—4. 合理收费

1. 问路计价	0.3	2. 停车结算	0.2
3. 唱收唱支	0.1	4. 发票凭证	0.1
5. 合理路线	0.3		

5. 实施方法

企业管理考评建议每半年一次,并向社会公布。乘客满意度考评建议每月进行一次,成绩通报各参评单位,每半年向社会公布一次。

企业管理考评建议采用管理部门对企业进行抽查的方式,企业管理考评除对参评单位不定期抽查记分外,还应对不符合基本条件的企业提出整改意见。顾客满意度评测建议采用乘车暗访的形式对所需样本进行资料采集。

6.3.10 远期出租汽车市场准入条件

1. 经营实体

(1)企业

① 车辆购置、更新费用及道路运输证使用费等相关经营税费由企业承担,不向从业人员收取或者变相收取;

② 有50辆以上、符合出租汽车营运标准的车辆或者相当的资金,推荐下限提升为100辆达标车辆;

③ 有符合规定的停车场地和经营场所(停车场地单车停车面积需达1500平方米,推荐下限需3000平方米);

④ 有企业章程和与经营配套的营运管理制度;

⑤ 有符合规定要求的质检、安全等管理人员和驾驶员;

⑥ 经过ISO9001认证。

2. 私人

① 有本市常住户籍或者暂住证;

② 有初中以上文化程度;

③ 有本市机动车驾驶证;

④ 有5年以上驾驶经历并经由出租汽车从业、治安培训合格;

⑤ 申请前8年内未被取消过客运从业资格;

⑥ 有符合出租汽车营运标准的车辆或者相当的资金;

⑦ 有相应的停车场地;

⑧ 通过出租汽车驾驶员职业素质考核,达到优秀;

⑨ 购得运营许可证后加入出租汽车协会,服从管理。

3. 车辆

① 车辆技术性能二级以上;

② 车辆整洁,使用符合要求的白座套等设施,并适时开启空调;

③ 车身明显部位标设经营者名称及投诉电话(私人经营者标注出租汽车协会名称及投诉电话),张贴标价牌;

④ 统一车身颜色、统一固定式顶灯和显示空车待租的明显标志;

⑤ 在指定位置安装合格的附打印装置的计价器;

⑥ 车身广告须经公安、客运管理机构批准,按照规定的位置设置;

⑦ 车型符合最低标准；

⑧ 符合客运管理机构规定的其他条件。

4. 车型最低要求

① 排量：不小于 1.6 L；

② 车身长度：不小于 4.2 m；

③ 后备箱尺寸：不小于 400 L；

④ 排污量：符合欧 III 标准；

⑤ 其他与一般车辆相类似。

5. 驾驶员

① 有本市常住户籍或者暂住证；

② 有初中以上文化程度；

③ 有本市机动车驾驶证；

④ 有 5 年以上驾驶经历并经由出租汽车从业、治安培训合格；

⑤ 申请前 8 年内未被取消过客运从业资格；

⑥ 通过出租汽车驾驶员职业素质考核，达到优秀。

第 7 章　城市公共停车规划

停车是实现人和物的移动的交通出行的必要环节。随着城市化进程的加快，城市机动车拥有量及道路交通量急剧增加，停车问题已成为诸多城市交通的一大难题。特别是公共停车设施，作为城市交通基础设施的重要组成部分，具有服务的公共性和效益的间接性，其建设速度远滞后于社会需求。

公共停车规划作为城市规划的重要内容之一、综合交通规划的重要组成部分，与动态交通规划有着密切的联系，又有其自身的特点，涉及政策法规、综合规划、设施建设、管理与执法等方面，其编制对于处理好停车供给与需求的矛盾、调控动静态交通资源的使用、加快停车设施建设与停车策略的实施具有重要作用。

7.1　技 术 指 引

7.1.1　规划目标与任务

1. 规划目标

寻求停车需求的满足与城市社会经济发展、交通、土地利用和环境保护多目标的平衡，建设规模适宜、结构合理、布局均衡并与道路设施、公交设施、配建停车设施相协调的公共停车系统，引导市民选择合理的交通出行方式，调控停车动态需求，维持城市动、静态交通的平衡。

2. 期限与范围

规划期限和范围与城市综合交通规划一致。远期规划为 20 年左右，近期规划一般为 3～5 年。

3. 规划任务

(1)提出城市停车发展战略及不同片区的发展策略；

(2)确定公共停车场布局与选址方案；

(3)提出公共停车场规划的保障措施，为选址方案的落实提供建议。

7.1.2　规划原则

1. 协调静态、动态交通

平衡城市道路网容量与城市各片区功能发挥之间的关系，停车供应的总体水平应能够促进城市社会和经济的发展，满足小汽车适度进入家庭的停车需求；

2. 供应差别化，结构合理化

建立差别化的区域停车供应及消费政策，结合公共交通发展政策，缓解城区停车压力。建立以“配建停车供应为主、路外公共停车供应为辅、路内停车为必要补充”的结构合理、布局均衡的停车系统。

3. 一体化

建立一体化的工作机制，体现停车规划、建设、管理三位一体的原则。逐步建立停车系统运行管理的信息化与智能化，实现停车资源的有效管理和利用；推动停车发展走社会化、产业化道路，实现城市停车与社会经济协调发展。

7.1.3 规划主要内容与流程

1. 工作阶段

阶段一：确定研究方法及技术流程；

阶段二：开展停车泊位供应调查、停车特征调查，以及驾驶者选择停车泊位考虑因素调查等资料收集工作；

阶段三：制订不同区域的停车政策目标和策略；

阶段四：建立停车泊位数据库及停车需求模型，确定各分区的公共停车需求总量；

阶段五：进行公共停车场选址与布局；

阶段六：提出公共停车发展政策与措施。

2. 规划思路与主要工作内容

① 资料收集：资料收集是规划的主要工作之一。除了从相关政府部门收集社会经济发展、交通发展、停车设施资料外，还应通过各类调查，以统计各类停车设施的停车供应水平，了解停车需求特征，发现现状停车问题的症结所在。

② 分区停车政策目标与发展策略：针对停车现状及未来发展趋势，回顾现有的交通政策及停车政策，根据国内外经验，提出合理的停车政策目标与发展策略。

③ 停车需求预测：停车需求预测根据两项数据，一是未来土地利用规划，二是在土地利用规划的基础上，从整体交通规划中得出的全天车辆出行数据。根据各类车辆出行在每天不同时段的分布，考虑停车泊位的周转率，得出不同区域高峰时间内最大停车泊位需求，并以此推算得公共停车泊位需求总量。

④ 公共停车场选址与布局：分析城市控制性详细规划中的片区特征及用地性质、综合交通规划中的专项规划方案，结合各区域现状停车泊位的供应情况及驾驶员调研分析的结果，依据停车需求预测，对不同区域采用刚性布局、半刚性布局和弹性布局相结合的方法，确定规划近、中远期布局方案。

⑤ 公共停车发展政策与措施：基于停车发展策略，研究提出解决现状停车问题及保障公共停车规划方案的建设、管理和收费等方面的停车政策、措施。

规划技术流程图如图7.1所示。

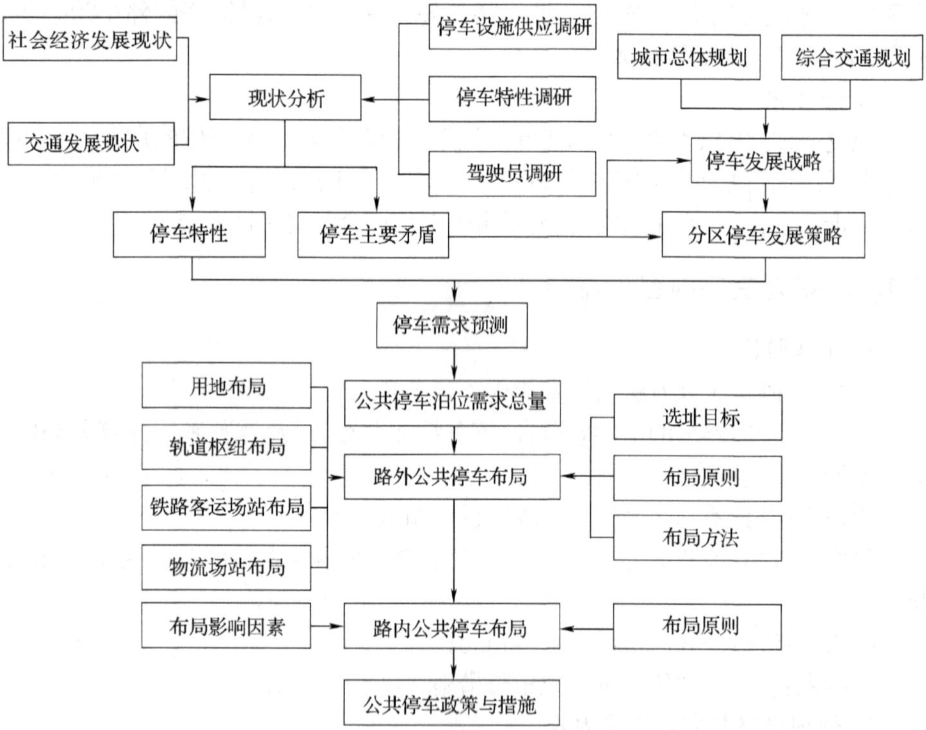

图7.1 规划技术流程图

7.1.4 成果构成及要求

1. 成果构成

公共停车发展规划成果包括规划文本与图件、研究报告。

2. 规划文本与图件

规划文本：

(1)停车发展目标分析；

(2)停车发展策略制订；

(3)停车需求预测；

(4)公共停车布局规划；

(5)停车政策与措施。

图件：

(1)现状停车供应分布图；

(2)公共停车规划分区图；

(3)近、中远期公共停车设施规划布局方案图。

3. 研究报告

(1)停车调查及现状问题分析；

(2)停车政策目标与发展策略；

(3)停车需求预测；

(4)公共停车布局规划；

(5)规划方案评价；

(6)停车政策与措施。

7.1.5　关键技术方法

1. 停车需求预测

停车需求预测可分为宏观停车需求预测和微观停车需求预测，这两者之间，并没有严格的界限。通常，微观停车需求以某一个或几个停车场为研究对象，而宏观停车需求预测用于分析更广大区域的停车需求，其目的是确定区域未来停车需求的总量，以此为基础，确定路内停车场、路外公共停车场和配建停车场的规模。

(1)停车需求影响因素

影响宏观停车需求的因素主要包括城市土地利用状况、机动车保有量及出行水平、城市人口及社会经济发展状况、交通政策等。

(2)停车需求预测模型

预测方法主要有静态交通发生率模型、相关分析模型、机动车 OD 预测、交通量—停车需求模型等 4 种。

① 停车发生率模型

停车发生率模型是建立在停车需求与土地利用性质关系基础上的回归模型。其中"停车生成率"定义为某种性质用地功能的指标(如单位土地面积或单位建筑面积)所产生的全日停放车辆数。停车发生率模型不必分门别类地详细调查和统计回归，只需按小区调查现状基本日停放车辆数和各类用地的工作岗位数，模型的表达见式(7.1)。

$$P_j = f(L_{ij}) = \sum_i \alpha_i \cdot L_{ij} \tag{7.1}$$

式中　P_i——预测年第 j 分区基本日停车需求量(标准车次或泊位)；

L_{ij}——预测年第 j 小区第 i 类土地利用指标(土地使用指标)；

α_i——第 i 类用地的停车生成率指标，标准车次或泊位/(土地使用单位指标·日)。

停车生成率模型的优点是:停车需求的计算可以采用研究区域内用地性质相近、规模相当、用地功能比重相对独立的组合大样本作为建模抽样的基础,既避免了调查的困难,又提高了典型资料的使用率;对研究区域不仅可以得到总停车需求,还能按土地使用功能比重计算出每一土地使用指标的停车生成,适用性较强。

实际项目中,通常采用类比的方法对停车生成率进行预测。例如,镇江市综合交通规划中采用静态交通生成率法进行宏观停车需求预测时,参照南京、上海、苏州、常州、石家庄的停车场配建标准以及各类设施用地的停车需求产生率取值,确定镇江市不同用地生成率指标见表 7.1 所示。

表 7.1 镇江市不同用地类型停车生成率 泊位/100 m^2 建筑面积

建筑类型	居住	行政办公	商业金融	工业	仓储	文化娱乐	医疗卫生	教育科研	文物古迹	其他
泊位	0.30	0.45	0.70	0.06	0.15	0.30	0.40	0.20	0.60	0.20

再根据镇江古城区各个片区的规划用地以及相应的控制性指标参数,计算各个用地的建筑面积,利用用地产生率计算每个片区的停车需求。

② 相关分析方法

由于不同类型用地的停车生成率往往是土地利用、人口、交通量等因素综合作用的结果,因此仅采取将各地块停车需求简单相加的方法未必完全适用。从城市停车需求的本质及其因果关系出发,根据美国道路研究委员会(HRB)的研究报告,提出数学模型如下:

$$P_{di}=K_0+K_1(EP_{di})+K_2(PO_{di})+K_3(FA_{di})+K_4(DV_{di})+K_5(RS_{di})+K_6(AD_{di}) \tag{7.2}$$

式中 P_{di}——第 d 年 i 区高峰时间停车需求量(车位);

EP_{di}——第 d 年 i 区就业岗位数;

PO_{di}——第 d 年 i 区人口数;

FA_{di}——第 d 年 i 区房屋地板面积;

DV_{di}——第 d 年 i 区家计单位(企业)数;

RS_{di}——第 d 年 i 区零售服务业数;

AD_{di}——第 d 年 i 区小汽车拥有数;

$K_i(i=0,1,2,3,\cdots)$——回归系数。

此模型突出了城市内人口、建筑面积、职工岗位数等对停车设施需求影响较大的参数,因而更适用于对一个大型、综合区域或整个城市区域内进行预测。值得注意的是,在对未来进行预测时,必须对模型中的参数 K 做实时的修正,才能够更好的符合未来情况的变化。

③ 机动车OD预测法

基本思路是停车需求与地区出行吸引量(D量)有直接关系。如果获得地区的出行吸引量(人次/日),则根据出行方式的比例,可换算成实际到达的车辆数,再根据高峰小时系数和机动车平均停车率,可得到高峰小时机动车停车需求量。该模型的关键是通过调查确定交通方式的分担比例和车辆的乘载量。

机动车OD法停车需求预测模型可表示为:

$$P_i=(A_i+B_i+C_i+D_i+E_i)\times\alpha \tag{7.3}$$

式中　P_i——i小区全日停车需求量;

A_i、B_i、C_i、D_i、E_i——i小区全日大客车、小客车、出租车、大货车、小货车吸引量;

α——机动车平均停车率。

④ 交通量－停车需求模型

该模型建立的基本思想是任何地区的停车需求必然是到达该地区行驶车辆被吸引的结果,停车需求泊位数为到达该地区流量的某一百分比。它与上述机动车OD预测法尽管思想一致,但此方法主要是回归,如果该地区用地功能较为均衡、稳定,预测结果比较可靠。

a. 一元对数回归模型

考虑研究区域停车需求与出行吸引量的关系,建立回归方程为:

$$\log P_i=A+B\cdot\log V_i \tag{7.4}$$

式中　P_i——预测年第i区机动车实际日停车需求量,单位:标准停车车位;

V_i——预测年第i区的交通吸引量,单位:标准车次;

A、B——回归系数。

b. 多元回归模型

将研究区域交通量中客运出行吸引和货运出行吸引分别作为自变量进行回归,表达式为:

$$\log P_i=A_0+A_1\cdot\log V_{ki}+A_2\cdot\log V_{hi} \tag{7.5}$$

式中　P_i——预测年第i区机动车实际日停车需求量,单位:标准车位;

V_{ki},V_{hi}——预测年第i区的客车和货车日出行吸引量,单位:标准车次;

A_0、A_1、A_2——回归系数。

根据对城市机动车OD矩阵的调查分析,分别计算出规划年客、货车的出行发生、吸引量,在此基础上可以回归出基本年和预测年该区域的停车需求量。在使用该模型的过程中应注意:应将规划年区域交通吸引量分车型换算成标准车作为模型的自变量;由于城市内出租汽车和公交车辆几乎不占用公共停车泊位,因此在停车需求预测计算时需考虑对这些因素的折减系数。

交通量一停车需求模型适用于对城市规划区域进行宏观的停车需求分析,与动态交通的预测方法相结合,不仅可以计算出停车需求,而且可以得到研究区域内机动车出行的停车率;其不足之处在于无法具体得到研究区域内每一土地使用的停车设施需求量。因此通常作为验证其他预测模型计算结果的有效方法。

表 7.2 列出了 4 种常用预测方法的使用前提、调查内容及各自的优缺点。

表 7.2 常用停车需求预测模型比较

预测方法	用地分析预测	相关分析预测	机动车 OD 预测	交通量一停车需求预测
前提条件	有详细的人口、就业规划资料	有详细的人口、就业及城市经济活动等规划相关资料	已做城市交通规划研究,并有完整的 OD 数据	预测地区用地功能较均衡、稳定
所需调查内容及要求	①停车特征调查,土地利用性质调查②调查若干个不同用地性质的区段、建筑物	①停车特征调查②人口、就业、城市经济活动及土地使用等多个指标的现状调查或收集	停车特征调查	①停车特征调查②地区各出入口交通量分时段分车型的调查或收费③地区封闭性停车量调查(分时段、车型)
技术方法	根据不同土地利用特性所产生的停车需求量和交通影响函数推算机动车停车需求量	通过建立停车需求与城市经济活动及土地使用变量之间的函数关系来进行预测	根据近远期预测的机动车 OD 数据,推算机动车停车需求量	根据地区吸引交通流量推算机动车停车需求量
优点	此方法预测的高峰停车需求量与用地特性密切相关,在空间分布上可信度较高	此方法考虑的相关因素较多,预测方法较严密	此方法是建立在总体规划确定的用地规划和交通规划提出的城市交通发展战略的基础上预测的高峰停车需求量,是宏观控制需求量,对城市动静态交通系统形成具有引导和指导作用	方法简单,思路明确
缺点	预测年限越长,交通影响函数精度就越差,因此,远期停车需求总规模精度有一定误差	本方法为多元回归模型,需标定多个系数,方法较复杂,调查工作量大,实用性不广。预测年限较短	对 OD 的依赖型较强,空间分布性较弱	只能适合于范围较小、用地性质较简单地区,预测年限较短

(3)公共停车泊位需求总量

通过停车需求预测,可以确定未来停车需求的总量,然后以此为基础,结合规划经验和实际需求,确定路内停车场、路外公共停车场和配建停车场的规模。目前,根据国内外的项目规划经验,配建停车场所占有的比例通常为 70%～80%,公共停车场的比例一般控制在 20%～30%。例如,在上海停车系统规划中,将建筑物配建作为中心商务区内的主体,该区域内配建、路外公共和路边停车设施的比重按 85%:10%:5%实施;近期(2005 年)公共停车场和路边停放比重按 15%～20%控制;内环以内的各行政区停车设施规划应结合新一轮控制性详规进行调整,泊位总体规模仍以建筑物配建为主,配建、路外公共、路边停车泊位比重建议分别以 70%～80%:10%～15%:10%～20%为控制。

公共停车需求量确定后,考虑不同土地使用类型的停车时间和周转率有所不同,停车时间越短、周转率越大,则车位的使用效率越高,同样停车量条件下所需的停车泊位也越低,因此在预测规划年对停车设施需求量时必须对停车需求量(例如停车生成率模型的预测结果)进行转换与修正,修正后的研究区域停车泊位需求量为:

$$P_j^{泊位}=\beta\frac{P_j}{\alpha_j} \tag{7.6}$$

式中　$P_j^{泊位}$——第 j 区预测年实际停车泊位需求量;

P_j——第 j 区预测年高峰小时停车需求量;

α_j——第 j 区泊位周转率,即单个泊位的高峰小时平均周转率;

β——年第 30 位停车需求量与年日平均停车需求量的比值,通常取 1.4～1.6。

高峰小时周转率 a_j 可以用两种方法进行计算:

如 $a_j>1$,则　　$周转率=\frac{总停放车次数}{车位总数}$;

如 $a_j\leqslant1$,则　　$周转率=\frac{60(\text{min})}{泊位平均停车时间}$。

其中,泊位平均停车时间是累积停车时间与总停放车次数的比值。

2. 路外公共停车场布局规划

(1)布局准则

① 各停车设施在设置时首先应考虑到其设置后近期的需求大小和服务对象,另外还应考虑其周围土地利用和道路交通状况。停车设施的设置应控制适当的停车供需关系,保证停车设施被充分利用,并且要保证停车容量与路网交通容量保持平衡。

② 停车设施的设置应配合公共交通站点的布置,包括公交线路等,使公共交通与其他交通方式之间顺利衔接;另外,设置停车设施还应与城市步行街和专用道相结合。

③ 停车场的建设应充分利用城市闲置边角地带,以各种形式(如小型停车塔、多层停车架等)加以利用。停车场的服务半径不宜超过 300 m(250～300 m),即平均步行时间 5～6 min,最大不超过 7 min。

④ 为了避免造成主干道和交叉口交通组织的混乱,停车场的出入口应尽量设

在次干道或支路上，并尽可能地远离交叉路口。容量为 50 辆以上的停车场，其出入口距主干道交叉口以大于 100 m 为宜，以免车辆进出频繁时，干扰主干道和交叉口的正常交通，同时也可避免交叉口为红灯时排队车辆阻塞停车场的出入口；当容量少于 50 辆时，与交叉口的距离可小于该值。对一些较繁忙的交通干道应尽量避免停放车的左转出入，根据交通饱和度状况可以考虑高峰时段内禁止左转。快速路附近的停车设施，其车辆进出必须通过停车场专用通道或快速路两边的慢车道进行。

⑤ 停车场征用土地范围一般包括停车楼占地面积、后退道路红线、绿化用地、代征城市道路用地等几部分，其中后退道路红线距离和绿化率按城市规划实施细则的相关规定执行。

⑥ 停车设施的型式应因地制宜、减少拆迁。在用地紧缺的地区应以立体停车型式为主；另外，地下车库因节约城市用地，利于景观和环保，利于组成城市立体交通体系（如与地铁相结合）等优点，也是主要停车型式之一；大力推广高科技产品在停车设施中的应用。

⑦ 为了减少车辆出入停车场时对某些要求环境安静的建筑物产生的噪声、废气污染的影响，停车设施的出入口及停车坪距某些建筑物应留有一定距离，其不同建筑性质及不同停车场规模相隔距离的建议值在表 7.3 中列出，达不到建议值时，应设置隔音设施。

表 7.3　停车场与建筑物相隔距离建议值　　m

建筑物性质	停车场规模			
	>100 辆	50～100 辆	25～50 辆	<25 辆
医院、疗养院	250	100	50	25
幼儿园、托儿所	100	50	50	25
学校、图书馆、住宅	50	25	25	15

⑧ 城市停车场规划设计应按照相对统一的技术标准执行。

(2)布局规划方法

公共停车场规划布局要能够适应城市建设的不确定性、停车需求的三重性以及城市机动车拥有定量预测与实际发展可能的偏差引起的停车需求的波动，结合规划管理的可操作性，对公共停车场的规划布局按照刚性布局、半刚性布局和弹性布局进行分类。

① 刚性布局

- 此模式规划停车设施的用地、规模与型式等已经确定；
- 每个刚性点均充分考虑了停车需求、建设规模、征地范围、建设用地范围、控制容积率、出入口方位、资金投入产出以及实施效果综合评价；

• 采用刚性布局方法设置的停车设施应主要分布在机动车停车设施供需矛盾集中、车辆乱停乱放现象最严重的地区，这类停车设施可以直接用于指导近期建设或试点，解决急迫的停车问题；

• 刚性布局的停车设施一经确定，原则上不得更改；

• 刚性布局设施的供应量宜占公共停车总供应量的30%左右，主要应分布在老城区和中心城区。

② 半刚性布局

• 指某一片区域总的泊位供应量已经确定，具体停车场用地、形式或规模、控制容积率、出入口方位等基本确定，但有待根据区域开发建设情况最后落实；

• 半刚性停车场具体运作时可由规划管理人员根据实际情况协调确定；

• 该类停车设施主要布置在城市建设用地尚有一定不确定性和弹性的城区，供应量宜占总供应量的20%～30%。

③ 弹性布局

• 指在某个较大范围的区域内，停车泊位供应规模基本确定，泊位的实现形式可以因地制宜、灵活多样，由多个分散的停车设施共同承担；

• 停车泊位的实现更多地依赖土地开发的类别、规模和进程，拟定的点位和规模一方面作为规划管理时参考；另一方面便于控制一定的停车设施用地；

• 停车设施实现的型式可以是单独的停车场(库)、也可以是配建停车场(库)，可以是地面、也可以是立体车库；

• 弹性布局设施的供应量宜占总供应量的40%～50%，主要分布在城市新建地区、外围城区或城市边缘区。

利用上述三类布局方法设置的停车设施在建设时间上没有绝对的先后顺序，任何选址方便、条件适合的停车设施均可在近期先行建设，但刚性布局停车设施所在区域的停车矛盾突出，停车设施的前期选址工作准备较充分，显然是最适合短期内迅速开发的热点。见表7.4所示。

(3)选址模型

表7.4 各种选址模型原理与优缺点

模　型	模型原理	优缺点
概率分布模型	该模型从概率选址的角度出发，其假设前提为：每个停车者首先考虑停泊最易进入的停车场地，如无法停泊，则考虑下一个最易进入的场地，如仍无法接受，则继续下去，直至获得一个可接受的场地为止	该模型将每个停车者的停车意向都表达为某一概率 P，而且顺序选择，并未考虑选择停车场的随机性； 模型假设距区域中心距离越短就越容易进入，而停车者在实际停车时更多考虑的是距目的地最近的停车场

续上表

模型	模型原理	优缺点
停车需求分布最大熵模型	在区域内划分更小的交通小区，以每个交通小区作为一个停车生成源。同样，将区域内停车设施作为停车的吸引源，各小区生成的停放车需求全部分配在该区域的停车设施内	该模型通过供应和需求的合理分配为停车设施的选址规划提供了较好的思路，但是具体使用时，需要经过模型参数的标定、调查数据的检验等多个步骤，而且计算复杂，在程序的编制和实际中不易应用
多目标对比系数模型	多目标对比系数法的原理主要是通过多目标决策分析来解决停车设施的多个备选地址的选优问题	计算过程较为繁琐，实际应用中受到限制
渐进优化选址模型	渐进优化选址模型的目标是使规划小区内所有泊车者到其临近停车场的广义距离之和最小(由于泊车者通常希望步行距离越近越好，故在车行距离前乘以适当的权系数，即为广义距离)的同时，使每个泊车者都距其所属停车生成小区的停车场的广义距离最近，从而达到整个规划小区内系统最优	考虑了停车场的可达性对停车者的影响因素，而且采用综合选址的方法，减少了因小区划分不当而造成规划结果不准确的可能性；但是此方法需要对大量的模型参数进行标定，且计算过程较为繁琐，在实际应用中受到限制
约束型模型	约束型模型考虑多个目标对区域停车设施泊位分配及建造型式等的影响，在约束条件下实现整体的优化，即“总步行距离 T 最短、总建造成本 C 最低、总泊位供应 H 最大”	——
无约束型模型	无约束选址模型的目标与约束型相同，也是“总步行距离 T 最短、总建造成本 C 最低、总泊位供应 H 最大”。但是规划停车场的位置坐标也是决策变量，模型解集中既有停车场位置坐标解集，又有规划停车场的最优数目和各停车场的泊位供应量	用于解决不给出任何位置限制的停车场规划，该模型适用于对区域土地使用较少或是新兴城市中的停车设施选址，由于各种土地使用尚未进行或正在进行，为停车设施提供了更自由的空间，理论上将获得比约束模型更好的选址效果

除以上介绍的几种模型以外，常见的还有多目标加权分配、步行距离最小法等模型选址，这些模型目标明确，各有特色，提供了不少可借鉴的规划思路，但也存在以下几点不足：

① 缺少对影响选址规划的各个方面因素的综合考虑，尚未形成多目标，多约束的系统优化方法；

② 很多模型是基于已有停车场地位置和规划条件下的停车分布方法，未考虑对未知停车场的布局分析；

③ 模型提供的规划方案单一，无法为决策者提供更多的参考和比选空间。

依据上述的停车设施选址布局模型，得知停车在区域内的空间分布，然后把停车场选择在各个停车密集点上。如果所选择地点没有建设停车场的现实可能性，可依据布局规划方法在其临近地点调整重选。

3. 路内公共停车场布局规划

路内停车场的规划设置，主要是解决短时停车需求，提供短时停车服务以及弥补路外停车供应的不足。路内停车规划应根据路边停车区域内不同时间段可以提供路内停车的道路空间、路内停车场所的使用特征以及当地的停车管理状况，规划设置允许停放车辆的路内停车泊位，在合适的地段和时段规划一定的路边停车泊位来满足短时停车的需要。

1)设置准则

(1)次干道与支路路宽在10 m以上，道路交通高峰饱和度低于0.8时，容许设置路内停车，但必须以行车顺畅为原则，以该地区路外公共停车场及建筑物配建停车场泊位不足为前提。在设置有路外公共停车场设施的周围200～300 m内，原则上禁止设立路内停车场，已经设置的应予以清除。

(2)在城市快速路和主干道上禁止设置路内停车场。为避免造成道路交叉口的交通混乱，路内停车场的设置应尽可能地远离交叉路口，交通量较大的道路上应避免停车左转出入，高峰时段内禁止左转。

(3)路内停车场的设置应因地制宜。在一些非机动车流量小的道路及近期新建、扩建的道路，交通量一般较小，道路利用率低，可研究开辟路内停车场；在交通管理规定机动车单向行驶的道路交通组织较为方便，可设置一定的停车泊位；在道路广场周围、城市高架道路、匝道下净空允许时，可设置规模适合的地面停车场。在城市步行街、公交专用道和自行车专用道等道路上，不得布设路内公共停车场。停车场布局应尽量小而分散，推荐每个停车场泊位量不大于30个为宜。

(4)路内停车场的设置应以现状为基础，中心区内原则上不再增加新的路内停车场和停车泊位；停车场应以路上停车场为主要供应型式，不宜采用占用人行道空间的路内停车场型式。

(5)城市主、次干道及交通量较大的支路以及对居民生活影响较大的道路上，不宜设置路内停车泊位。

(6)对社会开放的大型路外停车场服务半径范围内，设置的路内停车泊位必须与路外停车管理相协调，采取相应的路内停车管理措施。

(7)当道路车行道宽度小于表7.5禁止停放的最小宽度时，不得在路内设置停车泊位。

(8)路内停车泊位主要设置在支路、交通负荷较小的次干道以及有隔离带的非机动车道上。

(9)路内停车对道路交通的影响V/C后值应控制在容许范围之内，即次干道$V/C \leqslant 0.85$，支路$V/C \leqslant 0.90$。当V/C后值超过上述规定时，如仍要设置路内停车场，则应对其影响做进一步的分析后确定是否设置。

(10)路内停车泊位与交叉口的距离以不妨碍行车视距为设置原则,建议与相交的城市主、次干道缘石延长线的距离不小于 20 m,与相交的支路缘石延长线的距离不小于 10 m;单向交通出口方向,可根据具体情况适当缩短与交叉口的距离。

(11)路内停车泊位与有行车需求的巷弄出口之间,应留有不小于 2 m 的安全距离。路内停车泊位的设置应给重要建筑物、停车库等出入口留出足够的空间;公交车站、消防栓、人行横道、停车标志、让路标志、信号灯等前后一定距离内不应设置路内停车泊位,具体参照交通部的道路交通管理条例的有关规定。

(12)依据上述原则确定路内停车泊位设置范围;路内停车泊位设计与规划时应根据实际情况确定停车泊位的大小和数量,且必须控制在停车泊位设置范围之内。

(13)在一些符合条件的路段,可以根据道路的交通特征,以及当地的停车管理政策设置全天或分时段允许停放车辆的路内停车泊位。

(14)根据停车管理的需要,路内停车场的设置应保证一定的规模,具体规模应结合道路的实际情况而定,并满足上述停车泊位设置准则的要求。

表 7.5 设置路内停车场与道路宽度关系

道路类别		道路车道宽度	停车状况
街道	双向道路	$B \geq 12$ m	允许双侧停车
		12 m $> B \geq 8$ m	允许单侧停车
		$B < 8$ m	禁止停车
	单行道路	$B > 9$ m	允许双侧停车
		9 m $> B \geq 6$ m	允许单侧停车
		$B < 6$ m	禁止停车
巷弄或断头路		$B \geq 9$ m	允许双侧停车
		9 m $> B \geq 6$ m	允许单侧停车
		$B < 6$ m	禁止停车

2)合理设置规模

一般来说,路内停车场的设置地点离出行目的地较近,便利性强,周转率高,但同时形成路段交通流的活动瓶颈,对其他出行者影响较大;路外停车场的设置地点离出行目的地较远,便利性弱,周转率较低,但对路段其他出行者影响较小(如图 7.2 所示)。因此,如何寻求路内停车场与路外停车场泊位设置的合理匹配关系,既能保障较好的停车便利性,又能将对路段其他出行者的影响控制在一定的范围内,追求系统总效益的最大,是本节的重点。

(1)控制规模分析思路

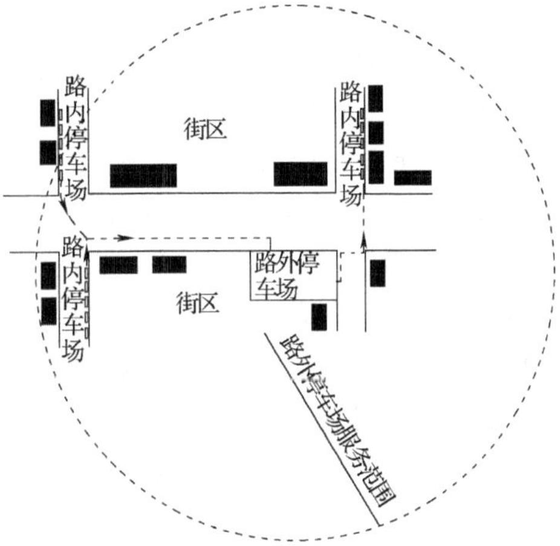

图 7.2 研究区域内路内停车绕行示意图

在路外容量的控制下，根据城市停车的整体需求预测，分析确定路内停车在城市停车结构中的合理比例，从而得出路内停车控制规模量。路内停车控制规模分析的思路如图 7.3 所示。

(2)确定控制规模影响因素分析

分析确定路内停车在停车系统中所占比重时，考虑的主要因素有：路内停车在整个城市中所发挥的作用；现状与未来的路外停车设施的状况；路外、路内停车的停车特征；机动车拥有量及结构的发展趋势；规划区域在城市中的地位以及土地利用情况。

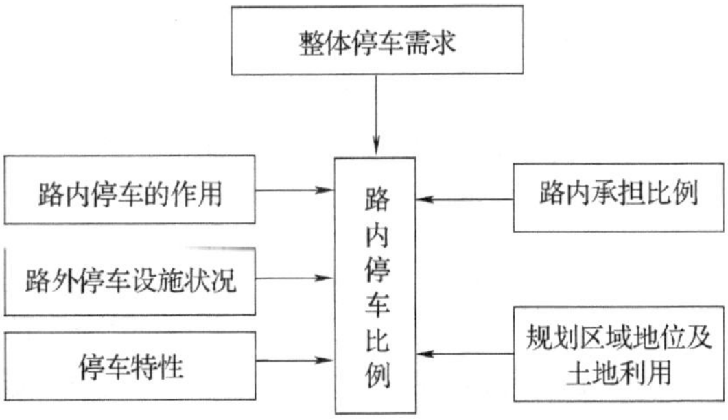

图 7.3 路内停车控制规模分析思路流程

控制路内停车规模时，考虑的主要影响因素有：道路条件；交通条件；路外停车设施的状况；交通管理水平。

(3)路内停车控制总规模预测

根据国内外的经验，对各种影响因素进行分析，确定路内停车承担总体停车需求中的比例；参照国内外城市路边停车泊位的周转率，同时考虑城市本身的路边停车特征的情况，确定规划年路内停车泊位周转率，从而得出规划区域路内停车规划的控制总规模。

3)布局规划方法

(1)布局规划流程分析

① 选择需要设置路内停车的路段,选择过程要根据道路条件与交通量状况对路段能否设置路内停车带做出初步判断;

② 确定路内停车的设计目标:A. 控制路段车流的饱和度与延误;B. 路内停车带设置对交通出行的影响和车辆停放的总成本最小;

③ 对设置条件进行分析,包括道路条件与交通量条件两方面,其中道路条件包括路段宽度和道路横断面形式(包括机动车道数、机非车道隔离方式等);交通量条件包括路段机动车、非机动车和行人的流量。如果道路和交通量条件不满足设置路内停车带,则需要对道路进行改造;如果道路难以改造或改造后还难以满足要求,则表明该路段不适合设置路内停车带或需要重新选择其他道路;

④ 研究路内停车带合理位置的选择,分析路内停车带与信号交叉口和建筑物出入口及人行横道的间距关系,以及受地形条件及特殊交通环境的限制;

⑤ 对路内停车带泊位的设计方法及其适应性进行研究,并在此基础上考察路内停车带的设置是否满足设计目标,如果不满足,则还需重新设计路内停车带。

(2)路内停车场设置的道路和交通量条件分析

① 道路条件

道路宽度要求:路内停车场的设置应与车行道路宽度相适应,可设置路内停车场的道路最小宽度应满足表 7.6 的规定。

道路横断面形式:

a. 一幅路道路

对于一幅路道路,一般在机非混行车道上设置路内停车带。因此,一方面要保证设置后车辆能顺利通行,另一方面要能将设置路内停车带后形成的延误控制在一定的范围以内。

b. 二幅路道路

对于二幅路道路,一般设置于城市郊区道路,路内停车需求小,且非机动车流量小,可参照一幅道路的相关要求。

c. 三幅路和四幅路道路

对于三幅路和四幅路,由于机非物理分隔,在机动车道设置路内停车对路段机动车流影响较大,因此一般选择在非机动车道或人行道上考虑设置路内停车带。在非机动车道上设置路内停车带,必须保证在设置路内停车带以后,非机动车仍能顺利通行;在人行道上设置路内停车带,同样必须以不影响行人正常通行为原则。同时,这两类停车必须对其出入口严格控制,做到进出停车场安全、有序,减少对行人、非机动车和路段机动车的影响。

表 7.6　设置路内停车场的路段机动车流量及相关要求

机动车饱和度	机动车交通流情况			路内停车设置
	服务水平	交通状况	高峰小时系数	
$V/C\leqslant0.6$	A	自由流	$PHF\leqslant0.7$	容许路内停车
$0.6<V/C\leqslant0.7$	B	稳定流(轻度延误)	$0.7<PHF\leqslant0.8$	容许路内停车
$0.7<V/C\leqslant0.8$	C	稳定流(可接受延误)	$0.8<PHF\leqslant0.85$	容许路内停车
$0.8<V/C\leqslant0.9$	D	接近稳定流(可容忍延误)	$0.85<PHF\leqslant0.9$	禁止路内停车
$0.9<V/C\leqslant1$	E	不稳定流(拥挤)	$0.9<PHF\leqslant0.95$	禁止路内停车
—	F	强迫流(堵塞)	—	禁止路内停车

② 交通量条件

在道路条件满足设置路内停车带的前提下,路段机动车流量、非机动车流量和行人流量等将是判断道路能否设置路内停车带的主要依据。

路段机动车流量:受路段机动车流量影响的主要是指设置在机动车道、机非混行道路上的路内停车场。通常,路段机动车运行速度随着路段机动车流量增长而逐渐降低,这种影响随着路内停车场的设置而变得更为明显。可参照表 7.7 给出的路内停车场设置推荐的路段机动车流量和非机动车流量条件及相关要求(《交通工程手册》,1998)。

表 7.7　设置路内停车场的路段机动车流量及相关要求

机动车饱和度	机动车交通流情况			路内停车设置
	服务水平	交通状况	高峰小时系数	
$V/C\leqslant0.6$	A	自由流	$PHF\leqslant0.7$	容许路内停车
$0.6<V/C\leqslant0.7$	B	稳定流(轻度延误)	$0.7<PHF\leqslant0.8$	容许路内停车
$0.7<V/C\leqslant0.8$	C	稳定流(可接受延误)	$0.8<PHF\leqslant0.85$	容许路内停车
$0.8<V/C\leqslant0.9$	D	接近稳定流(可容忍延误)	$0.85<PHF\leqslant0.9$	禁止路内停车
$0.9<V/C\leqslant1$	E	不稳定流(拥挤)	$0.9<PHF\leqslant0.95$	禁止路内停车
—	F	强迫流(堵塞)	—	禁止路内停车

非机动车流量:受非机动流量影响的主要是设置在机非隔离和机非混行车道上的路内停车场。

对于设置在机非隔离机动车道的路内停车场,设 Q_n 为非机动车交通量,N_0 为每米宽度的自行车连续行车 1 h 的通过量(辆/h),B 为设置路内停车带后的非机动车道的有效宽度,则设置路内停车带后的非机动车道的 v/c 可表达为:

$$\frac{V}{C}=\frac{Q_n}{N_0 B} \tag{7.7}$$

一般建议 V/C 应小于 0.7，因为研究表明，当 V/C 小于 0.7 时，非机动车流才能保持稳定。

行人流量：在人行道上设置路边停车带不仅占用了人行道宽度，同时停放车辆的驶入、驶出也会对路段行人产生影响。人行道行人使用率与道路行人流量、有效宽度有关（如图 7.4 和图 7.5 所示）。总体而言，随着宽度的增加，人行道路的利用率也逐渐提高。但应注意到，当人行道宽度小于 1 m 时，利用率出现陡降；当人行道宽度为 0.8 m 时，利用率仅为 47.3%；当人行道宽度大于 1.8 m 时，人行道利用率稳定在 95%以上，此时宽度影响性减小，而这个数字恰巧为英国道路设计规范中人行道最小宽度。

进一步观测人行道利用率与行人流量的关系，随着单位长度行人交通量（行人流量/m）的增加，人行道利用率呈明显下降趋势，如果因此导致行人占用非机动车道，不但会影响非机动车行驶，而且还会迫使非机动车驶入机动车道形成机非混行。因此，设置在人行道上的路内停车带要保证人行道的高使用率。调查数据分析显示，当行人交通量 $q_p \leqslant 200$ 人/h 时，人行道最小宽度保证在设置路内停车带后道路宽度大于 1.8 m；当行人交通量 $q_p > 200$ 人/h 时，满足下式宽度的人行道宽度可设置路内停车带：

$$W_p \geqslant 0.09 q_p \tag{7.8}$$

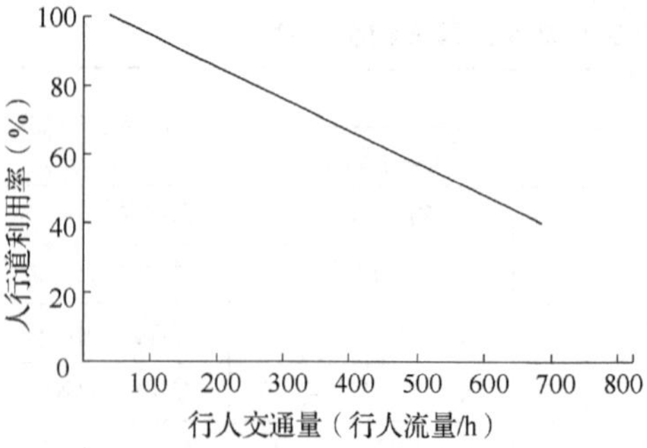

图 7.4 行人交通量与人行道利用率关系图

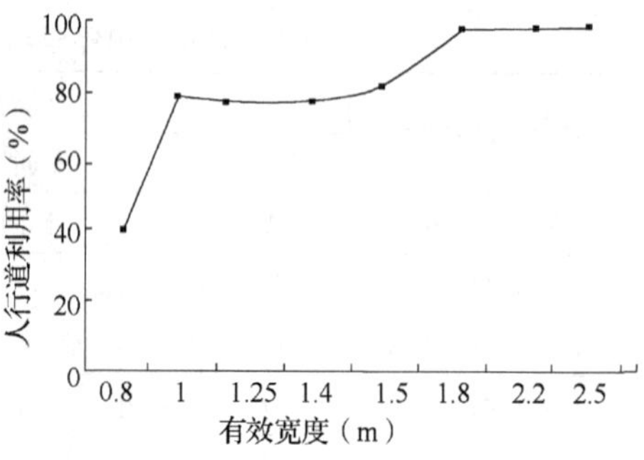

图 7.5 道路有效宽度与人行道利用率关系图

4. 公共停车场规划评价

公共停车场规划评价是根据交通系统最优的目标，在调查和分析的基础上，运用评价方法，借助评价指标，分析规划方案（有时是多个）在经济、交通、环境等多方面可能产生的效果，判定规划方案达到规划目标的可能性，从而为决策提供依据。停车场评价主要包括服务效果、经济和环境影响评价等三个方面。

(1)服务效果评价

① 停车泊位需求满足程度

$$S=\frac{1}{n}\cdot\sum_{i=1}^{n}\frac{P_t}{Q_t} \tag{7.9}$$

式中　S——停车需求满足程度；

P_t——t 年区域停车设施供给数；

Q_t——t 年区域停车需求数；

n——停车设施设计使用的年限。

当 t 年的停车能力$=t$ 年预测的停车需求时，$S=1$。S 越趋近于 1，表示区域停车需求满足程度越好。供不应求或是供大于求都会使 S 偏离于 1。

② 停车者步行到目的地的距离

步行距离的指标可以用区域内停车者平均步行至目的地的距离来衡量。其计算需要通过对停车需求量的分配结果来得到。平均步行距离可表示为：

$$\overline{T}=\frac{T}{\sum_{j}P_j}=\frac{\sum_{i=1}^{n}\sum_{j=1}^{m}t_{ij}\cdot A_{ij}+\sum_{i=1}^{n}\sum_{l=1}^{h}t_{il}\cdot A_{il}}{\sum_{j}P_j} \tag{7.10}$$

其中，$t_{ij}=\sqrt{(x_i-\overline{x}_j)^2+(y_i-\overline{y}_j)^2}$，第 i 个需求点的坐标为(x_i,y_i)，第 j 个停车场的坐标$(\overline{x}_i,\overline{y}_j)$；$\widetilde{t}_{il}=\sqrt{(x_i-\widetilde{x}_l)^2+(y_i-\widetilde{y}_l)^2}$，第 l 个停车场的坐标$(\overline{x}_l,\overline{y}_l)$。

式中　n——停车需求点个数；

m——候选的停车位个数；

h——区域内已有停车场数量；

t_{ij}——为第 i 个停车需求点到第 j 个停车场的距离；

A_{ij}——第 i 个需求点的停车数；

$\widetilde{A}_{ij}$——第 j 个已有停车场可能服务于第 i 个停车需求点的停车数量；

$\widetilde{t}_{il}$——为第 i 个停车场到第 l 个已有公共停车场的距离；

T——区域内总步行距离；

P_j——第 j 个停车场的泊位数。

通常情况下，95%以上的泊车者能接受的至目的地的步行距离为 200 m 以内；当步行距离超过 350 m 时，表明该区域停车场的服务水平很低。

(2)经济评价

鉴于停车设施固有的公益性质，对停车场的经济评价主要是国民经济的评价。从整体角度出发，计算停车规划对国民经济的效益，主要是进行投资费用、内部经济收益率和投资回收期的计算，从而判断停车场规划方案的合理性。

① 停车场投资费用

停车场建设的投资费用，由停车场规划位置的土地单位造价、停车场选择的建

造型式(平面、地下、立体停车楼)以及不同停车建造型式每个泊位占用的土地面积系数来共同决定。计算公式可表达为:

$$C=\sum_{j=1}^{m}(B_j\cdot P_j\cdot\lambda_k+P_j\cdot E_k) \tag{7.11}$$

式中 m——研究区域停车场建设数目;

p_j——第 j 个停车场的泊位数量;

B_j——第 j 个停车场规划位置的土地单位造价,单位:万元/m^2;

E_k——第 k 种停车场建造型式的泊位单位造价,单位:万元/泊位;

λ_k——第 k 种停车建造型式每泊位占用的土地面积系数,单位:m^2/泊位。

② 内部收益率

内部收益率是指停车场建设项目在整个计算期内各年净现金流量现值等于零时的累计折现率,它反映了项目所占用资金的盈利率,是考察项目盈利能力的主要动态评价指标,其表达式为:

$$\sum_{t=1}^{n}(CI-CO)_t\cdot(1+FIRR)^{-t}=0 \tag{7.12}$$

式中 $FIRR$——内部收益率;

$(CI-CO)_t$——第 t 年的净现金流量;

n——计算周期。

在进行停车场的内部收益率评价时,可以将求得的全部投资的财务内部收益率与行业的基准收益率或设定的折现率 i_c 进行比较,如果 $FIRR\geqslant i_c$,则表示其盈利能力可以满足最低要求。

③ 投资回收期

投资回收期 P_t 是指以停车场建设项目的净收益抵偿全部投资所需要的时间。它是考察项目在财务上的投资回收能力的主要静态评价指标。投资回收期一般从建设开始年算起,其计算公式可表示为:

$$\sum_{t=1}^{P_t}(CI-CO)_t=0 \tag{7.13}$$

式中 P_t——投资的回收期,单位:年。

在财务评价时,可以将求出的 P_t 值与行业基准投资的回收期 P_c 进行比较,如果 $P_t\leqslant P_c$,则表示项目投资能够在规定时间内收回。

(3)环境影响评价

停车场的环境影响评价不仅包括停车场的噪声、废气等对周围自然环境的影响,还包括停车场的建设对于周围交通环境的影响。

① 自然环境影响系数

停车设施吸引停车所带来的噪声、废气污染对生态环境的影响可通过自然环境影响系数进行量化，常用的计算方法为：

$$I=\frac{1}{n}\cdot\sum_{i=1}^{n}\frac{Q_i}{Q_{i0}} \tag{7.14}$$

式中 n——需要计量的项目种类，主要为废气、噪声、废水等；

Q_i——第 i 种有害物质的排放量；

Q_{i0}——国家或地方规定的有关标准。

如 $I\leqslant 1$，表示环境指标符合标准，如 $I>1$，则环境指标超过规定标准，需采取弥补措施。

② 交通环境的影响评价

路内停车对道路通行能力的影响，通常包括路边停车占用道路车道宽度造成通行能力减小、路边停车产生车辆行驶侧向净空损失对通行能力的折减、车辆驶入距离路边停车场地对通行能力的影响三个方面。

假设道路原来通行能力为 N，r_1，r_2，r_3 分别为车道宽度、侧向净空、车辆出入路边停车场地对通行能力的折减系数，则设置路边停车设施后的道路通行能力 Q 为：

$$Q=N\cdot\gamma_1\cdot\gamma_2\cdot\gamma_3 \tag{7.15}$$

7.2 规划案例：石家庄市公共停车规划

7.2.1 研究背景

石家庄位于河北省中南部，是河北省的省会城市，同时也是全国重要的铁路、公路交通枢纽之一，工业结构以纺织、医药、化工、机械、电子为主，为我国北方重要的区域性农副产品和工业品商埠和集散地。

2002年石家庄市建成区面积114 km²，市区国内生产总值412亿元，居住人口150万人，人均国内生产总值2.7万元，三产结构为1.2∶46.9∶51.9。见表7.8所示。

石家庄市现状建成区90%的城市建设用地集中于城市二环路以内，是典型的单中心集中式布局模式，具体各种用地分布情况如图7.6所示。

表7.8 石家庄市建成区各类型用地所占比重一览

用地类型	居住用地	公共设施用地	工业用地	仓储用地
所占比重	27.3%	18.2%	20.8%	3.9%
用地类型	道路广场用地	对外交通用地	市政公用设施	其他用地
所占比重	12.5%	4.3%	4.4%	8.6%

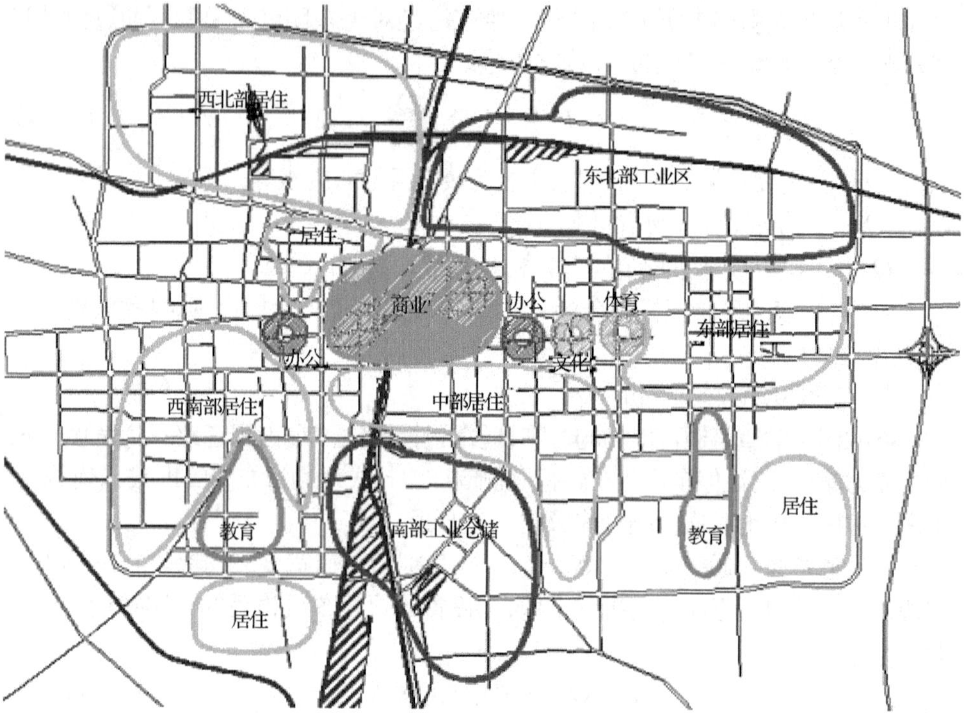

图 7.6 石家庄城市现状功能划分图

建成区现状总人口 150 万人,总就业岗位 78 万个,中心区是城市人口和就业岗位的主要密集区,无论在人口密度还是就业岗位密度上均呈现出由中心向外围的递减趋势。以京广铁路为界,东西两侧人口分别为 76 万人和 74 万人;就业岗位分布为:铁路以西为 31.2 万个,铁路东为 46.8 万个,铁路两侧的平均就业岗位密度基本相当。

与石家庄集中发展的土地利用模式相对应,石家庄市现状建成区道路网基本形成了方格网加环形的路网格局,并由“四横”的和平路、中山路、裕华路、仓安路—槐南路和“六纵”的友谊大街、中华大街、建设大街、体育大街、谈固大街、建华大街及二环路等主干道构成了路网主骨架。道路红线 10 m 以上的各级道路总长 427.3 km,路网密度 3.92 km^2,主、次、支道路比例为 1.45:1.08:1.39。

石家庄市区现有客、货机动车辆 12.7 万辆,其中客车 8.3 万辆,货车 4.4 万辆。机动车拥有水平 66.8 辆/千人,年均增长率约为 14%;拥有出租汽车6 553 辆,拥有率为 4 辆/千人;摩托车 6 万辆;自行车总量为 95.8 万辆。

7.2.2 规划目标、原则

1. 期限与范围

规划基年:2002 年;

规划特征年:近期2005年;中远期2010年;

规划范围:石家庄市区,规划重点为主城区。

2. 规划内容

(1)预测石家庄市各区域未来特征年份的停车需求量,并制定各区域相应的停车供应、管理策略;

(2)制定石家庄市路外、路内公共停车场和专用停车场的未来发展策略;

(3)在充分考虑土地利用、城市停车需求、停车易达性等因素的基础上,合理布置路外、路内公共停车场,提出近期公共停车场建设和管理方案。

3. 规划依据

《石家庄市国民经济和社会发展"十五"计划》;

《石家庄市城市总体规划》(1997—2010年);

《石家庄市综合交通规划》(2000—2020年);

《石家庄市铁路主枢纽规划1995年》;

《石家庄市公路主枢纽规划1996年》;

《石家庄市分区规划》;

《石家庄市东南分区调整规划》;

《石家庄市城市交通项目可行性研究》;

《城市道路交通规划设计规范》(GB 50220—95);

《停车场建设和管理暂行规定、停车场规划设计规则》(1989年);

《城市道路交通规划设计规范》(GB 50220—95);

《停车场规划设计规则》(1989年);

《机动车停放服务收费管理办法》(2000年);

《停车诱导系统》(DB 31/T 298—2003)。

7.2.3 停车现状分析

1. 停车供应分析

截至2002年10月份,石家庄市区共有各类主要停车场约450处,总标准泊位数约31 720个。各类停车场的数量及分布情况如下:

(1)公共停车场

研究区域内共有公共类停车场217处,停车泊位数10 540个。其中路外公共停车场33处,泊位数5 010个,约有22处分布在中山路—裕华路发展主轴线上;路内停车场200处,用地面积88 416 m^2,泊位数5 530个,主要分布于中山路、体育大街、裕华路、广安大街、和平路、东岗路等城市主次干道的路段两侧,在中心区内路段的分布尤为密集。路内合法停车泊位占公共停车泊位的52.5%,机动车数量与公共停车泊位数之比为 12:1。

(2)配建停车场

研究区域内共有各类型配建停车场 233 处，泊位数 21 180 个，主要包括住宅、办公建筑、旅馆、商业场所、市场、餐饮娱乐、影剧院、医院、博览场所、公园、体育馆、交通建筑、学校、工业仓储等 14 种类型建筑物的配建停车场。其中，中心商业区有配建停车泊位 3 176 个；一环至二环内其他区域配建停车泊位较多，有 14 408 个泊位，集中了石家庄市大部分的停车泊位。

石家庄市各种类型停车泊位的供应情况可见表 7.9。

表 7.9　现状主要停车场泊位数空间分布　　个

城市各功能分区		公共停车场		专用配建停车场	合　计
		路　内	路外(对外开放类配建)		
市中心商业区		1 238	2 520	3 176	6 934
文体办公区	市行政中心、文体中心	575	500	1 520	2 95
	省行政中心	880	240	2 076	3 196
二环内其他区域		2 837	1 850	14 408	18 995
总　　计		5 530	5 010	21 180	31 720

(3)存在问题

在石家庄市停车供应结构中，专用配建停车占据了主导地位，对外开放类与专用配建停车场的泊位共 26 190 个，约占停车总泊位供应的 83%，承担了市区的绝大部分停车供应。一般认为，对于人口 100 万以上的大城市，配建停车占各类停车设施总和的 80%左右是比较合理的，石家庄市停车设施的结构比例虽然较为合理，但其现有停车泊位总量不足、尤其是路外公共停车泊位匮乏，停车供应结构只是处于一种暂时性的、低水平的平衡状态。

另外，石家庄市公共停车场大部分为坡道式停车场，机械式停车场、立体停车库较少，而机械式停车场等以其占地少、存取方便、安全可靠、智能化泊位，十分适合于在大都市建筑密集的中心区布设。石家庄市停车设施的高科技应用水平还很低，这与石家庄市的大都市发展目标不符，可在市中心区大力发展此类公共停车场。

2. 公共停车需求分析

通过对现状机动车拥有量及出行 OD、城市就业岗位等有关数据进行分析，可以大致估算得石家庄市主要区域的现状公共停车泊位需求，详见表 7.10。

表 7.10　石家庄市主要区域的现状公共停车需求量

城市各区域		公共停车泊位需求估算
市中心商业区		约 6 000 个
文体、办公中心	市行政中心、文体中心	约 1 500 个
	省行政中心	约 1 000 个
其他区域		约 18 000 个
总　计		约 26 500 个

市区停车需求集中在包括中心商业区、市文体办公中心在内的中心区内以及城市其他分区中心区域，其他区域的公共停车需求相对较小。

3. 停车特征分析

① 城市规模较小，市民习惯就近停车，导致停车时间、停车步行距离相对较小：公共停车场的停车时间约为 1～1.5 h、停车步行距离小于 100 m。

② 车辆出行以上下班、公务为主，在停车目的分布上，以购物、餐饮、娱乐等为目的的公共停车所占比例较小。

③ 公共停车场的停车高峰指数约为 2.1～2.5，与其他城市相比明显偏高，致使停车场高峰时间拥挤，而非高峰时间出现闲置。

4. 停车管理现状

(1)停车场管理总体状况

目前石家庄市内停车场分别由市交管局与交通局管理：

① 经营性停车场管理状况

根据 2001 年 10 月 17 日石家庄市政府颁发的《关于市区停车场管理规定的通知》，市内停车场(含机动车、非机动车)对外经营，须报经市公安交通管理部门审批，然后办理营业执照、税务登记等相关审批手续后方可对外经营，市交管局对营业性停车场具有第一审批权。在管理分工方面，交管局所属市内各执勤大队负责对市区大部分占道机动车停车场的管理；市公安局所属市内各分局负责对其他占道机动车及非机动车停车场和路外停车场的管理。

同时，市交通局根据交通部《道路运输管理条例》和《河北省道路运输管理条例》规定，成立专门管理机构，负责对 100 余处停车场的经营管理，停车场类型大多为客、货运车站停车场。

② 非经营性停车场管理状况

多为建筑物附属配建类停车场，包括大院停车及地下停车库，由其所属单位予以管理。

(2)现行停车场收费状况

石家庄市内停车场收费标准详见表7.11。目前对市内路内停车场，由交管局与市内公安分局负责收费；对路外收费停车场，由其所属单位负责收费。

石家庄市停车机动车收费中，除咪表停车收费、交通肇事停车采取计时收费外，其他类型的停车大多以计次收费为主；并且只有咪表停车为一、二级路段进行收费，其他类型停车场并未根据城市区位的不同而采取不同的收费标准；与国内其他发达城市（北京、上海等）相比，无论在收费额度还是收费模式上都处于较低的水平。

表7.11 石家庄市机动车停放服务收费标准 元/辆·次

类别	车型	规格	收费标准		
			白天		夜间
			2小时内	2小时以上	
占道、商场、娱乐场所、宾馆酒店、医院、车站、写字楼等建筑物配建停车场及住宅小区临时停车	小型	客车15座以内、货车4 t以内、拖拉机	2元	4元	5元
	大型	客车16座以上、货车4 t以上	3元	6元	8元
	摩托车	50型及以上	1元	2元	3元
机场停车	小型	同上	1时内	1时以上	5元
			2元	4元	
	大型	同上	3元	6元	8元
	摩托车	同上	1元	2元	4元
旅游景点停车	小型	同上	4元		8元
	大型	同上	5元		10元
	摩托车	同上	2元		4元
客运站	中小型	30座以下	2元		4元
	大型	31座以上	4元		8元
地下停车	不分车型		2元/2 h		
立体停车	不分车型		4元/1 h		
咪表计时停车	一级路段		2元/30 min		免费
	二级路段		1元/30 min		免费

注：① 时间：白天指8:00～20:00，夜间指20:00～次日早8:00。

② 货车及拖拉机载货存放，按以上标准加收50%。

③ 住宅小区机动车存放按月计费标准和地下停车场收费标准由价格主管部门审批；固定租用车库或车位的实行协商定价。

④地下停车场不足2 h按2 h计费，后每超1 h加1元，不足1 h按1 h计费；立体停车场计费时间不足1 h按1 h计费。

7.2.4 停车需求预测

本次可用的基础数据包括：①已做过《石家庄市城市综合交通规划》和“石家庄市中心区近期交通研究与规划”，有完整的未来机动车OD数据。②《石家庄市城市总体规划》和《石家庄市城市综合交通规划》中有完整的人口、土地利用和就业岗位数据。

基于已有的数据资料和规划目标，根据常用停车需求预测方法的适用性分析，考虑采用单一预测方法预测的结果与实际都有一定偏差。为了消除单一预测方法的不足之处，提高预测的精度，本次规划在预测中远期停车需求时采用两种预测方法相结合的综合分析预测的技术思路：根据城市交通规划预测的机动车OD资料，按照机动车OD预测方法推算出机动车停车需求量，按此结果推算的停车需求规模作为宏观控制量；根据土地利用性质调查和停车需求的交通影响函数，按照用地分析预测方法推算机动车停车需求量；将两种预测方法得到的结果综合对比分析，得到最终的停车需求预测结果。

1. 近期（2005年）停车泊位需求预测

在预测近期停车需求时，由于《石家庄市城市综合交通规划》项目中对机动车OD进行了详细预测，有完整的近期机动车OD数据，因此近期停车需求预测仅采用机动车OD预测法，见表7.12所示。

表7.12 石家庄市2005年停车泊位需求预测 标准泊位

城市各区域		机动车OD预测法
市中心商业区		25 240
文体办公区	市行政中心、文体中心	4 208
	省行政中心	5 405
城市副中心(高新区)		14 222
市中心就业集中的居住生活区		16 894
其他区域(包括其他工业、文教、生活区等)		57 029
总　计		124 196

2. 中、远期停车泊位需求预测

对比机动车OD预测法和用地分析预测法两种方法的停车需求总规模，见表7.13所示。

机动车OD预测法所求得的总需求量约是用地分析预测法所求总需求量的1.15～1.2倍，两者之间相差不大。为保证停车小区的停车需求规模及空间分布上的合理，在停车需求规模上，以机动车OD预测的停车需求总量为主；在停车需求空间分布上,则以用地分析预测的停车需求分布为主。据此综合确定中远期的停车需求,见表7.14。

表7.13 中远期停车需求总规模 标准泊位

远期停车预测		机动车OD预测法Ⅰ	用地分析预测法Ⅱ	倍数Ⅰ/Ⅱ
停车需求总规模	高方案	247 054	214 119	1.15
	低方案	222 078	185 133	1.20

表7.14 石家庄市中远期2010年停车泊位需求预测 标准泊位

城市各区域		土地分析预测		机动车OD预测		综合预测	
		低方案	高方案	低方案	高方案	低方案	高方案
市中心商业区		38 027	43 824	45 416	49 411	40 460	45 776
文体办公区	市行政中心、文体中心	8 056	10 706	12 490	13 949	9 021	11 694
	省行政中心	6 273	8 337	18 298	20 436	7 024	9 106
城市副中心	东南区	20 992	23 325	12 654	14 133	23 506	25 477
	高新区	21 200	23 555	17 027	19 017	23 738	25 729
市中心就业集中的居住生活区		25 184	2 982	43 841	47 986	28 199	3 0564
其他区域(包括其他工业、文教、生活区等)		65 401	76 390	68 755	82 122	73 352	85 533
总计		185 133	214 119	222 078	247 054	207 300	233 880

7.2.5 停车设施发展策略

1. 路内公共停车发展策略

石家庄市主城区现有合法路内停车泊位6518个,作为石家庄市现状公共停车供应的主体,占公共停车泊位总供应的77%,比例极不合理:据统计,路内停车泊位占公共停车总泊位的比例,美国各大城市平均为16%、中国香港为17.6%,南京市和上海市约为30%左右。对于石家庄市来说,中心区、副中心及文体办公区等城市主要商业、办公娱乐区应严格限制路内停车的比例、规模;对于城市其他区域,考虑到路外公共停车供应严重缺乏,可适当放宽路内停车供应的比例。参照国内外城市的停车规划经验,并考虑到石家庄市实际情况,路内停车占公共停车的比例在远期应降到20%左右。

2. 路外公共停车发展策略

对于城市不同区域,由于土地功能、交通状况各不相同,相应的公共停车供应策略也应有所差异。而且,从石家庄市实际情况出发,在今后相当长的时间内仍应以"扩大停车供应为主、抑制停车需求为辅"的停车供需策略作为阶段性的政策。

(1)中心区是石家庄市经济、商贸中心，未来的停车需求将达到城市总量的20%左右。路外公共停车场的兴建可结合中心区的开发进行，针对中心区内一些旧建筑群的翻建、拆迁和综合开发建设，适当规划一定的路外公共停车泊位以作为对以往配建不足的补充；而对未来城市新建设产生的停车需求，则主要依靠建筑物配建停车设施提供泊车位，其产生的公共停车需求以配建停车场为主、路内外公共停车设施为辅的供应方式进行解决。

(2)由于中心区交通拥挤，人车流密集、地价昂贵，不宜布设大量的停车场，以阻止吸引更多的车辆进入市中心。因此，在中心区周围应布置一定数量的路外公共停车场，尽量对进入中心城区的车辆进行截流，以减少市中心的交通压力，满足到达市中心的合理出行车辆必需的停车空间，但其停车供应将不会满足预测的公共停车需求。

(3)在对外站场、旅游景点和一些缺乏停车场的大型公建周围，可规划一定数量的路外公共停车泊位，以缓解这些地区较大的停车供需矛盾，尽量满足城市的基本功能需要。由于尚无急迫的停车需求，在近期可暂不考虑设置公共停车场。

(4)对有一定规模的建成居住区设置一定的路外公共停车场，但规划居住小区内的车辆停放则应以建筑物配建停车设施解决为主。

(5)在主城的几个主要城市出入口处，应考虑外地来石家庄市客货车的停放问题，但近期除个别出入口问题较突出外，其他出入口的外来车辆停放不会有较高需求量。

(6)对中心区以外的其他城市区域(包括城市副中心)的路外停车泊位供应要以基本满足停车需求为原则确定。

3. 各类型停车场供应比例、规模研究

石家庄市的停车泊位供应主要由配建停车场、路外公共停车场和路内停车场三种方式联合承担，综合停车发展策略研究的成果，可对石家庄市区内近、中远期年各类型的停车供应比例进行初步的划分，以确定未来的公共停车供应规模。

(1)配建停车供应比例、规模研究

市区现状主要的配建停车场约能提供2.5万个停车泊位，考虑到其他未统计的小型配建停车场，可知市区实际提供的配建泊位远不止于此。随着新配建标准的出台，并以此来指导未来的配建停车场建设，通过对城市就业岗位、土地开发等分析计算可得，近期市区的配建停车泊位将达到9万个左右；至2010年市区的配建停车泊位约为16万个，能够解决市区75%左右的停车需求。

(2)公共停车供应比例、规模研究

在停车供需基本保持平衡的前提下，通过对配建停车场供应规模、比例的分析，可以获得公共停车场的分担比例，详见表 7.16。

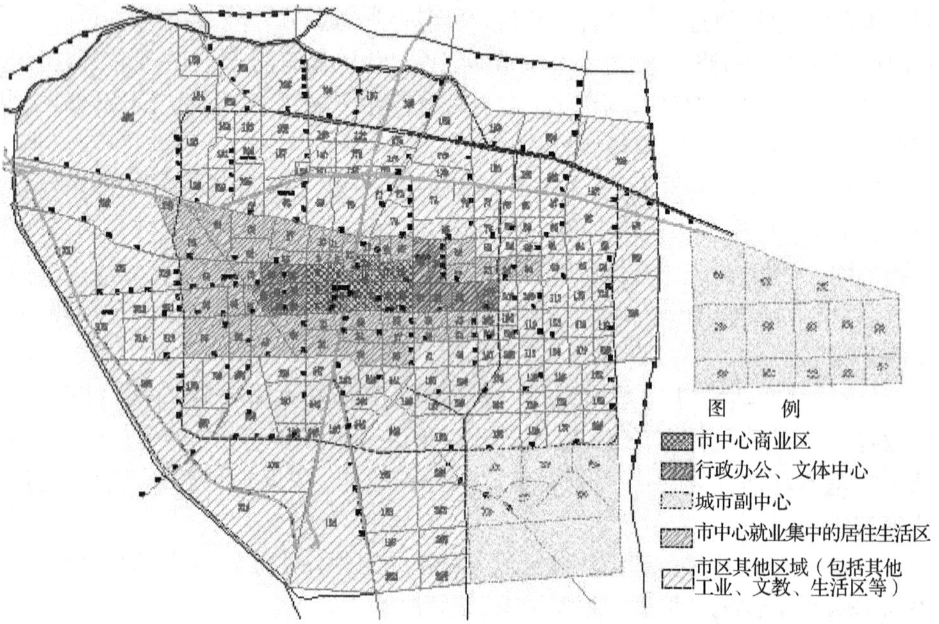

图 7.7 石家庄市各功能区域方式

表 7.15 近、中远期配建停车场供应规模、比例 标准泊位

城市区域		配建停车泊位供应 I		停车泊位总需求 II		供应比例估算 I/II	
		近期	中远期	近期	中远期	近期	中远期
市中心商业区		17 600	30 000	25 240	40 460～42 857	约 70%	70%～80%
文体办公区	市行政中心文体中心	3 000	7 600	4 208	9 021～10 133	约 70%	75%～85%
	省行政中心	3 800	6 000	5 405	7 024～8 100		75%～85%
城市副中心	东南区	—	19 000	—	23 506～23 750	—	80%～85%
	高新区	11 400	20 000	14 200	23 738～25 729	约 80%	80%～85%
市中心就业集中的居住生活区		8 600	17 000	16 894	28 199～30 564	约 50%	65%～75%
其他区域(包括其他工业、文教、生活区等)		45 600	58 400	57 029	73 352～92 747	约 80%	70%～80%
总 计		90 000	160 000	124 196	207 300～233 880	约 70%	70%～75%

表 7.16　石家庄市区停车供应比例研究各类型停车供应比例

<table>
<tr><th colspan="2" rowspan="2">城市区域</th><th colspan="2">近期</th><th colspan="2">中远期</th><th rowspan="2">备　注</th></tr>
<tr><th>配建停车</th><th>公共停车</th><th>配建停车</th><th>公共停车</th></tr>
<tr><td colspan="2">市中心商业区</td><td>约 70%</td><td>约 30%</td><td>约 75%</td><td>约 25%</td><td rowspan="8">1. 公共停车供应中包括路内停车和路外停车供应，中心区路内停车比例控制在 5%左右；副中心、文体办公区控制在 10%左右，其他区域可适当放宽
2. 考虑到适度控制停车需求的原则，在规划中远期采取了公共停车低供应策略</td></tr>
<tr><td rowspan="2">文体办公区</td><td>市行政中心、文体中心</td><td rowspan="2">约 70%</td><td rowspan="2">约 30%</td><td rowspan="2">约 85%</td><td rowspan="2">约 15%</td></tr>
<tr><td>省行政中心</td></tr>
<tr><td rowspan="2">城市副中心</td><td>东南区</td><td>—</td><td>—</td><td>约 80%</td><td>约 20%</td></tr>
<tr><td>高新区</td><td>约 80%</td><td>约 20%</td><td>约 80%</td><td>约 20%</td></tr>
<tr><td colspan="2">市中心就业集中的居住、生活区</td><td>约 50%</td><td>约 50%</td><td>约 65%</td><td>约 35%</td></tr>
<tr><td colspan="2">其他区域(包括其他工业、文教、生活区等)</td><td>约 80%</td><td>约 20%</td><td>约 80%</td><td>约 20%</td></tr>
<tr><td colspan="2">总　计</td><td>约 70%</td><td>约 30%</td><td>约 75%</td><td>约 25%</td></tr>
</table>

依据经验法，得城市各区域近、中远期的路内、路外公共停车场供应规模，见表 7.17。

表 7.17　石家庄市近、中远期公共停车供应规模　　个标准泊位

<table>
<tr><th colspan="2" rowspan="2">城 市 区 域</th><th colspan="2">近　期</th><th colspan="2">中 远 期</th></tr>
<tr><th>路外停车</th><th>路内停车</th><th>路外停车</th><th>路内停车</th></tr>
<tr><td colspan="2">市中心商业区</td><td>6 000</td><td>2 000</td><td>8 500</td><td>1 500</td></tr>
<tr><td rowspan="2">文体办公区</td><td>市行政中心、文体中心</td><td>1 200</td><td>400</td><td>1 500</td><td>400</td></tr>
<tr><td>省行政中心</td><td>1 300</td><td>550</td><td>1 600</td><td>400</td></tr>
<tr><td rowspan="2">城市副中心</td><td>东南区</td><td>500</td><td>1 000</td><td>3 200</td><td>700</td></tr>
<tr><td>高新区</td><td>1 400</td><td>1 400</td><td>3 300</td><td>1 000</td></tr>
<tr><td colspan="2">市中心就业集中的居住生活区</td><td colspan="2">8 500</td><td colspan="2">9 900</td></tr>
<tr><td colspan="2">其他区域</td><td colspan="2">11 400</td><td colspan="2">13 900</td></tr>
<tr><td colspan="2">总　计</td><td colspan="2">27 050</td><td colspan="2">47 500</td></tr>
</table>

7.2.6　路外公共停车设施布局规划

1. 规划布局方法

考虑到石家庄市不同功能分区现状停车问题严重程度不同，以及规划的控制性和可操作性，中远期规划着重于规划方案的宏观性和控制性，目标是城市各块区域的停车设施供应达到合理的规模，规划预留城市停车建设用地，较为理想化地解决石家庄市的停车问题；近期建设计划则着重于规划方案的可操作性，根据不同区

域停车供需矛盾程度的不同，分层次、分阶段提出具体的停车设施布局规划方案，致力于解决市区停车矛盾较为突出的区域、尤其是中心区的停车问题，同时考虑到城市副中心、对外出入口及其他区域的停车供应。

2. 中远期停车场控制性规划方案

本次中远期布局规划主要研究区域为市区二环以内区域、城市东南副中心和东部高新区，共规划供应 32 400 个停车泊位，分为 115 个区域，其中在市中心商业区提供 8 500 个泊位，市行政中心、文体中心区提供 1 500 个泊位，省行政中心区提供 1 600 个泊位，城市东南副中心提供 3 200 个泊位，高新区提供 3 300 个泊位，城市就业集中的生活居住区提供 5 200 个泊位，其他区域提供 9 100 个泊位。

3. 近期停车场规划布局建议方案

根据停车规划目标，在综合考虑停车布局规划原则、停车布局影响因素的基础上，可提出近期停车场建设建议方案。根据对停车设施需求程度的不同，可将市区分为以下三种区域：

(1)停车矛盾严重、急需停车场建设的区域(包括中心商业区和两侧的文体办公区)；

(2)停车矛盾较为严重、需要停车场建设的区域(包括市中心部分区域、城市副中心、就业集中及密集居住区、对外出入口等)；

(3)停车矛盾相对较小、近期可暂缓停车场建设的区域(包括二环至三环之间区域、教育区、工业区及其他区域)。

本次石家庄市主城区公共停车场建设建议方案如下：

(1)急需建设停车场的区域

中心商业区和两侧的省行政办公区、市行政办公、文体区是石家庄市停车需求最为集中、停车矛盾最为严重的区域，迫切需要停车场的建设，以解决这些区域的停车问题。建议规划 28 处停车场，供应停车泊位约 6 100 个。

① 中心商业区

规划停车场 20 处，供应停车泊位 4 800 个左右。停车场大多沿中山路、中华北大街和建设大街等干道附近分布，位置靠近大中型公建密集处；其中在人民商场、火车站和东方购物中心、北国商场一带分布尤为集中，停车场布局趋向于就近解决中心区内各大、中型公建的停车需求。

② 省行政办公、市行政办公及文体区域

规划停车场 8 处，供应停车泊位 1 300 个左右，主要沿维明街与中山东路两侧分布，以解决该区域内行政、商务办公及文体活动产生的停车需求。

(2)需要建设停车场的区域

半刚性布局规划区域包括石家庄市中心区部分区域、城市副中心、就业集中及密集居住区、城市出入口等，这些区域集中了石家庄市区大部分的停车需求。建议建设81处停车场，供应停车泊位12 000个。

① 中心区部分区域

规划3处停车场，供应停车泊位550个，主要分布在中心区内胜利大街与平安大街之间近期停车矛盾较小的区域内。

② 城市副中心

东南城市副中心规划停车场9处，供应停车泊位1 600个。

高新区副中心规划停车场6处，供应停车泊位1 100个。

③ 市内就业集中及密集生活区

该区域为中心区及由和平路、西二环、仓安路、建华大街围成的环路之间市区就业、生活较为密集的区域，规划停车场32处，供应停车泊位3 850个。

④ 市内其他区域

规划17处停车场，供应停车泊位1 900个。

⑤ 城市出入口及公交停车场

规划16处停车场，其中城市出入口停车场13处，公交停车场7处，4处为两者共用，供应停车泊位3 000个。

(3)近期可暂缓建设停车场的区域

对市区内部分区域(包括二环至三环之间区域、教育区、工业区及其他区域)，由于近期停车需求较小、停车矛盾并不突出，可暂缓停车场的建设，近期不提出停车场建设建议方案。

7.2.7 路内公共停车设施布局规划

1. 规划布局方法

本次路内公共停车规划中，重点研究并确定了主城区内各区域路内公共停车规模，并在综合考虑路内停车设施设置准则、动静态交通的相互影响等因素的基础上，提出了路内停车设施规划建议方案。

2. 近期规划方案

近期规划方案包括对路内停车路段的整治、优化、布局规划：①加大中心区、城市副中心、其他主要商业中心等区域路内停车的管制，基本实现咪表停车管理；②对部分路段停车占道现象严重的区域进行整治、规划；③综合根据近期区域停车需求、路外公共停车规划布局、未来道路交通状况以及路内停车发展策略等因素，提出市区路内停车建议布局方案。

(1)路内停车整治方案

路内停车近期整治的路段大部分集中在以下区域：火车站地区(车站街、自强路)、东购、湾里庙地区(北小街、南大街、民族路等)、北国商城地区(北国商城附近的建设大街、中山东路)、南三条地区(南三条附近的胜利大街、埠康路、正东路)。

考虑到这些路段的机动车饱和度大多超过 0.8,在这些路段设置的路内停车已经严重影响了道路交通的正常进行,近期规划禁止这些路段白天(8:00～17:00)路内停车。

① 火车站地区(车站街、自强路)

除保留车站街的出租车临时停靠点外,撤除车站街和自强路上其他的路内停车;抓紧建设自强路东的停车场,加大火车站地下停车场的利用率,可同时在南小街开辟一段路内临时停车点。

② 东购、湾里庙地区(北小街、南大街、民族路等)

东购、湾里庙地处中心商业区和集贸市场中心,该处的北小街、南大街、民族路等路段路内停车现象突出,已经严重影响了道路交通的顺畅,近期宜禁止这些路段的路内停车。

③ 北国商城地区(北国商城附近的建设大街、中山东路)

北国商城一侧附近的建设大街、中山东路,设有两处路内停车,考虑到建设大街和中山东路均为交通主干道,路内停车点的设立对道路机动车交通尤其是自行车、行人交通造成了较大的影响,近期宜撤除掉。

④ 南三条地区(南三条附近的胜利大街、埠康路、正东路)

南三条位于中心区集贸市场,附近胜利大街、埠康路、正东路等道路的路内停车已经严重影响了道路交通的正常进行,为保持这些路段的顺畅,近期禁止这些路段的路内停车。

(2)路内停车管理建议方案

考虑到路内停车应主要服务于短时间停车,在规划的停车路段处应大力引入咪表停车管理,近期可逐步在中心区内道路、市区重要路段处规划的停车路段设置咪表,远期全部实现咪表停车管理。

3. 中远期规划方案

规划中远期,随着路外公共停车场的建成,距离路外停车场 200 m 以内的路内停车应予以撤除;市区内尤其是经过中心区的快速路(包括市区二环路、维明街、体育大街、和平路、仓安路—槐南路)和主干道(包括友谊大街、中华大街、平安大街、建设大街、广安—富强大街、建华大街、谈固大街、新石—塔北路、中山路、裕华路、飞翼路—北城路—义堂路—丰收路等)两侧的路内停车点将禁止白天停车;同时,交通高峰饱和度高于 0.8,影响行车顺畅的部分次干道与支路,如设置了路内停车点,应予以撤除。

对于市区内路内停车路段,基本实现咪表停车管理。

7.2.8 公共停车设施运营、管理措施

1. 路外公共停车收费

考虑到石家庄市区停车收费现状依旧以计次收费为主，同时做好与原先收费价格的衔接，以保持价格的延续性、平稳性，建议如下：近期仅在中心区内采取计时收费的收费方式以控制中心区内停车需求、加快停车周转率，缓解停车压力；对于中心区外围地区，依然采取计次收费为主的收费方式；停车收费价格调整幅度不宜过大；在收费模式、额度上，可适当参考上海、北京、南京等国内城市。

表 7.18 近期路外公共停车收费建议标准

区域类型	营业时间停车费率	
	小型车停车费率	大、中型车停车费率
中 心 区	4元/h	8元/h
次中心区	6元/次	12元/次
一般市区	4元/次	8元/次

备注：① 本表建议收费标准是针对普通路外公共停车场提出的，对于地下、立体机械停车库，可根据其设备配置档次的不同，在原收费标准上适当上浮1～2元；

② 停车时间未满1 h的，按1 h计费；

③ 中心商业区内公共停车场实行计时收费以加快停车周转，其余停车场实行计次收费；

④ 昼夜停车场停放收费超过20:00的收费标准可适当降低以吸引夜间停车。

2. 路内公共停车收费

考虑到石家庄市路内停车收费标准的现状和市民对收费标准变动的接受程度，保证路内停车收费政策的连续性，本次规划给出石家庄市近期路内停车收费的建议标准，见表7.19。根据国际经验和路内停车的特性，从长期来看，路内停车费率为路外的1.2～1.5倍较为恰当。

表 7.19 近期路内公共停车收费建议标准

区 域 类 型		营业时间小型车停车费率
咪表停车	一级路段(中心区)	3元/半小时
	二级路段	2.5元/半小时
次中心区		8元/次
一般市区		6元/次

备注：① 停车时间未满30 min的，按30 min计费，以此类推；

② 咪表停车路段、中心商业区内路段实行计时收费以加快停车周转，其余路内停车实行计次收费；

③ 时间：早8:00～晚20:00，其余时段可免费泊车。

3. 石家庄市停车诱导系统规划

(1)中、远期规划设想

① 大型停车引导屏

主要设置在二环以内、中心区外围的重要干道上，包括中山东路、中山西路、裕华东路、裕华西路、仓安路、新石路、友谊大街、中华大街、胜利大街、平安大街、建设大街、体育大街、建华大街、谈固大街等干道。

② 中型停车引导屏

设置于主城区内公共停车场分布较为密集的路口，尤其是中心区内各大路口。

③ 小型停车引导屏

作为公共停车场建设的一部分，建设公共停车场时，必须在附近的道路内安装相应的小型停车引导屏。

(2)近期规划方案

在一环路(和平路—体育大街—裕华路—中华路)附近主要路段设置 8 处大型停车引导屏。

在中心区内中山路段主要路口、裕华路处，设置 5 处中型停车引导屏，自强路与维明街交叉路口、新华路设置两处中型停车引导屏。

现有及在建、将建的公共停车设施，可在附近路口设置小型停车引导屏。

4. 停车地理信息管理系统

本课题的研究中引入了《石家庄市交通地理信息系统》报告中的停车供应地理信息系统成果，可对石家庄市停车供应情况进行较为系统的检索、查询。系统的具体功能、结构等详见《石家庄市交通地理信息系统》报告。

7.2.9 规划实施效果评价

1. 停车设施经济评价

对石家庄市停车设施规划的经济评价主要通过各研究区域停车泊位的投资费用来衡量，计算结果如表 7.20 所示。

表 7.20 规划年石家庄市停车设施造价统计表 万元

区域 近期费用	中心区	城市副中心	省、市行政办公中心	其他区域	总计
土地使用费	约 26 500	约 10 800	约 5 200	约 15 600	约 58 100
设备/建筑成本	约 10 500	约 2 400	约 1 500	约 8 000	约 22 400
总 费 用	约 37 000	约 13 200	约 6 700	约 23 600	约 80 500

2. 停车设施的服务水平评价

对停车设施的服务水平评价主要包括区域停车场泊位需求的满足程度、区域停车者步行至目的地的平均距离、对停车场收费水平以及车辆停放的安全性等几个方面,其中区域停车泊位满足和步行距离对服务水平的影响更为突出。

(1)停车泊位需求满足程度

石家庄市各区域社会公共停车泊位供需情况见表7.21所示。

表7.21 规划年石家庄市区社会公共停车场泊位满足率状况表

区域 近期	中心区	城市副中心	省、市行政办公中心	其他区域	总计
满足率	0.88	1.00	0.80	0.75	0.82

(2)停车者步行至目的地距离

本次近期规划对石家庄市主要的商业、办公、文体娱乐区进行了停车者步行距离的计算,结果为总步行距离1 254 000 m,总泊位10 450个,平均步行距离为117.4 m,距离服务水平良好。

3. 城市交通总体效益评价

(1)路内停车场对路网交通流的影响

就石家庄市的具体情况来看,在规划年考虑在市区的部分次干道、支路(见近期路内停车布局建议方案)上设立一定的路内停车场,虽然对该路段或相关小区的交通流量有一定的影响,但考虑到规划路内停车场的路段大多交通流量、饱和度较低,只要辅以科学的停车管理,并不会对石家庄市路网交通流造成较大的影响。

(2)城市公共停车设施的发展

在公共停车配套设施建设方面,对路内公共停车设施推广了咪表的使用,同时建设停车诱导信息系统以方便驾车者及时找到附近的路外公共停车设施。本次停车研究中制定的停车收费标准,充分考虑到了路外、路内停车的合理收费差价以及地阶差价,同时参考了现有的收费标准,做到循序渐进。配套设施的完善及新收费标准的实行,必将带动路外、路内公共停车设施的健康竞争、发展,从而使石家庄市的公共停车设施步入正常、有序的发展轨道。

(3)城市环境效益指标

考虑石家庄市的城市经济发展状况和土地使用状况,从实际情况出发,在规划期停车场类型选择时,大部分社会停车场都推荐采用路外地面停车场,同时配以部分地下停车场和少量立体停车楼。但是,从可持续发展的角度看,石家庄市在经济条件允许的条件下,应该更多地改造地面停车场、建设地下停车场或立体停车楼,以达到更好的城市环境效益指标。

对石家庄市城市停车设施近期规划方案的评价结果表明，在规划近期，石家庄市停车者步行至目的地的平均距离在 120 m 左右，服务水平良好；社会停车场泊位供需比例在 82%，泊位满足率较好；投资费用约 8 亿元；规划的公共停车设施对城市交通影响较小且具有良好的发展前景；基本达到了城市停车设施的环境效益指标。

7.2.10 实施保障措施

1. 扩大停车设施供应的保障措施

(1)建立政府、民间、国内、国外的多元化投资体系；

(2)推行停车设施民营化；

(3)设立停车设施建设基金；

(4)实行“拥车者自备车位”政策。

2. 提高车位利用率的保障措施

(1)鼓励建筑物配建停车场(库)向社会开放；

(2)引进停车咪表技术和停车信息诱导系统；

(3)加强路内停车管理；

(4)制定合理路内、路外停车收费差价。

3. 改革停车管理体制，完善停车政策法规

(1)改革停车管理体制，进一步完善政策法规；

(2)规范配建停车设施的使用，鼓励超额增设配建停车位；

(3)市中心区停车费率应高于外围区停车费率，高峰时间的停车位费率应高于非高峰时间停车位费率；

(4)扶持中心区立体停车库的建设，给予产业化政策。

7.3 规划案例：南京市公共停车场选址与布局研究

7.3.1 研究背景

南京是长江下游唯一一个省会城市，是江苏省的政治、金融、贸易、信息中心和科教文化中心。同时，作为长江三角洲西部枢纽城市和长江流域四大中心城市之一，南京正在发挥其沿江、近海的优势，以增强跨省域的辐射功能和吸引力。区位优势的显著促使南京市历年来保持有良好的社会经济发展势头，全市常住人口已超过 720 万，GDP 增长幅度一直维持在 13.5%以上。伴随着城市化发展基础的增强，机动化的发展趋势也日益显著，其突出表现为私家车保有量迅猛增加。截至 2007 年底，全市私人小汽车拥有量已达到 25.71 万量，比 2006 年同期相比净增

5.15万辆，增长率达到25.07%。

为加快推进城市化进程，逐步实现城市现代化、农村城市化、城乡一体化，全面提高城镇发展质量，南京市提出：市域城镇发展要强调突出重点，加快县城和小城镇的建设；都市发展区要突出新市区和新城建设，强调拉开现代化大都市空间格局；主城要严格控制人口的过快增长，强调提高城市化质量。为此，南京市总体规划中提出了"一疏散、三集中"和"一城三区"的发展战略，该战略将引导城市人口和就业岗位向外围扩散，引起居民平均出行距离的增大和出行机动化水平的进一步提高。

7.3.2　规划范围、期限和目标

1. 规划范围和期限

研究范围：南京市主城区；

研究基年：2008年；

研究期限：近期2013年，远期2020年。

研究对象：本次研究将南京市停车设施按服务对象划分为公共停车场和配建停车场两类，其中公共停车场可以根据停车泊位所处的位置进一步分为路外公共停车场和路内公共停车场，配建停车场可以根据外来车辆泊位使用比例的大小分为专用配建停车场和公共配建停车场。由于专用配建停车场泊位的资料较难获取，因此项目组前期主要针对对外开放停车场，即路外公共停车场、路内公共停车场和配建公共停车场开展调研，后期研究的公共停车场布局与选址方案主要包括路外公共停车场和路内公共停车场两类。

2. 规划目标

(1)掌握对外开放停车场的泊位供给情况和不同用地的停放特性，诊断南京市现状停车发展的症结；

(2)提出南京主城区停车发展战略及不同片区的发展策略；

(3)初步确定南京主城区公共停车场布局与选址方案；

(4)提出南京市发展公共停车场的保障措施，为选址方案的落实提供参考。

3. 规划依据

《南京市城市总体规划(1991—2010)》；

《南京市城市用地分类和代码标准(NJGBBC 02—2005)》；

《南京老城控制性详细规划》；

《南京市下关区总体发展研究及控制性详细规划》；

《南京市中华门—秦虹地区控制性详细规划》；

《河西新城区北部地区控制性详细规划》；

《南京市纬一路单元(Mcb020)控制性详细规划》;
《南京市丁家庄单元(Mcb05)控制性详细规划》;
《南京城南秦淮新河以北地区控制性详细规划》;
《南京市雨花区铁心桥街道秦淮新河以南地区(Sob011次单元)控制性详细规划》;
《南京市苜蓿园——孝陵卫地区控制性详细规划》;
《城市轨道交通线网规划》;
《南京市统计年鉴》;
《中华人民共和国城市规划法》(2007年);
《城市道路交通规划设计规范》(GB 50220—95);
《停车场建设和管理暂行规定、停车场规划设计规则》(1989年);
《城市道路交通规划设计规范》(GB 50220—95);
《停车场规划设计规则》(1989年);
《机动车停放服务收费管理办法》(2000年);
《停车诱导系统》(DB 31/T 298—2003)。

7.3.3 南京市停车现状分析

1. 现状停车设施供应分析

根据南京市交通管理局提供的资料以及项目组调研获得的数据,截至2008年10月份,南京市主城区共有对外开放停车场823处,共计标准停车泊位约45 922个。各类停车场的数量及分布情况如图7.8和表7.22所示。

表7.22 南京市主城区各类对外开放停车场泊位数目及分布情况 标准泊位

类型	老城区	河西新区	城北分区	城东分区	城南分区	总计
路外公共停车场泊位数	3 546	98	333	99	66	4 142
比例	85.60%	2.36%	8.05%	2.40%	1.59%	100%
公共配建停车场泊位数	22 662	1 214	5 120	3 082	1 015	33 093
比例	68.48%	3.67%	15.47%	9.31%	3.07%	100%
路内停车场泊位数	6 734	450	766	220	517	8 687
比例	77.52%	5.18%	8.82%	2.53%	5.95%	100%
合计	32 942	1 762	6 219	3 401	1 598	45 922

(1)路外公共停车场

研究区域内,共有路外公共停车场38处,共计标准停车泊位4 142个,占南京市主城区对外开放总泊位数的比例不到10%。其中,老城区路外公共停车泊位占到城区总泊位的85%以上,主要分布在新街口、湖南路—山西路及夫子庙地区,沿中山路、中山北路等主要城市交通发展轴线两侧布置,服务对象多为商业、办公性

图7.8　南京市主城区主要对外开放停车场分布图

质的用地。

(2)公共配建停车场

该类停车场多为商业、办公、文体娱乐等设施服务。研究区域内,共有公共配建停车场460处,共计标准停车泊位33 093个,占主城区对外开放泊位总数的72%。其中,老城区内公共配建停车场所占的比重相对于路外公共停车场而言较低,在一定程度上反映了老城区配建泊位建设的滞后和外围区域配建标准相对较高的现实。

(3)路内停车场

研究区域内,共有路内停车场325处,共计标准停车泊位8 687个。该类停车泊位主要分布在老城区之内的次干道及支路上,尤其在传统居住区周边的城市次支道路上,路内停车场的分布较为集中。除了交警划设的合法路内停车位外,南京市依然存在一定数量的违章停车,其中集庆路与纬七路间的部分次支路、太平南路以东片区内的次支路以及铁路北街、三牌楼大街、云南路、宁海路等路段的路内停车秩序较为混乱,给城市道路动态交通带来了严重的影响,同时也给路外公共停车场的正常经营带来了一定的影响。

2. 现状停车设施收费情况

目前，南京市的停车收费标准按区域划分为三个等级：

一级包括：(一)湖南路、江苏路、宁海路、广州路、拉萨路、永庆巷、上海路、莫愁路、升州路、中华路、长乐路、平江府路、太平南路、太平北路、北京东路、安仁街、百子亭区域内的停车场；(二)经批准专为4A级以上(含4A级)旅游景点的停车场。

二级包括：上述一级区域外，西起长江；中央北路、和燕路、华电路以南；墨香路、东方路、胜利路以西；光华路、大明路、永乐路、龙蟠南路、雨花南路、奥体大街以北区域内的停车场。

三级包括：上述一、二级以外的所有停车场。

此外，上述所划区域道路外侧50 m内的停车场，根据实际情况经批准可按道路内侧等级执行。如图7.9所示。

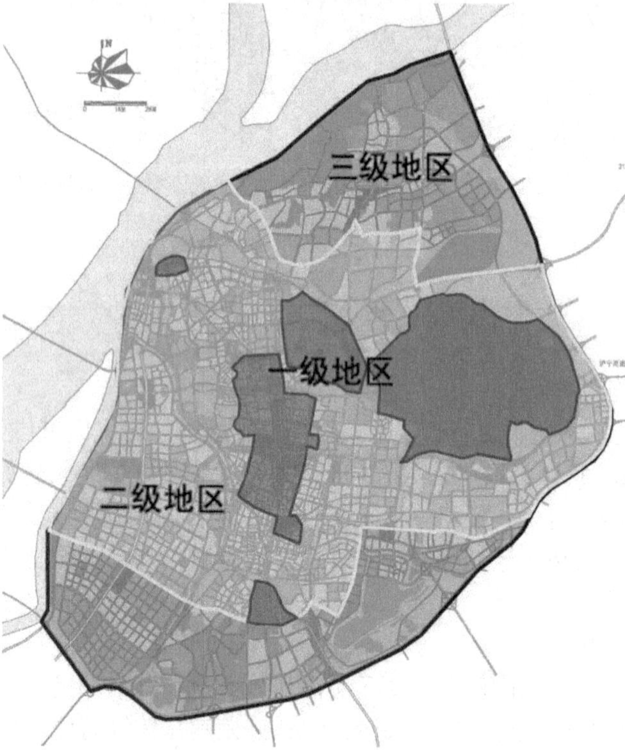

图7.9　南京市主城区分级收费区域图

南京市的停车收费实行的是政府定价和政府指导价两种方式，其中路内停车收费和两轮摩托车、助力车、自行车的停车收费实行政府定价，其他停车收费实行政府指导价。实行政府指导价的停车收费由各停车场根据市物价局制定公布的中准收费标准在规定20%的浮动幅度内自主确定具体的停车服务费标准。“五一”、国庆假日期间，4A级及以上旅游景点的停车场可以扩大停车服务费上浮幅度，由旅游景点的停车场向市价格主管部门提出申请，经市价格主管部门批准公布执行。此外，诸如宾馆、酒店、娱乐场所等建筑的配建停车场还采取了停车收费优惠的策略，以此吸引顾客前往消费。

3. 现状主要问题分析

(1)公共停车泊位缺口较大

南京市现状对外开放的泊位数为45 922个，而停车泊位需求约为54 000个，路内违章停放现象和路外停车场排队等候现象依然存在，且在老城区较为明显。这一方面是由于政府融资的途径单一，建设资金缺乏，建设进度滞后，由此导致对外开放停车泊位供给结构中路外公共停车泊位所占比例过低。另一方面也是与配建指标体系的更新进度有关，南京市虽然在1998年结合南京市特点对配建标准重新进行了调整，但指标体系未能体现片区间的差异，指标值也相对偏低；目前使用的配建指标体系是2003年由规划局和公安局共同制订的标准，该标准不仅体现了老城区和其他片区的区别，而且对已建建筑停车配建泊位短缺情况的处理也进行了相应的规定，但由于历史欠账太多，中心片区建筑物停车配建泊位的补充工作仍然需要很长时间。

(2)老城区内居住小区的配建停车泊位缺口较大

1994年以前建设的居住小区配套设施建设没有对机动车辆停放提出要求，小区车辆基本是处于无序停放的状态。1994年以后，尽管南京市实行了建筑物停车设施配建标准，但由于其对居民住宅配建的指导与审查力度不力，因而一直到1997年以后，住宅建筑才开始逐步提出配建要求。目前，老城区居住区车位供应缺口较大，大量私家车晚间没有固定车位。

(3)收费价格未起到经济杠杆的作用，没有体现停车收费差异性

南京市现状停车收费的最高价格仍然在多数停车者承受范围之内，且停车者在选择停车场的过程中缺乏价格提示信息，往往抱着有车位提供就行的思想，因此价格调节交通需求的效果不很明显。同时，尽管南京市停车收费已经体现出片区间的区别，但无论在按时收费区域还是按次收费区域，路内外收费价格相差均不超过2元，造成路内长期停车的现象依然存在。

(4)路内违章停车现象严重

在老城区内，布设停车泊位的次干路和支路占次支路总长度的比例很高，但由于周边配建泊位数不足、车位划分不明显、管理不规范以及管理水平不高等问题，路内违章停车现象依然比较明显，突出表现为乱停乱放、将平行车位当垂直车位使

用等等。

(5)停车资源浪费现象

南京市配建停车泊位包括公共配建停车泊位和专用配建停车泊位两种,其中后者主要为私家车、单位车和上班出行服务,而前者为公共出行服务。虽然夜间公共配建停车泊位基本处于空闲状态,但由于布局问题,很少被私家车使用。白天的专用配建泊位中也存在不少空闲车位,但由于国内"大院文化"思想的影响,这些车位往往不对外开放,停车资源充分利用的程度很低。

(6)停车管理机构职能分散

南京市停车主要由以下机构分工管理:市公安局交警支队主要负责路内停车的管理,其中秩序科负责路内停车泊位的布设,各交警大队负责分区内路内违章停车的处罚;公安局下设的停车场管理办公室主要负责路外停车场经营资质的审批、收费证的年审和停车投诉的解决等事务;路外公共停车场的布局规划及建筑物的配建泊位的审批工作主要由规划局负责;市物价局负责制定停车场的收费标准;公共停车场的建设融资主要由各区政府负责。这种组织架构体系缺少一个核心的部门统筹协调各单位并督促相关工作的开展。

(7)公共停车系统管理水平较低

南京市虽然在部分主要停车场附近都安装了停车诱导信息板,但信息板提供的信息仅仅局限于实时泊位数,并且由于种种原因,许多情报板显示的泊位数始终是0,没有发挥其实际诱导的功能。同时,路内停车也仅仅停留在人工收费的阶段,且由于路段较长、管理人员有限等原因,停车者逃避收费的现象依然存在。

7.3.4 停车发展战略

1. 南京市停车发展总体策略

宏观层面上,南京市静态交通总体发展措施应该是保证停车供给与城市土地利用相适应,以"适量建设"弥补历史遗留的设施欠帐,以"产业化"促进停车市场的健康发展,以"区位优化"完成停车设施的合理布局,以"法律化"保障停车规划的效力,以"严格管理"实现停车设施运作的规范,以"科技化"提高停车管理的水平。

中观层面上,停车泊位的规模和布局宜采取差别化供给的策略:城市中心区原则上实行"限制性供给",外围片区做到"供需平衡";城市中心区域停车服务费高于非中心区域,路内停车服务费高于路外,白天、节假日等交通繁忙时段停车服务费高于夜间等闲时的差别定价政策,合理配置停车资源;

微观层面上,形成"以配建为主,公共为辅、路内为补充"的停车供应方式,提高城市对外客运枢纽、公园景点以及新建大型公共建筑和住宅区的配建标准；同时重点选择在老城外围地区的轨道交通网络节点规划建设大容量的路外公共停车场，以高水准的停车换乘系统调节交通方式结构，减少市中心的道路交通压力；

因此，结合宏观、中观、微观不同层次的停车发展策略分析，南京市应采取以适度建设为基础、资源共享为手段、法制化为背景、规范化为条件、产业化为核心、差别化为导向、科技化为动力、动态化为保障的综合停车发展策略。

2. 分区停车发展策略

将南京市主城区分为4种类型停车大区，即一类地区、二类地区、三类地区及四类地区，如图7.10所示，分区提出其发展策略。

图7.10 南京市主城区停车规划分区图

(1)一类地区

一类地区由新街口地区、湖南路—山西路地区和夫子庙等核心区组成，是南京市商业和商务办公集中的地段。一类地区一方面开发强度高、交通吸引力强、公共停车需求量大，但另一方面由于区域内部土地已高密度开发，发展空间小，且道路网络容量有限，停车供需矛盾十分突出。虽然现状停车供应在南京市处于较高水平，但区域中停车供求极不平衡，同时扩大停车泊位的供给将进一步刺激需求。为此，提出其停车发展策略为：

制定建筑物停车配建指标上限，原则上在现有公共停车泊位数量的基础上，不再增加社会公共停车位的供给；

提高停车设施开放经营水平，鼓励建筑物配建停车设施对外开放，提高既有停车设施的利用率，实现资源共享；

通过需求管制适当限制车辆使用，鼓励员工使用公共交通上下班，减少商业、办公等公共设施的通勤出行小汽车使用，体现低水平的停车供需平衡策略；

制定高标准的停车费率，与外围区域形成收费级差，对公共场所停车实行市场调节价，通过停车收费调节区内的停车需求，实行停车费率递进收费方式，限制公共车位的长时间停车；

结合公共交通特别是轨道交通的发展水平，逐步消减路内停车泊位，未来实现全面禁止区内路内停车。

(2)二类地区

二类地区指由模范中路、新模范马路、明城墙、龙蟠中路、纬七路、凤台路、虎踞路围合的除一类地区以外的区域，这些区域大部分在老城以内，用地开发早已完成，并且是南京市道路交通状况较为紧张的地区，停车矛盾突出，表现在基本车位缺口较大，夜间路内停车现象普遍；社会公共停车设施已发展到一定规模，但总体而言，停车供需仍然不平衡等。因此，二类地区适合采用控制型和供给型并重的停车发展策略：

• 制定合适的建筑物停车配建标准并对新批项目严格执行新的配建要求，以逐步补偿停车设施的历史欠帐；

• 结合用地和建筑物改造，适当增加公共停车泊位数目，并利用周边零星空地、地块改造和规划绿地等各种空间资源，零散配置公共停车设施，鼓励占地少、效率高、环境优的立体停车设施建设；

• 增加经营性停车设施的比例，制定次高标准的停车费率，与一类地区形成收费级差；

• 增加一类地区周边的停车场布局，形成对进入一类地区交通的截流；

• 调整路内路外停车费率比例，提高路内公共停车设施的使用效率，通过提高停车泊位的周转率弥补泊位的不足；

• 完善停车诱导系统，在一二类地区间增加区域价格提示等相关信息；

• 提高停车设施开放经营水平，鼓励建筑物配建停车设施对外开放，提高既有停车设施的利用率，实现资源共享。

(3)三类地区

三类地区指由铁路、明城墙、纬七路围合的不包括一类、二类地区在内的区域，主体为南京老城区。这些区域的主要用地开发类型为居住用地和教育科研用地，开发强度相对比一、二类地区弱，道路交通状况优于一、二类地区，停车矛盾也没有前两个区域那样突出。但由于处在老城之内，本着保护老城历史文化氛围和适当疏解外围入城交通原则，三类地区应当采取供给型为主、控制型为辅的停车发展策略：

制定合适的建筑物停车配建标准并对新批项目严格执行新的配建要求，以逐步补偿停车设施的历史欠帐；

重视基本车位的问题，对既有居住区充分改造，充分利用各类空间资源增加车位供应，避免基本车位矛盾的进一步扩大；

在地区控制性规划中分片落实公共停车设施规划，鼓励采用占地少、效率高、环境优的立体停车型式，通过公共停车泊位调节地区停车需求，调整路内路外公共车位的构成关系。

在停车费率的制订上与二类地区形成收费级差，进一步引导居民选用集约型的交通工具出行。

(4)四类地区

四类地区指主城区内除了一类、二类、三类地区以外的区域，这些区域主要用地开发类型为居住、工业用地，开发强度较弱，且存在大片的风景旅游区和公共绿地，用地价格相对便宜，停车矛盾也主要集中表现在基本车位的不足。因此，四类地区适合采用供给型的停车发展策略：

以建筑物配建建设为主导，采用较高的建筑物停车配建标准，辅以地面型式为主的公共停车场建设；

对既有居住区充分改造，利用各类空间资源增加车位供应，新建地区应严格执行较高的配建标准，提高公建和住宅的配建水平；

全面满足基本车位的增长需求，引导拥车者向老城区外围转移；

建设停车换乘系统，加大公交换乘枢纽、主要人流节点的公共停车设施建设，促进居民采用地铁等公共交通方式进城，减少进城车辆数；

用地价格相对较低，适合执行停车收费低标准，与老城区形成停车费率级差，同时结合停车需求引导要求，以低收费或不收费吸引车辆停放换乘。

7.3.5 停车需求预测

根据主城区机动车保有量的预测结果，2013 年和 2020 年主城区需要的机动车停车泊位总量为 43 万个和 50 万个，其中对外开放的泊位需求将达到 7 万个和 10.5 万个。根据国内外城市交通的规划经验，公共停车泊位需求占总需求的比例一般为 10%～20%，结合南京市的交通发展策略，2013 年和 2020 年公共停车泊位需求分别为 4.5 万和 6 万个。

以南京市公共停车需求预测为导向，将南京市都市发展区划分为 248 个小区，包括主城区 151 个小区和外围区 97 个小区，其中主城区的交通小区合并成 5 个交通大区：交通一区——中心片区，交通二区——河西片区，交通三区——城南片区，交通四区——城东片区，交通五区——城北片区。如图 7.11 所示。

图 7.11　南京主城区小区划分图

考虑到公共停车需求的一部分是依靠配建停车场满足的，而各小区的配建标准和采用的配建政策也不同，因此本次预测中依据小区所处的区位和用地类型给出不同的百分比，再依据调查得到的典型用地周转率数据，最终得到主城内各片区的公共机动车泊位需求量。如表 7.23 和 7.24 所示。

表 7.23 2013 年各交通大区泊位需求预测结果

大区号	社会公共泊位	比例	配建泊位	比例
1	30 150	19.22%	126 720	80.78%
2	5 850	5.58%	99 000	94.42%
3	2 250	4.19%	51 480	95.81%
4	1 800	3.14%	55 440	96.86%
5	4 950	7.25%	63 360	92.75%
合计	45 000	10.20%	396 000	89.80%

表 7.24 2020 年各交通大区泊位需求预测结果

大区号	社会公共泊位	比例	配建泊位	比例
1	34 780	18.89%	149 380	81.11%
2	9 550	7.76%	113 540	92.24%
3	4 480	9.15%	44 490	90.85%
4	3 900	5.48%	67 240	94.52%
5	7 290	9.26%	71 470	90.74%
合计	60 000	11.85%	446 120	88.15%

7.3.6 路外公共停车场布局

1. 布局方法

本次路外公共停车场布局与选址研究将在分区停车策略的指导下，以南京市控制性详细规划为基础，同时参照各区域公共停车泊位需求的预测结果，并结合各分区公共停车场的布局现状，在规划范围内确定路外公共停车场的地址、规模和型式。

根据需求预测的结果，2013 年和 2020 年南京市公共停车泊位的需求分别是 45 000 个和 60 000 个，其中路外公共停车需求所占比例将分别为 70%和 73%，同时为解决居住小区配建不足的部分还需要公共泊位约 15 000 个，因此 2013 年和 2020 年南京市主城区路外公共停车泊位需求将分别为 40 000 个和 53 800 个。根据现状泊位供应的调查结果，规划从基年至 2013 年主城区每年需增加路外公共停车泊位数 6 000 个，2013 年至 2020 年间该数值可减少至 2 000 个。

同时，根据南京市停车发展的需要和停车布局原则的指导，本次规划提供的刚性和半刚性停车场布局方案主要包括“服务型”、“截流型”和“居住型”三类。其中服务型停车场主要布设在公共设施类用地、对外交通类用地和公园绿地的附近，截流型停车场主要布设在外围地铁站、外围环路附近和主城核心区外围，居住型主要布设在配建停车泊位不足的居住小区附近。如图 7.12 所示。

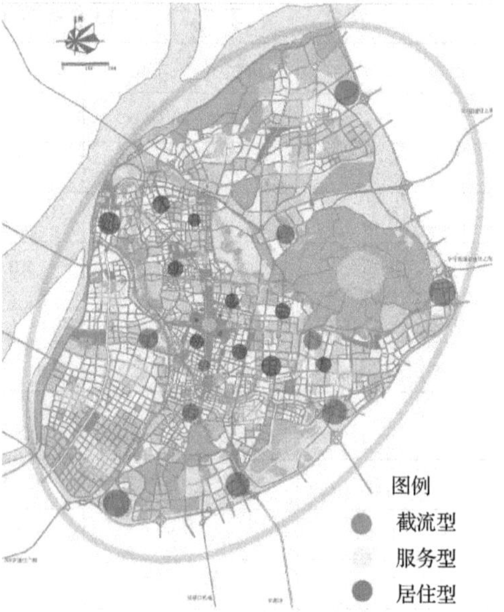

图 7.12　路外公共停车场布局概念图

2. 布局方案

由于近期路外公共停车场的建设主要用于解决停车矛盾突出区域的车位短缺问题，南京市近期布局的重点将集中在主城中心片区，而近期停车矛盾相对较小、配建指标要求相对较高的周边片区将在中远期重点解决其路外公共停车场的布局问题。

以路外公共停车场布局的原则和方法为指导，在南京市控制性详细规划中的用地布局和现状调研的基础上，近期拟规划刚性和半刚性停车场 120 个，远期在近期建设的基础上再规划 70 个刚性和半刚性停车场。规划方案如图 7.13 和图 7.14 所示。

7.3.7　路内公共停车场布局

1. 近期布局方案

近期路内停车场布局方案中，70%的点位均布设在中心片区，一定程度上弥补了该区域配建停车泊位和路外公共停车泊位供应上的不足，降低了中心片区的停车压力。此外，路内停车泊位的选点均为 V/C 比较低的支路和次干路，且均靠近学校、医院、商务建筑等用地，方案基本能在不影响交通运行的前提下满足路内停车者短期停放的要求。如图 7.15 所示。

2. 远期布局方案

规划中远期，随着建筑物配建泊位和路外公共停车场的建成，部分路段的路内停车点将予以拆除，路内停车泊位数将降至 10 000～12 000 个。考虑到未来城市道路网络、交通状况将发生较大的变化，路内停车泊位的布设具有很大的不确定性，因此本次规划中远期方案只确定各交通小区的路内停车泊位规模，并未提出具体的布局选址方案。

图 7.13 2013 年南京主城区路外公共停车场刚性半刚性布局方案图

7.3.8 停车规划保障措施

1. 停车管理机构的设置

目前南京市停车管理机构的设置虽然能够对停车设施的规划、建设和管理全面负责，但路外公共停车场的主管部门较为分散，缺乏一个统一的部门对停车相关事务进行统筹，因而容易造成停车问题处理时人为的弱化和拖延，部门间缺少有效的沟通。

此外，由于政府管理部门主要关注的是社会效益的最大化，企业关注的是经济效益的最大化，而停车者关注的内容包括了车辆停放的安全、停车费用的高低和停车位寻找的方便性等多个因素，因此整个管理体系中还应增加一个机构，以便及时沟通政府、企业和停车场使用者之间的需求信息，同时规范行业的行为，制订行业的准则。

2. 停车政策法规的制定

为了满足南京市近期公共停车设施建设的需要，政府应制订相关政策引导停车设施建设走产业化发展的道路，这不仅可以打破目前以政府投资和国有企业投

图 7.14 2020 年南京主城区路外公共停车场刚性半刚性布局方案图

资为主的模式,减轻政府的筹资压力,同时还吸收了民营资本和民营企业加盟基础行业,实现了产权的多元化,这些都将大大提高停车场的建设速度和服务质量。

同时,由于南京市未来的停车泊位供应还是采用"以配建停车泊位为主,路外公共停车泊位为辅,路内泊位为补充"的模式,因此政府不仅应当根据各片区建筑物的配建现状和区位特点引导配建泊位的建设,还应当鼓励配建泊位的使用向公共方向发展,以提高泊位的使用效率。

此外,鉴于南京市路内停车行为不规范和乱停乱放者较多的现状,交警部门也应出台相应政策予以整治。

3. 公共停车场建设融资机制

公共停车场建设的融资关系到规划方案的落实进度,是政府部门一直重视的棘手问题。城市停车是一个资金密集型产业,具有前期一次性投资巨大、运营收入有限、投资回报期较长等特征,因此依靠政府财政上单一的投入必然不能够适应近期扩大停车场供给的发展战略。目前,国内其他行业的融资方法主要包括对外融资、发行企业证券和债券、BOT 方式、发展副业、建立专项建设基金等,这些方法均可以作为南京市政府为公共停车设施的建设寻求更多融资方的途径。

图7.15　2013年南京主城区路内停车场规划布局图

4. 公共停车场收费机制

为适应停车产业化发展的需要,建议南京市物价局将现状的三级收费体系变为四级收费体系,并根据出行者意愿调查的结果和停车供需矛盾的变化,确定相关费率并形成合理的价格级差,以期引导居民出行方式的选择和停车场的选择。此外,南京市目前的价格体系还未体现出路内、路外的差异和高峰、平峰间的差异,建议物价局综合考虑道路的等级、交通量时间分布特征,针对不同区域的情况制订合理的路内停车价格。

5. 路内停车管理模式

路内停车的管理模式包括政府部门直接管理模式和企业管理模式两种。政府直接管理模式是指市交警大队直接进行路内停车泊位的布设和管理;企业管理模式是指企业在政府有关部门的授权和监督下从事路内停车泊位的管理。通过对两种模式的比较,建议南京市采用企业管理模式进行路内停车管理。

6. 停车技术系统

(1)引进停车咪表设备,提高管理水平

停车咪表设备在国外的普及率很高,南京市在早期也曾引入,但未投入使用,使路内停车一直处于人工管理的阶段。随着南京市经济的发展和居民素质的提高,建议南京市在部分设置路内停车泊位的重要路段增设咪表设备,一方面由于停车咪表指明了路内停车的具体车位,具有明显的法律性质,消除了路内停车泊位的不确定性,另一方面它标明了路内停车的收费标准和时间范围,能够引导路内停车走向规范化管理的阶段,此外咪表的应用还可以杜绝舞弊行为的产生。

(2)完善停车诱导系统

目前南京市的停车诱导系统主要采用可变情报板的形式,提供的信息较为单一,部分情报板的设置仅仅充当的是摆设,没有起到实际诱导的效果。通过现状问卷调查,驾驶员在南京较期望看到的停车诱导信息是:区域停车场布局图、具体停车场实时剩余泊位数和具体停车场附近的停车场信息。据此,建议南京市将停车诱导信息划分为两个等级:区域停车诱导信息和目标停车场诱导信息,并对南京市停车诱导标志的型式和内容进行专题研究后统一布设,并在投入使用后定期检修,以保持停车诱导功能的有效发挥。

第 8 章　城市自行车交通规划

自行车作为最基本的、大众化的绿色交通方式，是城市交通体系的重要组成部分，提倡自行车交通出行，充分发挥其特有的交通功能优势，对优化城市交通结构，构建可持续发展的城市综合交通体系具有重要意义。目前，城市自行车交通规划虽开始为我国政府和舆论所关注，但其规划内容及技术手段尚不成熟，许多城市是初次开展此类专项规划，可以借鉴的成功经验不多，相应地留给规划人员创造、发挥的空间较大。而且，骑自行车很多时候不仅是交通行为，也可能是游憩、健身、休闲等行为，自行车交通系统的建设不单要考虑交通出行功能性的要求，还应注重自行车出行环境的美观、舒适性要求，与城市自然或社会景观的完美融合。因此，如何通过深入剖析城市特性与气质，借鉴国内外城市自行车交通系统规划建设的经验教训，制定出适合城市自身发展、具有针对性的自行车交通规划是一份兼具挑战性和趣味性的工作。

8.1　技术指引

8.1.1　规划目标与任务

1. 规划目标

城市自行车交通规划指在轨道交通、公共汽电车等公共交通方式，小汽车、步行等私人交通方式之外，为城市提供另一种安全、便捷、可靠、低成本的个体交通方式，合理满足居民自行车出行及运动休闲的需要。

2. 规划任务

构建与城市发展相适应，与机动车发展相协调，与公共交通良好衔接，管理有序，安全、便捷、高效、舒适、相对独立的自行车交通系统。

① 完善自行车交通基础设施，实现机非交通运行及停放空间的有效分离；

② 充分发挥自行车交通在中短距离出行中的优势，使得自行车交通作为城市公共交通一种有益的补充；

③ 与城市绿色景观相结合，引导城市居民的自行车运动休闲文化建设。

8.1.2 规划原则与理念

1. 规划原则

① 整体性原则:自行车交通规划应符合系统性的要求,各部分内容良好衔接、互补共通,保证自行车使用者之间及其与城市自行车出行环境、其他交通方式使用者之间的和谐愉快。

② 连续性原则:保障城市自行车交通系统的连续性,使自行车交通空间合理布局、顺畅衔接。

③ 分区组织原则:将城市自行车交通分区进行规划,提倡自行车交通出行区间连通、区内畅达。

④ 美观原则:应根据功能要求和美学原理进行自行车系统的规划设计,为城市居民创造景观优美、自由舒适的自行车出行环境。

2. 规划理念

① 公平和谐:给予自行车交通与机动化交通方式平等的发展机会,构建结构合理、分工明确的城市综合交通体系,保障自行车交通群体的出行权利,促进城市交通的和谐发展。

② 可持续发展:贯彻资源合理利用和生态环境保护的思想,在经济合理地满足自行车发展需求的基础上,提高自行车交通系统利用率和服务水平,并为自行车系统的长远发展留有余地。

③ 以人为本:强调人在自行车交通规划中的核心地位,自行车交通网络布局、停车场设置等要符合居民的出行需要,自行车交通设施的型式、尺度等都应充分考虑人的生理心理要求。

④ 彰显个性:体现不同城市自行车交通发展的差异化要求,自行车交通系统应该彰显城市独特的个性与魅力,突出城市的历史文化底蕴和现代都市气息。

8.1.3 规划期限与范围

规划期限:与城市总体规划一致。远期规划一般为 5～20 年,近期规划 3～5 年。

规划范围:与城市规划用地范围一致。

8.1.4 规划依据

① 经过国家或上级批准的城市总体规划,分区规划及有关的全市性的上位专业规划;

② 城市交通发展战略规划、综合交通规划、城市道路网络规划、对外交通规

划、公共交通规划等；

③《城市道路设计规范》、《城市道路交通规划设计规范》、《城镇道路工程技术标准》相关标准及技术规范。

8.1.5 规划内容与工作流程

1. 规划内容

(1)现状调查与问题分析识别。针对自行车交通基础设施、自行车出行特征及服务水平、自行车运行管理等各个方面展开全面系统的调查与资料收集,分析、识别城市自行车交通系统存在的主要问题,并剖析其主要原因。

(2)确定自行车交通发展定位。从城市发展阶段、发展目标出发,分析自行车交通发展前景,确定自行车交通功能定位,借鉴国内外发展经验,提出自行车交通发展的目标、方向与基本策略等。

(3)建立自行车交通需求预测模型。整理分析相关基础数据,进行现状模型的标定与校核,建立自行车客流预测模型,对交通需求总量及分布情况进行预测分析。

(4)制定自行车道路网络规划方案。根据规划城市道路网络布局结构、居民自行车出行需求特征、自行车交通需求走廊等方面情况,按照分区组织的原则,构建分工明确、层次清晰、机非分离的自行车道路网络布局方案。

(5)制定自行车停车场规划方案。基于自行车停车需求分布预测结果,制定自行车停车场的建设标准,在城市大型公共建筑、轨道交通站点、公交枢纽等主要人流集散点规划布置自行车公共停车场,重点构建为城市公共交通系统提供客流集散服务的B+R系统。

(6)制定自行车交通组织与管理技术指引。按照维持城市自行车交通运行秩序,提高道路运行效率和安全水平的要求,研究自行车路段、交叉口的交通组织基本设计方案,制定切实可行的骑车者、车辆、道路、安全防护设施、停车场管理方案。

(7)制定自行车交通近期改善方案。针对城市自行车交通存在的主要问题,提出近期需要建设的自行车道路、停车场等基础设施,明确其建设序列安排,确定矛盾突出的自行车道路、交叉口交通组织改善方案。

2. 工作流程

自行车交通规划可分为四个阶段,各阶段的主要工作有:

第一阶段,前期准备阶段。确定研究目标、技术方法、工作内容与流程等,并征求甲方意见。

第二阶段,现状调研阶段。开展现状调查与资料收集,诊断现有问题,回顾已有相关规划及国内外发展经验。

第三阶段,发展定位与需求预测阶段。分析自行车交通在城市交通体系中的功能定位,提出发展目标、方向及基本策略,建立交通需求预测模型,进行交通需求分析与预测。

第四阶段,规划方案制定阶段。制定自行车道路网络规划方案、停车场规划方案、自行车交通组织与管理技术指引,拟定近期自行车交通改善实施方案。

规划工作流程图如图 8.1 所示。

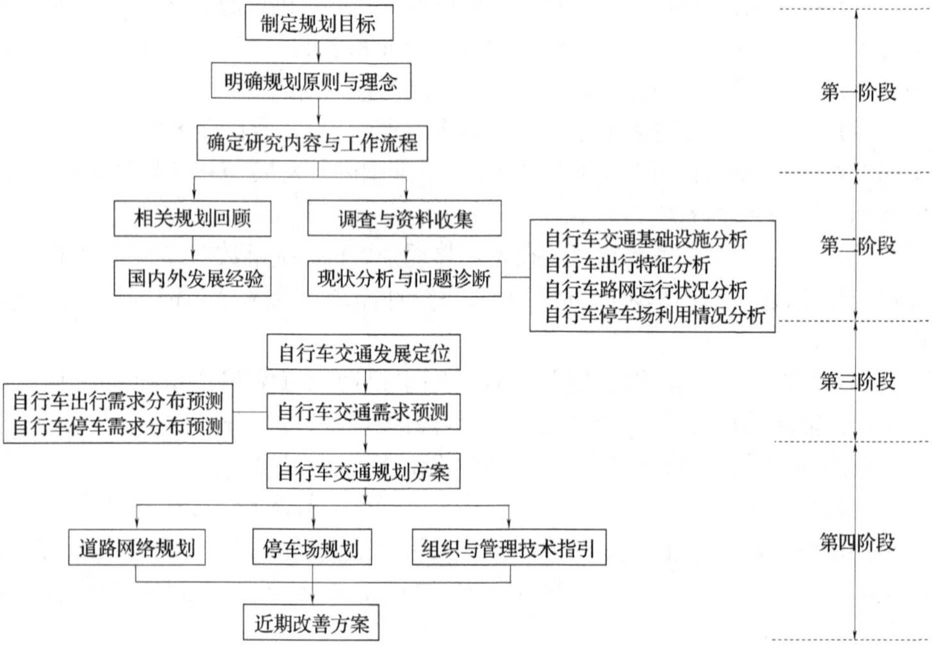

图 8.1　城市自行车交通规划工作流程图

8.1.6　规划成果要求

自行车交通规划成果包括规划文本与图纸、技术文件,规划文本与图纸具有同等法律效力。技术文件为规划报告。

(1)规划文本内容

① 规划目标;

② 规划原则;

③ 自行车交通发展定位;

④ 自行车交通发展策略;

⑤ 自行车道路网络规划;

⑥ 自行车公共停车场规划；
⑦ 近期自行车道路建设计划；
⑧ 近期自行车公共停车场建设计划。
(2)规划图纸内容
① 现状自行车道路网络图；
② 现状自行车停车场分布图；
③ 自行车道路网络规划图；
④ 自行车公共停车场分布图；
⑤ 自行车道路网络近期建设计划图；
⑥ 自行车公共停车场近期建设计划图；
⑦ 典型自行车交叉口交通组织设计图。
(3)规划报告内容
① 研究背景介绍；
② 自行车交通系统现状调查分析及存在问题；
③ 自行车发展定位与基本策略；
④ 自行车出行需求及停车需求分布预测；
⑤ 自行车道路网络规划方案；
⑥ 自行车公共停车场规划方案；
⑦ 自行车交通组织与管理技术指引；
⑧ 自行车交通近期改善方案。

8.1.7 关键技术方法

1. 自行车道路层次结构

(1)自行车道路的基本类型
① 独立的自行车专用道
独立的自行车专用道不允许机动车辆进入，专供自行车通行。这种自行车道可消除自行车与其他车辆的冲突，多用于自行车干道和各交通区之间的主要通道。
② 实物分隔的自行车道
实物分隔的自行车道用绿化带或护栏与机动车道分开，不允许机动车辆进入，专供自行车通行，多见于三块板和四块板道路，且多用于自行车干道和各交通区之间的主要联系通道。
③ 用划线分隔的自行车道
即与机动车道用划线分隔，布置于机动车道两侧的自行车道，见于一块板和两块板道路。该类自行车道适用于交通量较小的各交通区之间或各交通区内联系通

路。

④ 混行的自行车道

机动车与自行车在同一道路平面内行驶,其间无分隔标志的自行车道。多用于交通量不大的相邻交通区之间的自行车道和居住区街道。

(2)自行车道路的等级

根据自行车道路的功能,其等级可以划分为以下三级:

① 市级自行车干道

全市性或联系居住区和工业区及其与市中心联系的主要通道,承担着大量的自行车交通。要求快速、干扰小、通行能力大,是全市自行车路网的骨架,其路径方向应与自行车出行的主要方向相一致。道路类型包括全市性的自行车专用道和有分隔的自行车道。

② 区级自行车次干道

联系各交通区的自行车道,应保证居住区、商业服务区和工业区与全市性干道的联系。主要是满足自行车的中、近距离的出行。道路类型可选用自行车专用道、有分隔的自行车道和用划线分隔的自行车道。

③ 区内自行车支路

各交通区内部的自行车道,联系住宅、居住区街道与干线网的通道,是自行车路网系统中最基本的组成部分,在自行车路网系统中起着集散交通的作用。要求路网密度较大,在生产服务区、生活区深入性较好,基本上选用划线分隔的自行车道和混行的自行车道形式。

2. 自行车道路技术指标

(1)自行车道路宽度

不同等级、类型的自行车道宽度(双向)见表 8.1 所示。

表 8.1 不同等级、类型的自行车道宽度(双向)

类　别	车道宽度/m		
	市级自行车道(双向)	区级自行车道(双向)	区内自行车道(双向)
独立自行专用道	10～14	8～12	—
有实体隔离的自行车道	10～14	8～12	—
用划线分隔的自行车道	—	8～10	5～9
混行的自行车道	—	—	5～9

(2)设计车速

独立的自行车专用道设计车速采用 20 km/h,有实体分隔的自行车道采用 20 km/h,用划线分隔的自行车道用 18 km/h,混行自行车道则采用 15 km/h。

(3)通行能力

① 路段可能通行能力(不计平交影响)推荐值:有分隔设施时为 2 100 辆/(h·m)(包括独立自行车专用道),无分隔设施时为 1 800 辆/(h·m)。

② 路段设计通行能力(不计平交影响)

$$N_b = KN_{pb} \tag{8.1}$$

式中 N_b——一条自行车道的路段设计通行能力(辆/(h·m));

K——自行车道的道路类型系数,独立自行车专用道和有分隔的自行车道为 0.90,用划线分隔的自行车道为 0.85,混行的自行车道为 0.80;

N_{pb}——路段可能通行能力。

③ 受平面交叉口影响的一条自行车道的路段设计通行能力建议采用以下推荐值(自行车交通量大的城市采用大值):

有分隔设施时为 1 000～1 200 辆/(h·m);

以路面标线分隔时为 800～1 000 辆/(h·m)。

④ 信号交叉口进口道一条自行车道的设计通行能力推荐值为 1 000 辆/(h·m)。

(4)服务水平

自行车道服务水平规定划分为五级。路段设计采用三级,交叉口设计服务水平可采用三级或四级。

3. 自行车道路网络规划

自行车路网应由单独设置的自行车专用道、城市干道两侧的自行车道、城市支路和居住区内道路共同组成一个能保证自行车连续通行的网络。

(1)规划原则

① 依据城市总体规划、城市交通发展战略和交通需求趋势,参照《城市道路交通规划设计规范》进行自行车道路网络完善。

② 针对预测自行车交通流分布特征,抓住交通的主要流向确定自行车道路主干道的走向及结构,通过不同等级自行车网络的系统组织及管理措施,构筑城市自行车道路网络主骨架,缓解城市主、次干道的交通集中压力。

③ 组织自行车路网的同时考虑机动车通行的道路网的相互连通性,早晚高峰时期在首先考虑自行车交通的前提下尽量组织机动车的通行网络。

④ 自行车道路的配置,要最大限度地方便出行需求,充分利用城区各种不同宽度的胡同小巷作为自行车道路,节约有限的资金。

⑤ 自行车道路网络要有完善的配套设施(如停车设施),并做好自行车系统与公交系统的衔接。

(2)路网组织

按照自行车道路在规划范围所处的位置及其功能,可分 3 个层次组织自行车路网系统。由上而下依次为全市性自行车干道、区级自行车道路及区内自行车道路 3 个层次的道路，每个层次都附于上一层次而衍生，互相组合形成完整的自行车路网系统。

3 个层次的自行车道路功能作用不同，其相应采用的道路类型亦有不同要求。全市性自行车干道网的功能是联结区级道路并担负全市性的自行车交通，全市性自行车干道网要求机非隔离程度高、干扰小、快速且通行能力较大。区级自行车道路则主要承担区块内、外自行车交通的集散，是联系区块内住宅群体与活动中心，如商业网点及工作区、学校等的自行车交通的主要通道。区内的自行车道路则要求密度大，连通性要好，而对机非隔离程度要求较低，主要是联接住宅与住宅小区的活动中心的道路。

不同层次的自行车道路与其相应采用的自行车道路类型的关系见表 8.2。

自行车路网系统应具有直达性、连续性及通畅性，组织一个合理的、完整的、层次分明的路网，对于保证自行车交通的有序化，引导自行车交通流的合理运行是很重要的。合理的自行车路网系统应有适当的路网密度及道路间距，《城市道路交通规划设计规范》规定的不同类型自行车道路路网密度与道路间距见表 8.3。参考荷兰有关城市目前的自行车路网道路间距指标值及其实施效果，结合我国城市规模、人口及自行车交通的地位作用等因素，建议我国不同等级的自行车路网密度和道路间距见表 8.4。

表 8.2　不同层次的自行车道路与其相应采用的自行车道路类型的关系

道路级别 \ 道路类型		有分隔自行车道路			混行自行车道路
		自行车专用道	机非实体分隔自行车道	划线分隔自行车道	
市级	大、中城市	√	√		
	小城市	√	√	√	
区级	大、中城市	√	√		
	小城市	√	√	√	
区内	大、中城市	√	√	√	√
	小城市	√	√	√	√

表 8.3　不同类型的自行车道路路网密度与道路间距

类　型	分隔方式	路网密度(km/km²)	道路间距(m)
自行车专用道	—	1.5～2	1 000～1 200
独立自行车道	实体分隔	3～5	400～600
非独立自行车道	路面划线	8～15	150～200

表 8.4　分级路网的自行车路网密度和道路间距的建议值

自行车路等级	路网密度(km/km^2)	道路间距(m)
市级路网	2～3	700～1 100
区级路网	3～5	400～600
区内路网	7～13	200～300

4. 自行车停车场分类

自行车停车场是指专门供各种自行车存放停驻的露天的或室内的停放场所，一般有自行车停车场、停车楼和临时停放场等。随停车场的分类标准与方法的不同，有很多类别，目前尚无统一的规定。常用类别有：

(1)按停车场的性质
- 专用停车场
- 公共停车场

(2)按设置地点(停车方式)划分
- 路内停车场——自行式
- 路外停车场
  - 自行式
    - 平面式
    - 多层式
  - 机械式

(3)按建设经营管理单位分类
- 道路附属构造物
  - 城市规划部门
  - 道路管理部门(公安、城管)
- 社会公用构造物
  - 地方公共团体、居委会
  - 民间——私人、集体

分类说明：

(1)自行式自行车停车场系指自行车的存放和取出均由人工进行的停车场，其优点是拆迁及建设费用节省，停车方便、自由，缺点是占地大，单位面积停车少，下车后步行距离长，保持停车秩序、防止偷盗、维护管理难。

(2)平面式自行车停车场系指自行车存放场仅为平面一层的自行式停车场。其优缺点同自行式自行车停车场。

(3)多层式自行车停车场系指两层或两层以上的自行式自行车停车场，其优点是占地小，使用者流动线比较短，能与商业大楼的上层顺利联接，不会发生上层难以利用的感觉，缺点为建设费用高。

(4)机械式自行车停车场系指具有用机械手段把自行车放置在自行车存放场(库)的装置，其优点为占地面积少，空间利用率高，适用于市中心商业区、交通场站等高效利用土地的地区，缺点是维修费用高，要有专职管理人员。

(5)专用停车场是指主要供本单位和私人车辆停放的场所。

(6)公共停车场是指主要为社会车辆提供服务的停车场所。

5. 自行车停车场规划

(1)规划原则

① 交通小区内的停车泊位和面积主要依据停车需求预测结果,小区内部停车位分布应根据所服务的公共建筑性质、平均高峰日吸引车次总量、平均停放时间、每日场地有效周转次数以及停车不均衡系数等确定。

② 自行车停车场的布局以分散为主,结合城市布局和土地利用采用内密外疏的布局策略;原则上自行车停车场应设置在路外,在条件允许或不得已的情况下,也可以设置在车辆、人流稀少的支路、街巷或宅旁空地,尽量不占、少占人行道或车行道。

③ 规划重点解决城市中心、大型公共建筑附近的自行车停放,并严格执行不同性质、规模建筑的自行车停车场的配建标准。

④ 系统考虑交通枢纽和换乘点的自行车停放,方便不同交通方式的换乘衔接,发挥各自交通运输方式的优势,提高综合交通运输效率。

⑤ 自行车停车场的规划设置应避免对周围道路及交叉口的干扰,较大规模的停车场应尽可能设置两个以上出入口,便于自行车交通的集散。

⑥ 对于市级、区级行政、民政中心、金融、贸易中心、医院等大量吸引人流的单位,都应按建设部、公安部的规定设置固定的专用停车场,如场地不足,也可考虑建设多层自行车停车场。

⑦ 对于车站、大型公共建筑,在考虑建设自行车停车场地时,还应为今后机动车、小汽车的发展和停车需求的增加留有余地。

(2)规划标准

根据1988年国家颁发的《停车场规划设计规则》(试行)的规定,公共停车场所的停车场规划主要标准列于表8.5,这是各类大型公建自行车停车场车位数量确定的基本依据。

表8.5 自行车公共停车场规划主要标准

建筑类型	计量单位	规定的车位指标	备　注
饮食店	100 m^2 营业面积	3.6车位	
商业场所	100 m^2 营业面积	7.5车位	
体育馆	100座位	20车位	
影(剧)院	100座位	15车位	
展览馆	100 m^2 建筑面积	1.5车位	
医院	100 m^2 建筑面积	1.5车位	为门诊和住院面积之和
游览场所	100 m^2 游览面积	0.5车位	郊区为0.2车位
火车站	高峰日1 000旅客	4车位	
码头	高峰日1 000旅客	2车位	

6. 自行车交叉口分类

自行车交叉路口一般可分为以下4种类型：

(1)立体交叉。主要用于交通量大的独立自行车专用道同铁路、城市快速干道相交。其次当机动车干道与交通量较大的自行车道相交或机动车与非机动车的交通量均较大，平交难以通过，且地形、地物与环境均有利于设置立交时，宜采用简易式立交。

(2)信号配时以自行车为主的交叉口。主要适用于交通量较大的自行车专用道与城市次干道相交。

(3)一般信号交叉或设有自行车专用相位的信号交叉口。主要用于机动车流量大或机动车道等级高，自行车处于次要地位的交叉口，若个别方向自行车流很大，可为其设置专用相位。

(4)环形交叉和无控制交叉。多条道路相交，左转流向比较大时宜采用环交。机动车与非机动车流量均不大的道路或区内低等级道路相交时，视情况可采用无控制方式。

7. 自行车交叉口交通组织设计

(1)交通组织设计原则

① 顺应交通流特性

自行车交叉口应根据自行车交通的基本特性、交叉口混合交通流的特殊条件与路口的具体情况，合理地进行规划设计，满足交通流的运行需求。

② 合理利用道路设施空间

机动车、自行车与行人等交通使用者均对道路设施空间提出需求，而交叉口内空间的有限性必然要求合理布置各种交通设施，实现各种交通流的顺畅运行。

③ 尽量创造不同交通流分道行驶的条件

自行车交通应该与机动车交通进行空间或时间上分离，如果没有条件分离，也必须给出适当的空间让自行车与机动车分道行驶。

④ 尽可能使交叉口单纯明确

应尽可能使交叉口组织设计符合人们的出行习惯，减少道路使用者观察、思考、判断及采取措施的时间，提高交叉口通行效率。

(2)不同等级自行车交叉口设计

① 自行车专用道与自行车专用道相交的交叉口

为了避免在交叉口处自行车间的相互冲撞及其对过街行人造成威胁，除保证交叉口的行车视距、划出行人过街横道线、以及在该类型流量较高的交叉口设置信号控制外，还需要采用一定的物理防范设施。可以考虑在交叉口进口道行人过街横道线前的一段路面上设置降速段，使得自行车在靠近交叉口时自行降低行驶速度。如图 8.2 所示。

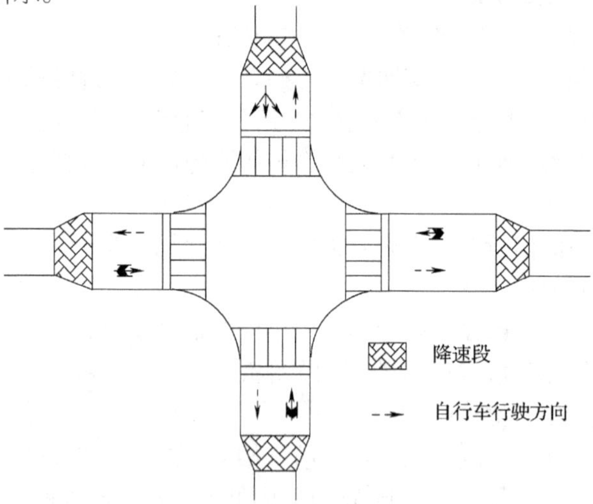

图 8.2 自行车专用道与自行车专用道相交的交叉口
(进出口道拓宽)设计示意图

② 自行车专用道与机动车专用道相交的交叉口

该类型交叉口视交通量的情况设置信号灯控制。自行车流量较低时,不设置信号灯,采取在主干道上划出自行车道横线的通行管理方式。自行车流量较高时,要采取机非时空分离措施。拓宽自行车专用道进口道,以利于集团式行进的自行车群能尽快通过交叉口。如图 8.3 所示。

③ 自行车专用道与机非混行道路相交的交叉口

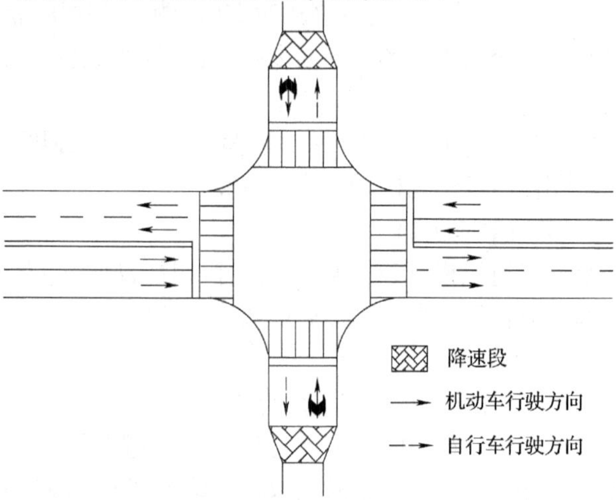

图 8.3 自行车专用道与机动车专用道相交的交叉口
(自行车道拓宽)设计示意图

为减少机非混行道路上自行车转弯对机动车产生的干扰，可在机非混行道路上设置非机动车左转弯候车区，组织机非混行道路上的左转自行车流二次过街。如图8.4所示。

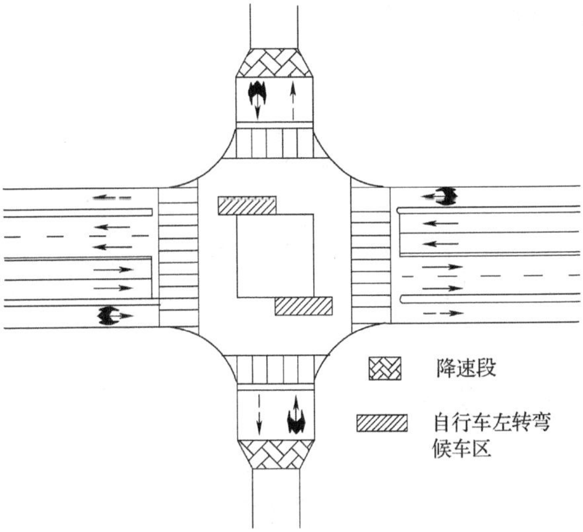

图8.4　自行车专用道与机非混行道路相交的交叉口(两次过街)设计示意图

④ 机非混行道路与机非混行道路相交的交叉口

尽可能拓宽交叉口的进口道，增加进口道的机动车道数，提高交叉口的通行能

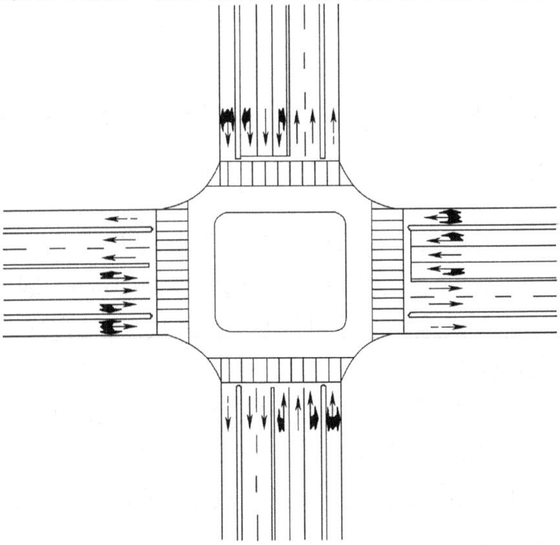

图8.5　机非混行道路与机非混行道路相交的交叉口设计示意图

力。进行渠化,设置自行车左转弯候车区。如图 8.5 所示。

⑤ 机非混行道路与机动车专用道相交的交叉口

应尽可能拓宽交叉口的进口道,增加进口道的机动车车道数,对交叉口进行渠化,提高交叉口的通行能力。如图 8.6 所示。

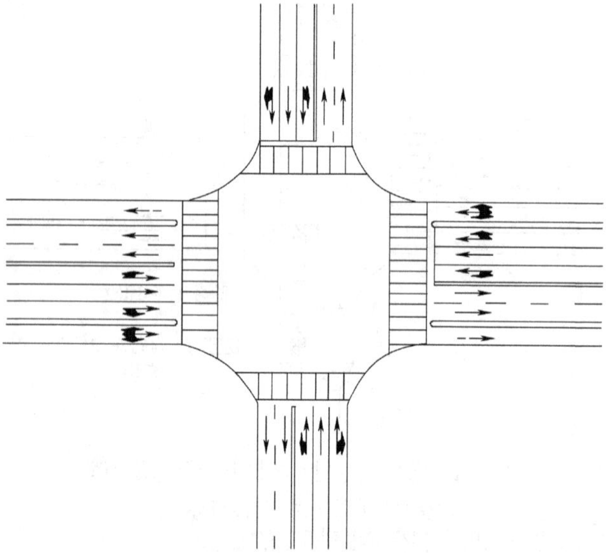

图 8.6 机非混行道路与机动车专用道相交的交叉口设计示意图

8.2 规划案例 1:马鞍山市自行车交通规划

8.2.1 研究背景

马鞍山自行车交通规划以《马鞍山市城市交通发展战略规划》为指导,在自行车交通发展现状分析的基础上,对自行车交通发展作出定位,规划区域性自行车交通路网系统、自行车停车设施和有效可行的 B+R 系统,并提出自行车交通组织管理措施和近期建设改善方案。

马鞍山市自行车交通规划范围为主城区、开发区及姑孰区(当涂县城),面积约 125 km^2。结合马鞍山市城市总体规划与马鞍山市城市交通发展战略规划,马鞍山市自行车交通规划年限定为近期 2005 年,远期 2020 年。

8.2.2 自行车交通现状分析

(1)自行车路网现状

马鞍山市区现状自行车通路网络如图 8.7 所示。市区道路仅有环雨山湖、雨山路、解放路、红旗路、花雨路等少数几条道路拥有非机动车道。某些非机动车道甚至不连续性,比如湖西路、红旗北路等;此外有些非机动车道路面破损严重或凹凸不平(如红旗北路雨山湖段西侧),这些不利现状都在客观上导致了自行车与机动车混行,影响机动车正常行驶,降低自行车的行车安全。

图 8.7　马鞍山市区现状自行车道路网图

(2)自行车停车现状

马鞍山市区的自行车收费停车场非常少,公共自行车停车场也不多,基本上分布在雨山湖附近的一些主次干道及商业街两侧。其中解放路、湖东中路—湖南路沿线是马鞍山最主要的商业中心,道路两侧有商场、商铺、商业机构、办公楼宇等,是自行车停车的强吸引源,特别是在节假日,以购物、娱乐为目的的出行量大,停车问题就更为突出。

(3)自行车出行与交通特征

2003 年 6 月,项目组在马鞍山做了城市居民出行调查,将依据此次调查结果,见表 8.6～表 8.14 所示,分析自行车交通出行的特征和规律,为提出并解决马鞍山市自行车交通问题提供支持。

① 出行比例

表 8.6　马鞍山市居民出行方式构成　　%

出行方式	步行	自行车	助力车	公交车	出租车	轻骑摩托	私家车	单位小车	单位大车	其他
1991 年	38.2	54.6	—	3.9	0.1	1.5	—	—	—	0.1
2003 年	47.1	30.9	1.6	11.7	0.4	5.8	0.1	0.4	1.0	0.9

1991 年至今,马鞍山城市交通构成比例发生了很大变化。1991 年自行车出行比例最高,达到了 54.6%;而 2003 年自行车出行比例下降到 30.9%,下降了 23.7 个百分点。

② 出行目的

表 8.7 马鞍山自行车出行方式目的分布 %

目的	上班	上学	公务	生活购物	文娱体育	探亲访友	看病	回程	其他	合计
1991 年	39.71	4.67	0.87	3.27	0.66	1.01	0.25	48.25	1.31	100
2003 年	27.71	8.62	1.45	7.57	1.57	1.19	0.18	47.39	4.32	100

比较 1991 年和 2003 年，自行车上班出行比重下降了 12.00%，看病出行及回程比重略有下降，其他目的出行均有所上升，其中上学出行和生活购物出行比重上升最大，分别达到了 3.95 和 3.70 个百分点。

表 8.8 马鞍山不同出行目的中自行车出行所占的比重 %

目的	上班	上学	公务	生活购物	文娱体育	探亲访友	看病	回程	其他	合计
1991 年	70.99	27.41	52.96	28.22	26.21	52.01	30.95	54.33	1.31	100
2003 年	52.5	22.0	38.8	20.5	6.2	27.4	13.9	29.6	30.3	100

除了"其他"项中由于调查口径不一，比重上升之外，在其余所有出行目的中，自行车出行所占比重均大幅度下降。自行车出行变化从侧面说明了马鞍山市居民出行机动化的趋势。

③ 职业分布

表 8.9 马鞍山自行车出行在不同职业出行中比重 %

职业	小学生	中学生	大中专学生	工人	服务员	职员	个体劳动者	家务	其他	合计
1991 年	1.28	6.33	2.07	61.29	3.06	23.11	0.46	1.36	2.04	100
2003 年	2.8	12.8	2.1	36.5	2.7	13.0	4.6	8.8	16.7	100

工人骑自行车出行比例最高为 36.5%，职员次之，然而相较 1991 年，两者比例均下降不少，尤其是工人骑自行车比重下降了 25.8 个百分点。

表 8.10 各职业中自行车出行所占比重 %

职业	小学生	中学生	大中专学生	工人	服务员	职员	个体劳动者	家务	其他合计
1991 年	7.99	39.96	71.96	72.41	54.31	61.78	36.68	10.14	28.14
2003 年	7.0	35.7	37.7	45.7	40.7	36.1	40.7	14.9	26.4

总体上居民选择自行车出行比例已经有很大的下降，但是不同职业人群中基本上还维持在 30%以上，这说明当前自行车对城市居民的出行还是非常重要的。

④ 年龄分布

表 8.11 不同年龄阶段自行车出行所占比重 %

年龄	6～14	15～19	20～24	25～29	30～39	40～49	50～59	>60
1991 年	11.01	50.83	79.16	78.11	71.68	57.98	42.95	17.39
2003 年	9.56	37.51	33.05	34.67	41.01	42.73	23.94	6.42

在各个年龄段自行车出行比重都有不同程度的降低，尤其是 20～50 岁的中青年自行车出行比重较 1991 年下降了 35%以上。

表 8.12　马鞍山自行车出行不同年龄所占比重　　%

年龄	6～14	15～19	20～24	25～29	30～39	40～49	50～59	>60	合计
1991 年	2.16	7.92	17.23	20.12	21.63	16.75	11.76	2.43	100
2003 年	4.42	11.87	3.53	7.49	36.58	24.09	9.21	2.81	100

20～29 岁的年轻人自行车出行比重降低，其他年龄段居民自行车出行比重“相对”上升。

⑤ 出行时耗

表 8.13　马鞍山自行车出行不同时耗段比重分布与不同时耗段中自行车比重分布　　%

组别 \ 时耗段		5～10	11～15	16～20	21～25	26～30	31～35	36～40	41～45	46～50	51～55	56～60	>60	总计
自行车在不同时耗段比重	2003	5.71	22.42	15.56	22.01	4.35	20.23	1.23	3.85	0.89	1.61	0.09	2.06	100
	1991	27.3	17.7	18.9	5.0	22.3	1.3	3.3	0.8	1.2	0.2	1.4	0.6	100
不同时耗段自行车比重	2003	19.84	23.65	31.23	32.81	34.53	38.02	28.57	32.87	36.30	31.34	17.24	27.54	—
	1991	40.83	60.85	59.59	72.13	68.48	68.78	63.64	59.26	52.04	46.27	47.20	35.10	—

各时耗段的自行车出行比重都有很大下降，平均降幅达到 46.3%，表明马鞍山市自行车出行比例有很大下降。如图 8.8 所示。

⑥ 出行时间分布

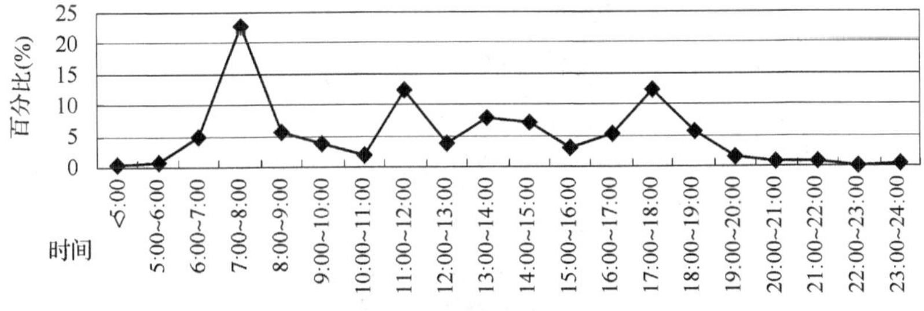

图 8.8　马鞍山市自行车出行时间分布图

自行车方式的出行时间分布特征为：早高峰(7:00～8:00)，两个午高峰(11:00～12:00 和 13:00～15:00)，晚高峰(17:00～18:00)，以早高峰峰值最大。

表 8.14　高峰小时各交通方式出行比重　　%

时段 \ 方式	步行	自行车	助力车	公交车	出租车	轻骑摩托	私家车	单位小车	单位大车	其他	总计
7:00～8:00	45.36	32.95	2.26	8.98	0.18	7.11	0.13	0.57	1.61	0.86	100

马鞍山市交通高峰小时全方式集中度为 20.61%，公交为 17.41%，步行为 18.85%，而自行车为 22.94%，集中度最高。高峰小时(7:00～8:00)自行车出行占全方式出行的比重为 32.95%，说明自行车出行是该市居民上班、上学的主要选择。

⑦ 出行空间分布

自行车出行主要集中在马鞍山的市中心，环雨山湖一带，交通吸引强度最大；马钢厂区与东南片居住区之间也有较强的联系，主要为马钢工人上下班的流量。如图 8.9 所示。

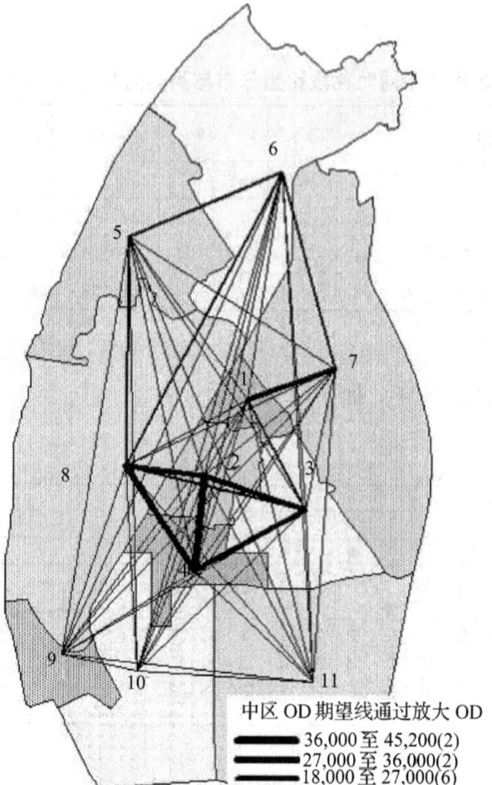

图 8.9 马鞍山市居民自行车方式出行中区 OD 分布图

⑧ 流量分布

如图 8.10 所示，高峰小时路段双向流量超过 5 000 辆的有红旗北路的花山路至葛羊路段，流量在 3 000～5 000 辆之间的有红旗北路、湖北路、湖东路、幸福路和

图 8.10　马鞍山市区道路高峰小时(7:00～8:00)自行车流量图

三台路等路段。

图 8.11　马鞍山市区主要道路交叉口高峰小时(7:00～8:00)自行车流量图

如图 8.11 所示,高峰小时自行车流量平均超过 6 000 辆的交叉口主要分布在红旗路和湖北路沿线;流量在 4 000～6 000(表 8.15)之间的交叉口主要分布在红旗路、湖东路、花山路和葛羊路等道路沿线。

⑨ 非机动车道车种构成

表 8.15 马鞍山市城区道路非机动车道车种构成 %

比重 \ 车种	自行车	三轮自行车	助力车	摩托车	人力板车
绝对数比重	75.0	13.2	7.9	2.0	2.0
标准数比重①	55.1	29.0	5.8	2.9	7.2
高峰小时标准数比重	75.7	9.7	9.1	4.9	0.6

注:指各车种换算成自行车后比重,三轮自行车为 3,助力车为 1,摩托车为 2,人力板车为 5;

城区非机动车道上车种组成复杂,显著的特点是三轮自行车比重很高,达到了 29.0%。

8.2.3 自行车交通发展定位与对策

(1)自行车交通发展定位

优先发展以常规公共交通为主、轻轨交通为辅的公交系统,大幅提高公共客运分担比重,同时适度发展小汽车交通,严格控制摩托车发展,积极为自行车交通和步行交通创造良好的使用环境,努力保持自行车合理的交通规模。

自行车在马鞍山城市客运交通中主要作用分两类:一是直接服务于短距离出行;二是作为公共交通的集散工具。自行车交通的优势领域在于短距离出行,因此应强化马鞍山自行车的近距离、交通区内或相邻交通区的出行;作为公共交通的集散工具,自行车应和公共交通有机结合,协调发展。

(2)自行车交通发展对策

① 调整城市布局结构和土地利用模式

根据马鞍山城市总体规划,未来城市呈带状发展,城市中心区将适当南移,在城市中心区和南部将布局大量就业用地,居住用地主要布置在东环路和宁芜路之间。城市东西向交通主流向将进一步弱化,南北向交通有所增强,有望大大减少自行车流向差,提高自行车行驶速度,缓解整个道路网的压力。

② 优化城市交通结构

优先发展公共交通,大幅提高公交客运分担比例,逐渐以公共交通代替远距离自行车出行;组成 B+R 系统,自行车与公共交通协调发展。

③ 改进自行车交通系统

在优先发展公共交通的城市交通发展模式下,针对马鞍山市自行车交通存在的问题,应采取规划区域性自行车交通路网系统、规划自行车停车场、强化自行车交通管理等措施。

8.2.4 自行车交通需求预测

(1)自行车交通出行需求预测

自行车交通主要受到城市的经济水平、城市规模、道路状况、公交水平、交通政策、地形气候等影响。近几年来，马鞍山市自行车总量增长缓慢，逐步趋于饱和，若按目前趋势发展，到规划期末自行车出行比重可能变化不大。

表 8.16　预测马鞍山市 2020 年居民出行方式构成　　%

出行方式	步行	自行车	公交车	轻轨	出租车	轻骑摩托	私家车	其他	合计
比例	33	30	23	2	3	1	5	3	100.0

未来的自行车仍为城市居民出行主要的交通方式之一，随着城市人口的增长，虽然自行车出行方式比例稍有降低，但自行车出行总量较现状仍有较大上升。

根据《马鞍山市综合交通规划》(2004－2020)得到的全方式居民出行 OD 量，预测自行车出行 OD：

$$P_{\mathrm{m}}=\frac{\mathrm{e}^{\widetilde{-U_m}}}{\sum_i \mathrm{e}^{-U_i}} \tag{8.2}$$

式中　P_{m}——i 小区和 j 小区之间全方式出行总量中选择方式 m 出行的概率；

U_{m}——i 小区和 j 小区之间交通方式 m 的效用函数。

预测表明，2020 年马鞍山市区每日自行车出行量为 938 173 人次，分布如图 8.12 所示。

可以看出，未来马鞍山市区自行车出行将呈现以下特征：

① 最主要的出行仍然集中在雨山湖东畔、南畔生活区与商业区，随着城市中心区南移、主城南片用地不断开发，该片区自行车出行有很大增加；

② 副城区与经济技术开发区南部的自行车出行需求加强；

③ 市级副中心(湖北路与慈湖路)与马钢新厂区有很强的自行车出行需求。

(2)自行车停车需求预测

根据预测的自行车出行 OD，可得每日各交通小区自行车停车数，同时参考《城市道路交通规划设计规范》，自行车停车场按城市规划人口每人 0.1～0.2 m^2，且日高峰系数为 1.1～1.3，根据式(8.3)可求得 2020 年马鞍山市区自行车停车需求总量和各区域需求量。

$$P_i=\max\left(\frac{U_i}{\varphi},\frac{N_i\times\alpha}{\beta}\times\gamma\right) \tag{8.3}$$

式中　U_i——交通区 i 的交通吸引量；

φ——自行车停车泊位周转率，取 6 次/个；

N_i——交通区 i 的人口数；

α——人均自行车停车场面积，取 0.18 m^2；

β——每个停车位面积,取 1.5 m^2;

γ——高峰小时系数,取 1.2。

预测得 2020 年马鞍山市区自行车停车泊位约为 26 万个,见表 8.17 所示,分布如图 8.13 所示。

表 8.17 2020 年各交通小区自行车停车泊位预测值

小区编号	人口总数（人）	出行吸引量（人次）	自行车停车位（个）	小区编号	人口总数（人）	出行吸引量（人次）	自行车停车位（个）
1	15 773	99 873	4 994	29	12 795	34 965	1 748
2	8 652	22 855	1 154	30	0	21 093	1 055
3	8 216	35 615	1 781	31	956	29 982	1 499
4	2 753	20 318	1 016	32	0	75 305	3 765
5	31 989	33 342	4 265	33	42 682	242 735	12 137
6	4 212	41 135	2 057	34	7 286	222 097	11 105
7	12 048	30 179	1 606	35	30 089	137 353	6 868
8	6 013	23 046	1 152	36	37 976	57 104	5 063
9	9 495	19 217	1 266	37	18 180	11 362	2 424
10	21 872	20 146	2 916	38	83 671	58 278	11 156
11	51 630	43 995	6 884	39	82 073	144 026	10 943
12	19 149	39 215	2 553	40	134 715	149 649	17 962
13	16 417	53 016	2 651	41	4 459	56 082	2 804
14	39 288	20 971	5 238	42	28 802	92 831	4 642
15	40 124	31 752	5 350	43	0	0	0
16	26 057	20 586	3 474	44	0	52 949	2 647
17	46 042	34 392	6 139	45	0	128 629	6 431
18	296	54 154	2 708	46	26 682	55 407	3 558
19	11 426	36 591	1 830	47	10 022	15 772	1 336
20	9 647	66 229	3 311	48	0	0	0
21	9 966	22 421	1 329	49	38 384	70 920	5 118
22	4 179	24129	1 206	50	33 659	42 267	4 488
23	8 129	29 994	1 500	51	0	157 680	7 884
24	0	209167	10 458	52	25 440	54 971	3 392
25	66	2 025	101	53	97 297	122 218	12 973
26	8 825	171 046	8 552	54	59 884	66 643	7 985
27	5 212	114 260	5 713	55	125 654	69 632	16 754
28	1 120	55 872	2 794	合计	131 8797	3 543 891	259 735

图 8.12　2020 年马鞍山市自行车出行 OD 分布图

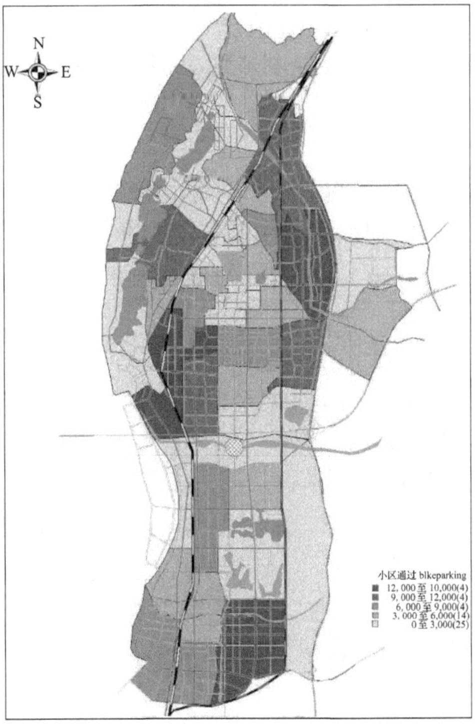

图 8.13　2020 年马鞍山市区自行车停车泊位需求分布图

8.2.5 自行车道路网络规划

马鞍山市自行车道路网络将由自行车专用道(包括独立性自行车专用道和定时性自行车专用道)、主次干道上物理分隔的非机动车道、城市支路组成。

1. 规划自行车道路网络

(1)自行车专用道

① 1号专用道

1号专用道在现有紫霞路基础上规划向南延伸至九华山路,向北拓至西园路。全段道路宽8 m,长3 500 m。主要服务于城市中南部密集居住区,并减少平行的湖西路、红旗路的自行车流量。

② 2号专用道

2号专用道由现有西园路和其西延段组成,全长2 670 m。西园路为定时性自行车道,7:00～19:00禁止机动车进入,宽度为8 m;西延段规划为独立的自行车道,宽度10 m。同1号专用道以及环湖路形成自行车专用道系统,提升专用道路网整体功效,方便城市居住区与宁芜路西侧马钢厂区之间的联系。

③ 3号专用道

3号专用道为环湖路,独立自行车专用道,宽10 m,长4 797 m。环湖路南段、西端拐弯处与1号专用道相连,减轻湖东路、湖南路、湖西路、湖北路和红旗路交通压力。

④ 4号专用道

4号专用道连接塘岔路、马濮路和环湖路,为独立的自行车专用道,宽度10 m,长5 715 m。该专用道方便湖东片居住区与马钢新厂区之间联系,减轻幸福路与红旗北路交叉口的交通压力;且与环湖路形成自行车专用道系统,提高专用道的整体运行效率。

⑤ 5号专用道

5号专用道从滨河路开始由南往北至黄山路,宽8 m,长3 490 m,可减少平行的姑孰路交通压力,加强姑孰区与北侧主城区的联系。

(2)物理分隔的自行车道

规划原则上将所有的快速路、主干道和次干道均进行机非之间的物理分隔;在某些重要支路的上也作物理分隔。非机动车道的宽度综合考虑现有道路的路幅情况、道路规划红线及道路流量情况。自行车道总长度为332.4 km,绿化分隔带机非分隔的道路总长281.6 km,隔离栏机非分隔的道路总长50.8 km。

(3)划线分隔的自行车道

对桃源路、菊园路、健康路、重阳路、团结路、朱然路(5.4 km)、采向路

(3.1 km)、长江路以及部分规划支路采取划线方式分隔机动车与非机动车。划线分隔道路总长 28.7 km。

(4)混行的自行车道

其他支路均为混行的自行车道,总长 164.4 km。

马鞍山市自行车路网规划如图 8.14 所示。

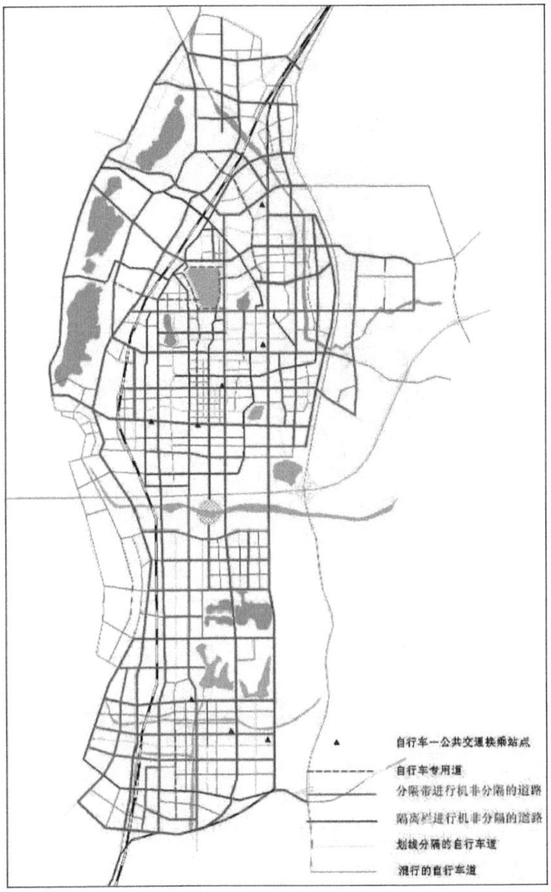

图 8.14 2020 年马鞍山市自行车路网规划图

2. 适应性评价

从马鞍山市自行车交通各时段出行比例来看,早上 7:00～8:00 是自行车出行高峰小时,占全天出行比重的 22.94%,按此比重推算自行车分配路网上规划年高峰小时(7:00～8:00)的自行车流量。如图 8.15 所示。

将高峰时段流量与道路通行能力相除,即可得到自行车路网的 V/C。

计算结果显示,自行车专用道 V/C 均值为 0.067,物理分隔自行车道 V/C 均值为 0.043,划线分隔自行车道 V/C 均值为 0.024,机非混行道 V/C 均值为 0.019,都满足通行能力要求,而且服务水平很高。

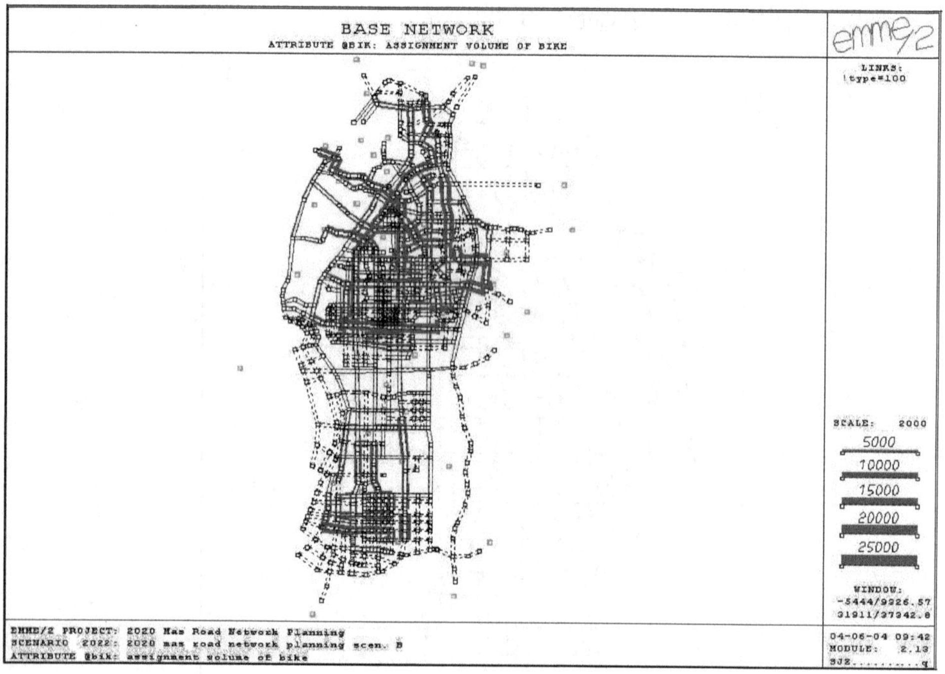

图 8.15　2020 年马鞍山市自行车规划路网交通分配图

8.2.6　自行车停车场规划

重点规划“一主二副”城市中心区的自行车公共停车场。2020 年马鞍山市自行车公共停车场泊位将达到 65 400 个,规划停车面积为 9.8 万 m^2。如图 8.16 所示。

8.2.7　自行车交通组织与管理

(1)交叉口自行车交通组织

结合马鞍山道路交叉口特点,不同类型的交叉口的改造、规划控制措施如下:

① 对自行车左转或右转流量大的路口,在进入路口前,利用街坊道路提前分

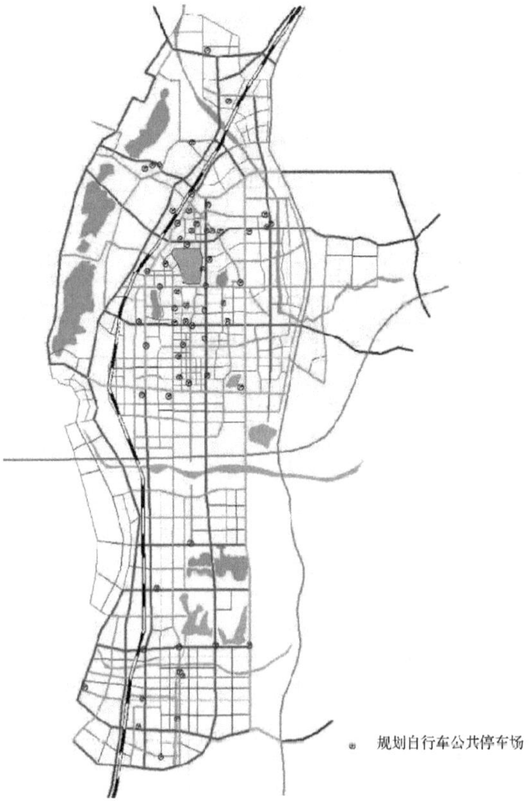

图 8.16　2020 年马鞍山市自行车公共停车场规划图

流,减少主要路口的干扰和冲突。

② 在街坊道路与城市道路相交处,视城市道路机动车流的大小,分为三种控制形式:自行车可伺机穿越;城市道路机动车流较大,与相邻大交叉口有适当距离时,可采取信号灯联动控制;还可设置自行车专用信号灯,使自行车与机动车在时间上分离。

③ 自行车高峰小时交通量超过 15 000 辆/h(或自行车进口小于 7 m,饱和度大于 1.0)的路口,考虑修建自行车地下通道或自行车天桥,实行机非分离。

④ 在信控交叉口,设置自行车左转等待区。减少左转自行车通过交叉口的时间,提高其通行能力;同时减少左转自行车与同进口右转机动车之间冲突。马鞍山市所有新建主干道与主干道交叉口,以及有条件的现有主干道与主干道交叉口均规划设置自行车左转等待区,如图 8.17 所示。

⑤ 为避免或者减少右转机动车对直行及左转自行车的冲突,主要交叉口的右转机动车进行信号控制,如图 8.18 所示。

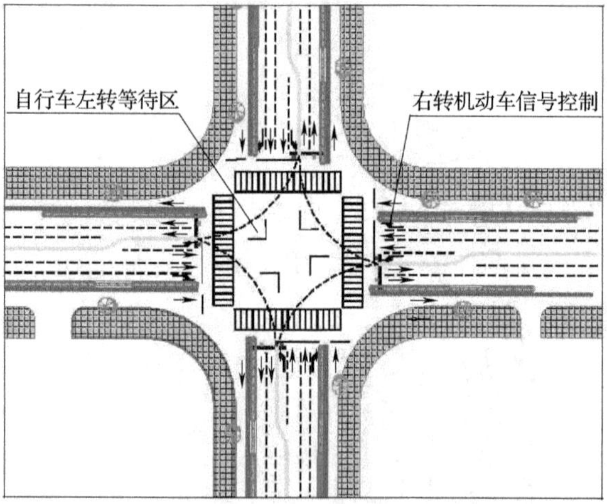

图 8.17　主要信号交叉口自行车交通组织示意图

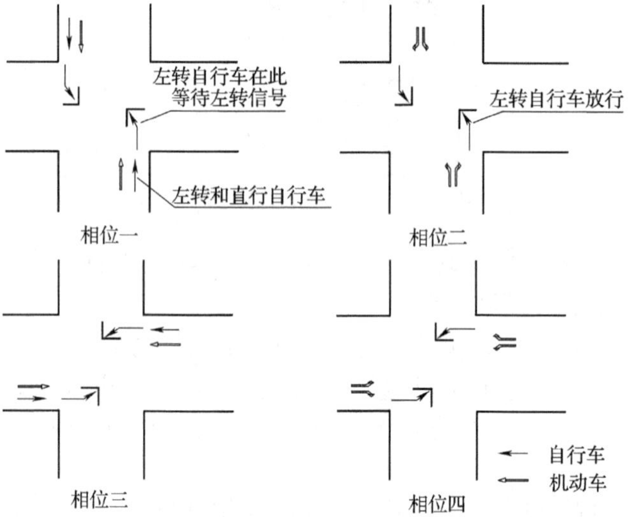

图 8.18　考虑自行车交通的信号交叉口相位图

⑥ 禁止左转。对于重要交通干线的交叉口,若其自行车直行车流量很大,左转量不多时,可考虑限制自行车在本交叉口左转,使其在临近的交叉口完成左转。

(2)自行车停车场管理

自行车停车场由马鞍山市市政建设主管部门(市规划局、市建设委员会、市容管理局等)负责建设及日常经营、管理,收费标准由市物价局制定。

自行车公共停车场,尤其是主干道两侧人行道的非自行车停车带,严禁任何单位侵占或挪作他用。小区内部自行车停车场、自行车配建停车场应保持良好的停车秩序,不能影响居民正常行走,尤其不能堵塞消防通道。

(3)其他管理措施

① 骑车人的管理,设置自行车出行者的相关规定,控制心理不健全、身体残障、色弱色盲、年龄过小或太大(<14岁或>60岁)的人利用自行车出行。加强对骑车人的交通法规教育、交通道德教育,使其养成遵守交通法规的良好习惯。

② 车辆管理,建议市交警大队和工商部门对自行车的供销、登记、牌照、税卡、转让报废以及存放等按照交通法规进行全面、监督与管理。

③ 行车管理,加大执法力度,开展自行车违章行驶专项整治活动,整顿行车秩序。建议马鞍山制定关于自行车(或非机动车)交通规范、条例,进行法制化、规范化和科学化的管理。

8.2.8　自行车交通近期改善

针对改善自行车交通环境迫切需要实施的项目有:

(1)花山路

花山路从湖东路至红旗北路段,现状为双向四车道,中央黄实线分隔,外侧两个车道为机非混行。建议用隔离栏进行机非分隔,非机动车道宽3.0 m。

(2)红旗北路跃进桥段

红旗北路跃进桥段,双向六车道,没有机非分隔措施;同时跃进桥跨度和坡度很大,且在东南侧下坡段有急转弯,机动车车速高,极易发生交通事故,因此建议进行机非分隔,自行车道宽度4.0 m。

(3)红旗北路湖西段

红旗北路湖西段双向三车道,自行车道凹凸不平,部分路段甚至没有自行车道,导致非机动车驶上机动车道,机非混行加重了红旗北路拥堵程度,建议拓宽修整自行车道。

(4)湖西路

湖西路从雨山路至湖南路段没有机非分隔措施,混行严重,降低了机动车行车安全和行驶速度,建议用隔离栏进行机非分隔。

(5)2号自行车专用道

根据流量调查结果,雨山湖周围道路流量普遍较大,为减轻红旗路与湖西路的湖滨段的交通压力,建议及早打通第2号专用道,连接红旗路、湖西路与马刚大道。

(6)4号自行车专用道

为方便湖东片区与马钢厂区之间联系，同时减轻幸福路与红旗北路交叉口的交通压力，近期建设 4 号专用道用以连接塘岔路和马濮路，专用道采用自行车地下通道穿越宁芜铁路。

(7)雨山路西延段

为方便湖南片区与马钢厂区之间联系，建议将雨山路西延至宁芜路与马钢大道交叉口，打通雨山路和马钢大道之间的阻隔，西延段用分隔带进行机非分隔，自行车道宽 5.5 m。

8.3 规划案例 2：镇江市老城区自行车路网规划

8.3.1 研究背景

镇江市老城区自行车路网规划基于机非分离的思想，以保证机动车和非机动车安全、高效运行为目标，将非机动车分离出机动车道通行空间，形成自成系统的非机动车道路网，缓解机动车主要干道的交通压力，减少机非冲突，保证老城区机非交通有序运行。

本次规划范围为东起梦溪路，南至南徐大道，西至中山北路－朱方路，北至长江路－东吴路，远期适当延伸至丁卯区，重点区域为梦溪路－长江路－电力路－运河路围成的区域。如图 8.19 所示，规划期限定为近期 2008～2010 年，远期 2010～2020 年。

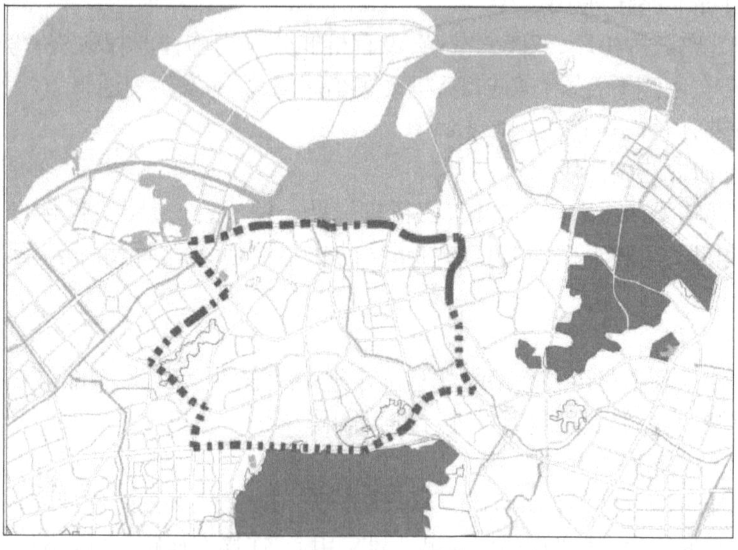

图 8.19　镇江市老城区机非分流系统规划范围示意图

8.3.2　自行车交通现状分析

(1)道路网现状

镇江中心城区已基本形成“三横五纵”的主干路骨架路网，但是尚存在以下几个问题：

① 道路分布呈现由北向南、由中心向东西两侧稀疏的特征；

② 东西向主干道间距较大，长江路与南徐大道难以分担中部中山路的交通压力，南北向主干路由于黄山路、梦溪路等道路的建设标准较低，中部解放路的交通压力较大；

③ 道路级配欠合理，次干路密度明显偏低，尤其是老城区次干路较少，难以为中山路、解放路等主要交通干道分流；现状支路密度远低于国家标准。

(2)运行状况

① 非机动车交通量分布特性

如图 8.20 所示，中心城区非机动车高峰小时路段交通量大都集中在中山路、南水桥、解放路、营房街、迎江桥等几条主次干道上，支路分担比例偏小。中山路高峰小时全线双向流量达到 4 967 bic/h，其中中山桥路段流量最大，达到了 5 716 bic/h。黄山南路、解放路、营房街等干道高峰小时流量都达到 2 400 bic/h 以上，天桥路、迎江桥、平政桥分别为 15 29bic/h、1 736 bic/h、1 077 bic/h。

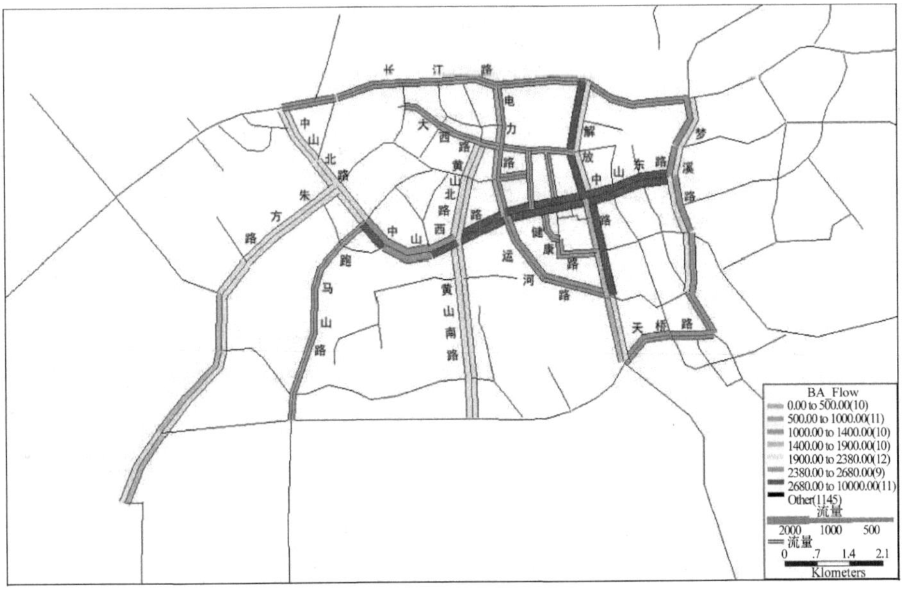

图 8.20　镇江市现状非机动车流量分布图

镇江市中心城区非机动车交通量分布特征：

Ⅰ非机动车道路分布不合理，主干路承担了绝大部分的非机动车交通量，部分支路本可以作为非机动车干路却未能发挥其作用，原因在于：

a. 路网结构不合理、次干路缺乏，使支路和街巷因绕行距离较远而难以起到分流作用。

b. 主城区的许多支路和街巷道路条件比较差，且存在占道经营、路内停车等现象，使得非机动车难以连续行驶。

Ⅱ中心城区位置和用地性质决定了交通流方向分布不均衡性，南北向道路分布高于东西向，东西向存在潮汐性早晚通勤高峰交通流。

② 机动车交通量分布特性

中心城区交通向心特征十分明显。由于镇江东西向带状布局形态及东西向贯穿道路缺乏，东西向交通主要集中在中山北路—中山西路—中山东路上，平均流量均超过 2 000 pcu/h，外围的长江路与南徐大道等路段流量都较小；南北向交通主要集中在解放路、电力路、黄山南路上，梦溪路、跑马山路等路段流量较小。如图 8.21 所示。

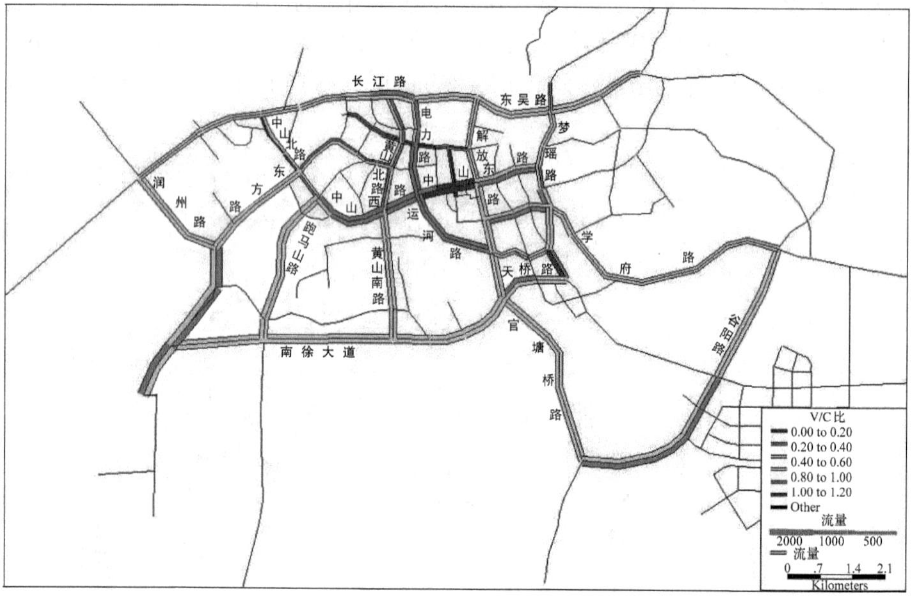

图 8.21　镇江市现状主要道路负荷图

主要交叉口流量在 2 000 pcu/h 以上的占绝大多数，包括有中山东路—斜桥街、黄山南路—中山路、大市口—中山东路、中山路—朱方路、解放路—长江路、长江路—电力路、黄山南路—中山路等，其中大市口—中山东路交叉口流量超过4 000 pcu/h。如图8.22所示。

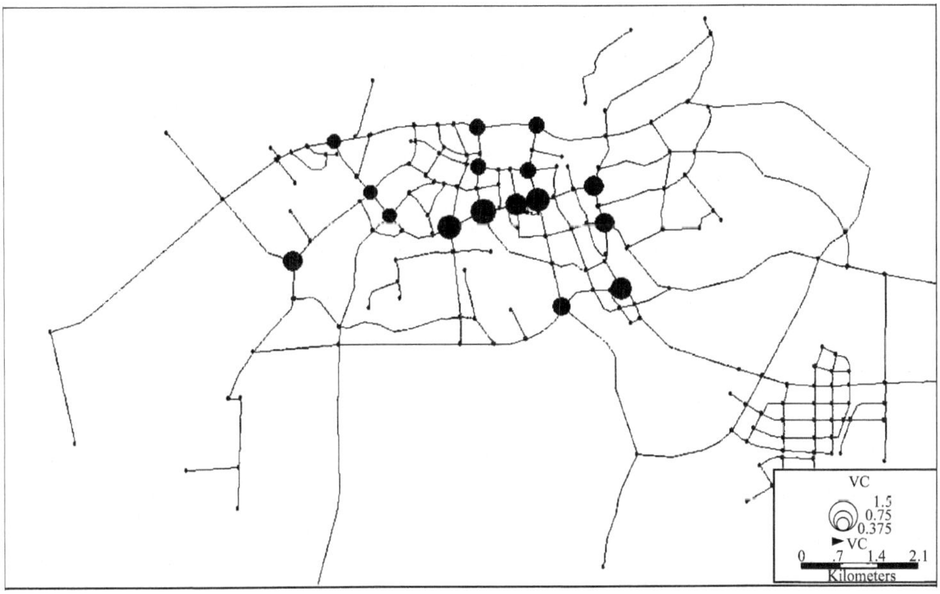

图8.22 镇江市现状主要交叉口负荷图

中心城区交叉口机动车流量分布有两个特点：一是东西轴线上交叉口的流量普遍较大；二是老城区几个交叉口流量也都偏大。

交通干道沿线缺乏相对独立的自行车通行系统，中山路和解放路等主干路既是机动车主通道，也是非机动车主通道，同时沿线接入道路较多，使得干道运输效率降低，高峰时段易产生交通拥挤。

8.3.3 机非分离可行性分析

(1)道路网情况

规划区域范围内，主干道有中山西路、解放路、黄山北路、黄山南路、跑马山路、南徐大道；次干道有大西路、电力路、运河路、京畿路及宝盖路等；支路有健康路、斜桥街、市政路、双井路、山门口街、新马路、宝盖路街等，还存在众多街巷，道路宽度大多符合支路条件。

中山西路的可能分流道路有宝盖路、健康路、大西路及北侧两条平行街巷；电力路的分流道路有双井路、健康路及两条街巷；而解放路分流道路相对较多，条件较好。

(2)绕行距离等相关制约因素分析

实施机非分流受到较多因素的制约，主要体现在时间和距离上，绕行距离是制约机非分流实施的主要因素，当绕行距离超过接受心理极限时，不会选择绕行。机非分离绕行距离阈值见表 8.18 所示。

表 8.18 机非分离绕行距离阈值

非机动车单向高峰小时流量(bic/h)	同向分流绕行距离阈值(m)			异向分流绕行距离阈值(m)		
	快速路地面道	主干道	次干道	快速路地面道	主干道	次干道
>2 000	300～600	200～400	200～300	不可行	200～300	100～200
1 000～2 000	300～700	300～500	200～300	不可行	200～300	100～300
500～999	400～800	300～700	300～500	100～200	300～400	200～400
<500	500～1 000	300～900	400～600	200～300	300～500	300～400

注：绕行距离指骑行者经由分流路径出行时，起始点的距离之差；推行亦应计入。

中山路、解放路的分流道路，在绕行距离上除大西路、宝盖路超过忍受极限外，其余基本能够满足要求，加上街巷众多，也能够起到一定的分流作用，且远期规划将增加次干道和支路网密度，因此具有实施机非分流的基本条件。

主干道沿线小区有无后备开口及分流道的路况、拥挤程度也是权衡可行性的重要标准。只有便捷的通行网络和良好舒适的道路通行条件，才能吸引非机动车向分流道路转移。老城区现状道路通行条件相对较差，尤其是支路和街巷道路，占道现象严重，因此需要通过道路改善设计和交通管理来优化这些道路的通行条件。

8.3.4 自行车路网规划

(1)非机动车分级体系

将中心城区非机动车道路按功能及重要性规划为三级，见表 8.19，以期达到“主次搭配、级配合理、功能明确”。

表 8.19 镇江中心城区非机动车三级道路体系

等级	级别	功能定位	规划高峰流量(辆/h)	非机动车路权
一	非机动车通道	外围连通，重要分流道路	1 500～4 000	相对优先
二	非机动车干道	区内畅达，次要分流道路	750～1 500	通达即可
三	非机动车支路	连接宅地，提高非机动车出行通达性	500～750	—

非机动车通道是构成中心城区非机动车道网的主骨架，对于缓解主干道的交通压力意义重大。鉴于中心城区道路资源紧张，它不一定是自行车专用道路，但必须连续、贯通，为自行车提供相对宽敞、安全的通行空间。

非机动车干道是平行主干道或联系通道的次级非机动车道，对于分流主干道上的自行车流亦有重要作用，其车道宽度、隔离设施等建设标准相应地低于通道。

非机动车支路以城市支路和街巷道路为载体，以通达性为主，连接居住社区和公共活动中心等，衔接非机动车通道、干道，其规划应注重优化道路通行条件。非机动车道分级标示路牌如图8.23所示。

通道标志　　干道标志　　支路标志　　通道导向

图8.23　中心城区非机动车道分级标示路牌

(2)非机动车路网规划原则

① 分流

分流主干道上非机动车是通道和干道的首要功能，规划通道应尽可能沿机动车专用主干道平行布局，以最大限度地发挥其分流作用。

② 通达

通道和干道应尽可能接近更多社区，使更多非机动车出门就能融入慢行系统，同时自行车干道应尽量靠近道路干道并联络通道以发挥其局部集散的作用。

③ 优先

规划中应提高非机动车道路网建设标准，并从管理层面保证非机动车较机动车路权优先，以使非机动车通行安全、高效。

(3)非机动车道网规划

① 非机动车通道布局规划

规划了中心城区"四横两纵"通道路网，并考虑远期需求，规划老城与南徐、丁卯之间的非机动车专用通道，布局走向见表8.20。

表8.20　镇江中心城区非机动车通道规划

通道号	通道走向	功能定位
		分流于干道
01	大西路(解放路—电力路)—万古一人路	分流中山西路及解放路
02	长江路	分流解放路及中山西路
03	京畿路—宝盖路	分流中山西路
04	黄山中路—健康路—正东路	分流中山西路

续上表

通道号	通道走向	功能定位
		分流于干道
05	黄山南路—黄山北路	分流中山西路及解放路
06	电力路—运河路	分流解放路及中山西路
07	朱方路	远期联系南徐与老城
08	跑马山路	远期联系南徐与老城
09	学府路	远期联系丁卯与老城
10	丁卯桥路	远期联系丁卯与老城

② 非机动车干道规划

规划了中心城区非机动车干道"六横六纵"干道网，具体布局走向见表 8.21。

表 8.21　镇江中心城区非机动车干道规划

干道号	干道走向	建设形式
01	中山北路—中山西路—中山东路	人非共板(局部改善)
02	健康路	机非共板
03	伯先路—大西路	机非共板(拓宽改善)
04	黄山西路—黄山东路	机非分隔
05	解放路	机非分隔(局部改善)
06	梦溪路	机非分隔(局部改善)
07	南门大街	机非共板(局部改善)
08	双井路	机非共板(道路改善)
09	斜桥街—山门口街	机非共板(道路改善)
10	东吴路	人非共板(局部改善)
11	南徐路	机非分隔
12	南徐大道	机非分隔

③ 非机动车支路网规划

根据非机动车支路功能定位和规划原则，本次规划支路以城市支路与街巷道路为对象，进行局部改善和道路条件优化，具体如图 8.24 所示。

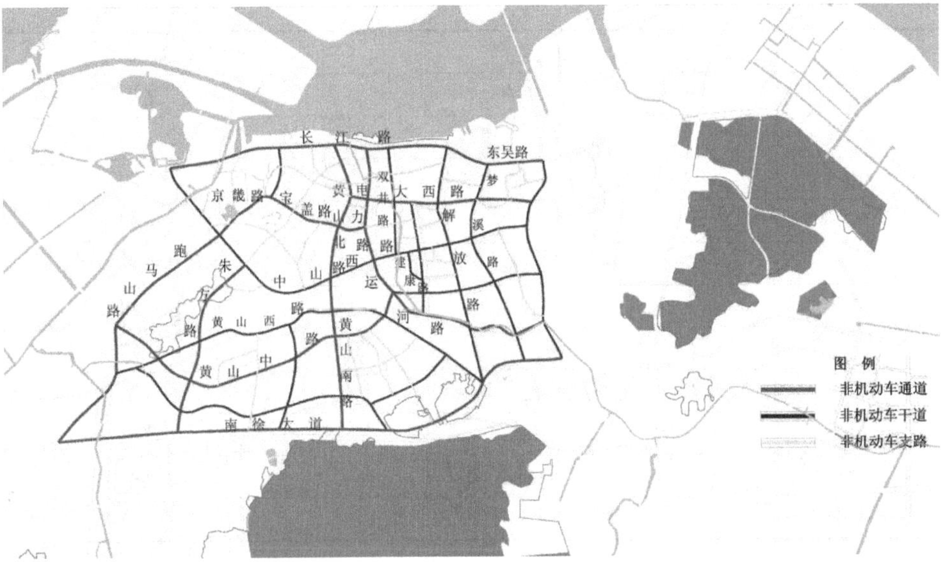

图 8.24　镇江市老城区非机动车路网规划图

8.3.5　自行车路网建设计划

综合考虑了各条通道、干道的交通现状、道路路况、改建工程量、机非分离之迫切程度，制定了建设计划，见表 8.22 所示。

表 8.22　镇江市老城区机非分流系统建设计划

通道号	通道走向	建设计划
01	大西路(解放路—电力路)—万古一人路	近期
02	长江路(梦溪路—电力路)	远期
03	京畿路—宝盖路	远期
04	黄山中路—健康路—正东路	近期+远期
05	黄山南路—黄山北路	近期
06	电力路—运河路	近期
07	朱方路	远期
08	跑马山路	远期
09	学府路	远期
10	丁卯桥路	远期
干道号	干道走向	建设计划
01	中山北路—中山西路—中山东路	近期+远期

续上表

通道号	通道走向	建设计划
02	健康路	近期
03	伯先路—大西路	远期
04	黄山西路—黄山东路	远期
05	解放路	近期
06	梦溪路	近期
07	南门大街	近期
08	双井路	近期
09	斜桥街—山门口街	近期
10	东吴路	远期
11	南徐路	远期
12	南徐大道	远期

第9章　城市交通组织与交通工程设计

城市交通组织与交通工程设计进行于城市交通规划、建设之后，目的在于充分挖掘现有交通资源的潜力，弥补规划建设过程中的考量不足之处，提高交通效率，缓解交通矛盾，保障城市交通有序运行。

9.1　技术指引

9.1.1　目标与任务

旨在均衡路网饱和度，提高交通安全与顺畅性，提高交通便捷性，寻求交通与环境的和谐，从而充分利用道路的空间资源与交通的时间资源。

9.1.2　原　　则

1. 交通分离原则

不同流向、不同种类的交通流应在交通空间、时间上分离，避免发生交通冲突。从形式上讲有法规分离和物体分离两类。从内涵上讲，有时间分离和空间分离两种形式。空间分离靠交通标志、标线来实现，时间分离靠信号相位来完成。

2. 交通连续原则

交通连续原则即保证大多数人在交通活动过程中，在时间、空间、交通方式上不产生间断。例如在交通渠化方面，路段上的行车道要对应着路口直行导向车道，以保证直行车流不变换方向；路口进口导向车道要对应出口车道，以保证车流通过路口连续；信号灯实现绿波带，以保证车流通过整条道路时间上连续；公交站与地铁站建在一起，以保证换乘连续等等。

3. 交通负荷均分原则

交通负荷均分指通过对交通流进行科学的调节、疏导，达到路网各点交通压力逐步趋于大体一致，不至于由于某一点压力过于集中而造成交通拥堵，这也是交通优化所追求的目标。交通优化过程实质上也是交通压力转移的过程。把路网中拥堵路口的交通压力转移一部分给非拥堵路口，即为交通负荷均分，关键在于转移多少交通压力(即程度)和转移到哪里去合适(即作用点)，这是优化工作的重点。

4. 交通总量削减

也叫交通总量控制。当一个路网总体交通负荷接近于饱和时,已没有交通压力转移的余地,可以采取总体禁限部分车种行驶,来削减该路网的总流量。也可以采取供需互动关系来调整路网总体负荷,如停车和行车与静制动的关系。或采用道路划分功能(即过境路、集散路等)、交通流划分性质(即公务流、过境流、生成流、到达流等),分别分配道路流量。

5. 置右原则

按照车道分布,从左至右交通流速度依次降低来分配车道,即层流,按照交通流层流动态规律分配车道,层间行驶阻力最小,发生冲突的机会最少,并且层间速度差也最小。反之则易产生大量的并线变道,频繁的合流分流冲突引起交通紊流,造成拥堵和事故。

6. 优先原则

优先是指对某一种车给予特殊待遇,有车种优先及流向优先,如小轿车专用道、公交专用道(优先道),直行车流优先,主路(或环岛内)车流优先等等。

9.1.3 工作内容及流程

1. 现状调查

主要进行城市交通背景、道路交通现状、相关交通规划、相关政策法规收集与调查。道路交通现状调查包括交叉口交通量调查、路段交通量调查、交叉口延误调查、车速调查、公交调查、停车调查等内容。

2. 交通现状分析与问题诊断

从道路基础设施、交通结构、交通管理等方面入手,对城市交通系统诸方面的历史和现状进行评价分析,找出存在问题,为交通组织设计提供基础。

3. 交通系统组织优化方案

用现代化的管理方法和手段,按照道路的功能,合理地组织交通,调节疏导交通流量,使道路交通量与道路通行能力相协调,充分发挥路网的效能,以缓解交通矛盾。一般需要提出多套方案,采用交通流模拟仿真的方法进行评价优选,确定合适的道路交通组织方案。

4. 交通设计改善

在交通组织的基础上,对路段、交叉口进行合理设计,使其能满足交通组织的要求,主要包括路段进出交通设计、路段行人过街设计、路边停车交通设计、车道数的确定、非机动车的处理、控制方案的确定等。如图 9.1 所示。

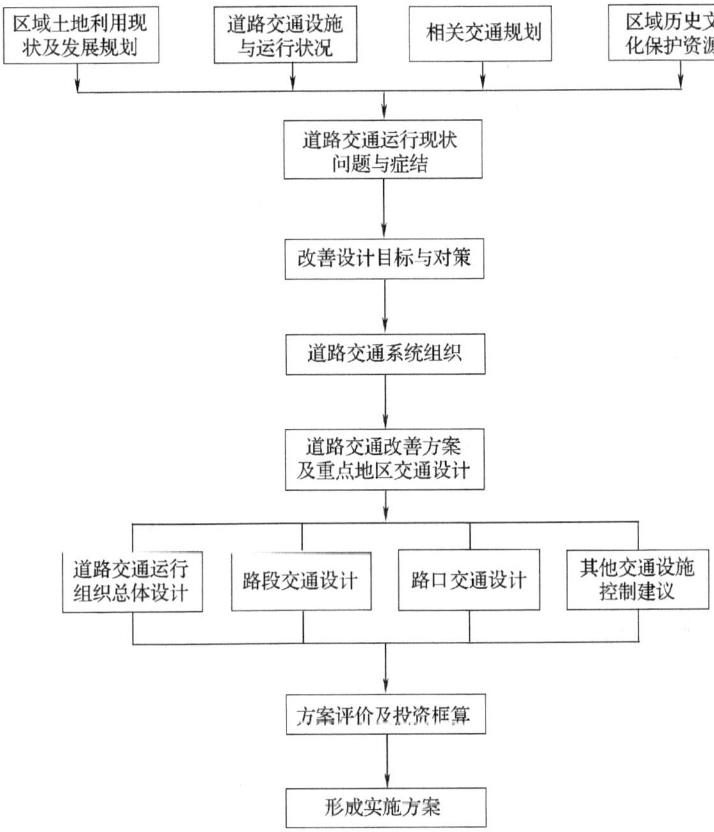

图 9.1　交通组织设计流程图

9.1.4　成果要求

包括方案说明书、图册、规划设计报告(含附图)。

(1)方案说明书内容

① 道路功能及既有规模;

② 道路及各主要交叉口通行能力要求、沿线道路交通组织;

③ 交通运行适应性分析结果;

④ 公交、行人交通组织方案;

⑤ 投资估算。

(2)图册内容

① 城市道路网现状图;

② 交叉口高峰小时流量现状图；
③ 路网交通组织方案图；
④ 立体交叉口的初步方案图；
⑤ 平面交叉口渠化方案图；
⑥ 公交及行人设施总体布置图。
(3)规划设计报告(含附图)内容
① 城市土地利用情况；
② 城市路网、公交规划等情况；
③ 道路功能及既有规模；
④ 制定道路交通组织方案、公共交通组织方案、行人组织方案；
⑤ 交叉口通行功能及交通管制形式；
⑥ 立体交叉口的初步方案设计说明；
⑦ 平面交叉口渠化方案设计说明；
⑧ 公交及行人设施总体布置设计说明；
⑨ 投资估算。

9.1.5 关键技术方法

9.1.5.1 区域交通组织设计

1. 单行交通

1)单行交通组织的路网条件

(1)适合单行交通组织的路网，交叉口间距不宜大于 200 m。交叉口间距过大，绕行距离过长，会引起交通流量压力过于集中，一般绕行距离控制在 600 m 内为宜。

(2)单行交通组织对于路宽的要求不高，窄路只要能通过汽车就可以考虑单行。两条平行道路的联络通道密度大，则平行主干道也可以进行单行交通组织。

(3)单行路网，最好是棋盘格局，堵头(瓶颈)路和断头路少，路之间有对偶关系，并有丰富的支路连接平行道路，这样组织出的单行线才会有效。

2)单行交通组织的要点

首先要分析路网条件和交通的流向，按 OD 要求对每一个地块都安排一下，看看是否留足进出条件。若能满足绕行进出条件，则可以考虑单行，否则应保留双行。对于单行后仍存在交叉冲突点的交叉口，可考虑让行控制或信号控制。单行组织不仅要看路网条件，还应该看外部交通环境和内部出行与停车需求。借用路网条件，统筹考虑利用单行的特点满足停与行要求。特别是外部条件中节点通行能力资源有限，内部生成的交通流如何进行合理的资源配置就成了重要问题。切不可由于追求单行把大部分交通流在空间上集中到某一节点，这样不管怎样提高该节点通行能力，也会造成人为拥堵。因此均分应该是压力均分而非流量均分，在单行交通组织过程中，应充分考虑这一点。

2. 交叉口流向禁限

所谓交叉口流向禁限，指的是交叉口禁止左转弯、禁止直行和禁止右转弯，是区域流向组织中的重要组成部分。一般交叉口禁止直行和禁止右转弯多与单行系统配套使用，交叉口禁止左转弯单独使用情况较多。

对于交叉口采取流向禁限措施后，禁限流向上的交通压力一般会转移到相邻交叉口，引发出新的交通问题。因此如果路网具备分流绕行条件时，可利用远引交叉或立交平做的方式，就地解决因交叉口流向禁限后所带来的路网交通压力转移问题。

远引交叉和立交平做都是解决交叉口流向禁限后车流转向问题的有效方法，实质上也是个交通压力转移问题。与以上交叉口流向禁限产生的路网交通压力转移不同，远引交叉和立交平做是在交叉口各方向上交通压力不均衡的条件下，把交通压力从拥堵方向分解到非拥堵方向，使交叉口各方向上交通压力基本均衡，或保证主要方向上的交通畅通。

所谓远引交叉，就是把交叉口内由于左转弯车流和对向直行车流之间存在的交叉冲突点通过左转弯车先直行或右转后再掉头右转或直行通过交叉口，完成交叉口左转弯，进而把交叉口内的交叉冲突引到路段上来解决的方式，如图 9.2 所

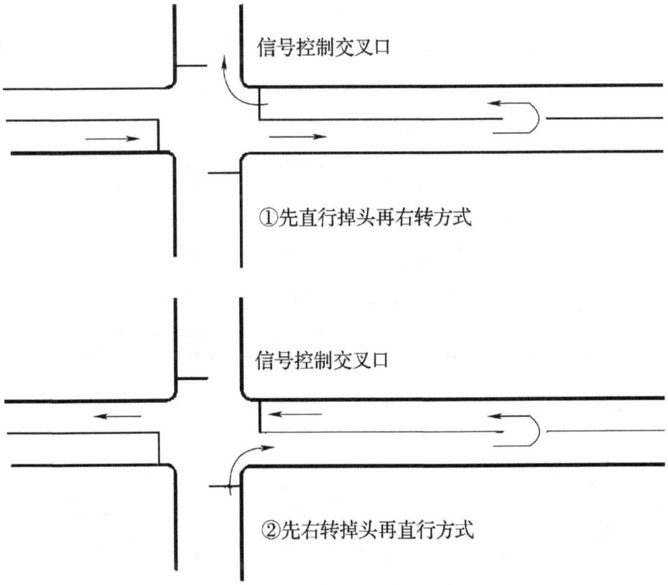

图 9.2　远引交叉口左转的两种方式

示。远引交叉的实施前提是路段上要有掉头条件，应该和前面讲到的路段隔离、行人过街、公交站点设置与路段车辆掉头等内容综合考虑进行组织。

所谓立交平做，就是利用禁左交叉口周边路网，按互通式立交的匝道方式进行交通组织，即直行通过交叉口后右转进入"匝道"(指交叉口周边能够连通相交道路的支路)，再右转绕回原交叉口后从相交方向宜行通过完成左转，如图 9.3 所示。

3. 车种禁限

车种禁限有两种形式. 一是区域车种禁限，二是路段车种禁限。区域车种禁限的作用是使交通压力在时间上削峰填谷，而路段车种禁限的作用是使交通流量在空间上控密补稀。两者作用不同，在应用中应注意加以区别。

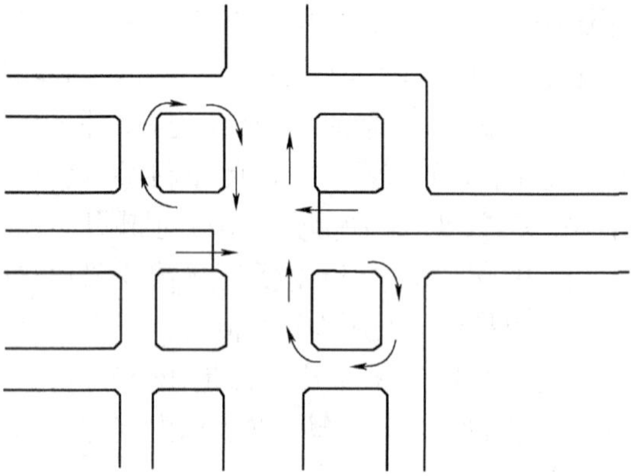

图 9.3 立交平坐信号灯禁左路口左转流向

1)市区货车禁限

市区是一个城市交通最紧张的区域，如果经常出现市区路网整体性拥堵，则应该考虑市区交通拥堵时段禁限货车。

在国际上，很多大城市都实行货车夜运，以解决城市内部的货物运输问题。对于不同功能的城市区域，车种禁限的程度是不同的。如历史风貌保护区，一般都要禁止各种机动车通行；对于办公区、商务商业区、旅游区、住宅区，一般白天禁止货车通行；对于市内的生产区，一般也在主要道路上白天禁止货车通行。具体货车禁限的时间范围、空间范围、车种范围，要视禁限区域具体情况而定。

(1)外地过境货车的禁限组织

应在禁限区域上游有分流条件的交叉口，提前进行禁限车种、时段的预示，并设置相应绕行引导标志. 将受限车辆引入绕行线路，以避免出现受限车辆行至禁限区边缘时无路可走的现象。因此对于外地过境货车禁限组织的关键在于提前预示禁限和绕行组织上。

(2)市区货运交通的禁限组织

对于以市区为目的地的货车，原则上应进行夜运。准许货车进入市区的时间，应避开市区流量高峰和行人非机动车出行的高峰时段。市区货车禁限的程度，原则上由内到外依次降低。按禁限吨位和时段限制，市区内和重要地区应最严，即禁限货车吨位范围最大、时段最长。再向外扩展禁限空间范围时，应根据实际情况，适当缩小禁限的吨位范围和缩短禁限时段。同时根据城市发展的需要和流量变化情况,对货车禁限的空间范围、时间范围、吨位范围及时进行调整。但是要按照禁限给出路的原则考虑禁限后的绕行道路,使之禁而不死。如果在禁限空间上做不到给出路,则在禁限时间上要保证有出路,避免出现禁限措施过严无法通行的现象。

2)市区客车禁限组织

(1)按路网条件和服务对象确定准行车种

对于重点大街,可以设置成小轿车专用路,除小轿车、公交车、出租汽车外,其他车辆应禁行。对于商务区、商业区、大型医院周边,在交通紧张的时候应禁大客车通行。对于旅游区、体育场馆和剧场等大型活动场所,原则上除禁止货车通行外,只在旅游黄金季节和大型活动时对车辆采取临时禁限措施。

(2)按不同时段确定准行车种

各地府根据市区特点来确定不同时段的禁限车种,原则上要满足不同时段出行对象主要出行方式的需求。另外应考虑不同道路上不同的交通特点,来确定禁限对象。

(3)车种禁限中的置换效应

对某一条道路实行禁限的目的,是要降低这条道路的交通压力。在禁限时,应参考相邻道路的交通压力和车种构成,统一考虑禁限措施,避免出现流量置换效应。要求两条相通的相邻道路,禁限车种尽可能趋于一致。

4. 临时性区域交通组织

大型活动期间,要加强高效率运输方式的利用,抑制个体交通出行水平。例如雅典奥运会期间,实现市民出行方式从私车出行向公交出行转变,减少奥运主要行车路线和场馆周边道路上的日常出行,确保奥运参会人员和观众的交通准时、安全,组委会交通部协调有关政府部门除鼓励市民外出度假外,还通过交通立法等形式采取了一系列活动期间的交通管理控制措施。下文以雅典奥运会为例,说明大型活动期间区域交通组织一般所采取的交通管理控制措施主要包括:

1)设置活动期间的专用车道

只有经过活动组织单位的特殊许可的机动车才能进入这些专用车道。雅典奥运会期间,2004 年 8 月 1 日至 24 日 6:30 至 24:00,25 日至 28 日 6:30 至次日 1:00,29 日至 31 日 6:30 至 24:00,除奥组委车辆、奥运专线车辆(为观众服务的奥运车辆)、经奥组委注册的出租车、特种车辆、紧急车辆外,不允许其他车辆使用奥运专用道路车道。当地交通警察进行严格的管理,以保障奥运道路交通网络畅通。在奥运专用车道沿线部署交警,对非法占用奥运专用车道行为严格执法,充分保证与会人员的出行准点、便利。安排警车或摩托车为重要贵宾,远距离运动员班车,开、闭幕式班车带道。

2)设置交通控制区域

在赛场周围设置交通控制区,限制机动车辆驶入,只有被正式授权的机动车才可通行。各场馆内部除部分安保车辆和接送残疾人的电瓶车外,其他持有证件允许进入的车辆也尽量避免白天进入。在有火炬接力或公路自行车赛、马拉松比赛等在道路上进行的项目时,涉及到的道路进行交通管制。开、闭幕式时,雅典市通往主会场的相关道路也予以封闭,实施交通管制。

3)加强活动用车的证件管理

雅典奥运会实行了严格的车辆证件管理。车辆证件分为通用证件(可以通行全部区域)和场馆证件(只可通行于指定场馆和区域),并且为开闭幕式专门印制了专用车证。每种车证按照 T1、T2、T3、运动员、媒体、技术官员、赞助商等不同服务对象和服务标准,以不同的颜色区分,以便于区分管理。同时配合交通管理政策,还为居住在场馆周边道路范围(主会场区则扩大到 5 km 范围)内的居民发放了一般车证,用于日常生活通行或停放车辆,为居民发放的车证从形状和大小上区别于奥运车证。奥运期间发放的每种车辆证性均标明了所去场馆或奥运村、媒体村等地点。证件均以不干胶粘贴于许可车辆风挡玻璃或其他显著位置,不可挪用或重复使用,严格控制使用范围,每一张证件上均有防伪标识,以防伪造。在车辆进入管制区时,先由交通警察查验车证,然后由治安警察或武装警察部队进行车辆安检。

4)加强停车管理

在赛场周围设置机动车限制停放区域,只有该处的常住居民经过批准后,持停车证停放在指定的区域内。禁止在主要交通干线上停车,及时发现并清除停放在主要交通干线上的机动车。

5)调整商业营业时间

实施夜间货运。奥运期间延长商业设施夜间营业时间,周一至周五营业时间为 9:00 至 21:00,周六为 9:00 至 18:00,周日一律歇业。关闭全部占路经营市场,像煤气供应站、药店等生活必需商业设施则相应延长营业时间,并有 20%以上调整在夜间营业。城市生活供应品运输时间也按区域调整为夜间进行(不同区域时间与市政作业时间一致)。通过上述调整有效减少城市日间交通量,为奥运交通的顺畅创造条件。

6)实施分时段夜间市政作业

道路清扫、垃圾回收等市政作业一律被安排在夜间进行。按照奥运比赛中心区、奥运专用路网、交通控制区、限制通行区等不同的区域划分,安排从凌晨 0:00～早 7:00 作业(奥运比赛中心区为 3:30～7:00,奥运专用路网为 2:00～6:00,交通控制区为 1:00～7:00,限制通行区为 0:00～7:00),避免市政作业影响奥运交通。

7)其他措施

将往返车费包含在门票中从而鼓励观众乘坐公交车前往比赛场馆;严格禁止观众乘坐私家车到赛场参观比赛,在比赛场内外不设置私家车的停放处,从而减少私家车出行;提高公共交通系统运营效率和服务质量,吸引出行,实现有效的交通需求管理。

5. 长久性区域交通组织

临时性区域交通组织是针对特殊的活动制定的,而长久性区域交通组织是针对日常交通制定的。一个特定的地区有特定的交通需求,应针对这个区域的特点和存在的交通问题来进行相应的交通组织,以保证这个区域内群众出行的安全畅通。

1)交通供需倒置区域内的交通组织

交通供需倒置区域指的是区域开发建设中城市容积率偏高、道路面积率偏低的区域。区域道路设施满足不了区域内生成的交通出行需求,这种现象在全国各城市中比较普遍。

2)秩序混乱区域内的交通组织

区域性的秩序混乱,虽有设施不完善和管理不到位的问题,但主要是由于交通组织不合理引发的,往往表现为冲突现象严重、流向分离不彻底。合理的区域交通组织,应该是路权明确、流向顺畅、流线轨迹无交叉冲突。

3)道路安全条件不足的区域交通组织

在道路设计和建设过程中,有为了减少投资而采用极限标准,道路存在各种隐患。这些道路规划、设计、建设时遗留的隐患,仅靠完善设施和加强管理无法根除,一旦道路投入使用,难以避免严重拥堵或交通事故的经常发生。因此对于道路存在事故隐患,安全状况不能满足车辆行驶条件的,可以通过交通组织的方法,把易发生事故的高危车种分流,使道路能满足安全通行的需要。

单行、禁限、流向引导、信号组织等都是区域交通组织中常用的手段,选用什么方法进行区域交通组织,应以交通工程理论作指导,充分认识区域交通特点和规律性,整合不同的交通组织方法来实现。

9.1.5.2　路段交通组织设计

1. 人行横道设计

1)位置选择

行人过街横道的设置应在整条道路上做整体布置。根据交叉口的间距、道路的性质、车流量、沿线两侧大型交通集散点及公交停靠站的位置、路边停车等情况,考虑路段中间是否必须且有可能增设行人过街横道。为确保行人过街安全,在下列地段不宜设置行人过街横道：

(1)弯道、纵坡变化路段等视距不良的地方；

(2)车辆转弯进出较多又不能禁止的地方；

(3)瓶颈路段。

2)宽度设定

行人过街横道的最小宽度不宜小于 3.0 m，在此基础上，根据行人过街需求和行人过街横道设计通行能力适当增加。行人过街横道可能通行能力为 2 700 人/(绿灯小时·m)。

3)二次过街方案

路宽 30 m 左右的道路，行人过街的时间一般不少于 30 s，宜采用行人二次过街的方式。要想实现行人二次过街，减少机动车与行人之间的相互干扰，就应在道路中央设置行人过街安全岛，给行人以明确的空间占用权。

对于无中央分隔带或窄中央分隔带的道路，在人行横道附近适当缩窄行车道宽度，用以压减车速；行车道窄了，省出的路面宽度用来做安全岛。

4)人行横道间距

人行横道的设置间距要视道路两侧用地性质、行人过街需求和路口间距而定。对于商业区、居住区的集散道路，按照“以人为本，方便群众”的原则，人行横道可以适当设置密集一些，一般以间隔 200 m 左右一条为宜。对于主干道、过境通道，可适当设置稀疏一些. 一般间隔不小于 300 m 一条。对于一般性道路，人行横道的间距宜控制在 200 m 至 300 m 之间即可。

对于行人过街相对集中的路段，可以根据实际需要适当缩小人行横道间距，分散行人过街。

2. 路段进出交通组织设计

1)设计原则

路段进出交通的设计既要考虑车辆进出的便捷性，更要考虑到它对主线交通的干扰问题，力求避免左进左出。

2)设计方法

为避免车辆直接左转进出，基本上有以下三种方法：

(1)采用网络交通组织的方法，使车辆绕道而行；

(2)使车辆利用交叉口实现左转掉头；

(3)在路段上设置调头车道和调头通道。

3. 公交组织设计

1)公交中途停靠站

(1)站距

公交停靠站的站距应符合表9.1要求。

表9.1　公交停靠站的站距

公　交　车	市　区　线(m)	郊　区　线(m)
公共汽车与电车	500～800	800～1 000
公共汽车大站快车	1 500～2 000	1 500～2 500

同向换乘距离不大于50 m,异向换乘距离不应大于100 m。在道路平面交叉口和立体交叉口上设置的车站,换乘距离不宜大于150 m,并不得大于200 m。

(2)交叉口附近公交站点的选择

在下列情况下,优先考虑在进口道设置公交站点:

① 公交流量大,车辆停靠不产生冲突与危险;

② 右转车道公交车占主要比例。

在下列情况下,优先考虑在出口道设置公交站点:

① 存在视距问题;

② 机非混行的道路,公交车频繁使用右侧非机动车道;机非分割道路或机动车专用道路,右侧机动车道不是公交车专用道,机动车高峰期间公交车频繁使用外侧机动车道;

③ 机动车高峰期间上游右转车流量超过250辆/h;

④ 公交车为左转的情况。

(3)上、下行对称公交停靠站相对位置的确定

一般规定,上、下行对称的站点宜在道路平面上错开,即交叉设站,其错开距离不应小于30 m;同时,为了方便乘客过街,错开距离不宜过大。其相对位置有迎面错开与背向错开之分。

① 迎面错开设置:注意将行人过街横道与公交车站的距离拉开,对于两块板道路,可将对称站点调整为背向错开。

② 背向错开设置:注意适当拉开两站点间的距离或将站点改为港湾式。

2)设置类型

公交停靠站按几何形状分为港湾式和非港湾式两类。

(1)港湾式公交停靠站设置方法

① 对机非混行道路或机动车专用道路,局部压缩人行道设置。

② 机非混行道路,利用人行道多余宽度在机动车道与非机动车道间设置。

③ 机非分隔带宽度不小于4 m时,压缩机非分隔带设置;机非分隔带宽度小于4 m时,压缩人行道,机非分隔带内凹形成港湾式停靠站。

④ 当人行道或机非分隔带宽度不足,而机动车宽度又较大时,可适当压缩机

动车道，偏移道路中心线来设置外凸式港湾停靠站。

(2)非港湾式公交停靠站设置方法

非港湾式公交停靠站为占道式停靠站，占用最外侧机动车道或机非混行车道，设置方法较为简单。

3)公交专用道设计

(1)设置位置

一般选择最外侧机动车道作为公交专用道，便于乘客上下。但交叉口处存在着直行公交车与右转社会车辆的冲突。

另一种方法是将公交专用道设在道路内侧，利用中央分隔带设置港湾式停靠站。

(2)交叉口进、出口道处的处理

① 在进口道处的处理

当右转交通量较大，并且路段长度足以使右转车辆与公交车交织变车道时，可以在交叉口进口道区域将公交专用道向道路内侧偏移一个车道，为右转车让出一个车道。

为充分体现公交专用道给公交车辆带来的优越性，可把交叉口进口道设计为锯齿形，即为公交车辆配备多个交叉口。锯齿形进口道所占用的车道数由红灯期间到达的公交车辆数，其他各车道到达的社会车辆数，以及路段长度所决定。

当公交专用道设置在外侧时，需设置一专用右转相位，有时甚至要设置车道信号灯，以消除公交车辆直行与社会车辆右转之间的冲突。

当公交专用道设置在道路内侧时，可在进口道设公交站点。

② 在出口道处的处理

出口道公交专用道的起点距对向进口道停车线延长线的距离应大于相交道路进口道驶入的右转车辆变换车道所需的距离，一般取 30～50 m，交织段长度宜取 40 m。

4. 路边停车设计

1)位置选择

路边停车设计应依据道路网布局和交通组织要求进行，同时考虑交通流量、车道数、道路宽度、路口特性、公共设施及两侧土地使用状况等因素。原则上，凡存车会影响交通安全与通畅的地点，均应禁止路边停车。

(1)在交通性干道、需要整宽都用于通车的道路上，应禁止路边存车。

(2)在住宅区、办公中心、商业区等，需要大量存车地区，尽可能提供路边存车空间。

(3)在市中心区，必须对存车时间加以严格限制，提高存车周转率。

(4)在两交叉口距离较近的情况下，设置路边停车的车位要保证不影响交叉口排队。

2)非机动车路边临时停车设计

在非机动车停车需求量较大的大型集散点附近，应采用集中式停车方式，设置非机动车停车棚，且进行停车收费管理。

一般路段上应采用分散式停车方式。有行道树时，利用树间空当来布置非机动车停车区；无行道树但人行道较宽时，可在有停车需求的范围内划定非机动车停车区，并设置停车标志、标线。

5. 出租车临时停靠点设置

1)位置选择

在宾馆、商场、交通枢纽或其他较大型的人流集散点附近，可设置出租车临时停靠点。如果附近已设有公交停靠站，则出租车临时停靠点应设在公交停靠点的上游至少 50 m 处。

2)管理措施

对出租车临时停靠点应配以严格的管理，例如，只准其上下乘客，并规定停车时间不得超过 2～3 min。另外，设置出租车定点停靠的路段需配有明确的交通标志、站牌予以指示。

9.1.5.3　节点交通组织设计

1. 交叉口放行方法

所谓交叉口放行方法的确定，就是要选择交叉口机动车放行方法与非机动车放行方法的组合。交叉口的形式有平面交叉口、立交桥、环形交叉口。不同交叉方式的交叉口放行方法也不同，但都是以冲突分离或改变冲突性质为重点。

平面交叉口非机动车放行方法有以下三种：时间分离法、空间分离法和时空分离法。选取哪种放行方法，关键要看通过交叉口的交通流量中自行车含量的大小。特别是一个城市中最好只选一种放行方法，最多不宜超过两种。如果一个交叉口一种走法，群众无法适应，其结果必定是秩序混乱。

1)时间分离法

时间分离法实质上是在信号周期内拿出一个专有相位放行行人和自行车。在此相位中，机动车信号灯为全红灯，自行车和行人信号灯为全绿灯，行人和自行车可以从不同方向上迅速通过交叉口。在其他相位中，只准机动车进入路门，行人和自行车则严禁进入交叉口。

该法适用于行人流量达、机动车流量适中、自行车流量小的交叉口。

2)空间分离法

空间分离法实质上是让非机动车按机动车相位走，不设单独的非机动车信号灯，只设机动车信号灯和行人信号灯。

这种方法适用于交叉口面积大，非机动车与机动车流量大的交叉口。

3)时空分离法

时空分离法实质是为了减少左转弯非机动车对直行机动车流通过交叉口的影响，在交叉口中间划定一块面积为非机动车禁驶区，左转非机动车在区外二次停车待驶，让直行机动车先行通过。换言之，是通过加长左转非机动车的行驶距离来迟滞左转非机动车到达冲突点的时间，以利于直行机动车优先通过交叉口。

4)综合放行方法

可以把几种放行方法综合运用，形成一种放行规则。例如对于行人流量特大的交叉口，可以按时间分离法加空间分离法方式放行。即机动车与非机动车按空间分离法放行；在空间分离法信号相位中，专门设置一两个行人专用相位，用于行人通过交叉口。

5)交叉口机动车左转弯放行方法

有必要进行交叉口内左转弯待转区渠化，来明确左转弯机动车在通过交叉口停止线后的交叉口内占用权和直行机动车先行权，使左转弯机动车在交叉口内完成二次停车，减少左转车对直行车通过交叉口时的影响。

左转弯待转区的作用是用交叉口空间面积来换取机动车通过交叉口的绿灯时间，对提高交叉口通行能力很有帮助。特别是对高架立交桥下，可施划多条左转弯待转区，这种作用就更明显。

2. 交叉口进、出口道设计

1)进口道的宽度及车道数

交叉口进口道车道数的确定，应以保证进口道与路段通行能力相匹配，为目标，同时考虑进口道宽度约束。

(1)车道宽度

进口道每条车道的宽度可较路段上略窄，进口道在大车比例很小时最小可取 2.75 m 宽；出口道由于车速较进口道高，其宽度应较进口道宽，具体尺寸根据实际道路条件确定。城市道路进、出口道的参考设计宽度。见表 9.2 所示。

表 9.2 城市道路进、出口道设计宽度参考值

项 目	进 口 道	出 口 道
设计宽度(m)	2.75～3.25	3～3.5

(2)车道展宽

进口道长度 L_a 由展宽渐变段长度 l_d 与展宽段长度 l_s 两部分确定，其中图(a)为左侧车道的展宽，图(b)为右侧车道的展宽。

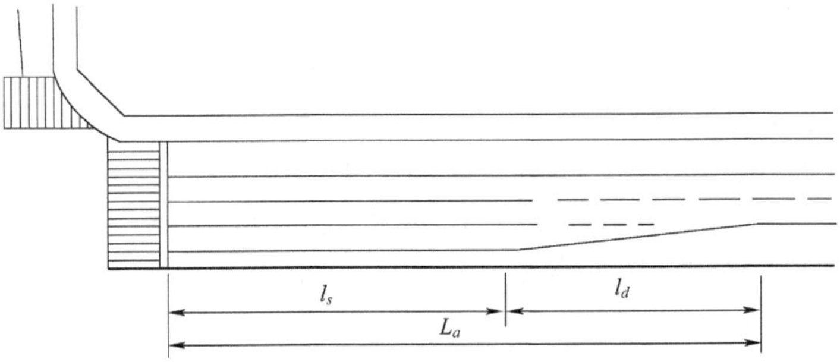

(a) 左侧车道展宽

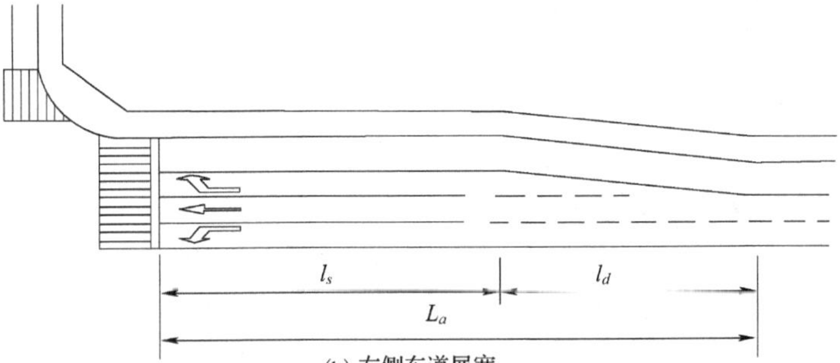

(b) 右侧车道展宽

图 9.4　进口道展宽段设计示意图

l_d 和 l_s 分别按下列公式计算：

$$l_d = \frac{V \times \Delta w}{3} \tag{9.1}$$

式中　v——进口道计算行车速度(km/h)；

Δw——横向偏移量(m)。

$$l_s = 10N \tag{9.2}$$

式中　N——高峰每一信号周期的左转或右转车的平均排队辆数。

治理性交叉口用地有限，无法满足要求时，应采用下表的数据确定进口道的最小长度。见表 9.3 所示。

表 9.3　治理性交叉口进口道(L_a)的最小长度

路段计算行车速度(km/h)	最小长度(m)
60	60
50	50
40	40

2)出口道设计

(1)车道数

出口道车道数应与上游各进口道同一信号相位流入的最大进口车道数相匹配。

(2)车道展宽

出口道的总长度由出口道展宽段和展宽渐变段组成。出口道展宽段长度由缘石转弯曲线的端点向下游方向计算,不设公交停靠站时,长度为 60～80 m;设置停靠站时,再加上公交停靠站所需长度,并须满足视距三角形的要求。出口道展宽渐变段长度 l'_d 应按下式计算:

$$l'_d=(30\sim20)\Delta w \tag{9.3}$$

条件受限制时,不应小于 30 m。

(3)调头车道设计

当中央分隔带宽度不低于 4 m时,可以在交叉口人行横道之前设置调头通道。当中央分隔带小于 4 m,且设有左转车专用信号时,调头车辆可利用该信号调头。

3. 交叉口处人行横道设计

(1)行人过街横道尽可能靠近交叉口,以缩短行人过街的步行距离。

(2)当行人过街横道过长时(大于 15 m)时,确保过街行人安全,体现以人为本的宗旨,应在过街横道中间设置行人等待区,其宽度应大于 1.5 m。

(3)人行横道的宽度与过街行人数及信号显示时间相关,顺延干路的人行横道宽度不宜小于 5 m,顺延支路的人行横道不宜小于 3 m,以 1 m 为单位增减。

4. 非机动车交通的处理

(1)交叉口左转非机动车的流量较大且用地条件许可时,宜设置左转非机动车待行区。左转非机动车待行区的设计,应在面积上满足非机动车停车的需要,位置上应安全,符合自行车行驶轨迹的要求,且不应影响其他各类交通流的通行。

(2)左转非机动车的流量较小时,可利用行人过街横道两次过街;行人过街横道须相应增加必要的宽度。

(3)在右转非机动车流量较大,且交叉口用地条件许可时,应给右转非机动车交通流划出专用通行区或通行车道,以绿化岛、交通岛或隔离墩等与其他非机动车的行驶空间加以区分,见图;非机动车右转专用道入口离交叉口停车线的距离,视红灯期间直行及左转非机动车排队等候长度而定。如图 9.5 所示。

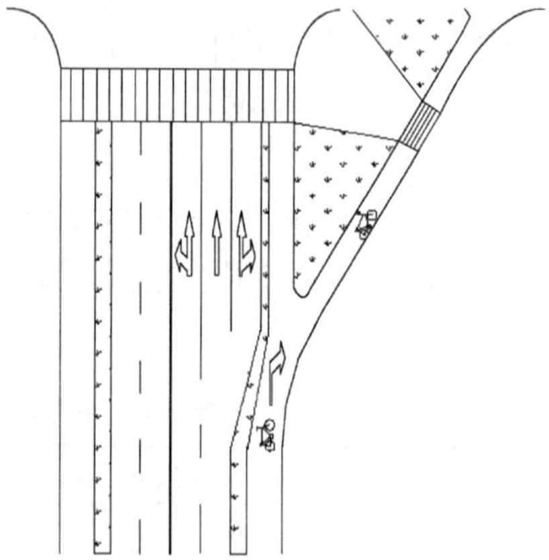

图 9.5　非机动车专用道示意图

5. 交叉口内部区域渠化设计

平面交叉口内部应采用导流线、交通岛及交通流向标志等进行渠化设计。渠化的行驶线路应简单明了,根据各流向车流的安全行驶轨迹设计。交叉口内应把各流向的交通流行驶轨迹所需空间之外的多余面积用标线或实体做成导向交通岛。

当交叉口空间较大时,各流向的车辆行驶轨迹范围比较大,因此发生冲突的区域相应增大,不利于交通流的运行与控制。可通过导流线限定各股交通流的行驶轨迹,一方面利于交通流平顺行驶,同时限制车辆转弯时的任意性。

6. 交叉口信号控制

交叉口信号控制的内容有根据放行方法和交叉口渠化条件确定信号相位,根据交叉口内冲突情况和交叉口内空闲时间最少的要求确定信号相序,根据各流向上到达的流量情况确定信号配时。

交叉口信号控制的作用是:减少交叉口内的冲突点,控制交叉口内冲突,明确不同流向、不同种类交通流通过交叉口的时间路权。

1)信号相位的确定

(1)按照交叉口放行方法确定信号相位。

(2)按照进口道渠化来确定信号相位。

(3)如果交叉口各方向上来车不均衡,则按各方向轮放方式组织信号相位。

2)信号相序的确定

对于两相位信号控制,不存在相序问题。而对于多相位信号控制,则要按交叉口内秩序不乱、交叉口内空闲时间最少来确定相序。一般为先放直行后放左转为宜。

如果机非隔离带过宽时难以设置非机动车禁驶区或二次停车线,宜先放左转为宜,避免交叉口内秩序混乱。

如果交叉口机动车放行方式为专左相位加左转弯待转区的,则一定要先放直行后放左转。

3)信号配时计算方法

具体计算方式参阅《交通管理与控制》(第3版)。

7. 特殊平面交叉口的交通组织设计

在特殊平面交叉口,交叉口内的渠化,不能按照标准路口设置非机动车禁驶区和左转弯待转区,而应按路口形状和各流向进出路口轨迹来确定渠化内容。由于路口畸形,进口导向车道一般不会对着出口车道,就需要用导流线规范行驶轨迹,把车流流向能够顺畅的从导向车道引向路口出口。由于畸形,路口内会出现大量的空余面积,因此导流线和导流带应配合流向箭头综合运用。为明确不同流向非机动车的空间路权，畸形路口一般采用空间分离法放行方式，让非机动车随机动车相位走。在路口内导流线或导流带渠化上，用自行车图案标注出非机动车的准行轨迹，做到同流向的机非分离。

1)斜交叉口的交通管理

斜交叉口的交通管理有以下措施：

(1)渠化交通组织

布置四个导流岛，使斜交对冲的车流变为指教交叉或近似指教交织，不仅可增加交叉口的绿化面积，有利于道路环境的改善，也可以使交叉口内机动车道与非机动车道分离，还可以缩短过街人行横道长度，使导流岛起到交通安全的功能。

(2)设置专用车道斜交交叉口的通行能力小，行车安全性差，其主要原因是存在相互交叉的行车线，容易产生冲突点和交织点，而冲突点的影响和危险性最大，主要来源于左转和直行车辆的交通冲突。因此斜交交叉口交通管理应着重解决左转车辆和直行车辆的交通组织。可在斜交交叉口的每个进口设置一条左转弯车道和一条右转弯车道，右转弯车道设在导流岛外侧。

2)多支交叉口的交通管理

平面交叉口不同交通流向产生的冲突点、分流点、合流点均随道路条数的增加而急剧增加，当这些点的数量增加时，发生交通事故的可能性随之增加。5 条以上道路相交的平面交叉口，不仅其通行能力会因各交通流向相互之间的严重干扰而大大降低，而且在交通管理和控制上也带来很大的困难。因此，交叉口的相交道路条数原则上应规划成 4 条或 4 条以下。

当平面交叉口相交道路条数大于 4 条时，很难进行交通流组织，在条件允许时应对其进行渠化改造。其设计思路有以下几个：

(1)利用其中的 1～2 条支路设置单行线；

(2)分离其中的 1～2 条支路，将次要道路在进人交叉口前引离主交叉，从而避免 5 条以上道路交叉，然后对两个交叉口做协调设计；

(3)当确实难以避免 5 条以上的道路相交叉时，应在交通量条件允许时，采用环交形式。

3)错位交叉口的交通管理

错位交叉口是一种特殊的平面交叉口。错位交叉口的特点是：一般位于主干道上，由两个距离较小的 T 形交叉口和主干道组成，两 T 形交叉口间距在 100～500 m 之间，干道交通量大，且双向交通量基本均衡。由于干道通常交通负荷沉重，若错位交叉口位于主干道上，则可能造成通过该区间车辆较大的停车延误。若对主干道上的错位交叉口进行改造，如修建立交，则交叉口间距太短而使立交间的交织段长度不能满足车辆行驶的要求，同时改造投资也较大，故难以实施改造方案。因此最大限度地利用现有的资源，实现错位交叉口合理的交通管理对于保障道路的交通畅通有着重要意义。

错位交叉口上交通流的交叉和交织比较复杂，容易引起交通的混乱。要实现错位交叉口合理的交通管理，必须根据错位交叉口的地理位置、交通环境和交通流结构等进行综合治理。将错位交叉路日改造成典型的十字交叉路口，可以简化交通流。

如图 9.6 所示的错位交叉口，可以进行如下渠化改造：交叉口南进口出口处加设中央分隔带，将原畸形十字交叉口改为 T 形交叉口；去除原交叉口西进口人行横道线，将原西进口停车线提前，在新西进口停车线前加画人行横道线，如图 9.7 所示。

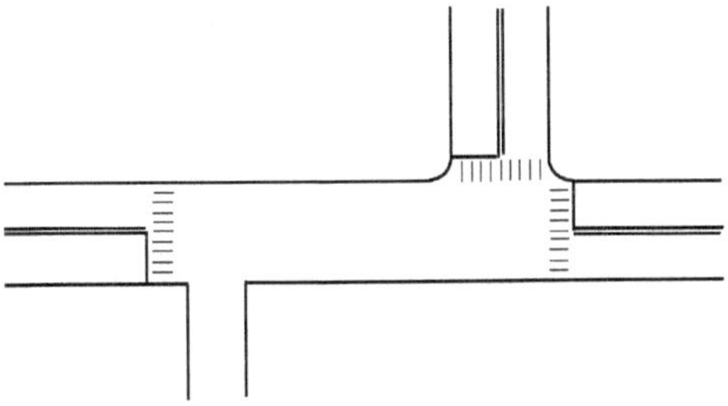

图 9.6　错位交叉口渠化改造前

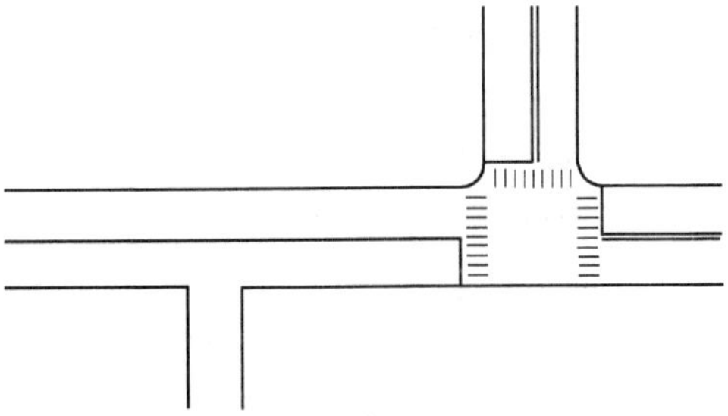

图 9.7　错位交叉口渠化改造后

9.1.5.4　微观交通仿真软件应用

交通组织设计一般需要提出多套方案，进行比选，多采用交通仿真软件加以辅助，采用交通流模拟仿真的方法进行评价优选，最终确定合适的道路交通组织方案，对方案实施效果进行事前评价，避免决策失误。

1. VISSIM 5.0

VISSIM 是目前在我国应用最多的微观仿真软件，它是德国 PTV 公司的产品。VISSIM 是一种微观、基于时间间隔和驾驶行为的仿真建模工具，用以建模和分析各种交通条件下(车道设置、交通构成、交通信号、公交站点等)，城市交通和公共交通的运行状况，是评价交通工程设计和城市规划方案的有效工具。

VISSIM 由交通仿真器和信号状态产生器两部分组成，它们之间通过接口交换检测器数据和信号状态信息。VISSIM 既可以在线生成可视化的交通运行状况，也可以离线输出各种统计数据，如：行程时间、排队长度等。交通仿真器是一个微观交通仿真模型，它包括跟车模型和车道变换模型。信号状态产生器是一个信号控制软件，基于一个微小时间间隔(0.1 s)从交通仿真器中提取检测器数据，用以确定下一仿真秒的信号状态。同时，将信号状态信息回传给交通仿真器。

交通仿真模型的精确性主要取决于车辆模型的质量，例如路网车辆行驶理论。

与其他不太复杂的模型采用连续速度和确定的跟车模型不同，VISSIM 采用的跟车模型是 Wiedemann 于 1974 年建立的生理－心理驾驶行为模型。该模型的基本思路是：一旦后车驾驶员认为他与前车之间的距离小于其心理(安全)距离时，后车驾驶员开始减速。由于后车驾驶员无法准确判断前车车速，后车车速会在一段时间内低于前车车速，直到前后车间的距离达到另一个心理(安全)距离时，后车驾驶员开始缓慢地加速，由此周而复始，形成一个加速、减速的迭代过程。

VISSIM 主要应用包括：公交优先信号控制逻辑的设计、评价和调整；对于有协调和感应信号控制的路网内交通控制的评价和优化(Signal97 接口)；分析慢速交通交织区；对比分析交通设计方案，包括信号控制交叉口和停车标志控制交叉口、环交、和立交的设计；轻轨和公共汽车系统的综合站点布局的容量评价和管理评价；通过 VISSIM 评价公共汽车优先解决方案，如插队、港湾停靠站和公交专用车道；使用嵌入式动态交通分配模型，解决行驶路径选择的相关问题，如不确定信号的影响、对于中等城市而言，交通流分向路网邻近区域的可能性。

2. Paramics 4.2

Paramics(并行微观仿真器)是由英国 Quadstone 公司开发的用于微观交通仿真的软件包。Paramics 具有实时动态三维可视化用户界面、对单一车辆进行微观处理的能力、支持多用户并行计算，以及功能强大的应用程序接口。Paramics 包括完全并行的路阻计算模块，用来完成巨大规模路网的交互式路阻计算。理论上能够支持 100 万个节点(nodes)、400 万个路段(links)和 32 000 个区域(zones)的路网。Paramics 是一个完全集成化的软件，它集成了仿真、可视化、交互式路网绘制、自适应信号控制、在线仿真数据统计分析、跟驰、交通控制策略评价、交互式仿真参数调整等功能。能够从 SATURN、NESA、CUBE(TRIPS)等相关交通软件读取有关节点和路段的信息。

Paramics 是一个先进的交通仿真模型工具包，它由 6 个主要工具模块组成：建模器(modeller)、处理器(processor)、分析器(analyser)、编程器(programmer)、监视器(monitor)和估计器(Estimator)。其中 Estimator 是 Version 4.0 之后新增的模块。作为一个专门的交通仿真软件，Paramics 具有如下特点：

(1)模型可视化

Paramics 提供了一个功能强大的 3D 可视化系统，允许用户从各个角度来观看整个路网。车辆既可以用简单的矩形块代替，也可以用复杂的车辆外观模型来显示。用户既可以在图形上修改路网，也可以通过变更参数实现对路网的修改，而不需要直接对复杂的输入文件进行操作。利用 Paramics，用户只需要定义路段的长度、路口布置、车站位置、信号控制物等物理特征，系统就可以自动计算所需参数。

(2)微观模型

交通流的基本特征表明:当路段上流量为零或者道路严重阻塞时,路段交通流都为零,而实际的流体并不具备这样的性能。另外,我们通常利用 OD 数据假定路网处于平衡状态,而实际上路网是动态变化的,并不能够达到平衡状态。Paramics 模型的目标之一就是要符合大范围的交通现象,特别是对于交通拥堵的考虑。通过模拟所有单一车辆在路网上的运动状态,可以得到每秒的实际路网图。这为交通工程师和规划部门提供了交通状况的详细信息,而不仅仅考虑单一平衡状态下的路网交通流状况。

Paramics 主要应用包括交通管理与控制;交通控制中心的仿真;为出行信息提供预测;智能化导航。其中,车辆的动态路径诱导选择是 Paramics 的精华,除了标准的路径费用表,Paramics 还提供了用户控制的路径费用扰动来模拟驾驶员对路径费用的感知。采用用户定义的实际路径费用反馈来仿真对路线的学习和车内实时信息的影响,可以针对驾驶员对路网的熟悉程度的不同选用不同的路径费用表。

3. TSIS/Corsim 5. 0

Corsim 的开发研究始于 20 世纪 70 年代初期。在美联邦公路管理局(FHWA)的支持下,Corsim 在仿真逻辑和软件工程技术上经历了几个主要的改进和升级阶段。其最近的软件工程技术的发展是 TSIS(Traffic Software Integrated System)的引进。TSIS 是运行 Corsim 交通仿真模型的完整的、友好用户界面和环境的系统。

TSIS/Corsim 由两个仿真器集成:城市道路仿真器 NETSIM 和高速道路仿真器 FRESIM;用于开发和评价运输系统管理(TSM)策略。TSIS 是一个集成的程序组,由数据输入程序(TRAFED),仿真运算程序(Corsim)和动画模拟器(TRAFVU)组成。这个程序组与由 Word、Access、Excel 组成的 Microsoft Office 有着相似之处。FHWA 旨意于把 TSIS 开发成为一个最成功的交通分析工具。上述几种程序组成的 TSIS 集成了普通的 Windows 操作界面,使得用户应用时与标准的 Windows 应用程序有着相似的亲切感。

TSIS/Corsim 被研究人员和交通工作者广泛接受和应用的原因是由于有如下特点:

(1)能模拟复杂几何条件。Corsim 对路网的各组成部分编码灵活,能够仿真真实世界中各种复杂的路网几何形状,包括不同类型的城市道路平交、(互通式)立交、渠化道设置、高速公路多车道路段、不同类型出入口匝道等。

(2)能模拟不同交通现象。Corsim 通过校准,能够在很大程度上模拟真实世界的各种交通现象,如变化的交通需求、拥挤或阻塞的交通现象、交通事故的产生、车队在交叉口处的排队、起动和消散。在模拟过饱和交通流现象时，Corsim 比传统的经验分析方法有着独特的优势。在交通需求接近道路通行能力时，如在实际应用中采用《公路使用手册》所述的传统的分析方法就有严重的限制，而 Corsim 能够预测出拥挤现象的发展和消散过程。

(3)能模拟不同的交通控制、管理和操作。Corsim 能够模拟不同的交通控制设施，如城市平叉路口的红绿灯控制、信号灯定时和实时的相位变化。另外还能模拟高速公路匝道检测器和 HOV(高占用率车辆)的运行，以及公交车辆的运行方式等。

(4)能说明路网不同组成部分之间的相互作用。Corsim 能够模拟由城市道路、高速公路主干道、匝道组成的完整的路网系统。许多传统的研究方法只能把路网的各组成部分进行单独的交通分析，而 Corsim 能够仿真一种集成风格的路网交通流，这使得 Corsim 能模拟溢出等情况。如由于交通阻塞使得匝道与城市道路相互之间的排队溢出就能够进行有效地模拟。

(5)备有与外部控制逻辑和程序的接口。通过特殊的设计的 TSIS 界面，Corsim 能够与外部控制逻辑和程序进行数据和信息的交流互换。通过接口双向数据互换是实时进行的，这独特的接口特征使得 Corsim 应用于 ITS 技术打开了方便之门。而且在评价 RT－TRACS(交通实时自适应系统)试验模型和匝道检测器研究(FHWA 基金资助的项目)中得到了成功应用。

(6)模拟时变交通和控制情况。Corsim 采用 Record Types (RTs) 形式组织数据的输入，如道路拓朴结构、交通流量和车辆类型、监视和检测设施、交通控制、工程标准、运算控制、输出形式等。根据这样数据，经运算后 Corsim 仿真一周期路网的交通情形。这些输入数据不仅可以因路网中节点间的变化进行相应地调整，而且能够根据需要随时间改变。仿真分析的时变部分用户可以通过连续的周期来表示。在各个周期中，Corsim 允许有不同的交通需求、不同的交通运转方式和控制。

4. Aimsun5. 0

Aimsun 是西班牙 TSS 公司的微观交通仿真产品，是一套完整的交通分析软件，可用来进行交通规划，微观交通仿真，交通需求及相关数据分析。它为静态和动态建模提供一个完整的平台。Aimsun2 可以很容易地融入到我们的工作环境之中。它能够导入并且处理从其他软件(ESRI, Tele Atlas, NAVTEQ 等)当中获取 GIS 数据，它也能读取 CAD 位图文件，从而使编辑简化，而且增强所从事项目的表现力。它还可以转换来自其他一些应用程序(EMME/2, CONTRAM, CUBE 和 SATURN，将来会更多)的数据文件。Aimsun 能够载入观测数据(历史数据资料或在线实时监测的数据资料均可)用于进行仿真模拟、规划及一些可视化模块的操作。Aimsun同样提供了一个可供软件拓展开发的环境，这种软件构架体系对模块的数量没有限制——这部分模块是由TSS公司和用户共同开发的。用户可以尽享Aimsun2的编程功能，使用自定义功能。

Aimsun中的几个主要模块：

(1)Aimsun微观仿真器：世界上最棒的微观仿真工具。它能在大范围内对交通管理的各组成部分，管理策略及管理措施进行仿真。

(2)Aimsun建模器：通过其他的数字化地图导入进行建模，将其他软件编辑的路网模型导入到Aimsun的模型中，它有强大的且方便的修改能力，无限制的撤消和重做，复制和粘贴，高质量的绘图功能等。

(3)Aimsun规划器：在一个完整的环境中，它对交通规划四步骤中的主要步骤提供支持。目前它可以执行用户平衡交通分配，支持需求分析并且与微观仿真器共享网络以及相关的交通数据，很容易进行宏观和微观的分析，例如对一个庞大网络中子网络进行精确仿真。

(4)Aimsun服务器：不需使用GUI并且可以通过网络实现一个Aimsun版本，可满足比实时处理更快的要求，(比如控制中心在实施一个交通管理策略之前，可验证它的有效性)，它也包含相应的仿真工具和规划工具。

(5)Aimsun GUI：图形用户界面建立了一个可供所有任务而设计的友好用户环境。

Aimsun可以处理各种类型的交通网络，包括城市街道网络、高速公路、一般公路、环形道路、干线道路以及混合道路网路。作为有效的交通分析工具，Aimsun能够模拟自适应交通控制系统，先进的交通管理系统，车辆引导系统，公交车辆行程安排和控制系统；以及进行环境污染评估和能源消耗等等。

Aimsun提供对自适应交通信号控制、匝道控制、交通管理系统、事件管理系统、车辆导航、VMS、公交车辆调度和控制系统的模拟，通过Scate Interface实现与Scats的并行仿真，其启发式的动态分配算法为路径诱导仿真提供了可行性。Aimsun实现ITS模拟有两种方式：(1)由Aimsun自身提供，例如模拟VMS发布诱导信息；(2)通过外部程序接口Getram Extensions进行，外部程序接口Getram Extensions实际为API接口，用户通过该接口开发外部程序调用Aimsun仿真时的内部数据，这些程序可以用C/C++编写后动态链接库(DLL)的形式调用或直接用Python脚本语言编写。

要实现VMS发布诱导信息的模拟，用户首先在编辑器Position、发布的信息Activated massage、行动Action，发布的信息通过用户界面的激活命令或者外部程序激活，行动表示发布的信息对驾驶员行为的影响，在行动信息窗口中用户可以定义该行动影响的区域、修改速度限制、修改进入的交通流、修改转弯比例，如果在基于路线 Route Based 的仿真模式下，用户能够对行动影响的每片区域修改速度限制，重新制定路线。

9.2 案例 1：太仓市城区道路交通工程设计

9.2.1 概　　述

为了给居民的出行提供良好的出行环境，并对交通标志进行微调，保证交通标线标志施工科学规范合理，需要对太仓市城区交通标志标线进行设计以规范城区的交通秩序，满足本地居民和外地司机的安全、方便、快捷的出行需求。

9.2.2 设计目标

本次设计要达到的目标——“高效、有序、协调、生态”。

(1)提供高效优质的出行环境

合理安排机动车交通、行人交通、以及静态交通等交通设施，创造高效、公平的交通环境。

(2)确保具有良好的交通秩序和可达性

理顺道路网络结构和功能，将核心区交通进行有效分流，并确定客流与车流主通道的通畅。

(3)创造优美和谐的交通景观环境

交通与景观有机融合，保持太仓市良好的道路交通景观与生态环境。

9.2.3 设计年限、范围

设计年限：2007～2008 年。

设计范围：弇山路—滨河路—G204—常胜路所围成的封闭区域，总面积约 20.5 km^2；设计道路总长度约 70 km，道路网络密度为 3.41 km/km^2。

9.2.4 交叉口交通空间设计

1. 道路交叉口分类

将太仓市城区的交叉口按照空间条件、区位条件、交通条件等分为若干类型进行研究，以保证设计方案的针对性与协调性。

将太仓市的道路交叉口分为五种类型，B1 和 B2 统属 B 类。具体分类如下：

- A—城市外围用地较宽裕的大型交叉口；
- B1—主城区内交通量大且用地宽裕的交叉口；
- B2—主城区内交通量大且用地紧张的交叉口；

- C—交通量不大的小型交叉口；
- D—环形交叉口。

不同类型的交叉口采用不同的设计要求与设计型式，以满足交叉口的交通设施与运行特征，确保对不同类型的交叉口有均有相匹配的设计范式。设计要求见表 9.4 所示。

表 9.4　各种不同类型交叉口设计要求

		A	B1	B2	C	D
进口道展宽		√	√	√		√
导流设施	导流线	√	√	√		√
	实体导流岛	√				√
	标线导流岛	√	√			√
左转等待区		√	√	√		
行人驻足区		√	√	√		√
控制方式	信号控制	√	√	√	√	
	减速让行				√	√
	停车让行				√	
右转专用车道		√	√			√
慢行一体化设计		√				√

不同类型的交叉口采用不同的设计型式，既保证了城市交通通行空间设计的协调性，又体现了交通通行空间设计的个性。针对不同类型交叉口采用的几种设计型式如图 9.8～图 9.17 所示。

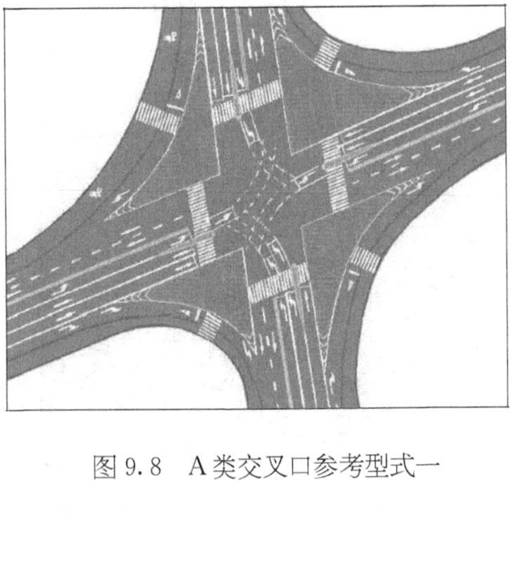

图 9.8　A 类交叉口参考型式一

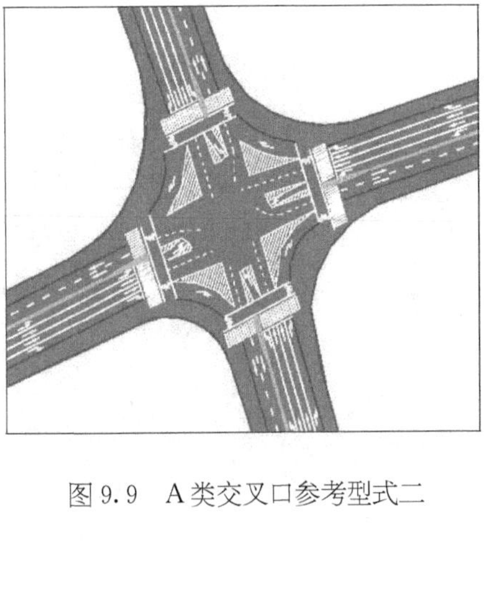

图 9.9　A 类交叉口参考型式二

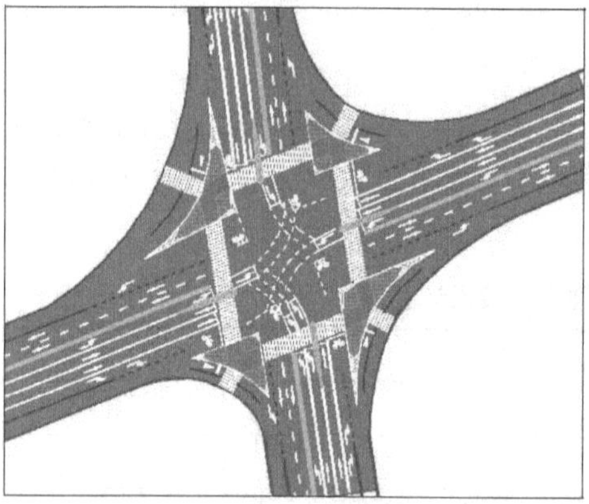

图 9.10 B1 类交叉口参考型式一

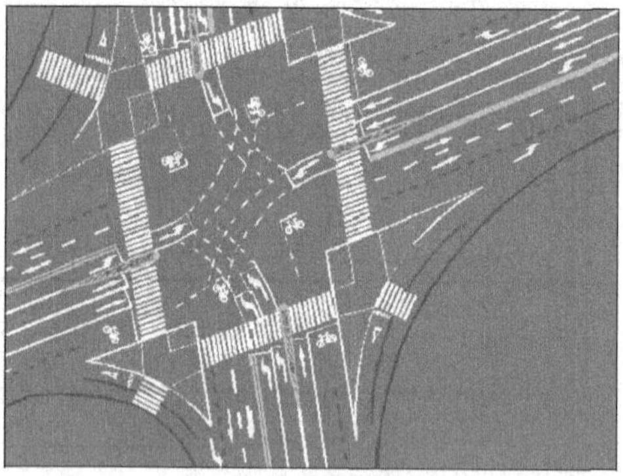

图 9.11 B1 类交叉口参考型式二

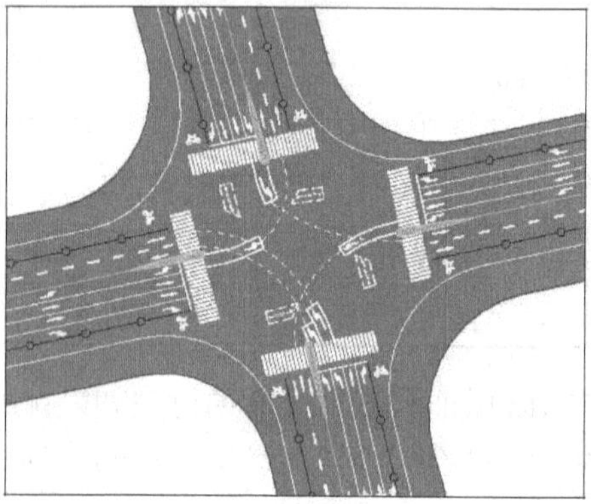

图 9.12 B1 类交叉口参考型式三

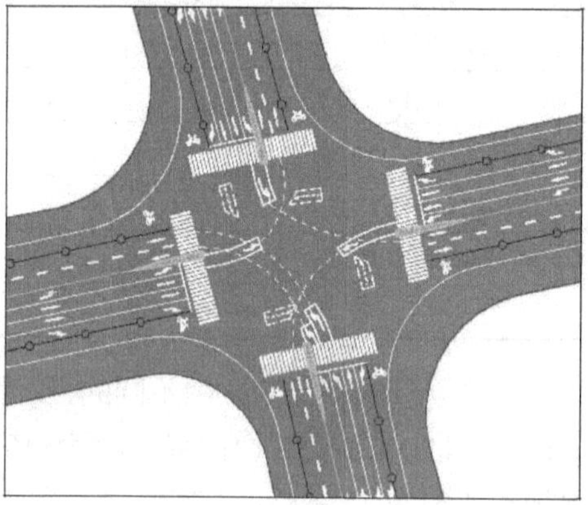

图 9.13 B2 类交叉口参考型式一

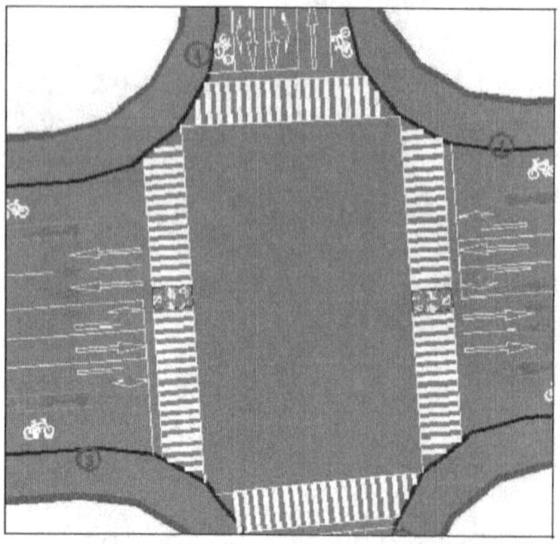

图 9.14 B2 类交叉口参考型式二

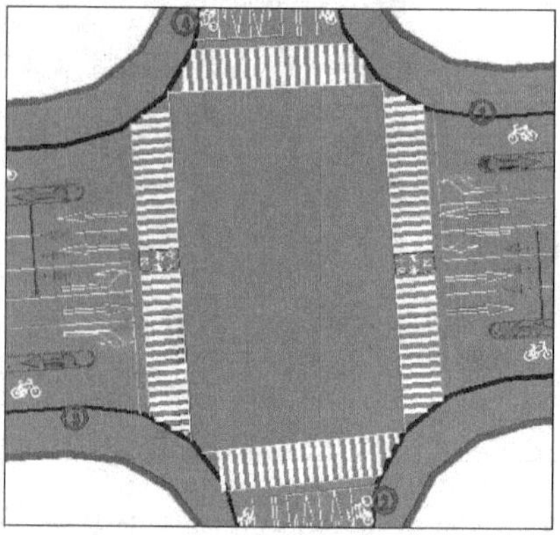

图 9.15 C 类交叉口参考型式一

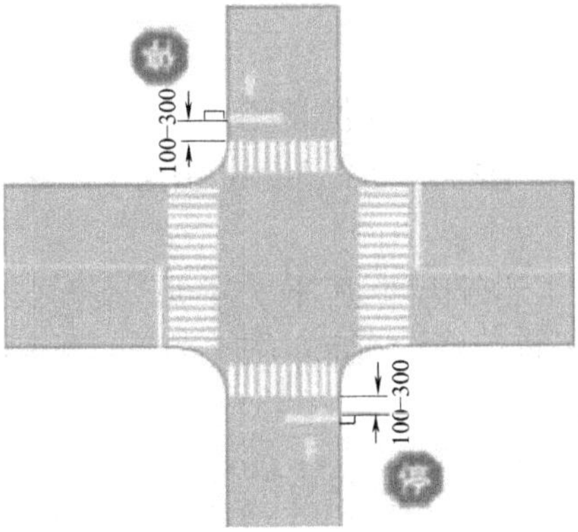

图9.16　C类交叉口参考型式二

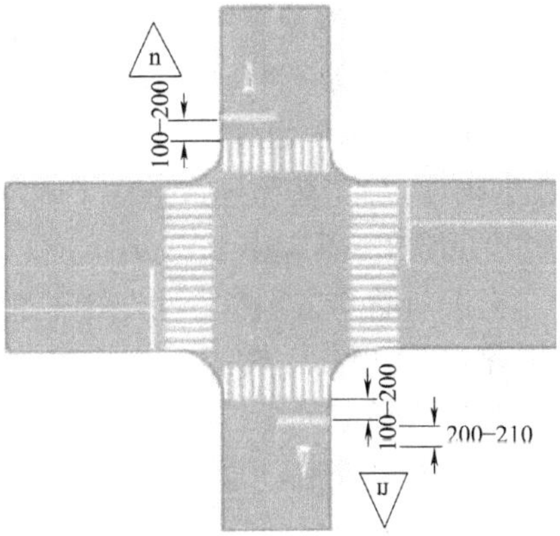

图9.17　C类交叉口参考型式三

2. 道路交叉口标线设计

1)交叉口导流设计

(1)交通岛设计

实体交通岛的顶端处应做成圆弧形，半径不小于0.5 m。交通岛外侧与车道外侧保留一定宽度的侧带以保证安全。为诱导视线，在岛端可做醒目的路线标志。实体交通岛方案主要在城市新区交叉口设置。

标线交通岛的功能与实体交通岛相似，但由于其不造成固体隔离，其安全性要高于实体交通岛，在一些交通量较大且空间较宽裕的老城区交叉口采用，可以取得良好的效果。

另外，在实体交通岛的分、合流位置，为了保证交通安全，应设置尖角区域导流线，型式及尺寸要求如图9.18所示。

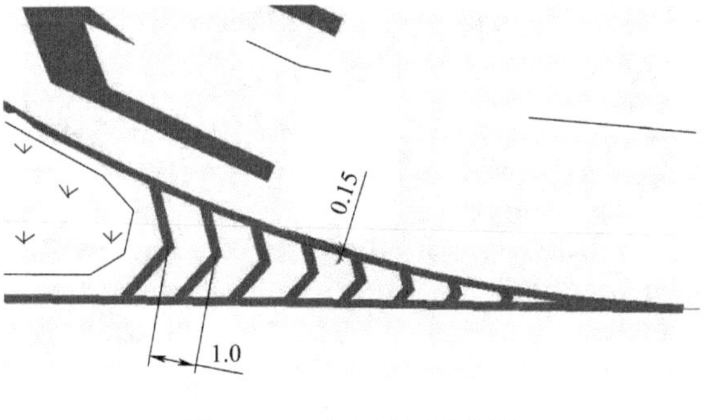

图9.18　尖角区域导流线

(2)导流线设计

对于空间充足的平面交叉口，要求设置左转弯导流线，对于畸形及视距不良的交叉口，根据情况设置右转及直行导流线。

2)中心线偏移时鱼肚线设计

当进口道横断面中心线偏移时，应采用“过渡区”标线加以渠化，如图 9.4 所示。图中的 l_d 可按照拓宽条件下确定左右转车道的渐变段长度的方法确定；l_2 视道路空间条件，不应小于 2 m。

当进口道向右侧展宽而左转车道从直行车道分出时，应采用“鱼肚”形标线加以渠化，如图所示。图中的 l_{d1} 和 l_{d2} 可仿照拓宽条件下确定左右转车道的渐变段长度的方法确定。

3)交叉口进出口道设计

交叉口进口车道数应该以保证进口道与出口通行能力相匹配为目标，同时考虑进口道宽度约束。在确定进口道的宽度及车道数时应遵循以下原则：

进口车道极限最小宽度可取 2.8 m 宽；一般宽度为 3.0～3.5 m；一般出口车道宽度 3.25～3.5 m，极限最小宽度为 3.0 m，具体尺寸根据实际道路条件确定。

车道功能尽量参考现状要求，如有车道新拓宽的进口，根据流量流向重新划分车道功能。

4)左转待行区设置

设置左转弯待行区的交叉口，左转弯待行区的设置型式如图 9.19 所示，自行车和机动车的停止线一般宽度为 3.25 m，线宽 0.15 m。

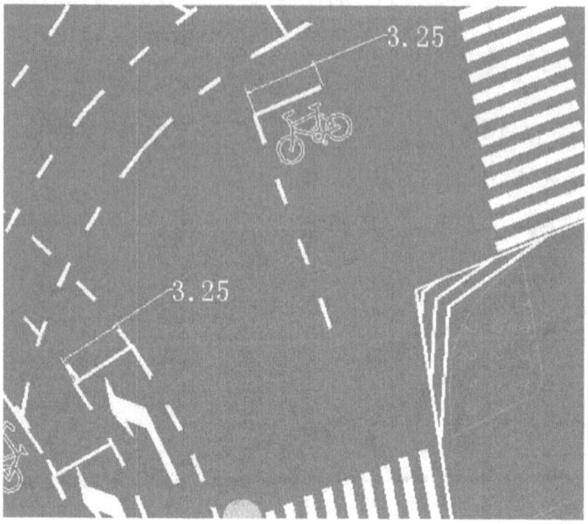

图 9.19　左转待行区设计型式

5)调头车道设计

主城区范围内，不在交叉口设置掉头车道，主城区内的车辆掉头通过路段中心黄虚线来实现(与单位出入口协调设计)。

在新区，有较宽中央分隔带的道路上，设置交叉口掉头车道，型式如图 9.20 所示。

图 9.20　宽中分带的掉头车道设置型式

6)右转专用车道设计

本次设计采用的右转专用车道设计型式分为 4 种，如图 9.21～图 9.24 所示。不同类型的右转专用车道的适用条件如下。

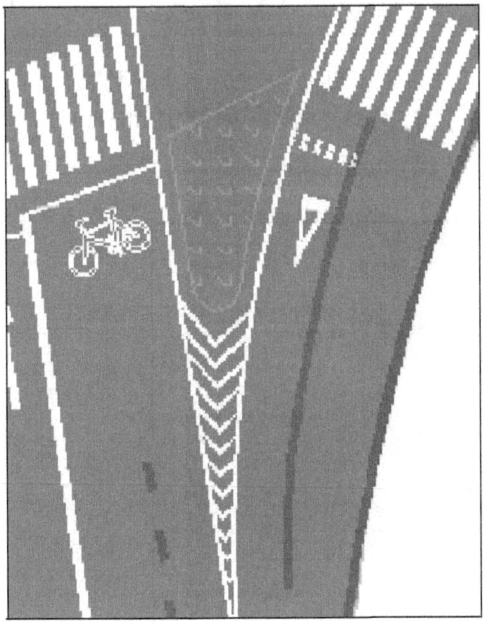

图 9.21　右转专用车道型式
1—实体岛慢行未完全隔离

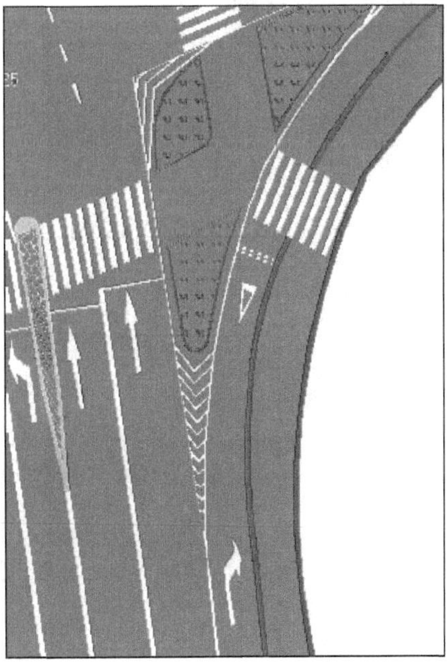

图 9.22　右转弯车道型式
2—实体岛慢行完全隔离

型式一适用范围:外围交通量较大的交叉口

型式二适用范围:外围交通量小的交叉口

型式三适用范围:外围或主城区交通量较小但空间充裕的交叉口

型式四适用范围:外围或主城区交通量较大但空间充裕的交叉口

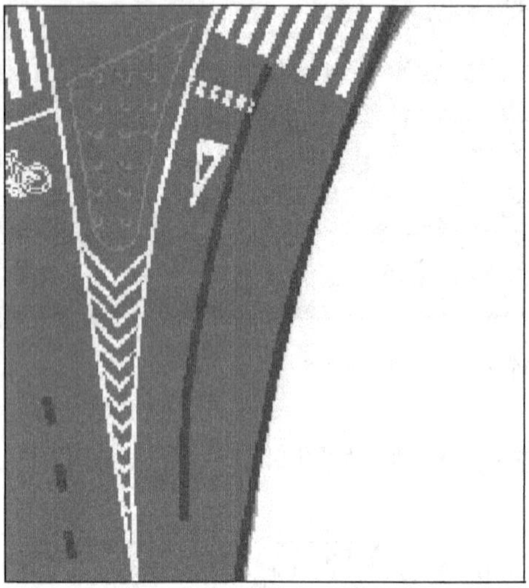

图 9.23 右转弯车道型式
3－标线岛慢行完全隔离

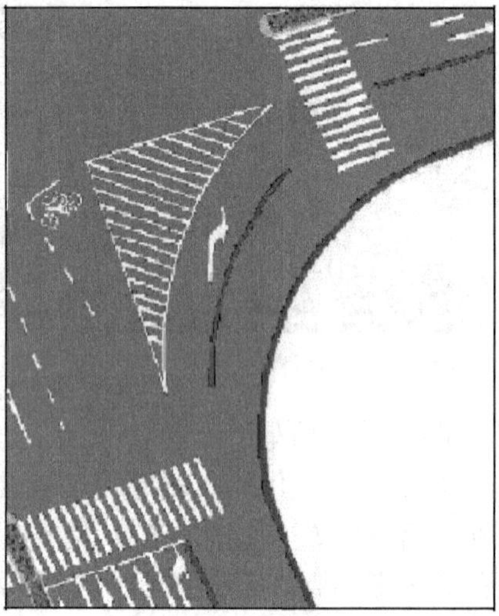

图 9.24 右转弯车道型式
4－标线岛慢行未完全隔离

7)停车线设计

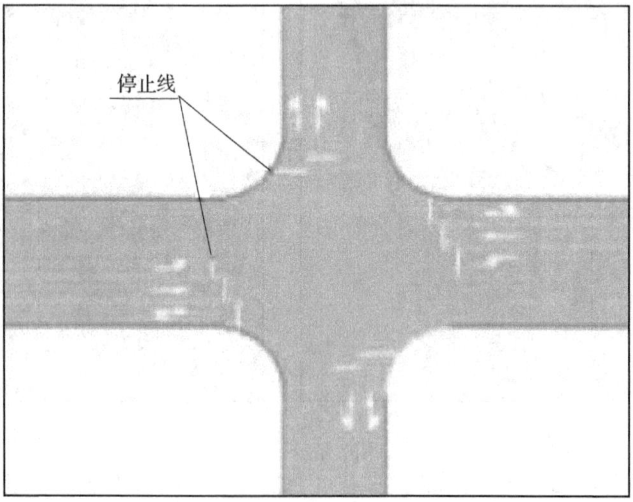

图 9.25 阶梯状停车线设计样式

停车线宜垂直车道中心线设置。

有行人横道时,宜在其后1～2 m处设置;当畸形交叉口,或特殊需要时,停车线应后退更大的距离。

停车线位置不应对相交道路流入的交通流构成影响,当有左转专用车道,且相交道路流入的左转交通流的转弯半径较小时,其停车线位置可以较同进口道的直行车道的停车线后退2～3 m。型式如图9.25所示。

3. 道路交叉口标志设计

按照不同类型交叉口区别对待的原则,按照上文的交叉口分类方法,提出不同类型交叉口的标志设计准则,具体如表9.5所示。

表9.5 各种不同类型交叉口标志设计要求

<table>
<tr><th colspan="3"></th><th>A</th><th>B</th><th>C</th><th>D</th></tr>
<tr><td rowspan="8">进口道部分</td><td colspan="2">交叉路口预告标志</td><td>√</td><td>√</td><td></td><td>√</td></tr>
<tr><td colspan="2">交叉路口标志</td><td>√</td><td>√</td><td></td><td>√</td></tr>
<tr><td colspan="2">车道行驶方向标志</td><td>√</td><td>√</td><td></td><td>√</td></tr>
<tr><td colspan="2">注意行人标志</td><td>√</td><td>√</td><td></td><td></td></tr>
<tr><td colspan="2">人行横道标志</td><td>√</td><td>√</td><td>√</td><td>√</td></tr>
<tr><td rowspan="3">控制方式</td><td>信号控制</td><td>√</td><td>√</td><td></td><td></td></tr>
<tr><td>停车让行标志
(配合使用干路先行标志)</td><td></td><td></td><td>√</td><td></td></tr>
<tr><td>减速让行标志</td><td></td><td></td><td>√</td><td>√</td></tr>
<tr><td rowspan="6">出口道部分</td><td colspan="2">限速标志</td><td>√</td><td>√</td><td>√</td><td>√</td></tr>
<tr><td colspan="2">禁鸣标志</td><td></td><td>√</td><td>√</td><td>√</td></tr>
<tr><td colspan="2">禁停标志</td><td colspan="4" rowspan="3">视具体情况而定</td></tr>
<tr><td colspan="2">车辆类型禁行标志</td></tr>
<tr><td colspan="2">行车方向禁行标志</td></tr>
<tr><td colspan="2">靠路侧行驶标志</td><td>√</td><td>√</td><td>√</td><td>√</td></tr>
</table>

1)老城区指路标志:现有指路标志保持不变,仅仅是在需要补充的地方添加。

2)新城区指路标志:重新设置更为科学合理的指路标志,以取代当前指路标志。

现状指路标志设计存在以下欠缺:

(1)未指明正在行驶的道路名称,不能给驾驶员以明确指示;

(2)没能体现出路与路之间的距离。因为出行者一般都非常关心自己离目的地还有多远,还需要多少时间可以到达目的地。

图 9.26 指路标志设计样式

为了完善太仓市的指路标志,本项目组以指路标志国家设计标准为依据,在保持与太仓市现有指路标志版面内容基本一致,并参考国内其他城市指路标志设计的基础上,对太仓市新城区指路标志提出了以下 3 种方案:

方案一:以太平南路和朝阳路交叉口南进口为例,指路标志版面内容形式如图 9.27 所示。

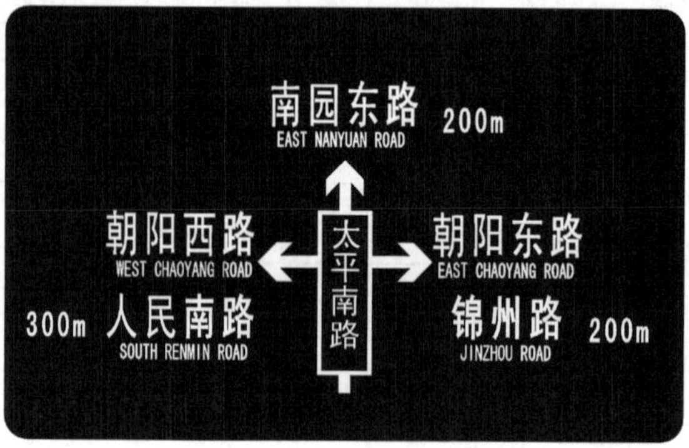

图 9.27 指路标志方案一

方案一版面内容解释如下:

(1)方框内的太平南路指的是正在行驶的道路;

(2)南园东路指的是下一个交叉口的横向道路, 200 m 指的是南园东路与朝阳路在这个交叉口处的间距;

(3)朝阳西路指的是交叉口左边的横向相交道路名,朝阳东路指的是交叉口右边的横向相交道路名;

(4)人民南路指的是与太平南路平行的左边的道路,300 m 指的是人民南路与太平南路在交叉口处的距离;

(5)锦州路指的是与太平南路平行的右边的道路,200 m 指的是锦州路与太平南路在交叉口处的距离。

方案一的优点有：

(1)与国家关于指路标志的标准基本一致；

(2)指路信息比较完善，并且给出了距离信息。

方案一有以下不足：

(1)未指出驾驶员行驶方向；

(2)与正在行驶的道路相平行的道路的方向表示不形象，容易对不熟悉的驾驶员造成误解。

方案二如图 9.28 所示。

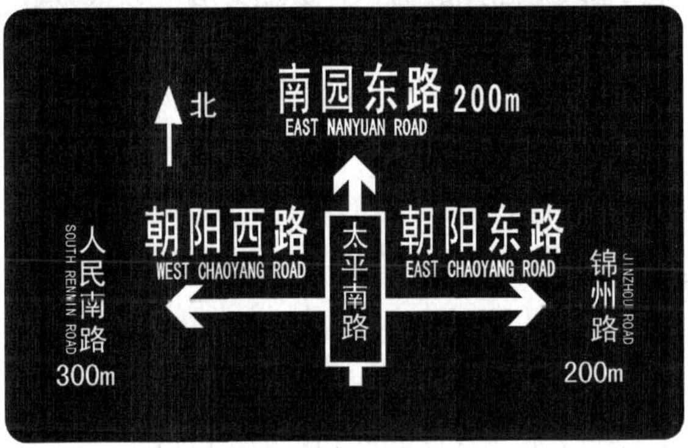

图 9.28　指路标志方案二

方案二有以下优点：

(1)指明了驾驶员前进方向，有助于方向感不强的驾驶员行车；

(2)平行于正在行驶的道路表现得形象直观。

方案二有以下不足：

(1)指示前进方向的标志由于道路走向不一定很正，指示的只是一个大概的方位；

(2)纵向道路英文名称不方便排列，这对于太仓外国人比较多不适合。

方案三如图 9.29 所示。

方案三的优点：

(1)以交叉口的形式表示，直观、形象，人性化设计(站在出行者角度设计版面)。

(2)每条路的表示形式均与道路走向吻合，路与路之间的位置也与实际道路的位置一致，让出行者直观的识别路网的基本结构。

方案三的缺点：

(1)与国家指路标志版面设计标准差异较大，一致性不足；

(2)纵向道路英文名称不方便布设，不利于外籍人员理解。

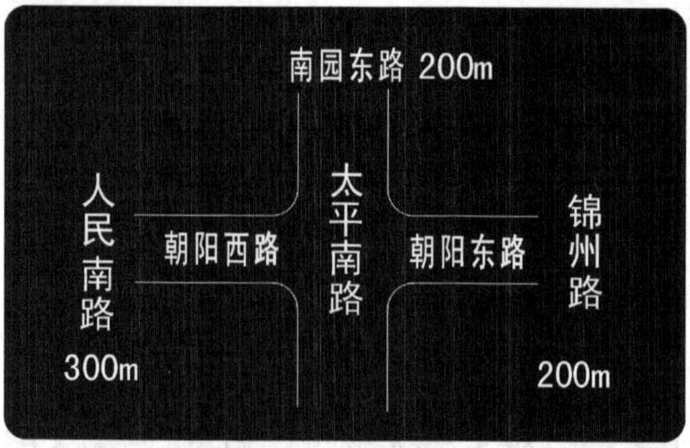

图 9.29　指路标志方案三

综合比较各方案,推荐方案一为本次设计所采用的最优方案。

9.2.5　路段交通空间设计

1. 纵向标线设计

1)道路中心线

双向行驶且车道数大于等于 4 条的道路,设置双黄实线。

黄色实线宽度 15 cm,两条线之间的间距为 15 cm。

对于可以进行左转的单位出入口处双黄实线画成双黄虚线,线条长 2 m,空白段长 4 m,如图 9.30 所示。

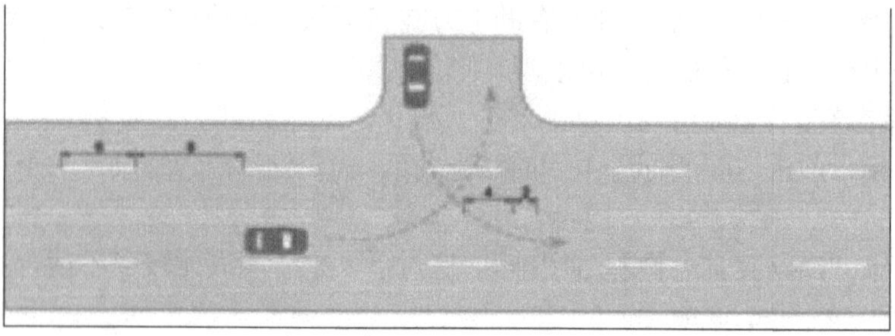

图 9.30　允许双向左转路段的中心线设置

对于双向两车道设置黄虚线,黄虚线宽度 15 cm,线条长度 4 m,空白段长 6 m。

在接近交叉口的双车道双向行驶的道路上,道路中心线应设置黄色实线,黄色实线宽 15 cm。

2)车行道分界线

车行道分界线长 2 m,间隔 4 m,宽度 15 cm。

在接近交叉口时，车行道分界线应设置白色实线，长度 30～50 m。

3)车道边缘线

现状有侧分带的路段一般未设置行车道边缘线，按规范应该设置车行道边缘线，并且边缘线与侧分带距离 25 cm，车行道边缘线宽度 15 cm。

对于两侧分带开口设置虚线，线段长 2 m，间隔 4 m，如图 9.31 所示。

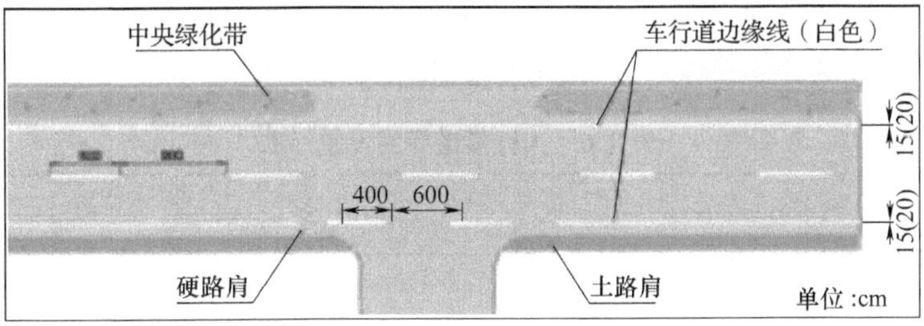

图 9.31　有开口处的道路车道边缘线设置

无侧分带的道路应设置车道边缘实线，在允许路边停车或相邻出入口间距小于等于 150 m 的地方设置虚线，如图 9.32 所示。

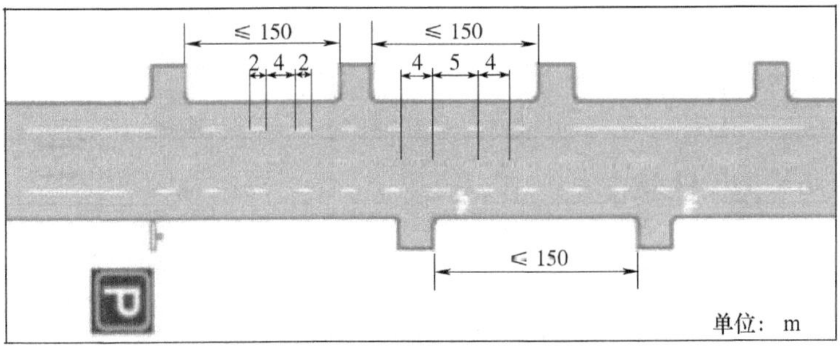

图 9.32　一块板道路的车道边缘线设置

针对单行道，设置单黄实线作为其道路左边缘线；道路右边缘线设置单白实

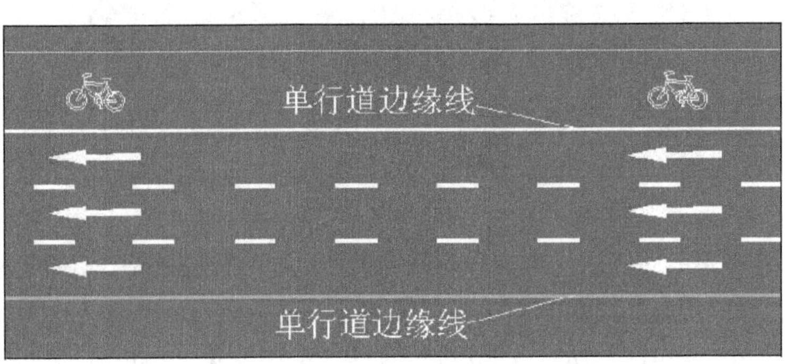

图 9.33　单行道的车道边缘线设置

线,如图 9.33 所示。

2. 横向标线设计

(1)导向箭头

导向箭头重复设置次数,双向四车道道路 3 次,四车道以下 2 次。

(2)人行横道

① 人行横道间距设置

人行横道间距设置按照表 9.6 的标准执行。

表 9.6 人行横道间距设置标准

人行横道间距(m)		城市中心商业区	城市一般地区
双向两车道	两个人行信号灯控	230	460
	两个都为非信控	130	
	一个信控,一个非信控	130～230	
双向四车道	两个人行信号灯控	260	520
双向六车道	两个人行信号灯控	290	580

② 人行横道设置型式

对于中分带>5 m 的道路,人行横道设置型式如图 9.34 所示。

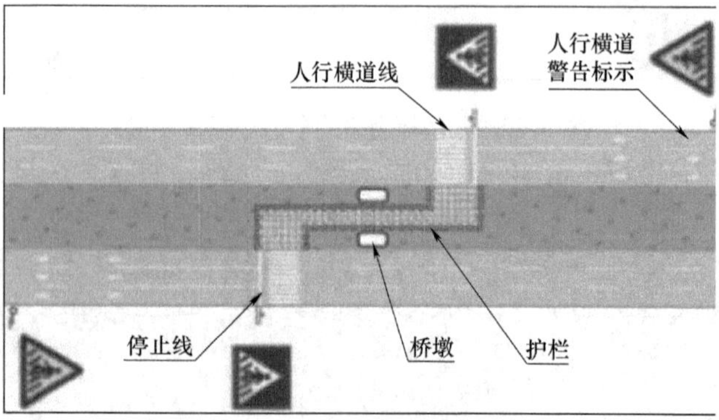

图 9.34 宽中分带人行横道设置方法

对于外围双向四车道无中央分隔带的道路(弇山路、娄江路、常胜路等)人行横道应设安全岛,安全岛可以利用中心双黄实线展宽到 1.5 m,长度与人行横道宽度相同,展宽段长 6 m,安全岛(方框)的线宽 45 cm,斜线宽 15 cm,间距 30 cm,如图 9.35 所示。

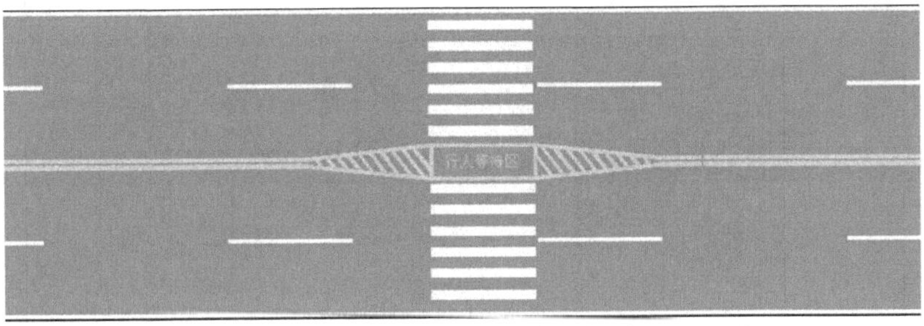

图 9.35　行人过街安全岛设置

3. 公交停靠站设计

(1)现状双向两车道非港湾站

将原有为白色实线的车道边缘线改为宽的白色虚线,如图 9.36 所示。

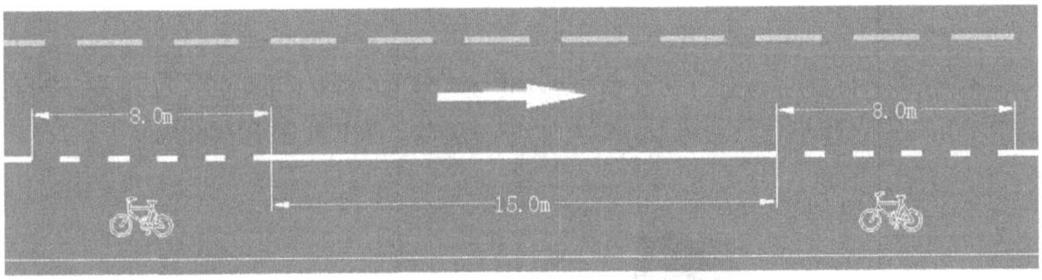

图 9.36　双向两车道非港湾站设置

(2)现状双向四车道非港湾站

对于城市外围道路条件较好的现状非港湾式停靠站,按照国标设置成港湾式公交站。

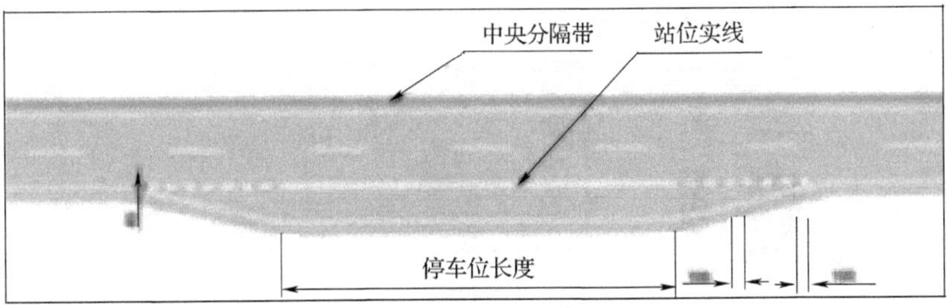

图 9.37　港湾式公交站设置样式

(3)现状港湾式公交站

现状已有港湾站,不进行设施改进,仅尽量按照国标,作标志标线系统优化。

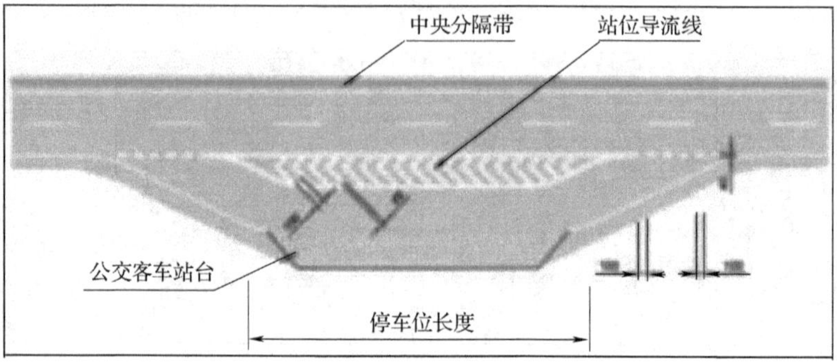

图 9.38 港湾式公交站设置样式

9.2.6 设计实例

1. 上海东路—娄江南路交叉口

(1)交叉口概况

该交叉口为太仓新区的十字交叉口,面积较大,标志标线缺失,行车轨迹混乱;交叉口进出口道没有展宽;非机动车和行人较少。如图 9.39 所示。

(2)改善措施

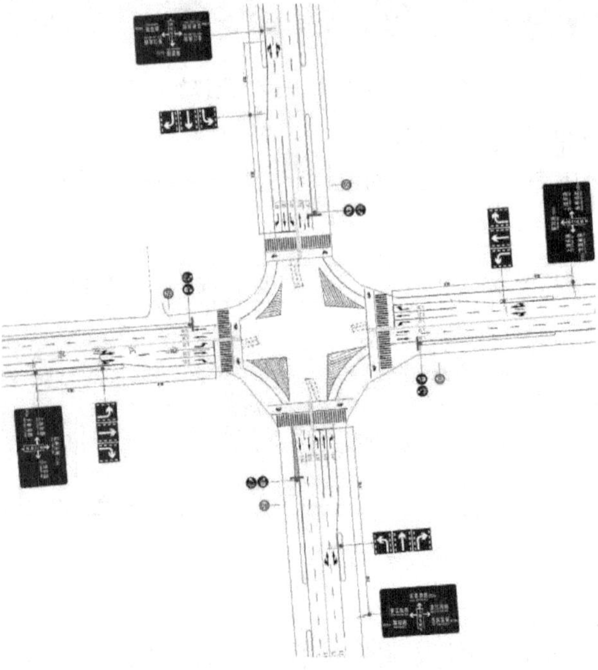

图 9.39 上海东路—娄江南路交叉口渠化设计图

① 各进口道均新拓出一条车道，划分为直行、左转、右转车道；

② 实施导流岛渠化，设置左转待行区；

③ 慢行一体化设计，非机动车按照与行人一样的方式通过交叉口；

④ 设置慢行过街等待区；

⑤ 完善交叉口标志，进口道增加指路标志和车道行驶标志，出口道增加靠路侧行驶标志。

2. 上海东路－常胜南路交叉口

(1)交叉口概况

该交叉口为太仓新区的环形交叉口，标志标线缺失，机动车与非机动车行车轨迹混乱；交叉口进出口道没有展宽；非机动车和行人较少。

(2)改善措施

① 各进口道均新拓出一条车道，划分为两条直行车道和一条右转车道；

② 交叉口交织区实行二次停车让行的方式；

③ 将车流行车轨迹以外的区域以导流线填充起来；

④ 慢行一体化设计，非机动车按照与行人一样的方式通过交叉口；

⑤ 设置慢行过街等待区；

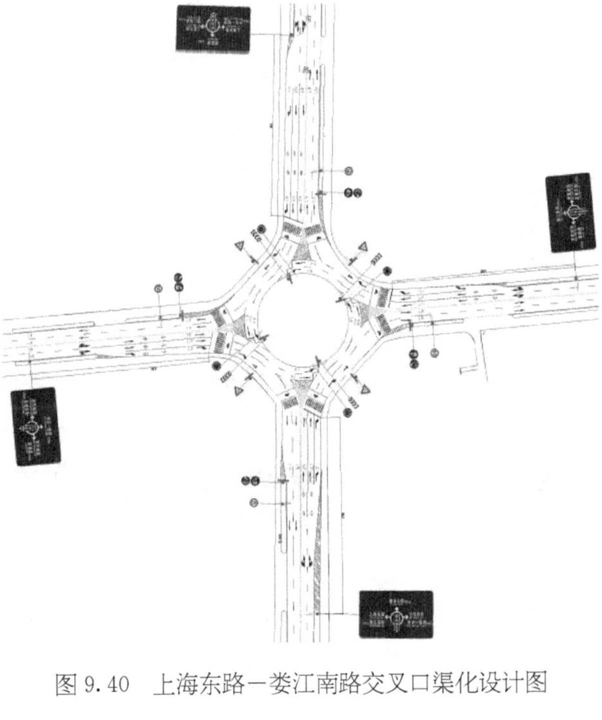

图9.40 上海东路－娄江南路交叉口渠化设计图

⑥ 完善交叉口标志，进口道增加指路标志，右转车道增加让行标志、标线，环岛内部增加线型诱导标志，出口道增加靠路侧行驶标志和限速标志。

3. 太平北路－县府街交叉口

(1)交叉口概况

该交叉口为太仓老区的十字交叉口。太平北路为太仓市的南北向主干路，县府街则是太仓市政府所在地，是政治经济的中心。该交叉口交通量大，标志标线缺失，机动车与非机动车行车轨迹混乱；交叉口进出口道没有展宽；非机动车和行人较少。如图 9.41 所示。

(2)改善措施

① 南、北出口道各增设一车道，以保证进出口车道数匹配；

② 延长南、北进口道展宽段和渐变段长度，做鱼肚线设计；

③ 设置行人过街等待区；

④ 施划左转导流线，明确左转车辆行车轨迹；

⑤ 完善交叉口标志。

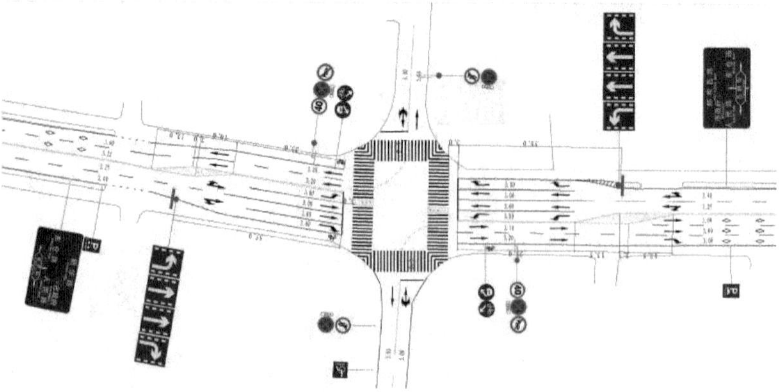

图 9.41　太平北路－县府街交叉口渠化设计图

9.3　案例 2：商丘交通改善规划与设计

9.3.1　概　　述

为解决商丘城市交通拥堵、交通秩序混乱等一系列问题，为城市进一步发展提供有力保障，需要大力整顿交通秩序，充分挖掘现有交通设施的潜力，实现交通管理建设、交通供需的动态平衡。

9.3.2 规划设计目标

围绕城市交通发展目标,充分挖掘道路交通潜力,合理引导交通需求,加强交通基础设施建设管理,提高交通网络承载能力,构筑安全、高效、和谐交通体系。

9.3.3 规范年限和范围

1. 规划年限

基年:2004年;规划年:2010年。

近期:2006~2008年。

远期:2008~2010年。

2. 规范范围

规划的范围为2010年市区建成区范围,重点研究现状建成区范围,用地74 km^2。

9.3.4 城市交通发展策略及需求预测

1. 城市交通发展策略

(1)打造高标准道路交通网络,支撑城市交通枢纽发展地位;

(2)构建功能明确、层次分明、结构合理的城市道路网络系统;扩展跨铁路通道承载能力,打破通道联系屏障;

(3)改善中心区交通环境,支持城市强中心发展战略;纯化古城交通环境,凸现古城旅游功能;

(4)优先发展公共交通,构筑以公交系统为主的多层次客运服务体系;

(5)加快静态交通配套设施建设,构建"总量合理、结构适当、布局优化"的停车设施供应系统;

(6)系统管理与需求管理并重,打造高标准、高效率、高度集成的现代化交通综合管理体系。

2. 城市交通需求预测

(1)人口及就业岗位

2010年商丘市人口98万,就业岗位总数为53.9万个,就业率为55%。2010年城区就业岗位数为541 530个。

(2)出行总量

2010年商丘居民人均出行次数为3.0次/人·日,则2010年商丘居民出行总量为290.5万人次/日。定2010年流动人口人均出行次数为3.2次/人·日,则2010年商丘市流动人口出行总数为31.36万人次/日。

(3)对外及过境交通总量(表 9.7 和表 9.8)

表 9.7　2010 年商丘与周边城市交通出行总量

出入口方向	客运交通(pcu/日)	货运交通(pcu/日)
菏　泽	3 263	1 268
郑　州	3 820	2 989
柘　城	3 678	730
鹿　邑	10 558	5 170
亳　州	2 848	1 113
永　城	2 223	1 283
连云港	1 763	1 350
单　县	1 300	1 400

表 9.8　2010 年商丘过境交通出行总量(双向)

方　向	客运交通(pcu·次/日)	货运交通(pcu·次/日)
郑州—徐州(G310)	2 200	1 700
菏泽—阜阳(S207)	2 170	900
单县—亳州(G105)	1 700	1 100
郑州—永城(S325)	1 800	1 400

9.3.5 区域交通组织

1. 机动车交通组织

1)过境交通组织

现状过境组织:金桥路—阏伯路—归德南路—北海路—睢阳南路—民主东路—中州路—310 国道。

待东环路修建过境路线调整为:金桥路—阏伯路—东环路—310 国道。待东、南、西、北四个方向的环路修建完毕,过境车辆将通过城市外围四条环路进行组织,即东环路、西环路、南环路、北环路。

2)货车禁行

分时段货车禁行区域:平原路—北海路—睢阳路—建设路围成的区域范围内,限制方式:全天候禁止拖拉机、农用车和畜力车通行,在 06:00～22:00 时间段内禁止货车通行。

古城货车禁行区域:古城城墙内区域,限制方式:全天禁止货车、拖拉机、农用运输车、畜力车通行。

平原南路北海路至阏伯路段禁止货车通行,可经金桥路转北海路进出。

同时,为保障社会经济的正常运转,对于禁区内单位的货运交通,可酌情发放部分通行证方便出入;对于一些特殊运输车辆可发放临时通行证。

3)货运交通组织

货运交通主要由陇海铁路及“两环五连”的城市货运道路系统组织。在建设路—平原路—北海路—睢阳路划出货运专用道,实现客货分流,通过建设路,北海路,睢阳路与城市外环对接,形成近期城市“两环五连”货运走廊。

2. 非机动车交通组织

1)非机动车网络组织

构筑三级非机动车网络系统,形成层次清晰、等级分明的非机动车专用路系统,即非机动车专用路系统、非机动车主干路系统和非机动车次干路系统。其中:

(1)非机动车主干路系统

主要服务于跨功能区的全市性非机动车交通以及居民区与活动中心(如商业网点、工作区等)的非机动车交通,是全市非机动车路网的主骨架,该系统要求机非隔离程度高,干扰小,快速且通行能力较大。主要包括神火大道、凯旋路、归德路、建设路、胜利路等主干道两侧的非机动车道,八一路、长江路等有物理分隔的次干道两侧非机动车道,以及非机动车流量较大的支路,如团结路等。

(2)非机动车次干路系统

主要服务于功能区内的非机动车交通,是非机动车 路网系统中最基本的组成部分,该系统具有直接面向于居民出行,密度大、连通性好、机非隔离程度低的特点。主要包括归德中路、站前路等机非划线分隔的次干道和支路。

(3)非机动车专用路

即在特定路段、特定时间内禁止机动车进入,专供非机动车通行。主要配合市区机动车禁行路段及区域、商业步行街进行设置。市区非机动车专用路有:北站路;非机动车专用路段有:健康路上胜利路至北站路段,人民路上胜利路至北站路段。

2)三轮车禁行

坚决取缔机动三轮车,清理无牌证、无任何营运手续的、老年助力车和残疾人专用车。

对于营运的人力三轮车,总体采取“逐步削减,平稳过渡,适当发展旅游三轮车”的策略,应当逐渐减少其数量与营运范围,同时可以结合商丘市历史文化名城的特点,适当保留部分营运人力三轮车,更型成适应城市景观及文化的旅游三轮车,在旅游景点滨河系统运营,而在城市的其他区域应当分阶段采取禁行的措施。

近期(2006～2008年)以严格取缔不规范的三轮车为主,削减营运三轮车的总量为辅,并对营运三轮车营运范围采取“重点区域与重点路段禁行相结合”的禁行方案：

(1)禁行区域：站前路—凯旋路—民主路围成的火车站区域(含区域边界道路)全天候禁止营运三轮车驶入。

(2)全线禁行路段：睢阳古城南关街，中山大街，北关街，早 6:00 至晚 8:00 禁行营运三轮车。

(3)分段禁行路段：早 6:00～晚 8:00，表 9.9 所示 8 条道路的部分路段禁行营运三轮车。

远期结合城市文化及旅游交通的总体需求，将营运人力三轮车缩减至适当的数量及经营范围，并将其规范为旅游三轮车，在规定的景点、道路上专供游客观光旅游，采取"除规定景点外，重点区域内全部道路禁行"的三轮车禁行方案：

(1)禁行区域一：胜利路、归德路、民主路、中州路、南京路、凯旋路围成的区域。在该区域内包括区域边界，所有营运三轮车禁止通行。

(2)禁行区域二：古城墙围和的区域内部及北关街、南关街全线，所有营运三轮车禁止通行。

表 9.9 分时段分段禁行三轮车的路段

序　号	道路名称	起止区间
1	凯旋路	文化路至胜利路段
2	民主路	长征路至中州路段
3	神火大道	北海路至站前路段
4	南京路	中州路至凯旋路段
5	文化路	中州路至平原路段
6	胜利路	新建路至归德路段
7	向阳路	站前路至团结路
8	团结路	中州路至长征路段

3. 行人交通组织

1)滨河步行系统规划

结合运河两岸景观的开发，构建"一线、一环"的滨水步行交通走廊，其作用有三：一可依托滨水地区的自然、历史、人文景观创造良好的步行环境；二可满足人们的出行需求，减轻沿河流走向的、相邻道路的交通压力；三可利用完善的滨水步行系统支撑滨河景观生态体系及其所带动的商业旅游开发。其中：

- 一线：商周永运河滨水步行带；
- 一环：古城滨河步行系统。

2)主城区步行系统构建

建立起以城市主、次干道两侧的人行道为基础，以向阳路商业步行街为核心以人行过街天桥(地道)为连接点，以“一线一环”的滨水步行交通走廊为纽带连接各主要功能区、联系公交站点及外围停车场地的主城区步行交通系统。

3)完善步行设施

(1)改善行人通道质量

① 完善跨铁路通道的人行系统，对凯旋路、归德路跨铁路通道(下穿)的人行道进行清理维护，将中州路、陇海南路、新建路、平原路的人行通道进行完善，分别在各自的非机动车通道一侧开辟行人通道；

② 建设盲道系统，在市内所有道路的人行通道上铺设盲道；加强建设路、团结路等部分路段人行道的铺装工作，对凯旋路、胜利路等道路人行道路面破损严重的进行清理维护；将城市主要道路的人行通道设置为行人无障碍通道；

③ 在改善行人通道质量的基础上，增设车辆与行人的分离护栏，特别是在交通性干道上，应避免行人的横向干扰，为人车各行其道创造良好的条件；

④ 为保障外地司机及行人熟悉商丘市的道路交通环境，建议在全市主要交叉口设置交通诱导标志牌。

(2)完善行人过街设施

① 为保证滨水步行交通走廊的连续性，在与神火大道、凯旋路、归德路等机动车流量较大的路口。

② 在人流量集中的路段路口设置行人过街地道，如凯旋路与民主路交叉口、凯旋路中段等。

③ 学校、幼儿园、医院等门前道路没有行人过街设施的，应当施化人行横道线，并设置提示标志，必要时可以设置行人触摸式信号灯。

④ 商丘师院、一中、十一中、民主路小学、前进小学等学校门前道路均为城市干道，为保证师生进出校门安全，须在出入口设置。

4. 重点区域交通组织

1)火车站地区

(1)发展定位

商丘火车站地区将发展为以交通功能为中心、配套功能完善，集散顺畅，换乘方便，环境优美，体现城市特色和活力的城市综合交通换乘枢纽。

(2)开发策略

近期：凸现交通功能、控制商业开发；

中远期：纯化地区功能、完善配套服务。

(3)交通组织策略

采用分层次组织，包括外围组织、衔接组织和内部组织，实现该区域外部车流可达性良好,内部各方式间衔接顺畅。

- 外围组织策略:构筑交通保护圈,分流穿越交通;
- 衔接组织策略:改善衔接路网,加强内外联系;
- 内部组织策略:鼓励公交集散,优化出行结构;
- 调整交通流线,协调相互关系;
- 完善换乘系统,提高集散效率。

(4)外部交通整治措施

在站前路、凯旋路、神火大道、民主路等相应进入站前地区的交叉口对不同的车辆的进出分时段进行管制:出租车从神火大道、白云转盘,凯旋路(非高峰时段)进入站前区域;公交车进入站前地区不受限制;社会车辆从神火大道、白云转盘进入站前区域;机动三轮、人力三轮全天禁止从神火大道和白云转盘进入站前地区。

食品街等小支路禁止机动车驶入,内部商家发给特殊通行证;胜利路的支路路口设置标志,引导穿越车辆沿胜利路绕行。

(5)内外衔接组织

站前路限速 20 km;站前路高峰时段禁止摩托车和助力车通行;出租车不得随意掉头,公交首末站和中间站点严格控制停靠时间,保障路段通畅。

(6)内部交通组织措施

① 步行系统组织

设置 4 条人行过街通道;控制沿站前路两侧的停车区域;拓宽东西广场首末站候车站台宽度留出步行通道;设置简明的指示标志牌以引导乘客;进行交通无障碍设计。

② 长途客车组织

利用商海停车场对现有场站进行扩建;调整中心汽车站的班线配置,将短途班线迁出该站;拆除站前广场临时建筑,不允许班车停靠;改善乘客出入口通道条件,整治汽车站前的占道经营现象。

③ 公交车组织

合理配置线路的停靠分布,东广场安排东进东出线路,西广场安排西进西出线路,其余线路从神火大道进出;粮货商场和川黔姐妹饭店前设置内凹式港湾停靠站;站前路西段设置公交专用道;扩宽候车站台,设乘客候车座位和遮挡雨棚;中远期将走向重复性高的线路调整出该区域,将部分始发线路改为中间线路。

④ 出租车组织

设置两块专用的出租车停靠上下客区域,并沿站前路配备部分出租车临时上下客点;禁止出租车随意掉头和长时间停车候客现象。

⑤ 社会车辆组织

充分利用“临时停车场”，作为主要的摩托车、自行车停车区；站前广场西侧区域和商海停车场的部分区域作为主要的社会车辆停靠区域；严格贯彻配建指标，保证周边建筑的停车设施供应；实行分区域分时段收费，鼓励车辆选择外围的停车场，避开高峰时段进入该区域驻车。见表9.10和表9.11所示。

表9.10 机动车停车收费标准

		大车	中车	小车
高峰时段（7:00—10:00，16:00—18:00）	站前广场	15	12	10
	临时停车场	10	8	6
	商海停车场	6	5	4
非高峰时段（除高峰时段之外）	站前广场	12	10	8
	临时停车场	8	6	5
	商海停车场	6	5	4

注：在商海停车场停车可免费乘坐公交进入火车站站前广场。

表9.11 非机动车停车收费标准（临时停车场）

车型	自行车	摩托车
收费（元/次）	0.5	1

（7）火车站区域交通语言系统设计

① 核心圈外部组织设计

a. 主次干道交叉口

◇ 在距交叉口30～50 m处设置交叉路口标志；

◇ 根据火车站地区交通外部组织方案和内外衔接组织方案，在主要交叉口布设相应的禁令、指示标志；

◇ 在站前路与民主路交叉口（白云广场）设置限速20指示标志，并在原人力三轮、机动三轮禁止标志下加设时间范围辅助标志；

◇ 民主路－归德路环形交叉口在归德路南进口路侧适当位置（距交叉口50～60 m）设置环形交叉口警告标志；

◇ 按交叉口改善方案，重新渠化凯旋路—胜利路、凯旋路—民主路交叉口，并施划归德路－胜利路交叉口；在辟有左转弯专用车道的路口，可考虑设置左弯待转区线。

b. 主次干道与支路交叉口

根据交通量、道路条件等在主次干道上设置交叉口警告标志，以提醒司机减速缓行。过街行人较多的交叉口应施划人行横道线并配套设置人行横道警告标志及减速慢行警告标志，这些警告标志之间应协调布设，设置人行横道警告标志的可不设交叉口警告标志。

可考虑在支路路口设置减速让行或停车让行标志并施划相应的路面标线；如归德路机动车行驶道路与民主路交叉口，可在归德路上设置停车让行标志并施划路面标线；

支路路口增设指路牌，并可在主次干道上增设小型交叉路口指路标志；

向阳路南北进口设置禁止机动车通行标志和“持特许证车辆除外”辅助标志，同时在青云街东西进口，人民路、民安大街、解放路等与北站路交叉口进口设置这两种标志；食品街东西进口设置禁止机动车通行标志。

c. 路段

◇ 道路沿线的学校、医院、幼儿园、敬老院、集贸市场等人流出入密集点，根据实际需要施划人行横道标线和相应的预告、警告标志标线，或设置注意儿童警告标志；

◇ 增设并规范重要地点(火车站、长途汽车站、停车场)指路标志；

◇ 规范该地区标志，撤换区域内所有 86 版禁停标志；

◇ 9 m 以上的支路全部按要求施划交通标线；远期可对全市 6 m 以上路面宽度可划两条机动车道的双向行驶的道路，交通量较大应划黄色中心虚线，以指示车辆靠右行驶，各行其道，分向行驶。

② 内部组织设计

a. 车道划分及交叉口渠化设计

站前路路段车道宽度 12 m，设置双向四车道，神火大道为双向六车道，其中站前路西段和神火大道外侧车道设置为公交专用道。车道划线采用黄色“实线、虚线＋虚线、实线”，在车道中央用白色标明“公交专用道”字样，以表明该车道只供公交车使用，不允许其他车辆驶入，同时，在进入该车道入口和各交叉口入口前适当位置设置“公交线路专用车道”指示标志。

b. 人行系统

在天宇商场—西广场公交首末站、中心汽车站—东广场公交首末站、商粮宾馆前公交停靠站—站前广场之间分别设置人行横道线，并按规范要求在到达人行横道前 30～50 m 的路面上施划菱形人行横道预告标示，并设置“注意行人”警告，同时在视线不良的人行横道两头设置人行横道指示标志，引导行人从人行横道处过街。

c. 停车诱导

在神火大道与站前路交叉口入口处路侧设置停车场诱导指示牌。同时，在站前路南侧临时停车场设置“停车场”标志，并在门口设置相应的收费标准指示牌；站前广场收费较高的停车点设置相应的停车指示标志；站前路东的商海停车场，也设置停车指示标志。

d. 指路指示系统

在神火大道距站前路交叉口 30～50 m 处设置小型指路标志，指示火车站、长途汽车站和食品街的方向；在通往火车站、长途汽车站路口设置地点识别标志；分别在火车站、汽车站出站口设置“乘车指南”告示牌，指示公交停车场、出租车停车点等重要地点位置，方便外地游客出行。

2）古城区

（1）发展定位

商丘古城在保护与更新过程中，将以古城墙为依托，归德府为核心，护城河及周边休闲娱乐设施为点缀，集旅游、娱乐、饮食为一体，形成具有商丘古城风格的古城保护区。

商丘古城主要以旅游功能为主，在该区域实现各旅游景点的顺畅衔接，并为各层次游客提供良好的配套服务；以生活功能为辅，依托“古城效应”带动第三产业发展和片区开发，展示良好的城市风貌；避免古城地区功能的过于集中，逐渐将行政、居住等其他功能设施迁出该区域。

（2）开发策略

纯化旅游功能、控制古城开发，努力凸显古城核心区及周边的旅游、休闲功能，对护城河周边新的开发项目严格把关；将部分商业、行政居住等功能设施迁出该地区，限制对交通产生强吸引的综合性商业、高档商住等设施的开发。总体上以低密度开发为主，控制容积率。

（3）交通改善理念

古城保护区交通改善需从整个城市的层面出发，以交通需求管理为主的技术性手段，在协调中解决问题：

① 进行用地布局调整，将行政机构如睢阳区政府迁出古城保护区。

② 调整古城保护区功能，疏散内部人口，使古城保护区成为历史文化保护和旅游观光为主、功能单一的组团。

③ 限制过境交通，形成外围保护圈，分流过境交通。在古城保护区内部建立步行系统，完善以旅游为主的公共交通体系。

（4）交通改善宏观策略

外围组织：构筑交通保护圈，分流穿越交通；衔接组织：改善衔接路网，加强内外联系；内部组织：控制交通需求，优化慢行系统。

① 外围区交通组织

在商丘古城保护区外围建立两级保护圈体系，以归德府城周边主干道神火大道、阏伯路、平原路、北海路组建第一层保护圈，发挥内部集散交通与外围快速交通转换层的作用；第二圈由环护城河的环城东路、环城南路、大阁路、八关街组成，主要起集散交通作用。神火大道、阏伯路、平原路及北海路围成的区域禁止一切大货车进入,部分时段(7:00～20:00)禁止小货车进入;禁止一切大客车进入东、西关街;禁止一切货车进入南、北关街。

② 内外衔接组织

古城内路网主要是通过东、南、西、北关街实现与外部路网的衔接,内外衔接关键是要做好换乘组织。采用P+R的交通组织方式,外部旅游客车、公交车、出租车可以通过南、北关街到古城南、北门停车场,通过电瓶车或步行进入古城。出租车还可以通过东、西关街到古城东、西城门。

③ 内部交通组织

对古城区内部道路设施的改善维持原有道路格局、街巷尺寸和道路路面的铺砌方式,确保不破坏原有的历史风貌特征和空间尺度。古城内部只允许电瓶车和内部居民出行交通进出。

(5)游览线路组织

旅游路的规划应包含古城区内文物景点、传统街区、古城周边景区景点等。见表9.12。

表9.12 规划旅游交通组织

外部交通		换乘点	内部交通	
起始点	交通方式		交通方式	到达点
火车站、汽车站、旅社、酒店、其他	公共交通、旅游客车、出租车、电瓶观光车	东城门停车场、南城门停车场、西城门停车场、北城门停车场	步行、电瓶观光车	主要景点

9.3.6 路段交通组织设计

1. 公交专用道设置

(1)神火大道公交专用道

将神火大道(民主路—文化路)一条外侧机动车道改造为公交专用道;近期公交专用道限时通行,即在规定特定时段(通常时早晚高峰期)仅供公交车通行,远期随着公交客流量的增大,可以改为全天供公交车通行。

(2)站前路公交专用道

将站前路(神火大道—凯旋路)外侧一条机动车道改造为公交专用道,供公交车双向通行;公交专用道全日通行。

2. 港湾式停靠站设置

港湾式停靠站根据不同的道路条件来设计,结合商丘市的实际情况,对港湾式停靠站共分为4大类。

第一类：对于市内机动车道较宽，有较宽的机非分隔绿化带（一般均需超过 2.5 m）的道路，且在改造的绿化带内植物易移植时，可通过改造绿化带设置港湾式停靠站，港湾的长度可根据该站点车辆停靠的线路进行调整，从车站的利用率来看，线路数小于 3 条，设置 1 个车位；容纳线路不超过 5 条时，可设置 2 个车位；线路不超过 8 条时，3 个车位；具体形式如图 9.42 所示。相关道路有神火大道、凯旋路、平原路、中州路、归德中路（长江路—北海路）、民主路（金桥路—平原中路、中州北路—睢阳北路）、文化路等。

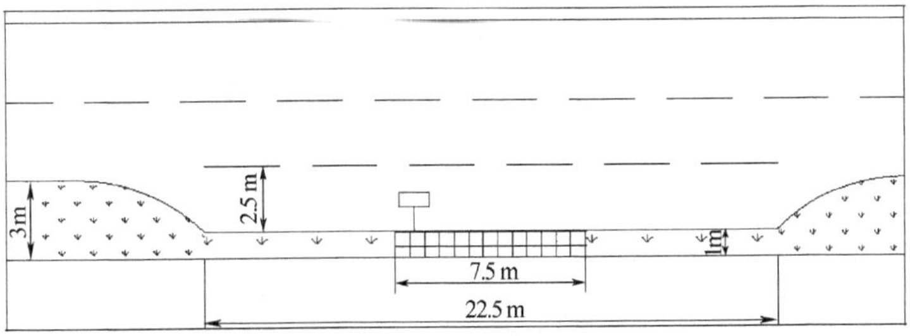

图 9.42　利用绿化带改造的港湾式停靠站示意图

第二类：对于市内有机非分隔带，但分隔带内有不可移植的树木时，如有较宽的非机动车道（一般均需 3 m 以上），可视具体道路条件设置成如图 9.43 所示的港湾式停靠站。这种停靠站是利用非机动车道和绿化带的一部分，根据实际道路交通条件（非机动车道和人行道的宽度及各自的流量）来确定是否设置以及需要向非机动车道湾进的距离。港湾式停靠站的出入口须考虑绿化带的断口或相邻两棵树之间的间距是否能满足公交车转弯的需要。

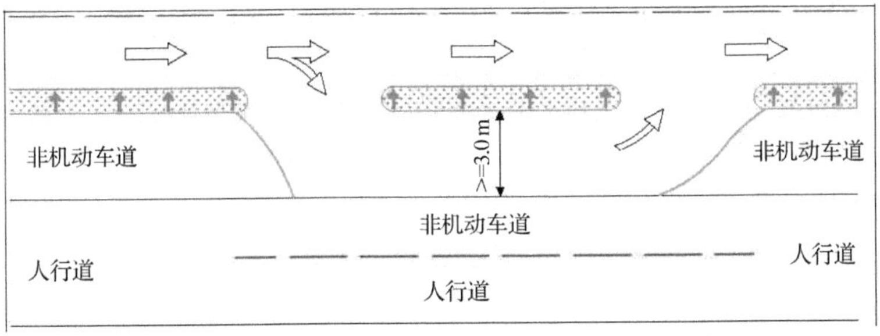

图 9.43　利用非机动车道改造的港湾式停靠站示意图

第三类：对于城市内次干道、双向两车道或是机非车道间无绿化带可利用的城市道路，可视具体条件设置成外凸式港湾停靠站。外凸式港湾停靠站是利用部分非机动车道和右侧机动车道，根据实际道路交通条件（非机动车道和机动车道的宽度及各自的流量）来确定向非机动车和机动车道湾进的距离，以及机动车道向对向偏移的距离，港湾最宽处以2.5 m为宜，具体形式如图9.44所示。对于胜利路、民主中路(平原中路—中州北路)、归德路(长江路—北海路)、长江路、八一路等道路，可采用外凸式港湾停靠站进行设计。

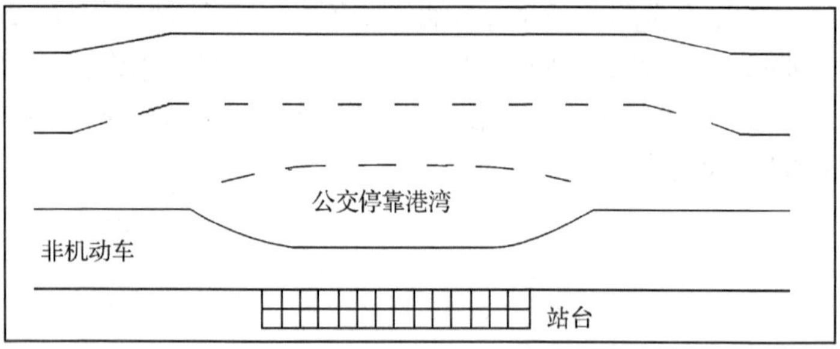

图9.44　外凸式港湾停靠站

第四类，对于城市内流量较大、饱和度较高支路或是一块板形式的次干道，可视具体情况利用人行道空间设置成港湾式停靠站，具体形式如图9.45所示，对于站前路、团结路、归德路(民主中路—长江路)可用内凹式港湾式停靠站进行设计。当人行道空间较小时，也可以采用外凸式港湾式停靠站。

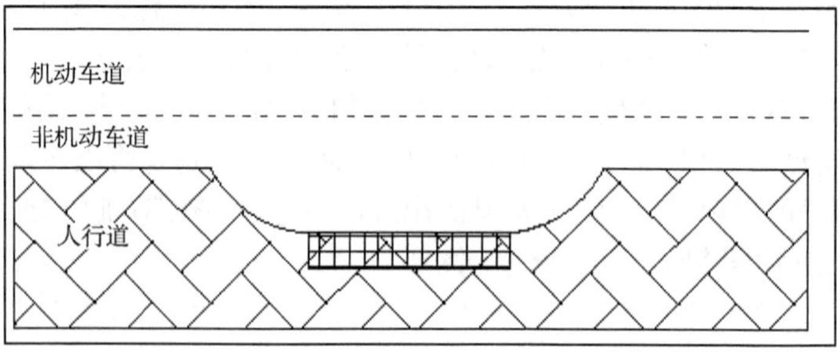

图9.45　利用人行道改造的港湾式停靠站示意图

3. 机动车停车管理

(1)建立规划、建设、管理一体化的管理体制；

(2)实行区域差别的收费政策，合理调整停车收费；

(3)加大停车管理的执法力度，改善交通秩序；

(4)完善现有停车标准。

4. 非机动车停车场管理

针对商丘市非机动车停车矛盾，近期重点抓“学校”、“集贸市场”、“商场”自行车停车场建设。非机动车停车场管理措施如下：

在车站、医院、商场等大中型公共建筑附近规划非机动车停车场，由市政建设主管部门(市规划局、市建委、市政管理局等)负责建设及日常经营、管理，收费标准由市物价局制定。

表9.13　商丘市配建停车场配建指标建议值

建筑类型		计算单位	建议指标	88年国标	
住宅建筑	1. 别墅	泊位/户	1.0～1.5	一类 车位/户	0.5
	2. 商住	泊位/户	0.7～1.0		
	3. 普通住宅:				
	未划分户面积	泊位/户	0.3～0.8		
	<120 m²	泊位/户	0.3～0.5	二类	—
	120～150 m²	泊位/户	0.5～0.8		
	>150 m²	泊位/户	1.0～1.2		
	经济适用房	泊位/户	0.3		
商业建筑	1. 商业区或商业、百货大楼	泊位/100 m² 营业面积	0.3～0.5	车位 /100 m²	0.3
	2. 购物中心	泊位/100 m² 营业面积	0.5～0.7		
	3. 普通零售	泊位/100 m² 营业面积	0.3		
旅馆	1. 五星级宾馆	泊位/客房	1.0～1.5	一类(车位/客房):0.2 二类(车位/客房):0.08	
	2. 三星级、四星级宾馆	泊位/客房	0.5～1.0		
	3. 普通旅馆	泊位/100 m² 建筑面积	0.2～0.4		
办公建筑	1. 市机关办公楼	泊位/100 m² 建筑面积	1.5～2.0	一类(车位/100 m²):0.4 二类(车位/100 m²):0.25	
	2. 其他政府办公楼	泊位/100 m² 建筑面积	0.7～0.8		
	3. 普通办公楼	泊位/100 m² 建筑面积	0.4～0.5		
	4. 商务办公楼	泊位/100 m² 建筑面积	0.5～1.2		
	5. 金融邮电	泊位/100 m² 建筑面积	0.5～0.8		
餐饮娱乐建筑	1. 一类餐饮	泊位/100 m² 建筑面积	2.0～2.5	饭店娱乐 (车位/100 m²):1.7	
	2. 二类餐饮	泊位/100 m² 建筑面积	0.4～1.5		
	3. 娱乐	泊位/100 m² 建筑面积	0.7～1.5		
博览建筑	1. 图书馆	泊位/100 m² 建筑面积	0.25	展览馆 (车位/100 m² 营业面积):0.2	
	2. 展览馆、博物馆	泊位/100 m² 建筑面积	0.3		
影剧院	1. 省市级影剧院	泊位/100 座位	4.0	一类(车位/百座):3.0 二类(车位/百座):0.8	
	2. 一般影剧院	泊位/100 座位	2.0		
体育馆	1. 一类体育场馆	泊位/100 座位	2.5～3.0	一类(车位/百座):2.5 二类(车位/百座):1.0	
	2. 二类体育场馆	泊位/100 座位	1.5～2.0		

续上表

<table>
<tr><th colspan="2">建筑类型</th><th>计算单位</th><th>建议指标</th><th>88 年国标</th></tr>
<tr><td rowspan="2">游乐场所</td><td>1. 公园</td><td>泊位/100 m² 游览面积</td><td>0.1～0.2</td><td rowspan="2">一类:市区 0.8
郊区 0.12
二类:0.02
单位同左</td></tr>
<tr><td>2. 旅游区、度假村</td><td>泊位/100 m² 游览面积</td><td>0.1～0.15</td></tr>
<tr><td rowspan="4">学校</td><td>1. 幼托</td><td>泊位/100 学生</td><td>0.2</td><td rowspan="4">国标无规定</td></tr>
<tr><td>2. 小学</td><td>泊位/100 学生</td><td>0.2</td></tr>
<tr><td>3. 中学</td><td>泊位/100 学生</td><td>0.3</td></tr>
<tr><td>4. 成人教育</td><td>泊位/100 学生</td><td>0.4</td></tr>
<tr><td rowspan="2">医院建筑</td><td>1. 市级及以上医院</td><td>泊位/100 m² 建筑面积</td><td>0.25～0.40</td><td rowspan="2">车位/100 m² 建筑面积:0.2</td></tr>
<tr><td>2. 市级以下医院</td><td>泊位/100 m² 建筑面积</td><td>0.15～0.20</td></tr>
<tr><td rowspan="2">厂房仓库</td><td>1. 厂房</td><td>泊位/100 m² 建筑面积</td><td>0.2～0.6</td><td></td></tr>
<tr><td>2. 仓库</td><td>泊位/100 m² 建筑面积</td><td>0.03～0.05</td><td>国标无规定</td></tr>
<tr><td rowspan="2">市场</td><td>1. 批发交易市场</td><td>车位/100 m² 建筑面积</td><td>1.0</td><td rowspan="2">国标无规定</td></tr>
<tr><td>2. 农贸市场</td><td>车位/100 m² 建筑面积</td><td>0.15～0.2</td></tr>
<tr><td rowspan="3">交通建筑</td><td>1. 汽车站</td><td>车位/千旅客</td><td>2.2</td><td rowspan="3">该指标为参考值,具体设计时应以专项交通设计的结果而定</td></tr>
<tr><td>2. 火车站</td><td>车位/千旅客</td><td>2.2</td></tr>
<tr><td>3. 客运码头</td><td>车位/千旅客</td><td>2.2</td></tr>
</table>

对于非机动车公共停车场,尤其是主干道两侧人行道上的非自行车停车带,严禁任何单位侵占、擅自停止使用或者将其挪作他用,否则市政管理、交警部门将对其依法处理。

小区内部自行车停车场、自行车配建停车场应该保持良好的停车秩序,不能影响居民正常行走,尤其不能堵塞消防通道。居民自行车应停放在配建停车场里面,而不能随意占用在楼道等公共空间。见表 9.14。

表 9.14　公共建筑配建停车场控制指标

名　称	单　位	非机动车	名　称	单　位	非机动车
餐饮店	车位/100 m² 建筑面积	3.6	中学	车位/100 学生	40～80
商业场所	车位/100 m² 营业面积	7.5	火车站	车位/高峰日每千旅客	4.0
集贸市场	车位/100 m² 营业面积	7.5	旅馆	车位/客房	0.08
体育场馆	车位/100 座	20.0	城市公园	车位/100 m²游览面积	0.2
医院	车位/100 m² 营业面积	1.5	住宅小区	车位/户	1.5
影剧院	车位/100 座	15.0	展览馆	车位/100 m² 营业面积	1.5
码头	车位/高峰日每百旅客	2.0	办公楼	车位/100 m² 建筑面积	2.0

5. 出租车停靠点设置

(1)主干道:设置“出租汽车上下站”,即停即下,即上即走,严格保障主干路交通功能发挥;

(2)次干道:需求的平衡和协调最小,“禁止出租汽车停靠”标志和“出租汽车停靠站” 相结合;

(3)支路:尽可能满足居民的出租汽车出行需求,实行招手即停。

9.3.7　节点交通组织设计

1. 民主路—神火大道交叉口改善设计

1)问题描述

交叉口内部行车轨迹混乱,冲突点较多,干扰较多,某些车道服务水平仅为D或E级。交叉口北进口直接与商丘火车站连接,交通流量非常大且组成复杂,现状较混乱。

2)改善措施

(1)拆除交叉口内部影响行车轨迹的障碍物;

(2)民主路进口道功能重新划分,并增加一个直行车道;

(3)取消路口内部现有右转专用道;

(4)合理设置相位,并采用悬臂式信控设备;

交叉口内部合理渠化。详见图9.46。

图9.46　民主路—神火大道交叉口改善设计图

3)信号配时

根据前述车道划分及交叉口高峰小时机动车流量情况,计算得到交叉口周期为120 s,四相位控制,具体交叉口相位设置、信号配时如图9.47和图9.48所示。

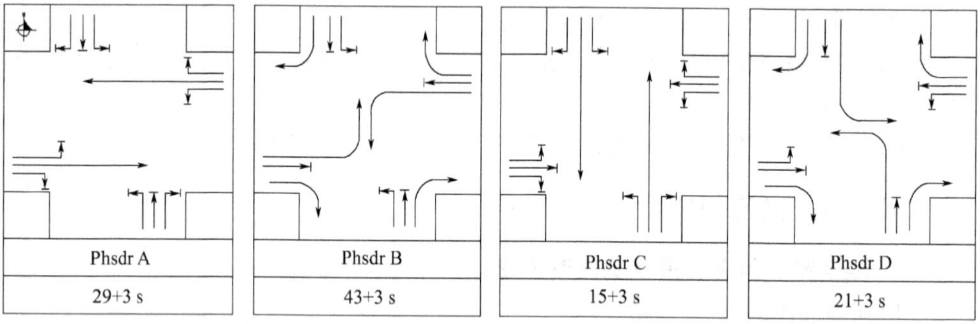

图9.47 交叉口信号相位及相序设置示意图

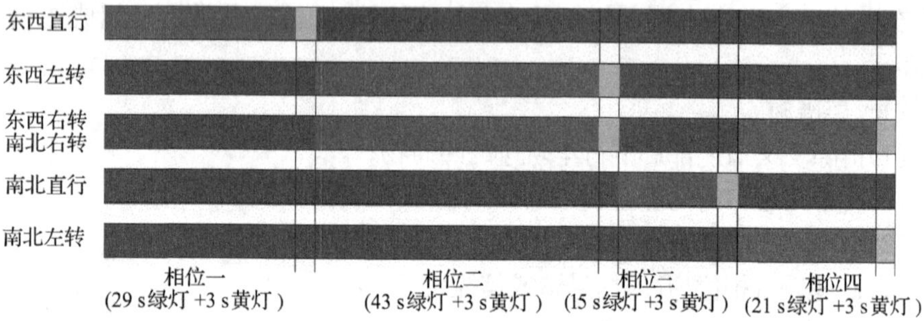

图9.48 交叉口信号配时图

4)效果评价

经交通改善,基本消除了机动车之间的流线冲突,行车秩序有很大改善,该交叉口的服务水平将由现状的C级提升到B级。此外,改善方案充分考虑了交叉口内非机动车与行人的安全性,基本做到了非机动车、行人与机动车之间的空间间隔,并且通过合理的渠化,进一步提高了非机动车与行人在交叉口通行时的安全性,达到了设计要求。

第10章　建设项目交通影响分析

交通影响分析是通过研究土地开发项目与交通需求增长之间的关系，分析基地对城市交通的影响范围和影响程度，进而确定相应的对策或修改方案，实施补偿政策，以减小开发方案对交通的影响。开展交通影响分析能够促进城市的合理开发建设、促使土地开发利用与交通的协调发展、保证社会资源使用的公平性，同时通过交通组织与改善可提供优良的交通环境。

10.1　技术指引

10.1.1　交通影响分析的工作内容

开展交通影响分析的主要工作内容包括：

(1)基地及周边地区开发状况：包括基地及周边地区土地开发利用、基地主要经济技术指标、建设时序等；对于特征年距基年 3 年以上的基地，需分析未来的交通网络状况。

(2)现状调查与分析：主要对现状交通影响范围内的交通设施及交通运行情况进行调查分析。

(3)交通需求分析：包括背景交通量、基地交通量的发生、吸引、分布及分配预测、高峰小时合成交通量以及停车需求预测。

(4)交通影响评估：评估基地对道路网络、停车系统、慢行交通以及公共交通的影响程度。

(5)交通系统改善分析：对交通影响评估中影响程度较大相关交通设施提出改善措施及建议；当采用上述改善措施不能有效减小基地建设所带来的影响时，可对基地性质及容积率提出改善建议。

10.1.2　交通影响分析工作流程

交通影响分析工作一般分为三个阶段：

第一阶段：收集资料，开展交通调查。搜集基地及周边地区的区位、社会经济现状及未来发展情况、人口分布、土地规划利用情况，基地初步设计情况等资料，并对影响范围内的道路和交叉口的交通量、延误等进行调查分析现状交通设施的服务水平;对于缺乏发生吸引率等数据的基地,可通过调查相似建筑的小汽车、行人、自行车等发生吸引量以及停车场使用情况,以作为特征参数的选择依据。

第二阶段:交通需求预测与评估。预测背景交通量、基地交通量及停车需求,评估对道路设施、慢行设施、公共交通设施服务水平的影响以及停车供给能否满足需求、出入口设置是否合理。

第三阶段:确定交通改善措施,给出交通影响分析结论。从交通组织、交通工程设计、土地利用三方面提出相应的交通改善措施,并给出影响分析的评价结论与建议。

10.1.3 成果构成及要求

1. 成果构成

建设项目交通影响分析成果为交通影响分析报告(含附图)。

2. 报告内容

(1)概况;

(2)基地及周边地区开发状况;

(3)交通现状分析;

(4)交通需求预测;

(5)交通影响评估;

(6)交通组织与交通设施改善;

(7)结论和建议。

3. 附图内容

(1)基地区位图;

(2)基地建筑平面图;

(3)交通组织流线图;

(4)交通设施改善图。

10.1.4 关键技术方法

10.1.4.1 交通影响范围确定

常用的确定交通影响范围的方法主要有道路边界法和竞争范围法。

(1)道路边界法

根据地块周围道路功能确定影响范围内部的交通系统。若基地周围为次干路或支路,以最近的主干路或次干路合围区域为影响范围;若基地周围为主干路,则以最近的次干路或交通功能较强的支路合围区为影响范围。

(2)竞争范围法

若开发地块为公共服务设施或商业设施,可根据开发设施的同类开发设施的位置、竞争情况或最短出行时间勾出大致影响范围边界。

10.1.4.2 交通需求预测

交通需求预测主要包括背景交通量(基地外的交通量)预测和基地交通量(出行起讫点在基地)预测以及停车需求预测。

1. 背景交通量预测

背景交通量预测的是没有建设基地的情况下,预测特征年研究范围内交通量。背景交通的组成又可分为两个部分:第一,过境交通,即经过研究区域,但出行起讫点均在研究范围之外的交通;第二,交通出行起点或讫点在研究区域内,这种出行是由研究范围内其他基地产生的,包括考虑业已批准的可能会在研究期末建成的规划基地。背景交通量的确定常用以下3种方法:交通规划法、弹性系数法、叠加法。

(1)交通规划法

该方法适用于已编制了综合交通规划的城市,可直接应用综合交通规划部分数据和指标对评价设施的交通背景负荷进行预测。

在市区范围内,区域层次或次区域层次的交通规划一般会给出主要道路的交通预测数据。这些交通预测数据可以直接作为基地的未来背景交通量。若难以得到区域交通规划的交通预测数据,采用交通仿真模型和OD反推理论,得到区域整体的OD分布,以此为基础预测未来年出行OD分布,并将其分配到路网,从而得到预测年的背景路段流量。

(2)弹性系数法

弹性系数法是通过研究确定交通的增长率与国民经济发展的增长率之间的比例关系——弹性系数,根据国民经济的未来增长状况,预测交通的增长率,进而预测未来交通。

弹性系数与社会经济的发展层次、地区特点、发展战略等均有一定的关系。因此,弹性系数的确定应综合分析预测地区的历史、现状、发展趋势,通过历史现状资料分析其不同时期的弹性系数,并通过其他地区的类比分析等确定。

(3)叠加法

将研究范围内所有已经批准和纳入规划的新开发设施或改建设施的交通产生量进行叠加,适用于预测平稳发展的区域。

2. 基地交通量预测

基地交通量预测采用传统的四阶段法进行预测,其中交通生成预测的方法有所不同,本节将重点介绍基地交通量的生成预测方法。

交通生成预测有很多种方法,包括交通产生率法、类别生成率法、回归分析法、时间序列法、弹性系数法等,最为常用的是交通产生率法,具体如式10.1所示;基地按其性质一般分为住宅、商业、服务、办公、场馆与园林、医疗、学校、交通、工业、混合与其他共十一个大类。

$$N = \sum_{i} S_i \cdot x_i \tag{10.1}$$

式中 N——吸引或者发生量；

S_i——第 i 类基地的建筑面积；

x_i——第 i 类基地的发生吸引率。

不同类基地的发生吸引率参看表 10.1。

表 10.1 不同类型基地发生吸引率表

大类名称	中类名称	说明	高峰小时出行率参考值	出行率单位
住宅	宿舍	集体宿舍、集体公寓等	4～10	人次/百 m^2 建筑面积
	保障型住宅	廉租房、经济适用房等	0.8～2.5	人次/户
	普通住宅	普通商品房、居民楼等	0.8～2.5	
	高级公寓		0.5～2.0	
	别墅		0.5～2.5	
商业	专营店	专营店、小型连锁店等	5～20	人次/百 m^2 建筑面积
	综合性商业	综合型超市、百货商场、购物中心等	5～25	
	市场	批发或零售市场、农集贸市场、菜市场等	3～25	
服务	娱乐	娱乐中心、俱乐部、休闲会所、活动中心、迪厅、网吧等	2.5～6.5	人次/百 m^2 建筑面积
	餐饮	餐馆、饭店、饮食店等	5～15	人次/百 m^2 建筑面积
	旅馆	招待所、旅馆、酒店、宾馆、度假中心等	3～6	人次/百 m^2 建筑面积・高峰小时
			1～3	人次/套客房・高峰小时
	服务网点	邮局、电信、银行、证券、保险等对外服务的分理处或营业网点	5～15	人次/百 m^2 建筑面积・高峰小时
办公	行政办公	党政机关、社会团体的办公楼	1.0～2.5	人次/百 m^2 建筑面积高峰小时
	科研与企事业办公		1.5～3.5	
	商业写字楼		2.0～5.5	
场馆与园林	影剧院	电影院、剧场、音乐厅等	0.8～1.8	人次/座位
	文化场馆	图书馆、博物馆、美术馆、科技馆、纪念馆等	1.5～3.5	人次/百 m^2 建筑面积
	会展场馆	展览馆、会展中心		
	体育场馆	比赛型/训练性/综合性体育场馆、健身中心等	0.2～0.8	人次/座位
			2～5	人次/百 m^2 用地面积
	园林与广场	城市公园、休憩公园、游乐场、游乐园、旅游景区等	10～100	人次/百 m^2 用地面积

续上表

大类名称	中类名称	说明	高峰小时出行率参考值	出行率单位
医疗	社区医院	诊所、社区医疗中心、体检中心	1.5～4.0	人次/百 m^2 建筑面积
	综合医院	各级各类综合医院、急救中心等	3～12	
	专科医院	专科医院	4～8	
	疗养院	疗养院、养老院、康复中心等	1～3	人次/床位
学校	高等院校		0.5～2.0	人次/百 m^2 建筑面积
	中专及成教学校	中专、职高、特殊学校及各类成人与业余学校	2.5～5.0	
	中小学	高中、初中	6～12	
	幼、小学	小学、幼儿园、托儿所	12～25	
交通	客运场站	对外交通客运和航站楼、城市客运枢纽	依据调查数据或相关专项指标	
	货运场站	货运站、货运码头、物流中心		
	加油站	加油站		
	停车设施	社会停车场库、公共汽电车停车场库		
工业	工　业			
混合	混　合	使用功能包含了两种或两种以上建设项目大类的建设项目，如多功能综合楼、商住楼等		
其他	市　政	非交通市政设施，如供水厂、供电厂、供气厂、供热厂、排渍站等		
	其　他	农业建筑、军事建筑等特殊建筑		

3. 停车需求预测

常用的基地停车需求预测方法是根据基地高峰小时机动车吸引量、停车场利用率等变量因子进行计算，具体计算公式如式 10.2 所示。

$$P=W\times T\times\gamma/(60\times\alpha) \tag{10.2}$$

式中　P——基地停车泊位需求量；

W——基地高峰小时吸引的机动车数；

T——基地机动车平均停车时间(min)；

γ——基地吸引机动车中非出租车车辆比例；

α——基地泊位利用率，根据基地泊位实际利用情况取值。

10.1.4.3 交通影响评估

1. 道路网络

(1)路段机动车服务水平

交通影响分析需对影响范围内的主要路段和关键断面(瓶颈段、桥梁等)进行通行能力分析和饱和度(V/C)分析。这里需要分析的主要路段是交通量增长幅度超过5%的路段。目前路段机动车服务水平评估标准见表10.2所示,一般可以接受的是C级服务水平。

表10.2 路段机动车服务水平评估标准

v/c	状　　态	服务水平分级
$V/C \leqslant 0.40$	通常都以该路段的设计车速的90%行驶,车辆行驶完全不受阻碍	A级
$0.4 < V/C \leqslant 0.60$	车辆行驶基本不受阻碍,其平均行程速度约为道路设计车速的70%	B级
$0.60 < V/C \leqslant 0.85$	车辆稳定行驶,驾驶性能和车道变换受到一些限值,平均行程速度约为道路设计车速的50%	C级
$0.85 < V/C \leqslant 1.0$	车辆变换车道变得较为困难,平均行程速度约为道路设计车速的40%	D级
$V/C > 1.0$(不稳定)	车辆行驶严重受阻,车流处于时停时行状态,平均行程速度低于道路设计车速的1/3	E级

(2)交叉口机动车服务水平

① 信号交叉口

信号交叉口机动车服务水平主要通过交叉口饱和度和延误两方面进行评估,评估标准如表10.3所示。

表10.3 信号交叉口服务水平评估标准

服务水平	交叉口饱和度	每车延误(S)	服务水平	交叉口饱和度	每车延误(S)
A	≤0.25	≤10	D	0.70～0.85	36～55
B	0.25～0.50	11～20	E	0.85～0.95	56～80
C	0.50～0.70	21～35	F	>0.95	>80

② 无信号交叉口

无信号交叉口机动车服务水平主要通过延误指标进行评估,评估标准见表10.4所示。

表 10.4　无信号交叉口服务水平评估标准

服务水平	每车延误(S)	服务水平	每车延误(S)	服务水平	每车延误(S)
A	≤10	C	16—25	E	36—50
B	11—15	D	26—35	F	>50

2. 非机动车交通设施

(1)非机动车道通行能力

主要看非机动车道的通行能力能否满足非机动车交通需求,非机动车道的通行能力见表 10.5 所示。

表 10.5　建议的自行车车道通行能力　　辆/(h·m)

分隔情况	不受平交路口影响路段	受平交路口影响路段	交叉口进口路段
栅栏分隔	2 100	1 000～1 200	800～1 000
标线分离	1 800	800～1 000	500～1 000

(2)非机动车停车设施

主要指户外及室内的自行车停放设施,要求就近布置在公共建筑附近,以便停放;尽可能利用人流较少的街巷、附近空地或建筑物内(地面或地下)布置分散的或集中的停车场地。自行车停车场的容量通常可以按户外 1.8 m^2/辆,室内 2.0 m^2/辆计算。每个停车场应设置 1～2 个出入口。

3. 行人交通设施

行人交通设施的设计通行能力见表 10.6 所示。

表 10.6　行人交通设施的设计通行能力　　pcu/h·m

步　道　类　型	折减系数(反映服务水平)			
	0.75	0.80	0.85	0.90
人行道	1 800	1 900	2 000	2 100
人行横道	2 000	2 100	2 300	2 400
人行天桥,人行地道	1 800	1 900	2 000	
车站码头的人行天桥、地道	1 400			

注:车站、码头的人行天桥、人行地道的一条步行带宽度应采用 0.9 m,其余均采用 0.75 m。

行人交通设施的服务水平,与道路条件、交通条件、服务设施、管理水平、交通环境等因素有密切的关系。在实际应用中,一般采用人均占有道路空间面积、可以达到的步行速度、步行者步行自由程度、超越他人与横穿人流的可能性与安全舒适程度等作为评价标准。行人交通设施服务水平分级标准见表 10.7。

表 10.7 行人交通设施服务水平等级划分

服务水平等级	A	B	C	D	E
行人占用面积(m^2/人)	>3.0	2～3	1.2～2	0.5～1.2	<0.5
横向间距(m)	1.0	0.9	0.8	0.7	0.6
纵向间距(m)	3.0	2.4	1.8	1.4	1.0
步行速度	1.2	1.1	1.0	0.8	0.6
通行能力(人/h·m)	1 400	1 830	2 500	2 940	3 600
运行状态	可以完全自由行动	处于准自由状态,偶尔有降速	个人尚舒适,部分行人行动受约束	行走不便,大部分处于受约束状态	完全处于排队前进,个人无行动自由
行人自由度	有足够的空间供行人选择及超越他人,亦可横向穿越与选择行走路线	可以较自由地选择步行速度、超越他人,反向与横穿要适当减速	选择步速与超越他人受限,反向与横穿常发生冲突,有时要变更步速和行走路线	正常步速受限,有时要调整步幅、速度与线路,超越、反向、横穿均有困难,优势产生阻塞或中断	所有步行速度、方向均受限制。经常发生阻塞、中断,反向与横穿绝不可能

4. 公共交通

公共交通服务水平主要通过对公共交通线路的供给能力进行评估,其衡量指标为剩余载客容量,计算公式如式 10.3 所示。

$$各线路高峰小时剩余载客总容量=\sum(0.7-O_i)\times 60/f_i\times C_i \quad (10.3)$$

式中 f_i——线路 i 高峰小时发车频率(min);

C_i——线路 i 单车载客量(人);

O_i——线路 i 在基地最近公共交通站的高峰载客率(%)。

5. 停车设施

(1)配建停车设施

停车供需分析主要是看基地配建停车泊位能否满足停车需求。

基地停车泊位的供给主要由建筑物的配建泊位提供,关于各类型建筑物配建停车泊位,除了公安部、建设部颁布的规范外,各省及主要城市也都根据实际情况在有关规则中明确了相应的指标，分别见表10.8和表10.9。

表10.8　公安部、建设部《停车场规划设计规则》公共建筑配建停车位建议指标

类　别	单　位	机动车停车位		自行车停车位	
		Ⅰ	Ⅱ	Ⅰ	Ⅱ
旅馆①	每客房	0.2	0.08	—	
饭店、餐馆	每百平米营业面积	1.7		3.6	
办公楼②	每百平米建筑面积	0.4	0.25	0.4	2.0
商业场所③	每百平米营业面积	0.3		7.5	
体育场馆④	每百座位	2.5	1.0	20.0	20.0
影剧院⑤	每百座位	3.0	0.8	15.0	15.0
展览馆	每百平米营业面积	0.2		1.5	
医　院	每百平米营业面积	0.2		1.5	
火车站	高峰日每千旅客	2.0		4.0	
客运码头	高峰日每百旅客	2.0		2.0	

注：以上指标不包括本部门职工所需停车位。

① 大城市：第一类以接待外国人、港澳同胞和华侨为主。第二类接待国内旅客。

② 一类：中央、省级机关、外贸机构及外国驻华办事机构。二类：其他机构。

③ 以接待外国人、港澳同胞和华侨为主的商业场所机动车停车位指标应适当增加。

④ 体育场停车位指标可适当减少。体育馆：一类座位数≥4 000；二类座位数<4 000。体育场：一类座位数≥15 000；二类座位<15 000。

⑤ 一类：省、市级和相当于省、市级的影(剧)院。二类：一般影(剧)院。

表10.9　《江苏省城市规划管理技术规定》的公共建筑配建停车位最低控制指标

使用性质	小汽车	自行车
	车位/万平方米建筑面积	车位/万平方米建筑面积
行政办公	30～50	300
商业、金融、服务业、市场等	25～40	500
文化娱乐	50～60	500
医　院	25～30	300

另注：地面停车车位不得小于总停车位的20%。

(2)停车场出入口

停车场出入口设置的主要原则如下所示：

① 停车场的出入口不直接与城市快速路和主干道相连，应尽量设在次干道或支路上，并尽可能地远离交叉口。

② 机动车停车场车位指标大于 50 个小型汽车车位时，其出入口不得少于 2 个；大于 500 个时，出入口不得少于 3 个。公共建筑配建的机动车停车场车位指标，包括吸引外来车辆和本建筑所属车辆的停车位指标。

③ 机动车停车场的出入口应有良好的视野。出入口距离人行过街天桥、地道和桥梁、隧道引道须大于 50 m。

④ 容量为 50 辆以上的停车场，其出入口距离交叉口以大于 100 m 为宜，以免车辆进出高峰时，干扰主干道和交叉口的正常交通，同时也可避免交叉口为红灯时排队车辆阻塞停车场的出入口；当容量少于 50 辆时，距离交叉口须大于 80 m。

⑤ 公共建筑若设置多个出入口，出入口之间的净距须大于 10 m，出入口宽度不得小于 7 m。出入口转弯半径一般不宜小于 13 m，出入口纵坡一般不宜大于 8%。

⑥ 停车场出入口若设置在交通量很大的干道上，在高峰时间应设置信号控制或禁止停车场出入车辆左转；也可利用内部道路和周边道路形成环路，化解左转弯车辆对干道车流的影响。

⑦ 在临近道路和基地内部道路之间设置的连接车道，应为驶入和驶出车辆设有足够长度的排队等待区。保证驶入车辆不会排队至临近道路的行车道而影响直行车流，驶出车辆拥堵内部车流和行人的运行。

10.1.4.4　交通改善技术

1. 交通组织

(1)区域交通组织

区域交通组织设计主要遵循以下原则：

① 交通组织设计与停车场布局、建筑布局、功能要求相协调，并注重方便、美观、安全的原则。

② 充分利用信号、标志、标线、天桥、地下通道等合理诱导车辆和行人，把人流与车流从时间和空间分开。

③ 重视行人、非机动车和机动车流线组织的协调，减少在公建群内部的冲突和交织。

④ 鼓励大型公共建筑前公共场地及地面步行交通，建立联系公共交通站点、停车场、公共广场、公共建筑等节点的完善的步行系统，有条件的利用人行道路、地下走廊、空中廊道等开辟舒适的步行环境。

(2)出入口交通组织

基地出入口交通组织主要遵循以下原则：

① 交通分流

根据大型公建与周边道路的基本特性与功能要求，明确出入口处不同方式交通流的出行特征，合理组织出入口处的交通流线，做到人流，车流相互分离，不产生冲突干扰。

② 交通协调

分析大型公共建筑的综合功能需求，合理划分其内部使用空间与外部公共空间。通过出入口交通组织使得大型公共建筑的内部交通流线与外部交通流线衔接顺畅，避免产生流线间相互干扰。

③ 交通效率

充分考虑不同出行目的、不同车型的机动车交通特性，出入口交通组织体现交通流向布置的合理性，最大限度减少车辆在大型公共建筑内部及建筑周边道路的绕行与冲突，提高通行效率。

④ 干道优先

出入口的交通组织应保证公共建筑的交通组织服从局部路网的交通要求，以干道交通优先为首要原则，保证邻接干道交通流的连续性。

2. 交通工程设计改善

(1)出入口改善

进行出入口交通设计改善主要考虑以下因素：

① 出入口不直接与城市快速路和主干道相连。

② 出入口合理划线、设置行人斑马线，必要时设置信号灯等。

③ 如果设置信号灯，应该优先让直行车流通行。

④ 满足与临近道路的视距要求，出入口处的门面房、广告牌、灯柱、标志牌等都是会造成视距受阻的因素。

⑤ 根据基地交通分布预测，设置相应的车道数，保证出入口有足够通行能力，尽量减少对临近道路的不利影响。

⑥ 基地出入车道应该与临近道路呈的交叉角度应接近90度。相互交叉的车流呈直角交叉，两者的相对速度最小，视野最好。

⑦ 在临近道路和基地内部道路之间设置的连接车道，应为驶入和驶出车辆设有足够长度的排队等待区。保证驶入车辆不会排队至临近道路的行车道而影响直行车流，驶出车辆拥堵内部车流和行人的运行。根据前面出入口分析，确定高峰时段的车辆排队长度。对于一些车辆短暂停留的建筑，比如银行、加油站、快餐店等，需要考虑高峰时段车辆的排队容量。

⑧ 与临近交叉口保持一定的距离；与相邻建筑的出入口保持一定的距离，一般至少为45～75 m。

⑨ 公共建筑若设置多个出入口，利用内部道路和周边道路形成环路，化解左转弯车辆对干道车流的影响。

常见的出入口改善措施主要包括以下几个方面：

① 增设交通信号；

② 增设交通标志、标线；

③ 新辟连接道路；

④ 新辟加、减速车道；

⑤ 限制车辆左转驶入、出；

⑥ 调整信号周期长度；

⑦ 交叉口引入多相位控制。

常用的改善措施如图 10.1 所示。

(2)交叉口设计改善

交叉口设计改善常用的方法有如下：

① 不改变交叉口的几何范围，通过合理划分车道、调整信号配时来改变交叉口的运行状况。

② 限制行人流量、限制机动车左转，几何改造(拓宽交叉口、交通渠化)、信号相位的设计(延长周期、转向保护相位、机非时空组合)等。

③ 在上述两类方法均不能奏效时，修建人行天桥、地道，修建自行车过街地道、扩建交叉口、考虑立交方案等。

3. 公交系统改善措施

公交系统的改善主要是为了提高公共交通通行能力，方便乘客，常用的措施主要为：

① 公共交通车站移位；

② 新建或扩建港湾公共交通站；

③ 增设线路、首末站等。

4. 土地利用改善措施

(1)容积率

容积率是建筑总面积与建筑用地面积的比。基地的容积率是最重要的指标，它的变化直接体现到基地发生吸引交通量的变化，即与基地发生吸引交通量成正比。因此，当基地对周边道路交通设施影响较大而采用其他措施不能有效减小基地建设所带来的影响时，可采用降低基地容积率的改善措施。

(2)使用性质

在基地设计方案中，开发商已经根据规划要求对基地的使用功能进行了安排。但是，当基地对周边道路交通设施的影响较大时，可在不改变基地大类功能的前提下，对部分建筑的使用功能进行调整，通过减少基地发生吸引交通量来进行交通改善。

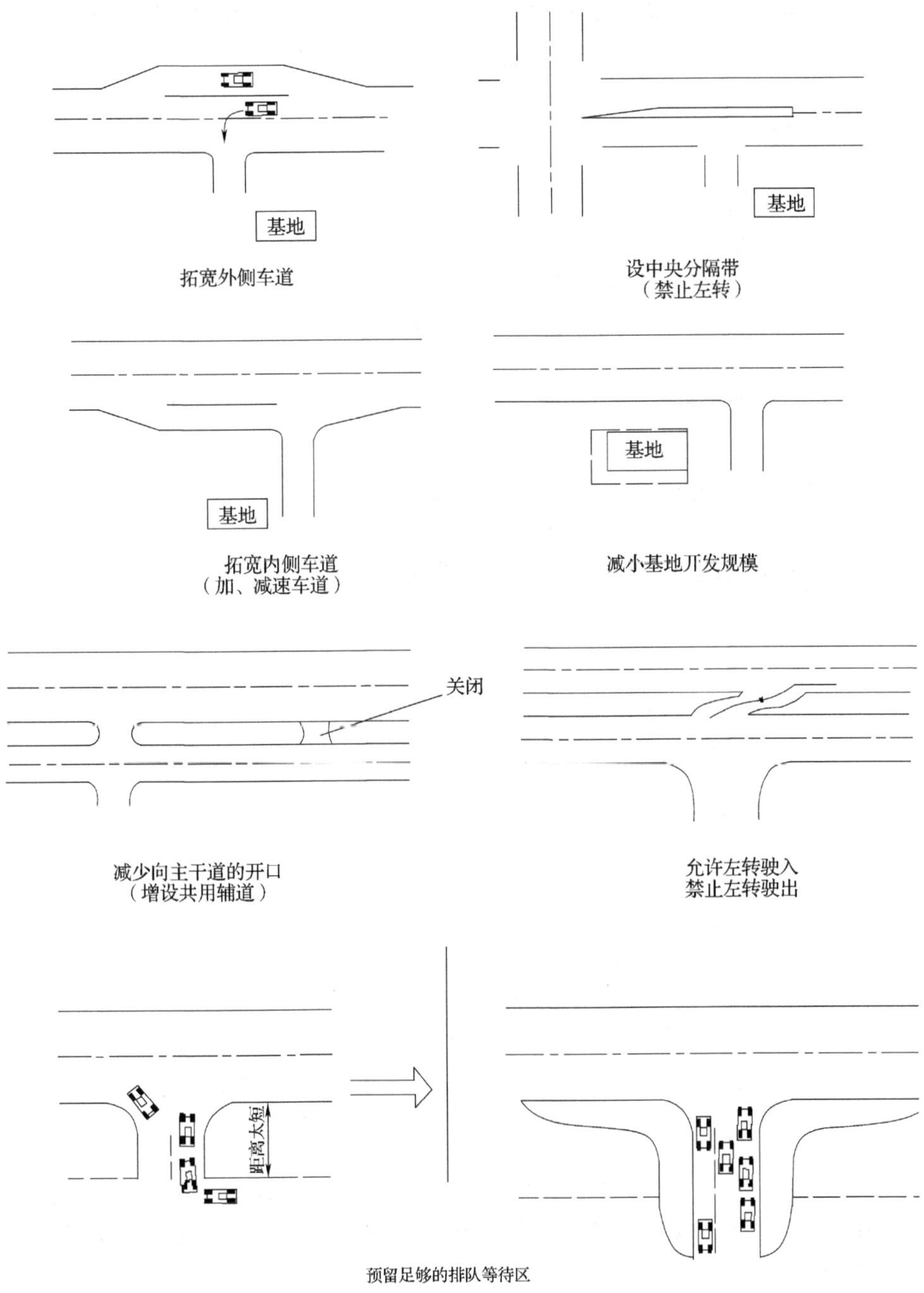

图 10.1　基地出入口交通改善措施

10.2 案例1:江宁天印广场以东天府三期交通影响分析

10.2.1 概 况

1. 项目背景

基地位于江宁东山新市区的老城片区,总规划用地面积122.6亩,平均容积率为3.57;基地内建筑类型为居住、商业办公类建筑和少量的酒店式公寓,总建筑面积达到175 802 m^2。基地建成后将产生大量的交通需求,对周边道路网产生一定的影响。

2. 影响范围与年限

由于基地处于老城区的传统商业中心,未来在其西边将规划有“百家湖商业圈”,彼此间具有一定的竞争关系;同时,基地为建筑群,比单体建筑的交通影响范围要大。因此,综合考虑上述因素及东山新市区的区划,应用道路边界法确定研究范围为:西到北沿路,南到金箔路,东到东新路,北到文靖路。如图10.2所示。

图10.2 基地区位及交通影响范围示意图

根据基地的开发建设计划以及建成后的使用率和客流稳定性,确定研究年限为2013年。

3. 研究依据

(1)《南京市东山新市区总体规划调整(2003—2010)》,2003;

(2)《城市道路交通规划设计规范》,GB 50220—95;
(3)《汽车库建筑设计规范(JGJ 100—98)》,1998;
(4)《江苏省城市规划管理技术规定》,(2004)228 号;
(5)《南京市城市规划条例实施细则》,2007。
(6)《南京市建筑物配建停车设施设置标准与准则》,2004;
(7)《建设项目交通影响评价标准(送审稿)》,2008。

10.2.2　基地及周边地区开发状况

1. 基地现状

基地内部邻近金箔路的一侧分布有中国农业银行和深港百货等建筑,依据控制性详细规划的说明,该处建筑予以保留,内部其他用地均为待拆迁的民居。

2. 基地开发状况

基地集住宅、商业、办公、酒店、娱乐休闲、酒店式公寓等于一体的多功能综合性地块开发,基地主要技术经济指标见表 10.10。

表 10.10　基地主要技术经济指标

<table>
<tr><th colspan="2">项　　目</th><th>数　值</th><th colspan="2">项　　目</th><th>数　值</th></tr>
<tr><td colspan="2">总用地面积</td><td>81 737 m²</td><td rowspan="5">其　中</td><td>酒店</td><td>26 280 m²</td></tr>
<tr><td colspan="2">总建筑面积</td><td>292 034 m²</td><td>酒店式公寓</td><td>12 969 m²</td></tr>
<tr><td rowspan="3">其　中</td><td>住　宅</td><td>87 372 m²</td><td>地下部分</td><td>107 520 m²</td></tr>
<tr><td>商　业</td><td>62 066 m²</td><td>建筑密度</td><td>39.7%</td></tr>
<tr><td>公建类</td><td>103 347 m²</td><td>容积率</td><td>3.57</td></tr>
</table>

3. 基地周边土地利用状况

基地西侧是即将完工的天印广场商业建筑群;东侧竹山路是老城主要的商业街道;北侧上元大街分布有江宁区政府及医疗机构;东北角为大市口,主要有世纪联华等大型超市;南侧金箔路是江宁区与南京市主城区沟通的重要道路。

根据《南京东山新市区总体规划》,老城片区未来将继续承担江宁区传统商业中心和行政中心的职能,基地及周边主要布设商业办公及居住用地,规划用地图如图 10.3 所示。

4. 规划交通网络情况

影响范围内规划道路网采用"2 主 4 次"的结构,其中东西向和南北向各有 1 条主干道和 2 条次干道,路网如图 10.4 所示,基地范围内由 5 条支路组成,如图 10.5 所示。具体规划见表 10.11 所示。

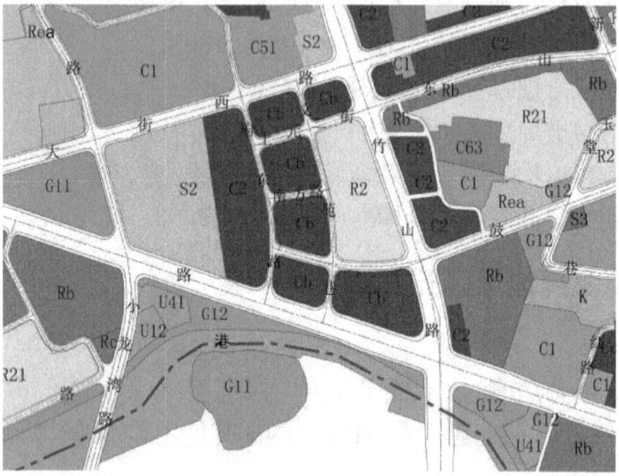

图 10.3　基地周边土地利用规划图

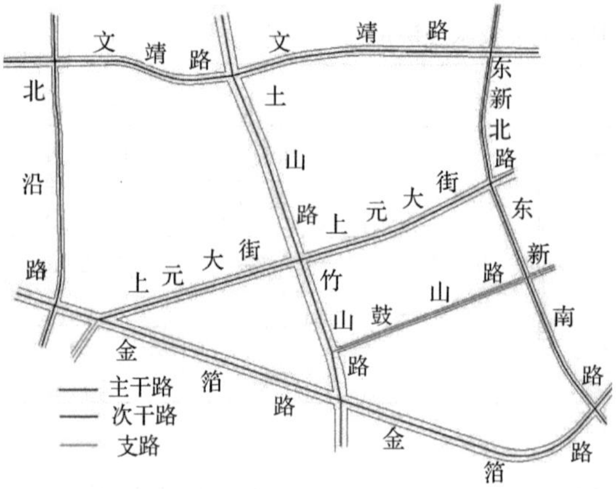

图 10.4　影响范围内规划路网图

图 10.5　基地内部规划路网图

表 10.11　规划道路情况一览表

m

道路等级	道路名称	红线宽度	断　面
主干路	竹山路	50	5—5.5—4—10.5—10.5—4—5.5—5
	金箔路	45	5.5—4.5—2—10.5—10.5—2—4.5—5.5
次干路	上元大街	35	5—3.5—2—7—7—2—3.5—5
	文靖路	35	5—3.5—2—7—7—2—3.5—5
	北沿路	25	5.5—7—7—5.5
	东新路	25	5.5—7—7—5.5

根据规划地铁 5 号线在进入东山新市区后，将出地面沿土山路的北延线西侧走地上线，经站南路站、金箔路站，至竹山路站与 1 号线南延线换乘，5 号线的大市口站设在基地的东北角，竹山路未来将和地铁 5 号线平行，共同承担南北向的交通出行。考虑到 5 号线在特征年尚未建设，未来东西向的出行交通和过境交通将主要由金箔路和上元大街、文靖路承担。

10.2.3　交通现状分析

1. 道路网络设施

现状影响范围内道路网主要由南北向北沿路、竹山路、东新路以及东西向上元大街、金箔路、文靖路构成，各条道路断面设置情况见表 10.12。

表 10.12　现状主要道路设施状况

道路名称	道路方向	等级	宽度(m)	断面形式	道路渠化	机非隔离护栏
上元大街	东西向	主干路	30	一块板	双向 2/4 车道	有
金箔路	东西向	主干路	35	一块板	双向 6 车道	有
文靖路	东西向	主干路	36	一块板	双向 6 车道	无
北沿路	南北向	次干路	22	一块板	双向 2 车道	无
竹山路	南北向	次干路	20	一块板	双向 2 车道	有
东新路	南北向	次干路	20	一块板	双向 2 车道	无

2. 公交设施

现状影响范围内共有 24 公交线路经过，上元大街和金箔路作为东西向的主干路，其上布设有 8 条公交线路，而南北向的主干路竹山路上也布设有 6 条公交线路，公交站点 300 m 服务半径的覆盖率达到 90%。各主要路段上经过的公交线路见表 10.13 所示。

表 10.13　研究范围内公交线路现状一览表

周边道路	服务线路	线路条数
上元大街	区内 1、4、10、12、15、17w;101w、101wDZR;821w	8
金箔路	区内 2、3、16、19、20w;148w、南广、南金	8
文靖路	区内 5、18w;137w、东奥线	4
北沿路	区内 12、18、103w	3
竹山路	区内 1、4、10、15、17w;101w	6
土山路	区内 22w、东旺线	2
东新南路	大中线	1

3. 停车设施

现状影响范围内共有配建停车场 4 处，路外公共停车场 3 处、路内停车场 6 处，具体分布如图 10.6，各停车场使用情况如表 10.14 所示。

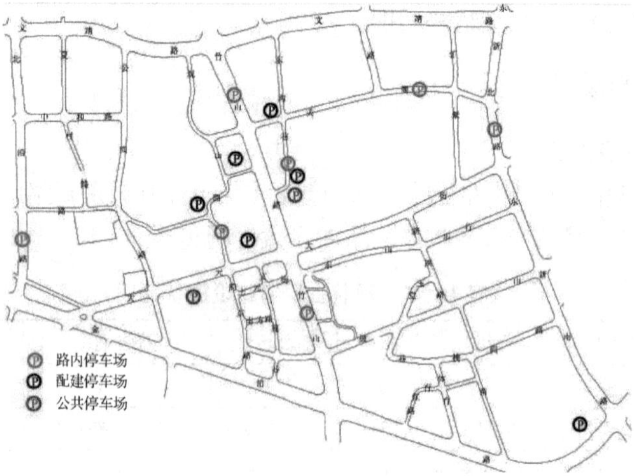

图 10.6　基地周边公交站点现状分布图

表 10.14　研究范围内公交线路现状一览表

配　建　停　车　场			
名　　称	位　　置	泊　位　数	高峰时段利用率
江宁中医院停车场	上元大街与鼓山路交界	约 70 个	100%
江宁宾馆停车场	戴家塘	约 25 个	100%
新光花园停车场	芙阁路与上元大街之间	约 150 个泊位＋非机动停车	90%
泰富花园停车场	上元大街与土山路交界	约 150 个社会停车泊位＋20 个专用泊位	90%
路外公共停车场			
名　　称	位　　置	泊　位　数	高峰时段利用率
人民大会堂停车场	土山路上大市口处	31 个露天停车泊位＋40 个地下车库停车泊位	40%
芙阁路停车场	芙阁路与土山路交叉口	30 个	50%
天印广场	上元大街	1 201 个	未启用

续上表

路内公共停车场			
名　　称	位　　置	泊　位　数	高峰时段利用率
戴家塘停车场	上元大街区政府旁	约 40 个	100%
土山路停车场	土山路路段	约 100 个	70%
东沟巷停车场	东沟巷	约 20 个	100%
东新北路停车场	东新北路(芙阁路以南)	约 30 个	90%
北沿路停车场	北沿路	约 10 个	100%
竹山路停车场	竹山路	40 个	100%

4. 交通运行状况

(1)路段

通过调查,影响范围内各路段高峰小时交通流量及饱和度见表 10.15 所示。区域路网中的机动车流以东西向为主,由于东西向路幅较宽,交通管理到位,路段的服务水平均在 C 级以上。南北向道路路段的通行能力较小,但由于老城正处于改造更新的阶段,南北向的机动车流较少,因而服务水平仍在 C 级以上。

表 10.15　现状路段高峰小时流量及饱和度

路段名称	流量(pcu/h)	通行能力(pcu/h)	饱和度	服务水平
文靖路	923	1 983	0.47	B
北沿路	644	1 166	0.55	B
土山路	474	1 078	0.44	B
东新路	357	1 030	0.35	A
上元大街	870	1 663	0.52	B
金箔路	1 014	2 610	0.39	A
竹山路	575	967	0.59	B

(2)交叉口

影响范围内的主要交叉口共有 9 个,除上元大街—金箔路交叉口、北沿路—金箔路交叉口间距在 200 m 以内,其余交叉口间的距离均在 500 m 以上。各主要交叉口高峰时段饱和度如图 10.9 所示,基地邻近交叉口的延误情况见表 10.16 所示。其中竹山路—金箔路、上元大街—金箔路和北沿路—金箔路交叉口高峰小时的 V/C 均在 0.8 以上,服务水平为 D 级。

表 10.16 交叉口高峰小时服务水平

交叉口名称	流量(pcu/h)	通行能力(pcu/h)	饱和度	服务水平
上元大街—竹山路	2 441	3 869	0.63	C
北沿路—上元大街	3 233	3 824	0.85	D
北沿路—文靖路	2 503	3 154	0.79	D
文靖路—土山路	2 601	3 296	0.79	D
金箔路—东新南路	1 902	3 585	0.53	C
东新北路—上元大街	2 238	3 324	0.67	C
东新北路—文靖路	2 187	3 026	0.72	D
上元大街—金箔路	3 499	4 261	0.82	D
竹山路—金箔路	3 403	4 021	0.85	D

10.2.4 交通需求预测

1. 背景交通量

由于基地周边许多用地面临拆迁重建,已建成的商业、居住类建筑也尚未聚集形成稳定的人流和车流,因此未来的背景交通量预测需要参考特征年的用地规划;同时,基地建筑群处于老城区范围内,受当地居民出行习惯的影响,周边道路网上的交通流也具有一定程度的稳定性;固本次背景交通量的预测采用交通规划法和弹性系数法综合确定。

2. 基地交通量

(1)交通生成预测

此次交通生成预测采用交通生成率法。由于基地的用地开发类型以商办类和居住类为主,因此本次基地交通量生成预测将类比南京市主城区典型商办类建筑和居住楼的调研数据,同时参考国内外经验数据,综合确定基地不同用地的高峰小时发生率和吸引率,具体数值见表 10.17。此外,由于和基地紧邻的天印广场目前未投入使用,未来其交通生成将直接影响到研究范围内的道路网服务水平,因此本次交通生成预测将包含基地和广场两部分。最终得到的高峰小时各地块机动车产生吸引量见表 10.18 所示。

表 10.17 高峰小时用地生成率统计表　　pcu/100 m² 建筑面积/h

用地类型	调研数据		南京市数据		国外数据		采用值	
	发生率	吸引率	发生率	吸引率	发生率	吸引率	发生率	吸引率
商办类	0.17	0.09	0.16	0.14	0.33	0.26	0.21	0.14
居住	0.05	0.28	—	—	0.14	0.15	0.06	0.25

(2)交通分布及分配预测

交通分布预测主要根据未来东山新市区的总体规划，依据规划与老城片区紧邻的百家湖地区将成为商贸服务新中心，届时百家湖与大市口两大中心将在较长时间内构成竞争关系，由此将直接影响基地的服务范围；岔路片区是综合交通枢纽和商贸设施集中区，对基地的对外出行和行业间交流也具有一定的吸引力；基地的主要服务范围仍为老城片区。由此综合判断基地和广场各方向交通分担量为向北 17%、西 54%、东 19%、南 10%。

表 10.18 基地高峰小时发生、吸引交通量 pcu/h

发生交通量	吸引交通量	总交通量
752	619	1 371

最后将分布矩阵分配到规划路网，并与背景交通量叠加，得到影响范围内主要道路的流量和服务水平，见表 10.19 所示。

表 10.19 改善前路段高峰小时流量及饱和度

路段名称	流量(pcu/h)	通行能力(pcu/h)	饱和度	服务水平
文靖路	1 345	1 983	0.68	C
北沿路	907	1 990	0.46	B
土山路	857	1 941	0.44	B
东新路	547	1 055	0.52	B
上元大街	2 369	2 943	0.8	C
金箔路	1 512	2 368	0.64	C
竹山路	903	1 778	0.51	B
府东路	260	300	0.97	D
文苑巷	374	547	0.68	C
上元二街	105	547	0.19	A
南方路	89	547	0.16	A
鼓山路	139	863	0.16	A

3. 停车需求预测

根据 10.1.4.2 节中的停车需求预测公式，其中基地机动车平均停车时间 T 取值为 80～100 min、基地吸引机动车中非出租车车辆比例 γ 取 45%～55%、基地泊位利用率 α 取 0.6～0.7；计算得到未来基地停车需求泊位数为 1 372 至 2 094 个。

10.2.5 交通影响评估

1. 基地对周边道路影响评估

根据路网交通分配的结果可知，由于基地西北侧 C1 地块停车场出入口的直接接入，导致上元大街和府东路部分路段的服务水平有所下降。此外，竹山路—金箔路交叉口、金箔路—上元大街交叉口的部分进口道流量较大，服务水平较低，需要进行一定的渠化设计。

基地内部支路共有5条，同时承担周边用地内交通的集散。按控制性详细规划中的设计，各条支路设计见表10.20所示。

表10.20 基地内部支路空间指标一览表 m

路　名	道路长度	道路宽度	路　名	道路长度	道路宽度
府东路	320	11	南方路	100	12
文苑巷	400	11	鼓山路	250	18
上元二街	200	18			

考虑到支路的服务对象包括基地及其西侧的天印广场，得到片区内道路网密度为7.2 km/km²，道路面积率为9.6%。根据规范要求，中心区道路网密度为6～8 km/km²，道路面积率要求为15%～20%。本次规划的片区道路网密度符合规范要求，但道路面积率指标严重偏低。这表明基地内部的道路空间资源不足，无法满足未来的交通需求。

2. 交通组织方案评估

规划的交通流线组织方案如图10.7所示。

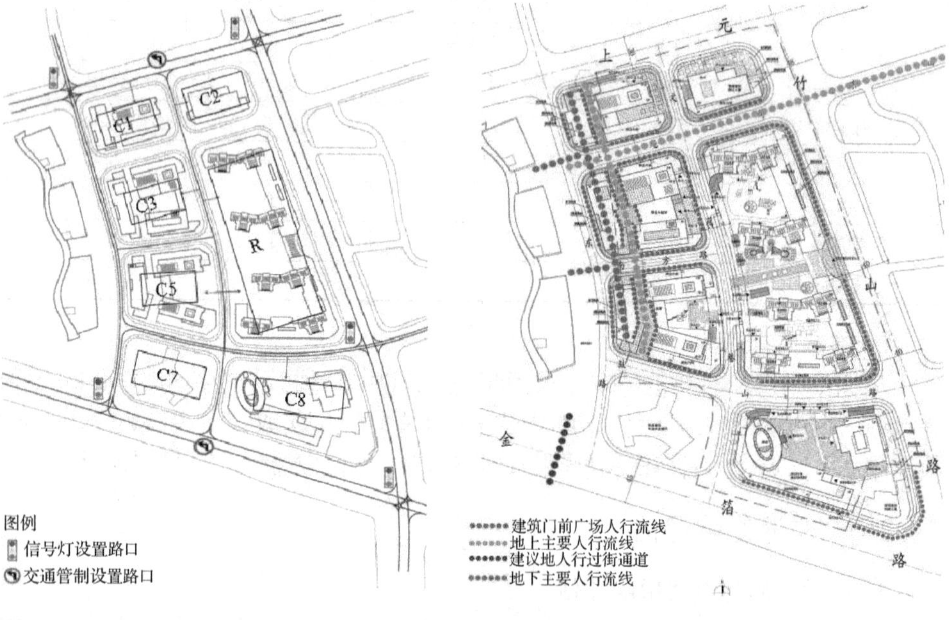

图10.7 规划交通流线组织方案图

(1)机动车组织

设计方案中将文苑巷设置为由北向南的单行线,并且对车辆的进出实行右进右出管理;其余道路均设置为双向通行。同时,将府东路两端与主干路的接入口、鼓山路—竹山路交叉口均设置为信号控制,上元二街设置为步行街,与东边的东山步行街连通。

上述设计方案存在以下几点问题:

① 府东路红线宽度仅为 11 m,未来很难承担车流、人流双向集散通行的要求。

② 文苑巷设置为单行线后,减少了机动车出行的选择路径,降低了基地内部车流的可达性,同时增加了府东路上的交通压力;

③ 上元二街设置为步行街后将进一步减少机动车通行的道路资源,有限的机动车通道对机动车的集散效率构成隐患,同时使 C1 地块和 C2 地块的机动车出入口设置受到限制。

④ 组织流线中缺少对公交线布设的考虑。

(2)慢行交通组织

地块 C1、C3、C5 设计为步行街分隔的建筑形式,其内部西侧的建筑地下一层均为商业,彼此间相互连通,同时又通过地下连接通道与府东路西侧的天印广场地下一层连通。

这种步行通道的设计为行人的休闲购物出行创造了良好的步行空间,有利于增加商业区的人气,但道路使用资源的分配将导致行人出行需求将与机动车的出行需求产生较大的冲突。

3. 基地停车设施交通影响评估

根据《南京市建筑物配建停车标准》得到基地配建泊位供给量为 2 150 个,满足基地停车需求。停车场内部及出入口的布局设计方案如图 10.8 所示。

基地规划的出入口设计不尽合理,主要体现在以下几个方面:

① C1 地块唯一的停车场开口正对城市干道,其内部的出入车流将严重影响上元大街路段的车流通行。

② 六个地块中,四个地块的车辆出入口正对文苑巷,势必会增加其交通压力;且由于文苑巷设置为单向通行,因此上述的交通压力会转移到其他道路上;

③ C8 地块的地下停车位共有 571 个,地块内部设置了两个出入同口,与规范不符,同时对车辆的安全疏散构成隐患。

④ C8 地块的地下停车场面积仅有 18 780 m^2,如按每车位所需停车面积 35 m^2 计算,地下配建停车场的供给存在一定程度的短缺。

⑤ 对于 50～300 个停车位的停车场，依据《城市道路交通规划设计规范》应设两个出入口，C1、C2、C3、C5 地块共设 4 个出入口，数量偏少。

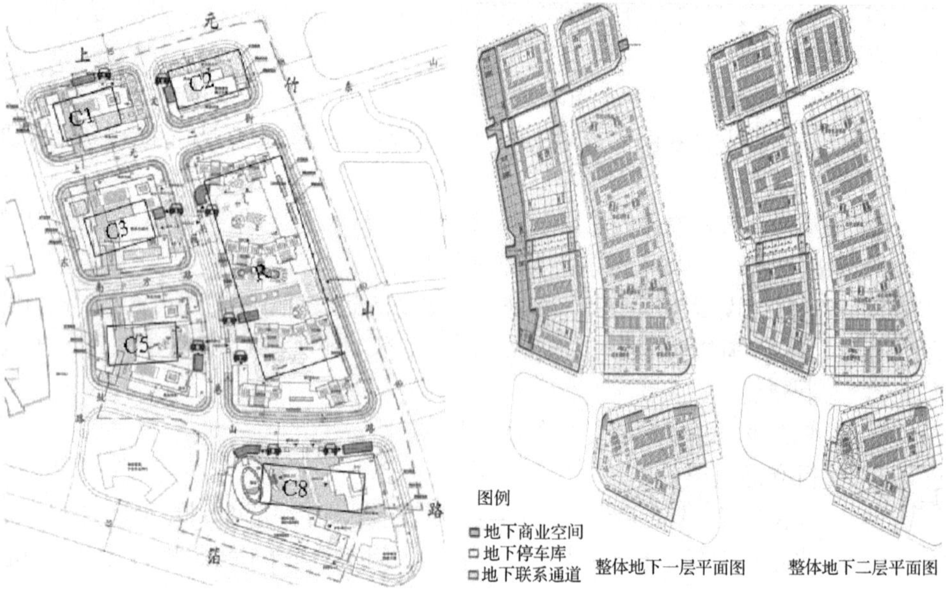

图 10.8　停车场内部及出入口布局设计方案示意图

10.2.6　交通组织与交通设施改善

1. 交通流线组织

(1)机动车流线组织

基地周围城市干路承担基地车流的快速集散。基地内部路网均由支路组成，为支撑基地各个地块的高强度开发要求，提升地块可达性，内部道路均采用双向行驶；同时，为减少基地出入交通对城市干道交通的影响，基地部分支路与干路接入采取右进右出的形式以限制车流流向，具体机动车交通流线组织如图 10.9 所示。

(2)慢行交通组织

基地慢行交通组织主要解决办公楼职员上下班、居住区居民日常生活、商业建筑吸引购物人群等产生的非机动车和步行交通。慢行交通流线主要包括建筑物出入口至人行道和非机动车道流线、沿道路路段通行的流线以及交叉口过街流线，其设施载体包括地块内铺装步行道路、道路两侧的非机动车和人行道、交叉口出的过街人行横道等，具体如图 10.10 所示。

(3)停车场出入口组织

针对设计方案中的停车场出入口偏少的问题,在 C3、C5 地块南侧分别增加一个出入口;在 C8 地块内部增设一个出入口,并在其西侧中部增设一个对外出入口。

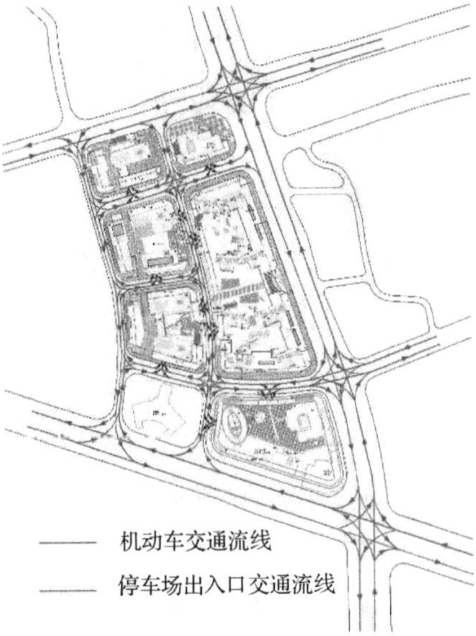

图 10.9　基地机动车交通流线组织示意图

图 10.10　基地慢行交通组织流线示意图

为避免停车场出入口直接开向城市道路而导致进出车辆对主路交通的影响,建议封闭 C1 地块北侧停车场出入口,将其出入口改设在地块南侧中部;同时将 C2 地块的西侧停车场出入口改设在地块南侧,以避免车辆出入对文苑巷构成较大的压力。

经过优化改善后,基地内部地下停车场出入口共计 11 处,其中上元二街上设停车场出入口 2 个,南方路设 1 个,鼓山路设出入口 2 个,文苑巷设出入口 5 个,分布较为均匀。

2. 交通工程设计改善

(1)基地内部道路设施

原方案基地路网的道路面积率为 10.83%,而对于高强度开发的商业中心地区,较合理的道路面积率宜为 15%～20%。建议将基地内部所有道路红线宽度均调整为 24 m,道路面积率可达到 19.24%,基本上能够满足交通运行的要求。

(2)基地出入口

根据机动车流线组织中对基地出入口的交通管理方式,考虑出入口高峰小时的交通流量,对其进行交通渠化设计,如图 10.11～图 10.16 所示。

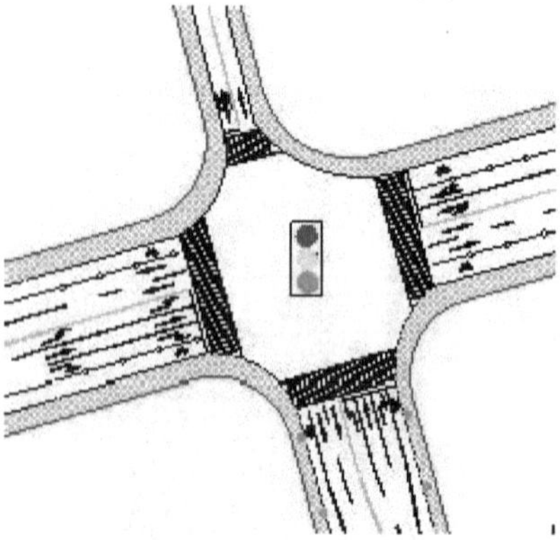

图 10.11　府东路接上元大街

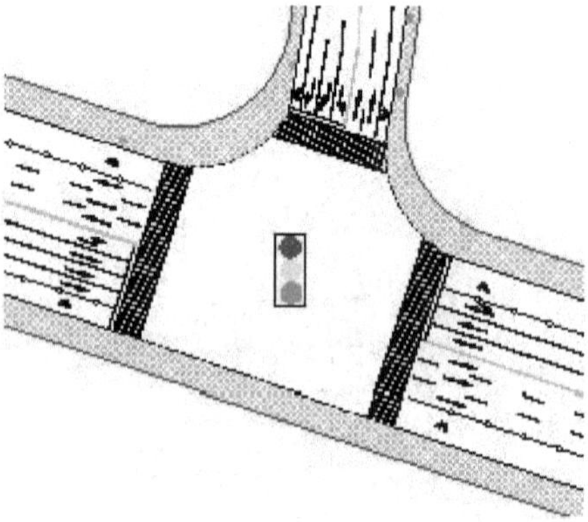

图 10.12　府东路接金箔路

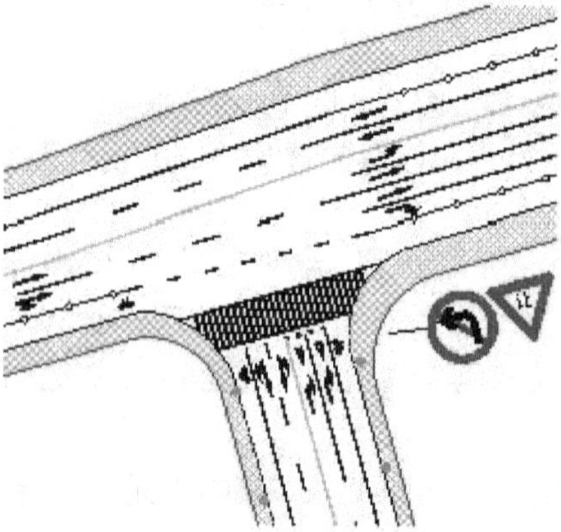

图 10.13　文苑巷接上元大街

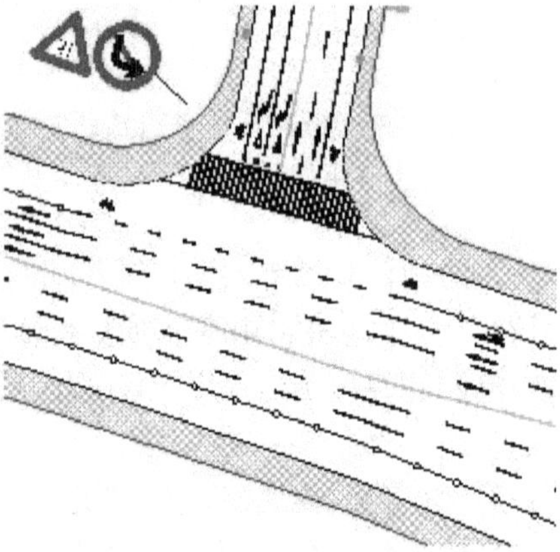

图 10.14　文苑巷接金箔路

(3)重要交叉口改善

现状上元大街－金箔路交叉口、上元大街－竹山路交叉口和竹山路－金箔路交叉口流量均较大,未来随着基地开发的完成,将吸引更多的交通流进出该片区,影响评估得到 3 个交叉口 2013 年服务水平均较低,因此,需要对其进行优化设计,提高道路的通行能力和交通运行效率。具体的渠化设计方案如图 10.17 至图 10.19 所示。

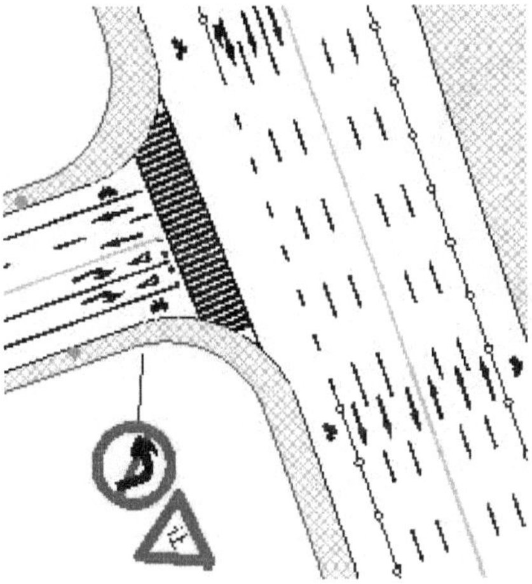

图 10.15 上元二街接竹山路

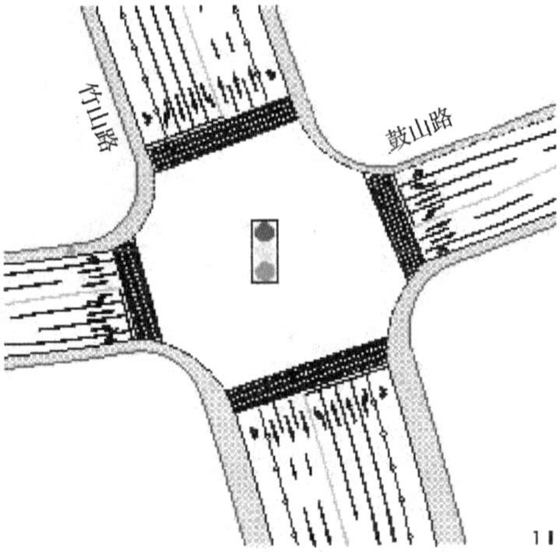

图 10.16 鼓山路接竹山路

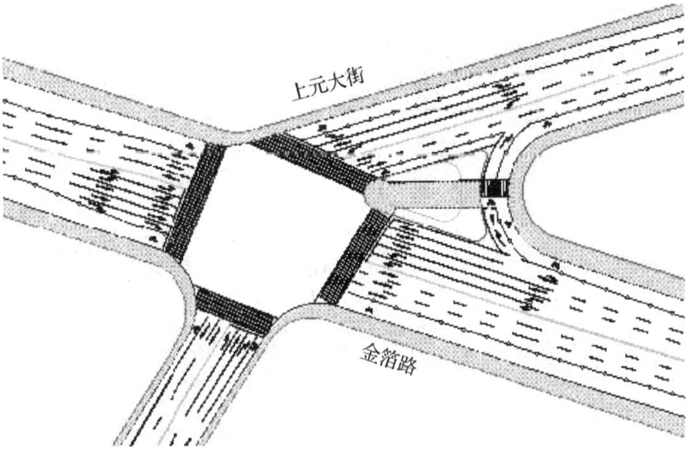

图 10.17 上元大街—金箔路交叉口

3. 公共交通改善

伴随基地的开发其内部将进驻 810 户居民和大规模的商业办公建筑，公交客流需求较大；在基地内部道路条件允许的情况下将公交线路引入基地内部，不仅可以方便出行者，缩短其步行距离，还可以疏散人流，减缓基地内部的交通压力。本次改善将原公交线路 101 线及南广线引入基地内部并设中途站，具体改善如图

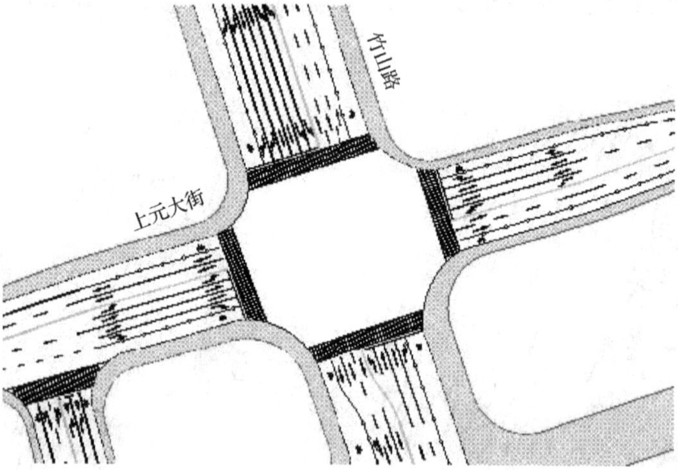

图 10.18　上元大街—竹山路交叉口

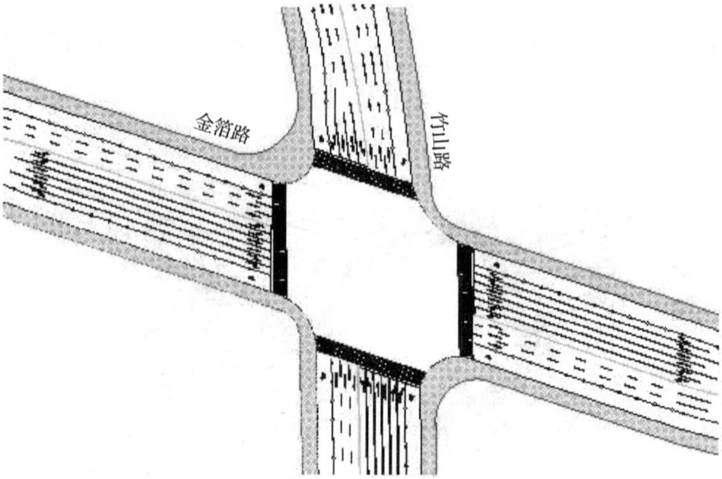

图 10.19　竹山路—金箔路交叉口

10.20 所示。

4. 交通改善评价

综合上述改善措施，将特征年基地生成机动车量在路网上重新分配，各路段流量及服务水平如表 10.21 所示。路网的整体服务水平得到了显著的提升，改善效果较好，其突出表现为基地内部支路网的服务水平都在 A 级，上元大街的路段服务水平均提高到了 C 级以上，金箔路、文靖路上原本拥堵区段的服务水平也得到了提高。

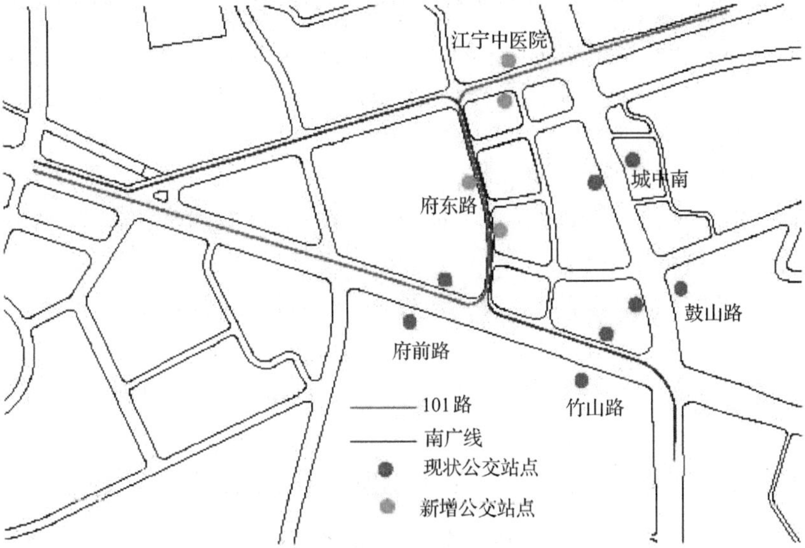

图 10.20　基地周边公交线路和站点设置建议

表 10.21　改善后路段高峰小时流量及饱和度

路段名称	流量(pcu/h)	通行能力(pcu/h)	饱和度	服务水平
文靖路	1 345	2 060	0.65	C
北沿路	907	1 990	0.46	B
土山路	857	1 941	0.44	B
东新路	536	1 055	0.51	B
上元大街	2 043	3 204	0.64	C
金箔路	1 398	2 614	0.53	B
竹山路	864	1 778	0.49	B
府东路	152	800	0.19	A
文苑巷	213	600	0.36	A
上元二街	132	600	0.22	A
南方路	15	600	0.02	A
鼓山路	76	889	0.08	A

10.2.7 结论与建议

基地新增交通量对周边道路网产生的影响在可接受范围内,但需通过交通改善措施对路网设施、组织流线和主要路段、交叉口的设计进行调整。原道路规划和交通设计方案存在一定的局限,改善后的交通设计方案基本能够满足周边道路网服务水平的要求。

改善方案的相关建议主要包括:

(1)江宁区政府与开发商协调基地用地面积、建筑面积和道路面积率等指标,保证道路公共资源的充足;

(2)江宁区交通管理部门尽快完善基地内部和周边道路网的渠化,落实相应的交通管控措施;

(3)开发商重新设计建筑物机动车出入口,对道路接入口的数目和位置进行调整。

10.3 案例2:南京水西门三山桥改造施工交通影响分析

10.3.1 概　　况

1. 项目背景

水西门大街三山桥位于南京河西副中心与市中心区之间。现状,三山桥交通拥挤不堪,尤其是在早晚出行高峰期间,服务水平极低,严重影响了河西新区与市中心的交通联系。水西门大街三山桥改造工程在2003年年底开工建设,2004年9月底结束,历时10个月。改造期间三山桥将实行全封闭。由于凤台南路的赛虹桥高架目前处于施工阶段,三山桥也是作为其分流的过河通道之一,因此,三山桥的新建工程更加会增加附近几座过河通道的交通压力,必须合理组织机动车和非机动车交通。

2. 研究范围

本次交通组织突破行政界限,主要由于在一个较大的区域范围内才能够解决河西与城市中心区的交通联系问题。结合研究片区的主要道路交通流量的大小以及周边的路网连接状况,确定改造施工的影响区域为由汉中门大街、江东北路、江东南路、应天西路、集合村路、中山南路和汉中路所围合的区域,如图10.21所示。

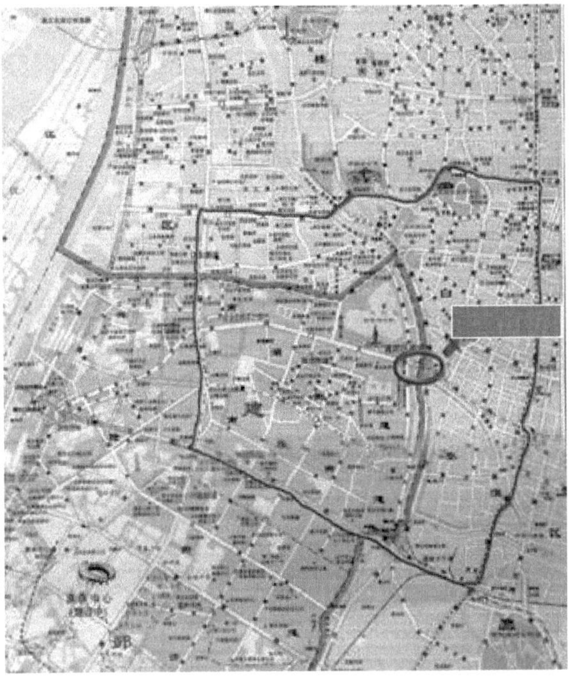

图10.21 三山桥位置及其施工影响区域

10.3.2 交通现状分析

1. 城市用地及交通特性分析

除水西门大街两边用地为商业用地外，影响区域内大部分都是居住用地，主要包括水西门大街以南居住用地，南湖以南居住用地以及北圩路与水西门大街交叉口西北方的小片居住用地。因此，该区域的居民出行主要为通勤通学出行，出行方向主要为秦淮河以东的中心城区，出行钟摆式交通比较明显。总之，三山桥作为联系河西与城市中心城区的一个主要通道，其服务交通量将保持持续增长的态势，目前的双向四车道已难以满足机动车的通行需求。

2. 主要交叉口通行能力及服务水平

影响区范围内的交叉口有汉中门桥东西交叉口、三山桥东西交叉口、集庆门东西交叉口、水西门大街—北圩路交叉口、江东北路—汉中门大街交叉口以及江东南路—集庆门大街交叉口。其中主要交叉口的高峰小时流量、通行能力及每车信控延误及服务水平见表10.22。

3. 主要路段通行能力及服务水平评价

根据调查东西向的机动车流量主要分布在汉中门大街、水西门大街以及集庆门大街;南北向的流量主要分布在江东南路与江东北路之上,其次为北圩路与南湖路。莫愁湖东路、莫愁湖西路、长虹路的流量都较小。见表 10.23 所示。

表 10.22 主要交叉口现状特征

交叉口	流量(pcu/h)	通行能力(pcu/h)	平均每车信控延误(s)	服务水平
汉中门桥东交叉口	4 994	8 024	37	D
三山桥东交叉口	3 450	7 001	38	D
三山桥西交叉口	3 143	5 411	26	C
集庆门桥东交叉口	4 800	7 473	23	C
集庆门桥西交叉口	3 965	4 226	23	C

表 10.23 各主要路段的通行能力及现状服务水平

路　名	设计通行能力(pcu/h)	高峰小时流量(pcu/h)	V/C	服务水平
莫愁湖东路 1	1 989	462	0.23	A
莫愁湖东路 2	1 931	383	0.20	A
汉中门大街 1	4 787	1 864	0.39	A
汉中门大街 2	4 176	2 389	0.57	A(接近 B)
凤凰街	2 475	753	0.30	A
长虹路	1 354	649	0.48	A
水西门大街	3 857	2 168	0.56	A
集庆门大街	5 494	3 382	0.62	B
湖西街	2 564	1 214	0.47	A
北圩路	2 559	1 093	0.43	A
江东南路	7 502	4 489	0.61	B
江东北路	7 141	5 012	0.70	B

4. 主要结论

尽管影响区域主要道路的路段设计通行能力与现有交通量相比,还存在较大富余,但是三座过河大桥的 6 个交叉口已呈“交通瓶颈”之势,各桥的服务水平也已经很不容乐观。如果不对这些交叉口进行改造,而直接进行三山桥的重建,那么汉中门大桥、集庆门大桥的 4 个交叉口处势必出现交通堵塞现象,严重影响河西地区与河东城市核心区之间的交通,造成巨大的社会影响和经济损失。因此在进行影响区域交通重新组织的时候,必须先重新分配调整道路网交通量,并依此对这几个交叉口进行改造。此外,尽管工程施工后三山桥东、西交叉口交通流量将大大降低，但是如果不对现有交叉口信号配时，车道划分等进行调整，会引起交叉口交通效率低下、延误增加，因此需要进行交叉口改造。

10.3.3 交通流组织方案研究

1. 组织原则

(1)尽可能减小由于施工对周边道路及整个路网体系造成的不利影响；

(2)保证拓宽改造工程顺利、安全进行；

(3)实现施工期间交通流在城市道路网上的合理分布；

(4)对交通流实行由诱导、疏导和控制相结合的三级控制；

(5)尽可能降低因三山桥新建施工所造成的社会影响和经济损失。

2. 交通流组织方案

(1)机动车交通组织

本次交通分流将采取“外围诱导，内部合理分配”的策略，采用交通诱导点、交通控制点和交通疏导点三级点控的交通控制手段。

在交通影响区域的边界之处以及更大范围内的干道节点处就设置一级交通诱导点，诱导交通流从清凉门桥或中山南路或雨花路通过秦淮河，减少“非起终点交通”(起点或终点在影响区域之外的交通)对影响区域内部路网以及过河通道交通流的影响，降低其交通负荷；在影响区域内部路网设置二级交通控制点，尽可能使影响区域内部路网交通分布均衡，提高交通运行效率；在三条过河通道两端交叉口设置三级交通疏导点。

根据施工影响区域内的道路交通状况，提出如下交通流方案：

① 原来必须经过三山桥的机动交通量将主要依靠汉中门桥和集庆门桥进行分流。

② 通过在三级控制点设置诱导和警告标志，将水西门大街上的交通流量经由北圩路或莫愁湖西路或莫愁湖东路向汉中门大街和汉中门桥分流，其余分流量经由湖西街或南湖路或长虹路实现向集庆门大街和集庆门桥分流。

③ 对汉中门桥的双向非机动车道全部改为机动车道，汉中门桥将具有双向 9 车道，其中西东向 5 车道、东西向 4 车道(交叉口进口处有变动)。

④ 分别在汉中门桥西交叉口北进口(凤凰街进口)、南进口(莫愁湖东路进口)、汉中路东进口处禁止左转，集庆门西交叉口南进口处禁止右转。

(2)非机动车交通组织

① 分别在三山桥南侧 5 m 处，北侧 20 m 处各搭设一座宽 5.8 m 底钢便桥(净宽 4.2 m)供非机动车行驶，三山桥修建期间，非机动车照常行驶。

② 对汉中门桥非机动车交通，取消双向非机动车道，其中东西向非机动车分

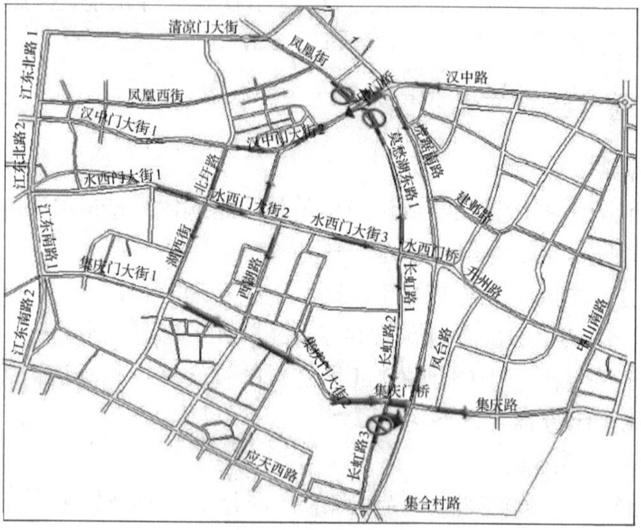

图 10.22　由河西向中心城区的机动车交通组织图

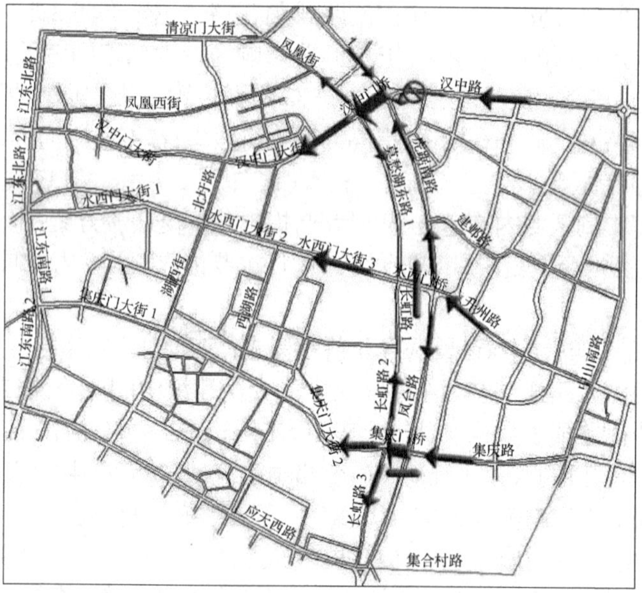

图 10.23　由中心城区向河西的机动车交通组织图

流至大桥上游的凤凰桥，同时在大桥南侧修建一座净宽不小于 5.5 m 的非机动车便桥，供西东向非机动车行驶。

(3)公交线路的调整

由于三山桥新建施工，公交线路需要调整的主要有13路、813路、83路、7路、807路、37路、48路、306路、19路、21路和41路等11条。公交线路的调整应尽量与原线路走向相一致，并考虑到交通分流的需要，公交线路的调整也必须遵循分散的原则，以避免部分路段的公交线路条数过多，造成交通拥挤堵塞。

(4)交叉口改善

施工期间的汉中门桥西交叉口(其他交叉口略)做如下改善：

分流后的汉中门桥西交叉口车道功能划分如图10.24所示。将汉中门桥的双向非机动车道改为两个机动车道，东进口道的拓为四车道，其中专用左转车道1个，直行车道2个，专用右车道1个(原进口车道划分为直行车道2个，直右车道1个，共三车道)；东出口道为五车道，为减少车辆在大桥上的交织，提高通行能力，将进口五车道划分为专用左转车道1个，直行车道3个，专用右车道1个。南进口道和北进口道禁止左转，其中南进口有三车道，由1个直右车道和2个专用右转车道组成；北进口有两车道，由1个直行车道和1个专用右转车道组成。西进口道有四车道，由1个专用左转车道、2个直行车道和一个直右车道组成。交叉口周期为90 s，相位图见图10.25，信号配时见图10.26。

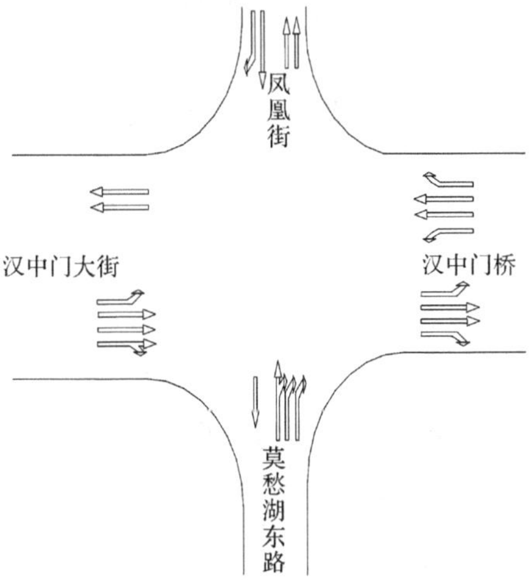

图10.24　汉中门桥西交叉口车道功能重新划分图

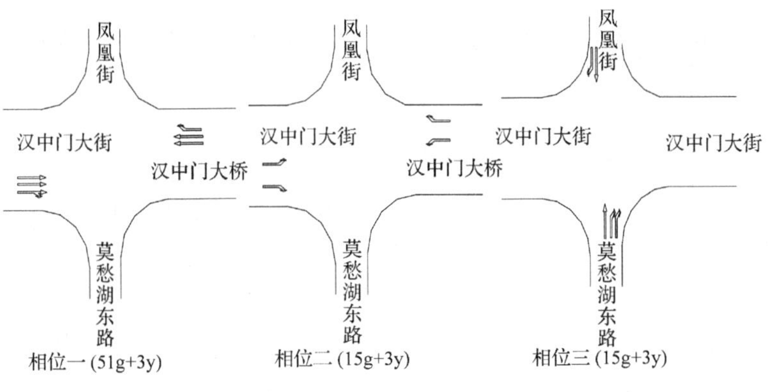

图10.25　汉中门桥西交叉口相位图

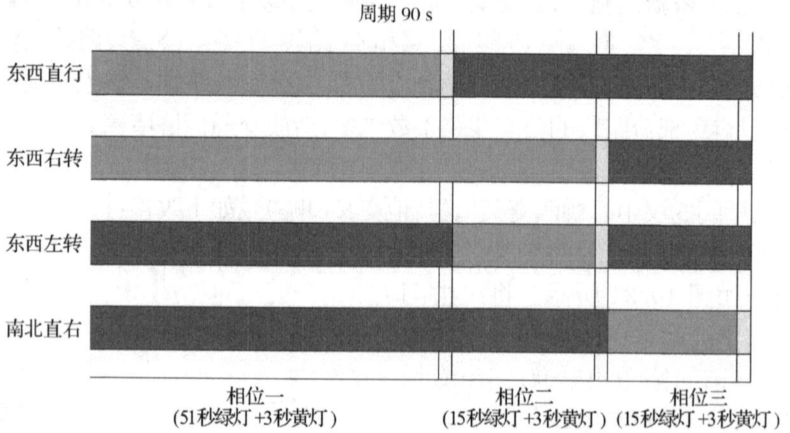

图 10.26 汉中门桥西交叉口信号配时图

10.3.4 交通流组织方案评价

1. 机动车交通组织评价

(1)主要路段服务水平

表 10.24 汉中门桥和集庆门桥分流后通行能力及服务水平评价

名称	方 向	设计通行能力(pcu/h)	分流流量(pcu/h)	修正流量(pcu/h)	V/C	服务水平
汉中门桥	西→东	2 860	2 370	2 607	0.91	E
	东→西	2 275	1 806	1 987	0.87	D
集庆门桥	西→东	2 572	2 033	2 236	0.87	D
	东→西	2 572	2 235	2 459	0.96	E

注:修正流量系考虑到在施工期间流量的增加值,增长系数取 1.1,以下同。

表 10.25 影响区域内部分道路(路段)分流后通行能力及服务水平评价

路 名	设计通行能力(pcu/h)	实际流量(pcu/h)	修正流量(cpu/h)	V/C	服务水平
莫愁湖东路 1	1 989	514	565	0.28	A
莫愁湖东路 2	1 931	502	552	0.29	A
汉中门大街 2	5 128	3 446	3 791	0.74	C
凤凰街	2 475	480	528	0.21	A
长虹路 1	1 354	631	694	0.51	A
长虹路 2	1 593	631	694	0.44	A
长虹路 3	1 771	414	455	0.26	A
水西门大街 3	4 272	767	844	0.20	A
集庆门大街 2	5 494	4 495	4 945	0.90	D

通过该交通组织方案的实施,避免了交通量过分集中于汉中门大街和集庆门大街之上,基本上实现了交通流量在影响区域内道路网上的均衡分布,提高了交通运行效率。

(2)主要交叉口服务水平

表 10.26 主要交叉口改善后特征

交叉口	流量(pcu/h)	平均每车信控延误(s)	服务水平
汉中门桥东交叉口	5 996	54	D
三山桥东交叉口	972	21	C
三山桥西交叉口	952	24	C
集庆门桥东交叉口	5 893	27	C
集庆门桥西交叉口	5 136	22	C

从以上路段和交叉口的服务水平计算结果可以知道，在采取了交通流的诱导、疏导和控制等措施，并对关键交叉口进行改造后，交叉口服务水平稍有提高，而路段服务水平却有大幅下降，尤其是汉中门桥和集庆门桥的交通已接近饱和。由于大桥两端的东西交叉口距离较短(两座桥都是如此)，一旦桥上交通量发生波动，极易造成交叉口进口车辆二次排队，排队车辆延至第二个交叉口，造成整个路段的交通瘫痪。从这个意义上看，由于交叉口拓宽存在难度，光靠调整车道功能、优化信号配时所达到的交通状态是非平衡、不稳定的。

2. 非机动车交通组织评价

根据《水西门大街三山桥新建工程交通封闭方案》，将在老桥的南北侧 5 m 处各搭设一座宽 5.8 m 的钢便桥(净宽 4.2 m)。其单侧非机动车通行能力为 $C=1\ 200\times4.2=5\ 040$(辆/h)，而由调查(6:30～6:00)得到的实际高峰小时非机动车数为 4 800 辆/h，其 V/C 为 0.952。同时在汉中门桥南侧架设一座净宽不小于 5.5 m 的非机动车便桥，以确保施工期间西向东的非机动车辆以及行人出行方便和交通畅通；汉中门桥东至西非机动车分流至大桥上游的凤凰桥(有效宽度6.5 m)。综上可知该非机动车交通组织方案能够满足三山桥施工期间的非机动车通行需求。

10.3.5 配套管理措施

1. 媒体宣传：通过江苏交广网向社会公布三山桥将进行全面改造施工，机动车道全封闭，请有条件的司机从清凉门桥或汉中门桥或集庆门桥或凤台桥(赛虹桥高架竣工后)或中山南路绕行。

2. 交通管控：7:00—22:00 汉中门桥东口至北圩路段禁止货车行驶，以降低汉中门桥和集庆门桥的交通压力；在汉中门交通拥堵矛盾突出时，禁止除出租车、公交车以外的机动车辆在汉中门桥由西向东行驶，以缓减汉中门桥东交叉口的交通压力；在凤凰桥、三山桥及汉中门桥新两端的交叉口禁止机动车(不含摩托车)通行。

3. 重新划分道路车道：取消莫愁湖东路的路边临时停车场，重新划线将其改成双向四车道，两端车道划分为 3 进 2 出；对凤凰街、凤凰西街重新进行车道划分，形成双向四车道，单车道宽度 3.5 m，其中凤凰街南端车道划分为 3 进 2 出。

参 考 文 献

1 建设部. 城市道路交通规划设计规范(GB50220－95). 北京：建筑工业出版社，1995

2 建设部. 城镇道路工程技术标准编制组.城镇道路工程技术标准(征求意见稿). 2007

3 建设部. 建设项目交通影响评价技术标准(送审稿)[S].北京：中国建筑工业出版社，2008

4 建设部. 城市公共交通站、场、厂设计规范(GJJ15－87). 北京：建筑工业出版社，1987

5 《市政公用行业服务性关键岗位服务规范》(建设部建城[1993]181 文件)

6 关于颁发《城市公共交通当前产业政策实施办法》的通知(建设部建城字第 700 号文件)

7 《城市公共交通通信系统》GB7283－87

8 《城市公共汽电车客运管理办法》(建设部令第 138 号)

9 《建设部关于对城市公共汽车、电车实行专营权管理的意见》(建设部建城[1994]329 文件)

10 《建设部关于优先发展城市公共交通的意见》(建设部建城[2004]38 号文件)

11 《国务院办公厅转发建设部等部门关于优先发展城市公共交通的意见的通知》(国办发[2005]46 号)

12 《关于优先发展城市公共交通若干经济政策的意见》(建设部建城[2006]288 号文件)

13 交通部,《关于加快发展农村客运和开展农村客运网络化试点工作的通知》,交公路发[2003]96 号文件

14 《中华人民共和国道路运输管理条例》(2004 年国务院第 406 号令)

15 交通部.《道路旅客运输及客运站管理规定》(交通部 2005 年 10 号令)

16 《停车场建设和管理暂行规定、停车场规划设计规则》(1989 年)

17 公安部，建设部.《停车场规划设计规则》(1989 年)

18 国家计委.《机动车停放服务收费管理办法》(2000 年)

19 《关于进一步规范出租汽车管理有关问题的通知》，国办发[2004]81 号

20 《关于规范出租汽车行业管理专项治理工作的实施意见》，建城[2006]107 号

21 《国家发改委关于进一步清理整顿涉及出租汽车收费的通知》，财综[2006]14 号

22 《建设部关于纳入国务院决定的十五项行政许可的条件的规定》，2004 年 9 月

23 《关于进一步加强城市出租汽车行业管理工作的意见》，建城[2002]43 号

24 《关于清理整顿城市出租汽车等公共客运交通意见的通知》,国办发[1999]94 号

25 林群. 深圳城市交通规划设计技术体系及工作指引[M]上海：同济大学出版社,2006

26 王炜，过秀成等. 交通工程学[M].南京：东南大学出版社，2000

27 过秀成. 建设项目交通影响分析[M].北京：中国铁道出版社，2008

28 文国玮. 城市交通与道路系统规划(新版)[M].北京：清华大学出版社，2007

29 徐循初，黄建中. 城市道路与交通规划(下册)[M].上海：同济大学出版社，2008

30 陆化普，石京，李瑞敏. 城市交通规划案例集[M].北京：清华大学出版社，2007

31 王炜，徐吉谦等. 城市交通规划理论及应用[M].南京：东南大学出版社，1998

32 王炜，杨新苗，陈学武等. 城市公共交通系统与管理技术[M]. 北京：科学出版社，2002
33 毛保华. 城市轨道交通规划与设计[M]. 北京：人民交通出版社,2006. 3
34 朱顺应，郭志勇. 城市轨道交通规划与管理[M]. 南京：东南大学出版社，2008. 4
35 陆化普，朱军，王建伟. 城市轨道交通规划[M]. 北京：水利水电出版社，2001
36 孙章，何宗华，徐金祥. 城市轨道交通概论[M]. 北京：中国铁道出版社，1998
37 叶霞飞等. 城市轨道交通规划与设计[M]. 北京：中国铁道出版社，1999
38 张秀媛. 城市停车规划与管理[M]. 北京：中国建筑工业出版社，2006
39 王元庆，周伟. 停车设施规划[M]. 北京：人民交通出版社，2003
40 贺崇明. 城市停车规划研究与应用[M]. 北京：中国建筑工业出版社，2006
41 邹贞元，徐亚国，安实. 城市静态交通管理理论与应用[M]. 广州：广州出版社，2000. 4
42 陈峻等. 城市停车设施规划方法与信息诱导技术[M]. 南京:东南大学出版社，2007
43 翟忠明. 道路交通组织优化[M]. 北京：人民交通出版社，2004
44 杨晓光. 城市道路交通设计指南[M]. 北京：人民交通出版社，2003
45 翟忠民，景东升，陆化普. 道路交通实战案例[M]. 北京：人民交通出版社，2007
46 吴娇蓉. 交通系统仿真及应用[M]. 上海：同济大学出版社，2004
47 郑连勇. 城市交通影响评价[M]. 北京：中国建筑工业出版社，2006
48 四川省公安厅，同济大学. 城市自行车交通流组织方法与技术研究[R],2001
49 周智勇. 城市停车诱导信息系统功能设计及关键技术模型研究[D]:[博士论文]. 南京：东南大学，2004
50 赖元文. 大城市自行车交通特性及设施规划研究[D]:[硕士论文]. 南京：东南大学，2007
51 吕慎,城市快速轨道交通线网布局规划研究[D]:[硕士论文]. 南京:东南大学，2000. 3
52 相伟,城乡一体化进程中城镇公交规划方法研究[D]:[硕士论文]. 南京:东南大学，2006. 3
53 胡军红. 城市出租汽车交通发展策略研究[D]. [硕士论文],南京：东南大学，2005
54 马兰. 公交优先下出租汽车市场价格体系研究[D]:[硕士论文]. 南京：东南大学，2008
55 姜科. 公交优先下大城市出租汽车市场运力发展策略研究[D]. [硕士论文]. 南京：东南大学，2007
56 晏远春. 我国城市出租汽车发展规划研究[D]:[硕士论文]. 西安：长安大学，2001
57 过秀成，吕慎. 组团式结构城市轨道线网合理规划研究[J]城市发展研究,2001. 8(2):33～36. 18
58 吕慎，过秀成. 轨道线网客流预测方法研究[J]系统工程理论与实践,2001. (2):106～110
59 过秀成，吕慎. 大城市快速轨道交通线网空间布局[J]城市发展研究,2001. 8(1):58～61
60 顾志兵，相伟，过秀成等. 城乡公交统筹发展策略研究[J]公路交通科技,2006. 5(3):114～117
61 过秀成，胡斌，陈凤军. 农村公路网规划布局设计方法探讨[J]. 公路交通科技，2002. 02
62 吴能萍，殷凤军，过秀成. 城乡一体化进程中县域城乡公交线网布设方法研究[J]. 城市公共交通，2006. 5:35～38
63 过秀成，王丁，姜晓红. 城乡公交一体化规划总体框架构建[J]. 现代城市研究，2009. 2:

24～28
64 叶茂，过秀成，刘海强. 基于人车共存的居住区道路系统规划设计探讨[J]. 规划师，2009. 6:47～51
65 安实，王健. 停车需求预测与管理[J]. 交通运输系统工程与信息，2001,1(3)
66 Yang H. ,Wong S. C. A network equilibrium model of urban taxi services. [J]Paper presented at the 77th TRB Annual Meeting，11－15 January，Washington D. C. ，USA.
67 马鞍山市综合交通规划[R]. 马鞍山市城市规划局,东南大学，马鞍山市城乡规划设计研究院. 2004
68 镇江市城市综合交通规划[R]. 镇江市规划局,东南大学,镇江市规划设计研究院. 2008
69 镇江市轨道交通规划研究[R]. 镇江市规划局,东南大学,镇江市规划设计研究院. 2007
70 有轨电车在南京地区的适用性研究[R]. 东南大学,南京市建委城市道路建设项目储备中心. 2007
71 苏州市工业园区轨道线网客流预测[R]. 东南大学. ,南京 CFK 公司. 2009
72 滁州市公共交通规划[R]. 滁州市城市规划局,东南大学,滁州市城乡规划设计研究院. 2008
73 江宁区公共客运发展规划[R]. 江宁区交通局运管所,东南大学. 2006
74 江阴市出租汽车发展规划[R]. 江阴市交通局运管处,东南大学. 2007
75 徐州市出租汽车发展规划[R]. 徐州市公用事业局,东南大学. 2004
76 南京市公共停车场选址与布局研究[R]. 东南大学,南京市建委城市道路建设项目储备中心. 2008
77 石家庄市停车规划[R]. 石家庄市城市交通办公室,东南大学. 2002
78 马鞍山市自行车交通规划[R]. 马鞍山市城市规划局,东南大学，马鞍山市城乡规划设计研究院. 2004
79 太仓市城区道路交通工程设计[R]. 太仓市公安局交巡警大队,东南大学. 2008.
80 商丘市交通管理规划[R]. 商丘市规划局,东南大学,商丘市建筑勘测设计研究院. 2006.
81 江宁天印广场以东天府三期交通影响分析[R]. 东南大学,东南大学建筑设计研究院. 2009
82 南京水西门三山桥改造施工交通影响分析[R]. 南京市建邺区政府,东南大学. 2003